KB002610

물류관리사

CERTIFIED PROFESSIONAL LOGISTICIAN

동영상강의 www.pmg.co.kr

국제물류론

정일환 편저

이 책의 머리말

최근 국제물류는 FTA 체결과 AEO 제도가 확대됨으로써 각국의 환경보호와 안전보호가 강화되는 방향으로 나아가고 있다. 따라서 원산지 관리가 어느 때보다도 중요하며 수출입통관의 규제가 강하게 진행되고 있다. 거기에 대규모 선사들을 중심으로 2014년 세계선사협의회(WSC)가 2016년 7월 1일 시행을 알리는 컨테이너 총중량 인증제를 IMO(국제해사기구)에 요구하면서 컨테이너 선박 운행의 안전을 위한 요구가 실제로 현장에서 적용되고 있다.

또한 전기자동차, 스마트카, 드론 등 미래형 운송수단이 정보통신기술(ICT)의 발달로 인하여 폭발적으로 성장할 것으로 전망된다. 이에 물류산업이 ICT발달과 함께 새로운 전환점에 접어들어 글로벌 유통기업인 아마존과 구글을 중심으로 차세대 배송 수단으로 드론이 부상하고 있다. 그리고 일부 국가에서는 로봇을 이용한 물류서비스를 제공하고 있다.

국제물류에 있어 폭발적으로 성장하고 있는 새로운 트렌드인 해외 직구와 역직구 역시 구매 방식인 인터넷쇼핑몰을 통하여 국제특송(해상특송 및 항공특송) 화물이 매년 증가하고 있다. 실로 다양한 기술과 아이디어를 바탕으로 국제물류 시장의 변화가 유통과 물류 전 분야에 걸쳐 진행되고 있음을 감지할 수 있다. 배송스피드를 앞세워 쿠팡의 로켓배송, CJ대한통운의 <CJ The 빠른 배송>, 현대로지스틱스의 <Online to Offline 서비스> 등도 고객의 요구를 반영하여 배송 시장의 경쟁에서 살아남기 위한 서비스를 제공하고 있다. 국제배송 대행을 하는 운송업체들의 수도 날로 증가하고 전통적인 B2B(기업 간 거래) 개념의 물류에서 벗어나 B2C(기업과 개인 간 거래) 또는 C2C(개인 간 거래) 시장이 형성되면서 기존의 기성물류업체에서는 물류스타트업 시대의 빠른 속도 변화에 당혹스러워하고 있다.

국제물류 시장은 해운물류 시장에서도 크게 변하고 있다. 최근 4개의 Alliance 체제로 운영되던 원양항로의 선사 간 전략적 제휴가 2017년 2월 세계 7위의 컨테이너 선사인 한진해운의 파산으로 3개 체제로 줄어들었고 2018년 4월부터는 일본의 대표적인 컨테이너 선사 K-LINE, MOL, NYK의 ONE으로의 통합과 중국 선사인 COSCO와 CHINA SHIPPING의 합병으로 인한 COSCO로의 통합 등 새로운 전략적 제휴를 하게 되었고 2020년 4월에는 HMM이 2M+H 제휴에서 탈퇴하여 THE ALLIANCE(기존: HAPAG LLOYD, ONE, YANGMING)에 합류함으로써 원양항로 선사 간 전략적 제휴가 새로운 양상을 띠고 있다. 해운시장의 오랜 침체로 인하여 선사들의 수익성 악화가 이어진 가운데 돌파구를 찾기 위한 모색이라고 볼 수 있다. 해운물류에 이어 항공물류에도 새로운 전략적 제휴 및 M&A의 바람이 일수도 있다. 특히 국제특송업체를 중심으로 그러한 현상들이 나타나고 있다. 또한 중국의 유력한 유통업체와 국제물류업체들의 공격적인 투자로 인하여 그동안 국제물류 시장을 선도해오던 대형선사 및 항공물류업계의 실적에 어느 정도 변화가 진행될는지 궁금하다.

SCM으로 촉발된 물류의 새로운 패러다임은 이제 GLOBAL SCM의 패러다임으로 성장 발전하였고 인공지능과 사물인터넷 기술 및 빅데이터를 동반한 미래의 물류산업이 국제물류 산업에 어떻게 적응하고 변화할 것인가를 진지하게 고민해야하는 시점에 서있다. 국제물류는 어떤 새로운 방향으로 진행될 것인가, 또한 새로운 물류기기와 새로운 운송루트는 어떻게 만들어 질 것인가, 변화된 국제물류 산업에는 어느 것이 살아남고 어떠한 것이 새롭게 국제물류 시장에 진입할 것인지를 국제물류업종에 종사하는 모든 이들이 진지하게 연구하고 분석하며 전문성을 길러야 한다.

현재 정부차원에서 국가물류기본계획(2016-2025)을 진행하고 있다. 본래 2006년부터 2020년까지의 국가물류기본계획 수정계획이 수립되어 진행되어왔으나 물류 기술의 발달과 전자상거래의 괄목할만한 성장 및 4차 산업혁명 시대의 도래로 국가물류기본계획의 수정이 불가피하다고 여겨 5년 앞당겨 새로운 국가물류기본계획을 수립하였다. 물류분야 전반에 관련되는 내용이나 국제물류도 그 한 축을 담당하는 아주 중요한 분야로 국제특송 및 국제물류 서비스의 중요성을 강조함에 이르게 된 것이다.

2020년 2월 중국 우한에서 시작된 코로나 19 사태로 인하여 GLOBAL SCM의 붕괴가 나타나고 있고 국가 간의 여객운송이 제한되고 있으며 사람 간 비대면(untact)이 보편화되는 사회로 변화하고 있다. 따라서 향후 국제물류는 코로나 19 사태 이전과 이후의 패러다임이 다를 수도 있음을 조심스럽게 전망해본다.

끝으로 본서의 개정판을 통하여 국제물류를 좀 더 폭넓게 이해하는 데 도움이 되길 바라며 물류관리사 자격시험을 준비하는 모든 수험생들에게 합격 이후에도 이 책이 국제물류전문가로서의 활약에 기여하기를 바라며 본서를 집필할 수 있도록 지원해주신 한국통합물류협회 회장님과 협회 관계자들, 그리고 본서의 개정판을 출판해주신 박문각 회장님과 편집부 관계자 여러분에게 감사의 말씀을 드린다.

편저자 정일환

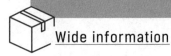
01 \ 물류관리사란?

❶ 물류관리사(CPL : Certified Professional Logistician)

물류에 관한 전문지식이 필요한 사항에 대하여 계획·조사·연구·진단·평가 또는 이에 관한 상담·자문을 통하여 화물의 수송·보관·하역·포장 등의 물류관리에 필요한 직무를 수행하는 자를 말한다. 물류관리사가 되고자 하는 자는 국토교통부 장관이 실시하는 시험에 합격하여야 한다.

❷ 물류관리사의 업무영역

물류관리사는 물류시스템 기획, 물류정보시스템 개발, 물류기술 개발, 물류센터 운영, 수배송 관리업무, 물류 창고 및 자재·재고관리 업무, 물류컨설팅 등의 업무를 담당하며, 전 산업분야에서 활동하고 있다.

물류관리사를 필요로 하는 조직
• 유통업체 • 생산업체 • 교육기관   • 정부기관 • 서비스기관 • 컨설팅회사   • 물류기업(운송, 보관)

❸ 물류관리사의 향후 전망

현재 물류관리사는 국내 제조업의 47%, 유통업의 24%가 물류전문인력이 부족한 상태이며, 앞으로 인력 수요가 제조업은 3만여 명, 유통업은 7천여 명에 이를 것으로 예측하고 있다.

물류관리사는 물류관련 정부투자기관, 공사와 운송·유통·보관 전문회사, 대기업 또는 중소기업의 물류관련 부서(물류, 구매, 자재, 수송 등), 물류연구기관에 취업이 가능하며, 수송·보관·하역·포장 등 물류 전부문의 효율성, 적시성, 생산성을 제고하기 위하여 부문별로 표준화, 자동화, 정보화 등을 계획·추진하여 기업의 합리적인 일관 물류체계를 구축하고 물류비를 절감하는 일을 담당할 것으로 기대된다.

각계 전문기관에서 물류부문을 전자상거래와 함께 21C 유망직종 중의 하나로 분류하고 있으며, 정부 차원에서 국가물류기본계획(2016~2025)을 수립하여 우리나라가 지향하는 물류미래상을 제시하고 세계 속에서 경쟁할 수 있는 물류전문인력을 양성·보급한다는 장기 비전을 제시하고 있다.

❹ 물류관리사 합격자 통계현황

물류관리사는 지난 1997년 처음 도입한 후 제1회 시험부터 제23회 시험까지 총 31,076명이 배출되었다. 최근 5년간의 합격자는 제19회 1,727명(합격률 29.18%), 제20회 1,173명(합격률 21.22%), 제21회 1,657명(합격률 34.2%), 제22회 1,994명(합격률 40.5%), 제23회 1,474명(합격률 26.82%)이다.

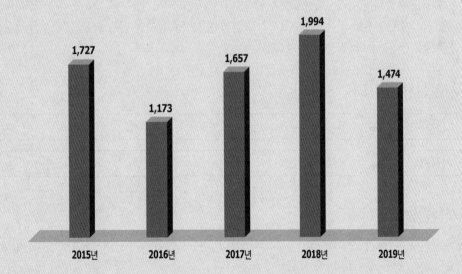

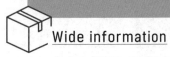

와이드 정보

02 \ 물류관리사 시험

❶ 시험 개요

물류에 대한 사회적 인식의 제고와 함께 물류체계 개선을 위한 다각적인 대책이 강구되고 있는 시점에서 국가물류비 절감을 위해 H/W 측면의 물류시설 확충과 함께 이를 합리적으로 운영·관리할 물류 전문인력의 체계적 양성이 요구됨에 따라 물류 전문인력의 양성을 위하여 1995년 화물유통촉진법(현, 물류정책기본법)에 물류관리사 자격시험제도를 신설 입법화한 후, 1997년 9월부터 물류관리사 자격시험제도가 시행되었다(응시자격 제한 없음. 단, 부정행위로 인해 시험 무효처분을 받은 자는 그 처분을 받은 날로부터 3년간 물류관리사 시험에 응시할 수 없음).

❷ 시험실시기관

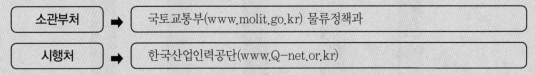

| 소관부처 | ➡ | 국토교통부(www.molit.go.kr) 물류정책과 |
| 시행처 | ➡ | 한국산업인력공단(www.Q-net.or.kr) |

❸ 시험방법

① 물류관리사 자격시험은 매년 1회 실시하되, 국토교통부장관이 물류관리사의 수급상 특히 필요하다고 인정하는 경우에는 2년마다 실시할 수 있다.
② 응시원서 접수는 인터넷 접수만 가능하며 시험장소는 원서 접수시 수험자가 직접 선택한다.
③ 시험은 필기의 방식으로 실시하며, 과목당 40문항씩 5지 택일형을 원칙으로 하되 기입형을 가미할 수 있다.

❹ 시험일정

매년 6월 또는 7월에 실시

❺ 시험과목 및 시험시간

시험은 물류관리 업무수행에 필요한 소양 및 지식의 검정과 이론 및 실무능력의 검정에 중점을 둔다.

분류	시험과목	세부사항	문항 수	시험시간
1교시 (3과목)	물류관리론	물류관리론 내의 화물운송론·보관하역론 및 국제물류론은 제외	40	120분
	화물운송론		40	
	국제물류론		40	
2교시 (2과목)	보관하역론		40	80분
	물류관련법규	「물류정책기본법」, 「물류시설의 개발 및 운영에 관한 법률」, 「화물자동차 운수사업법」, 「항만운송사업법」, 「유통산업발전법」, 「철도사업법」, 「농수산물 유통 및 가격안정에 관한 법률」 중 물류 관련 규정	40	

↪ 시험과 관련하여 법률 등을 적용하여 정답을 구하여야 하는 문제는 시험 시행일을 기준으로 현재 시행 중인 법률을 적용하여 그 정답을 구하여야 함.

❻ 시험과목의 일부면제 및 제출서류

면제과목	물류관리론(화물운송론·보관하역론 및 국제물류론은 제외)·화물운송론·보관하역론 및 국제물류론에 관한 과목이 개설되어 있는 대학원에서 해당 과목을 모두 이수(학점을 취득한 경우로 한정함)하고 석사학위 이상의 학위를 받은 자는 시험과목 중 물류관련법규를 제외한 과목의 시험을 면제한다(과목면제자는 물류관련법규만 응시).
제출서류	과목면제 서류심사 신청서 1부, 대학원 성적증명서(원본) 1부, 학위증(학위기재) 사본 또는 졸업증명서 원본 1부

❼ 합격자 결정기준

매 과목 100점을 만점으로 하여 매 과목 40점 이상, 전 과목 평균 60점 이상 득점한 자를 합격자로 결정한다.

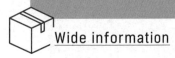

와이드 정보

03 출제경향 및 수험대책

❶ 과년도 문제분석

구 분		제20회	제21회	제22회	제23회	제24회	계	총계(%)
국제물류	개념/동향	1	1	1	1	1	5	22 (11%)
	기능/특징	1	1	1	2	1	6	
	국제물류관리	3	3	2	1	2	11	
무역실무	수출입(통관)절차	2	3	3	3	3	14	58 (29%)
	무역계약	3	2	3	3	3	14	
	INCOTERMS	3	3	2	3	4	15	
	해상적하보험	2	2	2	3	1	10	
	기 타	1	1	0	2	1	5	
국제운송	해상운송	8	7	8	5	7	35	106 (53%)
	항공운송	3	5	5	3	3	19	
	복합운송	2	2	1	3	5	13	
	컨테이너운송	1	1	1	1	2	6	
	운송서류	6	5	4	3	4	22	
	관련조약(기구)	3	1	1	2	2	9	
	기 타	0	0	1	0	1	2	
물류거점	일반(개념)	0	0	1	1	0	2	12 (6%)
	항 만	1	1	1	1	0	4	
	공 항	0	1	1	1	0	3	
	기 타	0	1	1	1	0	3	
기 타		0	0	1	1	0	2	2 (1%)
총 계		40	40	40	40	40	200	200(100%)

② 출제경향

국제물류론은 물류인재양성의 일환으로 시행되는 물류관리사 자격시험 과목 중 하나로 2007년 제11회 시험부터 추가되었다. 국제물류론의 국제물류와 무역실무 부문은 매년 꾸준하게 출제되었으며, 화물운송론, 물류관리론, 보관하역론 등의 타 과목과 일부 중복으로 출제되는 경향이 있다. 그중 국제물류론의 국제운송 부문(해상, 항공, 복합운송 등)은 화물운송론과 많은 부분이 중복되나 과목의 특성상 국가 간의 상거래 행위인 국제무역업무의 전 과정(즉, 매매계약, 운송, 대금결제, 수출입통관절차 등)에 대한 전반적인 이해를 요구하고 있기 때문에 지난 5차례의 시험에서도 중요하게 다루어져 출제빈도가 높았다.

제20회부터 제24회 시험의 출제경향을 분석하면 국제운송에서 106문제가 출제되어 53%, 무역실무가 58문제로 29%를 차지하고 있으며 나머지 부분의 출제비율은 미미한 것으로 나타났다. 특히, 가장 많이 출제된 국제운송 부문 중 해상운송 부문이 많은 비중을 차지하고 있으며, 국제운송관련서류(선하증권, 항공화물운송장, 해상화물운송장, 복합운송증권 등)와 각 운송형태의 관련조약(협약) 또는 기구에 대하여 제20회 시험부터 점차 출제빈도가 높아지고 있다.

③ 수험대책

국제물류는 생산과 소비가 2개국 이상에 걸쳐 그 생산과 소비의 시간적·공간적 차이를 극복하기 위한 유·무형의 재화에 대한 물리적인 국제경제활동이다. 이러한 국제물류는 국내물류보다 확대된 영역으로 원료조달, 생산가공, 제조판매활동 등이 생산지와 소비지가 동일국내가 아닌 국경을 초월하여 이루어지고 물품의 이동과 관련하여 수출입 수속 및 통관절차, 운송방법의 다양화로 인하여 물류관리가 국내물류보다 훨씬 복잡하며, 운송영역이 넓고 대량화물을 운송하여야 하기 때문에 환경적 제약을 많이 받게 된다.

이에 따라 국제물류론 과목의 학습은 국제물류의 기본내용에 대한 이해는 물론이고 국가 간의 상거래행위인 국제무역업무의 전 과정에 대한 전반적인 이해가 요구되고 있어 본 과목의 학습을 위해서는 무역실무 기본서와 함께 학습해 나가는 것이 보다 효과적이다.

지금까지 기출문제의 특징은 국제물류관련 용어, 무역실무(무역계약, 해상적하보험, INCOTERMS 2020 포함) 등에 관한 문제는 계산식 문제(가격, 관세, 보험금산출 등)를 포함하여 영어지문으로 출제되었다는 점이며 이는 지속적으로 출제가 될 것으로 예상된다. 따라서 무역실무와 국제물류관련 용어는 반드시 영문으로 된 정의를 중심으로 반복적인 학습이 필요하며, 특히 2020년 1월부터 시행된 무역계약과 이행에서 새롭게 적용되는 INCOTERMS 2020의 개정배경, 주요내용 및 특징, 그리고 새로이 변형된 1개 조건(DPU) 등에 대한 학습이 필요하다.

국제물류론의 효과적인 학습법에 있어 우선적으로 알아야 할 점은 물류관리론과 화물운송론에 대한 선행학습이 매우 중요하다는 점이다. 왜냐하면 국제물류론의 기출문제 분석결과 물류관리론과 화물운송론의 내용과 관련된 문제가 자주 출제되었기 때문이다. 다음으로 기출문제와 예상문제를 자주 접하여 시험출제경향 및 내용을 정확히 점검해야 하며, 특히 출제빈도가 높은 국제운송과 무역실무 부분은 그 어떤 단원보다 우선하여 학습해야 하며 확실히 이해하고 넘어가야 할 것이다.

Contents

이 책의 차례

물류관리사

CERTIFIED PROFESSIONAL LOGISTICIAN

국제물류의 개관

01 국제물류의 기초

| 학습목표 | 1. 국제물류의 개념을 제시한다.
2. 국제물류의 특징, 기능 및 흐름을 제시한다.

| 단원열기 | 국제물류에 대한 기초지식을 다루고 있는 이 단원은 국제물류의 개념과 특징을 비롯하여 물류의 제 기능(즉, 운송, 하역, 포장, 보관, 정보기능), 국제물류의 기본적인 흐름을 자세히 제시하고 있다. 이 단원에서는 국제물류의 특징과 기능 부문에서 국내물류와의 비교가 높은 출제율을 보이고 있어 국내물류와 국제물류의 차이점을 학습하여야 한다.

제1절 국제물류의 개념

1 국제물류의 정의

(1) 국제물류(International Physical Distribution)는 생산과 소비가 2개국 이상에 걸쳐 이루어지는 경우 그 생산과 소비의 시간적·공간적 차이를 극복하기 위한 유형·무형의 재화에 대한 물리적인 국제경제활동이라 할 수 있다.

(2) 이러한 국제물류는 국내물류보다 확대된 영역으로 원료조달, 생산·가공, 제조·판매활동 등이 생산지와 소비지가 동일국내가 아닌 국경을 초월하여 이루어지고 물품의 이동과 관련하여 수출입 수속 및 통관절차, 운송방법의 다양화로 인하여 물류관리가 국내물류보다 훨씬 복잡하며, 운송영역이 넓고 대량화물을 운송하여야 하기 때문에 환경적 제약을 많이 받게 된다.

(3) 국제물류에 대해서 미국의 물류관리협의회(NCPDM)에서는 "국제물류는 완성된 제품을 생산원료에서부터 시작하여 소비자에게 가장 효율적으로 이전시키기 위해 직간접적으로 관련되는 제 활동"으로 정의하고 있다.

(4) 한편 일본의 산업구조심의회의 유통부에서는 "국제물류는 재화가 공급자에게서 외국 소비자에게 이르는 물리적인 흐름으로서 수송, 포장, 보관, 유통·가공 등의 물자유통활동과 물류에 관계된 정보활동이 주요 구성요소"라고 정의하고 있다.

(5) 특히, 국제물류는 물자의 시간적·공간적인 효용의 창조가 중요하므로 각 기능들 중에서 특히 운송 부분이 차지하는 비중이 크다. 따라서 각종 운송수단의 효율적인 연결과 각 운송수단의 연결점인 항만, 공항, 내륙 터미널에서 시간과 비용을 줄일 수 있도록 운송효율의 제고가 도모되어야 한다.

이러한 점에서 현재 항구에서 항구까지(Port to Port)의 해상운송과 항공운송의 합리화에서 나아가 문전에서 문전(Door to Door)[1]까지의 복합화물일관운송이 국제물류의 주도적 역할을 수행하고 있다.[2]

[그림 1-1] 국제물류의 개념

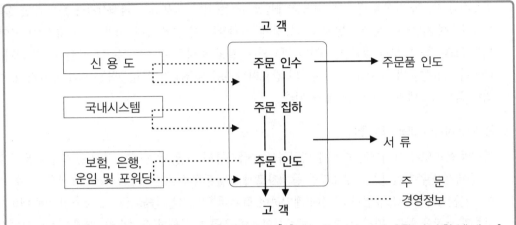

* 자료 : G. J. Davis, "*The International Logistics Concept*", 「International Journal of Physical Distribution & Materials」, Vol.7, No.2, 1987, p.52.

2 국제물류의 특성

국제물류의 경우에도 물류의 개념은 그대로 적용되지만, 국제물류에 있어서는 이러한 물류활동이 국경을 초월하여 이루어지고, 원료 및 물품의 이동과 관련하여 운송영역이 확대되고 대량화물을 운송해야 하기 때문에 운송방법, 수출입수속 및 통관절차 등의 다양화로 인하여 국내물류보다 관리문제가 한층 복잡하고 비용도 많이 들고 있다.

서류의 복잡성	신용장, 선하증권 등 전문적인 기술과 지식 필요
중개자(intermediary)의 존재	국제물류의 경우, 화주를 대신하여 서류취급이나 운송업자 선정 등의 업무를 수행
주문절차상의 복잡성	수출은 생산과 주문처리가 복잡하며, 주문규모도 크므로 이로 인한 어려움이 존재
요소별 기능상의 차이	국제물류는 화주, 운송업체, 운송주선업체 등의 통합된 시스템을 가지고 있지만, 국내물류는 특정 운송수단을 조합하여 운송
환경적 차이	국제물류는 생산지와 소비지가 국경을 초월하여 이루어지며, 수출입수속 및 통관절차, 운송방법의 다양성으로 인한 제도 및 환경적 제약이 심함.

---

1) 'House to House'라고도 하며, 컨테이너선사가 제공하는 운임률 또는 서비스의 한 형태로서 송하인의 공장에서 화물이 컨테이너에 적입되어 수하인의 공장에서 적출작업이 이루어지는 운송형태를 말한다.
2) 한국화주협의회, 「수출입화물과 물류관리」, 한국무역협회, 1990, p.13.

(1) **서류(documentation)의 복잡성**

국제물류는 국내물류와는 달리 선하증권, 신용장, 내륙운송 및 통관서류 등 국내에서는 불필요한 서류와 절차에 대한 이해가 필요하며, 완전한 서류작성과 원활한 업무진행을 위해서는 이 분야에 대한 전문적인 기술과 지식을 필요로 한다. 국제물류에서는 언어, 적용법규, 국제상관습 등에 대한 정확한 이해부족에 기인하는 분쟁이 발생할 가능성이 국내물류보다 훨씬 높다. 이밖에도 서류작성비용이 국내물류보다 높고, 보다 많은 당사자가 관계되며, 잘못 작성된 관련서류는 재정적 피해가 크다. 따라서 서류양식의 표준화, 서류처리의 간소화가 유통물류과정의 효율화를 위해 필요하며, 이를 위해 물류시스템의 구축이 전제가 된다.

(2) **중개자(intermediary)의 존재**

화주와 운송업자 사이에는 화주를 대신하여 물품서류의 취급, 운송업자 선정 등의 업무를 수행하는 중개자가 존재한다. 그 대표적인 중개자로서 화물운송주선인(freight forwarder)을 들 수 있으며, 이들은 화주와 물류업자 사이에 개입하여 화주에 대해서는 물류업자로, 물류업자에 대해서는 화주의 역할을 한다. 따라서 화물운송주선인은 화주를 대신하여 운송수취, 대행기능과 서류취급, 운송업자 선정, 집배, 보관, 통관기능까지도 수행한다.

(3) **주문절차(order processing)상의 복잡성**

수출주문은 보통 현지판매나 마케팅을 수행하는 해외자회사나 대리인에게 위임되므로 본사의 생산공정과 주문절차 및 처리가 복잡하며, 평균 주문규모도 국내의 경우보다 크므로 이로 인한 주문상의 어려움이 존재함으로써 물류서류의 수출입 수속 및 운송방법이 다양화되었다.

(4) **문화의 중요**

국제물류는 세계 여러 나라의 다양한 경제·정치·사회적 환경, 지형적 특성뿐만 아니라 문화에 대해서도 특히 고려해야 한다. 국제물류 및 마케팅 활동에 있어서 각국의 국민들의 문화적 차이에 대해 파악하고 실시하여야 성공적인 국제물류활동을 할 수 있다.

(5) **요소별 기능상의 차이**

① **운송**: 운송에 있어 국내물류는 배송시스템에 의하여 움직이나 국제물류는 항만이나 공항터미널에서 이루어지기 때문에 선박이나 항공기의 개량과 발전이 중요한 역할을 하게 된다. 최근에는 '문전에서 문전까지(Door to Door)'의 복합일관운송의 발달로 인하여 육(주로 철도)·해·공의 최적 조합을 통한 운송활동이 핵심이 되고 있다. 국제물류에서는 국내물류에 비해 운송거리가 길어지고, 불확실성이 증가되므로 제품의 재고량은 국내물류에 비해 늘어나게 된다.

② **하역과 보관기능**: 하역과 보관기능에서는 국내물류가 유통센터나 자동창고시스템과 화물을 유통기지 중심으로 배송하는 활동이 중요한 데 반하여, 국제물류의 경우에는 복합화물터미널의 범주 내에서 항만, 공항, 내륙거점(트럭 및 기차 터미널) 등에서 하역이나 보관에 대한 시간단축과 비용절감이 중요한 역할을 하게 된다.

③ **포장기능** : 포장기능에서는 국내물류는 포장의 생산성, 편리성, 경제성을 염두해 두고 포장의 기계화, 간이화, 자동화에 중점을 두지만 국제물류에서는 운송상의 포장단위가 중요해짐에 따라 컨테이너 및 파렛트의 활용과 이들을 복합운송에 어떻게 효율적으로 이용할 수 있느냐가 중요한 과제가 된다.

④ **정보기능** : 정보기능의 경우 국내물류는 현재 화주, 운송업체, 운송주선업체 등 독자적인 정보시스템을 가지고 있지만 국제물류의 경우에는 특정 터미널을 통하여 특정 운송수단을 조합하여 단시간 내에 최저비용으로 화물을 운송하여야 하기 때문에 국내화주로부터 해외고객에 이르는 추적과정이 인터넷을 통하여 일목요연하게 파악되어야 한다.

🔘 **국내물류와 국제물류의 차이점**

기 능	국내물류	국제물류
운 송	물류거점을 이용한 공로운송 (자동차운송, 철도운송, 내륙운송)	항만이나 공항을 이용한 복합일관운송 (해상운송, 항공운송, 복합운송)
보관·하역	물류센터나 배송센터 중심의 보관하역 작업	항만, 공항, 내륙거점 등의 복합화물터미널 등에서의 보관하역작업
포 장	포장의 경제성, 편리성, 간이성에 중점	운송에 중점(파렛트, 컨테이너 단위)
정 보	화주, 운송업체, 주선업체 등의 독자적 정보 확보	특정 터미널을 축으로 국내 화주로부터 해외고객에 이르는 과정을 E-mail이나 인터넷을 통해 추적 가능

3 국제물류의 중요성

경제사회는 생산과 소비가 기능적인 구성요소로 되어 있어 끊임없는 유통활동에 따라 유지·발전된다. 국제간의 생산과 소비가 발생하는 경우에도 그 사이를 연계하는 무역활동 중에 국제물류는 경제사회에 매우 중요하다. 즉, 국가 간의 교역이 확대되면서 범세계적인 제품의 이동과 자재관리 등의 기능을 수행하는 국제물류의 중요성이 부각되고 있다.

따라서 국제물류관리는 근본적으로 국내물류관리와 유사하나, 국제적인 기능을 수행함에 따라 새로운 수송형태나 제도, 관습의 장벽, 재고 및 포장 등의 국제화에 따른 추가적인 문제를 고려하여야 하며, 국제물류는 다음과 같은 중요한 역할을 수행하고 있다.[3]

---

3) 진형인·정홍주, 「국제물류의 이해」, 박영사, 2003, p.56.

(1) 국제물류는 국가 간의 물품의 생산과 소비를 연결하는 역할을 수행하고, 생산력을 증대시켜 국제
시장의 발전에 기여하는 효과가 있다.

(2) 국제물류는 운송시간의 단축 및 조기인도나 적기인도 등을 통하여 해외고객에 대한 서비스활동을
향상시킴으로써 신뢰감을 높이고 판매기능을 촉진한다.

(3) 국제물류는 생산과 수출뿐 아니라 총비용이라는 경제적 측면에서 제3의 이윤원의 역할을 하게
된다. 국제물류는 국내물류와 달리 해외운송비의 비중이 크기 때문에 제품단가의 인하를 통한 국
제경쟁력에 기여하게 된다.

(4) 국제물류는 수요자인 기업으로서는 물류비 절감과 서비스의 향상을 통한 판매증진으로 기업의
발전을 기대할 수 있으며, 공급자인 기업으로서는 양질의 서비스를 제공하게 되어 기업의 기반을
확립할 수 있다.

(5) 국제물류는 국민경제적인 입장에서 수출입물품의 최적유통과 물류비의 절감이 가능하여 국제화
시대에 따른 경제발전과 물가안정을 가져오게 한다.

국제물류의 환경

통제 불가 요인		통제 가능 요인	
• 사회적 · 문화적 요인	• 정치적 · 법적 요인	• 창고이용과 저장	• 소비자 서비스
• 경제적 요인	• 상품경쟁	• 수송	• 포장
• 기술	• 지리적 요인	• 재고관리	

제 2 절 국제물류의 기능과 흐름

1 국제물류의 기능

국제물류의 활동영역은 기본적으로 운송·보관·하역·포장 및 정보의 5가지 기능에 의하여 이루어진다. 이 중에서도 국제물류는 두 나라 이상에 걸쳐 수행되기 때문에 활동내용에 있어 운송이 주체가 되며 이것에 수반하여 운송을 기계화하는 형태로서 보관·하역·포장 및 정보의 제 활동이 수행되고 있다.
국제물류의 활동영역별 기능을 살펴보면 다음과 같다.[4]

(1) 운송기능

① 운송은 물자의 공간적 차이를 극복하기 위해서 장소적 이동을 통하여 물자의 장소적 효용이 창출되게 된다. 운송은 물류의 핵심적인 요소로서 실질적으로 보관, 하역, 포장, 정보 등과 밀접한 관련을 맺고 있으며, 이러한 비운송요소는 운송과 배송을 원활히 해주는 보조적인 요소로 볼 수 있다.

② 국내물류의 경우에는 배송활동에 중점을 두기 때문에 화차를 이용하여 화물을 이전시키거나 자사의 유통센터나 타화물자동차업체의 운송 및 배송네트워크를 통하여 고객에게 화물을 이전시키는 경우가 많다. 그러나 국제물류의 경우에는 선박회사, 항공회사, 트럭운송회사, 운송주선업자 등을 통하여 항만이나 공항터미널에서 이루어지기 때문에 선박이나 항공기가 중요한 역할을 하고 있으며, 최근에는 최적운송을 위해 육·해·공을 결합한 일관복합운송활동이 핵심이 되고 있다.

(2) 하역기능

① 하역은 원래 운송과 보관 및 포장 사이에서 그 전후에 수행되는 화물취급 작업으로 운송과 보관의 종속적 존재로 위치해 있다. 그러나 국제물류에 있어서는 그 중요성이 높아 하역의 합리화가 종합적인 물류합리화를 좌우하고 있는 경우도 적지 않다.

② 국내물류의 경우에는 유통 및 배송센터의 자동창고로부터 포크리프트(fork lift)와 같은 기기를 동원하여 트럭에 상·하차 작업을 수행한다. 국제물류의 경우에는 공산품일 때 이를 컨테이너에 적입하는 작업과정에서부터 철도역 또는 트럭터미널 등의 내륙거점이나 공항 및 항만에서의 하역작업까지 각종 하역차량 및 포크리프트가 이용되고 있다. 또한 원재료일 경우에는 기초하역시설 등 많은 하역기기가 동원되어 항만 및 공항의 창고시설과 연계되어 운영된다.

---

4) 옥선종, "국제물류와 물류정보시스템에 대한 연구", 「송면박사 화갑기념논집」, 1989, pp.131~133.

(3) 포장기능

① 포장은 물류 중 화물을 안전하게 보호하고 적당한 단위로 묶어서 운송과 보관 및 하역이 용이하도록 하며, 그 이후의 물류활동과 많은 관련을 지니고 있다.

② 국제물류에 있어서 포장기능은 국내물류의 경우와 큰 차이는 없다. 다만, 원거리운송과 해외시장에서 판촉을 위해 상품품질이나 가치를 손상하지 않고 보호하여야 한다는 관점에서 유통과정 중 내용물을 보호하고, 용기가 가벼워 비용을 절감하는 입장에서 포장 활동이 이루어져야 한다.

따라서 수출포장은 제품특성에 따라 포장 재료를 적절히 선택하고 생산성, 편리성, 경제성을 염두에 두고 판매상의 효율을 제고하는 동시에 판촉을 위하여 미장되어야 한다. 이를 위해 물류과정 중에서 생산물류는 제외하더라도 조달물류에서는 포장을 모듈화5) 또는 간이화하여야 하며, 판매물류에서는 여기에 기계화도 추가되어야 한다.

③ 최근의 포장활동은 국내의 경우 파렛트(pallet)6)를, 국제화물은 항공기를 제외하고는 공산품의 경우 대부분 컨테이너(container)를 이용하기 때문에 포장의 내장과 외장이 간편하고 비용도 절감되는 추세에 있다. 특히 컨테이너운송의 경우 외장비용을 획기적으로 절감하는 효력을 가지고 있다.

(4) 보관기능

① 보관기능은 물자의 시간적 차이를 극복함으로써 효용을 창출한다. 국내물류에서 창고기능은 화물을 시간적·장소적으로 이전시키기 위하여 일시적으로 보관하는 기능과 유통창고나 유통센터로서 수배송을 위한 기지로서의 기능을 한다.

② 국제물류에서 창고는 수출지에서 수입지까지 화물운송에 필요한 수출자의 창고 및 공장, 창고나 내륙거점 또는 트럭 및 기차터미널 그리고 항구나 공항 등지의 보관기능이 우선하게 된다. 즉 화물을 집하하여 이를 조립·포장·분류하여 배송하는 유통창고로서의 국내물류기능보다는 보세구역이나 보세구역 이외의 지역에서 화물을 일시 보관하여 운송하는 기능이 국제물류의 주된 기능이 된다.

③ 국내물류의 경우 보관활동은 주로 생산자로부터 조달물류, 생산물류, 판매물류를 통해 소비자에게 물품의 효율적 배송을 위한 유통센터 및 배송센터나 생산자의 창고에서의 파렛트 풀(pallet pool)7)을 통한 창고자동화시스템이 주요한 역할을 하게 된다.

그러나 국제물류에서는 창고자동화시스템을 통한 컨테이너 적입뿐만 아니라 항만 또는 공항의 보세창고 운영시스템의 자동화 및 개선책이 하역작업과 병행하여 중요한 역할을 담당하게 된다.

---

5) 하역, 보관, 수배송 등의 합리화를 도모하기 위해서는 포장의 표준화, 규격화 등 포장 자체의 근대화, 합리화가 이루어져야 한다. 이를 위해 포장의 길이를 물류시스템 가운데에서 계열화하는 것을 말한다.
6) 화물을 일정 수량단위로 모아 하역, 보관, 운송하기 위하여 사용되는 하역받침을 말한다.
7) 파렛트의 규격과 척도를 표준화하고 이를 상호 교환하여 사용할 수 있도록 함으로써 물류의 합리화를 가져오게 하는 것을 말한다.

(5) 정보기능

① 국제물류를 종합적으로 기능화하고 총체적인 활동을 원활히 추진하기 위해서 정보는 중요한 요소이다. 물류정보는 국내물류의 경우 대부분 국내유통에 중점을 두기 때문에 물품이 생산자로부터 중간상인 도·소매업자를 통하여 소비자로 이전되므로 수주 정보시스템, 재고 정보시스템, 생산지시 정보시스템, 출하 정보시스템 등의 물류관리 정보시스템에 의하여 그 흐름이 통제된다.

② 그러나 국제물류의 경우에는 운송활동의 경제화 및 복합운송의 최적화, 하역작업의 기계화 및 자동화를 통한 신속화, 보관 그리고 배송작업의 신속화 및 효율화, 포장작업의 표준화 및 최적화를 통하여 총비용을 절감하고 고객서비스를 향상시켜야 한다. 이를 위하여 총괄적인 국제물류기능을 전화, 팩시밀리(facsimile), 컴퓨터를 이용한 온라인시스템(on-line system),[8] 지역물류를 연계시키는 근거리정보통신망(local area network, LAN)[9] 또는 전국이나 전 세계를 연결할 수 있는 부가가치통신망(value added network, VAN)[10] 등이 이용되어 중앙통제방식으로 물류정보의 지시 및 통제가 이루어지고 있다.

2 국제물류의 흐름

국제물류에 있어서 유동화물은 국제적 무역수요의 다양화와 기술혁신의 진전 등에 의해 고부가가치 상품의 유동량이 증가하고, 다품종·소량화로 변화되어 가고 있어 이를 위해 국제물류 서비스의 질적 고도화나 다양화가 요구되고 있다. 국제물류는 이와 같은 무역구조나 유동화물의 변화에 대응해서 합리적으로 전개되고 있다.[11]

(1) 수입의 경우

국제물류는 원료나 에너지 등의 해외자원을 확실히 효율적으로 국내로 수입해서 어떻게 비축·공급하느냐가 중요한 일이 되었다. 즉, 자원개발이나 조달단계에서 국내에 보관·공급에 이르기까지 일관된 물류관리가 필요하게 되었다.

(2) 수출의 경우

① 국제물류는 무역형태의 변화에 따라 6가지의 형태로 구분할 수 있다.

㉠ 제조업자로부터 수출업자, 수입업자를 경유하여 판매업자에게 유통되는 전통적인 간접무역형태

㉡ 수출업자가 수입국에 지점, 기타 출장소를 설립하여 유통단계를 합리화한 형태

---

8) 컴퓨터의 입출력장치 또는 주변기기가 통신회선으로 직접 접속되어 있는 시스템으로 은행의 보통예금처리, 호텔예약시스템, 항공망시스템 등으로 실용화되고 있다.

9) 근거리정보통신망 또는 기업 내 정보통신망으로 불리는 것으로 공장단지 내부나 빌딩 안에서 활용되는 컴퓨터를 비롯한 팩스나 워드 프로세서 등 각종 정보시스템을 유기적으로 연결하여 막대한 양의 정보를 신속하게 소통시키는 첨단 데이터 통신망을 말한다.

10) 제3자인 데이터 통신처리업자 또는 회사를 매개로 하여 기업 간 자료를 교환하는 통신망을 말한다.

11) 방희석·이규훈, 「물류관리론」, 동성사, 2002, p.581.

ⓒ 반대로 수입업자가 수출국에 진출해서 유통단계를 합리화한 형태

ⓔ 제조업자가 수입지의 수입업자와 직접 거래하는 직접무역형태

ⓜ 제조업자가 수입국에 출장소나 대리점을 설립하여 제품이나 부품을 수출하고, 현지에서 조립(Knock-down) 등으로 유통가공을 하여 판매업자에게 유통하는 형태

ⓗ 제조업자가 수입국에 공장을 설치해서 수입국에서 생산, 유통, 판매까지 일관해서 하는 형태

② 일반적으로 수입국에서의 마케팅이 불안한 경우나 상표 선호성이 낮은 상품에 대해서는 ㉠과 ㉡의 형태를 많이 취하고 있다. 그 반대의 경우에는 ㉣~㉥의 형태를 취하는 경우가 많다. 특히 가전제품, 전자기기, 카메라, 자동차 등 상표 선호성이 높은 내구소비재의 경우는 ㉤과 ㉥의 전략적 전개가 행해지는 경향이 강하다. 또한 ㉥의 해외공장 설치의 경우 국제물류의 변화는 해외공장을 중심으로 부품수출, 제품수입 및 3국 간 물류(제3국으로의 제품수출)가 새로운 흐름으로 전개된다.

[그림 1-2] 무역형태에 따른 국제물류형태

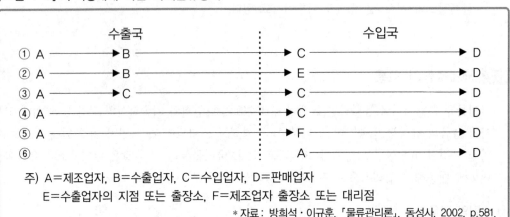

주) A=제조업자, B=수출업자, C=수입업자, D=판매업자
　　E=수출업자의 지점 또는 출장소, F=제조업자 출장소 또는 대리점

* 자료: 방희석·이규훈, 「물류관리론」, 동성사, 2002, p.581.

01 실전예상문제

01 물류의 기능에 대한 다음 설명 중 적절하지 않은 것은?　　　　　　　▸ 제10회 물류관리론

① 하역이란 수송과 보관에 걸친 물품의 취급활동을 말하며 환적활동이 포함된다.
② 수송이란 생산자와 소비자 간의 공간적 격차를 극복하는 활동을 말하며, 우리나라에서는 물류비용 중에서 수배송비용이 차지하는 비중이 매우 크다.
③ 보관이란 재화의 수요와 공급의 시간적인 격차를 조정함으로써 경제생활을 안정시킬 뿐만 아니라 촉진시키는 역할을 한다.
④ 유통가공이란 물자유통과정에 있어서 상품의 보존 및 이질적 기능전환을 위한 가공활동을 말한다.
⑤ 하역의 합리화를 위해서는 하역기기의 대형화 및 컨테이너화 등을 통하여 하역이 대량으로 신속하게 이루어지도록 해야 한다.

해설 물자유통과정에 있어서 물류의 기능은 물류의 효율을 향상시키거나 보존을 위한 가공을 통해 부가가치를 높여주는 데에 목적이 있다.

02 물류와 무역 간의 관계에 관한 설명으로 옳지 않은 것은?　　　　　　　▸ 제23회 국제물류론

① 무역 수요는 물류 수요를 창출한다.
② 무역계약 조건은 국제운송계약에 영향을 미친다.
③ 물류비용 절감은 국제무역 확대발전으로 이어진다.
④ 물류기술 발전은 무역거래 비용의 절감으로 이어진다.
⑤ 무역규제 완화는 물류비용 증가로 이어진다.

해설 무역규제 완화는 각종 물류비용의 감소를 유도한다.

Answer 1. ④　2. ⑤

03 다음 국제물류의 특성에 대한 설명 중 가장 적절하지 않은 것은? ▶ 제12회 국제물류론

① 국제물류는 국내물류보다 확대된 영역으로 물류활동이 국경을 초월하여 전개된다.

② 물류활동이 2개국 이상에서 전개되기 때문에 프로세스의 관리가 매우 중요하다.

③ 재화나 용역의 국가 간 이동에 따른 통관 및 운송의 복잡성과 다양한 시장에 대한 정보 분석의 어려움이 존재한다.

④ 국내물류활동에 비해 환경적 제약이 줄어든다.

⑤ 국제물류는 리드타임(Lead Time)의 증가로 인하여 재고량의 증가를 초래할 수 있다.

해설 국제물류는 국내물류보다 확대된 영역으로 원료조달, 생산·가공, 제조·판매활동 등이 생산지와 소비지가 국내 동일국가가 아닌 국경을 초월하여 이루어지고 물품의 이동과 관련하여 수출입수속 및 통관절차, 운송방법의 다양화로 인하여 물류관리가 국내물류보다 훨씬 복잡하며, 운송영역이 넓고 대량화물을 운송해야 하기 때문에 환경적 제약을 많이 받게 된다.

04 국제물류의 특성에 관한 일반적인 설명으로 옳지 않은 것은? ▶ 제15회 국제물류론

① 국가 간 장거리 운송서비스가 이루어지고 화물이 관세선을 통과한다.

② 주문부터 제품 수령까지의 리드타임이 국내물류보다 상대적으로 길다.

③ 총 물류비 중 국제운송비의 비중이 가장 크다.

④ 선하증권, 신용장, 통관서류와 같은 취급서류가 많아 국내물류보다 복잡하다.

⑤ 국내물류보다 운송모드의 수가 상대적으로 적어 관리가 용이하다.

해설 국제물류는 운송모드의 수가 보다 다양하다.

05 국제물류와 국내물류를 비교 설명한 것 중 옳지 않은 것은? ▶ 제13회 국제물류론

① 국제물류는 통관 등 각종 수속 때문에 국내물류보다 시간이 더 소요된다.

② 국제물류는 국내물류보다 화물운송시간 지연, 화물손실 등 위험요소가 더 많다.

③ 국제물류에서 하역의 기능은 국내물류에 비하여 중요성이 낮다.

④ 다수의 국가와 연결되는 국제물류는 일반적으로 국내물류보다 물류비용이 더 소요된다.

⑤ 통관, 포장방법, 언어, 거래관습 등에 따라 국제물류는 국내물류에 비하여 물품취급이 어렵다.

해설 국제물류에 있어서는 하역기능은 국내물류보다 그 중요성이 높아 하역의 합리화가 종합적인 물류합리화를 좌우하고 있는 경우도 적지 않다.

06 다음 국제물류와 국내물류의 특성에 대한 차이를 설명한 것 중 옳지 않은 것은?

▶ 제10회 물류관리론, 제11회 국제물류론

① 국제물류는 통관절차 등에 대한 서류처리가 복잡하여 운송주선인, 통관중개인 등의 활용이 증가되는 경향이 있다.

② 국제물류는 환율과 인플레이션 등 위험요소가 크지만 손해와 하자 발생시에 약속이행의 강제는 어렵지 않다.

③ 국제물류의 수행은 운송영역이 넓고 대량화물을 운송해야 하기 때문에 수송시장의 환경적인 제약을 많이 받는 것이 일반적이다.

④ 국제물류 수행시 국가 간의 문화적인 차이나 상관습의 차이로 인하여 상품취급상의 어려움이 있을 수 있다.

⑤ 국제화물운송에서는 도로·철도·항공·해운 간의 복합연계수송이 매우 중시된다.

해설 국제무역은 2개국 이상이 개입하여 이루어지는 상거래행위로서 서로 다른 법률, 문화 등의 차이로 인한 계약의 불이행으로 인한 분쟁이 발생되어지지만 이를 해결하기에는 현실적으로 제약이 매우 많다.

07 국제물류의 복잡성이나 제약성을 극복하면서 장소적·시간적·공간적 효용을 창조할 수 있도록 뒷받침하고 있는 국제물류의 기능에 대한 설명 중 옳지 않은 것은? ▶ 제11회 국제물류론

① 운송기능은 운송수단의 선택과 운송스케줄 관리, 운송중개인의 선정, 운송루트의 채택 등이 요구된다.

② 하역기능은 하역설비 등을 이용하여 수송화물을 적하 및 양하하는 것과 창고 내의 입·출고를 위한 설비기능이 중요한 요소가 된다.

③ 보관기능은 집화된 화물의 혼재 및 분산, 화인(Shipping Mark) 등을 통해 내용물을 보호하고, 취급을 용이하게 하며, 판매를 촉진할 수 있는 기능을 말한다.

④ 계획기능은 전략적 목표하에서 어떤 시설의 설치, 다양한 수송수단의 루트 비교, 수송수단의 이용가능성 등이 잘 조화될 수 있도록 하는 것이다.

⑤ 행정 및 보관기능은 운송수단의 예약과 주문관리, 재고 및 화물이동 추적, 선적관련 서류 작성, 국제세관에 관한 정보, 시장정보 제공, 특이상황을 포함한 활동보고 및 관리보고서 작성 등의 업무를 말한다.

해설 ③ 포장기능에 대한 설명이다. 보관기능은 물자의 시간적 차이를 극복함으로써 효용을 창출한다.

Answer   3. ④   4. ⑤   5. ③   6. ②   7. ③

08 국제물류의 활동 중 상품의 수급조절기능, 수송조절기능, 물류거점기능 등의 역할을 수행하는 것은?

▶ 제16회 국제물류론

① 보관　　　　　　　　　　　　② 운송
③ 포장　　　　　　　　　　　　④ 하역
⑤ 글로벌 소싱

해설 보관은 물자의 시간적 차이를 극복함으로써 효용가치를 창출하며, 화물을 일시 보관하는 기능과 보세구역이나 보세구역 이외의 구역에서 일시 보관했다가 운송하는 수송조절 기능을 갖고 있다. 또한 창고는 수출지에서 수입지까지 화물운송에 필요한 수출자의 창고 및 공장, 내륙거점, 터미널, 공항 등지의 보관기능이 우선하게 된다.

09 국제물류의 기능에 관한 설명으로 옳지 않은 것은?

▶ 제23회 국제물류론

① 해외시장으로의 상품인도 시간을 단축시킨다.
② 수출업자의 물류비를 절감시킨다.
③ 해외시장 고객에 대한 서비스 활동을 향상시킨다.
④ 국제 경영활동에서 최대비용으로 사업효율성을 향상시킨다.
⑤ 국제간 상품의 가격을 평준화시킨다.

해설 국제물류의 경우 국제 경영활동에 있어 최소의 비용으로 사업효율성을 향상시키는 기능을 수행한다.

10 국내물류와 국제물류에 대한 비교로 옳지 않은 것은?

▶ 제22회 국제물류론

① 국내물류에 비해 국제물류는 각국의 언어·사회·문화·정치·법적 측면에서 영향을 받게 된다.
② 국내물류에 비해 국제물류는 대금결제, 선적, 통관 등의 복잡한 서류절차를 필요로 한다.
③ 국내물류에 비해 국제물류는 일반적으로 운송비용이 높다.
④ 국내물류에 비해 국제물류는 운송과정에서 위험요소가 적다.
⑤ 국내물류에 비해 국제물류의 리드타임이 길다.

해설 국내물류에 비해 국제물류는 운송과정에서 해상운송 또는 항공운송에 따른 위험요소가 더 많다.

11 제3자 물류에 비해 제4자 물류가 갖는 특성에 관한 설명으로 옳지 않은 것은?

▶ 제21회 국제물류론

① 위탁받은 물류활동을 중심으로 하는 제3자 물류와는 달리 전문성을 가지고 물류 프로세스의 개선을 적극적으로 추구하여 세계수준의 전략, 기술, 경영관리를 제공하는 것을 목표로 한다.

② 전체 SCM상 다양한 물류서비스를 통합할 수 있는 최적의 위치에 있으므로 제3자 물류에 비해 SCM의 솔루션을 제시할 수 있고, 전체적인 공급사슬에 긍정적인 영향을 미칠 수 있다.

③ IT 기반 통합적 물류서비스 제공보다는 오프라인 중심으로 개별적·선별적 서비스를 지향한다.

④ 제3자 물류와는 달리 물류전문업체, IT업체 및 물류컨설팅업체가 일련의 컨소시엄을 구성하여 가상물류 형태로 서비스를 제공한다.

⑤ 제3자 물류보다 광범위하고 종합적이며 전문적인 물류서비스를 제공하여 더욱 높은 경쟁력을 확보할 수 있다.

해설 제4자 물류는 기존의 오프라인 중심의 개별적·선별적 서비스보다는 IT 기반 통합적 물류서비스 제공을 지향한다.

02 국제물류관리

| 학습목표 |
1. 국제물류환경의 변화와 국제물류의 발전과정을 제시한다.
2. 글로벌기업의 국제물류관리의 단계별 변화를 정리한다.
3. 국제물류관리시스템의 형태와 경영전략을 제시한다.

| 단원열기 |
글로벌기업의 국제물류관리에 대한 전반적인 내용을 다루고 있는 이 단원은 국제물류환경의 변화에 따른 국제물류의 발전 과정을 비롯하여 글로벌기업의 국제물류관리의 단계별 변화와 관리시스템의 구축절차 및 국제물류시스템의 형태에 대한 소개와 각 시스템별 장단점, 그리고 글로벌 물류전문기업들의 경영전략 등을 자세히 제시하고 있다. 이 단원에서는 국제물류환경변화와 동향 부문에서 높은 출제율을 보이고 있으며, 국제물류관리시스템 부문에서도 자주 출제되므로 각별한 주의가 필요하다.

제1절 국제물류환경의 변화

1 기업경영 활동의 세계화

오늘날 기업환경은 1995년 WTO체제의 출범과 더불어 무한경쟁시대에 돌입하게 되었다. 이에 따라 기업들은 생존전략의 일환으로 국제경쟁력을 제고하기 위한 자구책을 마련하고 있다.

(1) 운송 · 보관수단의 발달

국제시장의 수평적 분업화와 세계경제 블록화에 따라 다국적 기업을 중심으로 자국이익의 경쟁우위 확보를 위해 치열하게 경쟁하고 있다. 또한 세계시장의 글로벌화 진전으로 자원의 세계화가 이루어짐에 따라 무역개방이 가속화되고, 이에 따른 운송 · 보관수단의 발달을 촉진하고 있다. 물론 기업의 경영환경 중 생산부문 합리화의 한계, 제품차별화의 한계는 기업들의 지속적인 기술혁신과 기술투자 증대로 어느 정도 극복할 수 있었다.

(2) 합리적이고 효율적인 물류관리

최근 다품종 소량생산 시대의 도래와 전자무역 활성화로 인하여 생산과 판매과정의 효율적 운영 및 물류비용의 절감 여부가 기업의 경쟁력 제고에 중요한 요소로 자리 잡게 됨에 따라 합리적이고 효율적인 물류관리의 여부가 기업의 성패요인으로 등장하였다.

(3) 국제물류관리시스템 구축

물류서비스에 대한 수요도 고급화·다양화·개성화됨에 따라 이를 충족시키기 위하여 세계화된 기업들은 세계 각 지역의 고객 선호도에 따라 다품종 소량생산과 적기공급으로 대응해야 하며, 효율적인 국제물류관리시스템을 구축할 필요성을 인식하고 있다. 그러나 범세계적인 국제물류체계를 구축하는 데 있어서 많은 경영자원이 소요되고 세계 각 지역별로 상이한 입지적 특성, 고객 욕구의 상이, 상이한 물류체계 등의 현실적인 어려움 역시 인식하고 있다.

따라서 세계화된 기업들의 경영전략으로 분할된 다국적 전략이 아닌 통합된 세계화전략이 필요하다는 점에서 기업활동의 세계화에 따른 국제물류관리의 중요성이 부각되고 있다.

2 기술적 환경의 변화

(1) 세계화 기업들은 컴퓨터, 정보통신기술의 발달에 따라 JIT(Just In Time, 적기공급체계),[12] SCM (Supply Chain Management, 공급사슬관리),[13] ECR(Efficient Consumer Response, 효율적 소비적응),[14] QR(Quick Response, 신속대응),[15] VMI(Vendor Management Inventory, 공급자 주도형 재고관리 시스템)[16] 등과 같은 통합적 운영·관리체제를 구축하여 국제물류체계의 고도화를 추진하고 있다. 이와 같은 정보통신기술의 급속한 발전에 따른 다양한 기법들은 기업의 물류활동 운영체제에 커다란 영향을 주고 있다.

(2) 일반적으로 세계화 기업들은 조달·생산·판매활동이 전 세계적으로 이루어지기 때문에 물류활동의 범위도 전 세계적으로 확대되고 복잡·다양화되는 반면에 물류경로의 전반에 대한 기업의 통제가능성은 감소되게 된다. 하지만 최근 기술적 환경의 변화에 따른 관리기법들의 발달로 세계화된 기업들은 직접적인 통제보다는 정보에 의한 통제가 가능하게 되었다.[17]

---

12) JIT는 조직이 필요로 하는 원재료, 부품, 상품을 정확한 시간, 정확한 위치, 정확한 수량을 인도하는 것으로서 과다한 재고를 최소화하고 불필요한 요소를 제거하는 데 목적을 둔 재고관리 시스템이다. JIT는 무재고, 무결점, 짧은 리드타임, 빈번한 보충량, 높은 품질로 특정지을 수 있는 개념으로 생산, 재고, 일정관리 등 다양한 분야에서 채택되고 있다.

13) SCM은 '공급사슬'을 시장상황에 맞도록 최적화해 경영효율성을 높이는 활동으로 흔히 공급망관리로 통한다. 불확실성이 큰 시장환경에 기민하게 대응하기 위해 등장한 새로운 경영기법으로서 시장상황이 과거에는 예측가능한 대량생산시대에서 지금은 예측불가능한 다품종 소량생산시대로 변화하면서 등장한 경영 신조류이다. 즉, SCM은 원자재를 공급받아 이를 완제품으로 만들고, 최종 소비자에게 판매하는 일련의 사업단위를 관리하는 기법이다. 원자재의 공급자에서부터 최종 소비자까지 연결하는 생산의 흐름을 최적으로 운영하고 조율하는 것이 SCM의 목적이다.

14) ECR은 소비재 산업의 원재료 구매에서 최종 소비자까지 이르는 전 유통 파이프라인상에서 거래업체 간(Trading Partners) 물류적·정보적·전략적 제휴에 의해 최종 소비자 반응에 신속히 대응한다는 경영혁신전략이다.

15) QR은 생산·유통의 모든 단계에서 물자와 시간 낭비를 배제하는 운동으로서 제조·판매 간에 파트너십(전략동맹)에 의해 정보 Technology와 경영 Technology를 구사하는 것이 QR실현의 열쇠이다. 따라서 QR은 정보의 Network화를 축으로 하여 유통업자와 제조업자가 Partnership을 확립하는 데 있으며, 이것에 의해 원료로부터 최종 제품에 이르는 Lead Time의 단축과 재고의 감소, 상품기획과 소재기획의 연계 등을 계산하여 가격의 인하와 수익의 향상, 국내생산거점의 유지를 도모하고자 하는 구조개혁시도라고 일컫는다.

16) VMI(Vendor Management Inventory)는 공급사슬의 운영효율을 높이기 위한 Strategic Alliance의 방법이다. 의미는 공급자 관리창고이며, 재고관리의 주체에 대한 개념이다. VMI의 목적은 핵심고객을 공급망계획에 포함시켜서 고객의 요구를 보다 효과적으로 만족시키는 데 있다. 일반적으로 재고는 사용하는 고객에 의해서 담당·관리되는데, 공급자가 고객의 편의를 목적으로 담당·관리할 수 있다. Vender는 하위단계인 Retailer의 수요정보와 재고정보를 공유하여 Retailer의 재고수준을 관리하는 방법이다.

17) 김종득, 「국제물류론」, 대진, 2008, pp.34~35.

한 예로 단순히 제품을 지역적·공간적으로 이동시키는 운송서비스에다 무선통신기술을 접목함으로써 현재보다 더욱 다양한 부가서비스를 제공할 수 있고, 또 관리방식에도 큰 변혁이 일어나고 있다. 무선통신기술의 활용으로 이동 중인 화물의 위치, 화물상태, 예상 도착시간 등을 실시간으로 파악할 수 있으며, 정보시스템의 구축·연계화가 진전되어 관련 기업 간에 생산계획, 판매계획, 재고실태 등에 관한 정보 및 DB를 서로 공유할 수 있는 통합적 운영·관리체제를 구축할 수 있게 된 점이 가장 큰 변화라고 할 수 있다.

(3) 이에 따라 주요 기업들은 정보시스템과 선진화된 물류관리기법을 통해 글로벌화된 조달·생산·판매망을 구축하여 저렴하고 품질이 우수한 원·부자재, 반제품, 완제품을 구매·생산·판매하기 위한 국제물류관리시스템을 구축해 나가고 있다.

▩ 3 국제운송업의 변화

국제물류체계에서 중요한 역할을 담당하고 있는 컨테이너 선사와 항공사 그리고 복합운송업체를 둘러싼 환경도 급변하고 있다.

(1) 대형화

물류서비스는 화물흐름과 관련하여 발생하는 파생적 수요로서 고객들의 경영활동의 내용과 범위가 변화됨에 따라 국제물류서비스의 제공자나 장비, 시설 등도 크게 변모되고 있다. 컨테이너 선박과 항공기가 대형화되고, 수송수단이 대형화됨에 따라 공항과 항만도 대형화·거점화되고 있으며, 하역장비 또한 현대화·대형화되는 추세를 보이고 있다.

(2) 전략적 제휴와 인수합병

전 세계적인 정보시스템을 바탕으로 화물추적이나 정보를 제공하고 있으며, 수송수단의 대형화, 고객들의 물류서비스 욕구의 고도화, 국제물류시장의 치열한 경쟁상황은 국제물류업체 간 전략적 제휴나 인수합병을 가속화시켰다. 이러한 전략적 제휴를 통한 협조·경쟁과 인수합병을 통한 대형화는 대형화된 선박과 항공기의 공간을 채우기 위한 집하경쟁에서의 우위확보와 고객들의 신속·저렴한 물류서비스의 욕구를 충족시키기 위한 국제물류업체의 필연적인 생존전략의 하나이다.

(3) Hub & Spoke 시스템

오늘날의 국제물류체계는 주요 거점 공·항만을 중심으로 Hub & Spoke 시스템이 구축되고 있다. 컨테이너선과 항공기의 대형화는 국제물류업체에 비용절감과 수송시간 단축을 위하여 많은 기항지에 체류하는 것보다는 소수의 거점 공·항만에 기항하도록 요구하고 있다.[18] 이에 따라 국제물류업체는 대형화된 컨테이너선과 항공기를 소수의 거점 공·항만에 기항시키고, 거점 공·항만을 중심으로 다른 주변 지역까지 피더서비스 또는 내륙수송서비스를 실시하고 있다.

---

18) 이러한 이유는 막대한 자본투자가 요구되고 장기간에 걸쳐 투자비가 회수되는 컨테이너선과 항공기는 소수의 거점 공·항만에 기항하여 수송수단의 회전율을 높여야 하기 때문이다.

01

(4) 신속한 서비스 확대

국제물류업체 간 전략적 제휴나 인수합병으로 인하여 결과적으로 주요 항로에서의 서비스 빈도[19]는 제휴그룹 간 선박과 항공기의 공간을 공동으로 이용할 수 있어 대폭 증가하고, 다른 지역에 기반을 둔 국제물류업체와 제휴를 통하여 전 세계적으로 서비스 범위도 확대할 수 있으며, 직항서비스의 개설 등으로 신속한 서비스도 가능하게 되었다.

(5) 전용터미널 혹은 거점 공동이용

국제물류업체인 컨테이너선사와 항공사는 Hub & Spoke 시스템이 확산됨에 따라 고객에게 안정적이고 효율적인 물류서비스를 제공하기 위하여 주요 거점 공·항만에 자사의 전용터미널을 확보하거나 전략적 제휴를 통한 거점의 공동이용을 적극 추진하고 있다. 국제물류업체가 전용터미널이나 공항의 전용공간의 확보에 노력하는 이유는 안정적인 기항스케줄의 보장을 통하여 고객에게 정시성을 제시할 수 있기 때문이다. 국제물류업체가 전용공간을 확보하지 않고 공용공간을 활용하게 되면 체선이 발생하는 등 정시성을 확보할 수 없을 뿐만 아니라 고객에게 특화된 서비스를 제공하는 데 한계가 있게 되고, 이것은 집하 및 고객의 확보에 어려움을 가져와 경쟁력 약화의 원인이 되기 때문이다.[20]

■4 국제물류의 동향

(1) 국제물류기업 간의 M&A나 전략적 제휴(Alliance) 발달

물류기업 간의 M&A의 장점으로는 고객에게 보다 효율적인 물류서비스를 제공하고 물류의 국제화를 위해서는 큰 규모의 물류기업이 유리하기 때문이다.

(2) 새로운 물류기술의 등장과 발달로 시간과 비용 절감

RFID와 같은 새로운 물류기술이 등장하고 발달함으로써 물류의 효율성을 높여 고객서비스를 만족시키고 시간과 비용을 절감시킬 수 있다.

(3) 재고를 줄이기 위한 지속적인 노력

물류의 효율성을 가늠하는 지표는 매출액에 대한 재고의 배율로서 나타낸다. 즉, 재고를 줄임으로써 물류의 효율성을 향상시킬 수 있다.

(4) 물적 유통(Physical Distribution)이나 Logistics에서 SCM을 중시하는 방향으로 발전

인터넷 등을 통한 전자상거래의 발달과 활성화에 따라 생산과 소비에 참여하는 주체들 간의 연결이 서로 공급자이면서 소비자인 관계로 보다 긴밀하게 연결되었다.

---

19) 예를 들면 태평양항로(서안)의 경우, 단일선사의 서비스 빈도는 많아야 주 2회를 유지할 수 있었던 데 비하여 전략적 제휴그룹의 빈도는 주 5~9회로 증가하였고, 유럽항로의 경우 단일선사의 서비스 빈도는 주 1~2회에서 2~5회로 증가하였다.
20) 한국해양수산개발원, 「21세기 글로벌 해운물류」, 두남, 2001, pp.191~193.

⑸ 환경 보존을 위한 Green Logistics(녹색물류)의 생성

환경문제를 해결하기 위해 Green Logistics가 생성되었고, 이는 공동인식과 공동실천이 중요하다. 최근 Green Logistics의 이슈는 온실가스인 이산화탄소의 배출을 줄이는 것이다.

⑹ 대규모의 물량을 수배송하기 위한 컨테이너 선박의 대형화

규모의 경제이론에 따라 소규모의 물량을 수배송하기보다는 대규모의 물량을 한 번에 수배송하기 위해서 선박이 점차 커지고 있는 상황이다.

⑺ 선박의 대형화에 따른 항만 수심의 증심(增深)

대량의 물량을 수배송하기 위해서 선박이 대형화됨에 따라 대형화된 선박의 입출항을 보다 안전하게 하기 위해서 항만의 수심이 깊어지고 있다.

⑻ 빠른 적·양하를 위한 Post Panamax Crane의 출현

선박이 점차 대형화되어 가면서 신속한 화물처리를 위한 Post Panamax Crane이 등장하게 되었다. 향후 Post Panamax Container Ship이 주력 Container Ship이 될 것으로 예상된다.

⑼ 북극항로를 이용한 새로운 해상루트 개설

지구온난화로 인한 북극 빙하가 급격히 사라지면서 북극항로를 이용한 새로운 해상루트가 생성되었다. 연구·개발단계를 뛰어넘어 북극 유빙의 문제가 해소될 경우 바로 상용화될 전망이다.

⑽ 미래운송수단의 등장과 더불어 미래 물류산업의 새로운 성장 동력 태동

전기자동차, 스마트카, 드론의 출현으로 환경보호와 오지 운송의 보편적 실현을 기대하고 있으며 과학기술의 발달로 사물인터넷기술과 인공지능 등을 포함한 첨단물류시스템의 등장으로 인하여 국제물류의 배송시스템을 바꾸고 있다.

⑾ 선박의 안전 운항을 위한 컨테이너 총중량 인증제 실현

2016년 7월 1일부터 선박의 안전 운항을 위하여 컨테이너선에 적재되는 컨테이너에 대하여 화주는 빈 컨테이너의 무게와 고정 강박하는 장치의 무게 그리고 화물의 실제 무게를 합친 컨테이너 총중량을 선사가 원하는 선적 전 지정 시간까지 의무적으로 신고를 하게함으로써 선사는 사전에 선박의 안전 운항을 하는 데 미리 점검할 수 있는 기회를 갖게 되었다.

⑿ 인터넷 전자상거래에 의한 국제특송 화물의 괄목할만한 성장

인터넷 쇼핑몰을 이용한 해외 직구와 해외 역직구의 발전은 국제특송(해상특송/항공특송)의 놀라운 성장과 구매대행업체 및 구매운송대행업체라는 물류업의 탄생을 가져왔다.

⒀ 코로나 19 사태 이후를 대비한 선사와 항공사 및 국제물류기업의 국제물류 리스크 관리

코로나 19 사태 및 새로운 바이러스 출현으로 인한 국제물류의 불확실성을 고려하여 선사의 선복 조정과 여객기의 화물기로의 변경 등 국제물류기업의 수익성 악화를 줄이기 위한 기업 간의 전략적 제휴가 코로나 19 사태 이전보다 훨씬 더 강화될 전망이다.

제 2 절 수출기업과 국제물류

1 국제물류의 발전과 합리화

(I) 국제물류의 발전과 전망 [21]

① 국제물류의 발전 요인

오늘날 기업은 제2차 세계대전 이후 기술의 획기적인 발달과 새로운 경영방식, 개선된 수송과 빨라진 통신으로 급격하게 국제화가 이루어졌으며, 그 결과 국경을 넘는 기업활동이 활발하게 이루어지고 있다. 즉, 전 세계가 하나의 시장으로 묶이는 국제화, 지구촌화(globalization) 시대를 맞아 기업들의 경영전략에는 국가라는 경계를 뛰어넘는 무국적주의 또는 초국적주의 개념이 짙게 깔리고 있으며, 다국적 기업들의 국경 없는 시장쟁탈전이 가열되고 있다. 또한 국제화 및 개방화 시대를 맞이하여 세계적인 대기업들은 부가가치와 판매량을 극대화하고 비용을 극소화하기 위하여 전 세계적인 시야에서 생산거점의 국제적 배치, 주문자 상표부착방식(OEM)에 의한 조달·판매망의 세계적 조직 그리고 연구개발기지의 해외설치를 통하여 제품 간 분업, 공정 간 분업, 시장 간 분업의 국제적 체제를 구축하고 있다.

이에 따라 무역패턴에도 변화가 일어나 서로 다른 나라의 독립된 기업 사이에 일어나는 무역보다 최근에는 모기업과 자회사 사이의 '기업 내 무역'이 늘어나고 있다. 이러한 새로운 경향들을 살펴보면 국제분업이 '제품 분업'에서 '공정 간 분업'으로, '산업 간 분업'에서 '산업 내 분업'으로, 그리고 '기업 간 분업'에서 '기업 내 분업'으로 세분화되어 가고 있음을 알 수 있다.

다음에서 국제물류의 발전에 영향을 준 주요 요인에 대해 살펴보기로 한다.

㉠ 글로벌 기업의 증가

ⓐ 국제화는 일반적으로 2개 국가 간의 수출입관계를 중심으로 하는 것이지만, 글로벌화는 다국 간의 국제적 분업관계를 뜻한다. 각 현지공장과의 상품의 제조분담, 원재료 및 부품의 현지조달 증가, 공장관리의 현지화 등으로 글로벌화가 점차 진전됨에 따라 물류에서도 글로벌한 관리가 중요하게 되었다. 국제무역이 크게 늘어난 결과 원재료, 부품, 반제품의 조립과 제품유통의 양면에서 국제적인 조달망의 정비가 진행되고 있다. 글로벌 기업은 원재료와 제품의 1/2에서 2/3 가까이 외국에서 조달하고 있으며, 선진국의 국내시장에서의 경쟁상대는 자국기업만을 의미하지 않는다. 따라서 기업이 존재를 유지하기 위해서는 세계시장을 어떻게 유효하게 선택 이용하는가에 달려 있다. 오늘날 선진기업들은 원재료와 부품을 A국에서 조달하여 B국에서 가공하고, C국에서 조립한 다음 전 세계 시장을 대상으로 판매하는 형태를 띠고 있다.

---

21) 홍석진, 「국제물류론」, 박문각, 2008, pp.88~93.

ⓑ 글로벌 기업에 있어 물류관리문제는 중요 관심사이다. 글로벌 기업은 제품 및 부품의 이동량이 매우 많기 때문에 이들 기업의 이익과 손실의 차이는 전 지구적 파이프라인을 최적화시킬 수 있는 능력 여하에 달려 있다. 따라서 글로벌 기업은 제품에 대한 세계시장을 파악한 후 그들의 마케팅전략을 지원하는 제조 및 물류전략을 개발함으로써 경쟁 우위의 획득을 추구한다. 글로벌 로지스틱스의 관점에서 볼 때 수송관리기능은 더 확장되어서 파이프라인 관리, 특히 출발지에서 최종 도착지까지의 리드타임에 대한 책임을 포함할 필요가 있다.

ⓒ 글로벌 기업은 공급의 리드타임이 길어지며, 운송시간이 길어짐에 따라 이에 대한 충분한 대응을 해야 한다. 보통 글로벌 공급체인에서 길어진 수송시간을 완충할 수 있도록 어느 정도의 중간재고를 가지는 것은 필수적이다. 그러나 그 완충재고의 규모가 제조에서의 비유연성 또는 잘못된 물자관리를 유발한다면 해당 시장에서의 보관시설과 재고 보유에 대한 필요성은 재검토되어져야 한다.

ⓛ 다품종 소량생산 체제

ⓐ 선진국 경제는 경제성장이 포화상태에 들어가 소비자 욕구는 고도화, 다양화, 개성화되고 있다. 이에 따라 상품 종류의 다양화, 단위 상품당 수요의 세분화, 상품 수명의 단축화, 패션화 등이 진행되고 있으며 그 결과 물류에서도 다빈도 소량배송, 리드타임의 단축, JIT 배송요구 등 고객 서비스의 고도화가 요구되고 있다. 이에 대응하기 위하여 기업은 다종다양한 신제품을 개발하고 이를 시장에 판매한 결과 상품 아이템 수의 급증과 상품 라이프 사이클이 단축되는 불투명한 상태에서 재고유지비, 보관비, 하역비가 큰 폭으로 증가하였다. 그 후 제조업체의 다품종 소량 마케팅 정책이 재고되는 경향도 있으나 장기적으로 소비자 욕구는 질적으로도 고도화, 다양화, 복잡화하여 다품종화는 지속될 것으로 보인다.

ⓑ 제조업의 경영전략도 소품종 대량생산에서 다품종 소량생산으로 급속하게 변하고 있다. 화주들의 물류업자에 대한 요구가 화물의 수송, 보관에 그치지 않고 재고관리, 유통가공 등을 포함한 물류업무 전반에서 수발주, 정보처리 등 물류 주변업무에까지 미치고 있다.

ⓒ 산업구조의 변화에 따라 화물의 수송구조가 바뀌고 있다. 부피 및 중량이 큰 화물을 발생시키는 제2차산업보다도 화물수송을 많이 발생시키지 않는 제3차산업의 성장이 두드러지고 있으며, 제2차산업의 내부에서도 부피 및 중량이 큰 제품을 대량으로 생산하는 기초산업에서 부피 및 중량은 작지만 부가가치가 높은 제품을 생산하는 가공·조립형 산업으로 비중이 이전하여 산업의 고도화가 진행되고 있다. 이 결과 수송 톤수 측면에서 보면 화물의 발생량이 줄어들고 있으며, 특히 제2차산업에서 발생하는 화물은 소형화, 경량화되고 있다.

ⓒ 제품 수명주기의 단축

ⓐ 제품 수명주기의 단축은 물류관리에 많은 문제를 야기하고 있다. 특히 라이프 사이클이 단축될수록 리드타임도 더 단축되어야 한다. 리드타임은 전통적으로 고객주문의 접수로부터 제품의 인도까지 소요되는 기간으로 정의되어 왔으나 오늘날은 제품의 설계로부터 원재료의 조달, 제품의 생산 및 조립 그리고 최종 시장까지 소요되는 시간으로 정의된다. 이것이 전략적 리드타임의 개념이며, 성공적인 물류운영관리를 위해서는 이 시간 간격을 잘 관리해야 한다.

ⓑ 제품의 라이프 사이클이 전략적 리드타임보다 짧아지는 상황은 이미 전개되고 있다. 이는 마켓에서의 제품의 생명이 동일 제품을 기획하고, 부품을 조달하고, 제품을 생산하여 시장에 내 놓는 기간보다 짧아지는 것을 의미한다. 글로벌 시대에 있어서 이와 같은 문제는 수송기간이 길어짐에 따라 더욱 커지고 있다.

ⓒ 궁극적으로 이러한 시장에서 성공하기 위해서는 공급체인상에서 제품 이동을 가속화시키고, 전체 물류시스템을 더 탄력적으로 만들어 급속히 변화하는 시장에 대한 대응성을 높여 나가야 한다. 많은 기업들은 제품의 공급자로부터 고객에 이르기까지 파이프라인의 길이에 대하여 적절한 주의를 기울이지 않았는데, 특히 환적소요시간과 중간재고보유에 대하여 주의를 기울이지 않았다. 공급체인에 있어서 재고의 존재는 그것이 부품이든 완제품이든 전체 파이프라인의 길이를 연장시킨다. 과거에는 이러한 재고를 수요와 공급의 급격한 변화에 대응하는 보호막의 개념으로 보았는데, 오늘날 이는 기업의 유연성을 저해하는 것으로 본다. 이와 같이 제품의 수명주기의 단축이 한층 빨라짐에 따라 기업은 시장 변화에 재빠르게 대응하는 것이 필요하며, 전체 리드타임을 줄이기 위한 다각적인 노력이 필요하다.

ⓔ 수송분담률의 변화

ⓐ 일반적으로 화물수송수요는 파생수요이기 때문에 화물수송량은 경제상황 및 산업구조, 산업입지 등에 영향을 받는다. 화물수송량은 각종 산업의 생산량 및 주요 생산물의 성질 그리고 생산지와 소비지의 지리적 관계 등에 따라 좌우되며, 경제활동이 활발하면 화물수송량도 증가하고, 경제활동이 침체되면 화물수송도 정체한다.

ⓑ 경제활동의 규모 및 산업구조, 산업입지 등이 변화하면 수송량도 변한다. 그러나 그 영향이 수송량에 미치는 정도는 수송수단에 따라 다르다. 해운과 항공화물수송을 비교하면 항공화물수송 쪽이 해운보다도 영향을 받는 정도가 크다. 항공화물 수송량과 해상화물 수송량의 GDP 탄성치를 각각 계측하면, 항공화물수송의 GDP 탄성치가 해상화물 수송보다 크다. 이것은 항공화물수송 쪽이 해상화물수송보다도 경제활동에 대하여 민감하게 반응하는 것을 나타내고 있기 때문이다. 항공에 의한 화물수송은 GDP 변화 비율보다도 큰 비율로 변화한다. 이에 비해 해운에 의한 화물수송은 GDP 변화율의 범위 내에서 변화한다. 경제가 성장하는 단계에서는 항공화물 수송량은 큰 폭으로 증가하나 경제가 정체하거나 후퇴하는 상황에서는 항공화물 수송량은 크게 감소할 가능성이 있다. 항공으로 수송되는 화물은 일반적으로 경량으로 부가가치가 높은 제품 및 시간가치가 높은 것이 주종을 이루어 경기에 민감하게 반응하는 경향이 있기 때문이다.

② 국제물류의 발전

국제물류는 시대적 환경변화에 따라 영향을 받아 발전해 왔다. 국제물류가 발전하게 된 것은 최근 세계경제의 글로벌화와 교통 및 인터넷을 포함한 정보통신기술의 발달과 확산에 큰 영향을 받았으며, 물류시설 및 장비의 개발과 확산에 의해 효율성이 높아지게 되었다.

㉠ 분야별 전문서비스 발달: 1980년대 이후 국제물류는 규제철폐에 의해 비약적으로 발전하게 되는 계기를 맞이하게 되었다. 특히 1970년대에 컨테이너운송이 본격화되면서 국제복합운송에 대한 필요성의 증대와 1980년에 미국에서 제정된 스태거스법(Staggers Act)과 주간운송법(Interstate Transportation Act)으로 각 주간 운송에 대한 규제가 철폐되어 미국 내 운송이 발전하게 되었다. 특히, 스태거스법으로 미국의 철도 운영권이 연방정부로부터 분리되고, 요금이 시장원리에 의해 결정되어 화물운송수요가 크게 증가하였다. 이와 같은 영향이 전 세계적으로 퍼져 규제철폐에 의한 국제운송 발전이 가속화되었으며 물류의 각 분야별 전문서비스가 발달하게 되었다.

[그림 1-3] 국제물류의 시대적 변천요인

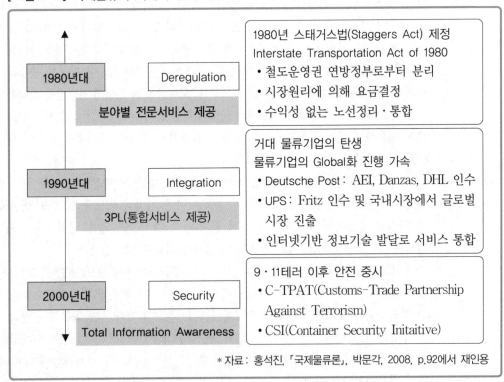

* 자료: 홍석진, 「국제물류론」, 박문각, 2008, p.92에서 재인용

ⓛ 제3자 물류업체(3PL)의 탄생 : 1990년대는 기업의 글로벌화가 본격화되고 물류에 대한 기업의 니즈가 전체 통합서비스를 요구하게 됨으로써 물류기업도 통합서비스를 제공하는 체제를 갖추게 되었다. 복합운송업체, 통관업체, 육상운송업체 또는 IT(Information Technology)업체 등이 통합물류서비스를 제공하는 전문물류업체로 변화를 꾀하게 되었다. 즉, 제3자 물류업체(3PL)가 탄생하게 되었다.

ⓒ 안전 및 보안 강화 : 2000년대 들어서는 2001년 9 · 11사태 이후 국제물류에서 안전 · 보안이 중요하게 되었다. 미국정부는 세관 및 국경보호국(Customs and Border Protection, CBP)이 주축이 되어 미국으로 들어가는 수입화물과 수입경로의 보안을 기하기 위한 프로그램으로 '테러리즘에 대응한 민관협력 프로그램(Customs-Trade Partnership Against Terrorism, C-TPAT)'[22]과 '컨테이너안전구상(Container Security Initiative, CSI)'[23] 및 Greenlane 해상화물보안법(The Greenlane Maritime Cargo Security Act)[24]을 발효하였고, 이어서 '선적 24시간 전 적하목록제출규정(24-Hour Rule : 24-hour advance vessel manifest rule)'[25]을 발표하였다. 또한 항공뿐만 아니라 트럭, 철도 등 운송관련 보안조직인 '미 교통보안청(Transportation Security Administration, TSA)'을 신설하였다.

ⓔ 첨단기술과 첨단기기 개발 : 물류서비스에서 각종 첨단기술 개발과 첨단기기에 대한 사용이 늘어날 것으로 전망되고 있다. 최근에는 실시간 화물 추적을 통한 물품정보와 물류보안을 이루기 위한 RFID(Radio Frequency IDentification, 무선전파인식) 기술을 통해서 수출화물의 위치정보, 화물의 상황정보, 화물의 보안정보 등을 실시간으로 활용할 수 있게 되었다.

---

22) 미국은 9 · 11사태 이후 테러방지를 위해 무역과정의 전체 물류상에 있는 관련 민간기업들의 도움 없이 국토안보를 효과적으로 수행하는 것이 불가능하다는 인식하에 C-TPAT를 2002년 4월에 창설하였다. 특히, C-TPAT는 공급사슬의 최종 소유자인 수입자, 선사, 중개인, 창고 운영자, 제조업자와의 긴밀한 협력을 통해서만 세관은 최고수준의 안전을 제공할 수 있다고 하는 인식에 의거하고 있으며, 이러한 조치를 통하여 세관은 기업에 대하여 공급사슬 내에 연결되어 있는 개개의 업무 파트너에게 보안지침을 주지시켜서 안전 관행을 온전하게 확보할 수 있도록 요청하고 있다(김종득 외, "미국 내 물류보안동향과 C-TPAT 운용에 관한 고찰", 「해운물류연구」 제55호, 한국해운물류학회, 2007.12, p.127~144 참조).

23) CSI는 미국 내 반입을 요하는 컨테이너 화물을 선박에 적재하기 이전에 위험성 여부를 외국의 수출 선적항에서 검사하는 것으로 2002년 1월에 시행하였으며, 미국은 전 세계 20대 항만이 속해 있는 국가와 쌍무협정을 체결하여 시행하고 있으며, 2003년에는 우리나라와 CSI를 체결하고 부산항에 세관직원을 파견, 자국으로 수출되는 화물을 검색하고 있다(김종득 외, "물류보안강화와 RFID에 관한 소고", 「통상정보연구」 제9권 제4호, 한국통상정보학회, 2007.12, p.243).

24) • Greenlane 해상화물보안법은 CBP가 C-TPAT가입 송하인들의 서류만을 검토하여 검사단계를 완화하는 것에 대한 비판을 제기하자 화물의 보안유지를 위한 보다 엄격한 기준을 요구하고 공급망 보안에 참가한 기업에 대한 인센티브 도입 등 기존의 화물보안 프로그램을 강화하기 위해 2005년 11월 15일 상원에서 제안한 법안이다. 이 법안의 목적은 어떤 컨테이너가 테러위험 화물을 적재하고 있는지 쉽게 파악하고 송하인 스스로 공급연쇄망의 모든 단계에 걸쳐 보안에 대한 책임을 질 수 있도록 절차 마련을 추진하는 데 있다.
    • Greenlane 해상화물보안법의 주요 내용은 ① 합당한 신분증 소지자 외 화물과 컨테이너에 대한 접근 제한, ② 선적 전 선적화물에 관한 사전정보 제출, ③ 모든 컨테이너에 대한 추적시스템 구축, ④ 수출입 계약시 담보면제를 포함한 패키지 인센티브를 제공하는 'Trusted Account' 도입 검토, ⑤ 운송 도중 컨테이너 침입을 감지할 수 있는 감지장치개발 등이다.

25) 해운부문에 대한 테러 위협이 높아지면서 테러 공격에 노출돼 있는 정기선 해운시장의 위협을 줄이기 위해 혐의가 있는 컨테이너를 검색하는 가장 효과적인 수단으로 선적 24시간 전 화물신고규칙(24-Hour Rule)은 미국이 테러를 차단할 목적으로 미국에 수출되는 컨테이너 화물은 외국항만에서 검사하기 위해 선박에 적재되는 화물의 정보를 적재 24시간 전에 미국 세관 · 국경보호국에 전자적인 방법으로 신고하도록 하는 제도로서 2003년 2월부터 시행하고 있다(김종득 외, "물류보안강화와 RFID에 관한 소고", 「통상정보연구」 제9권 제4호, 한국통상정보학회, 2007.12, p.243).

이에 따라 향후의 물류산업은 전 세계 시장을 대상으로 첨단기술 및 장비의 활용에 의해 글로벌 기업의 물류를 통합하여 관리해 주는 첨단서비스 산업으로 변모하고 있다.

● 물류보안제도 적용범위

③ **국제물류의 과제**

국제물류를 국내물류와 비교해서 보면 원리에 있어서는 크게 다를 것이 없다. 하지만 국제물류는 국내물류보다 더 복잡하고 비용이 많이 지출되며 특히 성과주기(Performance Cycle Length), 운영(Operations), 시스템 통합(System Integration), 제휴(Alliance) 등에 있어 국내물류와는 비교가 되는 과제를 가지고 있다.

  ㉠ 성과주기(Performance Cycle Length) : 국제물류에는 상호간의 통신지연, 청약과 승인의 문제, 운송 상의 일정과 긴 운송시간, 통관 등이 개입되어 있기 때문에 국내물류에 비해 긴 성과주기를 가지고 있다.

  ㉡ 운영(Operations) : 국제물류에서는 세계 여러 나라에서 사용하는 언어가 다르기 때문에 서류에 표기할 수 있는 언어가 다양하지만 표준화된 EDI 거래를 이용하면 해결이 가능하다. 하지만 서로의 조건과 특성에 맞추다 보면 다양한 제품이 필요하고, 이로 이해 필요재고량이 증가하고 재고관리가 복잡해진다. 이와 마찬가지 이유로 다양한 서류가 필요하다.

  ㉢ 시스템 통합(System Integration) : 국제물류에서는 각각의 국가조정이 필요하므로 시스템을 통합해야 한다. 특히 정보를 통합하여 모든 곳의 통제와 조정이 가능해야 하는데, 국가별로 다른 관행과 규정을 극복할 수 있는 통합도 필요하다. 인터넷의 활성화로 정보와 거래에 관한 국가별 차이는 많이 극복되었지만, 실질적인 상품의 물리적 이동에서는 국가별 차이는 쉽게 극복하기 어렵다.

ⓐ 제휴(Alliance) : 국제물류에서는 전 세계의 공급사슬을 관리해야만 한다. 또한 각 국가 간의 많은 차이점을 해결해야 하므로 해외업체와의 제휴의 필요성이 더욱 커지고 있다. 국제물류에서의 제휴는 시장접근, 타국의 전문가의 활용 가능, 투입자산의 효율성 등 여러 가지 면에서 유효한 전략이 될 수 있다.

> **핵심잡기**
>
> **국제물류의 허브가 되기 위한 조건**
> 1. 제3자 및 제4자 물류와 같은 고도의 정보기능에 의한 전문물류기업들의 유치, 지원
> 2. 주변 국가들과의 Feeder선 연계 강화
> 3. Tri-port, Penta-port 등 물류기능의 복합화 추진
> 4. 환적연계를 용이하게 하는 법·제도적 지원

(2) 국제물류의 합리화

국제물류는 국내물류보다 확대된 영역으로 원료조달, 생산·가공, 제조·판매활동 등이 생산지와 소비지가 동일국가가 아닌 국경을 넘어 이루어지는 것이며, 물품의 이동과 관련하여 수출입수속, 통관절차, 운송방식의 다양화로 인하여 물류관리가 국내물류보다 훨씬 복잡하다.

① 국제물류의 합리화가 필요한 이유

ㄱ 큰 비용과 활동규모 : 국제물류는 발생비용의 규모나 물류활동이 국내활동의 경우보다 훨씬 크기 때문에 수출기업의 국제화, 다국적화가 진전될수록 그 전략적 가치가 크다고 할 수 있다. 또한 해외직접투자에 의한 현지생산증대 등에 의한 제품 수입형 및 국제분업형이 보다 구체화될수록 국제물류관리는 매우 중요한 역할을 할 것이다.

ㄴ 생산과 주문 패턴의 변화 : 최근 전자상거래의 발달은 무역상품의 생산 및 주문 패턴에 큰 변화를 일으키고 있다. 생산측면에서 상품의 다품종화·소량화가, 주문측면에서 다빈도화 경향이 두드러지게 나타나고 있다. 수출기업 입장에서는 새로운 경향에 따라 재고감축과 판매증진을 달성하기 위한 물류합리화를 제고하고자 한다. 그러나 수출기업이 해외시장에서의 고객 요구에 맞춘 국제물류전략을 전개하기 위해서는 단순한 물류비용 절감의 차원을 넘어서서 고객서비스 제고까지 고려한 통합적 물류시스템을 구축할 필요성이 있다.

② 국제물류 합리화를 위한 방안

ㄱ 최적의 물류시스템 구축 : 국제물류의 합리화를 위해서는 수송, 보관, 포장, 하역, 유통·가공, 정보 등 개별 물류기능들을 적절히 통합하여 각 기능들의 상호작용이 효율적으로 이루어질 수 있는 최적의 물류시스템 구축이 필요하며, 이를 기반으로 화물의 출발지에서 도착지에 이르기까지의 일관된 총체적인 합리화를 도모하는 것이 중요하다.

[그림 1-4] 국제물류활동의 목표

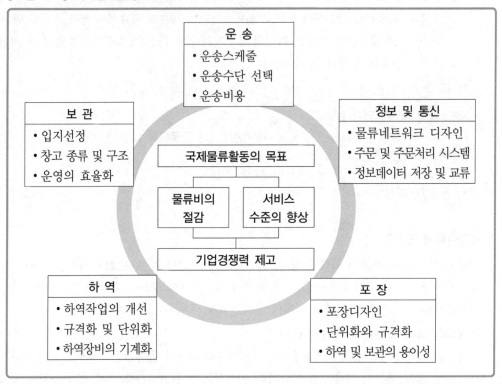

ⓛ 체계적 분석 : 국제물류를 효율적으로 수행하기 위해서는 국제물류에 대한 체계적인 분석과 비용의 효용성을 증대시키는 것이 필요하다. 즉, 시스템적 분석 및 총비용 차원의 접근을 꾀하여 수송, 보관, 하역, 포장, 정보 등과 같은 물류기능의 효율적 매치와 투입하는 비용의 효용성을 증대시켜야 한다.

ⓒ 수송수단 선정 : 물류비용에서 가장 많이 차지하는 것이 수송비이며, 다음이 보관관련 비용, 즉 재고비용이다. 일반적으로 국내물류에 비해 수송거리가 길고, 재고율을 높게 가져가야 하는 국제물류에서 수송과 재고문제는 국제물류 효율화의 관건이기도 하다. 따라서 수송문제를 단순히 제품을 수송하는 차원에서가 아니라 국제물류 효율화 차원에서 접근해야 한다. 즉, 국제간 수송에서 수송수단 선정이 단순히 수송을 위한 모드 선정의 차원에서가 아니라 전체 물류시스템에서 어느 모드를 선정하는 것이 물류합리화를 꾀하고 물류경쟁력을 높일 수 있는가의 차원에서 수송모드 선택 문제에 접근하여야 한다. 국제수송수단의 선정은 제품의 특성, 가치, 물량, 시장상황 등과 같은 절대적인 결정요인에 따라 좌우되기도 하지만 기업의 물류전략에 따라 달라지기도 하며, 수송 중의 재고나 안전재고를 고려한 총비용적인 접근에 따라 달라질 수 있다. 따라서 국제물류활동을 총비용적인 차원에서 접근하면, 눈에 보이는 비용 요소보다 눈에 보이지 않는 비용 요소, 즉 수송 중 재고나 안전재고비와 같은 요소가 더 중요한 것으로 나타나고 있다.

2 무역과 국제물류체계

(1) 무역과 국제물류체계의 변화

국제물류의 개념은 국경에 관계없이 원산지에서 최종 목적지까지의 흐름이 저해됨이 없이 화물의 움직임을 관리하는 것이다. 즉, 국제물류는 국제간에 이동하는 제품의 공급자로부터 수요자에 이르기까지의 공간적·시간적 차이를 물리적으로 극복함에 따라 제품의 효용, 즉 경제적 가치의 증대를 꾀하는 것을 내용으로 하고 있다.

효과적인 물류시스템의 구축	오늘날 기업들은 세계화된 생산·유통·판매활동에 대한 통합된 운영·관리를 위해서 글로벌 규모의 효과적인 물류시스템을 필요로 하고 있다. 세계적인 물류서비스의 제공은 국제물류가 단순히 국가 간의 화물유통임에 비추어 볼 때 전 세계 각 지역에 자체 화물유통망을 갖추고 있지 않더라도 고객인 제조기업이 요구하는 세계 어느 곳이나 물류서비스를 제공할 수 있는 능력을 갖추고 있음을 말한다. 국제 간 화물이동은 국내에 비하여 일반적으로 이동시간이 오래 걸리고, 한 종류 이상의 수송모드와 연계되므로 기업들이 자기제품을 국내시장에 공급하기보다는 국제시장에 공급하는 것이 훨씬 복잡하고 어려운 단계를 거치게 된다.
글로벌 기업의 출현	기업의 글로벌화로 국경을 초월한 상류활동을 유기적으로 연계시켜 주는 국제물류활동의 중요성을 더욱 부각시키고 있다. 글로벌 기업은 글로벌한 경영시각으로 시장규모와 생산비 격차를 이용하여 편재되어 있는 자원의 최적 활용에 따른 국제분업을 촉진시키고 있으며, 제품의 시간적·공간적 이동을 통해 가치 창출을 극대화하고 있다. 국제교역규모가 매년 증가하고, 기업의 글로벌화가 일반화됨에 따라 많은 기업 경영자들은 국제시장에서의 기업경쟁에서 국제물류의 중요성에 대해 인식하기 시작하였다. 이에 따라 많은 기업들이 현재의 수송체계를 다시 점검하고 재구축하고 있다. 국제물류의 효율화를 위해 수송모드 간 최적 조합에 따른 복합운송의 활용도 더욱 높아가고 있다. 또한 국제물류의 관심은 단순히 수송의 효율화를 꾀하는 것에서 벗어나 전체 물류체계 내에서의 효율화로 이전되고 있다.

국제물류는 발생비용의 크기가 국내활동의 경우보다 훨씬 크기 때문에 기업의 국제화·다국적화·글로벌화가 진전될수록 그 전략적 가치가 크며, 해외직접투자자에 따른 현지 생산증대에 의한 제품수입 및 국제분업이 보다 구체화될수록 국제물류관리가 매우 중요한 역할을 하게 된다.

(2) 교역구조의 변화와 국제물류체계

경제의 글로벌화에 따라 세계 교역 물동량이 지속적인 증가세를 보이고 있다. 즉, 무역장벽의 철폐와 자본 자유화의 진전에 따라 기업 활동의 글로벌화가 확대됨에 따라 세계 물동량 및 물류의 국제화 수요가 급증하고 있다.[26]

---

26) 국제물류의 수요가 급증하는 것은 경제의 글로벌화와 아주 밀접한 관계를 갖고 있는데, 경제의 글로벌화의 심화에 따라 물류환경의 변화도 가속화되고 복잡화되기 마련이다. 물류의 국제화 추세의 기본적 배경은 시장 및 생산 등 경제의 글로벌화 및 통합에 있으며, 이와 동시에 현대 정보기술의 발전과 무역정책의 표준화 역시 국가 간 물류의 장애를 제거하는 역할을 수행한다.

① 다자 간 국제무역

국제교역구조의 측면에서 보면, WTO 등과 같은 다자 간 국제무역이 국가 간 교역장벽을 낮추고 새로운 교역질서를 형성하면서, 양자 간 혹은 다자 간 FTA가 급속도로 확산되고 있다. 이에 따라 과거 NAFTA, EU, 동아시아 등의 3대 경제권역에서 중국, NAFTA, EU를 중심으로 러시아, 인도, 일본, 한국, ASEAN, 동유럽, MERCOSUR 등이 다층적으로 연계된 복잡한 교역구조의 양상을 보이고 있다. 특히 최근 들어 EU, 중국, 러시아, 인도 등을 중심으로 국경을 뛰어넘어 동시적으로 각 방향에서 추진되고 있는 유라시아 교역 및 물류영역의 대대적인 지각변동은 주목할 만하다.[27]

② 자유무역

최근의 세계교역구조는 WTO체제하에서 자유무역에 의한 국제간 교역이 활발해지고 있으며, 자유무역에 상충되는 경제블록화에 의한 지역주의 하에서도 역내 국가 간의 교역이 활발히 이루어지는 한편, 이에 대한 역외 국가기업의 역내 국가로의 해외직접투자를 활성화시키고 있어 무한경쟁을 더욱더 심화시키고 있다. 이에 따른 화물의 이동을 수반한 국제물류의 활성화에 크게 기여할 것으로 전망되고 있다.

---

27) EU의 경우 최근 동유럽 등의 가입에 따라 다국적 기업의 생산 및 물류기지가 폴란드 및 체코 등 생산비용이 저렴하고 지리적 입지가 우월한 지역으로 이전하고 있으며, 중국 등 동아시아 지역과의 물류네트워크를 강화하려는 노력을 경주하고 있다. 또한 동아시아 지역에 있어서는 중국의 TCR로 대표되는 '신실크로드 전략'에 따라 중앙아시아 및 유럽과의 물류네트워크를 추진하고 있으며, '육로운송망'을 통해 동남아시아 및 남아시아 국가들과의 물류네트워크를 구축해가고 있다. 러시아의 경우는 TSR 및 BAM철도(바이칼 – 아무르 철도) 등을 통한 유라시아 횡단 물류네트워크와 동시에 중앙아시아 및 인도를 경유하는 남 – 북국제 수송로를 구축하는 노력을 경주하고 있다. 인도의 경우도 중앙아시아, 중국, 러시아 등과의 연계 운송망 확충에 노력하는 등, 유라시아의 동서남북으로 새로운 물류네트워크의 '협력과 경쟁'의 지각변동이 이루어지고 있다(최재선 외, 「세계 물류 환경변화와 대응방안(II) : 유라시아편」, 한국해양수산개발원, 2005.12. 참조).

제 3 절   글로벌기업의 국제물류관리

1 국제물류관리체계의 전개

(1) 국제물류관리체계의 변화

기업경영 환경변화 및 기업경영의 세계화에 따라 세계화 기업의 물류시스템은 1970년대의 수출물류체계, 1980년대의 국가별 현지물류체계, 1990년대의 거점물류체계를 거쳐 1990년대 후반 이후 글로벌 네트워크체계를 구축함으로써 기업경영의 효율화를 도모하고 있다.

세계화 기업은 원료·부품의 조달, 조립·가공, 생산, 판매·마케팅, 인사, 재무 및 R&D 등 기업활동의 전부 또는 일부를 특정 경제권의 투자가치가 높은 지역에 배치하고 동지역을 거점으로 삼아 지역 경영활동을 수행하는 거점물류체계를 구축하고 있다.

즉, 세계화 기업은 각 지역의 생산·물류거점을 연계하는 네트워크 형성을 통하여 경영환경변화에 신속히 대응하는 한편 경영전략에 따라 각 거점 간의 조달·생산·판매를 효율적으로 연계하여 국제물류관리의 효율성 극대화를 도모하고 있다.[28]

◉ 국제물류관리의 단계별 변화

구 분	연 대	특 징	생산거점	물류체계
[1단계] 수출입 중심 물류체계	1970년대~ 1980년대 초	수출을 중심으로 이루어지는 일련의 물류활동을 관리하는 단계	자국	수출입체계
[2단계] 현지국 물류체계	1980년대 중반	국가별 현지자회사를 중심으로 물류·생산활동을 수행하는 단계	현지국	현지국 물류시스템 이용(자체 또는 현지 물류체계)
[3단계] Hub & Spoke 기반 거점물류체계	1980년대 후반~ 1990년대 중반	지역물류, 생산거점을 중심으로 지역경제권 전체를 담당하는 물류체계	지역거점	거점 중심 물류체계 (물류전문업자 이용)
[4단계] SCM 기반 글로벌 네트워크체계	1990년대 말~	조달, 생산, 물류, 판매 등 전 경영체계의 글로벌화 실현, 전문화된 물류관리체계 수요 증대(3PL, 4PL)	글로벌 네트워크	아시아 경제권, 미주 경제권 및 EU경제의 글로벌 네트워크 물류체계

＊자료 : 현병언 외, 「신물류관리」, 율곡출판사, 2004, p.751.

---

28) 로지스틱스21, 「국제물류론」, 한국물류정보, 2007, pp.30~32.

(2) 국제물류관리의 방향

오늘날 기업의 활발한 국제경영활동을 지원하기 위해 많은 물류개념 및 기법이 활용되고 있다.

기 법	내 용
생산과정 등 가치를 부가하는 활동을 가능한 한 최소화	• 주문생산이 아니고 수요예측에 근거하여 생산하여야 하는 경우 생산과정 등 가치를 부가하는 활동을 가능한 한 최소화한다. • 이를 위해서는 본사국 생산시설에서는 수요예측에 근거한 필요량을 부분적으로 완성된 상태로 선적하고, 각 시장국 혹은 지역시장에 있는 배송센터, 대리점 등에서 최종적인 수요예측치 및 주문에 따라 조립 혹은 부분 가공하게 하는 방식이 활용된다.
재고를 등급화하고 재고를 전략화	• 제품 및 고객의 이익 기여도 및 전략적 중요도 등에 따라 재고를 등급화하고 재고를 전략화한다. • 이익기여도가 높고 회전율이 빠른 제품은 재고를 분산시켜 고객이 원할 때 신속히 공급할 수 있도록 하고, 회전율이 느린 제품은 지역본부의 창고나 지역거점배송센터에서 통합관리하고 고객의 주문이 있으면 빠른 운송수단을 이용하여 공급하는 전략이 활용된다. • 이를 통해 안전재고 확보 필요량을 낮추고 재고관리 비용을 절감할 수 있다.
규모의 경제효과를 달성하기 위한 통합전략 활용	• 운송, 보관, 배달, 구매 등에 있어서 규모의 경제효과를 달성하기 위해 통합전략을 활용한다. • 원자재 집하시설, 거점배송센터 등을 활용하고 물량이 많지 않거나 물량 변동폭이 큰 시장국의 경우 영업용 물류시설을 이용한다. • 예를 들어 유럽경제 통합 진전에 따라 로테르담 등을 중심으로 유럽물류통합시스템이 구축되어, 1998년 현재 유럽통합물류센터의 56%가 네덜란드에 입지해 있으며, 21개의 국내기업들도 네덜란드에 유럽통합물류센터를 입지시키고 있다.
물류서비스에 대해 전략적 제휴 및 아웃소싱 전략 활용	국제경영에 필요한 자본투자의 필요성 감소, 시설가동률 증대 등을 통한 투자수익률의 제고를 위해, 국제화물 운송 및 주선, 보관, 정보처리 등의 물류서비스에 대해 전략적 제휴 및 아웃소싱 전략을 활용한다.

＊자료 : 로지스틱스21, 전게서, pp.32~33.

┌ 보충학습 ┐

아웃소싱(Outsourcing)

아웃소싱(Outsourcing)이란 기업 내부의 프로젝트나 제품의 생산, 유통 등을 외부의 제3자에게 위탁하여 처리하는 과정이다. 아웃소싱의 가장 큰 장점은 기업은 핵심이 되는 사업에만 집중하고, 핵심이 아닌 사업은 외주에 의존함으로써 생산성의 향상을 극대화할 수 있다는 점이다.

2 국제물류관리시스템의 구축

국제기업의 대상시장은 해외에 있으며, 해외에서 고객서비스가 이루어지고 있기 때문에 국제물류시스템은 제품이나 서비스가 해외시장에 적절히 제공되도록 수립되어야 한다. 국제물류시스템의 구성요소는 기본적으로 국내물류시스템과 동일하지만 해외 네트워크의 운영관리는 특수한 면이 많고 일반적으로 복잡하다.

국제기업은 국제환경 등을 정확히 분석해서 전략계획을 세워 그에 따라 물류계획의 성공 또는 실패를 감시하는 적정관리방법을 개발하는 것이 중요하다.

국제기업의 물류관리는 각 해외시장을 위한 최적물류시스템의 구축과 운영관리를 위해 국제환경 분석, 전략계획, 물류조직 구축, 물류운영 계획, 물류실시상황 관리, 평가·개선의 절차에 따라 진행된다.[29]

[그림 1-5] 국제물류관리절차

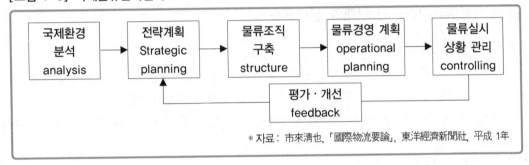

* 자료 : 市來清也, 「國際物流要論」, 東洋經濟新聞社, 平成 1年

(1) 국제환경 분석

해외 각 시장의 특색이나 시장 간의 공통점을 조사·분석하고, 계획이나 물류업무를 어떻게 추진하는가를 검토한다.

(2) 전략계획

목표시장에서 판매상품, 고객서비스, 물류시스템, 경쟁관계대책, 통화금융상황, 개선, 대안의 사정, 물류관리책임자 등에 대해 검토하고, 기업목적에 따른 전략계획을 책정한다.

(3) 물류조직 구축

기업의 자금, 기술을 투입해서 기업목적에 최적의 물류조직을 구축한다.

(4) 물류운영 계획

주어진 물류조직, 목적 및 시장 환경 하에서 효율적으로 실시 가능한 물류운영계획을 수립한다. 특히 각 목표시장에 대해서 어떤 포장, 수송, 재고관리, 고객서비스를 제공할 것인가에 대해 계획한다.

---

29) 방희석·이규훈, 「물류관리론」, 동성사, 2002, pp.584~585.

⑸ **물류실시상황 관리**

계획실시상황을 파악·관리한다.

⑹ **평가·개선**

재고량, 고객서비스의 수준, 물류비용, 물류시설의 가동상황 등의 실적파악에 의한 평가를 하고, 개선을 검토한다.

상기와 같은 국제물류관리절차에 의해 국제기업은 해외시장의 각 특색을 조사하고, 기업목적에 따라 전략·물류개선 대안을 개발하며, 또 이를 기초로 하여 적정한 물류조직 구축과 물류시스템을 실행하게 된다. 그리고 그 결과를 측정·평가하여 시스템의 개선·수정을 위한 전략계획단계로 피드백하게 된다.

3 국제물류시스템의 형태와 선택요소

⑴ **국제물류시스템의 형태**

국제물류시스템의 형태는 상품이 수출기업으로부터 출하되어 수입국 고객에 도착될 때까지의 경로 및 처리방법에 따라 고전적 시스템, 통과시스템, 직송시스템, 다국향 창고시스템의 4개의 기본유형으로 분류된다. 기업들은 시스템 중에서 두 개 이상을 복합사용하거나 병용해서 사용하기도 한다.

① **고전적 시스템**(Classical System)

　㉠ 개념 : 고전적 시스템은 무역상품이 수출국 기업에서 해외의 자회사 창고로 출하된 후 발주요청이 있을 때 해당 창고에서 최종 고객에게 배송되는 형태로 가장 보편화된 물류시스템이다. 이 시스템에서는 국제기업의 생산단위와 고객서비스 수준유지를 위한 해외 판매단위에 따라 최저빈도로 대량 출하하게 된다.

[그림 1-6] 고전적 시스템의 상품흐름

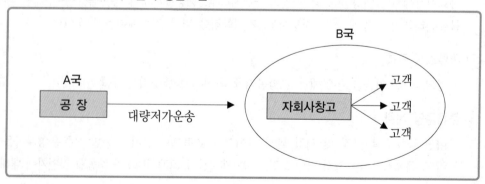

ⓛ 장 점

ⓐ 저렴한 선박수송을 이용한다.

ⓑ 혼재수송으로 운송비용이 낮다.

ⓒ 서류의 포괄적인 작성으로 작업이 감소한다.

ⓓ 사내 이전가격에 부과하여 관세액이 절감된다.

ⓔ 안전재고로 판매기회가 향상된다.

ⓒ 단점: 재고수준이 높아 보관비가 증가되어 결국 총물류비용이 다른 시스템보다 높아질 가능성이 크다.

② **통과시스템**(Transit System)

㉠ 개념: 통과시스템은 고전적 시스템과 유사하지만 자회사창고는 통과센터로만 가능하게 된다. 즉, 자회사창고는 운송된 상품을 단시간 내에 유통경로의 다음 단계에 따라 고객에게 배송하는 형태이므로 저장기능보다는 통과센터로서의 기능이 강하다.

[그림 1-7] 통과시스템의 상품흐름

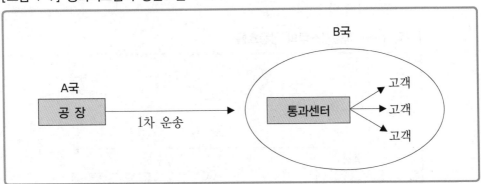

㉡ 장점: 통과시스템은 고전적 시스템보다 생산국으로부터 출하빈도가 높기 때문에 자회사 단계의 보관비가 절감된다.

㉢ 단 점

ⓐ 출하국에서 보관비가 증가한다.

ⓑ 긴급주문에 대해서 자회사창고에서 공급되지 않으므로 결과적으로 신속한 수단을 많이 사용하게 되어 수송비가 증가된다.

ⓒ 혼재출하의 가능성이 고전적 시스템보다 적어 저운임률 적용가능성이 낮아 수송비가 증가하게 된다.

ⓓ 출하의 고빈도화에 따라 고전적 시스템에 비해 선복예약이나 하역 및 출하, 통관비용 등이 증가하고, 필요서류도 양적으로 증대한다.

ⓔ 파업 등에 의해 자회사로의 수송이 중단될 경우에는 그 대응이 곤란하다.

③ **직송시스템**(Direct System)

    ㉠ 개념 : 직송시스템에서는 상품을 수출국의 공장 또는 배송센터로부터 해외 자회사의 고객 또는 최종 소비자, 판매점에 직송하는 시스템이다. 자회사는 상거래유통에 밀접하게 관여하게 되지만 물류에는 직접 관계하지 않는다.

    ㉡ 장 점

        ⓐ 전 재고를 출하국의 1개 장소에 집중하기 때문에 보관비가 다른 시스템보다 감소한다.

        ⓑ 자회사단계에서 하역비, 창고비, 수송비는 발생하지 않는다.

    ㉢ 단 점

        ⓐ 출하빈도가 매우 높아 서류작성시간과 하역, 출하비용이 매우 크다.

        ⓑ 항공수송으로 수송비가 증가한다.

        ⓒ 수입고객이 수입통관수속 및 관세를 부담한다.

        ⓓ 상품의 품질관리 대응이 곤란하다.

        ⓔ 파업 등으로 출하국의 수송 및 공급라인이 중단되었을 때 고객이 타공급자로 변경할 가능성이 높다.

[그림 1-8] 직송시스템의 상품흐름

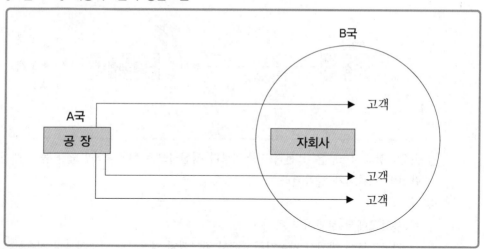

④ **다국향 창고시스템**(Multi-country Warehouse System)

    ㉠ 개념 : 다국향 창고시스템은 생산국 창고에서 상품이 출하되어 특정 경제권 내 중심국가에 설치한 중앙창고(Regional Center)로, 중앙창고에서 동일 경제권 내의 각국 자회사창고 혹은 고객 또는 유통경로의 다음 단계로 수송된다.

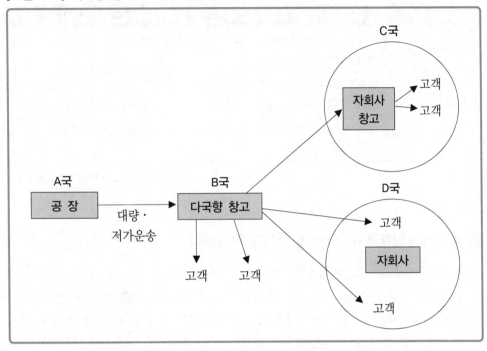

[그림 1-9] 다국향 창고시스템의 상품흐름

ⓛ 장 점

ⓐ 다국향 창고시스템은 보관비면에서는 고전적 시스템과 통과시스템의 중간에 위치한다.

ⓑ 재고가 한 지역의 중심국에 있는 중앙창고에 모아지기 때문에 각국에 있는 고전적 시스템의 경우보다 총재고량의 감축이 가능하여 그만큼 보관비가 감소한다.

ⓒ 수송경로나 범위면에서 고전적 시스템이나 통과시스템보다 출하량을 크게 모을 수 있어 수송비를 절감할 수 있다.

ⓒ 단 점

ⓐ 중앙창고가 각 지역별로 입지하고 재고가 설정되는 까닭에 통과시스템에서 단일입지의 재고의 경우보다도 보관비가 증대한다.

ⓑ 지리적 제약으로 인해 중앙창고의 배송서비스 범위 밖에 소재하는 자회사는 많은 재고를 보유하게 된다.

ⓒ 중앙창고 운영 및 관리비를 부담해야 한다.

(2) **선택요소**

수출기업이 국제물류시스템의 4가지 형태 중 한 시스템을 선택하기에 앞서 경제적·환경적·관리적 조건 등을 살펴보는 것이 중요하다. 그러나 최종적 의사결정은 해당 수출기업의 종합적 경영전략에 따라 이루어져야 한다.

● 국제물류시스템의 선택요소

선택요소	고려내용
경제적 조건	경제적 조건을 검토하기 위해서는 주로 상품의 특성, 제품의 종류 및 수량, 수요의 성격, 주문 규모 등을 고려한다.
환경적 조건	환경적 조건에서는 고객서비스 수준, 운송경로, 수입국 법령 및 규칙 등이 고려대상이다. 고객서비스 수준은 국제물류시스템을 선택하는 데 특히 중요한 요인이다.
관리적 조건	재고비용의 부담이 어느 정도인가 혹은 수입국에서 상품의 품질을 최종 검사할 필요가 있는가 등이다.

＊자료 : 박명섭, 「국제물류의 이해와 사례」, 법문사, 2005, p.225.

4 국제통합물류시스템의 필요성과 구축전략

(1) **필요성** : 물류시스템을 통합화함으로써 수요예측 정확도의 제고, 재고유지 필요량 감소, 물류관리 활동의 오차와 불확실성 감소, 시스템 유연성의 제고를 통한 고객서비스 수준의 향상, 비용절감을 통해 이루어지는 고객서비스 수준의 제고, 시장환경의 변화에 대한 민첩한 대응, 기계 및 설비의 효율적 이용 등과 같은 많은 효익이 기대되며, 다음과 같은 필요성이 대두되고 있다.

① **사이클타임과 신뢰도 및 유연성 저하** : 시차 및 언어의 차이로 커뮤니케이션의 지연, 신용장 등과 관련된 재무적 요소의 개입, 해상운송 및 복합운송의 이용, 통관 등으로 사이클 타임과 신뢰도 및 유연성이 저하된다.

② **업무처리 및 서류의 표준화 절실** : 다양한 언어가 사용되고 통관서류, 원산지증명서 등 많은 서류를 사용하므로 업무처리 및 서류의 표준화가 절실히 필요하다.

③ **재고유지 부담** : 각 시장국의 다양한 욕구를 만족시키기 위해 많은 재고유지단위를 취급하고 광범위한 지역에 걸쳐 재고유지 포인트를 가지고 있으므로 재고 부담이 크다.

④ **연결 및 통제의 상실** : 세계의 광범위한 지역에 걸쳐 복잡한 국제운송 및 물류를 일괄처리해줄 적절한 종합물류회사를 결정하여야 하며, 각국의 많은 공급업자 및 고객과의 연결 및 통제가 가능하여야 한다.

(2) **구축전략** : 국제물류시스템을 구축하는 데 있어서, 적절한 통합수준을 결정하기 위해서는 제품의 특성, 기업의 조달 및 생산 시스템의 성격 등의 요소가 고려되어야 한다.

① **제품의 가치밀도가 높은 경우** : 물류기능 및 재고를 집중시키고 주문이 들어오면 고급운송수단을 이용하여 신속하게 배달한다.

② **제품표준화의 수준이 낮은 경우** : 생산과 물류기능들을 분산하고 주문 및 수요에 관한 확실한 정보가 들어올 때까지 지리적·가치 부가적 지연 전략을 활용한다.

③ **운송비용이 총비용에 차지하는 비중이 큰 경우** : 생산시설을 분산시켜 고객과의 거리를 단축시킨다.

④ **경쟁이 주로 가격 중심으로 이루어지는 경우** : 생산과 물류를 집중시키고 화물통합을 통해 비용을 절감한다.

⑤ **서비스를 위주로 한 경쟁인 경우** : 물류기능을 분산시켜 고객의 주문에 신속하게 대응할 수 있도록 한다.

(3) 제품수명주기(Product Life Cycle, PLC)에 따른 물류전략

① **도입기**(introduction stage)

㉠ **개념** : 도입기는 기술혁신국가가 신제품개발에 성공하여 이를 국내시장에 소개하는 단계이다. 이 단계에서는 생산기술의 선도 기업에서 기술혁신이 일어나고 경쟁은 독과점 양상을 띠며 가격은 매우 높다.

㉡ **마케팅전략** : 도입기에는 판매량이 적고 매출 증가율도 낮으며, 개발, 촉진, 유통 등의 비용이 많이 소요되므로 이익이 없거나 적자가 발생한다. 이 시기에 있어서 수요자는 대부분 신제품 구매에 따른 위험을 기꺼이 부담하는 혁신층이 중심이 되기 때문에 신제품을 소비자에게 인지시키는 것이 중요하다.

따라서 신제품 도입기에는 다음과 같은 마케팅전략이 요구된다.

ⓐ 유통경로를 확보하여 소비자들이 신제품을 쉽게 구매할 수 있게 하여 초기 구매를 유도한다.

ⓑ 기존제품보다 경쟁우위를 가질 수 있는 제품전략과, 혁신자들에게 자사제품의 편익을 알려 상표 인지도를 높이고 구매의욕을 높일 수 있는 촉진전략이 필요하다.

ⓒ 이 단계의 가격은 제품생산비용과 마케팅비용이 높기 때문에 가격도 높아지지만 경쟁제품의 시장진입 가능성이 높을 때는 저가격전략을 채택할 필요가 있다.

㉢ **물류전략** : 도입기에는 시장성패의 불확실성으로 인해 유통망 확보가 어려운 시기이기 때문에 판매망을 상대적으로 몇몇 지점에 제한하면서 신중하게 이루어지며 제품의 가용성은 제한된다. 따라서 물류전략은 물류기능의 분산 등을 통해 높은 수준의 고객서비스를 제공하여야 하며, 동시에 물류서비스는 높은 수준의 재고 가용성과 유연성을 확보하는 전략이 필요하다.

② **성장기**(growth stage)

㉠ **개념** : 성장기에는 기술혁신 및 모방이 일어나고 경쟁은 신규기업 진입으로 증가하며, 대량생산을 통한 가격은 점차 인하되기 시작됨에 따라 전체 시장의 규모가 급속하게 확대된다.

㉡ **마케팅전략** : 성장기에는 시장점유율 확대에 마케팅전략의 초점을 맞춰야 하는바, 다음과 같은 마케팅전략이 요구된다.

ⓐ 상표의 포지션을 더욱 강화시켜 상표의 선호도를 높인다.

ⓑ 새로운 소비자와 기존 소비자의 구매를 유도하고 시장점유율을 확대하기 위해서 품질을 향상시키고 새로운 특징, 모델, 서비스 등을 추가한다.

ⓒ 제품원가가 감소하고 경쟁이 점점 치열해지므로 저가격정책을 채택하고 또한 시장세분화를 시도하면서 유통망을 확대한다.

ⓒ 물류전략 : 이 시기의 물류전략은 장기적인 시장지위를 확보하기 위하여 유통망을 확충할 필요가 있으나 재고거점의 수나 재고수준을 결정하는 데에 정보가 많지 않으므로 물류관리자의 판단에 따른 물류계획이 필요하다. 또한, 규모의 경제를 고려하여 비용과 서비스 간의 상충관계를 적극 고려하는 전략이 필요하다.

③ **성숙기**(maturity stage)

ⓐ 개념 : 성숙기에 이르게 되면 기술이전 및 확산이 이루어지고, 제품의 유통지역이 가장 광범위해지는 시기로 경쟁가속화에 따른 제품의 차별성이 중요해진다. 한편, 가격은 급속도로 인하되어지는 시기이다.

ⓒ 마케팅전략 : 성숙기에는 판매성장률이 감소하며 경쟁이 더욱 치열해지는 시기이기 때문에 다음의 마케팅전략이 필요하다.

ⓐ 이 단계에서는 시장점유율을 유지하기 위한 리포지셔닝전략을 세워야 한다. 즉, 제품용도를 확대하고 비사용자의 소비를 유도하며 새로운 세분시장에 진출하는 등 시장확대전략을 수행한다.

ⓑ 기존 제품의 품질, 외관 등을 바꿔 판매량을 늘리는 제품수정전략과, 새로운 세분시장에 초점을 맞춘 리포지셔닝전략을 수행한다. 즉, 저가전략, 차별화전략, 집중화전략 등 기본전략을 명확히 세우고 전략을 수행해 나가야 한다.

ⓒ 물류전략 : 이 시기에 제품의 유통지역은 가장 넓게 되며, 시장에서 제품가용성을 높이기 위해 많은 수의 재고거점을 필요로 하는 시기이므로 제품에 대한 독특한 부가가치서비스를 제공하거나 고객별로 차별화되고 집중적인 물류서비스전략이 필요하다.

● 제품수명주기(Product Life Cycle, PLC)**에 따른 물류전략**

도입기	성장기	성숙기	쇠퇴기
기술혁신국 ⇨ 신제품개발, 소개	경쟁격화 ⇨ 모방&신규기업 ↑	기술이전, 확산 ↑ 유통망 지역이 가장 광범위	기술가치 ↓ 경쟁이 악화되는 시기 ⇨ 재고보유의 수 ↓
구매자: 혁신층(소비주도) ⇨ 신제품소비자에 인지	장기적인 시장확보 ⇨ 유통망 확보가 필요 But 재고거점수와 재고결정을 위한 정보 ↓	⇨ 제품의 차별성 강조 ⇨ 가격이 ↓ 시기	⇨ 재고는 소수의 지점에 집중
시장성패의 불확실성 ⇨ 유통망 확보가 어려움 ⇨ 소수의 지점	물류전략 ⇨ 물류관리자의 판단	시장의 제품 가용성 ↑ ⇨ 많은 수의 재고거점 필요	제품의 이동형태와 재고배치를 수정할 필요성
물류전략 ⇨ 물류기능 분산 ⇨ 고객서비스 향상	⇨ 물류계획 필요 ⇨ trade off 고려	물류전략 ⇨ 독특한 부가가치 제공 ⇨ 고객차별화 ⇨ 집중인 물류서비스 전략이 필요	물류전략 ⇨ 비용최소화 또는 위험최소화 전략이 필요

④ **쇠퇴기**(decline stage)

㉠ 개념 : 제품이 쇠퇴기에 이르게 되면 기술가치는 급속히 하락하고, 경쟁은 서서히 약화되며 가격은 원가수준에 머물러 마케팅활동을 최소화한다.

㉡ 마케팅전략 : 쇠퇴기는 여러 마케팅 환경요인의 변화로 인해 수요가 지속적으로 감소하는 시기로, 다음의 마케팅전략이 필요하다.

ⓐ 생산량, 비용 등을 축소하고 투자비를 회수하여 시장 철수 여부를 결정해야 한다.

ⓑ 상품이 진부화되고 판매 및 이윤이 감소되므로 최소한의 이익을 유지하는 수준에서 가격정책을 취하고 적정 수의 점포만을 유지하는 선택적 유통전략을 채택한다.

ⓒ 소비자들에게 자사상표를 상기시키는 최소한의 수준으로 판매촉진비용도 줄인다.

㉢ 물류전략 : 기술변화, 경쟁, 흥미감소로 판매량이 줄어드는 시기로, 다음의 물류전략이 필요하다.

ⓐ 재고보유의 지점 수가 줄어들어 제품의 재고는 소수의 지점에 집중될 것이기 때문에 제품의 이동형태와 재고배치를 수정할 필요가 있다.

ⓑ 쇠퇴기에는 비용최소화보다는 위험최소화전략이 필요하다.

(4) 물류전략이론

① 바워삭스(Bowersow, 1989)와 다우허티(Daugherty)는 기업이 채택할 수 있는 물류전략에 대해 3가지 전략으로 구분을 하였다.

프로세스전략	다양한 물류활동관리업무가 요구되는 기업에서 채택하는 전략으로, 물자의 구매, 생산과 유통과정의 통합으로 높은 효율성을 달성하고자 하는 목적으로 채택하는 전략이다. 프로세스전략은 물류비용을 중요시하고 기업 내부의 프로세스에 중점을 두는 특징이 있다.
시장전략	여러 사업부에 대하여 물류활동관리업무가 다소 존재하는 기업에서 채택하는 전략으로, 높은 고객서비스를 제공하여 물류업무를 조정하기 위한 목적으로 채택하는 전략이다. 시장전략을 이용하면 고객입장에서의 복잡성은 줄어들거나 없어지는 반면 기업 내부의 고객 관리활동의 복잡성은 커지게 된다.
채널전략	넓은 범위의 물류활동을 물류서비스업자, 무역업자, 고객이 공동으로 수행하는 전략이다. 채널전략은 프로세스전략과 시장전략에 비해 기업 전체 활동의 구축 및 조정이 물류를 위해서 중요한 기능을 한다. 그렇기 때문에 채널전략을 채택하는 기업에서는 업무구축이 가치사슬의 앞 단계에 요구된다.

② 이상의 전략을 바탕으로 맥기니스(McGinnis, 1990, 1993, 1997)와 퀸(Köhn)은 물류전략의 특성과 결정요인에 대해서 여러 차례에 걸쳐 분석을 하였고, 이에 따르면 "기업이 무엇을 토대로 물류전략을 채택하는가?"를 결정하는 5가지 요인을 찾아냈다.

㉠ 고객서비스 약속(Customer Service Commitment)
㉡ 고객서비스의 통합성(Integrated Customer Service)

      © 전산시스템의 통합성(Integrated Computer System)

      ② 물류체계의 조정(Coordinated Logistics)

      ③ 물류체계조정의 효과성(Logistics Coordination Effectiveness)

이 5가지 요인을 토대로 설명을 덧붙여 보자면, 고객과의 약속이 중요해질수록, 고객서비스가 통합될수록, 전산시스템이 통합될수록, 물류체계가 더 조정되고 조정된 물류체계가 효과적일수록 기업은 더욱 적극적인 물류전략을 선택하게 된다. 이 말은 프로세스전략보다는 시장전략을, 시장전략보다는 채널전략을 선택한다는 것을 의미한다.

(5) 글로벌 물류전문기업들의 경영전략

글로벌 물류전문기업들의 경우 주력하는 물류서비스의 성격에 따라 크게 다음 4가지 종류로 구분할 수 있다.[30] 또한 향후 물류전문업자들은 더욱더 개별화되고, 산업집중적이고, 다각화되는 전략을 추구해 나갈 것으로 예상된다. 그러나 운영적 물류서비스에 대한 수요는 상당기간 지속 후 쇠퇴할 것으로 예상되고 있다.

① **운영(Operation)적 전략**: 기본적으로 한 종류의 서비스에 집중하여 저렴한 비용으로 양질의 서비스를 제공하는 것을 목표로 한다. 대표적인 예는 소화물 특송업체인 DHL이다.

② **산업집중(Industry Focussed)전략**: 특정산업의 매우 특수한 요구에 부응하는 전략이다. 대표적으로 네덜란드의 Royal Pakhoed사는 화학산업의 필요성에 부응하는 물류서비스전략을 구사하고 있다.

③ **다각화(Diversified)전략**: 서비스 종류를 다양화한다. 대표적으로 Neddlloyd그룹은 정기선 해운을 중심으로 터미널운영, 트럭킹, 창고, 내륙수운 등 서비스를 다양화하여 Mega Carrier로서의 성장을 도모하고 있다.

④ **개별서비스(Customized)전략**: 특정소비자들의 고도로 세련된 요구에 부응한다. 이들은 비용보다 서비스로 경쟁한다. 예로 Xerox사의 Frans Mass사, EXEL사의 노키아사에 대한 국내외 운송(배송), 창고, 정보서비스 등 물류서비스 제공이 있다.

(6) 글로벌 물류전문기업들의 국제물류전략

① **관리전략**(물류전문가를 선택해야 함)

    ③ 글로벌 물류전문기업이 전 세계적으로 판매와 유통활동을 지원하기 위해서는 국제물류체계의 구축과 관리가 매우 중요하다.

    © 국제물류의 관리전략은 국제물류의 특성을 반영해야 한다.

    © 국제물류의 다양성이 있기 때문에 물류관리전문가의 관리를 요구한다. 각 국가에서 요구하는 복잡한 서류를 담당하여 처리하고, 각 지역과 그 지역의 시장의 특성에 맞는 물류체계를 운영하여야 하기 때문에 각 지역별 유통과정에 적합한 물류전문가를 선택해야 한다.

---

30) 로지스틱스21, 전게서, pp.56~57.

② **수송전략**(통합된 물류운영방식을 선택해야 함)

　㉠ 국제물류에서는 수송거리가 국내물류에 비해 크게 증가한다.

　㉡ 수송거리가 증가하는 것은 수송비용이 증가하는 것을 뜻하며, 이 때문에 국제물류의 관리
　　에서 수송업자의 역할은 매우 중요하다. 국제수출입 수송량의 대부분을 담당하는 해운업
　　자의 역할은 더욱 중요하고, 운영에서도 주도적인 역할을 한다.

　㉢ 수송비용의 절감은 생산비용에 비추어 그리 높지 않고, 수송시간 단축이 더 중요한 목표가
　　되고 있다. 이를 위해서는 원료부품 조달 및 공급, 보관 등 물류의 다른 구성요소와의 상호
　　연관성이 고려되어 요소 간의 연결이 통합적이고 유기적으로 처리되어야 한다.

　㉣ 수송업자는 단순수송서비스보다 더 나아가 전문물류서비스 제공업자로 발전해야 한다.

③ **재고품전략**(연기전략)

　㉠ 국제물류에서는 국내물류보다 공급자와 소비자 사이에서 많은 재고품을 가지고 있기 때문에
　　재고품전략은 더욱 중요하다.

　㉡ 소비자 요구에 대해서 신속히 대응하여야 하기 때문에 소비자를 위한 서비스 향상을 위해서
　　재고품전략이 필요하다.

　㉢ 재고의 양을 가능한 줄이고, 소비자의 요구에 신속히 대응하면서 운송비를 줄이기 위한 전
　　략을 연기(Postponement)전략이라고 한다.

완성품(Form) 연기전략	제품의 최종 가공단계를 생략하고, 소비지에서 소비자 요구에 신속하게 최종 단계를 단순가공하여 공급함으로써 만들어질 최종 생산품의 재고를 줄이는 전략이다.
이동적(Temporal) 연기전략	만들어진 최종 생산품을 여러 최종 소비지 근처의 재고보관창고에 보유하여 소비자 요구에 신속하게 공급하는 전략이다.

④ **포장전략**(화물취급시 용이하고 화물에 손상이 없도록 함)

　㉠ 국제물류에서는 발생하는 화물의 손상과 분실에 따른 비용이 국내물류에 비해서 많은 비
　　용이 요구된다.

　㉡ 국제화물은 화물취급의 단계가 국내물류에 비해 많으므로 취급시의 손상에 대비하여야 한
　　다. 이러한 이유 때문에 화물취급이 쉽고, 수송과 보관 중에 손상을 줄이기 위한 컨테이너
　　가 국제물류과정에서 많이 이용되고 있다.

　㉢ 컨테이너를 이용할 때에는 컨테이너를 신속하고 적절하게 취급할 수 있는 항만시설의 존재
　　에 대해서 제한을 받는다.

⑤ **정보시스템 활용전략**(각각의 부분들을 연계하여 통합물류가 가능하도록 함)

　㉠ 국제물류의 운영에서 정보시스템의 확립은 반드시 필요하다.

　㉡ 통합물류가 가능하기 위해서는 광범위한 영업내용과 지역을 체계 있게 연결할 수 있는 정
　　보시스템의 구축이 있어야만 한다.

　㉢ 국제물류는 서비스의 연결을 위해서 정보의 표준화(EDI)의 개념이 특히 중요하다.

제 4 절 국제물류와 E - Logistics

1 정 의

E - Logistics는 정보통신네트워크(인터넷)를 기반으로 한 물류서비스라고 정의할 수 있다. 이 말은 정보통신네트워크를 바탕으로 하여 화주기업과 물류기업 간의 실질적인 물류활동을 온라인상에서 수행하는 것을 말한다. 그 영역은 수배송, 하역, 보관을 제외한 물류서비스에 포함된다.

2 E - Logistics의 발전 단계

(1) **제1단계**

위치, 운임, 서비스 등 화물의 기본정보를 정보통신네트워크를 통해 확인하는 단계

(2) **제2단계**

화물의 실시간 운송 및 보관정보와 예외적인 사항을 화주가 파악하는 단계로 1단계보다 화주기업과 물류기업의 연계가 강화된 단계

(3) **제3단계**

화주기업과 물류기업이 협력운영을 통해 업무를 수행하고 계약, 서비스 평가, 운임청구와 정산 등이 정보통신네트워크를 통해 이루어지는 단계

3 E - Logistics의 효과

(1) **거래의 신속화 및 비용절감**

E - Logistics, E - SCM 등의 확대에 따라 과거보다 더 신속하게 거래를 이룰 수 있을 뿐만 아니라 정보 분석, 협상, 계약 체결 등에 들어가는 비용을 절감할 수 있다.

(2) **중소기업의 기회 증가**

과거 대기업을 중심으로 생성된 시장 접근기회를 E - Logistics를 이용한 중소기업에도 많이 제공함으로써 경쟁력을 향상시키고, 다양한 상품과 서비스를 통해 차별화를 줄 수 있다.

(3) **물류시장 및 상품범위의 확대**

거래의 신속화, 비용절감과 공간적 거리개념의 축소 등은 물류서비스의 공급과 수요를 확대하여 물류시장의 범위를 전 세계로 확대시키고 물류상품의 범위도 확대시켰다.

(4) 수송사슬의 변화

핵심역량을 가지고 있는 많은 기업들이 정보통신네트워크를 통해 정보를 교환하고 다양한 형태의 전략적 제휴를 맺어 경쟁적 관계를 형성하게 된다. 이로 인해 운송업체가 대리점 등 중간계층을 거치지 않고 화주와 직접 거래가 가능하게 되어 기존의 가치사슬을 변화시켰다.

(5) 신종서비스를 제공

E - Logistics가 등장함으로써 과거 기존의 물류서비스의 기능성을 강화시키기도 하였지만, 정보통신네트워크에서만 가능한 새로운 서비스를 제공할 수 있게 되었다.

4 E - Logistics의 표준화

E - Logistics를 위해서는 표준화 작업이 추진되어야 하며, 표준화 작업이 추진될 때 E - Logistics 의 서비스 제공기반도 구축될 수 있다.

(1) 물류 프로세스의 표준화

물류 프로세스는 크게 수출입물류와 국내물류 프로세스로 분류할 수 있다. E - Logistics 서비스 를 효율적으로 제공하기 위해서는 정부가 수출입 물류서비스에 대한 업무 프로세스를 재정립해야 하며, 수출입 화주와 물류서비스 제공자 간의 업무 프로세스를 재정립해야 한다. 그 다음에 수출 입 물류와 국내물류 프로세스와의 연계성 재정립이 필요하다.

(2) 사용자 인터페이스의 표준화

민간기업과 고객들의 인터페이스 Tool과 인터넷 환경에서의 사용자 지원 S/W 개발이 필요하다. 이를 위해 다양한 시스템 현황을 분석해서 모든 시스템에 적용할 수 있는 범용의 인터페이스 Tool 의 보급이 필요하다. 차후 외국의 표준화 동향을 검토하여 해외와의 업무연계도 고려해야 한다.

(3) 전자문서의 표준화

향후 물류서비스 제공업체 간의 전자문서 표준화, 화주와 물류서비스 제공업체 간의 전자문서 표 준화를 위한 단계별 노력이 필요하다. 기존의 VAN 기반의 전자문서 대신에 개방성이 보장된 XML 기반의 전자문서의 개발 및 활용이 국내외의 다양한 사용자들 간의 정보교환 및 축적과 활 용을 위해서 유리하다.

(4) 분류 체계 및 코드의 표준화

코드의 표준화란 시스템의 개발 및 구축에 가장 중요한 요소이며 이를 통해서만 시스템의 구현이 용이하다. 또한 사용자 시스템 및 서비스 사용에도 편리성과 예측성을 부여해 준다. 코드가 다르 면 불필요한 시스템을 개발, 활용 절차를 요구하기 때문에 코드를 표준화해서 비효율성을 최소화 해야 한다.

02 실전예상문제

01 최근 국제운송의 발전 방향과 그 사례의 연결로 옳지 않은 것은? ▶ 제23회 국제물류론

① 초대형화: 일본의 TSL(Techno Super Line)

② 무인자동화: AGV Supervisor 시스템

③ 빅데이터화: Samsung SDS의 Cello

④ 스마트화: 함부르크항 smartPORT

⑤ 친환경화: IMO MEPC MARROL Annex Ⅵ

해설 일본의 TSL(Techno Super Line)은 초대형화가 아닌 초고속화의 사례이다.

02 국제물류 시장의 발전과 성장에 영향을 준 요인이 아닌 것은? ▶ 제17회 국제물류론

① RFID와 같은 물류 기술의 등장

② 글로벌소싱의 확대

③ 전문물류업자의 출현

④ 통합적 공급사슬관리의 등장

⑤ 무역장벽의 강화

해설 경제의 글로벌화에 따라 세계 교역 물동량이 지속적으로 증가를 하게 되었고 무역장벽의 철폐와 자본 자유화의 진전으로 WTO체제하의 다자간 국제무역과 자유무역이 활발하게 진행되고 있다. 이에 따라 글로벌 소싱의 확대, 새로운 물류기술의 등장, 물류전문인력이 양성되고 국제물류 환경 또한 GLOBAL SCM으로 변화하여 국제물류 시장의 발전과 성장에 도움을 주고 있다.

03 국제물류활동의 위험 및 불확실성을 증가시키는 요인이 아닌 것은? ▶ 제15회 국제물류론

① 안전재고량의 확보

② 글로벌 공급사슬의 리드타임 증가

③ 복잡한 통관절차 및 수출입 프로세스

④ 각국의 법규 및 관습의 차이

⑤ 전쟁이나 테러

해설 국가마다 기후의 변화 및 정치 경제 환경의 변화로 글로벌 SUPPLY CHAIN의 리드타임이 길어지고 각국의 통관 역시 국가마다 법규와 관습의 차이로 인해 많이 복잡하게 진행되고 있다.

04 현재 국제물류환경의 변화로 볼 수 없는 것은? ▶ 제15회 국제물류론

① 지역주의 확산에 따른 세계경제의 블록화

② 운송 산업 규제강화를 통한 경쟁 촉진

③ 지속가능한 친환경 녹색물류의 확산

④ 물류보안규제 강화

⑤ 기업경영의 글로벌화 확산

해설 국제물류환경의 변화로는 2001년 9.11 사태이후 보안물류, 환경물류와 함께 녹색물류를 강화하고 있고 국가 간에 활발한 FTA 도입으로 세계 경제가 점점 블록화되고 있다.

05 보호무역주의 확산이 글로벌생산업체에 미치는 영향으로 옳지 않은 것은? ▶ 제23회 국제물류론

① 현지국 내의 공급사슬관리 체제가 강화된다.

② 부품수입량이 감소하고 생산일정 관리가 어려워진다.

③ 지역별로 전개하는 글로벌 분업체제가 강화된다.

④ 연구개발 및 생산에서 규모의 경제가 약화된다.

⑤ 표준화된 글로벌 제품의 대량생산체제가 어려워진다.

해설 보호무역주의가 확산되면 지역 자체적으로 제품을 생산하고 소비하는 추세가 강화되기 때문에 글로벌 분업체제는 오히려 약화된다.

Answer 1. ① 2. ⑤ 3. ① 4. ② 5. ③

06 최근의 국제물류 환경변화에 관한 설명으로 옳지 않은 것은? ▶ 제17회 국제물류론

① 운송의 효율성을 높이기 위하여 선박이나 항공기가 고속화, 대형화 되는 추세에 있다.

② 항공사 간의 제휴는 감소하는 추세에 있다.

③ 국제물류업체 간 서비스 경쟁이 심화되면서 전략적 제휴를 확대하고 있다.

④ 비용절감과 수송시간의 단축을 위하여 주요 거점 항만 및 공항을 중심으로 Hub & Spoke 시스템이 구축되고 있다.

⑤ 화주에게 맞춤형 서비스를 제공하기 위하여 전문물류업체의 수가 증가하고 있다.

해설 국제물류업체 간 운임 경쟁과 서비스 경쟁이 치열해지면서 선사 간, 항공사 간에 심한 출혈경쟁으로 인한 채산성 악화를 막기 위해 선사 간, 항공사 간 공동배선 및 공동운항 등 전략적 제휴를 맺고 있다.

07 최근 국제물류 환경변화로 옳은 것은? ▶ 제22회 국제물류론

① 제품의 수명주기가 길어짐에 따라 신속한 국제운송이 요구되고 있다.

② 환경친화적 물류관리를 위하여 세계적으로 환경오염에 대한 규제가 완화되고 있다.

③ 위치기반기술의 발전으로 인하여 실시간 화물추적과 운행관리가 가능해졌다.

④ 기업들은 SCM체제를 구축하여 재고 증대를 통한 빠른 고객대응을 추구하게 되었다.

⑤ e-Logistics의 활용으로 물류 가시성이 낮아지고 있다.

해설 ① 제품의 수명주기가 짧아지고 있어 신속한 국제운송이 요구되고 있다.
② 환경친화적 물류관리를 위해 세계적으로 환경오염에 대한 규제가 점점 강화되고 있다.
④ 기업들은 SCM을 통해 상시 재고를 감소상태로 유지함으로써 빠른 고객대응을 추구한다.
⑤ e-Logistics를 활용한 물류 가시성이 점차 확대되고 있다.

08 최근 국제물류환경 변화에 관한 설명으로 적절하지 않은 것은? ▶ 제21회 국제물류론

① 기업의 국제경영활동 증가

② 물류서비스에 대한 수요의 고급화 · 다양화 · 개성화

③ 글로벌시장의 수평적 분업화로 다품종 대량생산으로 변화 추세

④ 통합된 국제물류체계 구축을 위한 경영자원의 필요성 증가

⑤ 물류의 신속과 정확성이 중시되면서 물류관리가 기업의 성패요인으로 부각

해설 최근 국제물류환경이 변화하면서 글로벌시장의 수평적 분업화로 소품종 대량생산에서 다품종 소량생산으로 변화하는 추세이다.

09 글로벌 소싱에 관한 설명으로 옳지 <u>않은</u> 것은? ▶ 제22회 국제물류론

① 기업들은 글로벌 소싱을 활용하여 공급사슬을 확대할 수 있다.

② 구매가격을 낮추기 위하여 외국의 공급자로부터 자재와 부품을 구매할 수 있다.

③ 글로벌 소싱은 품질과 납기 등을 개선시킬 기회가 될 수 있다.

④ 해외공급자 파악, 선정, 평가 등의 추가적인 노력이 요구된다.

⑤ 정보통신기술의 발달로 글로벌 구매시 국내 구매와 동일한 절차로 자재를 획득할 수 있다.

> **해설** 환율 변동, 국가 간 법적·제도적 차이로 인해 정보통신기술이 발달하더라도 글로벌 구매시 국내 구매와 동일한 절차로 자재를 획득할 수는 없다.

10 생산과 조달의 세계화에 따라 국제물류에서도 여러 새로운 움직임이 일어나고 있다. 다음 국제물류의 동향에 대한 설명 중 가장 옳지 <u>않은</u> 것은? ▶ 제11회 국제물류론

① Physical Distribution이나 Logistics에서 SCM을 중시하는 방향으로 바뀌고 있다.

② 물류비의 최적화를 위해 국제물류기업 간의 전략적 제휴나 M&A가 활발해지고 있다.

③ 국제물류의 발달에 따른 운송기능의 향상으로 물류거점 수가 증가되고 있다.

④ 자원의 재활용과 환경보존이라는 시대적 요구에 부응하기 위해 그린 로지스틱스(Green Logistics)가 발달하고 있다.

⑤ RFID와 같은 물류신기술이 등장함에 따라 새로운 운송경로와 수단을 통해 시간과 비용 절감을 모색하고 있다.

> **해설** 오늘날의 국제물류는 교통 및 정보통신기술 등의 발달 등으로 핵심 물류거점을 중심으로 이루어지고 있으며, 전체적으로는 물류거점 수가 점차 감소하고 있다.

11 물류를 아웃소싱한 기업이 얻을 수 있는 장점으로 옳지 <u>않은</u> 것은? ▶ 제21회 국제물류론

① 전문업체와의 계약에 따라 물류서비스의 최적화 유지 가능

② 별도의 예비인력 확보 및 물류운영에 대한 부담 해소

③ 고정 차량 부족시에도 효율적인 물류업무 수행 가능

④ 장기적인 측면에서 유능한 내부 물류전문인력 양성 가능

⑤ 인력과 장비의 융통성 있는 활용 가능

> **해설** 물류기능을 외부 전문기업에게 의뢰하는 것을 물류 아웃소싱이라고 하는데, 물류를 아웃소싱하게 되면 장기적인 측면에서 유능한 내부 물류전문인력을 양성하기가 어렵다.

Answer 6. ② 7. ③ 8. ③ 9. ⑤ 10. ③ 11. ④

12 다음 설명에 해당하는 국제물류시스템의 형태는? ▶ 제21회 국제물류론

> ㉠ 이 시스템에서는 예상치 않은 수요와 품절에 대비해 일정 수준의 안전재고를 설정한다. 수출기업으로부터 출하빈도가 높기 때문에 해외 자회사 창고에서의 보관비가 상대적으로 절감되는 장점이 있다. 단점은 출하가 빈번하여 시설 사용 예약, 하역과 선적 및 통관 비용이 증가하며 혼재수송 가능성이 낮아져 운임의 할인 혜택이 적어진다.
>
> ㉡ 이 시스템은 한 기업이 다수 국가에 자회사를 가지고 있으며 해당하는 나라들 모두에 제품공급이 가능한 중앙창고를 보유할 수 있다. 이 경우 제품생산 공장으로부터 중앙창고로 수송되어 자회사 창고 또는 고객에게 배송하는 형태이다.

① ㉠ 직송 시스템   ㉡ 통과 시스템
② ㉠ 고전적 시스템   ㉡ 직송 시스템
③ ㉠ 고전적 시스템   ㉡ 다국적(행) 창고 시스템
④ ㉠ 통과 시스템   ㉡ 고전적 시스템
⑤ ㉠ 통과 시스템   ㉡ 다국적(행) 창고 시스템

해설 ㉠ 통과 시스템에 관한 설명으로, 고전적 시스템과 유사하지만 자회사 창고는 통과센터로만 가능하게 된다.
㉡ 다국적 창고 시스템에 관한 설명으로, 생산국 창고에서 상품이 출하되어 특정 경제권 내 중심국가에 설치한 중앙창고(Regional Center)로, 중앙창고에서 동일 경제권 내의 각국 자회사창고 혹은 고객 또는 유통경로의 다음 단계로 수송되는 것을 의미한다.

13 우리나라 수출입물류의 효율화를 위하여 구축된 정보시스템이 아닌 것은? ▶ 제15회 국제물류론

① K-CALS   ② KT-NET
③ KL-NET   ④ SP-IDC
⑤ Port-MIS

해설 K-CALS는 korea commerce at light speed의 약자로 초고속경영통합정보시스템으로 제조업체와 협력업체 등 관련 기업들이 공유하며 경영에 활용하는 기업 간 정보시스템이다.

14 국제물류관리가 필요한 이유로 옳지 않은 것은? ▶ 제20회 국제물류론

① 물류가 국내제품의 수출경쟁력 증가에 기여하기 때문이다.

② 물류정보시스템의 발전으로 물류관리가 복잡해지고 난해해짐에 따라 효율성이 저하되기 때문이다.

③ 해외고객의 다양한 요구에 신속하고 정확하게 반응하기 위해서이다.

④ 제품의 수명주기가 짧아짐에 따라 국제물류의 신속성이 요구되기 때문이다.

⑤ 해외거점 확대, 해외조달, 아웃소싱이 증가함에 따라 공급망이 국내에서 해외로 확장되기 때문이다.

> **해설** 국제물류가 발전하면서 물류관리가 복잡해지고 난해해지지만 물류정보시스템이 발전할수록 효율성은 오히려 증가하게 된다.

15 상품이 생산국 창고에서 출하되어 특정 경제권 내 물류거점 국가에 설치된 중앙창고로 수송된 다음 각국의 자회사 창고나 고객 또는 유통경로의 다음 단계로 수송되는 국제물류시스템은?
▶ 제16회 국제물류론

① Direct System

② Transit System

③ Multi-country Warehouse System

④ Point to Point System

⑤ Classical System

> **해설** 다국향시스템(Multi-country Warehouse System)은 생산국 창고에서 출하되어 특정 경제권 내 중심 국가에 설치한 중앙창고로, 중앙창고에서 동일 경제권 내의 각국 자회사 창고 혹은 고객 등의 유통경로의 다음 단계로 수송된다.

Answer 12. ⑤ 13. ① 14. ② 15. ③

16 국제물류관리에 영향을 줄 수 있는 환경변화로 옳은 것을 모두 고른 것은? ▶ 제20회 국제물류론

> ㉠ 해운동맹(shipping conference)의 기능이 강화되고 그 수가 증가하고 있다.
> ㉡ 항공기와 선박 등 운송수단의 효율성이 높아지고 있다.
> ㉢ 물류보안의 강화로 엄격한 통관기준이 적용되는 추세이다.
> ㉣ 탄소배출권거래제도 참여의무와 같은 환경장벽의 확대에 따라 국제운송비가 감소하는 추세이다.

① ㉠, ㉡
② ㉢, ㉣
③ ㉡, ㉢
④ ㉡, ㉢, ㉣
⑤ ㉠, ㉡, ㉢, ㉣

해설 ㉠ 해운동맹(shipping conference)은 최근들어 해운업체 간 활발한 M&A 등으로 새롭게 재편됨에 따라 대형화되고 있는 반면, 수는 오히려 감소하고 있다.
㉣ 탄소배출권거래제도 참여의무와 같은 환경장벽의 확대에 따라 국제운송비는 오히려 증가하는 추세이다.

17 국제물류계획의 수립에 있어서 일반적인 전략이 아닌 것은? ▶ 제15회 국제물류론

① 물류시스템의 설계는 Trade-off 분석을 통한 총비용 개념으로 접근한다.
② 물류 표준화와 공동화를 통하여 비용 절감을 추구한다.
③ 물류 아웃소싱을 지양하고 자가물류 체계를 확대한다.
④ 단위운송비를 낮추기 위하여 수송단위의 대형화를 추구한다.
⑤ JIT물류는 고객서비스 수준을 고려하여 선택적으로 사용한다.

해설 국제물류에 있어서 생산거점이 2개국 이상으로 다양하게 진행됨에 따라 구매 아웃소싱과 물류 아웃소싱으로 국제물류계획을 수립하고 있다.

18 해외직접구매의 확산이 물류부문에 미치는 영향으로 옳지 않은 것은? ▶ 제20회 국제물류론

① 물류정보시스템의 필요성 증가
② 국내외 제조업체들의 자가물류 증가
③ 통관업무를 담당하는 전문인력에 대한 수요 증가
④ 정확하고 체계적인 다빈도 소량운송의 필요성 증가
⑤ 글로벌 공급망관리의 필요성 증가

해설 해외직접구매의 확산으로 인해 국내외 제조업체들의 자가물류는 오히려 감소하고 있다.

19 다음 중 다국적 기업의 국제로지스틱스전략을 잘못 설명한 것은? ▶ 제7회 화물운송론

① 국제조달본부가 범세계 네트워크를 통해 전 세계적인 공통부품과 현지조달에 의한 고유 부품과 조달방법 간의 균형과 조화 추천

② 세계적 시각에서 공장입지의 선택, 지원확보, 운송거점의 설치, 규격의 표준화, 스왑 (swap operation) 등을 경영전략상의 최우선순위로 추진

③ 세계 전체가 생산기지라는 개념하에 기능분담을 위해 범세계적인 시야에서 생산기지를 통합적으로 관리

④ 국내 및 해외의 생산공장 간에 부품, 반제품 및 완제품의 교환을 통해 이익을 향유할 수 있는 일종인 내부거래의 중요

⑤ 판매면에서는 완성품의 국제유통, 완성품 및 서비스 부품의 재고, 창고관리, 수배송 등을 대상으로 국제마케팅의 하위전략으로 로지스틱스 운영

> **해설** 판매면에서는 완성품의 국제유통, 완성품 및 서비스 부품의 재고, 창고관리, 수배송 등을 대상으로 국제마케팅의 주요 전략으로 로지스틱스를 운영하고 있다.

20 국제물류에서 활용되고 있는 RFID(Radio Frequency Identification)에 관한 설명으로 옳지 않은 것은? ▶ 제16회 국제물류론

① RFID는 EOS(Electronic Ordering System)에서 현재 가장 보편적으로 이용되고 있다.

② RFID는 기존의 무선인식시스템 보다 많은 양의 데이터 저장이 가능하다.

③ RFID 기술은 전파를 매개로 하는 초소형 칩과 안테나를 사물에 태그형태로 부착한다.

④ RFID의 도입을 통해 화물의 위치를 추적할 수 있다.

⑤ RFID는 유통업체 및 제조업체의 재고파악 능력을 향상시킨다.

> **해설** 국제물류 기술의 발달로 활용되고 있는 RFID는 현재까지는 단가가 보편적으로 사용하기에는 기업 들이 비용에 부담을 느껴 대중화가 아직 이루어지지 않고 있다.

Answer 16. ③ 17. ③ 18. ② 19. ⑤ 20. ①

21 미국이 물류보안체계 수립을 위해 추진한 내용으로 옳지 않은 것은? ▸ 제13회 국제물류론

① SOLAS(Safety of Life At Sea Convention) 개정

② C-TPAT(Customs-Trade Partnership Against Terrorist) 시행

③ TSA(Transportation Security Admini-stration) 설립

④ 24 Hour Advance Manifest Rule 시행

⑤ Maritime Transportation Securty Act of 2002 제정

> **해설** SOLAS(Safety If Life at Sea Convention, 국제 해상인명안전협약)는 바다에서 인명의 안전을 도모하기 위해 국제해사기구(IMO : International Maritime Organization)에서 정한 국제협약이다. 1948년 발효된 이 협약은 국제항로로 항해하는 선박의 구조 및 구명, 소방 등에 대한 원칙과 규칙을 정하고 있다.

22 국제물류관리의 효율화 방안으로 옳지 않은 것은? ▸ 제20회 국제물류론

① 운송수단 내 적재효율을 높이고 운송경로는 최단거리를 선택한다.

② 포장은 견고하게 하되 과포장을 피한다.

③ 화물의 재고현황을 파악하기 위해 POS 시스템과 같은 IT기술을 활용한다.

④ 혼재를 통해 운송의 효율을 높인다.

⑤ 효율적인 하역작업을 위해 하역횟수를 늘리고 1회당 하역량을 줄인다.

> **해설** 효율적인 하역작업을 위해서는 하역횟수를 줄이고 하역 1회당 하역량을 늘림으로써 불필요한 비용 및 노동력을 낭비하지 않아야 한다.

23 다음 ( ) 안에 들어갈 용어로 각각 옳게 나타낸 것은? ▸ 제12회 국제물류론

> 2001년 미국에서 발생한 9 · 11테러사건으로 물류부분에서도 안전 · 보안이 중요시되었다. 2002년부터는 미국 관세청이 국토보안정책의 일환으로 (㉠)를 추진해 왔으며, 테러방지를 위한 민관협력프로그램인 (㉡)를 시행하고 있다.

	㉠	㉡		㉠	㉡
①	AMS	NACCS	②	CSI	NACCS
③	AMS	CSI	④	CSI	C-TPAT
⑤	NACCS	C-TPAT			

> **해설** CSI : 미국 관세청의 국토보안정책 C-TPAT : 테러방지를 위한 민관협력프로그램

24 이 제도는 미국으로 수출되는 화물의 보안유지를 위하여 보다 엄격한 기준을 요구하고 공급망(SCM) 보안에 참여한 기업에 대한 인센티브 도입 등 기존의 화물보안프로그램을 강화하기 위하여 제안되었다. 컨테이너에 테러위험 화물이 적재되어 있는지 쉽게 파악하고, 송하인이 스스로 보안에 대해 책임지도록 하는 절차의 마련을 위해 2005년 11월 미국 상원에서 제안된 해상 물류보안제도는 무엇인가?　　　　　　　　　　　　▶ 제12회 화물운송론

① 컨테이너 안전협정(CSI)

② 위험물 컨테이너 점검제도(CIP)

③ Greenlane 해상화물보안법(GMCSA)

④ 국제선박 및 항만시설 보안규약(ISPS code)

⑤ 항만보안법(SAFE Port Act)

해설 Greenlane 해상화물보안법은 CBP가 C-TPAT가입 송하인들의 서류만을 검토하여 검사단계를 완화하는 것에 대한 비판을 제기하자 화물의 보안유지를 위한 보다 엄격한 기준을 요구하고 공급망보안에 참가한 기업에 대한 인센티브 도입 등 기존의 화물보안프로그램을 강화하기 위해 2005년 11월 15일 상원에서 제안한 법안이다. 이 법안의 목적은 어떤 컨테이너가 테러위험 화물을 적재하고 있는지 쉽게 파악하고 송하인 스스로 공급연쇄망의 모든 단계에 걸쳐 보안에 대한 책임을 질 수 있도록 절차 마련을 추진하는 데 있다.

Greenlane 해상화물보안법의 주요 내용은 ㉠ 합당한 신분증 소지자 외 화물과 컨테이너에 대한 접근 제한, ㉡ 선적 전 선적화물에 관한 사전정보 제출, ㉢ 모든 컨테이너에 대한 추적시스템 구축, ㉣ 수출입계약시 담보면제를 포함한 패키지 인센티브를 제공하는 'Trusted Account' 도입 검토, ㉤ 운송 도중 컨테이너 침입을 감지할 수 있는 감지장치 개발 등이다.

25 다음 중 1998년 미국 개정해운법의 주요 내용이 아닌 것은?　　　　▶ 제12회 국제물류론

① 해운동맹의 독점금지법 적용 면제

② 서비스 계약시 개별 선사의 비밀계약 허용

③ 선사의 독자행동권 확대

④ NVOCC의 자격요건 완화

⑤ 화주의 교섭력 강화

해설 동법의 주요 내용을 요약하면 ㉠ 독점금지법의 적용면제, ㉡ 미국형 동맹협정, ㉢ 독자행동권(I/A)의 확대, ㉣ 기간 물량별 운임률(TVR), ㉤ 서비스계약(S/C)의 활성화, ㉥ 공중운송, ㉦ 이중운임제의 금지, 즉 성실계약의 금지, ㉧ 미국선사의 보호, ㉨ 화주협회, 즉 화주단체의 인정, ㉩ 무선박운송인(NVOCC)의 지위인정 등이다.

26 미국의 2001년 9 · 11사건 이후 전 세계는 물류보안 및 안전을 강화하고 있다. 이와 관련이 없는 것은?
▶ 제14회 국제물류론

① ISO 14000   ② C-TPAT   ③ SAFE Framework

④ ISPS Code   ⑤ AEO

해설 ① ISO 14000은 환경경영체제에 관한 국제표준화규격의 통칭으로 기업활동 전반에 걸친 환경경영체제를 평가하여 객관적으로 인증하는 것이다.
② C-TPAT(Customs-Trade Partnership Against Terrorism)는 테러리즘에 대응한 민관협력 프로그램이다.
③ SAFE Framework란 9 · 11테러 이후 무역안전 및 원활화를 위한 WCO 규범으로 2005년 6월 총회에서 채택되었으며, 동 규범은 Pillar I(세관대 세관 네트워크 사항)과 Pillar II(세관대 민간 협력사항)으로 구성되어 있다.
④ ISPS Code(International Ship and Port Facility Security)는 국제 간을 항해하는 취항 선박 및 동 선박이 이용하는 모든 항만시설에 적용되며 선박, 항만시설, 화물 등에 대한 테러를 예방하기 위해 정부 및 선박회사가 이행해야 할 의무사항을 규정하고 있다.
⑤ AEO(Authorized Economic Operator)는 세관에서 수출기업이 일정 수준 이상 기준을 충족하면 통관절차 등을 간소화시켜 주는 제도이다. 9 · 11테러 이후 미국 세관에서 안전을 강조하면서 통관이 지연되자 WCO에서 관련 규정을 강화하기 위해 도입했다. 미국은 C-TPAT라는 용어를 쓰고 있다.

27 미국은 9 · 11사건 이후 미국으로 들어오는 화물에 관한 사전 적하목록 정보만으로는 충분한 보안 확보가 어렵다고 판단하여 외국 항에서 선박에 화물이 적재되기 전에 미국으로 향하는 화물에 관한 자료의 적절한 보안요소를 포함한 추가적인 정보를 전자적으로 전송할 것을 요구하고 있다. 이 제도는?
▶ 제15회 국제물류론

① 24-hour rule   ② Trade act of 2002

③ C-TPAT   ④ 10+2 rule

⑤ Container Security Initiative

해설 물류보안의 주도는 9 · 11 테러이후 미국이 국토보호 및 국경통제를 위해 국토안보부를 신설하고 CSI(Container Security Initiative), 24 Hour Rule, C-TPAT, SFI PILOT SAFE PORT ACT, 9-11 ACT, 10+2 RULES와 같은 보안 제도 및 규칙을 만들어 시행하고 있다.
♀ 10+2 RULES : 화물정보 제출 관련 운송인 2곳과 수입자 10곳을 추가로 제출하는 의무사항을 규정하고 있다.

28 국제물류활동에 영향을 미칠 것으로 예상되는 최근의 환경 변화라고 보기 어려운 것은?
▶ 제18회 국제물류론

① 글로벌 경영활동의 지속적인 확대   ② 실시간 공급사슬관리에 대한 관심 증대

③ 물류보안의 중요성 증대   ④ 운송선박의 대형화 및 고속화

⑤ 주요 국제해운항로에서의 해운동맹 강화

해설 해가 갈수록 선사들 간의 전략적 제휴는 강화되고 있지만 해운동맹의 본래 기능은 상실되고 있으며 갈수록 힘이 약화되고 있다.

29 국제물류관리기법의 출현 시기를 순서대로 바르게 나열한 것은? ▶ 제18회 국제물류론

① CIM − CALS − JIT − SCM
② JIT − CIM − CALS − SCM
③ SCM − CALS − JIT − CIM
④ JIT − SCM − CALS − CIM
⑤ SCM − JIT − CIM − CALS

해설 컴퓨터와 통신기술의 발달에 따라 국제물류관리도 JIT(Just In Time : 1950년대), CIM(1970년대), CALS(1980년대 후반), SCM(Supply Chain Management : 1990년대) 순서로 그 관리기법이 출현하였다.

30 세계적으로 환경문제가 중시됨에 따라 물류활동에서 발생하는 환경피해를 최소화하려는 그린물류의 중요성이 점차 증대되고 있다. 이와 거리가 가장 먼 것은? ▶ 제19회 국제물류론

① Clean Development Mechanism
② Modal Shift
③ Emission Trading System
④ Onshore Power System
⑤ Risk Pooling

해설 Risk Pooling은 수용변동성 등의 위험도를 모아 불확실성에 대처하고자 하는 SCM 기법을 말한다.

31 최근 국제물류를 둘러싼 환경변화에 관한 설명으로 옳지 않은 것은? ▶ 제19회 국제물류론

① 물류관리에 있어서 통합물류관리의 중요성이 증대되고 있다.
② 다국적기업의 글로벌 생산네트워크 확대로 국제물류에 대한 수요가 증가하고 있다.
③ 9 · 11 테러 이후 국제물류 전반에서 물류보안이 강화되고 있다.
④ 비용절감, 규모의 경제 달성 등을 위해 물류업체 간의 전략적 제휴와 인수합병이 확대되고 있다.
⑤ 물류비 절감차원에서 재고 과다형 전략이 확산되고 있다.

해설 물류비 절감차원에서 기업들은 재고를 축소시키는 전략으로 가고 있다.

Answer 26. ① 27. ④ 28. ⑤ 29. ② 30. ⑤ 31. ⑤

32 국제물류관리의 특징에 관한 설명으로 옳은 것은? ▶ 제19회 국제물류론

① 국내물류보다 운송절차가 단순하여 관리가 용이하다.

② 신제품을 해외시장에 공급하는 경우 리드타임을 감소시키는 것이 수익창출과 밀접한 관계가 있다.

③ 국가 간 물류시스템, 설비, 장비가 표준화되어 있어 관리상 제약이 거의 없다.

④ Point-to-Point 운송방식이 확대되고 있는 반면 Hub & Spoke 방식은 축소되는 추세이다.

⑤ 국제물류는 국가 간 수출입 통관절차가 단순하여 국내물류와 비교할 때 물류관리에 큰 차이가 없다.

> **해설** ② 국제물류는 국제거래에 있어 리드타임이 중요하므로 리드타임을 줄이면 기업은 수익창출에 도움이 된다.
> ① 국내물류보다 운송절차가 복잡하여 관리가 어렵다.
> ③ 국가 간 물류시스템, 설비, 장비가 표준화 되어 있지 않아 관리상 제약이 많다.
> ④ Point-to-Point 운송방식은 축소되고 Hub & Spoke 방식은 확대되고 있다.
> ⑤ 국가 간 수출입 통관절차가 복잡하여 국내물류와 비교할 때 물류관리에 차이가 있다.

33 물류보안에 관한 설명으로 옳지 않은 것은? ▶ 제19회 국제물류론

① 24-hour rule은 컨테이너 선박이 미국에 입항하기 24시간 전에 수출업자가 컨테이너 화물에 대한 세부정보를 미국 관세청(세관)에 제출하도록 규정한 내용이다.

② Trade Act of 2002 Final Rule에 따르면 해상뿐만 아니라 항공, 철도, 트럭 등의 운송수단을 통해 미국으로 수입되는 화물에 대한 정보를 미국 관세청(세관)에 제출하도록 규정하고 있다.

③ C-TPAT는 테러방지를 목적으로 하는 미국 관세청(세관)과 기업의 파트너십 프로그램이다.

④ 10+2 rule에 따르면 운송인은 미국으로 향하는 선박에 적재된 컨테이너에 관한 내용과 선박 적부계획을 제출하여야 한다.

⑤ Container Security Initiative는 테러 위험이 있는 컨테이너 화물이 미국으로 선적되기 전에 외국항에서 검사하고 확인할 수 있도록 하는 것이다.

> **해설** 24-hour rule은 2001. 9. 11 미국 뉴욕 트레이드 센터 테러 사건 이후 컨테이너 선박이 선적항에서 선적 24시간 전에 운송인으로 하여금 컨테이너 화물에 대한 세부정보를 미국 관세청에 제출하도록 규정한 내용이다.

34 글로벌기업과 그들의 물류전략을 연결한 것으로 옳지 않은 것은?   ▸ 제19회 국제물류론

① FedEx − Hub & Spoke System

② P&G − Continuous Replenishment Program

③ UPS − Super Tracker System

④ Walmart − Point of Sale System

⑤ ZARA − Quick Response System

해설 Super Tracker System은 FEDEX의 물류전략을 의미한다.

물류관리사

CERTIFIED PROFESSIONAL LOGISTICIAN

국제물류와 무역실무

01 국제물류와 수출입절차

| 학습목표 | 1. 무역과 수출입 물류의 흐름을 정리한다.
2. 수출입절차의 단계별 내용 및 관련 서류에 대한 내용을 정리한다.

| 단원열기 | 무역과 수출입 물류 흐름에 대한 전반적인 내용을 다루고 있는 이 단원은 수출입 절차에 대한 세부적인 내용을 비롯하여 수출입 과정에서 필요로 하는 기본적인 서류인 신용장과 송장 등을 자세히 제시하고 있다. 이 단원에서는 수출입절차 부문에서 자주 출제가 되므로 수출입절차의 내용을 무역실무서적을 참고로 하여 학습하여야 한다.

제1절 수출절차

1 수출절차의 개요

수출절차란 수출행위를 하고자 하는 자가 수출이 허용된 물품을 외국의 수입업자와 수출계약을 체결하고 물품의 수출에 관한 기본사항을 관리하는 대외무역법과 수출대금의 결제방법을 정한 외국환거래법에 따라 수출승인을 받은 후 통관절차 등을 규정한 관세법에 따른 세관통관절차를 거쳐 운송인에게 인도 또는 운송수단(선박, 항공기)에 적재하고 최종적으로는 수출환어음 매입 및 대금회수에 이르기까지의 일련의 행정적·법규적·상관습적 흐름의 단계를 의미한다. 이러한 수출절차는 대외무역법, 외국환거래법, 관세법 등의 국내무역관련 법규와 국제상관습과 연관하여 이루어진다.

2 수출단계별 세부절차

이하에서는 수출거래의 가장 보편적인 거래형태인 화환신용장(Documentary Letter of Credit) 방식에 의한 수출절차를 살펴보고자 한다.

(1) 수출계약

수출을 하고자 하는 자는 취급하고자 하는 물품에 대해 국내무역관련 법규에 의해 수출이 허용되는 물품인지 여부를 확인한 다음, 거래시장을 탐색하여 이를 결정하고 시장조사단계를 거쳐 그 시장에서 가장 적절한 거래선을 물색한 후, 그와의 거래를 제의하여 거래선의 동의를 얻게 되면 수출계약이 체결된다.

일반적으로 수출계약은 청약자의 청약과 피청약자의 승낙에 의해서 성립이 되지만 향후 만약에 발생될 지도 모르는 분쟁에 대비하여 계약서를 반드시 작성해 둘 필요가 있다.

[그림 2-1] 무역과 수출입 물류의 흐름

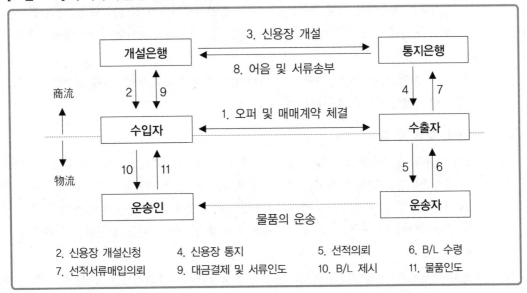

* 자료 : 박영재, "글로벌 로지스틱스", 「물류아카데미」, 한진물류연구원, 2005, p.6.

(2) 신용장 수취

① 수출계약이 체결되면 계약에 따라 수입업자는 주거래은행에 신용장 개설을 의뢰하며, 신용장 개설은행은 수출국 현지의 통지은행을 통해 신용장을 수출업자에게 통지한다.

② 신용장을 수취한 수출업자는 수출입당사자 간에 합의한 계약서의 조건에 따라 계약물품의 품명, 규격, 단가, 선적기일, 보험조건, 대금결제조건 등이 계약조건과 상이한 점이 있는가를 상세히 검토하여야 하며, 상이한 내용이 있는 경우 즉시 신용장조건을 변경하도록 그 신용장개설의뢰인에게 요구하여야 한다.

③ 수출업자는 신용장을 수취하면 다음을 확인하여야 한다.

ㄱ 계약내용과의 일치 여부
ㄴ 취소불능신용장인지의 여부
ㄷ 개설은행 신용상태
ㄹ 특수조건 및 지장을 초래할 수 있는 내용검토
ㅁ 지급확약 문구
ㅂ 오탈자의 존재 여부, 단가와 합계의 정확 여부 등

(3) 수출승인

① 수출계약을 체결한 자가 물품을 수출하기 위해서는 우선 수출하고자 하는 품목이 수출입공고나 통합공고 등에서 수출이 제한되는 품목인지의 여부를 파악해야 한다. 만약에 당해 수출품목이 제한되는 경우에는 당해 품목을 관장하는 관계행정기관의 장에게 수출승인을 받아야 한다. 또한 수출입 공고상 제한되는 지역으로 수출되는 지정품목도 당연히 관계행정기관의 장의 수출승인을 받아야 한다.

② 위와 같이 수출업자는 수출승인을 받기 위해 해당 물품의 수출승인기관에 신청하고 수출승인을 받으면 수출승인서를 획득하게 된다.

(4) 수출물품의 확보 및 검사

① 수출업자는 당해 수출물품에 대한 제조·생산(혹은 타사의 완제품을 구매하여 확보)[1]이 완료되면 수출통관절차를 밟기 전에 수출검사를 받게 된다. 수출검사라 함은 수출하고자 하는 물품을 수출신고하기 전에 수출품의 품질과 대외공신력의 유지 및 향상을 위하여 그 물품의 제조과정 또는 완제품에 대하여 그 물품과 재료의 품질 및 포장상태를 검사하는 일련의 절차를 말한다.

② 수출검사는 제조·생산업체가 실시하는 제품의 품질관리와 대외적으로 품질보증을 하는 것과는 다르게 국가적인 차원에서 정해진 국가기준에 따라 지정된 검사물품을 일률적으로 검사하고 이에 합격하지 못한 때에는 수출을 금지시키는 것이 수출검사의 특징이다.

(5) 운송·보험계약 체결

① 수출업자는 수출물품의 제조·생산이 완료되면 수출물품의 운송을 위하여 운송업자를 물색, 선정하여 구체적인 운송을 협의한 후 운송인과 운송계약을 체결하고 선적을 준비해야 한다.

② 해상운송계약에 있어서 화주(Shipper, 수출업자)는 송하시 수하인(Consignee, 수입업자), 선적항(Loading Port), 양하항(Discharging Port), 화물의 명세(Particular 또는 Description of Cargo) 등 소정의 운송정보를 기재하여 선박회사에 정식으로 선복요청서(Shipping Request, S/R)를 제출하고 예약이 되면 체결된다. 컨테이너화물이나 그 밖의 잡화물은 정기선에 의한 개품운송계약을, 원자재와 같은 대량살화물일 경우에는 부정기선에 의한 운송계약이 일반적이다.

③ 한편, CIF나 CIP조건에 의한 수출일 경우에는 수출업자는 보험회사와 보험계약을 체결하고, 이에 대한 보험료를 지급하여야 한다. 통상적으로 수출업자는 보험계약을 체결할 때 Invoice Value의 110% 조건으로 계약을 체결한다.

(6) 수출통관절차

① 물품을 외국으로 수출하기 위해서는 국내의 각종 법령이 정하는 바에 따라 소정의 절차를 거쳐야 하는데, 이 절차 중에서 최종적으로 거쳐야 할 단계가 수출통관절차이다.

---

1) 수출물품을 확보하기 위해 사용되는 것이 내국신용장(Local L/C) 혹은 구매확인서로 이를 활용하는 이유는 관세환급, 부가가치세 영세율 적용, 수출실적 인정 등이다.

② 현행 수출통관절차는 수출신고가 서류 없이 EDI로 신고내용을 세관에 전송하면 세관에서 컴퓨터상의 신고화면을 확인하고 신고수리를 신고자에게 전산 통보해 주는 EDI 수출통관제도를 실시하고 있다. 수출물품에 대하여는 검사생략을 원칙적으로 하고 있으나 전산에 의한 발췌검사 또는 필요한 경우 예외적으로 실시하는 현물검사를 받고 관세법상 적법한 물품인 경우 수출신고필증을 교부받게 된다.

(7) 선적(Shipment)

① 세관의 수출면장을 얻은 수출화물은 선적되어 목적지로 운송되어야 한다. 선적이란 수출화물을 본선상에 적재하는 것을 말한다.

② 본선적재는 선박회사가 화물의 포장상태, 적재수량, 화물의 파손 여부를 확인한 후, 화물이 본선에 반입되면 일등항해사는 선박회사에서 발행한 선적지시서(Shipping Order, S/O)와 대조하면서 화물을 수취하여 화물수령에 대한 증거로서 본선수취증(Mate's Receipt, M/R)을 발급한다. 이때 선적지시서에 기재된 사항과 실제로 적부된 화물의 내용이 일치하지 않을 때 유보사항으로 M/R면에 해당 사항이 기재된다. 이상유무사항이 Remarks란에 기재된 M/R을 고장수취증(Foul Receipt)이라고 하며, 이상유무사항이 첨가되지 않은 것을 무고장수취증(Clean Receipt)이라고 한다. 이때 고장수취증의 경우의 선하증권은 고장부가 된다.

③ 고장부(또는 사고부)선하증권이 발행되고 이러한 불완전한 선하증권을 담보로 하여 화환어음을 발행하는 경우에는 은행에서 각종의 불리한 조건을 제시한다. 그러므로 화주는 선박회사에 파손화물보상장(Letter of Indemnity, L/I)을 제공하고 무사고선하증권을 발급받아야 한다.

④ 화주가 선박회사측에 화물을 인도하고 본선수취증을 입수하여 지체 없이 선박회사나 그 대리점에 가면 선박회사는 선하증권을 작성하여 화주에게 교부한다.

(8) 수출대금 회수

물품을 수출한 자는 승인된 결제방법에 의하여 유효기간 내에 당해 물품의 수출대금 전액을 회수하여야 한다.

따라서 수출통관과 선적이 완료되면 수출업자는 신용장에서 요구하는 환어음과 제반서류, 즉 상업송장(Commercial Invoice, C/I), 선하증권(Bill of Lading, B/L), 보험증권(Insurance Policy, I/P), 포장명세서(Packing List, P/L), 원산지증명서(Certificate of Origin, C/O) 등을 준비하고 환어음(Bill of exchange, draft)을 발행하여 거래 외국환은행에 수출환어음 매입(Negotiation, Nego)을 의뢰한다.

(9) 관세환급

관세환급이란 수출이 완료될 경우 수출품 제조에 소요된 원재료의 수입시에 납부한 관세 등을 수출상에게 되돌려 주는 것을 의미한다. 수출업자는 관세환급을 받아야 비로소 실제 당해 수출선적분에 대한 손익을 당초 예상손익과 비교하여 볼 수 있으므로 환급기관인 세관장 앞으로 환급을 신청해야 한다.

제 2 절 수입절차

1 수입절차의 개요

수입절차란 수입업자가 수출업자와의 수입계약을 체결하고 수입계약서인 물품매도확약서에 의하여 수입허가(승인)를 받고 외국환은행에 수입신용장을 개설한 후(신용장방식에 의한 수입의 경우) 수입화물과 선적서류가 도래하면 수입화물을 통관하는 일련의 법적·행정적 절차를 말한다.

2 수입단계별 세부절차

(1) 수입계약 체결

① 수입을 하고자 하는 자는 취급하고자 하는 물품에 대해 국내무역관련 법규에 의해 수입이 허용되는 물품인지 여부 확인, 국내외 시장조사, 거래선 발굴, 해외공급업자 선정 후 해외공급업자(혹은 수입업자)의 청약과 수입업자(혹은 해외공급업자)의 승낙에 의해서 계약이 체결된다.

② 수입계약이란 국적을 달리하는 당사자들 간에 수출업자가 물품의 소유권을 양도하여 물품을 인도할 것을 약속하고, 수입업자는 이를 수령하여 그에 대한 반대급부로 물품대금의 지급을 약속함으로써 성립하는 국제매매계약을 의미한다.

③ 특히, 국제매매계약은 국가 간에 이루어지는 원격지 간의 상거래행위로서 물품과 대금의 이전이 이루어지기 때문에 당사자의 의무, 책임의 범위와 한계, 가격조건 등을 양 당사자가 명확히 정하여 두어야만 사후에 발생할 수도 있는 분쟁을 예방할 수 있다.

(2) 수입승인

① 수입승인은 산업통상자원부장관이 수입행위 이전에 대외무역법상 수입승인요건인 수입자격, 수입품목, 수입지역, 거래형태 등 제반사항의 적법성에 관해 심사하여 신청자에게 최종적으로 동의 또는 승낙하는 것으로, 수입승인을 얻으려면 우선 수입요건을 충족하는 품목에 수입승인 신청서류를 작성하여 수입승인을 신청하여야 한다.

② 현재 수입제한승인 해당 물품에 관한 승인권한은 대부분 각각 해당 물품의 관계행정기관의 장에게 위탁 또는 위임되어 있다.

(3) 수입신용장 개설 및 통지

① 수입업자는 수입승인을 받은 후 수입승인의 유효기간(통상 1년)과 수입계약서에 명시된 기간 내에 신용장을 개설하고 수출국에 소재하는 통지은행을 통해 수출업자에게 신용장 개설통지를 한다.

② 수입업자는 수입승인서 및 물품매도확약서 또는 구매계약서의 내용을 참조하여 화환신용장 개설신청서에 신용장의 제 조건을 빠짐 없이 기재하여 신용장 개설은행에 신용장 개설을 의뢰한다.

③ 이에 신용장 개설은행은 신용장을 발행하여 수출업자가 소재하고 있는 수출국의 통지은행 앞으로 전신 또는 우편을 이용하여 발송하며, 이를 받은 통지은행은 수출업자에게 신용장 도착을 통지하게 된다.

(4) 수입대금 결제 및 운송서류 인수

① 물품을 선적한 수출업자는 신용장에 명시된 조건에 근거하여 관련운송서류(선하증권, 상업송장, 포장명세서, 원산지증명서, 보험증권 등)를 구비한 다음 환어음을 발행하여 거래은행에 매입의뢰하고 매입은행은 신용장 개설은행에 화환어음을 송부하여 대금을 회수한다. 이때 신용장 개설은행은 내도된 운송서류를 신용장 조건과의 일치 여부를 확인한 후 수입업자에게 운송서류 도착통지를 한다. 운송서류 도착통지를 받은 수입업자는 수입대금을 결제한 후 운송서류를 인도받아 수입통관절차를 밟게 된다.

② 한편, 수입화물은 이미 도착하였으나 운송서류가 도착하지 않아 화물의 인수가 불가능한 경우에는 선하증권 대신에 은행으로부터 수입화물선취보증서(Letter of Guarantee, L/G)를 받아 운송회사에 제시함으로써 화물을 인수할 수 있으며 나중에 원본서류를 은행에 제출한다.

(5) 수입통관 및 수입신고

① 수입화물이 도착하면 수입업자는 본선으로부터 양륙된 수입화물을 보세구역에 반입한 다음 관세법 또는 기타 법령이 정한 바에 의하여 세관에 수입신고를 해야 하는 일련의 수입통관절차를 거치게 되는데, 수입통관신고는 화주, 관세사, 관세사법인, 통관취급법인의 명의로 하여야 한다.

② 수입신고를 받은 세관은 수입화물을 수입승인서에 명시된 물품과 일치하는지의 여부를 확인한 후(검사생략물품도 있음), 당해 물품에 대한 과세가격을 평가하여 관세 등을 부과·징수하고 수입면장을 수입신고인에게 교부한다.

(6) 물품의 인수와 반출

수입통관절차를 이행한 수입신고인은 선박회사에 선하증권 원본(사본)을 제시하고 운임 및 창고료 등을 정산한 후 화물인도지시서(Delivery Order, D/O)를 교부받아 제출한 후 물품을 인수하여 해당 수입화물을 보세구역으로부터 반출함으로써 수입절차가 종료된다.

제 3 절 신용장과 송장

1 신용장

(I) 신용장의 개념과 특성

① **신용장의 정의** : 신용장(Letter of Credit, L/C)이란 국제무역거래에서 대금결제와 상품수입의 원활화를 위해 수입업자(매수인, 발행의뢰인)의 요청에 따라 수출업자(매도인)의 거래은행(발행은행)이 수출업자를 수익자로 하여 발행하고 수출업자가 신용장에 기재된 일정조건에 일치하는 서류와 함께 그 발행은행 또는 발행은행이 지정하는 거래은행 앞으로 환어음을 발행하면 일정금액의 어음의 매입(Negotiation), 인수(Acceptance) 또는 지급(Payment)을 약정하는 증서이다.

② **신용장의 기능**
  ㉠ 신용장은 발행을 의뢰하는 수입업자(매수인, 발행의뢰인)의 신용과는 별도로 충분한 자산과 확실한 신용을 약속하는 은행이 대금의 지급을 약속하는 증서이기 때문에 국제 간 무역거래에 있어서 무역당사자가 쌍방의 신용위험(credit risk)의 회피수단이 된다. 즉, 수출업자의 대금회수불능위험이나 자금부족 등에 의한 대금지급거절과 같은 위험을 배제함으로써 수출업자에게 안전하고 확실한 대금지급을 보장한다.
  ㉡ 수출금융을 원활하게 이용할 수 있는 금융수단으로 이용되며 수출입거래의 확정수단으로도 이용된다.
  ㉢ 이상의 기능 외에도 환결제 위험의 회피를 용이하게 하고, 금융수혜기능 및 무역거래의 확정에 따른 국제무역의 촉진기능도 수행한다.

③ **신용장 거래약정시 주요 체결내용**
  ㉠ 수출입대금의 지급을 확약
  ㉡ 발행에 따른 수수료나 신용장과 관련된 은행이 부담하는 제 비용의 보상의무
  ㉢ 수입화물의 담보차입·처분권
  ㉣ 선적서류상 부정·불명확한 사항에 대한 처리
  ㉤ 우편 또는 전산상의 사고에 따른 면책

④ **신용장 거래의 특성**
  ㉠ 독립성의 원칙(UCP 제4조) : 신용장은 매매계약 등의 근거로 개설되지만 개설된 후에는 매매계약과는 독립된 별도의 거래로 간주한다. 은행은 신용장상의 조건만 충족하면 계약당사자 간의 매매계약이 취소되었다 하더라도 수출상에게 대금을 지급한다. 수입상은 신용장조건과 매매계약조건이 달라도 대금을 지급해야 한다. 수출상은 수입상과의 매매계약조건을 개설은행과 수입상과의 신용장 계약에 결부시켜 원용할 수 없다.

ⓛ 추상성의 원칙(UCP 제5조) : 신용장 거래는 서류거래이므로, 신용장상의 조건이 서류로 증명되면 대금의 지급 여부를 판단한다. 은행은 신용장의 내용과 서류상의 내용을 기준으로 일치성과 정당성 여부를 판단한다.

ⓒ 완전·정확성의 원칙 : 신용장 개설 또는 변경의 지시 그 자체는 완전하고 정확해야 하며 너무 지나친 상세명세를 삽입하거나 유사 신용장 내용에 의해 신용장을 발행, 통지, 확인에 대한 지시를 하는 시도는 자제해야 한다.

ⓔ 엄밀일치성의 원칙 : 신용장 개설은행이 신용장의 조건과 엄밀하게 일치하는 경우에 한해서만 대금을 지급하도록 서류를 확인한다는 원칙으로, 서류의 일치 여부는 국제표준은행 관습에 따라 주의를 기울여 심사해야 한다. 그러나 엄밀일치성의 원칙 때문에 거래완료 후 경미한 불일치를 이유로 대금지급 거절시에 선의의 매도인이 피해를 받을 우려가 있다.

ⓜ 은행면책의 원칙

ⓐ 서류의 효력에 대한 면책(UCP 제34조) : 은행은 신용장 자체, 서류의 기재사항, 서류 작성자의 행위에 대해서는 책임을 지지 않는다.

ⓑ 서류전달에 대한 면책(UCP 제35조) : 은행은 통신이나 서신, 서류의 송달 중에 발생한 지연, 분실, 훼손, 오류, 전문용어의 번역 또는 해석상의 오류에 대해 책임을 지지 않는다.

ⓒ 불가항력(UCP 제36조) : 천재(Act of God), 폭동(Riots), 소요(Civil Commotions), 반란(Insurrections), 전쟁(Wars), 테러에 의한 행위(Acts of Terrorism), 동맹파업(Strikes), 직장폐쇄(Lockouts), 기타 은행이 통제할 수 없는 원인에 의해 업무가 중단되었다 할지라도 은행은 어떠한 의무나 책임을 지지 않고, 은행이 업무를 재개하더라도 업무중단 동안에 만기된 신용장은 어떠한 효력을 가지지 못한다.

ⓓ 피지시자의 행위에 대한 면책(UCP 제37조) : 신용장 거래의 모든 은행은 선택한 타 은행이 그 지시를 이행하지 않았더라도 어떠한 책임을 지지 않으며, 신용장 개설의뢰인의 지시를 이행하기 위해 발생한 비용은 개설의뢰인이 부담한다.

⑤ **신용장 이용의 장점**

㉠ 수출업자의 장점 : 물품의 대금회수가 확실하게 보장되기 때문에 안심하고 거래할 수 있다. 신용장으로 인해 거래내용이 확정되므로 수출이행이 용이하고, 매입대금이 즉시 회수되기 때문에 수출대금을 조기에 회수할 수 있다. 신용장을 담보로 이용하여 제조대금을 용이하게 융자받을 수 있다.

㉡ 수입업자의 장점 : 신용장을 이용하면 수입업자의 신용과는 상관없이 은행의 신용을 이용함으로써 수입업자의 신용을 높일 수 있기 때문에 보다 유리한 조건에서 계약을 체결할 수 있고, 발행은행으로부터는 수입화물대도(Trust Receipt, T/R)에 의한 신용을 공여받음으로써 금융상의 혜택을 받을 수 있으며, 물품이 도착한 후에 대금을 지급함으로써 시간상의 여유가 있기 때문에 유리하다. 수출업자가 신용장의 계약조건대로 이행할 것이라고 확신할 수 있으며 신용장상에 명시된 최종 선적기일(Shipping date)과 유효기일(Expiry date)로 계약물품의 인도시기를 예상할 수 있다.

⑥ **신용장 거래의 한계** : 신용장은 은행이 대금의 지급을 보장해 준다는 점에서 다른 어떤 결제수단보다는 안전한 거래방식이지만 신용장에도 한계가 있다.

　㉠ 신용장은 신용장 조건에 부합되는 제반 서류를 지정된 기일 내에 은행에 제시하면, 신용장에 적힌 금액을 지급하겠다는 은행의 조건부 지급확약이다. 즉, 신용장 그 자체가 어음과 같은 유통·유가증권으로서의 독립적인 지급수단은 아니다.

　㉡ 신용장을 개설하였다고 할지라도 반드시 계약과 일치하는 물품을 입수한다는 보장이 없다. 즉, 물품에 품질 차이가 있다고 할지라도 물품의 선적 후 그 서류만 신용장의 조건과 일치하게 갖추어 제시하게 되면 개설은행과 수입상이 그 차이를 발견하거나 입증하지 못하면 수익자에게 발생한 어음을 결제하여야 한다.

(2) 신용장 거래의 당사자

신용장 거래의 관계 당사자는 권리·의무가 되는 기본 당사자와 거래와 관련하여 대금결제과정에서 편의를 도모하고자 개설은행이 지정하는 은행당사자인 기타 당사자로 구분이 된다.

① **기본 당사자**

　㉠ 개설의뢰인(applicant) : 거래계약의 당사자인 매수인은 자신의 거래은행에 신용장 개설을 의뢰한다. 개설의뢰인은 화물의 수하인인 동시에 환어음의 결제자가 되며, 원칙적으로 매수인에 해당하지만, 매수인 거래처의 제3자가 되는 경우도 있다.

　㉡ 수익자(beneficiary) : 수혜자라고도 부르며 수출업자가 신용장 거래시에 수익자가 된다. 즉, 신용장의 수취인을 말한다. 양도성 신용장 거래시에 원신용장의 수취인을 제1수익자라 하고 양도받은 양수인을 제2수익자라 한다.

　㉢ 발행(개설)은행(issuing bank, opening bank) : 개설의뢰인의 요청과 지시에 따라서 신용장을 발행하는 은행으로서 지급, 인수 또는 매입은행이 있다 하더라도, 신용장의 개설은행이나 확인은행의 원칙적인 지급의무를 강조하고 있다.

　㉣ 확인은행(confirming bank) : 확인은행은 발행은행과 동등한 책임을 부과하게 하며 발행은행이 대금을 지급할 수 없는 상황이 발생하더라도 확인은행이 대금을 지급해 준다. 수익자는 발행은행의 신용이나 자산상태가 불확실하거나 수입국의 경제사정으로 대외결제에 제한을 줄 우려가 있는 경우에 발행은행의 지급약속만으로 안심할 수 없다. 이 경우에 신용장 개설은행 이외의 제3은행이 그 신용장에 의해서 발행되는 어음을 지급, 인수 또는 매입하겠다는 약속을 추가하거나 개설은행이 그 어음을 지급, 인수, 매입할 것이라고 보증해 주는 경우 소정의 확인수수료를 대가(confirming fee)로 개설은행과 동일한 확약을 하는 은행을 말한다.

② **기타 당사자**

　㉠ 매입은행(negotiating bank) : 통상적으로 통지은행이 매입은행을 겸하는 경우가 많다. 수익자는 물품의 선적을 완료한 후에 개설은행 앞으로 환어음을 발행하고, 신용장에서 요구하는 운송서류를 첨부하여 자신의 거래은행에 환어음의 매입을 요청할 수 있다. 이 요청은 빠른 자본회전을 위하여 어음대금이 지급될 때까지 기다리지 않고 은행에 어음의 매입을 요구하는 것으로, 이때 환어음을 매입하는 은행을 매입은행이라고 한다.

　　ⓛ 지급은행(paying bank) : 수익자가 발행한 어음에 대해서 대금을 지급하는 은행을 지급은행이라고 말한다. 통상적으로 지급은행은 통지은행을 의미하며 발행은행의 본·지점 또는 예치환 거래은행이 되는 경우가 많고, 어음상의 지급인은 발행은행이지만 발행은행은 별도로 지정이 가능하다.

　　ⓒ 인수은행(accepting bank) : 기한부 신용장에 의해서 발행된 기한부 어음을 인수하는 은행을 인수은행이라고 말하며 어음의 만기일에 비로소 지급은행이 된다. 통지은행이 인수은행의 역할로 발행은행 대신에 어음을 인수하는 경우도 있으며, 세계 금융시장에서 어음을 쉽게 유통시키기 위해서 일류은행에서 어음을 인수하는 경우도 많다.

　　ⓔ 결제은행(settling bank) : 어음을 매입한 은행에 대금을 상환해 주는 역할을 수행하기에 상환은행(reimbursing bank)이라고도 하며, 신용장의 결제통화가 수출국 또는 수입국의 통화가 아닌 제3국의 통화일 경우에 발행은행의 자금을 예치하여 놓은 제3국에 있는 환거래은행이 대금을 결제해 주는 은행을 결제은행이라고 한다.

　　ⓜ 양도은행(transferring bank) : 양도가능 신용장이 발행된 경우에는 수익자는 선적을 완료한 후에 환어음과 선적서류의 제시에 의하여 대금지급을 요청할 수 있는 권리를 제3자에게 양도할 수 있다. 이에 따른 양도사무를 보는 은행을 양도은행이라고 말한다.

　　ⓗ 통지은행(advising bank, notifying bank) : 신용장 거래은행은 신용장을 개설한 후에 그 사실과 내용을 수익자의 소재지에 있는 개설은행의 환거래를 통해 수출업자에게 통지해야 한다. 통지은행은 개설은행의 요청에 따라 단순히 통지하는 역할을 하며, 거래에 대해서는 어떠한 책임을 지거나 약정을 하지 않는다.

(3) 신용장의 종류

① **취소가능 신용장**(revocable credit)**과 취소불능 신용장**(irrevocable credit) : 개설은행이 수익자에게 사전통지 없이 신용장의 내용을 변경하거나 취소할 수 있는 신용장을 취소가능 신용장이라 하며, 신용장의 개설 후 유효기간 이내에 수익자와 개설은행의 합의가 없이 내용 변경이나 취소가 불가능한 신용장을 취소불능 신용장이라고 한다. 신용장상에 취소가능 또는 취소불능의 표시가 없다면 취소불능 신용장으로 간주하여 처리한다.

② **양도가능 신용장**(transferable credit)**과 양도불능 신용장** : 신용장상에 "transferable, assignable, divisible, fractional, transmissible"라는 표시가 있어서 최초의 수익자가 신용장 금액의 전부나 그 일부를 제3자에게 양도할 수 있도록 허용하고 있는 신용장을 양도가능 신용장이라고 한다. UCP 500에서는 transferable이라는 표현만 신용장의 양도가 가능하게 규정했으나 UCP 600에서는 이러한 명시적 표현을 삭제하였다.

③ **일람불 신용장**(sight credit)**과 기한부 신용장**(usance credit) : 신용장에 의하여 발행하는 어음이 지급인(drawee)에게 제시되면 즉시 지급되어야 하는 일람불어음(sight draft)이나 요구불어음(demand draft)을 발행할 수 있는 신용장을 일람불 신용장이라고 하며, 지급인에게 제시된 후 일정기간이 경과한 후에 지급받을 수 있도록 어음지급기일이 특정 기일로 된 기한부 어음을 발행할 수 있는 신용장을 기한부 신용장이라고 한다.

④ **화환 신용장**(documentary credit)**과 무화환 신용장**(clean credit) : 개설은행이 수익자가 발행한 환어음에 선하증권 등의 운송서류를 첨부하는 것을 조건으로 하여 지급, 인수, 매입할 것을 확약하는 신용장을 화환 신용장이라고 하며, 신용장에 의해서 발행되는 환어음에 운송서류가 첨부되어 있지 않는 무담보어음인 경우에도 지급, 인수, 매입할 것을 확약하는 신용장을 무화환 신용장이라고 한다.

⑤ **매입 신용장**(negotiation credit)**과 지급 신용장**(straight credit) : 신용장에 의해서 발행되는 어음이 유통 또는 현금화될 것을 예상하고 이를 허용하는 신용장을 매입 신용장이라고 한다. 어음의 발행인(drawer), 배서인(enclose), 선의의 소지인(bona fide holder)에게 모두 지급확약을 하는 매입 신용장에 비해, 지급 신용장에서는 배서인이나 선의의 소지인에 대한 약정은 없다. 다만, 단순히 신용장 개설은행이나 동 은행의 특정 환거래 취결은행 앞으로 어음이 발행되어 제시되면 지급하겠다는 약정이 있다.

⑥ **상환청구가능 신용장**(with recourse credit)**과 상환청구불능 신용장**(without recourse credit) : 신용장 조건에 의하여 발행된 환어음을 매입한 은행이 발행은행이나 확인은행으로부터 대금을 상환받지 못하거나 신용장 조건과 불일치하게 환어음을 발행하여 지급거절을 당하였을 경우에 선의의 소지인인 매입은행이 환어음의 발행인인 수익자에게 상환청구를 할 수 있다. 이때, 상환청구가 가능한, 즉 구상권을 행사할 수 있는 신용장을 상환청구가능 신용장이라고 하고, 구상권을 행사할 수 없는 신용장을 상환청구불능 신용장이라고 한다. 신용장상에 구상권을 표시하는 'with recourse'의 표시가 있거나 또는 아무런 표시가 없는 경우에는 상환청구가능 신용장으로 간주한다.

⑦ **전대 신용장**(red clause or packing credit)**과 연장 신용장**(extended credit) : 전대 신용장과 연장 신용장은 수출업자의 자금조달의 편의를 위한 신용장이다. 전대 신용장은 수출업자의 원료구입비나 물품수집비용으로 신용장 개설의뢰인이 통지은행에 일정한 조건하에서 수익자에게 수출대금의 전불(advance payment)을 허용하는 신용장을 말한다. 이 수출대금의 전불을 허용하는 약관이 보통 붉은색으로 표시되기 때문에 'red clause credit'이라고 한다. 연장 신용장이란 신용장 개설의뢰인의 요청을 받아 상품의 선적 전에 수익자가 신용장 개설은행 앞으로 무담보어음(clean credit)을 발행하게 되면, 통지은행이 매입하고 무담보어음이 발행된 후 일정기간 내에 해당 상품 일체의 선적서류를 어음매입은행에 제공할 것을 조건으로 한 신용장을 말한다.

⑧ **내국 신용장**(local L/C) : 외국으로부터 수출 신용장(master L/C)을 받은 수출업자가 국내 생산업자나 원자재 공급업자로부터 물품을 공급받고자 할 때 국내공급업자 앞으로 발행해 주는 신용장을 말한다. 물품대금을 신용장으로 발행함으로써 쌍방이 안전과 금융상의 편리를 도모하고 권리·의무를 부담하는 것으로 신용장의 형식이나 문언의 해석은 일반 신용장에 준한다.

⑨ **회전 신용장**(revolving credit) : 처음 개설한 신용장이 이행되고 일정한 기간이 경과된 후에 자동적으로 동액의 신용장이 개설되는 방식의 신용장으로, 동일한 거래선과 동일품목을 지속적으로 거래할 때에 신용장을 매 거래시마다 개설하는 불편을 피하고, 전액을 개설할 경우의 과중한 보증에 따른 자금의 부담을 완화하기 위해 사용하는 신용장이다.

⑩ **동시발행 신용장**(Back to Back Credit)：구상무역에 사용되는 신용장으로 한 나라에서 일정액의 수입 신용장을 발행한 경우 수출국에서도 같은 금액의 신용장을 발행하여 오는 경우에만 유효하다는 조건이 부가된 신용장이다.

⑪ **기탁 신용장**(Escrow credit)：구상무역에서 사용되는 신용장으로 수입상인 발행의뢰인이 신용장의 발행의뢰시에 발행되는 어음의 매입대금을 수익자에게 지급하지 않고 상호 약정에 따라 매입은행, 발행은행 또는 제3국의 거래은행에 수익자의 명의로 기탁하여 두었다가 수익자가 원신용장 발행국으로부터 수입하는 물품의 대금결제에 사용하도록 하는 조건의 신용장이다.

⑫ **토마스 신용장**(Tomas credit)：수출상과 수입상 양측이 상호 일정액의 신용장을 서로 발행하기로 약정하되, 일방이 먼저 신용장을 발행한 경우에 상대방이 대응하는 신용장을 일정기간 후에 발행하겠다는 보증서를 발행하여야만 상대방 측에 도착한 신용장이 유효하게 되는 신용장을 말한다. 동시발행 신용장과 유사하지만 발행조건(Counter L/C)이 별도의 보증서에 나타나고 있다는 점에서 차이가 있다.

⑬ **보증 신용장**(stand-by credit)：금융이나 보증을 위해 발행되는 특수한 조건의 무담보 신용장이다. 화환 신용장은 개설은행의 지급확약인 데 비해서, 보증 신용장은 주 채무자에 대한 채무보증이 개설은행의 역할이라는 점에서 수출입 상품의 대금의 결제를 목적으로 하는 화환 신용장과는 다르다.

⑷ **수입화물선취보증서와 수입화물대도**

① **수입화물선취보증서**(Letter of Guarantee, L/G)：수입물품은 이미 도착하였는데 선적서류가 도착하지 않았을 경우에 수입상과 발행은행이 연대 보증하여 선적서류대도 이전에 선박회사에 제출하는 일종의 보증서로서, 수입상은 수입화물선취보증서를 선하증권의 원본 대신 제출하고 수입화물을 인도받을 수 있다.

② **수입화물대도**(Trust Receipt, T/R)：수입상이 대금을 결제하기 전이라도 수입상으로부터 T/R을 발행은행 앞으로 제공하게 하여 운송서류를 인도한 후 화물을 수령·처분한 즉시 대금을 지불하도록 하는 제도로 수입화물의 담보권은 은행이 보유한 채 수입화물의 점유만 발행은행으로부터 수입상에게 이전된다.

⑸ **하자 있는 서류의 처리**

① **하자서류의 처리**：발행은행의 서류심사 결과 하자가 발견되면 수입업자에게 서면으로 그 내용을 통보하고 처리방법을 문의한 후 회신대로 처리한다.

② **하자서류의 처리방법**

㉠ 추심방법(Collection Basis)：신용장의 발행은행과 수익자의 신용도가 불확실하거나 부도 가능성이 높은 경우에 주로 사용되며, 하자 있는 서류를 매입하지 않고 환어음을 추심한 뒤 입금확인 후에 지급하는 방법이다.

ⓛ 전신조회매입(Cable Negotiation) : 신용장의 발행은행 앞으로 서류의 하자 내용을 통보하여 매입의 허용 여부를 전신으로 조회한 후 승낙을 받고 이를 매입하는 방법으로, 전신료는 수익자가 부담한다. 발행은행은 하자서류를 수령한 후 독자적으로 발행의뢰인에게 이에 대한 권리포기 여부를 교섭할 수 있다.

ⓒ 조건변경(Amendment) : 신용장을 하자 있는 운송서류에 맞도록 조건변경을 요청하여 이를 매입하는 방법으로 안전한 방법이지만, 시간이 많이 걸리고 잘못하면 유효기일이 경과할 가능성이 있다. 발행은행은 하자서류에 대하여 수익자와 교섭하여 수령한 후 그 하자의 보완을 요구할 수 있다.

ⓡ 유보조건부(Under Reserve) : 발행은행의 대금지급 거절시 환불하겠다는 수익자의 보상장(Letter of Indemnity)이나 유보조건부(Under Reserve)로 운송서류를 매입하는 방법으로 수익자의 담보물을 확보한 후 부도시에 상환청구권을 행사한다는 조건을 전제로 매입한다.

(6) 신용장통일규칙

① **화환신용장통일규칙**(UCP) : 각국 간의 언어, 풍습, 상관습 등의 차이로 인한 거래당사자 간의 분쟁을 해소하기 위한 노력의 일환으로 1933년 국제민간단체인 ICC(International Chamber of Commerce)에서 각국의 권고안을 받아들여 화환신용장통일규칙(The Uniform Customs and practice for Documentary Credits)을 제정하였다. 화환신용장통일규칙은 통일관습에 불과할 뿐 국제적인 협약이나 통일법과 같은 사법상의 구속력이 없기 때문에 당사자가 실제 거래에서 이를 적용하기로 합의한 경우에만 구속력을 갖는다.

② **전자신용장통일규칙**(eUCP) : 인터넷이 널리 보급됨에 따라 기존의 UCP 규칙을 그대로 두고 '전자적 제시에 관한 UCP 추록(UCP Supplement for Electronic Presentation)'이라는 12개 조항을 첨부함으로써 기존 종이문서와 이에 상응하는 전자문서 및 전자적 제시를 동시에 규정하는 통일규칙체제를 형성하였다.

③ **ISBP**

ⓐ 의의 : ISBP는 ICC 은행위원회에서 2002년 10월에 제정하여 1월부터 시행한 '화환신용장에 의한 서류심사에 관한 국제표준은행관행(International Standard Banking Practice for the Examination of Documents under documentary Credits)'의 약칭으로서, 보편적으로 사용되고 있는 화환신용장에 관한 ICC의 규칙인 UCP 500에 대한 실무상의 보완서로 개정 UCP 600에서는 ISBP의 내용이 반영되었다.

ⓑ 범위 : UCP 규칙이 어떻게 적용되어야 하는지를 명시적으로 상세히 설명하고 서류를 취급하는 은행의 실무자들에게 국제표준관행을 제공하여 불일치로 거절되는 서류의 수를 줄이기 위함이다.

ⓒ 적용범위 : UCP 500을 변경하는 것이 아니라 UCP 500의 일상적인 운용을 원활하게 하기 위한 보충규정의 성격을 가지고 있으며 ISBP를 원용한다는 취지를 신용장의 관련서류에 명시할 필요는 없다.

2 송장(Invoice)

(1) 송장(Invoice)의 의의

① 송장(Invoice)이란 매매계약의 조건을 정당하게 이행하였음을 매도인이 매수인에게 증명하는 서류로서 여기에는 물품의 명세 및 계산내역 등이 상세하고 정확하게 기재된다. 특히 송장은 무역거래에서 계약의 존재 및 계약이행의 사실을 입증하는 유력한 자료가 되며, 또한 수입품의 정확성 및 진실성을 입증하기 위한 증명자료가 되기 때문에 무역서류 중 필수적인 서류이다.

② 신용장통일규칙에 의하면 상업송장은 신용장 개설의뢰인(applicant) 앞으로 작성되어야 하고, 신용장에 의하여 허용된 금액을 초과할 수 없으며, 상품명세는 반드시 신용장의 상품명세와 일치하여야 한다.

(2) 송장(Invoice)의 기능

① **선적상품에 대한 명세서** : 송장은 선적상품에 대한 명세서의 역할을 한다. 그렇기 때문에 기재 사항에서는 상품의 명칭, 종류, 품질, 화인, 수량, 중량, 용적, 단가, 총금액, 송하인, 수하인 기타 상품매매에 필요한 사항을 모두 기재해야 한다.

② **매매되는 상품의 계산서 및 대금청구서** : 송장상의 금액은 수출금액을 표시하므로 환어음(bill of exchange)의 발행금액과 일치하여야 한다. 또한 추심결제방식인 D/P 및 D/A조건에서는 송장 자체가 대금지급청구서의 역할을 하게 된다.

③ **무역금융에서 담보물의 명세를 밝히는 서류** : 수출업자가 발행하는 환어음을 매입은행이 매입할 때나 수입지 거래은행이 수입업자에게 화물대도(Trust Receipt, T/R)를 통해 화물을 인도할 때에도 운송서류에는 송장이 필히 포함되어야 한다.

④ **수입업자에게 화물수취 안내서 & 수입지 세관에서는 과세가격산정에 필수서류** : 종가세(ad-valorem duties)가 적용되는 화물일 때는 송장가격이 기준이 되고 종량세(specific duties)가 적용되는 경우에는 송장에 명시된 수량, 중량, 용적에 따라 관세가 정해지므로 송장에 기재되는 가격이나 수량 등은 정확하고 틀림없이 기재되어야 한다.

(3) 송장(Invoice)의 종류

① **상업송장**(commercial invoice)

ㄱ **선적송장**(shipping invoice) : 실제로 선적한 물품의 명세가 기재된 송장을 말한다.

ⓐ **수출송장**(export invoice) : 수출할 때 수출업자가 작성하는 송장으로 sales invoice라고도 한다(**예** FOB invoice, CIF invoice).

ⓑ **위탁판매송장**(consignment invoice) : 수출업자가 해외의 수입업자에게 위탁판매할 때 작성하는 송장으로 자기의 위험과 비용으로 송부함은 물론 판매수수료를 지급해야 한다. 따라서 CIF&C(운임, 보험료 및 수수료 포함 가격조건) 등으로 송장에 표시한다.

ⓒ **매입위탁송장**(indent invoice) : 수입업자가 수출업자에게 상품매입을 위탁하는 경우 수출업자가 수입업자의 매입대리인으로서 당해 물품을 선적할 때 작성하는 송장이다.

ⓓ 견품송장(sample invoice) : 수출업자가 수입업자에게 견품을 보낼 때 그 견품의 명세, 즉 품질, 규격, 가격 등을 명시해서 작성되는 송장을 말한다. 송장에는 우송되는 견품의 유상 또는 무상 여부를 'sample of commercial value'(유상견품) 또는 'sample of no value'(무상견품)와 같이 표시해 주는 것이 좋다.

ⓛ 견적송장(proforma invoice) : 매매계약 성립 이전에 매도인이 매수인에게 화물의 수입가격을 계산하는 자료를 제공하기 위하여 또는 수입자가 수입허가를 신청하는 데 필요한 첨부서류로서 수출자가 작성하여 보내는 송장을 말한다. 특히, 외화가 절대적으로 부족한 국가의 수입자와 거래할 경우, 수입상이 자국에서 수입허가를 받거나 또는 수입대금으로 지급하여야 할 외화 배정을 받을 목적으로 활용된다.

② **공용송장**(official invoice) : 물품이 수입국의 세관을 통과하는 데 있어 상업송장의 진실성을 증명하기 위하여 상업송장의 내용에 관해 관계기관의 증명을 받는 특정서식의 송장이다.

ⓐ 세관송장(customs invoice) : 수입지 세관이 수입화물에 대한 과세가격의 기준결정, 덤핑 유무의 확인, 쿼터품목의 통관 기준량 계산 또는 수입통계의 목적으로 사용하기 위한 송장이다. 예컨대 미국은 해외수출업자들로 하여금 Special Customs Invoice Form 5515 양식에, 캐나다는 Canada Customs Invoice 양식에 기재하도록 요구하고 있다.

ⓛ 영사송장(consular invoice) : 수입가격을 높게 조작해서 외화도피를 하거나 낮게 조작해서 관세포탈하는 것을 방지하기 위해 수출국에 주재하는 수입국 영사가 사증한 송장이다. 선진국은 이 제도가 폐지되고 몇몇 후진국에서는 사증료 징수를 통해 수입을 올리고 있다.

01 실전예상문제

01 신용장통일규칙(UCP 600)의 내용에 관한 설명으로 옳은 것은? ▶ 제23회 국제물류론

① 발행된 신용장에 취소불능(irrevocable)이라고 표시하지 않으면 취소가능 신용장이다.

② 선적 기간을 정하기 위하여 사용하는 "to", "from", "after"란 용어는 언급된 당해 일자를 포함한다.

③ 신용장은 이용 가능한 해당 은행과 모든 은행을 이용할 수 있는지 여부를 명시하지 않아도 된다.

④ 신용장은 발행의뢰인을 지급인으로 하는 환어음에 의하여 이용할 수 있도록 발행되어야 한다.

⑤ 지정은행, 필요한 경우의 확인은행 및 발행은행은 서류가 문면상 일치하는 제시를 나타내는지를 결정하기 위해서는 서류만으로 심사하여야 한다.

> **해설** ① 신용장상에 취소가능 또는 취소불능의 표시가 없다면 취소불능 신용장으로 간주하여 처리한다.
> ② 'to', 'until', 'till', 'from' : 당해 일자가 포함된다. / 'after' : 당해 일자가 제외된다.
> ③ 신용장은 이용 가능한 해당 은행과 모든 은행을 이용할 수 있는지 여부를 명시하여야 한다.
> ④ 신용장은 발행 의뢰인을 지급인으로 하여 발행된 환어음에 의하여 이용할 수 있도록 발행되어서는 아니 된다.

02 신용장에 관한 설명으로 옳지 않은 것은? ▶ 제15회 국제물류론

① 연지급신용장은 환어음 발행을 요구하지 않는다.

② 인수신용장은 기한부신용장에 해당된다.

③ 내국신용장은 국내거래에서 사용되는 신용장이다.

④ 회전신용장이란 일정한 기간 동안 일정한 금액이 자동적으로 갱신되어 사용할 수 있는 신용장을 말한다.

⑤ 전대신용장은 수입상으로 하여금 일정 금액을 은행으로부터 미리 지급받을 수 있도록 하는 방식의 신용장이다.

> **해설** 전대신용장과 연장신용장은 수출업자의 자금조달의 편의를 위한 신용장이다. 특히 전대신용장은 신용장 개설의뢰인이 통지은행에 일정한 조건하에서 수익자에게 수출대금의 전불을 허용하는 신용장을 의미한다.

Answer 1. ⑤ 2. ⑤

03 구상무역에 사용할 수 있는 신용장으로 옳은 것을 모두 고른 것은?

▸ 제23회 국제물류론

> ㉠ Straight Credit   ㉡ Back-to-Back Credit
> ㉢ Tomas Credit   ㉣ Revolving Credit
> ㉤ Escrow Credit

① ㉠, ㉡, ㉤   ② ㉠, ㉢, ㉣

③ ㉡, ㉢, ㉣   ④ ㉡, ㉢, ㉤

⑤ ㉢, ㉣, ㉤

해설 ㉡ Back-to-Back Credit : 구상무역에 사용되는 신용장으로 한 나라에서 일정액의 수입 신용장을 발행한 경우 수출국에서도 같은 금액의 신용장을 발행하여 오는 경우에만 유효하다는 조건이 부가된 신용장이다.

㉢ Tomas Credit : 수출상과 수입상 양측이 상호 일정액의 신용장을 서로 발행하기로 약정하되, 일방이 먼저 신용장을 발행한 경우에 상대방이 대응하는 신용장을 일정기간 후에 발행하겠다는 보증서를 발행하여야만 상대방 측에 도착한 신용장이 유효하게 되는 신용장이다.

㉤ Escrow Credit : 수입상인 발행의뢰인이 신용장의 발행의뢰시에 발행되는 어음의 매입대금을 수익자에게 지급하지 않고 상호 약정에 따라 매입은행, 발행은행 또는 제3국의 거래은행에 수익자의 명의로 기탁하여 두었다가 수익자가 원신용장 발행국으로부터 수입하는 물품의 대금결제에 사용하도록 하는 조건의 신용장이다.

04 가격산출의 기초로 사용하기 위해 수입상의 요청으로 수출상이 발송되는 송장(Invoice)은?

▸ 제13회 국제물류론

① Indent Invoice   ② Shipping Invoice

③ Proforma Invoice   ④ Customs Invoice

⑤ Consular Invoice

해설 **견적송장**(Proforma Invoice) : 매매계약 성립 이전에 매도인이 매수인에게 화물의 수입가격을 계산하는 자료를 제공하기 위하여 또는 수입자가 수입허가를 신청하는 데 필요한 첨부서류로서 수출자가 작성하여 보내는 송장을 말한다. 특히, 외화가 절대적으로 부족한 국가의 수입자와 거래할 경우, 수입상이 자국에서 수입허가를 받거나 또는 수입대금으로 지급하여야 할 외화배정을 받을 목적으로 활용된다.

05 다음 ( ) 안에 들어갈 용어로 옳은 것은?

▶ 제20회 국제물류론

> • (㉠)은/는 수출신용장을 가진 수출업자가 국내에서 수출용 원자재나 완제품을 조달하고자 할 때 사용하는 증서를 말한다.
> • 이에 반해, (㉡)은/는 외화획득용 원료·기재를 구매하려는 경우 또는 구매한 경우 외국환은행의 장 또는 전자문서기반사업자가 (㉠)에 준하여 발급하는 증서를 말한다.

① ㉠: 내국신용장, ㉡: 보증신용장
② ㉠: 내국신용장, ㉡: 구매확인서
③ ㉠: 구매확인서, ㉡: 보증신용장
④ ㉠: 보증신용장, ㉡: 회전신용장
⑤ ㉠: 구매확인서, ㉡: 회전신용장

해설 ㉠ 내국신용장은 외국으로부터 수출신용장(master L/C)을 받은 수출업자가 국내 생산업자나 원자재 공급업자로부터 물품을 공급받고자 할 때 국내공급업자 앞으로 발행해 주는 신용장을 말한다. 물품대금을 신용장으로 발행함으로써 쌍방이 안전과 금융상의 편리를 도모하고 권리·의무를 부담하는 것으로 신용장의 형식이나 문언의 해석은 일반 신용장에 준한다.
㉡ 이에 반해, 외화획득용 원료·기재를 구매하려는 경우 또는 구매한 경우 외국환은행의 장 또는 전자문서기반사업자가 내국신용장에 준하여 발급하는 증서를 구매확인서라 한다.

06 다음은 UCP 600과 eUCP(v1.1)의 내용이다. ( ) 안에 들어갈 숫자로 옳은 것은?

▶ 제20회 국제물류론

> • 신용장에 명기된 신용장의 금액, 수량 또는 단가와 관련하여 사용된 about, approximately 라는 단어는 이에 언급된 금액, 수량 또는 단가의 (㉠)%를 초과하지 아니하는 과부족을 허용하는 것으로 해석된다.
> • 은행이 전자기록 재제시를 요구하는 경우, 동일한 전자기록이 (㉡)일 이내에 재제시되지 아니한 경우, 은행은 전자기록이 제시되지 아니한 것으로 취급한다.

① ㉠: 5, ㉡: 10
② ㉠: 5, ㉡: 20
③ ㉠: 5, ㉡: 30
④ ㉠: 10, ㉡: 20
⑤ ㉠: 10, ㉡: 30

해설 ㉠ 신용장상에 'about, approximately'라는 단어가 명시되어 있으면 10% 과부족이 허용된다.
㉡ 은행이 전자기록 재제시를 요구하는 경우, 동일한 전자기록이 30일 이내에 재제시되지 아니한 경우, 은행은 전자기록이 제시되지 아니한 것으로 취급한다(eUCP 제11조 b항 3).

Answer   3. ④   4. ③   5. ②   6. ⑤

07 신용장에 관한 설명으로 옳은 것은? ▶ 제20회 국제물류론

① 신용장은 취소가능 혹은 불가능에 관한 아무런 표시가 없으면 취소가능한 것으로 간주한다.

② 신용장 당사자의 합의에 의해 신용장조건을 변경하는 경우, 조건변경의 부분승낙은 허용되지 않으며 거절로 간주한다.

③ 선적일자의 표기에서 until, from, before, between은 해당 일자를 포함한다.

④ 신용장의 유효기일과 신용장에 규정된 선적기일이 지정된 은행의 휴업일에 해당하는 경우 두 기일 모두 다음 최초영업일까지 연장된다.

⑤ 신용장거래에서 은행은 무고장 운송서류만을 수리하므로 "무고장(clean)"이라는 단어가 운송서류에 명확하게 표기되어야 한다.

해설 ② 조건변경에 대하여 일부만을 수락하는 것은 허용되지 않으며, 이는 조건변경 내용에 대한 거절의 의사표시로 간주한다(UCP 제10조).
① 신용장상에 취소가능 또는 취소불가능의 표시가 없다면 취소불능 신용장으로 간주하여 처리한다(UCP 제10조).
③ 'to', 'until', 'till', 'from' : 당해 일자가 포함된다. / 'after' : 당해 일자가 제외된다. (UCP 제2조)
④ 신용장의 유효기일 또는 최종제시일이 제시가 되어야 하는 은행이 제36조(불가항력)에서 언급된 사유 외의 사유로 영업을 하지 않는 날인 경우, 유효기일 또는 경우에 따라 최종제시일은 그 다음 첫 은행영업일까지 연장된다. 최종선적일은 제29조 (a)항에 의하여 연장되지 않는다(UCP 제29조).
⑤ 은행은 단지 무고장 운송서류만을 수리한다. 무고장 운송서류는 물품 또는 포장의 하자상태(defective conditions)를 명시적으로 선언하는 조항 또는 부기가 없는 운송서류를 말한다. "무고장"이라는 단어는 비록 신용장이 운송서류가 "무고장 본선적재"일 것이라는 요건을 포함하더라도 운송서류상에 나타날 필요가 없다(UCP 제27조).

08 다음 ( ) 안에 들어갈 서류를 옳게 나열한 것은? ▶ 제12회 국제물류론

> 해상운송에서 선박회사가 선적된 화물을 확인한 후 화물에 이상이 있는 경우 사고부 선하증권(Dirty B/L)을 발행하는데, 이를 은행이 매입하지 않으므로 수출상은 선박회사에 (㉠)을(를) 제출하면 (㉡)을(를) 발행받을 수 있다.

	㉠	㉡
①	L/I(Letter of Indemnity)	Clean B/L
②	T/R(Trust Receipt)	Shipped B/L
③	L/I(Letter of Indemnity)	T/R(Trust Receipt)
④	L/G(Letter of Guarantee)	Received B/L
⑤	L/G(Letter of Guarantee)	Clean B/L

해설 Clean B/L은 무사고 선하증권으로 본선에 양호한 상태로 적재된 후 발행되는 선하증권인데 이상이 있는 경우에는 선사에 Letter of Indemnity를 제출해야 Clean B/L을 받을 수 있다.

09 다음 중 선사 또는 대리점이 선적완료 후 작성하는 적재화물 명세서는? ▶ 제12회 국제물류론

① Booking List　　　　② Dock Receipt　　　　③ Tally Sheet
④ Mate's Receipt　　　⑤ Manifest

> **해설** Manifest(적하목록)는 우리나라에 입출항하는 선박 또는 항공기에 적재한 화물의 총괄목록이다. Manifest는 선박회사와 항공사·화물운송주선업자가 적하운임 명세목록 및 선하증권의 사본을 기초로 하여 작성하는 화물명세서로, 세관적하목록 또는 'cargo manifest'의 머리글자를 따서 M/F라고도 한다. 본선에서 화물의 수취를 증명하는 본선수취증(Mate's Receipt)과는 구별된다.

10 다음은 수입업자가 수입화물을 인수하기 위한 과정의 일부이다. (　) 안에 공통으로 들어갈 운송 서류의 명칭은? ▶ 제14회 국제물류론

> "수하인은 수입화물을 인수하기 위해 (　　　)을/를 선사 또는 선박대리점에 요구한다. 이 서류를 발행하는 선사 또는 선박대리점은 사전에 제출된 적하목록과 화물의 품명, 수량, 중량, 화인 및 화물번호 등을 조회하고, 운임의 완납을 확인한 다음 선하증권과 상환으로 (　　　)을/를 교부한다."

① Container Load Plan　　② Booking Note　　　③ Dock Receipt
④ Mate's Receipt　　　　　⑤ Delivery Order

> **해설** D/O(delivery order, 화물인도지시서)는 선하증권(船荷證券)이 발행되어 있는 운송품에 대하여 그 인도를 지시하는 증서이다. 일반적으로 선주 또는 그 대리자가 외국화물을 싣고 수입항에 들어온 선박의 선장 또는 그 대행자 앞으로 D/O 지참자에게 화물을 인도하도록 지시한 문서를 말한다.

11 수입상이 대금을 지급하기 전에 운송서류를 인도받으면서 그 운송서류를 제공한 은행에 약정된 기일에 수입화물에 관한 대금결제를 서약한 보증서 성격의 서류는? ▶ 제14회 국제물류론

① Trust Receipt　　　　　　② Letter of Guarantee
③ Letter of Indemnity　　　④ Bill of Exchange
⑤ Commercial Invoice

> **해설** Trust Receipt : 수입화물대도(T/R)로 이는 수입상이 대금을 결제하기 전이라도 수입상으로부터 T/R을 발행은행 앞으로 제공하게 하여 운송서류를 인도한 후 화물을 수령·처분한 후 즉시 대금을 지불하도록 하는 제도로 수입화물의 담보권은 은행이 보유한 채 수입화물의 점유만 발행은행으로부터 수입상에게 이전된다.

Answer　7. ②　8. ①　9. ⑤　10. ⑤　11. ①

12 국내에서 수입통관시 관세징수를 위해 적용하는 환율은? ▸ 제14회 국제물류론

① 일람출급환어음매입률　　　　　② 현찰매도율

③ 전신환매입률　　　　　　　　　④ 과세환율

⑤ 현찰매입률

> **해설** 수입통관시 관세징수는 과세환율을 적용하고 있다. 과세환율이란 물품의 수입에 따른 과세가격 결정시 외국통화로 표시된 가격을 내국통화로 환산하는 때에 적용되는 환율로 주요 외국환은행이 전주 월요일에서 금요일까지 매일 최초 고시하는 대고객 전신환매도율을 평균한 환율이며, 한주 동안 동일하게 적용된다.

13 다음 설명 중 (㉠)~(㉢)에 들어갈 용어가 올바르게 나열된 것은? ▸ 제14회 국제물류론

> 추심에 의한 수출대금결제 중 D/A(Document Against Acceptance) 방식은 수출상이 수입상과의 매매계약에 따라 물품을 선적한 후 구비된 서류에 (㉠)을 발행·첨부하여 자기 거래은행인 (㉡)를 통하여 수입상의 거래은행인 (㉢) 앞으로 그 어음대금의 추심을 의뢰함으로써 대금을 회수하는 것을 말한다.

	㉠	㉡	㉢
①	Sight Bill	Collecting Bank	Remitting Bank
②	Sight Bill	Remitting Bank	Collecting Bank
③	Usance Bill	Remitting Bank	Issuing Bank
④	Usance Bill	Collecting Bank	Remitting Bank
⑤	Usance Bill	Remitting Bank	Collecting Bank

> **해설** ㉡ Remitting Bank : 추심의뢰은행
> ㉢ Collecting Bank : 추심은행

14 화환 신용장통일규칙(UCP 600) 내용의 일부이다. 다음 (　) 안에 들어갈 단어로 옳은 것은? ▸ 제14회 국제물류론

> The words "to", "until", "till", "(　　)" and "between" when used to determine a period of shipment include the date or dates mentioned.

① after　　　　　　　　　　　② before

③ prompt　　　　　　　　　　④ from

⑤ immediately

> **해설** 선적을 결정하기 위하여 "to", "until", "till", "from" and "between"의 용어들은 명시된 일자를 포함한다.

15 매매계약서에 다음 내용이 기재되어 있는 경우 신용장통일규칙(UCP 600)상 송하인의 선적이행 기간은?

▶ 제17회 국제물류론

· Shipment should be effected on or about June 10, 2013.

① 2013. 6. 3 ~ 2013. 6. 17
② 2013. 5. 30 ~ 2013. 6. 17
③ 2013. 6. 5 ~ 2013. 6. 15
④ 2013. 5. 30 ~ 2013. 6. 20
⑤ 2013. 6. 4 ~ 2013. 6. 16

해설 신용장상의 모일경 선적조건으로 on or about 문구가 들어갈 경우에는 UCP 600 제3조에서 당해 일을 제외하고 5일 전으로부터 5일 후까지로 이루어지는 기간 중에 선적해야 한다는 것을 규정하고 있다.

16 매매계약서 물품명세란에 "Grain about 10,000 MT"라고 기재된 경우, 신용장통일규칙(UCP 600)상 매도인이 인도해야 하는 물품의 최소량은?

▶ 제17회 국제물류론

① 8,000 MT　　　　　　② 8,500 MT
③ 9,000 MT　　　　　　④ 9,500 MT
⑤ 10,000 MT

해설 신용장통일규칙(UCP 600)상에서는 매매계약서 물품명세란에 about이라는 단어가 들어있을 경우 통상 계약물량의 10%까지를 매수인이 최대한 매매계약상 유효화할 수 있는 물량인 만큼 따라서 매도인은 매수인에게 인도해야 하는 물품의 최소한 물량은 계약물량의 90%까지는 되어야 한다.

Answer　　12. ④　13. ⑤　14. ④　15. ③　16. ③

17 무역계약시 포함되는 거래조건에 관한 설명으로 옳지 않은 것은? ▶ 제18회 국제물류론

① 품질조건 중 Sea-Damaged Terms(SD)는 곡물 거래에 사용되는 것으로, 원칙적으로는 선적품질결정방법이지만, 운송 중 해수에 의한 물품의 손해는 매도인이 부담하기로 하는 조건이다.

② 과부족용인조건(More or Less Clause)이란 Bulk Cargo에서와 같이 운송 중 수량의 변화가 예상되는 물품에 대해 약정된 범위 내에서 과부족을 인정하는 조건이다.

③ Incoterms 2010에는 "단일 또는 복수의 운송방식 규칙"군과 "해상 및 내수로운송용 규칙"군으로 나뉘어 총 13개의 규칙이 있다.

④ 무역대금의 결제에서 COD, D/P 방식은 은행이 대금의 지급을 보증하지 않는다.

⑤ 선적일자와 관련하여 선하증권에 선적일이 표시되지 않고 발행일만 표시되는 경우에는 선하증권 발행일이 선적일자로 간주된다.

> **해설** Incoterms 2010은 운송수단에 따라 복합운송과 해상 및 내수로 운송의 두 가지 유형으로 분류하며 무역계약의 패턴을 11가지로 정형화한 것이다.

18 국제물품매매계약에 관한 UN 협약(비엔나협약, 1980)에 관한 설명으로 옳지 않은 것은? ▶ 제18회 국제물류론

① 동 협약은 경매에 의한 매매, 강제집행 또는 기타 법률상의 권한에 의한 매매 등의 국제매매계약에는 적용이 배제된다.

② 청약은 그것이 취소불능한 것이라도 어떠한 거절의 통지가 청약자에게 도달한 때에는 그 효력이 상실된다.

③ 매수인이 물품을 인수한 당시와 실질적으로 동등한 상태의 물품을 반환할 수 없는 경우에는 매수인의 계약해제권은 상실되나 매도인에 대한 대체품 인도청구권은 상실되지 않는다.

④ 매수인은 손해배상 이외의 구제를 구하는 권리행사로 인하여 손해배상을 청구할 수 있는 권리를 박탈당하지 아니한다.

⑤ 청약은 그것이 취소불능한 것이라도 그 철회가 청약의 도달 전 또는 그와 동시에 피청약자에게 도달하는 경우에는 이를 철회할 수 있다.

> **해설** 비엔나협약 제82조 조항을 보면 매수인이 물품을 수령한 상태와 실질적으로 동등한 물품을 반환하는 것이 불가능한 경우에는 매수인은 계약의 해제를 선언하거나 또는 매도인에게 대체품의 인도를 요구하는 권리를 상실한다.

19 무역대금 결제에서 사용되는 방식이 아닌 것은?

▶ 제18회 국제물류론

① CWO
② L/C
③ D/A
④ CQD
⑤ CAD

해설 CQD는 부정기선의 하역방식에 나오는 용어로 관습적 조속하역이라는 뜻으로 Customary Quick Dispatch의 약어로 하역시 가능한 빨리 하역을 의미하는 용어이다.

20 국제물품매매계약에 관한 UN 협약(비엔나협약, 1980)에 규정되어 있는 매수인의 구제 권리가 아닌 것은?

▶ 제19회 국제물류론

① 물품명세확정권
② 대체품인도청구권
③ 하자보완청구권
④ 대금감액권
⑤ 조기이행거절권

해설 무역계약상 매수인의 구제 권리에는 ㉠ 특정이행청구권, ㉡ 추가기간설정권, ㉢ 손해배상청구권, ㉣ 대체품인도청구권, ㉤ 하자보완청구권, ㉥ 대금감액권, ㉦ 조기이행거절권이 해당되며 물품명세확정권은 매도인의 권리이다.

21 신용장 통일규칙(UCP 600)에서 양도가능신용장에 관한 설명으로 옳지 않은 것은?

▶ 제19회 국제물류론

① 양도가능신용장은 "양도가능"이라고 특별히 명기한 신용장을 말한다.
② 양도된 신용장은 양도은행에 의하여 제2수익자가 사용할 수 있도록 하는 신용장을 말한다.
③ 양도할 때 별도의 합의가 없는 한 양도와 관련된 비용(수수료, 요금, 비용, 경비)은 제2수익자에 의하여 지급되어야 한다.
④ 분할어음발행 또는 분할선적이 허용되는 한 제2수익자에게 분할 양도될 수도 있다.
⑤ 양도된 신용장은 제2수익자의 요청에 의하여 그 이후 어떠한 수익자에게도 양도될 수 없다.

해설 양도할 때 별도의 합의가 없는 한 양도와 관련된 비용은 제1수익자에 의하여 지급되어야 한다.

Answer 17. ③ 18. ③ 19. ④ 20. ① 21. ③

22 다음은 국제매매계약조건 중 중재조항의 일부이다. 이에 관한 내용으로 옳은 것은?

▶ 제19회 국제물류론

> All disputes related to this contract shall be finally settled by arbitration in the country of the respondent. In case the respondent is a Korean enterprise, the arbitration shall be held at the Korean Commercial Arbitration Board. In case the respondent is a Japanese enterprise, the arbitration shall be held at the Japan Commercial Arbitration Association.

① 피신청인이 일본기업일 경우 중재를 일본상사중재협회에서 진행한다.
② 이 계약과 관련하여 발생하는 모든 분쟁은 국제기구 내 중재기관을 이용하여 해결한다.
③ 상사분쟁은 중재규칙에 따라 선임된 1인 또는 그 이상의 중재인에 의하여 최종적으로 해결된다.
④ 신청인이 한국기업일 경우 중재를 대한상사중재원에서 진행한다.
⑤ 이 계약과 관련하여 발생하는 모든 분쟁은 신청인의 국가에서 중재로 최종 해결한다.

해설 ① 중재조항에 의하면 피신청인이 일본기업일 경우 중재를 일본상사중재협회에서 진행한다.
② 이 계약과 관련하여 발생하는 모든 분쟁은 피고인 국가 내 중재기관을 이용하여 해결한다.
③ 중재조항 내용에는 없다.
④ 피신청인이 한국기업일 경우 중재를 대한상사중개원에서 진행한다.
⑤ 이 계약과 관련하여 발생하는 모든 분쟁은 피신청인의 국가에서 중재로 최종 해결한다.

23 무역계약의 기본조건에 관한 설명으로 옳지 않은 것은?

▶ 제19회 국제물류론

① 신용장거래에서는 신용장상에 분할선적을 금지하는 문언이 없는 한, 분할선적은 허용하는 것으로 본다.
② 선적일자와 관련하여 사용되는 용어에 있어 to, until, from은 당해 일자를 제외하는 것으로 본다.
③ 신용장상에 과부족금지 문언이 없는 한 환어음의 발행금액이 신용장금액을 초과하지 않는 범위 내에서 5%까지의 과부족은 용인된다.
④ 일반적으로 FOB, CFR, CIF 등의 규칙은 별도의 합의가 없는 한, 선적품질조건에 따르는 것으로 본다.
⑤ 표준품매매에서 USQ(Usual Standard Quality) 조건은 공인검사기관이나 표준기관이 인증한 통상적인 품질을 표준품으로 결정하는 조건이다.

해설 선적일자와 관련하여 사용되는 용어로 to, until, from은 당해 일자를 포함하는 것으로 본다.

24 다음은 일반거래조건 협정서의 일부이다. ①~⑤의 내용을 설명한 것으로 옳지 않은 것은?

▶ 제19회 국제물류론

> (1) Payment : ① Draft shall be drawn at 30 d/s under Irrevocable Letter of Credit which should be opened ② in favor of Seller immediately upon contract, for the invoice value with full set of ③ shipping documents and other documents which each contract requires.
>
> (2) Marine Insurance : All shipments shall be covered on A/R including War Risks and ④ T.P.N.D. for the invoice amount plus 10(ten) percent. All policies shall be made out in U.S. Dollar and ⑤ claims payable in New York.

① 결제조건은 취소불능신용장하에서 일람 후 30일 출급환어음 조건이다.

② 신용장의 수익자는 매도인이다.

③ 대표적인 선적서류는 Bill of Lading, Insurance Policy, Commercial Invoice이다.

④ T.P.N.D는 도난·발하·불착위험을 말한다.

⑤ 손해배상청구를 의미한다.

해설 여기서 claim은 손해배상청구를 의미하는 것이 아니라 보험에서 담보하는 사고시 보험금액청구 즉, 지불하는 보험금을 의미한다.

02 국제물류와 정형무역거래조건

| 학습목표 | 1. 무역계약에 대한 전반적인 내용을 제시한다.
2. 정형거래조건(INCOTERMS 2020)에 대한 내용을 정리한다.

| 단원열기 | 무역계약에 대한 전반적인 내용을 다루고 있는 이 단원은 무역계약의 의의, 법적 성격 및 무역계약의 8대 조건(품질, 수량, 가격, 선적, 결제, 보험, 포장, 클레임), 그리고 매매당사자들의 의무사항을 규정하고 있는 'INCOTERMS'의 내용을 자세히 제시하고 있다. 이 단원에서는 무역계약의 8대 조건의 세부적인 내용부문에서 꾸준히 출제되고 있으며, 특히, 정형거래조건(INCOTERMS) 부문은 매 시험에서 높은 출제율을 보이고 있기 때문에 'INCOTERMS 2020'의 내용을 중심으로 학습하는 것이 매우 중요하다.

제1절 무역계약의 체결

1 무역계약의 기초

(1) 무역계약의 의의

① 무역계약이란 국제상거래계약으로서 물품 및 용역의 수출입을 위하여 계약당사자들 간에 물품의 소유권 양도와 대금지급과 같은 법률적 행위를 수반하는 약정을 말하며 국제물품매매계약이라고도 한다. 즉, 매도인은 매수인에게 약정된 물품을 약정된 일자에 인도할 것을 약정하고, 매수인은 이에 대한 반대급부로 대금지급을 약정함으로써 성립하는 국제간 매매계약을 말한다.

② 무역계약은 본질적으로는 국내매매계약과 동일하나, 국제상관습이 적용되고, 격지자 간의 거래계약이며, 국가별 무역관리에 수반되는 내용상·절차상의 제약이 가해지는 점에서 국내 매매계약과 구별된다.

(2) 무역계약의 법적 성격

① **낙성계약**(합의계약, Consensual Contract) : 계약이 유효하게 성립하기 위하여 계약당사자의 의사표시의 합치, 즉 매매당사자의 합의만 있으면 그 자체로 계약이 성립하는 것을 말한다. 무역계약에 있어서 이러한 합의는 일방의 청약(offer)을 상대방이 승낙(acceptance)함으로써 성립된다.

② **쌍무계약**(Bilateral Obligation/Contract) : 쌍방이 계약상의 의무를 부담하는 계약으로서 계약 성립과 동시에 매매당사자가 서로 의무를 부담한다. 즉, 매도인은 약정된 물품을 약정일자까지 인도해야 할 인도의무가 있고, 매수인은 그의 대가로 대금지급의 의무가 있다.

③ **유상계약**(Remunerative Contract) : 계약의 양 당사자가 상호 대가적인 관계에서 급부를 목적으로 하는 계약을 말한다. 즉, 무역계약은 물품인도, 기타 일정한 무역거래행위에 대한 반대급부로서 경제적 대가의 지급을 수반하는 유상계약이다.

④ **불요식계약**(Informal Contract) : 매매계약을 체결함에 있어서 요식(formal)에 의하지 않고 문서나 구두에 의한 명시계약(expressed contract)이나 묵시계약(implied contract)으로서도 계약이 성립되는 것을 말한다. 이에 반하여 매매당사자의 의사표시가 서면이나 그 밖의 일정한 방식에 따를 것을 요하는 요식계약(formal contract)과 구별된다.

[보충학습]

특수한 무역의 종류

1. 송금방식에 의한 수입

　⑴ **서류상환방식**(Cash Against Documents, CAD) : 수출업자가 물품을 수출하고, 수출을 증명할 수 있는 선하증권, 보험증권이나 상업송장 등 주요 선적서류를 수출지에 위치해 있는 수입업자의 대리점, 지점이나 거래은행에 제시하여 그 서류와 상환으로 수출대금을 받을 수 있는 거래조건이다.

　⑵ **현물상환방식**(Cash On Delivery, COD) : 수입업자가 물품을 인수·확인 후에 물품대금을 송금하여 결제하는 방법으로서, 대금을 결제할 때 신용장이나 환어음을 사용하지 않는다. 이와 같은 방식은 주로 고가의 물품을 거래할 때 사용하는 방식이다.

2. 녹다운방식 수출입

물품의 완제품을 수출입하는 것이 아니라, 반제품의 형태로 물품을 수출입하는 방식이다. 다만, 조립할 수 있는 설비와 능력을 가지고 있는 거래처에 한해서만 수출입을 하는 방식으로 실수요지에서 제품을 완성하기 때문에 현지조립방식의 수출입이라고도 한다. 선진국의 고임금이나 공해문제 등을 피하기 위해서 개발도상국이나 후진국에 거래처를 설립하는 형태로 수출할 때 많이 발생하는 수출입 방식이다.

3. 개발방식에 의한 무역종류

　⑴ **OEM**(Original Equipment Manufacturing)**방식 수출** : 수입업자로부터 제품의 생산을 요청받아 주문물품에 상대방의 상표를 붙여서 수출하는 거래방식을 의미하며, 주문자 상표부착방식이라고도 한다.

　⑵ **ODM**(Original Development Manufacturing)**방식 수출** : OEM방식 수출이 수입업자가 요구하는 제품의 생산을 요청대로 생산하는 단순한 하청생산 수출방식이라고 한다면, ODM방식 수출은 주문자의 요구에 따라 수출업자가 주도적으로 연구개발·설계·디자인을 함으로써 부가가치(공급가 + 개발비)를 높여 제품을 수출하는 방식이다.

(3) 무역계약의 기본조건

무역계약은 매도인이 대금이라는 금전적 대가를 받고 매수인에게 물품의 소유권을 이전하기로 약정하는 계약을 의미한다. 무역계약의 기본조건들은 품질조건, 가격조건, 수량조건 등 물품 자체에 대한 조건과 선적조건, 결제조건 등 계약이행을 위한 조건으로서 5대 조건이 있고, 보험조건과 포장조건을 추가하여 7대 조건, 여기에 분쟁에 대비한 클레임조건을 포함하면 8대 조건이 된다. 이와 함께 계약내용을 포괄적으로 보완하기 위해서는 INCOTERMS 내지 일반거래조건협정 (Agreement on General Terms and Conditions)을 맺는 것이 좋다.

① **품질조건**(terms of quality) : 매매계약서에는 거래목적물이 가능한 한 구체적으로 제시되어야 한다. 즉, 거래물품의 규격이나 모양, 품질수준 등을 어떤 것으로 할 것인지를 약정하는 조건을 품질조건이라 하며, 품질약정의 방법에는 다음과 같은 것들이 있다.

  ㉠ 견본에 의한 매매(sales by sample) : 상품 전체를 대표하는 상품의 일부 또는 한 개를 이용한 견본에 의해 당해 상품의 품질을 결정하는 매매약정방법이다. 대부분의 일반공산품이 여기에 해당하며 무역거래에서 가장 널리 이용되고 있는 방법이다.

  ⓐ 부적절한 표현

  > • Quality to be same as sample
  > • Quality to be as per sample
  > • Quality to be fully equal to sample

  ⓑ 적절한 표현

  > • Quality to be about equal to the sample
  > • Quality to be considered as being about equal to the sample

이는 품질수준을 표시할 때 '견본과 완전히 일치하는 것'이라는 표현 대신에 '대체로 견본과 비슷한 것'이라는 표현을 사용하는 것이 market claim을 미연에 방지하고 그 거래를 완만히 완결 지을 수 있기 때문이다.

  ㉡ 상표에 의한 매매(sales by trade mark or brand) : parker, rolex, coca-cola 등
  ㉢ 규격에 의한 매매(sales by type or grade) : 국제표준화기구(ISO), 한국의 KS, 일본의 JIS 등
  ㉣ 명세서에 의한 매매(sales by description) : 선박, 운반기계, 철도, 차량 등
  ㉤ 표준품에 의한 매매(sales by standard)

  ⓐ 평균중등 품질조건(fair average quality : FAQ) : 농산물
  ⓑ 판매적격 품질조건(good merchantable quality : GMQ) : 냉동어류, 목재

  ㉥ 점검에 의한 매매(sales by inspection) : BWT조건, COD조건에서 제한적으로 사용

② **수량조건**(terms of quantity) : 수량조건의 불명확으로 클레임이 발생하는 경우가 종종 있다. 따라서 문제가 발생되지 않도록 계약서에 명시할 필요가 있다. 수량의 단위에는 개수(piece, dozen), 포장단위(case, bag, bale), 용적(measurement), 중량(weight), 길이(length) 등이 있는데 가장 문제가 되는 것은 중량이다.

    ㉠ 수량의 단위

        ⓐ long ton(english ton, gross ton) = 2,240 1bs = 1,016kgs

        ⓑ short ton(american ton, net ton) = 2,000 1bs = 907kgs

        ⓒ metric ton(french ton, kilo ton) = 2,204 1bs = 1,000kgs

    ㉡ 과부족 용인조항(more or less clause, M/L Clause) : 일정한 수량의 과부족 한도를 정해 두고 그 범위 내에서 상품이 인도되면 계약불이행으로 다루지 않고 수량클레임을 제기하지 않는다는 수량조건에 관한 계약상의 명시조항을 말한다.

        ⓐ 과부족 허용용인조항 예문

> • 5% more or less at sellers option
> • seller has the option of delivering(or shipping) 3% more or less on the contract quantity
> • quantity, unless otherwise arranged, shall be subject to a variation of 5% plus or minus at seller's option

        ⓑ 신용장통일규칙 : 신용장상에 'about, circa, approximately' 등이 명시되어 있으면 10%, 명시되어 있지 않더라도 5%의 과부족이 허용된다.

③ **가격조건**(terms of price)

    ㉠ 가격이란 시장에서 물품의 교환가치를 화폐가치로 표시한 것이다. 가격은 매수인의 입장에서 보면 구매를 결정하는 중요한 요인이며, 매도인의 입장에서 판매를 결정하는 중요한 요인이다.

    ㉡ 물품의 가격은 제조원가에 운임, 보험료, 하역비, 창고료, 통관비용 등 여러 가지 부대비용을 합산하여 결정된다. 따라서 이러한 부대비용의 부담 주체를 수출자와 수입자 중 누구로 할 것인가 그리고 운송 도중에 불의의 사고가 발생할 경우 이에 대한 책임을 누가 질 것인가를 분명히 해둘 필요가 있다.

    ㉢ 가격의 결정으로 매도인은 그 이후의 시장가격의 상승에 따른 위험을 부담하고 매수인은 그 이후의 시장가격하락에 따른 위험을 부담한다.

④ **선적조건**(terms of shipment) : 선적은 단지 선박, 즉 본선에의 적재(loading on board)만을 의미하지 않고, 인도를 위한 항공기나 철도 등을 포함한 모든 운송수단을 포함한다. 즉, 본선적재(loading on board), 발송(dispatch), 인수(accepted for carriage), 우편수령일(date of post receipt), 접수일(date of pick up) 또는 이와 유사한 표현 및 복합운송을 허용하는 경우 운송인의 수탁(taking in charge) 등을 포괄하는 개념이다.

따라서 해상화물을 선박에 적재하는 행위뿐만 아니라 계약물품의 도로·철도·항공·우편·속달·복합운송 등이 이루어지고 신용장에 운송서류를 요구하는 경우 물품을 운송인에게 인도(적재)하는 행위를 총칭하는 개념으로 확장된다.

㉠ 선적시기

    ⓐ 구체적인 연월일을 명기하여 최종 선적시기를 정하여야 한다.

    ⓑ 선적기일을 월이나 일로 약정하지 않고, 'shipment should be made as soon as possible' 과 같이 즉시 또는 조속히 선적하도록 요구하는 형식을 즉시선적조건으로 선적기간이 약정되었다면 신용장 거래에 대한 약정이 없는 것으로 간주한다.

        예 promptly, immediately, as soon as possible etc.

    ⓒ 선적시기 약정 예문

> • shipment shall be made during september
> • shipment should be made within three months after seller's receipt of L/C

    ⓓ L/C상에 그 유효기일은 정해져 있으나 최종 선적기일은 정해져 있지 않은 경우에는 신용장의 유효기일을 최종 선적기일로 간주한다. 한편, 신용장의 유효기일은 은행이 휴업하는 경우 다음 최초의 영업일까지 자동연장되지만, 최종 선적기일은 연장되지 않는다.

    ⓔ 기간 관련 용어

        • to, until, till, from : 당해 일자가 포함된다.

        • after : 당해 일자가 제외된다.

        • first half / second half : 지정된 달의 1일부터 15일까지 / 16일부터 말일까지

        • beginning / middle / end : 지정한 달의 1일부터 10일 / 11일부터 20일 / 21일부터 말일까지의 기간을 나타낸다.

        ◈ UCP 600에서 기간계산 표현(UCP 600 제3조)
        'from'이 선적기간의 결정으로 사용될 경우에는 포함시키고 환어음의 만기일 결정으로 사용될 경우에는 해당일을 제외한다. 또한 선적기간에서 'between'이라는 단어는 당해일자를 포함하고, 'before'라는 단어는 해당일을 포함시키지 않는다.

㉡ 분할선적(partial shipment)

    ⓐ 매매목적물 전량을 수회로 나누어 선적하거나 화물을 최소한 둘 이상의 단위로 나누어 서로 다른 항로를 이용하거나 또는 서로 다른 운송수단에 선적하는 것을 말한다.

    ⓑ 신용장상에 분할선적을 금지하는 문언이 없을 경우에는 분할선적이 허용되는 것으로 간주한다.

㉢ 할부선적(installment shipment)

    ⓐ 할부선적이란 분할선적의 일종으로서 계약된 상품의 일정수량을 일정기간 동안 나누어 주기적으로 선적하도록 하는 것을 의미한다.

ⓑ 신용장에서 일정한 기간 내의 할부에 의한 선적이 명시된 경우, 어느 할부부분이 당해 할부부분을 위하여 허용된 기간 내에 선적이 이루어지지 않으면 신용장에 별도의 명시가 없는 한, 그 신용장은 당해 할부부분 및 그 이후의 모든 할부부분에 대하여 효력을 상실한다.

ⓛ 환적(transshipment)

ⓐ 선적항(적출항)에서 선적된 화물을 목적지로 가는 도중에 다른 선박(또는 운송기관)에 옮겨 싣는 것으로서 '이적'이라고도 한다.

> transshipment means unloading and reloading from one vessel to another vessel during the course of ocean carriage from the port of loading to the port of discharge as stipulated in the credit.

ⓑ 신용장상에 환적을 금지하는 문언이 없을 경우에는 환적이 허용되는 것으로 간주한다.

ⓒ 일반적으로 'direct shipment(or steamer) by customary route' 등으로 직항선적을 약정한 때에는 환적금지를 전제로 하고 있다고 보아야 한다.

ⓜ 지연선적과 선적일의 증명

ⓐ 약정된 선적기일 내에 선적을 이행하지 않은 것을 '선적지체' 또는 '지연선적'이라 하며, 이것이 매도인의 귀책사유로 인한 것이라면 계약위반이 된다.

ⓑ 그러나 불가항력으로 인한 경우 매도인은 면책되며, 이때에는 3주 또는 1개월 정도 동안 선적기간이 자동연장되는 것이 관례이며, 이러한 경우에도 매도인은 지체 없이 당해 불가항력의 존재(발생)를 상공회의소 기타 공인기관으로부터 문서로 확인받아 이를 매수인에게 통지하여야 한다.

ⓒ 선적일의 증명(신용장통일규칙)

선적선하증권	그 발행일, 즉 B/L Date를 선적일로 본다.
수취선하증권	후에 선적되었음을 나타내는 부기(附記, notation)에 표시된 날짜를 선적일로 본다.

⑤ **결제조건**(terms of payment) : 대금결제조건은 결제수단과 결제시기를 고려하여 당해 거래에 가장 적절하다고 판단되는 것을 선택해야 한다.

㉠ 송금방식 : 송금방식이란 수출자가 물품을 선적하기 전 또는 선적 후에 물품대금을 송금에 의하여 영수하는 방식으로 물품의 선적을 기준으로 사전송금과 사후송금으로 구분한다. 물품의 선적 전에 수출대금을 영수하는 조건의 사전송금방식일 때에는 수출자는 안전하나 수입자는 대금만 미리 지급하고 물품을 받지 못하는 위험을 부담하게 되고, 반대로 물품의 선적 후에 수출대금을 영수하는 조건의 사후송금방식일 경우에는 물품을 받은 후 대금을 지급하는 수입자는 안전하나 수출자는 대금 미회수의 위험을 부담하게 된다.

    ⓐ 사전송금방식 : 수입자가 물품을 받기 전에 미리 송금하는 방식

    ⓑ 사후송금방식 : 물품을 받은 후에 송금하는 방식

    ⓒ 결제수단 : 전신송금, 우편송금, 송금수표, 은행수표 및 개인수표 등

  ⓛ 추심결제방식(무신용장 방식) : 추심방식은 수출자가 먼저 계약물품을 선적한 후 수입자로부터 대금회수를 위해 수출지에 있는 거래 외국환은행에 대금청구를 신청하여 수입지에 있는 추심은행을 통하여 수출대금을 회수하는 방식을 말한다. 대금의 지급조건에 따라 지급인도조건(Document against Payment, D/P)과 인수인도조건(Document against Acceptance, D/A)으로 구분된다.

    ⓐ D/P방식 : 선적서류 인도시 수입자가 선적서류 인도와 동시에 대금을 지급하는 거래를 말하며, 지급인도조건거래라 한다.

    ⓑ D/A방식 : 수입자가 추심은행으로부터 선적서류를 인수하고 수입대금지급은 어음만기일에 하게 하는 일종의 외상거래로서, 인수인도조건거래라 한다.

    ⓒ 신용장방식 : 송금결제방식이나 추심결제방식은 수출입자 중 일방이 불이익을 받을 수 있으므로 이러한 단점을 보완하고 당사자 간의 신용결여에 따른 무역거래상의 어려운 점을 해결하기 위해 등장한 것이 신용장(Letter of Credit)방식이다.

    즉, 신용장의 발행은행이 수입자를 대신하여 대금지급을 확약함으로써 수출자의 대금회수 불능에 대한 위험을 방지하고, 수입자는 신용장조건과 일치하는 서류를 인도받으면서 발행은행에 대금을 지급함으로써 상품 불인도에 대한 위험을 방지할 수 있다.

⑥ **보험조건**(terms of Insurance) : 무역에서 취급하는 보험은 통상적으로 해상보험 중 적하보험을 말한다. 해상적하보험에는 협회적하약관(Institute Cargo Clause, ICC)으로 ICC(A), (B), (C) 등 세 가지 기본약관이 있으며, 매매 당사자들은 부보범위와 보험료 등을 고려하여 계약화물에 가장 적합한 형태의 보험조건을 선정하여야 한다.

  ⓐ INCOTERMS 2020 – CIF, CIP

  ⓛ 일반적으로 송장(invoice) 금액의 110% 부보

⑦ **포장조건**(terms of packing)

  ⓐ 포장은 제품의 보호나 판매촉진의 의미를 갖는다.

  ⓛ 포장은 내용물을 보호하는 견고성과 포장비용 자체의 절감 그리고 운임절감을 고려한 경제성을 감안하여 포장조건을 결정한다.

  ⓒ 통상 포장조건을 약정할 때에는 간단히 수출표준포장(export standard packing)이라고 명시한다.

⑧ **클레임조건**(terms of dispute, 중재조항)

  ⓐ 무역클레임의 의의

    ⓐ 손해화물에 관한 클레임(claim on damage or lost cargo) : 운송 중의 사고에 의하여 화물에 손해가 생겼을 때에 피해자가 선박회사 또는 보험회사에 대하여 손해배상을 청구하는 것을 말한다.

ⓑ 무역거래상의 클레임(business claim) : 일반적인 (무역)클레임이다. 매매당사자(수출업
자/수입업자)의 일방이 매매계약의 내용을 충실히 이행하지 않았을 경우 그로 인해 손해
를 입은 당사자가 권리의 회복을 요구하거나 손해배상을 청구하는 것을 말한다(이것을
무역분쟁의 구상 'claim for trade dispute'이라고도 한다).

ⓛ 클레임의 제기기한
　ⓐ 클레임의 제기기한의 약정
　　• 클레임의 제기기한에 관한 약정은 클레임의 포기조항을 수반하고 있으므로 일종의
　　　면책조항이라고 할 수 있다.
　　• 클레임 제기기간의 설정은 그 물품의 성질상 합리적으로 요구되는 하자발견 및 통지
　　　기간보다 너무 짧게 규정되어 있으면 그 효력을 부인당하는 경우도 있으므로 그 기간
　　　을 설정하는 데도 주의하여야 한다.
　ⓑ 클레임의 제기기한의 약정 예문

> Any claim by Buyer shall be notified by Buyer to seller within 30 days after the arrival
> of the goods at the destination stipulated on the face hereof. Unless such notice,
> accompanied by proof certified by an authorized surveyor, is sent by Buyer during
> such above mentioned period, Buyer shall be deemed to have waived any such claim.

　ⓒ 한국 상법(제69조)에는 물품의 하자 발견시 즉시통지하거나 발견할 수 없는 하자의 경
　　우 6개월 이내에 제기하면 된다.

ⓒ 클레임의 해결방법 : 무역클레임이 발생하면 우선 양 당사자 모두는 합리적으로 클레임을
해결하려는 자세와 신속하고도 경제적으로 클레임을 해결하려는 노력이 필요하다.
클레임이 제기되면 가능한 한 당사자 간에 우호적인 협의를 통하여 해결하는 것이 바람직
하나 그렇지 못할 경우에는 제3자를 통하여 해결할 수밖에 없다. 흔히 클레임의 해결에 관
해 "중재는 재판보다 낫고, 조정이 중재보다 나으며, 조정보다는 우호적인 해결이 낫고, 가
장 좋은 방법은 클레임의 예방이다"라고 한다.

　ⓐ 매매당사자 간의 해결
　　• 청구권의 포기(waiver of claim) : 청구금액이 너무 적어 분쟁을 제기할 가치가 없거
　　　나, 절차가 복잡한 경우, 혹은 구제비용이 과다한 사건과 상대방의 변상능력이 없어
　　　변제 가능성이 없는 경우 청구권을 포기하는 경우가 종종 있다.
　　　또한, 적절한 구제책 없이 거래를 추진했던 자신에게도 일반적인 책임이 있고, 미래를
　　　위한 좋은 경험적 지식이 될 수도 있으므로 긍정적인 판단이 필요하다. 따라서 사항
　　　에 따라서는 상대방의 양심에 맡기고 청구권을 포기하는 것도 분쟁을 해결하는 좋은
　　　방법이 될 수 있다.

- 당사자 간의 직접타협(compromise, accord, concord and amicable settlement) : 당사자 간의 타협이라 함은 제3자의 개입 없이 분쟁당사자가 주도권을 가지고 분쟁사실의 원인과 문제점을 분석하고, 그 책임소재를 밝혀 합의에 이르는 우호적인 분쟁해결방법이다. 이러한 방법에서 얻어지는 결과내용은 법원의 확정판결이나 중재판정과 같은 구속력은 없으나 분쟁의 해결과정이 평화적이기 때문에 장차 거래를 지속할 수 있는 가능성이 많아 분쟁의 해결방법 중 가장 이상적인 방법이라 할 수 있다.

- 화해(amicable settlement) : 당사자 간의 자주적인 교섭과 양보로 분쟁을 해결하는 방법으로서 당사자가 직접적인 협의를 통하여 양 당사자 간의 합의점을 찾는 것으로 이 경우 대체적으로 화해계약을 체결한다.

ⓑ 제3자 개입에 의한 해결방법

- 알선(intercession, recommendation) : 국내외 상거래에서 발생하는 분쟁을 분쟁해결의 경험과 지식이 풍부한 대한상사중재원의 직원이 개입하여 양 당사자의 의견을 듣고 해결합의를 위한 조언과 타협권유를 통하여 합의를 유도하는 제도이다.

  알선은 조정과 매우 흡사하나 그 구조면에서 조정보다 더 비형식적 성격을 띠고 있다. 조정은 중재절차의 한 부분으로 취급되고 있으나 알선은 중재와는 성격을 달리한다. 즉, 알선은 권고의 성격이나 중재는 사법적이고 기능적이며, 알선은 권고하지만 중재는 결정하는 것이다. 또 알선기관은 단순히 해결방안이나 조언을 제시할 뿐이며 당사자들이 알선에 응하지 않으면 해결되지 않는다. 즉, 알선은 쌍방의 협력이 없으면 실패로 돌아가며 강제력은 없으나 알선수임기관(대한상사중재원, 대한상공회의소 등)의 역량에 따라 그 실효성이 나타난다.

- 조정(conciliation, mediation) : 당사자들이 협상이나 토론을 통하여 분쟁을 해결할 수 없는 경우에 의사소통을 원활히 하고 해결점을 찾기 위해 양 당사자가 공정한 제3자를 조정인(conciliator, reconciliator, mediator)으로 선임하고 조정인이 제시하는 조정안에 양 당사자가 자주적으로 합의함으로써 클레임을 해결하는 방법이다.

- 중재(arbitration) : 중재란 당사자 간의 합의로 사법상의 법률관계를 법원의 소송절차에 의하지 아니하고 제3자인 중재인을 선임하여 그 분쟁을 중재인에게 맡겨 중재인의 판단에 양 당사자가 절대 복종함으로써 최종적으로 해결하는 방법이다.

  중재는 당사자 간의 중재합의에 의하여야 하고 중재인의 판정에 절대 복종하여야 하며 그 결과는 강제성을 가질 뿐만 아니라 그 효력도 당사자 간에는 법원의 확정판결과 동일하다. 또한 중재에 관한 뉴욕협약(외국중재판정의 승인과 집행에 관한 국제협약)에 가입한 외국에서도 그 집행을 보장해 주고 승인해 주므로 소송보다도 더 큰 효력이 있다.

- 소송(litigation, suit) : 국가 공권력이나 사법재판에 의해서 클레임을 강제적으로 해결하는 분쟁해결방법이다. 이 방법은 외국과의 사법협정이 체결되어 있지 않기 때문에 외국에서 승인 및 집행이 보장되지는 않는다.

◉ **소송과 중재의 비교**

소 송	중 재
• 일방적으로 상대편의 합의 없이 제소 가능	• 계약당사자의 중재에 관한 합의가 필요
• 2심·3심에 항소·상고가 가능	• 단심제
• 분쟁해결에 많은 비용과 시간 소요	• 분쟁이 신속, 경제적으로 해결 가능
• 공권력에 의한 해결	• 공정한 제3자(중재인)에 의한 사적 분쟁해결
• 원칙적으로 공개리에 진행되어 비밀유지가 불가능	• 원칙적으로 비공개이므로 비밀유지가 가능

[보충학습]

무역클레임의 예방책

1. **계약 전 사전신용조사**

   사전에 거래상대방의 거래성격, 자본금, 영업능력 등 상대방의 신용을 철저히 조사함으로써 성실한 거래상대방을 선정하는 것이 중요하다.

2. **계약시 계약서의 정확한 작성**

   일반적으로 계약은 청약과 승낙에 의하여 계약이 성립되고, 구두로도 성립이 되기 때문에 그 계약내용을 서면, 즉 계약서에 작성하고 확인하여 당사자 상호간에 오해가 발생하지 않도록 하는 것이 중요하다.

3. **계약 후 계약조건의 성실한 이행**

   매도인은 서면으로 작성하고 상호 확인한 계약서의 내용에 따라 계약조건을 성실히 이행하는 것은 클레임 예방에 도움이 된다.

4. **국제무역법규와 관습을 충분히 이해**

   국제무역이란 언어, 정치, 법률, 관습 등이 서로 다른 국가 간에 행해지는 무역이기 때문에 무역거래에 적용되는 법규 및 상관습을 철저히 조사하고 이해하여 클레임을 막도록 한다.

⑷ **상사중재제도**

① **중재(Arbitration)의 의의** : 중재란 국가경제의 일상과정에서 무수한 분쟁을 해결하는 한 수단이다. 중재는 분쟁당사자 간의 합의(仲裁契約)에 따라 사법(私法)상의 법률관계에 관한 현존 또는 장래에 발생할 분쟁의 전부 또는 일부를 법원의 판결에 의하지 아니하고 사인인 제3자를 중재인으로 선정하여 중재인의 판정에 맡기는 동시에 그 판정에 복종함으로써 분쟁을 해결하는 자주법정제도이다. 아울러 국가공권력을 발동하여 강제집행할 수 있는 권리가 법적으로 보장된다(중재법 제1조, 제8조, 제9조 및 제37조).

② **중재의 적용대상** : 중재는 당사자가 자유로이 처분할 수 있는 사법상의 분쟁으로서 현재 또는 장래에 발생할 분쟁 모두가 중재의 대상이다(중재법 제1조 및 제2조). 따라서 당사자가 자유로이 처분할 수 없는 법률관계(형사사건, 가사심판사건, 강제집행사건, 행정소송사건)는 중재의 대상이 아니다.

③ **중재의 요건**: 중재의 요건은 다음과 같다.

　㉠ 상사분쟁의 주체인 당사자가 있어야 한다.

　㉡ 중재당사자는 당사자적격에 결격사유가 없어야 한다.

　㉢ 분쟁이 반드시 현실적으로 존재하여야 하며, 중재대상을 특정하여야 한다.

　㉣ 분쟁은 서면에 의한 중재합의 범위 내에 속하여야 한다.

　㉤ 중재는 사법상의 법률관계에 관한 분쟁이어야 한다.

　㉥ 양 당사자에 의해 신청된 분쟁의 해결을 위임할 중재기관인 판정자로서 제3자인 중재인이 있어야 한다.

　㉦ 법원에의 직소(直訴)가 금지되어야 한다.

　㉧ 중재인의 판정은 최종적이고 구속력이 있기 때문에 당사자는 이에 무조건 복종해야 한다.

④ **중재제도의 특징**: 무역거래에서 분쟁이 발생하는 경우 소송보다는 중재에 의하여 해결하는 경우가 많다. 중재란 중재합의에 의하여 사법상의 권리 기타 법률관계에 관한 분쟁을 법원의 소송절차에 의하지 않고 사인인 제3자를 중재인(arbitrator)으로 선정하여 그 분쟁의 해결을 중재인의 결정에 맡기는 동시에 최종적으로 그 결정에 복종함으로써 분쟁을 해결하는 제도를 말한다. 중재는 소송제도와는 차이가 있는데, 소송제도와 비교한 장단점은 다음 표와 같다.

장 점	단 점
• 단심제 ⇨ 저렴한 비용, 신속성 제고	• 상소제도의 결여
• 절차의 비공개	• 법적인 안정성과 예측가능성 결여
• 충분한 변론의 기회보장	• 당사자의 대리인적 경향
• 법원의 확정판결과 동일한 효력(국내적 효력)	• 양 당사자 주장의 절충가능성
• 중재판정의 외국에서의 집행보장(국제적 효력)	• 중재절차상의 문제 발생가능성(법률문제)

⑤ **상사중재제도에 관한 국제규칙**

　㉠ 제네바협약: 1923년 체결된 제네바의정서 '중재조항에 관한 의정서(Protocol on Arbitration Clause)'의 단점을 보완하여 1927년 '외국 중재판정의 집행에 관한 협약(Convention on the Execution of Foreign Arbitral awards)'이 제정됨에 따라 외국 중재판정의 승인과 집행이 보장되었다.

　㉡ 뉴욕협약: UN협약이라고 불리며, 1958년 6월 '외국 중재판정의 승인 및 집행에 관한 UN협약(United Nations Convention on the Recognition and Enforcement of Foreign Arbitral Awards)'이 뉴욕의 UN본부에서 체결되었으며 이를 일반적으로 뉴욕협약이라고 한다. 우리나라는 1973년 2월 42번째로 뉴욕협약의 가입국이 되어 있기 때문에 뉴욕협약의 체약국 간에는 승인 및 집행을 보장받는다.

　㉢ 국제무역법위원회(UNCITRAL) 표준국제상사중재법: 1985년 6월 UN 권고결의안으로부터 UNCITRAL 표준국제상사중재법이 채택되었다.

표준중재조항의 실례

각국의 상설중재기관에서는 중재의 효율성을 높이고 신속한 중재절차의 진행을 위하여 당사자들이 중재계약을 체결할 때 쉽게 이용할 수 있도록 표준중재조항을 마련해 놓고 있다.
대한상사중재원에서 권고하는 '표준중재조항'은 다음과 같다.

1. 국내중재조항의 예

> 이 계약으로부터 발생되는 모든 분쟁은 대한상사중재원에서 중재규칙에 따라 중재로 최종 해결한다.

2. 국제중재조항의 예

> All disputes, controversies, or differences which may arise between the parties, out of or in relation to or in connection with this contract, or for the breach thereof, shall be finally settled by arbitration in Seoul, Korea in accordance with the Arbitration Rules of the Korean Commercial Arbitration Board and under the Laws of Korea. The award rendered by the arbitrator(s) shall be final and binding upon both parties concerned.
>
> 이 계약으로부터 또는 이 계약과 관련하여 또는 이 계약의 불이행으로 말미암아 당사자 간에 발생하는 모든 분쟁, 논쟁 또는 의견차이는 대한민국 서울에 소재하는 대한상사중재원의 중재규칙 및 대한민국법에 따라 중재에 의하여 최종적으로 해결한다. 중재인(들)에 의하여 내려지는 판정은 최종적인 것으로 당사자 쌍방에 대하여 구속력을 가진다.

3. 국제중재조항의 예 − 피신청인주의

> All disputes that may arise under or in relation to this contract shall be submitted to arbitration in the country of respondent (a) under the Arbitration Rules of the Korean Commercial Arbitration Board if the arbitration is to be held in the Republic of Korea or (b) under the Commercial Arbitration Rules of the Japan Commercial Arbitration Association if the arbitration is to be held in Japan. The award rendered by the arbitrator(s) shall be final and binding upon both partiesn concerned.
>
> 본 계약과 관련된 또는 계약하에 발생한 모든 분쟁은 (a) 중재의 개시가 대한민국에서 이루어진다면, 대한상사중재원의 중재규칙하에 또는 (b) 중재의 개시가 일본에서 이루어진다면, 일본상사중재원의 상사중재규칙하에 피고인의 국가에 있는 중재원에 제출되어야 한다. 중재원(들)의 판정은 관련당사자들에게 최종적이며 구속력을 갖는다.

2 일반거래조건협정서(Agreement on General Terms and conditions of Business)

(1) **일반거래조건협정서의 의의**: 무역계약이 성립되고 본격적인 거래가 이루어지게 되면 일회성이 아닌 장기적·반복적인 거래관계가 지속되는 경우가 많다. 이러한 경우에 매번 개별 거래내용의 주요 부분은 변경될 수 있으나 일반적이고 기본적인 사항은 지속적·반복적으로 동일하게 이루어지는 경우가 많다. 이러한 경우 당사자 간의 합의에 의하여 계약의 일반적·기본적 사항을 정하여 문서화하고 서로 서명하고 교환한다면 업무의 간소화는 물론이고 장차 발생할 수 있는 분쟁의 가능성을 줄이게 되는데, 그러기 위해서 필요한 것이 일반거래조건협정서이다.

(2) **일반거래조건협정서의 내용**

① **거래형태에 관한 조건**: 거래형태는 당사자 간의 거래라 할 수 있는 본인 대 본인(Principal to Principal)의 거래인지, 본인과 대리인의 거래인지 아니면 대리인 간의 거래인지를 명시한다.

② **계약성립에 관한 조건**: 계약은 일반적으로 청약에 대한 승낙으로 성립하게 된다. 이러한 경우 CISG의 규정을 준용하는 경우도 있고 당사자 간의 합의에 의하여 청약과 승낙에 관한 사항을 별도로 명시할 수 있다.

③ **계약물품에 관한 조건**: 약정물품의 품질, 가격에 관한 일반적인 사항을 정하는 것으로 수입상은 주로 물품의 품질에 대한 관심이 상대적으로 높으므로 수입상의 의견이 까다롭게 제시되는 경우도 있다.

④ **계약의 이행에 관한 조건**: 계약의 이행은 대상물품을 선적하고 그에 대한 대가로 대금을 수령하는 일련의 과정을 말한다. 이러한 과정에서 선적에 관한 사항, 대금지급에 관한 사항, 보험, 포장 등에 관한 기본적 사항을 명시하게 되는데 이 부분은 일반거래조건협정서의 가장 중요한 부분 중의 하나로 볼 수 있다.

⑤ **보조적 내용**

　㉠ 분쟁해결에 관한 조건: 당사자 간에 클레임이 발생하거나 무역분쟁이 발생하였을 때 이를 해결하기 위한 내용, 방법, 형식, 절차 등에 관한 사항을 명시하게 된다. 어느 일방의 당사자에게 일방적으로 유리한 내용이 명시되면 거래의 진행이 원만하게 이루어지기 어렵기 때문에 보편적이며 일반적인 내용을 기준으로 균형 있게 작성하는 것이 바람직하다.

　㉡ 기타 조건: 기타의 조건은 보편적인 내용이 아니라 할지라도 수입상과 수출상의 거래방식이 한쪽에서는 일반적으로 보편화되어 있는 경우에 그 내용을 명시함으로써 장기적·반복적으로 동일한 효과를 발생하게 하는 것을 말한다.

　예를 들어, 수입상의 경우 일정한 품질기준 이상의 물품만을 항상 수입해야 하는 경우 수출시마다 공인 검사기관의 검사를 마치도록 하는 내용을 명시할 수 있고 수출상의 경우에는 대금결제의 중요성이 크기 때문에 D/A 또는 D/P 거래를 회피할 수도 있다. 이러한 경우 신용장 또는 T/T 거래를 선호하되 T/T 거래시 결제시기에 관한 기준을 미리 내용에 포함시켜 둘 수도 있다.

(3) **일반거래조건협정서의 실례**

뉴욕에 소재한 Tomas사(이하 '매수인'이라 칭함)와 서울에 소재한 한국산업(이하 '매도인'이라 칭함) 간에 체결된 본 협정서는 다음과 같이 정한다.

This memorandum made and entered into between Tomas & co., Now York(hereafter called Buyers) and Hankook Inc. co., Ltd., Seoul(hereafter called Sellers) witnesses as follows.

① **거래조건**: 양 당사자 간에 체결된 모든 거래는 본인 대 본인으로 한다.

> Business : All business transactions entered into between the parties shall be as Principals to principals.

② **품질조건**: 모든 적하품목은 설명서, 품질, 상태에 관해서 견본과 일치하여야 한다.

> Quality : All shipments shall be conforming to samples in regard to description, quality and state at the place of destination.

③ **가격조건**: 전신 혹은 편지로 별도의 명시가 없는 한, 매도인 또는 매수인이 지시하는 모든 가격은 미화로 뉴욕도착 운임보험료 포함조건으로 한다.

> Price : Unless otherwise specified in cables or letters, all prices by sellers or Buyers shall be quoted in U.S. Dollars on the basis of CIF New York.

④ **수량조건**: 매수인의 1회의 주문은 수량이 500타를 초과하는 한 매도인은 이를 수락하여야 한다.

> Quantity : An order shall be accepted so long as the quantity exceeds 500 dozen.

⑤ **Delivery** : 운송조건
  ㉠ 선적조건: 매도된 모든 적하품은 매 계약서에 명시된 기간 내에 선적되어야 한다. 선하증권의 일자는 선적일의 결정적인 증거로서 간주된다. 특별히 협의하지 않는 한 선적항은 매도인의 임의이다. 매도인은 신용장내도의 지연에 의한 선적지연에 대해서는 책임을 지지 않는다.

  > Shipment : All the goods sold shall be shipped within the time stipulated in each contract. The date of bills of lading shall be taken as a conclusive proof of the date of shipment. Unless specially arranged, the port of shipment shall be at the seller's option. Sellers shall not be responsible for late shipment caused by the delay of arrival of a Letter of credit.

  ㉡ 불가항력: 매도인은 직간접적 불가항력에 기인한 어떠한 선적지연에 대해서도 책임을 지지 않는다. 즉, 화재, 홍수, 지진, 파업, 공장폐쇄, 전쟁, 폭동, 소요, 적대행위, 봉쇄, 선박의 징발, 수출금지 등 매도인이 통제할 수 없는 기타 사유 등이다. 명시된 기간 이내에 선적을 지연시키는 전기의 사유가 발생하는 경우 매도인은 매수인에게 그 발생 또는 존재를 통지해야 하며, 서울 상공회의소가 입증한 서류를 제출하여야 한다.

> Force majeure : Sellers shall not be responsible for any delay in shipment due directly or indirectly to force majeure, such as fires, floods, earthquakes, tempest, strikes, lockouts, wars, riots, civil commotions, hostilities, blockades, requisition of vessels, embargoes, and to any other causes beyond the control of sellers. In the event of any of these accidents or contingencies which prevent shipment within the stipulated time, Sellers shall inform Buyers of its occurrence or existence and furnish a certificate substantiated by the Korea Chamber of commerce and Industry.

⑥ **대금지급조건** : 환어음은 계약체결 후 20일 이내 개설될 취소불능화환신용장에 근거하여 송장 금액의 전액에 대해서 운송서류를 첨부하여, 일람불로 발행한다. 신용장이 아닌 D/P(어음인수 지급도조건)에 대한 거래는 매 경우 매도인의 사전 동의를 요한다.

> Payment : Draft(s) shall be drawn at sight, documents attached, for the full invoice amount under an Irrevocable Credit which shall be established within 20 days after the conclusion of the contract. Business against D/P Draft without L/C should be subject to Seller' previous consent in each case.

⑦ **보험조건** : 매도인은 모든 적하품에 대하여 송장금액에 110% 금액으로 전쟁위험을 포함한 ICC(B)조건으로 보험에 부보한다. 도난, 발하, 불착손 위험 담보조건이나 부수적인 보험조건 이 요할 경우에는 매도인은 매수인의 비용으로 이를 부보한다. 보험증권 및 보험증서는 미화 로 작성하고 보험금 지급지는 뉴욕으로 한다.

> Insurance : Sellers shall effect marine insurance of all shipments on ICC(B) including War Risk for 110% of the invoice amount. Risk of theft, pilferage and non-delivery or any other additional insurance of required, shall be covered by Sellers for account of Buyers. Insurance Policies or Certificates shall be made out in U.S. currency, and claims payable in New York.

⑧ **확정오퍼** : 별도의 명시가 없는 한, 모든 확정오퍼는 일요일과 공휴일을 제외하고 발송 후 48시간 유효하다.

> Firm Offer : Unless otherwise stipulated, all firm offers shall be valid for 48 hours from the time dispatched, excluding Sunday and national holiday.

⑨ **주문** : 확정오퍼를 수락한 경우를 제외하고는 여하한 주문도 매도인이 이를 수락한다고 타전 할 때까지는 구속력이 없다. 모든 주문은 서면으로 확인해야 하며, 그렇게 확인된 주문은 상호 동의 없이는 취소할 수 없다.

> Order : Except in cases where firm offers are accepted, no orders shall be binding until acceptance is cabled by Sellers. All orders shall be confirmed in writing, and orders thus confirmed shall not be cancelled unless by mutual consent.

⑩ **클레임** : 매수인은 클레임이 발생하면 목적지에 물품이 도착한 후 20일 이내에 전신이나 텔렉스로 통지하여야 한다. 그리고 매수인은 공인된 검정인의 증명서를 매도인에게 지체 없이 항공우편으로 보내야 한다. 매도인과 매수인이 원만하게 해결이 되지 않을 경우에는 대한민국 서울에 소재하고 있는 대한상사중재원의 중재에 의해 해결하고, 중재판정은 최종적이며, 양당사자를 구속한다.

> Claims : Buyer's claims, if any, shall be made by cable or telex within 20 days after arrival of the goods at destination. Certificates by recognized surveyors shall be sent by air mail without delay. All claims which can not be amicably settled between seller and buyer shall be settled by Arbitration in Seoul, in accordance with the rules of the Korean Commercial Arbitration Board, whose award shall be final and binding upon Sellers and Buyers.

서명하신 후 원본은 보관하시고 부본은 송부바랍니다.

> Please acknowledge by signing and returning the separate sheet, retaining the original for you.

제 2 절 　정형무역거래조건(INCOTERMS)

1 INCOTERMS의 개관

(1) INCOTERMS의 의의

무역거래는 쌍무계약에 의한 거래이므로 매도인과 매수인이 각각 부담해야 할 여러 가지 의무가 있다. 이러한 매매당사자의 의무는 다양하기 때문에 매 계약시마다 일일이 열거한다는 것은 계약체결의 실무상 복잡하고 번거로워 이를 FOB나 CIF와 같은 간단한 정형거래조건을 이용하여 거래하고 있는데, 이것이 '정형거래조건의 해석에 관한 국제규칙'(International Rules for the Interpretation of Trade Terms, INCOTERMS)으로서 당사자 간의 법률관계 중 의무의 내용을 중심으로 규정하고 있다.

위험부담의 분기점	물품이 멸실 혹은 손상(파손)되는 것(Loss of or Damage to the Goods)에 대한 책임이 어느 장소와 시점에서 매도인으로부터 매수인에게 이전되는가 하는 문제로서, 인도(Delivery)의 이행 및 손해배상과 관련된다.
비용부담의 분기점	물품의 수출입에서 생기는 여러 가지 요소비용 가운데 어느 것까지는 수출상이 부담하고 그 외는 수입상의 부담으로 하는가의 문제로서 가격조건에 직접 관련된다.

(2) INCOTERMS의 목적과 범위

① **목적** : 국제무역을 하는 당사자들은 서로 나라가 다르기 때문에, 이들 간에 체결된 매매계약이라는 사법상의 법률관계를 규제하는 법률이나 상관습 등에는 많은 차이가 존재한다. 그러므로 서로 다른 법의 규제나 영향을 받는 상인 간의 거래에서는 어느 나라의 법이 적용될 것인가에 관한 준거법을 명시하여야 한다. 만일 매매계약서에 준거법이 명시되어 있지 않다면, 통상적으로 FOB 등의 선적지 인도조건인 경우에는 수출국의 법률, DAP 등의 도착지 인도조건인 경우에는 수입국의 법률이 준거법으로 된다. 그러나 상대방 국가의 특정법률이나 상관습의 적용을 받게 되는 경우, 즉 FOB계약을 체결한 수입업자가 수출국의 특정법률이나 상관습을 모르거나, 또는 DAP계약을 체결한 수출업자가 수입국의 특정법률이나 상관습을 모르는 경우에는 이들 당사자는 불이익을 입을 수 있다.

따라서 INCOTERMS는 각국의 법률과 상관습 중에서 '매매당사자'에게 공통적으로 적용될 수 있는 중립적이고 합리적인 '일련의 국제규칙(a set of international rules)'을 제정함으로써 정형거래조건의 해석상의 차이에서 오는 오해, 마찰 등의 분쟁이나 이에 따른 불의의 피해와 같은 불확실성을 방지 또는 감소시키는 데 그 목적이 있는 것이다.

즉, 당사자들이 서로 상대방 국가의 법률과 상관습을 모르거나 동일한 정형거래조건에 관하여 상이한 해석을 하는 경우에는 이들 사이에는 불필요한 오해와 분쟁이 발생하게 되고, 이러한 분쟁에 따른 법정제소는 많은 시간과 비용을 수반하게 될 것이다. 이러한 마찰을 해소하기 위해 1936년에 INCOTERMS가 제정된 후, 오늘에 이르기까지 1953년, 1967년, 1976년, 1980년, 1990년, 2000년, 2010년 및 2020년까지 총 여덟 번 개정되고 추가되어 국제무역환경의 변화를 반영해 왔다. 이 규정은 강제성이 없기 때문에 "계약 또는 신용장(L/C)에 INCOTERMS 규정을 따른다"라는 명시가 없을 경우 그 효력을 얻지 못한다.

② **적용범위** : INCOTERMS의 적용범위는 다음과 같다.

  ㉠ INCOTERMS는 매각된 물품의 인도에 관하여 매매계약당사자의 권리와 의무에 관련된 사항, 즉 매매계약상의 매도인과 매수인 간의 관계만을 취급하고 있다. 여기에서 물품이란 컴퓨터 소프트웨어와 같은 무형물이 아닌 유형물을 의미한다.

  ㉡ INCOTERMS는 운송계약에 적용되는 것이 아니라 매매계약에 적용되는 것이다. 즉, 수출입업자가 국제무역을 이행하기 위해서는 주 계약인 매매계약에 따라 종속계약인 운송, 보험 및 금융계약이 필요하게 되지만, INCOTERMS는 매매계약에만 관련되어 있다. 그럼에도 불구하고 특정 INCOTERMS의 조건을 사용하기 위한 당사자의 합의는 필연적으로 운송, 보험 및 금융계약 등의 종속계약에 영향을 미친다. 예를 들면, CFR 또는 CIF조건으로 매매계약을 체결한다면, 매도인은 자신의 물품인도의무를 이행하기 위하여 운송계약을 체결하여야 한다. 이 경우 매도인은 해상운송 이외의 기타 운송수단으로는 이러한 계약을 이행할 수 없다. 이들 해상운송조건하에서는 해상운송수단을 이용하고, 그에 따라 선하증권 또는 기타 해상운송서류를 매수인에게 제공하여야 하는데, 해상운송수단이 아닌 기타 운송수단으로 운송계약을 체결하였다면 이들 서류를 취득할 수 없기 때문이다. 따라서 이들 운송서류를 취득하지 못한다면, 매도인은 화환신용장거래하에서 대금지급을 받을 수 없게 된다.

  ㉢ INCOTERMS는 매수인의 임의처분상태로 물품을 놓아두거나 운송을 위하여 물품을 인도하거나 또는 목적지에서 물품을 인도하여야 하는 매도인의 물품인도의무와 당사자 간의 위험의 분배를 규정하고 있다.

  ㉣ INCOTERMS는 당사자가 매매계약에 포함시키고자 하는 모든 의무를 규정하고 있는 것은 아니다. 즉, INCOTERMS는 매매당사자인 매도인과 매수인이 각각 무엇을 하여야 하는지, 상대방에 대해서 어떠한 의무를 부담하는가(수출입을 위한 물품의 통관의무, 물품의 포장, 물품인수의무 및 각각의 의무가 정당하게 인도되었다는 증거를 제공할 의무 등)를 상세하게 규정하고 있다. 그러나 청약과 승낙에 의한 계약의 성립, 소유권이전의 시기, 당사자의 계약능력이나 착오에 의한 계약의 유효성, 당사자의 계약위반에 대한 구제 등의 문제에 대해서는 전혀 언급하지 않고 있다. 왜냐하면, 이것은 각국의 계약법이나 매매법의 대상이 되는 문제이므로 국제상관습을 집대성한 국제규칙인 INCOTERMS에서 이러한 문제를 취급하는 것은 무리가 있기 때문이다.

즉, INCOTERMS는 국제법이나 국제조약이 아닌 임의법규이므로 각 국가에서 공식적으로 채택하거나 강제적으로 적용되지 않고 당사자들의 선택에 의하여 임의로 채용되는 것이다. 따라서 계약위반의 결과와 여러 가지 장애에 의한 책임의 면제에 대한 문제는 매매계약의 기타 규정 및 준거법에 의해서 해결되어야 한다.

ⓕ INCOTERMS는 국제상거래조건이므로 물품이 항상 국경을 넘어 인도를 위해 판매되는 경우에 주로 사용될 목적이었다. 그러나 INCOTERMS는 단순히 국내시장의 물품매매계약에도 때로는 삽입되어 사용되고 있다. 이러한 경우 INCOTERMS상의 수출입관련 모든 조항은 필요가 없어진다.

(3) INCOTERMS의 개정

① **1980년 개정**: 1980년 개정이유는 복합운송방식을 수용하기 위한 것이다.

해상운송인 경우에는 약정물품이 본선의 난간(ship's rail)을 통과할 때 위험 및 비용부담이 매도인으로부터 매수인에게 이전하게 된다. 그러나 컨테이너화물운송이나 'roll on-roll off' 운송과 같은 복합운송이 등장함에 따라 종전의 해상운송에서 사용되고 있던 '본선의 난간'이란 의미를 사용할 수 없게 되었다. 따라서 약정된 장소에서 약정물품을 운송인에게 인도할 때 약정물품에 대한 위험 및 비용의 부담이 매도인으로부터 매수인에게 이전되는 Free Carrier(현재의 FCA)조건을 새롭게 추가하였다.

② **1990년 개정**: 1990년 개정이유는 EDI방식을 수용하기 위한 것이다.

EDI방식이란 상업송장, 선하증권, 보험증권 등과 같은 서류를 종래의 전달방법과는 달리 전자통신수단에 의하여 관련 자료나 데이터의 메시지를 교환하는 방식을 말한다. EDI방식은 널리 통용되고 있는 것은 아니지만 널리 이용될 것에 대비하여 종이에 의한 서류와 EDI 메시지 중에서 당사자들이 합의하여 한 가지를 선택하여 사용할 수 있도록 규정하였다. 즉, EDI에 의한 거래방식에 대하여 법적인 제도의 미비 등으로 종이에 의한 서류가 EDI 메시지로 대체되는 것에는 많은 시간이 필요하기 때문에, EDI 메시지는 당사자가 합의한 경우에만 사용할 수 있게 하였다.

③ **2000년 개정**

㉠ 개정배경

INCOTERMS 2000의 개정배경을 살펴보면 다음과 같다.

ⓐ 세계 도처의 무역업자들로부터 일련의 초안에 대한 의견과 반응을 참고하였다.

ⓑ INCOTERMS가 세계적으로 인정받고 있다는 인식 아래, 변경을 위한 변경을 피하였다. 즉, INCOTERMS 2000은 INCOTERMS 1990과 비교해 볼 때, 거의 변경이 없는 것처럼 보인다.

ⓒ INCOTERMS 2000에서는 무역관행이 명확하고 정확하게 반영되고 있다는 것을 확실히 하기 위해서 언어표현에 최선의 노력을 기울였다.

ⓓ 실질적이고 형식적인 모든 변경은 INCOTERMS 사용자 간의 철저한 조사를 기초로 행하였다.

ⓔ INCOTERMS의 사용자에 대한 추가적 서비스로서 설치된 INCOTERMS 전문가위원회는 1990년 이후에 수취된 질문에 대하여 특별한 관심을 기울였다.

ⓛ 개정내용

INCOTERMS 2000에서는 다음의 두 가지 영역에서 실질적인 변경을 행하였다.

ⓐ FAS조건과 DEQ조건하에서의 통관과 관세지불의 의무에 관한 내용을 변경하였다. 즉, FAS조건에서는 통관 및 관세지불에 대한 매수인의 의무를 매도인의 의무로, DEQ조건에서는 통관 및 관세지불에 대한 매도인의 의무를 매수인의 의무로 각각 변경하였다.

ⓑ FCA조건하에서의 적재와 양륙의 의무에 관한 내용을 변경하였다. 즉, INCOTERMS 2000의 FCA조건에서는 물품의 인도장소로서 계약에 지정되어 있는 장소가 매도인의 영업소인 경우에는 물품이 매수인의 수취용 차량에 적재된 때에 인도가 완료하고, 기타의 경우에는 물품이 매도인의 차량으로부터 양륙되지 않은 채 매수인의 임의처분상태로 놓여진 때에 인도가 완료된다.

④ **2010년 개정** [2]

ⓐ 개정배경

INCOTERMS 2010은 현대의 무역관행을 반영하기 위해 개정되었는데, 개정배경을 살펴보면 다음과 같다.

ⓐ 복합운송조건의 이용률이 저조하였으며, D그룹 조건들의 이용률 저조, 해상매매계약에서 위험 및 비용의 분기점으로 ship's rail을 기준으로 한 점에 대한 비판이 계속 제기되어 왔다.

ⓑ 화물터미널에서의 화물취급 비용(THC) 부담자에 대한 논란과 전자무역거래가 활발해짐에 따른 적절한 대응의 필요성이 증가하였다.

ⓒ 거래자 간 보험과 관련된 CIF와 CIP조건에서 최소담보의 약관만으로 매도인이 부보하면 되지만, 대부분의 경우 구매인이 보다 명백한 계약서상의 요건을 포함하길 요구하고 있다.

ⓓ 당사자 간의 원활한 무역거래를 위해 전자통신, 9·11테러 이후 수출입화물의 안전상 문제, 연쇄 판매, 국내 및 국제 무역 관련 등에 있어 규칙을 보다 명확하게 보완 및 개정했다.

ⓛ 개정내용

INCOTERMS 2010에서 개정된 내용을 INCOTERMS 2000과 비교하면 다음과 같다.

ⓐ 기존 4개 분류 13개 항목의 조건에서 11개 항목으로 변경됐다. 그중 가장 큰 변화는 D조건의 강화이다. 현재 사용되고 있는 도착지 인도조건의 5개 항목 중 DDP항목만 그대로 사용되고, 나머지 DAF, DES, DEQ, DDU 등 4개의 항목이 삭제되었으며, DAT와 DAP 등 새로운 조건이 신설됐다.

---

2) 이시환·김광수, 「INCOTERMS 2010」, 두남, 2010.11. 참조

ⓑ INCOTERMS 2000은 전체 13가지 거래조건을 실무적으로 이해하기 쉽게 각기 공통점을 기준으로 E, F, C, D그룹의 네 가지 그룹으로 분류하고 있었으나, INCOTERMS 2010은 현대의 상거래 현실을 반영해 전체 11개 거래조건을 운송수단에 따라 모든 단수 또는 복수의 운송수단에 적합한 규칙(즉, 복합운송조건 ; EXW, FCA, CPT, CIP, DAT, DAP 및 DDP)과 해상 및 내수로 운송을 위한 규칙(즉 해상운송조건 ; FAS, FOB, CFR 및 CIF)으로 구분하고 있다.

ⓒ FOB, CFR 및 CIF조건에서의 위험과 비용부담의 분기점 변경 : FOB, CFR 및 CIF조건에서의 위험과 비용부담의 분기점으로 INCOTERMS 2000까지는 본선의 난간(ship's rail)을 규정하고 있었으나, INCOTERMS 2010에서는 물품이 본선상에 '적재된' 때로 규정하고 있다. 이것은 현대 상거래의 현실을 반영한 것으로 이러한 변경을 통해 위험이 가상의 수직선을 통과할 때 이전된다는 시대에 뒤떨어진 관념을 피할 수 있게 됐다.

ⓓ 국내거래에 대한 적용 공식화 : INCOTERMS는 전통적으로 물품이 국경을 통과하는 국제매매계약에 사용돼 왔으나 상인들이 순수한 국내매매계약에도 사용하고 있는 현실을 반영, INCOTERMS 2010에서는 국내 매매계약에도 사용될 수 있음을 공식적으로 인정하고 있다.

ⓔ 사용지침(guidance note)의 도입 : INCOTERMS 2010에서는 INCOTERMS 사용자들이 특정거래에서 적절한 조건을 선택해 사용하는 데 도움을 주고자 각 조건의 앞부분에 '사용지침'을 두고 있다. 사용지침은 각각의 INCOTERMS에 대해 언제 사용되어야 하고, 언제 위험이 이전되며, 또 비용은 매매당사자 사이에 어떻게 배분되는지 등 기본적인 사항을 설명하고 있다.

ⓕ 전자통신에 종이서류와 동일한 효력 부여 : INCOTERMS 2010에서는 당사자들이 합의하거나 관습적인 경우 전자통신수단에 서면통신과 동일한 효력을 부여하고 있다.

ⓖ 2009년 협회적하약관에 관한 규정 반영 : INCOTERMS 2010은 지난해 새롭게 시행된 협회적하약관(Institute Cargo Clauses, ICC)의 개정된 내용을 반영했다. 또 운송 및 보험계약을 다루고 있는 A3/B3조에서 보험에 관한 정보제공의무를 규정하고 있다.

ⓗ 보안에 관련된 규정 도입 : 9·11테러 이후 물품의 이동에 있어 보안에 대한 관심이 높아짐에 따라 몇몇 규칙에서 매매당사자 사이에 보안에 관련된 의무를 할당하고 있다. 예컨대 EXW조건에서 매도인은 매수인의 요청과 위험 및 비용부담으로 자기가 가지고 있는 물품의 안전확인(security clearance)을 위해 필요한 정보를 제공해야 한다.

ⓘ 터미널취급수수료의 취급에 관련된 규정 추가 : CPT, CIP, CFR, CIF, DAT 및 DDP조건에서 터미널취급수수료(THC)를 매매당사자들에게 명확히 할당함으로써 이와 관련된 분쟁을 회피할 수 있도록 하고 있다.

ⓙ 연속매매(string sales)와 관련된 규정 도입 : 제조물(manufactured goods)의 매매와 달리 상품(commodities)의 매매에서는 종종 적하가 운송되는 도중에 여러 차례 전매되기도 한다. 이러한 경우 중간에 판매한 매도인은 물품이 이미 첫 번째 매도인에 의해 선적

되어 있기 때문에 물품을 '선적'하지는 않는다. 따라서 연속매매의 경우 중간에 있는 매도인은 매수인에 대한 자기의 의무를 물품을 선적하는 것이 아니라 선적된 물품을 '조달'함으로써 이행한다. 이를 명확히 하기 위해 INCOTERMS 2010에서는 관련 규칙에서 매도인은 물품을 선적하거나 또는 그 대신 '선적된 물품을 조달할' 수 있는 것으로 규정하고 있다.

⑤ 2020년 개정
　㉠ 개정배경
　　ⓐ DAT 규칙의 이용률이 매우 저조하였으며,
　　ⓑ 복합운송에 있어서 내륙까지 들어가는 물량에 대하여 보험 부보의 최소담보약관이 운송인과 화주에게 동시에 불리한 조건임을 깨달아 최대담보조건으로 개정되었다.
　㉡ 개정내용
　　INCOTERMS 2020에서 개정된 내용을 INCOTERMS 2010과 비교하면 다음과 같다.
　　ⓐ DAT 삭제, DPU 신설(명칭의 변경과 확대 해석)
　　ⓑ Guidance Note에서 Explanatory Note for User로 이름만 변경
　　ⓒ FCA에서의 본선적재의무 후 선하증권 발행의무
　　ⓓ CIF 및 CIP에서의 보험부보 범위 이원화
　　ⓔ 개별규칙 조항순서 변경
　　ⓕ 운송/비용 조항 보안관련 의무조항 신설
　　ⓖ 소개문(Introduction) 삽입

2 INCOTERMS 2020의 내용

(1) INCOTERMS 2020의 구성

① 기본체계 : INCOTERMS 2020에서 규정된 정형거래조건은 모두 11개이며, 이들 11개의 Trade Terms는 실무상 식별하기 쉽게 각기 공통사항을 기준으로 구분되어 사용된다. INCOTERMS 2020은 현대의 상거래 현실을 반영해 전체 11개의 거래조건을 운송수단에 따라 모든 단수 또는 복수의 운송수단에 적합한 규칙(즉 복합운송조건 ; EXW, FCA, CPT, CIP, DAP, DPU 및 DDP)과 해상 및 내수로 운송을 위한 규칙(즉 해상운송조건 ; FAS, FOB, CFR 및 CIF)으로 구분하고 있다.
또한, INCOTERMS 2010과 마찬가지로, INCOTERMS 2020에서도 당사자 각각의 의무를 10개 항목의 표제로 분류하여 대칭되도록 규정하고 있으나 그 표제에는 약간의 변화가 있었다.

◉ 매도인과 매수인의 의무

매도인의 의무(A)	매수인의 의무(B)
• 매도인의 일반적 의무	• 매수인의 일반적 의무
• 허가, 승인, 안전확인 및 기타 절차	• 허가, 승인, 안전확인 및 기타 절차
• 운송계약 및 보험계약	• 운송계약 및 보험계약
• 인도	• 인도의 수령
• 위험의 이전	• 위험의 이전
• 비용의 배분	• 비용의 배분
• 매수인에 대한 통지	• 매도인에 대한 통지
• 인도서류	• 인도의 증거
• 점검, 포장, 확인	• 물품의 검사
• 정보에 의한 협조와 관련비용	• 정보에 의한 협조와 관련비용

② **INCOTERMS 2020상의 정형거래조건의 구분** : INCOTERMS 2020은 현대의 상거래 현실을 반영해 전체 11개 거래조건을 운송수단에 따라 모든 단수 또는 복수의 운송수단에 적합한 규칙 (즉, 복합운송조건)과 해상 및 내수로 운송을 위한 규칙(즉, 해상운송조건)으로 구분하고 있다.

◉ 정형거래조건의 구분

INCOTERMS 2010		INCOTERMS 2020	
복합운송조건	EXW, FCA, CPT, CIP, DAT, DAP, DDP	복합운송조건	EXW, FCA, CPT, CIP, DAP, DPU, DDP
해상운송조건	FAS, FOB, CFR, CIF	해상운송조건	FAS, FOB, CFR, CIF

한편, INCOTERMS 2020은 분류기준 여하에 따라 다음과 같이 여러 가지로 분류할 수 있다.

㉠ **표현형식에 따른 구별** : 정형거래조건은 표현형식에 따라 물품의 인도장소를 나타내는 지정장소 인도조건과 가격을 구성하는 비용요소를 나타내는 특수비용 포함조건으로 구별된다. INCOTERMS 2020에 규정된 조건 중 C로 시작되는 조건은 모두 특수비용 포함조건이고, E, F 및 D로 시작되는 조건은 모두 지정장소 인도조건이다.

지정장소 인도조건	EXW, FCA, FAS, FOB, DAP, DPU, DDP
특수비용 포함조건	CPT, CIP, CFR, CIF

일반적으로 지정장소 인도조건에 속하는 E, F 및 D조건 뒤에 기재한 지정장소는 계약의 이행지, 즉 물품의 인도장소로서 위험과 비용도 그 인도와 동시에 매도인으로부터 매수인 에게 이전된다. 따라서 인도 이후의 일체의 위험과 비용은 매수인이 부담해야 한다.

한편, 특수비용 포함조건은 선적지 인도를 기초로 하여 매도인이 매수인의 부담에 속하는 특정 비용을 부담하고, 매수인은 매도인이 부담하지 않는 비용과 위험을 부담하는 정형거래조건이다. 즉, 특수비용 포함조건의 경우 물품의 인도장소와 위험부담의 분기점은 일치하지만, 비용 부담의 분기점은 위험부담의 분기점과 일치하지 않는다. 따라서 특수비용 포함조건의 경우에는 위험의 분기점과 비용의 분기점이라는 두 가지 중요한 분기점이 있다. 그러므로 이들 조건을 사용하는 경우 당사자들은 위험이 매수인에게 이전되는 인도지와 매도인이 운송계약을 체결해야 할 지정목적지의 두 장소를 계약에서 가능한 한 정확히 특정해 두어야 한다. 예컨대 "CIF New York"과 같이 표시하였다면, 조건 뒤에 기재한 특정 장소는 계약의 이행지, 즉 인도장소가 아니라 해상운임을 지급해야 하는 목적지이다.

ⓒ 인도장소에 따른 구별: 물품의 인도장소에 따라 선적지 인도조건(수출국 인도조건)과 양륙지 인도조건(수입국 인도조건)으로 구별된다. INCOTERMS 2020에 규정된 조건 중 E, F 및 C로 시작되는 조건은 모두 선적지 인도조건으로 매도인의 인도의무가 매도인 소재지(수출국)에서 완료되지만, D로 시작되는 조건은 모두 양륙지 인도조건으로 매도인의 인도의무가 목적지(수입국)까지 연장된다.

ⓒ 인도형태에 따른 구별: 물품의 인도형태에 따라 현실적 인도조건과 상징적 인도조건으로 구분된다. 상징적 인도조건(symbolic delivery)은 선적서류(선하증권)의 교부에 의해 인도가 이루어지는 것으로 CFR, CIF가 이에 속한다. 즉, 상징적 인도조건에서는 물품이 선적되어도 매수인이 그 대금을 지급할 의무가 없으며, 선적서류와 상환으로 대금을 지급하면 된다. 한편, 현실적 인도(actual delivery)조건은 매도인으로부터 매수인 또는 그 대리인에게 현실적이고 직접적으로 물품을 교부함으로써 인도가 이루어지는 것으로, INCOTERMS 2020에 있는 조건 중 CFR과 CIF를 제외한 모든 조건이 이에 속한다.

ⓒ 운송방식에 따른 구별: INCOTERMS 2020은 운송방식(수단)에 따라 전체 11개 거래조건을 단수 또는 복수의 운송수단에 적합한 규칙(즉, 복합운송조건 ; EXW, FCA, CPT, CIP, DAP, DPU 및 DDP)과 해상 및 내수로 운송을 위한 규칙(즉, 해상운송조건 ; FAS, FOB, CFR 및 CIF)으로 구분하고 있다.

◉ 정형거래조건의 분류

표현형식에 따른 구별	인도장소에 따른 구별	인도형태에 따른 구별	운송방식에 따른 구별	거래조건
지정장소 인도조건	선적지 인도조건	현실적 인도조건	복합운송	EXW
				FCA
			해상운송	FAS
				FOB
	양륙지 인도조건		복합운송	DAP
				DPU
				DDP
				CPT
				CIP
특수비용 포함조건	선적지 인도조건	상징적 인도조건	해상운송	CFR
				CIF

(2) INCOTERMS 2020 각 조건별 정의

① **개요** : INCOTERMS 2020은 운송방식(수단)에 따라 전체 11개 거래조건을 운송방식에 관계없이 사용할 수 있는 조건(Rules for any mode or modes of transport)과 해상 및 내수로 운송에서만 사용되는 조건(Rules for sea and inland waterway transport)으로 간단하게 구분하고 있다.

　㉠ 운송방식에 관계없이 사용할 수 있는 조건(Rules for any mode or modes of transport)

　　ⓐ EXW : Ex Works(-named place) - 공장 인도조건

　　ⓑ FCA : Free Carrier(-named place) - 운송인 인도조건

　　ⓒ CPT : Carriage Paid To(-named place of destination) - 운송비지급 인도조건

　　ⓓ CIP : Carriage and Insurance Paid To(-named place of destination) - 운송비·보험료 지급 인도조건

　　ⓔ DAP : Delivered At Place(-named place) - 목적지 인도조건

　　ⓕ DPU : Delivered At Place Unloaded(-named place of destination, where seller unloads) - 목적지 양하 인도조건

　　ⓖ DDP : Delivered Duty Paid(-named place of destination) - 관세지급 인도조건

　㉡ 해상 및 내수로 운송에서만 사용되는 조건(Rules for sea and inland waterway transport)

　　ⓐ FAS : Free Alongside Ship(-named port of shipment) - 선측 인도조건

　　ⓑ FOB : Free On Board(-named port of shipment) - 본선 인도조건

　　ⓒ CFR : Cost and Freight(-named port of destination) - 운임 포함 인도조건

　　ⓓ CIF : Cost, Insurance and Freight(-named port of destination) - 운임·보험료 포함 인도조건

② **운송방식에 관계없이 사용할 수 있는 조건**(Rules for any mode or modes of transport)

　㉠ 'E' Group-EXW : Ex Works(-named place) - 공장 인도조건

　　EXW조건은 통상적으로 매도인의 영업소 또는 기타 지정된 장소(작업장, 공장, 창고 등)에서 매도인이 물품을 매수인의 임의처분상태로 놓아둘 때에 자신의 물품인도의무를 이행한 것으로 하는 조건이다.

　　이 경우 매도인의 최소한의 의무라고 하는 전통적인 원칙에 입각하여 볼 때, 매도인은 매수인이 제공한 수취용 차량에 물품을 적재할 의무를 부담하지 않는다. 그러나 만일 당사자가 출발시의 물품의 적재에 대한 책임과 그러한 적재의 모든 비용과 위험을 매도인에게 부담시키고자 하는 경우에는 매매계약에 이것을 명확하게 규정하여야 한다.

　　한편, 물품대금은 별도의 약정이 없는 한, 물품의 인도시에 지급하여야 하며, 이 조건을 사용할 경우 다음 사항에 유의하여야 한다.

　　ⓐ 매도인은 비록 실무상 물품을 적재하기 유리한 입장에 있다고 해도 물품을 적재할 의무가 없다. 만약 매도인이 물품을 적재하였다면 그것은 매수인의 위험 및 비용부담으로 한 것이다. 매도인이 물품을 적재하기 유리한 입장에 있는 경우에는 보통 FCA가 적당하다.

ⓑ 수출하기 위해 EXW조건으로 매도인으로부터 물품을 구입하는 매수인은 다음과 같은 사실에 주의할 필요가 있다. 즉, 매도인은 단지 매수인이 수출을 하기 위해 필요한 협조를 할 의무만 있고 수출통관을 해 줄 의무는 없다. 따라서 매수인은 직접 또는 간접적으로 수출통관절차를 밟을 수 없을 경우 EXW조건을 사용하지 않는 것이 바람직하다.

ⓒ 매수인은 매도인에게 물품의 수출에 관한 정보를 제공할 의무가 거의 없다. 그러나 매도인은 수출통관대상 물품에 대한 과세 또는 보고를 위해 이러한 정보가 필요할 수가 있다.

> 'Ex Works' means that the seller delivers when it places the goods at the disposal of the buyer at the seller's premises or at another named place(i.e., works, factory, warehouse, etc.). The seller does not need to load the goods on any collecting vehicle, nor does it need to clear the goods for export, where such clearance is applicable.
>
> EXW represents the minimum obligation for the seller.
>
> EXW는 매도인이 자신의 거소 또는 기타 지정된 장소(즉, 작업장, 광, 창고 등)에서 매수인의 임의처분 상태로 이전한 때를 매도인이 인도로 하는 조건이다. 매도인은 수집차량에 적재하거나 수출물품에 대한 통관을 할 필요가 없다.
>
> EXW조건은 매도인을 위한 최소한의 의무를 나타낸다.

key 1. 수출자에게 가장 작은 부담을 주는 조건
2. 무역거래에 익숙하지 않은 수출업자가 이용하기에 편리한 조건

ⓛ FCA : Free Carrier(-named place) - 운송인 인도조건

ⓐ FCA조건은 수출국 내의 지정지점에서 물품을 인도하는 거래조건으로서, 현행 규칙에서는 운송인에 대한 인도의 완성시점을 단순화하여 매도인의 영업장 구내에서 이루어질 경우와 기타 모든 지정장소에서 이루어질 경우의 두 가지로만 구별하고 있다.

FCA에서 인도장소를 매도인의 영업장 구내로 선택한 경우에는 매수인의 수취용 차량에 물품이 적재된 때에, 기타의 경우에는 매수인의 임의처분상태로 놓여졌을 때 매도인의 인도의무가 완료되며, 매도인이 지정된 장소에서 지정된 운송인에게 물품을 인도할 때까지의 모든 위험과 비용을 매도인이 부담하고 그 이후에는 매수인이 부담한다.

ⓑ 한편, 물품이 매도인의 영업소에서 인도되는 경우에, EXW조건에서는 매수인이 제공한 수취용 차량에 물품을 적재할 필요 없이 매수인의 임의처분상태로 놓아둘 때 매도인의 물품인도의무가 완료되지만, FCA조건에서는 매수인의 수취용 차량에 물품이 적재된 때에 매도인의 물품인도의무가 완료된다.

'Free Carrier' means that the seller delivers the goods to the carrier or another person nominated by the buyer at the seller's premises or another named place. The parties are well advised to specify as clearly as possible the point within the named place of delivery, as the risk passes to the buyer at that point.

FCA requires the seller to clear the goods for export, where applicable. However, the seller has no obligation to clear the goods for import, pay any import duty or carry out any import customs formalities

FCA는 매도인이 자신의 거소 또는 기타 지정된 장소에서 운송인이나 매수인이 지정한 운송인에게 물품을 인도하는 것을 말한다. 당사자들은 물품인도의 지정된 장소 내에서 매수인에게 위험이 이전되는 시점을 가능한 분명하게 명시할 것이 매우 주의되어 진다.

FCA는 매도인에게 해당되는 곳에서 물품의 수출통관을 요구하고 있다. 하지만 매도인은 수입물품을 통관하는 데에 대하여 수입관세를 지불하거나 어떠한 수입통관절차를 이행할 의무는 지지 않는다.

> **key** 1. EXW + 인도장소까지의 운송비용 + 수출통관비
> 2. 매도인이 물품을 수출통관하고, 지정된 장소에서 매수인에 의하여 지정된 운송인에게 인도하는 것이다.

ⓒ CPT : Carriage Paid To(-named place of destination) - 운송비지급 인도조건

ⓐ CPT조건은 매도인이 그가 선택한 운송인에게 물품을 인도함으로써 매수인에 대한 물품인도의무를 완수하되, 수입국 내의 지정목적지까지의 운송비(Carriage)를 매도인이 지급하는 조건으로서 운송계약에 포함된 경우에는 제3국의 통과비용도 매도인이 부담하도록 하고 있다.

이 조건에서는 위험의 이전과 비용부담의 분기점이 다르므로 당사자들은 위험이 매수인에게 이전되는 인도장소와 매도인이 운송비를 부담해야 하는 합의된 목적지에서의 지점을 명확히 해두어야 한다. 그리고 이때 매도인이 지정목적지에서의 양하에 관하여 운송계약하에서 비용을 부담한 경우에도 당사자 사이에 별도의 합의가 없으면, 매도인은 이러한 비용을 매수인으로부터 회수할 권리가 없다.

ⓑ 여기서 '운송비'라 함은 단순한 해상운임이나 내수로운임일 수도 있지만, 육로운임이나 철도운임 또는 항공운임일 수도 있으므로 FOB와 CFR 및 CIF에서의 Freight와는 다른 Carriage라는 용어를 사용하는 것이다.

'Carriage Paid To' means that the seller delivers the goods to the carrier or another person nominated by the seller at an agreed place(if any such place is agreed between the parties) and that the seller must contract for and pay the costs of carriage necessary to bring the goods to the named place of destination.

CPT requires the seller to clear the goods for export, where applicable. However, the seller has no obligation to clear the goods for import, pay any import duty or carry out any import customs formalities.

CPT는 매도인이 양 당사자에 의해 합의된 장소에서 운송인이나 매도인이 지정한 운송인에게 물품을 인도하는 것을 말하며 매도인은 지정된 도착지까지 물품을 운송하기 위해 필요한 운송비를 반드시 지급해야 하는 조건이다.

CPT는 매도인에게 해당되는 곳에서의 물품의 수출통관을 요구하고 있다. 하지만 매도인은 수입물품을 통관하는 데에 대하여 수입관세를 지급하거나 어떠한 수입통관절차를 이행할 의무는 지지 않는다.

key 1. 매도인은 지정목적지까지의 운송비(보험료 제외)를 부담한다.
　　　　2. 위험의 분기점은 선적지에서 지정된 운송인에게 물품을 인도하였을 때이다.

② CIP : Carriage and Insurance Paid To(-named place of destination) − 운송비·보험료 지급 인도조건

ⓐ CIP조건은 매도인이 자신이 지명한 운송인에게 물품을 인도하는 것을 의미하고, 또한 매도인이 지정된 목적지까지 물품을 운송하는 데 필요한 운송비를 지불해야 하는 것을 의미한다. 이것은 물품이 인도된 후에 발생하는 모든 위험과 추가비용을 매수인이 부담하는 것을 의미한다. 또한, CIP조건에서는 매도인은 매수인이 부담하는 운송 중의 물품의 멸실 또는 손상의 위험에 대해서 보험을 수배하여야 한다. 결과적으로 매도인은 보험계약을 체결하고 보험료를 지불하며, 관습적이거나 매수인이 요청하는 경우 매도인은 자기의 비용으로 매수인에게 통상의 운송서류와 보험증권 또는 기타의 부보증명서류를 제공하여야 한다.

ⓑ 한편, 매수인은 CIP조건하에서 매도인은 최소담보의 보험만을 부보하도록 요구된다는 사실에 주의하여야 한다. 즉, 매도인이 매수인을 위해 체결하는 해상보험계약은 2009년 1월부터 사용하고 있는 LMA(Lloyd's Market Association, 로이즈시장협회) / IUA(International Underwriting Association of London, 국제보험인수협회)가 제정한 협회적하약관(Institute Cargo Clauses, ICC) C조건 또는 이와 유사한 약관상의 최저담보조건으로 부보하여야 하고, 보험기간은 물품의 출하지에서 운송인에게 인도한 때로부터 적어도 지정목적지까지여야 하며, 보험금액은 송장금액의 110%가 되어야 한다. 하지만 매수인이 보다 광범위한 담보로 보호되기를 희망하는 경우에는 매수인은 매도인과 명시적으로 담보의 정도를 합의하거나, 혹은 자신의 부담으로 별도의 보험을 수배할 필요가 있을 것이다.

ⓒ '운송인'이란 운송계약에서 철도, 도로, 항공, 해상, 내륙수로 또는 이러한 운송수단을 결합한 운송을 이행하거나 수배하는 것을 인수하는 자를 의미한다. 합의된 목적지까지 운송하는데 여러 운송인이 이용될 경우에는, 물품이 최초의 운송인에게 인도될 때 위험이 이전한다.

CIP조건은 매도인에게 수출을 위하여 물품을 통관할 것을 요구하고 있으며, 이 조건은 복합운송을 포함하여 운송수단에 관계없이 사용될 수 있다.

'Carriage and Insurance Paid to' means that the seller delivers the goods to the carrier or another person nominated by the seller at an agreed place(if any such place is agreed between the parties) and that the seller must contract for and pay the costs of carriage necessary to bring the goods to the named place of destination.

The seller also contracts for insurance cover against the buyer's risk of loss of or damage to the goods during the carriage. The buyer should note that under CIP the seller is required to obtain insurance only on minimum cover. Should the buyer wish to have more insurance protection, it will need either to agree as much expressly with the seller or to make its own extra insurance arrangements.

CIP requires the seller to clear the goods for export, where applicable. However, the seller has no obligation to clear the goods for import, pay any import duty or carry out any import customs formalities.

CIP는 매도인이 양 당사자에 의해 합의된 장소에서 자신이 지명한 운송인에게 물품을 인도하는 것을 말하며 매도인은 지정된 목적지까지 물품을 운송하기 위해 필요한 운송비를 반드시 지급해야 하는 조건이다.

매도인은 또한 운송 중에 발생할 물품의 분실이나 훼손에 관한 매수인의 위험에 대하여 보상하는 보험계약을 체결한다. 매수인은 CIP조건하에서 매도인은 최소한의 부보에 근거한 보험만을 취득하면 됨을 주의해야 한다. 매수인이 이보다 더 큰 부보조건을 원한다면 그는 매도인과 명시적으로 원하는 만큼 합의를 하거나 자신의 추가 보험계약을 체결할 필요가 있다.

CIP는 매도인에게 해당되는 곳에서의 물품의 수출통관을 요구하고 있다. 하지만 매도인은 수입물품을 통관하는 데에 대하여 수입관세를 지불하거나 어떠한 수입통관절차를 이행할 의무는 지지 않는다.

key 1. 해상운송인 CIF조건을 복합운송방식으로 바꿀 때 적용할 수 있다.
2. CIF조건과 마찬가지로 당사자 간에 보험조건에 관한 아무런 약정이 없었다면 통상적으로 매도인은 ICC(C)조건의 송장(invoice)금액의 110%로 부보한다.
3. 매도인은 자신의 이름으로 보험계약을 체결하고 피보험자도 매도인으로 기재되지만 보험증권을 배서하여 매수인에게 양도함으로써 보험의 청구권리를 이전하게 된다.

ⓜ DAP : Delivered At Place(-named place) - 목적지 인도조건

ⓐ DAP조건은 매도인이 지정된 목적지에서 수입통관을 필하지 않은 계약물품을 도착된 운송수단으로부터 양하하지 않은 상태로 매수인의 임의처분상태로 인도하는 것으로, 이 조건을 사용할 경우 DAP 뒤에 지정목적지를 표시한다. 이 조건의 경우 매도인은 자기의 비용으로 지정목적지 또는 경우에 따라 지정목적지의 합의된 지점까지 물품을 운송하기 위한 운송계약을 체결하여야 하고, 지정지까지 물품을 운송하는 데 따른 모든 위험을 부담한다. 만약 특정 지점이 합의되지 않았거나 관습에 의해 결정되고 있지 않은 경우, 매도인은 지정 목적지에서 자기의 목적에 가장 적합한 지점을 선택할 수 있다. 이때 매도인이 목적지에서의 양하에 관하여 운송계약하에서 비용을 부담한 경우에도, 당사자 사이에 별도의 합의가 없으면, 매도인은 이러한 비용을 매수인으로부터 회수할 권리가 없다.

ⓑ 한편 매수인은 지정목적지에서 자기가 임의로 처분할 수 있는 상태가 된 이후의 모든 위험과 비용을 부담한다. 이 조건에서 물품의 수입통관은 매수인이 하여야 하는데, 만약 당사자들이 수입통관절차를 매도인이 밟기를 희망하는 경우에는 DDP조건을 사용하여야 한다.

ⓒ DAP조건과 DAT조건의 주된 차이점은 인도조건이다. 즉, DAP조건의 경우 매도인은 (INCOTERMS 2000에서의 DAF, DES 및 DDP조건에서와 같이) 지정장소에서 도착된 운송수단으로부터 양하하지 않은 상태로 매수인의 임의처분상태로 물품을 인도하면 되는데, 이때 도착된 운송수단은 선박이 될 수 있고, 또 지정목적지는 항구가 될 수 있다.

ⓓ 한편 DAT에서는 (INCOTERMS 2000에서의 DEQ조건과 같이) 지정터미널에서 물품이 일단 선박이나 기타 운송수단으로부터 양하된 후 매수인의 임의처분상태로 물품이 인도되는데, 이때 지정 터미널은 항구에 있을 수 있다. DAT조건의 경우 매도인은 이러한 지정터미널에 가져와 양하할 때까지의 모든 위험을 부담한다.

'Delivered at Place' means that the seller delivers when the goods are placed at the disposal of the buyer on the arriving means of transport ready for unloading at the named place of destination. The seller bears all risks involved in bringing the goods to the named place.

DAP requires the seller to clear the goods for export, where applicable. However, the seller has no obligation to clear the goods for import, pay any import duty or carry out any import customs formalities. If the parties wish the seller to clear the goods for import, pay any import duty and carry out any import customs formalities, the DDP term should be used.

DAP는 매도인이 지정된 목적지에 양하할 준비가 되어 있는 도착된 운송수단상의 매수인의 임의처분상태에 있을 때에 물품을 인도하는 것을 말한다. 매도인은 지정된 장소에 물품을 가져오는 것을 포함한 모든 위험을 부담한다.

DAP는 매도인에게 해당되는 곳에서 물품의 수출통관을 요구하고 있다. 하지만 매도인은 수입물품을 통관하는 것에 대하여 수입관세를 지불하거나 어떠한 수입통관절차를 이행할 의무를 지지 않는다. 만약 당사자들이 매도인에게 물품의 수입통관을 요구하거나, 어떠한 수입관세의 납부나 수입통관절차의 이행을 원한다면, DDP조건을 사용해야 한다.

key 1. INCOTERMS 2000의 DAF, DES 및 DDU조건을 포함하고 있다.
2. 매도인은 계약물품을, 매수인의 지정장소까지의 모든 비용(관세부담 제외)을 부담하여야 한다.
3. 매도인은 수입통관절차 의무를 부담하고자 한다면 DDP조건으로 계약하여야 한다.

ⓗ DPU : Delivered At Place Unloaded(-named place of destination, where seller unloads) – 목적지 양하 인도조건

ⓐ DPU조건은 매도인이 지정목적지에 있는 장소에서 도착된 운송수단으로부터 양하(하차)까지 자기의 비용으로 양하(하차)까지 운송계약을 체결해야 한다.

ⓑ 매수인은 물품이 도착지에서 양하된 이후의 모든 위험과 비용을 부담한다.

'Delivered At Place Unloaded' means that the seller delivers the goods and transfer risk to the buyer when the goods, once unloaded from the arriving means of transport, are placed at the disposal of the buyer at a named place of destination or at the agreed point within that place, if any such point is agreed.

The seller bears all risks involved in bringing the goods and unloading them at the named place of destination. If the parties intend the seller not to bear the risk and coast of unloading the DPU rule, should be avoided and DAP should be used instead.

DPU는 기명된 목적지 또는 그 장소 내의 합의된 지점(만약에 그러한 지점이 합의된다면)에서 물품이 도착운송수단으로부터 양하(하차)된 채로 바이어의 처분하에 놓인 때 매도인이 매수인에게 물품 인도와 위험을 이전하는 것을 의미한다.

매도인은 기명된 목적지까지 물품을 갖다 주고 그것을 양하하는 것과 관련된 모든 위험을 부담한다. 만약 당사자들이 매도인으로 하여금 양하(하차)에 따른 위험과 비용을 부담하지 않도록 의도한다면, DPU규칙을 피하고 DAP규칙을 사용해야 한다.

key 1. INCOTERMS 2010에서의 DAT를 좀 더 보완하여 개정하였다.
2. 수입통관의 의무는 매수인(바이어)이 진다.

⊗ DDP : Delivered Duty Paid(-named place of destination) - 관세지급 인도조건

ⓐ DDP조건은 매도인이 수입통관을 필하고 수입국 내의 지정목적지까지 물품을 반입하여 인도하는 것으로서, 목적지에 도착하는 운송수단으로부터 양하하지 아니한 상태로 인도한다.

ⓑ 이 조건을 사용할 경우 DDP 뒤에 지정목적지를 표시해야 하고, 매도인은 지정목적지에 도착할 때까지 목적지 국가에서 수입을 위한 관세를 포함하여 계약물품을 인도할 때까지의 모든 비용과 위험을 부담하여야 한다. 그리고 수입에 따라 부과되는 부가가치세나 기타 세금도 계약상 별도 합의가 없는 한 매도인이 부담한다. 즉, 이 조건은 INCOTERMS 2010에서 새로 신설된 DAP조건에다 수입통관과 관세납부의 의무를 추가한 조건이다.

'Delivered Duty Paid' means that the seller delivers the goods when the goods are placed at the disposal of the buyer, cleared for import on the arriving means of transport ready for unloading at the named place of destination. The seller bears all the costs and risks involved in bringing the goods to the place of destination and has an obligation to clear the goods not only for export but also for import, to pay any duty for both export and import and to carry out all customs formalities.

DDP represents the maximum obligation for the seller.

DDP는 매도인이 지정된 도착지 장소에서 양하 준비가 된 도착된 운송수단으로부터 수입통관된 물품을 매수인의 임의처분상태에 있을 때에 물품을 인도하는 것을 말한다. 매도인은 목적지로 물품을 가져오는 것에 포함되는 모든 비용과 위험을 부담하고 수출뿐만이 아니라 수입통관에 대해서도 어떠한 수출과 수입관세 모두를 납부하고 모든 통관절차를 이행해야 하는 의무를 가진다.

DDP는 매도인의 최대 의무를 나타낸다.

key 1. 매도인의 부담이 가장 큰 조건이다.
2. 매도인은 매수인이 지정한 수입국 내의 지정목적지까지 수입통관에 따른 관세납부 등 모든 비용을 부담하여야 한다.

③ **해상 및 내수로 운송에서만 사용되는 조건**(Rules for sea and inland waterway transport)

　㉠ FAS: Free Alongside Ship(-named port of shipment) － 선측 인도조건

　　ⓐ FAS조건은 선적항의 본선의 선측에서 물품을 인도하는 조건으로서, 수출통관을 포함한 수출행정수속은 매도인이 이행하도록 하는 조건으로 FAS 뒤에 지정선적항을 표시한다. 이 조건에서는 물품의 수출통관을 포함한 모든 수출행정수속을 매도인이 이행하도록 되어 있으므로, 매도인은 이에 수반하는 모든 관세, 조세 및 수출국가 당국의 부과금도 지급하도록 하고 있다.

　　ⓑ 물품이 본선의 선측(부두상 또는 부선 내)에 적치된 때까지 모든 위험과 비용을 매도인이 부담하고, 그 이후부터는 매수인이 부담한다.

　　ⓒ 또한, 이 조건은 단지 해상운송 또는 내수로운송에만 사용될 수 있으며 주로 곡물 및 원목 등 대량의 살화물(bulk cargo) 거래시 이용되는 조건이다. 통상적으로 현대에 와서는 물품이 컨테이너에 적입된 경우 매도인은 물품을 본선의 선측이 아니라 터미널에서 운송인에게 인도하는 것이 보통이다. 이러한 경우에는 FAS조건이 적합하지 않고 FCA조건을 사용하여야 한다.

> 'Free Alongside Ship' means that the seller delivers when the goods are placed alongside the vessel(e.g., on a quay or a barge) nominated by the buyer at the named port of shipment. The risk of loss of or damage to the goods passes when the goods are alongside the ship, and the buyer bears all costs from that moment onwards.
>
> FAS requires the seller to clear the goods for export, where applicable. However, the seller has no obligation to clear the goods for import, pay any import duty or carry out any import customs formalities.
>
> FAS는 매도인이 지정된 선적항에 매수인이 지정한 선측(예컨대 부두나 화물 운반선상)에 물건을 인도하는 것을 말한다. 물품이 선측에 인도될 때 매수인은 물품에 대한 모든 비용과 물품의 멸실 또는 물품에 대한 손상의 모든 위험을 부담한다.
>
> FAS는 매도인에게 해당되는 곳에서 물품의 수출통관을 요구하고 있다. 하지만 매도인은 수입물품을 통관하는 것에 대하여 수입관세를 지불하거나 어떠한 수입통관절차를 이행할 의무를 지지 않는다.

　key 1. EXW + 수출통관비 + 항구까지의 내륙운임, 선측까지의 부두운임을 말한다.
　　　2. 선측에서 본선에 적재되는 선적비용은 매수인의 부담이다.

　㉡ FOB: Free On Board(-named port of shipment) － 본선 인도조건

　　ⓐ FOB조건은 매도인이 물품을 지정된 선적항에서 본선상(on board the vessel)에서 인도하는 거래조건으로 FOB 뒤에 지정선적항(계약의 이행지)을 표시한다. 이 조건의 경우 매도인은 수출통관을 필한 계약물품을 지정선적항에서 매수인이 지정한 본선상에 인도하거나 또는 이미 그렇게 인도된 물품을 '조달'(procure)하면 되고, 물품에 대한 멸실·손상의 위험은 물품이 본선상에 인도된 때에 매수인에게 이전된다.

ⓑ 특히, INCOTERMS 2000까지는 물품의 위험분기점이 계약물품이 선박의 선측 난간을 통과함(passed the ship's rail) 때로 규정하고 있었으나 INCOTERMS 2010에서는 본선의 난간이 삭제되고 본선상으로 되어 있는 점에 유의하여야 한다.

ⓒ FOB조건은 물품이 본선에 적재되기 전에 운송인에게 인도되는 경우, 예를 들면 통상 터미널에서 인도되는 컨테이너화물의 경우에는 적합하지 않을 수 있다. 이러한 경우에는 FOB조건이 아니라 FCA조건을 사용하여야 한다.

ⓓ FOB조건이 FAS조건과 다른 점은 FOB가 물품의 인도장소를 본선상으로 하고 있는 데 반하여 FAS는 본선의 선측으로 하고 있다는 점이다. 그리고 FOB와 FCA의 가장 큰 차이점은 FOB의 경우는 필연적으로 선적선하증권(on board B/L)을 발행하게 되지만 FCA의 경우는 수취선하증권(received B/L)이 발행된다는 것이다. 그런데 신용장 거래의 경우 수취선하증권은 거절되므로 수취선하증권이 발행된 경우에는 선적 후 본선적재표기(on board notation)를 받아 두어야 한다.

ⓔ FOB조건은 INCOTERMS의 11가지 거래조건 중에서 가장 많이 채택·사용되고 있는 조건이며, CIF조건과 함께 선적항에서 물품인도를 조건으로 하는 선적지매매의 대표적인 조건이다.

'Free on Board' means that the seller delivers the goods on board the vessel nominated by the buyer at the named port of shipment or procures the goods already so delivered. The risk of loss of or damage to the goods passes when the goods are on board the vessel, and the buyer bears all costs from that moment onwards.

FOB requires the seller to clear the goods for export, where applicable. However, the seller has no obligation to clear the goods for import, pay any import duty or carry out any import customs formalities.

FOB는 매도인이 지정된 선적항이나 기선적된 물품을 조달하는 곳에서 매수인에 의해 지정된 선박에 인도하여 적재하는 것을 말한다. 물품이 선박에 적재될 때 물품에 대한 손상 또는 멸실의 모든 위험은 양도되고, 매수인은 물품에 대한 모든 비용을 부담한다.

FOB는 매도인에게 해당되는 곳에서 물품의 수출통관을 요구하고 있다. 하지만 매도인은 수입물품을 통관하는 것에 대하여 수입관세를 지불하거나 어떠한 수입통관절차를 이행할 의무를 지지 않는다.

key 1. FAS + 본선적재비용
2. 매수인이 목적항까지의 운임과 보험 등의 일체의 경비를 부담하여야 한다.
3. 선박의 지정과 운송계약체결권은 매수인에게 있다.

ⓒ CFR : Cost and Freight(-named port of destination) – 운임 포함 인도조건

ⓐ CFR조건은 FOB의 경우와 마찬가지로 지정선적항의 본선상에서 물품을 인도하되 목적항까지의 운임을 매도인이 지급하는 것이 거래조건으로 CFR 뒤에 지정목적항을 표시한다. 또한 운송계약에 포함된 경우에는 제3국의 통과비용도 매도인이 부담하도록 되어 있는바, 이는 CIF조건에서도 마찬가지이다.

ⓑ 이 조건에서 매도인은 판매된 물품을 운송하는 데 통상 사용되는 유형의 선박에, 통상의 항로 및 통상의 조건으로 지정목적항까지 운송하는 해상운송계약을 체결하고 운임을 부담함과 동시에 물품의 수출통관을 하여야 하고, 또 통상의 운송서류를 지체 없이 매수인에게 제공하여야 한다.

ⓒ CFR조건은 물품이 본선에 적재되기 전에 운송인에게 인도되는 경우, 예를 들면 통상 터미널에서 인도되는 컨테이너화물의 경우에는 적합하지 않을 수 있다. 이러한 경우에는 CFR조건이 아니라 CPT조건을 사용하여야 한다.

> 'Cost and Freight' means that the seller delivers the goods on board the vessel or procures the goods already so delivered. The risk of loss of or damage to the goods passes when the goods are on board the vessel. The seller must contract for and pay the costs and freight necessary to bring the goods to the named port of destination.
>
> CFR requires the seller to clear the goods for export, where applicable. However, the seller has no obligation to clear the goods for import, pay any import duty or carry out any import customs formalities.
>
> CFR은 매도인이 기선적된 물품을 조달하거나 선박에 물품을 인도하여 적재하는 것이다. 물품이 선박에 적재될 때 물품에 대한 멸실 또는 손상에 대한 위험은 양도된다. 매도인은 반드시 지정된 목적항에 물품을 운송하는 데 필요한 운임과 이를 지급하는 계약을 체결해야 한다.
>
> CFR은 매도인에게 해당되는 곳에서 물품의 수출통관을 요구하고 있다. 하지만 매도인은 수입물품을 통관하는 것에 대하여 수입관세를 지불하거나 어떠한 수입통관 절차를 이행할 의무를 지지 않는다.

key 1. 매도인은 목적항까지의 운임(보험료 제외)을 부담하며 위험의 분기점은 지정선적항의 본선상으로서 가격은 FOB + 해상운임이다.
2. C&F라고 불리기도 한다.

ⓔ CIF : Cost, Insurance and Freight(-named port of destination) - 운임·보험료 포함 인도조건

ⓐ CIF조건은 매도인이 목적항까지 물품을 운반하는 데 필요한 운임 및 보험료까지 지급하는 거래조건이다. 이 조건하에서 위험의 분기점은 FOB, CFR조건과 마찬가지로 물품이 지정선적항의 본선상(on board the vessel)에서 인도하는 거래조건으로 CIF 뒤에 지정목적항을 표시한다. 즉, 이 조건은 매도인이 지정된 목적항까지 물품을 운송하는 데 필요한 비용 및 운임을 지불하여야 하지만, 물품의 멸실 또는 손상의 위험 및 인도 이후에 발생하는 사건에 기인하는 모든 추가비용은 매도인으로부터 매수인에게 이전된다.

ⓑ 또한, CIF조건에서 매도인은 매수인이 부담하는 운송 중의 물품의 멸실 또는 손상의 위험에 대해서 해상보험을 수배하여야 한다. 결과적으로 매도인은 보험계약을 체결하고 보험료를 지불한다. 그럼에도 불구하고 매수인은 CIF조건하에서 매도인은 최소부담의 보험만을 취득하도록 요구된다는 사실에 주의하여야 한다. 만일 매수인이 보다 광범위한 담보로 보호받고자 하는 경우에는 매수인은 매도인과 명시적으로 담보의 정도를 합의하거나, 혹은 자신의 부담으로 별도의 보험을 수배할 필요가 있다.

ⓒ CIF조건은 매도인에게 수출을 위하여 물품을 통관할 것을 요구하고 있다. 이 조건은 해상 또는 내륙수로운송에만 사용될 수 있다. 만일 물품이 본선에 적재되기 전에 운송인에게 인도되는 경우, 예를 들면 통상 터미널에서 인도되는 컨테이너화물의 경우에는 적합하지 않을 수 있다. 이러한 경우에는 CIF조건이 아니라 CIP조건을 사용하여야 한다.

'Cost, Insurance and Freight' means that the seller delivers the goods on board the vessel or procures the goods already so delivered. The risk of loss of or damage to the goods passes when the goods are on board the vessel. The seller must contract for and pay the costs and freight necessary to bring the goods to the named port of destination.

The seller also contracts for insurance cover against the buyer's risk of loss of or damage to the goods during the carriage. The buyer should note that under CIF the seller is required to obtain insurance only on minimum cover. Should the buyer wish to have more insurance protection, it will need either to agree as much expressly with the seller or to make its own extra insurance arrangements.

CIF requires the seller to clear the goods for export, where applicable. However, the seller has no obligation to clear the goods for import, pay any import duty or carry out any import customs formalities.

CIF는 매도인이 기 선적된 물품을 조달하거나 선박에 물품을 인도하여 적재하는 것이다. 물품이 선박에 적재될 때 물품에 대한 멸실 또는 손상에 대한 위험은 양도된다. 매도인은 반드시 지정된 목적항에 운송하는 데 필요한 운임과 이를 지급하는 계약을 체결해야 한다.

매도인은 또한 운송 중에 물품이 멸실되거나 손상되는 매수인의 위험에 대해 이를 보상하는 보험계약을 체결한다. 매수인은 CIF조건하에서 매도인은 최소한의 부보에 근거한 보험만을 취득하면 됨을 주의해야 한다. 매수인이 이보다 더 큰 부보조건을 원한다면 그는 매도인과 명시적으로 원하는 만큼 합의를 하거나 자신이 추가 보험계약을 체결할 필요가 있다.

CIF는 해당되는 곳에서 매도인에게 물품의 수출통관을 요구하고 있다. 하지만 매도인은 수입물품을 통관하는 것에 대하여 수입관세를 납부하거나 어떠한 수입통관 절차를 이행할 의무는 지지 않는다.

---

key 1. CFR + 해상보험료
2. CIF 조건에서 당사자 간에 보험조건에 관한 아무런 약정이 없었다면 통상적으로 매도인은 ICC(C)조건의 송장(INVOICE)금액의 110%로 부보한다.
3. 매도인은 자신의 이름으로 보험계약을 체결하고 피보험자도 매도인으로 기재되지만 보험증권을 배서하여 매수인에게 양도함으로써 보험의 청구권리를 이전하게 된다.

보충학습

INCOTERMS 2020의 특징

2020년 1월부터 적용되는 INCOTERMS 2020의 중요한 특징은 다음과 같다.

1. DAT 삭제, DPU 신설

DPU(Delivered At Place Unloaded) - 목적지 양하 인도 조건

매도인의 비용과 위험 이전의 범위를 매수인이 정하는 목적지에서 양하(하차)의무까지 하고 인도한다.

(1) 기존 DAP에서 양하의무 추가

(2) 그러나 매수인이 도착항 터미널까지만 요구하는 DPU조건인 경우에는 도착항 터미널에서 양하한 것까지만 비용과 위험을 부담하고 매수인에게 인도하면 된다.

2. Explanatory Notes for Users(사용자를 위한 설명문)

(1) INCOTERMS 2010 : Guidance Note(사용지침)

(2) INCOTERMS 2020 : Explanatory Notes for Users(사용자를 위한 설명문)

(3) 2020 버전의 지침서를 개선하여 설명문으로 개정

(4) INCOTERMS 2020의 개별 규칙의 사용법과 위험 비용 이전의 기본 내용 설명

(5) 적합한 INCOTERMS 2020의 효율적 사용 설명

(6) 분쟁 또는 계약에 관한 해석에 필요한 지침 제공

3. FCA에서의 본선적재 의무 후 선적식 선하증권 발행의무

FCA 규칙 ⇨ 터미널 운영자에게 계약 화물을 교부할 경우 수취식 B/L 발행

(1) 신용장 방식에서 은행이 수리 거부

(2) 매수인은 FCA 규칙에서 매도인에 대하여 선적시 B/L 발행 요구, 매도인 거절

INCOTERMS 2020 FCA 규칙 ⇨ A6/B6 관련 규정 - 매도인과 매수인의 합의하에 매수인이 매도인에게 선적식 B/L의 제공을 요구(규정 신설)

4. CIF 및 CIP에서의 보험 부보 범위 이원화

(1) INCOTERMS 2010 : CIF/CIP에서 최소 담보를 (ICC/C 또는 FPA)로만 처리

(2) INCOTERMS 2020 : CIP의 경우 매도인이 반드시 최대부보 (ICC/A, ICC ALL RISKS, ICC(AIR)에 가입하도록 개정. 이는 복합운송시 최대 부보로 가입하는 실무 반영(ICC 의견). 단, INCOTERMS는 당사자의 합의에 따라 부보 가능

(3) CIF 규칙은 해상운송에서의 활용으로 최소 부보 의무(현행 유지)

5. FCA 및 D 규칙에서 매도인 또는 매수인 자신의 운송수단 허용

(1) INCOTERMS 2010 전제 : 독립된 3자 운송인의 물품운송

(2) FCA 규칙(INCOTERMS 2020)

매수인이 물품을 수취하기 위해 또는 자신의 영업구내까지 운송하기 위해 <자신의 운송수단>을 사용하는 것을 허용

(3) DAP, DPU, DDP 규칙(INCOTERMS 2020)

매도인이 독립된 3자 운송인에게 외주를 주지 않고 지정목적지까지 <자신의 운송수단>으로 직접 운송 가능

6. 개별규칙 조항 순서 변경

INCOTERMS 2010의 조항순서를 INCOTERMS 2020에서 아래와 같이 배치하였다.

A1/B1 : 일반의무 　　　 A2/B2 : 인도/인도의 수령 　　　 A3/B3 : 위험의 이전

A4/B4 : 운송 　　　 A5/B5 : 보험 　　　 A6/B6 : 인도/운송서류

A7/B7 : 수출/수입통관 　　　 A8/B8 : 점검/포장/화인

A9/B9 : 비용의 할당 　　　 A10/B10 : 통지

특징 : A2/B2 - A6/B6 중요 조항을 앞쪽에 배치하고 A9/B9 비용규정은 ONE-STOP 가격리
스트 제공의무를 위해 A9/B9으로 이전

7. 운송/비용 조항 보안관련 의무조항 신설

⑴ INCOTERMS 2010 이후 보안관련 요건 선적관행이 상당부분 정립

⑵ 이러한 보안관련 요구 사항은 통관 및 운송에 직결된 사항으로 A4/A7에서 보안관련 의무를
각 당사자에게 명시적으로 할당함

⑶ 보안관련 요구와 관련된 비용은 A9/B9에서 규정

8. 소개문(Introduction) 삽입

⑴ INCOTERMS 2020의 규칙, 기본 역할, 양 당사자의 의무 설명

⑵ 특정매매계약에서 적합한 INCOTERMS 규칙 선택 설명
(가능한 최근 버전을 사용하는 것이 유리하다 ⇨ 명확성)

⑶ 소개문은 INCOTERMS 2020 규칙 자체를 구성하지 않음 ⇨ Charles Debattista 집필(영국
사우스 햄프턴 대학교 상법 교수 견해)

02 실전예상문제

01 일반거래조건협정서(Agreement on General Terms and Conditions of Business)에서 설명하고 있는 다음 조항은?

▸ 제11회 국제물류론

> Neither shall be liable for failure to perform its part of this agreement when such failure is due to fire, flood, strikes, labour troubles or other industrial disturbances, inevitable accidents, war(declared or undeclared), embargoes, blockades, legal restrictions, riots, insurrections, or any cause beyond the control of the parties

① Claim Clause
② Governing Law Clause
③ Force Majeure Clause
④ Arbitration Clause
⑤ Infringement Clause

해설 본 계약서의 일부분을 수행하는 데 있어서 화재, 홍수, 파업, 노동문제 또는 산업적인 방해, 예기치 못한 사고, 전쟁(전쟁이 선포되었건 아니건), 통상금지(억류), 봉쇄, 법적 규제, 폭동, 반란 및 쌍방이 어떻게 처리할 수 없는 어떤 원인에 의한 것과 같은 상황에서는 그 불이행에 대하여 어떠한 책임도 지지 않는다.

02 다음은 신용장통일규칙(UCP 600)에 대한 내용이다. (   ) 안에 들어갈 용어로 가장 알맞은 것은?

▸ 제12회 국제물류론

> (   ) means unloading from one means of conveyance and reloading to another means of conveyance (whether or not in different modes of transport) during the carriage from the place of dispatch, taking in charge or shipment to the place of final destination stated in the credit.

① Bill of Lading
② Multi-modal
③ Transportation
④ Transhipment
⑤ Stevedoring

해설 환적이란 운송수단의 방식에 관계이이, 신용장에 명기된 발송, 수탁 또는 선적지로부터 최종 목적지까지의 운송과정 중에 한 송수단으로부터의 양하 및 다른 운송수단으로의 재적재를 말한다.

Answer 1. ③ 2. ④

03 다음은 화환신용장통일규칙(UCP 600)의 내용이다. (   ) 안에 공통으로 들어갈 내용으로 옳은 것은?
▶ 제13회 국제물류론

> A tolerance not to exceed (   ) more or (   ) less than the quantity of the goods is allowed, provided the credit does not state the quantity in terms of a stipulated number of packing units or individual items and the total amount of the drawings does not exceed the amount of the credit.

① 3%   ② 5%   ③ 7%
④ 10%   ⑤ 12%

해설 A tolerance not to exceed (5%) more or (5%) less than the quantity of the goods is allowed, provided the credit does not state the quantity in terms of a stipulated number of packing units or individual items and the total amount of the drawings does not exceed the amount of the credit.
신용장이 명시된 포장단위 또는 개개의 품목의 개수로 수량을 명기하지 아니하고 어음발행의 총액이 신용장의 금액을 초과하지 아니하는 경우에는 물품수량이 5%를 초과하지 아니하는 과부족은 허용한다.

04 신용장통일규칙(UCP 600)이 적용되는 신용장에서 항공운송서류를 요구할 때 그 서류가 갖추어야 할 요건이 아닌 것은?
▶ 제17회 국제물류론

① 신용장에 기재된 출발공항과 도착공항의 표시가 있어야 한다.
② 운송을 위해 물품을 수령했다는 표시가 있어야 한다.
③ 항공운송서류에는 서류의 발행일이 표시되어 있어야 한다.
④ 신용장이 운송서류의 원본 전부(full set)를 요구하더라도 수하인용 원본만 있으면 된다.
⑤ 운송인의 명칭(상호)을 표시하고 운송인 또는 그 대리인이 서명해야 한다.

해설 신용장이 운송서류의 전부를 요구하고 있다면 그 서류는 full set를 갖추어야 한다. 항공운송의 경우는 선하증권과 달리 송하인용 원본 한 장, 수하인용 원본 한 장, 운송인용 원본 한 장으로 full set를 갖추고 있다.

05 무역 클레임 해결 방법 중 제3자를 통한 해결방법이 아닌 것은?
▶ 제15회 국제물류론

① Arbitration   ② Mediation   ③ Conciliation
④ Litigation   ⑤ Compromise

해설 제3자를 통한 해결방법으로는 알선(intercession), 조정(conciliation, mediation), 중재(arbitration), 소송(litigation)이 있다.

06 다음 중 소송과 비교하여 중재제도의 장점으로 옳지 않은 것은? ▸ 제12회 국제물류론

① 단심제　　　　　　　　　　　　② 저렴한 비용

③ 절차의 비공개　　　　　　　　　④ 법원의 확정판결과 동일한 효력

⑤ 상대방과 합의 없이 제소 가능

해설 소송과 중재의 비교

소 송	중 재
• 일방적으로 상대편의 합의 없이 제소 가능 • 2심·3심에 항소·상고가 가능 • 분쟁해결에 많은 비용과 시간 소요 • 공권력에 의한 해결 • 원칙적으로 공개적으로 진행되어 비밀유지가 불가능	• 계약당사자의 중재에 관한 합의가 필요 • 단심제 • 분쟁이 신속·경제적으로 해결 가능 • 공정한 제3자(중재인)에 의한 사적 분쟁해결 • 원칙적으로 비공개이므로 비밀유지가 가능

02

07 국제물류분쟁을 해결하는 방법 중 상사중재에 관한 설명으로 옳은 것은? ▸ 제13회 국제물류론

① 뉴욕협약에 가입된 국가 간에는 중재판정의 승인 및 집행의 보장을 받는다.

② 중재는 2심·3심에서 항소·상고가 가능하다.

③ 중재는 원칙적으로 공개적으로 진행된다.

④ 중재는 법원의 확정판결과 동일한 효력이 없다.

⑤ 중재는 소송에 비해 분쟁해결에 시간과 비용이 많이 든다.

해설 상사중재제도의 일반적인 장점

1. 단심제 ⇨ 저렴한 비용, 신속성 제고
2. 절차의 비공개
3. 충분한 변론의 기회보장
4. 법원의 확정판결과 동일한 효력(국내적 효력)과 중재판정의 외국에서의 집행보장(국제적 효력) 등

Answer　　3. ②　4. ④　5. ⑤　6. ⑤　7. ①

08 무역클레임 해결방법과 상사 중재에 관한 설명으로 옳지 않은 것은? ▶ 제17회 국제물류론

① 알선은 제3자가 개입하여 해결하는 방법으로 법적구속력은 없다.

② 소송은 공개주의가 원칙이고, 중재는 비공개주의가 원칙이다.

③ 중재조항에는 준거법, 중재기관, 중재인이 포함되어야 한다.

④ 중재 판정은 법원의 확정판결과 동일한 효력을 가진다.

⑤ 중재는 단심제이다.

> **해설** 중재는 당사자가 자유로이 처분할 수 있는 사법상의 분쟁으로서 현재 또는 장래에 발생할 분쟁 모두가 분쟁 대상이며 중재조항에는 중재법, 중재기관, 중재인이 포함되어야 한다.

09 화인(Shipping Marks)에 관한 설명으로 옳지 않은 것은? ▶ 제23회 국제물류론

① 화인을 표시하지 않음으로써 발생하는 손해에 대해서는 해상보험에서 담보하지 않는다.

② 화인은 화물과의 대조를 위해 선하증권 및 상업송장에도 기재된다.

③ Counter Mark는 화물의 등급이나 규격표시 등에 사용된다.

④ Port Mark에는 선적항이나 중간 기항지가 표기된다.

⑤ Case Number는 화물의 총 개수를 일련번호로 표기한 것이다.

> **해설** Port mark에는 목적지의 항구를 표시하는데, 화물의 선적 및 양하작업을 용이하게 하고 화물 오배송을 방지하는 역할을 한다.

10 다음 중 INCOTERMS 2020에서 규정하고 있는 것이 아닌 것은?

① 물품에 대한 위험부담의 분기점

② 운송계약체결의무의 귀속

③ 보험계약체결의무의 귀속

④ 물품의 소유권의 이전시점

⑤ 매도인이 매수인에게 제공해야 하는 서류

> **해설** INCOTERMS는 매매계약에 따른 소유권의 이전, 계약의 위반과 권리구제 또는 의무면제의 사유 등에 관하여는 전혀 다루지 아니한다.

11 해당 연도의 출하품 가운데 평균적인 중등품질을 표준으로 하여 거래목적물의 품질이 결정되는 조건은? ▶ 제17회 국제물류론

① Fair Average Quality
② Good Merchantable Quality
③ Usual Standard Quality
④ Tale Quale
⑤ Rye Terms

해설 Fair Average Quality(평균중등 품질조건), Good Merchantable Quality(판매적격 품질조건), Usual Standard Quality(보통품질조건), Tale Quale(선적품질조건), Rye Terms(양륙품질조건)

12 다음 중 아래의 무역조건과 관련하여 그 설명을 가장 바르게 기술한 것은?(다만, 가격조건은 INCOTERMS 2020을 기준으로 한다)

> 수출상인 한국의 A사와 수입상인 미국의 B사는 부산항에서 물품을 선적하여 내륙도시인 Chicago에 있는 Chicago Truck Terminal까지 화물이 운송되는 것으로 계약을 체결하고 도착지까지 운송비 및 보험료를 수출상이 부담하기로 했다.

① 가격조건의 표시는 'CIF Chicago Truck Terminal'로 명기한다.
② 가격조건의 표시는 'CIP Chicago'로 명기한다.
③ 수출상의 화물인도책임은 Chicago Truck Terminal에서 수입상에게 인도할 때 완료된다.
④ 이 거래에서 매도인은 운송보험에 부보하여야 하는 의무를 부담하여야 하며, 보험기간은 선적항에서 물품의 본선의 난간을 통과할 때로부터 수입상이 목적항에서 물품을 수령할 때까지이다.
⑤ 별도의 약정이 없는 경우 보험의 부보는 송장가격기준에 의한 금액의 110%를 보험금액으로 해야 하며, 보험계약에서 표시통화는 매매계약서의 통화와 동일해야 한다.

해설 ⑤ 이 문제의 가격조건은 INCOTERMS 2020상의 CIP(운송비・보험료 지급 인도조건)에 대한 거래이다. CIP란 매도인이 스스로 지정한 운송인에게 물품을 인도하되, 다만 지정된 목적지까지 물품을 운반하는 데 필요한 운송비를 추가로 지급하여야 한다는 것을 의미한다.
①② CIF는 해상운송이나 내수로운송에만 적용하여야 하기 때문에 이 거래에서는 부적합하며, 가격조건의 표시는 'CIP Chicago Truck Terminal'로 하여야 한다.
③ 수출상의 화물에 대한 인도책임은 수출국 내 지정인도지점에서 수출상에 의하여 물품이 운송인에게 인도 완료된 시점이 된다.
④ 수출상이 보험에 가입을 하되, 보험기간은 운송인(최초의 운송인)의 보관하에 물품이 인도된 시점부터 지정된 목적지에서 수입상이 물품을 수령하는 때까지이다.

Answer   8. ③   9. ④   10. ④   11. ①   12. ⑤

13 무역계약의 주요 조건에 관한 설명으로 옳은 것은? ▶ 제23회 국제물류론

① 표준품매매(Sales by Standard)는 주로 전기, 전자제품 등의 거래에 사용되는 것으로, 상품의 규격이나 품질 수준을 국제기구 등이 부여한 등급으로 결정하는 방식이다.

② M/L(More or Less) clause는 Bulk 화물의 경우 계약 물품의 수량 앞에 about 등을 표기하여 인도수량의 신축성을 부여하기 위한 수량표현 방식이다.

③ COD(Cash on Delivery)는 양륙지에서 계약물품을 매수인에게 전달하면서 현금으로 결제받는 방식이다.

④ D/A(Documents Against Acceptance)는 관련 서류가 첨부된 일람불 환어음을 통해 결제하는 방식이다.

⑤ M/T(Mail Transfer)는 지급은행에 대하여 일정한 금액을 지급하여 줄 것을 위탁하는 우편환을 수입상이 거래은행으로부터 발급받아 직접 수출상에게 제시하여 결제하는 방식이다.

> **해설** ① 표준품매매(Sales by Standard): 농산물(fair average quality: FAQ), 냉동어류, 목재(good merchantable quality: GMQ)가 해당된다.
> ② 과부족용인약관(M/L Clause): 일정한 수량의 과부족 한도를 정해두고 그 범위 내에서 상품이 인도되면 계약불이행으로 다루지 않고 수량클레임을 제기하지 않는다는 수량조건에 관한 계약상의 명시조항을 말한다.
> ④ 인수인도조건(D/A: Documents against Acceptance): 수입자가 추심은행으로부터 선적서류를 인수하고 수입대금지급은 어음만기일에 하게 하는 일종의 외상거래로서, 인수인도조건거래라 한다.
> ⑤ 우편함(M/T: Mail Transfer): 수입자의 요청에 따라 송금수표를 발행하되 사본을 교부하고, 송금은행이 수출자의 거주국에 있는 지급은행 앞으로 지급지시서를 발행해 송금은행이 지급은행 앞으로 우편발송하는 방식이다.

14 New York Convention(1958)의 일부이다. (　)에 들어갈 용어는? ▶ 제22회 국제물류론

> The term "(　)" shall include an arbitral clause in a contract or an arbitration agreement, signed by the parties or contained in an exchange of letters or telegrams.

① agreement in writing

② arbitral authority

③ intercession

④ signatures and ratifications

⑤ declarations and notifications

> **해설** ① agreement in writing(서면에 의한 합의)는 계약서상 중재조항, 당사자 간에 서명되었거나 또는 교환되는 서신이나 전보에 포함된 중재의 조항을 포함한다.
> ② 중재당국, ③ 알선, ④ 서명과 승인, ⑤ 신고와 통지

15 (   )에 들어갈 클레임 해결방법은?

▶ 제22회 국제물류론

> (   )은/는 분쟁의 자치적 해결방법 중의 하나로 중재절차에 의한 판정을 거치지 않고, 당사
> 자 합의하에 조정인을 개입시켜 분쟁을 해결하는 방식이다.

① 소송   ② 중재
③ 조정   ④ 화해
⑤ 청구권의 포기

해설 조정(conciliation)이란 당사자들이 협상이나 토론을 통하여 분쟁을 해결할 수 없는 경우에 의사소통을
원활히 하고 해결점을 찾기 위해 양 당사자가 공정한 제3자를 조정인으로 선임하고 조정인이 제시하는
조정안에 양 당사자가 자주적으로 합의함으로써 클레임을 해결하는 방법이다.

16 다음은 신용장상에서 요구하는 운송과 보험서류의 조건이다. 내용과 관련한 설명으로 옳지 않은 것은?

▶ 제21회 국제물류론

> DOCUMENTS REQUIRED:
> • Full set of clean on board ocean bill of lading made out to the order of KOREA
>   EXCHANGE BANK, marked "freight Prepaid" and "Notify Accountee"
> • Insurance policy or certificate in duplicate, endorsed in blank for 110% of the invoice
>   value, expressly stipulating that claims are payable in Korea and it must include the
>   Institute Cargo Clause(A/R).

① 보험증권 또는 보험증명서 2부를 제시하여야 한다.
② 무사고선적해양선하증권 전(全)통을 요구하고 있다.
③ 선하증권은 한국외환은행 지시식이어야 한다.
④ 해상운임은 선불조건이며 착화통지처는 수출업자이다.
⑤ 보험사고시 손해에 대한 입증책임은 보험자에게 있다.

해설 해상운임은 선불조건(freight Prepaid), 착화통지처는 수출업자가 아닌 개설의뢰인(Notify Accountee)
이다.

Answer   13. ③   14. ①   15. ③   16. ④

17 무역계약 조건에 관한 설명으로 옳은 것은? ▶ 제21회 국제물류론

① GMQ 품질조건은 곡물매매에서 많이 사용되며, 선적지에서 해당계절 출하품의 평균 중등품을 표준으로 한다.

② Tale Quale의 조건은 인도물품의 품질이 계약과 일치하는지의 여부를 목적항에서 물품을 양륙한 시점에 판정하는 조건이다.

③ 양륙품질조건의 경우에는 매도인에게 품질수준의 미달 또는 운송 도중의 변질에 대한 입증책임이 귀속된다.

④ 무역계약서의 수량조건에서 "100M/T, but 3% more or less at seller's option"이라 표현되었다면, 매도인은 98M/T 수량을 인도해도 계약위반이 아니다.

⑤ 과부족용인규정에 따른 정산시 정산기준가격에 대한 아무런 약정을 하지 않았을 경우 도착일가격에 의해 정산하는 것이 일반적인 상관례이다.

> **해설** ① GMQ 품질조건은 냉동어류나 목재매매에서 주로 사용되며 곡물매매에서 주로 사용되는 품질조건은 FAQ 품질조건이다.
> ② Tale Quale 조건은 무역거래시 곡물의 품질을 결정하는 방식 중 하나로, 매도인이 선적할 때의 품질은 보장하나 양륙할 때의 품질상태에 대해서는 책임을 지지않는 조건을 의미한다.
> ③ 양륙품질조건의 경우에는 품질수준의 미달 또는 운송 도중의 변질에 대한 입증책임이 매수인에게 있다.
> ⑤ 과부족용인약관에 따른 정산시 정산기준가격에 대한 아무런 약정을 하지 않았을 경우 계약체결시의 가격에 의해 정산하는 것이 일반적인 상관례이다.

18 신용장 통일규칙(UCP 600)에서 선하증권의 수리요건에 관한 설명으로 옳지 않은 것은? ▶ 제21회 국제물류론

① 선장의 이름을 표시하고 선장 또는 선장을 대리하는 지정대리인에 의하여 서명되어 있어야 한다.

② 본선적재표시에 의하여 물품이 신용장에 명기된 선적항에서 지정선박에 본선적재되었음을 표시하고 있어야 한다.

③ 신용장이 환적을 금지하고 있는 경우에도 물품이 선하증권에 의하여 입증된 대로 컨테이너, 트레일러 또는 라쉬선에 적재된 경우에는 환적이 행해질 수 있다고 표시하고 있는 선하증권은 수리될 수 있다.

④ 용선계약에 따른다는 어떠한 표시도 포함하고 있지 않아야 한다.

⑤ 운송의 제조건을 포함하고 있는 선하증권이거나, 또는 운송의 제조건을 포함하는 다른 자료를 참조하고 있는 약식선하증권이어야 한다.

> **해설** 선하증권은 운송인의 명칭이 표시되고 운송인 또는 운송인을 위한 또는 그를 대리하는 지정대리인, 선장 또는 선장을 대리하는 지정대리인에 의하여 서명되어 있어야 한다.

19 소송과 비교한 상사중재의 특징으로 옳지 <u>않은</u> 것은? ▶ 제21회 국제물류론

① 소송과 비교하여 볼 때 그 비용이 저렴하다.

② 심리과정과 판정문이 공개되는 것을 원칙으로 한다.

③ 우리나라에서 내려진 중재판정이 외국에서도 승인·집행될 수 있다.

④ 단심제로 운영되므로 분쟁이 신속하게 해결될 수 있다.

⑤ 분쟁 당사자가 중재인을 선정할 수 있으며 양당사자는 중재판정의 결과에 따라야 한다.

해설 상사중재는 원칙적으로 비공개이므로 비밀유지가 가능하다.

20 New York Convention(1958)의 일부이다. (   ) 안에 들어갈 용어로 옳은 것은?

▶ 제20회 국제물류론

> The term "(   )" shall include not only awards made by arbitrators appointed for each case but also those made by permanent arbitral bodies to which the parties have submitted.

① arbitral awards   ② agreement to refer

③ agreement in writing   ④ submission agreement

⑤ alternative dispute resolution

해설 The term "arbitral awards" shall include not only awards made by arbitrators appointed for each case but also those made by permanent arbitral bodies to which the parties have submitted.

Answer   17. ④   18. ①   19. ②   20. ①

21 무역계약의 품질조건에 관한 설명으로 옳지 않은 것은?　　　▸ 제20회 국제물류론

① Sales by Sample은 거래될 물품의 견본에 의하여 품질을 결정하는 방법이다.

② Rye Terms는 호밀(rye) 거래에서 사용되기 시작한 것으로 물품도착시 손상되어 있는 경우 그 손해를 매도인이 책임지는 양륙품질조건이다.

③ FAQ는 양륙지에서 해당 연도에 생산되는 동종의 수확물 가운데 평균적이며, 중등의 품질을 표준으로 하여 거래물품의 품질을 결정하는 방법이다.

④ Sales by Specification은 기계류나 선박 등의 거래에서 거래대상 물품의 소재, 구조, 성능 등에 대해 상세한 명세서나 설명서 등에 의하여 품질을 결정하는 방법이다.

⑤ GMQ는 목재, 원목, 냉동어류 등과 같이 물품의 잠재적 하자나 내부의 부패상태를 알 수 없는 경우, 상관습에 비추어 수입지에서 판매가 가능한 상태일 것을 전제조건으로 하여 거래물품의 품질을 결정하는 방법이다.

해설 평균중등품질조건(FAQ)은 주로 품질이 일정하지 않은 농산물이 생산되기 전에 거래되는 경우에 사용되며, 전년도 수확물의 중등의 품질을 표준으로 한다.

22 국제상사분쟁해결에 관한 설명으로 옳지 않은 것은?　　　▸ 제18회 국제물류론

① 중재는 심문절차나 그 판정문에 대해 비공개 원칙을 견지하고 있다.

② '외국중재판정의 승인과 집행에 관한 UN 협약(뉴욕협약, 1958)'에 가입된 회원국가 간에 내려진 중재판정은 상대국에 그 효력을 미칠 수 있다.

③ 당사자에 의한 무역클레임 해결방법에는 클레임 포기, 화해 등이 있고, 제3자에 의한 해결방법으로는 알선, 조정, 중재, 소송 등이 있다.

④ 중재를 통한 분쟁해결은 계약체결시 당사자 간의 중재합의에 의해 할 수 있지만, 분쟁이 발생한 후에는 당사자가 합의를 하더라도 중재로 분쟁을 해결할 수 없다.

⑤ 중재는 단심제이고 한 번 내려진 중재판정은 중재절차에 하자가 없는 한 확정력을 갖는다.

해설 중재를 통하여 분쟁을 해결하기 위해서는 분쟁발생 전이나 분쟁발생 후에 쌍방의 서면으로 된 중재합의가 있어야 한다.

23 INCOTERMS 2020의 정형거래조건에 대한 설명 중 옳지 않은 것은?

① 수출자가 도착된 운송수단으로부터 양하해서 수입자에게 인도하는 조건 - DAP

② 모든 운송방식에 사용가능한 조건 - CIP, DDP

③ 해상운송 전용 조건 - CFR, FOB

④ 수출자의 공장에서부터 위험과 비용을 수입자가 부담하는 조건 - EXW

⑤ 수출자가 도착지에서 수입자가 지정한 장소까지의 운송비만 부담하는 조건 - CPT

> **해설** 도착된 운송수단으로부터 양하해서 수입자에게 인도하는 조건은 INCOTERMS 2020에서 새로 변경된 DPU(Delivered at Place Unloaded)이다.

24 INCOTERMS 2020의 CIP 조건에서 보험계약에 대한 설명 중 올바른 것은?

① 보험계약자는 최대 보상범위인 ICC(ALL RISKS) 혹은 ICC(A), ICC(AIR)조건으로 보험자에게 부보하여야 한다.

② 보험계약자는 수입자이다.

③ 보험계약자는 도착항까지만 보험에 부보하면 된다.

④ CIP 조건은 보험 부보 의무 사항이 아니다.

⑤ 보험계약자는 최소범위인 ICC(FPA) 혹은 ICC(C)로 부보하면 된다.

> **해설** ①⑤ INCOTERMS 2020에서는 2010 조건 때와는 달리 CIP 조건은 보험계약자인 수출자가 최대 보상범위조건인 ICC(ALL RISKS), ICC(A), ICC(AIR)으로 가입해야 하는 의무가 있다.
> ② 보험계약자는 수출자이다.
> ③ 도착지까지 보험에 부보해야 한다.
> ④ CIP 조건은 CIF와 함께 수출자의 보험 부보 의무 사항이다.

25 INCOTERMS 2020의 주요 개정 사항이 아닌 것은?

① DAT 삭제, DPU 신설

② FCA에서의 본선적재의무 후 선적식 선하증권 발행의무

③ EXW, FCA 조건에서 매수인 자신의 운송수단 허용

④ 운송/비용 조항 보안관련 의무조항 신설

⑤ 개별규칙 조항순서의 변경

> **해설** INCOTERMS 2020의 주요 개정사항 중 특이한 것은 FCA와 DAP, DPU, DDP 조건에서 매도인과 매수인 자신의 운송수단 사용을 허용하고 있다는 점이다.

Answer 21. ③ 22. ④ 23. ① 24. ① 25. ③

03 국제물류와 해상적하보험

| **학습목표** | 1. 해상적하보험에 대한 전반적인 내용을 제시한다.
2. 해상보험의 개념과 보험계약에 관한 전반적인 내용을 정리한다.

| **단원열기** | 해상적하보험에 대한 전반적인 내용을 다루고 있는 이 단원에서는 해상보험의 의의, 보험계약의 기본원칙, 보험계약의 당사자와 용어 등 해상보험의 개념을 이해하고, 해상위험과 해상손해 및 보험조건 등에 대한 내용을 자세히 제시하였다. 이 단원에서는 해상보험계약 내용에 대한 부문이 꾸준히 출제되고 있으며, 특히, 해상보험의 실무부문에서 ICC 신협회약관의 담보범위와 이와 관련한 보험금의 산출과 연계된 실무적인 문제가 자주 출제되고 있어 이에 대한 철저한 학습이 필요하다.

제1절 해상보험의 개념

1 해상보험의 기초

(1) 해상보험의 의의

해상보험(Marine Insurance)은 항해에 수반하여 발생하는 위험, 즉 해상위험이 원인이 되어 발생한 손해를 보험자(보험업자, insurer or underwriter)가 보상해주고, 피보험자(the insured, the assured)는 그 대가로써 보험료(premium)를 지불할 것을 약속하는 손해보험의 일종이다.

즉, 해상보험은 해난 또는 항해에 관한 사고에 기인하여 발생하는 손해에 대해서 보험자(보험회사)가 물품의 해상수송 중에 발생하는 위험을 인수하고 이를 위험에 기인한 손해가 발생하였을 경우 피보험자(화주)에게 그 손해액을 보상할 것을 보험계약에 의하여 보험자가 위험을 인수하는 것을 '위험을 담보한다'라고 말하고, 이와 같이 인수한 위험에 기인하여 발생한 손해액을 보상하는 것을 '손해를 보상한다'라고 한다. 항해에 관한 위험으로는 비·좌초·폭풍·침몰·충돌·교사 등과 같은 해상 고유의 위험(perils of the seas)과 해적·전쟁·선원의 악행(barratry of the master & mariners)과 같은 인위적 위험이 있으며, 보험자는 이러한 일체의 위험을 담보하는 것을 원칙으로 하고 있다.

(2) 무역에 있어서 해상보험의 중요성

국제간의 거래가 필수적인 무역거래는 운송, 금융, 보험 세 가지의 유기적인 관계를 떠나서 생각을 할 수가 없다. 무역거래에 수반되는 화물의 운송은 운송회사에서 책임을 지고, 화물의 대금결제는 선적서류를 담보로 하여 은행을 통하여 이루어지며, 운송 중에 일어날 수 있는 예기치 못한 사고는 보험회사에서 보상하여 주는 구조로 되어 있다.

이 세 가지의 기능이 원활하게 결합하여 비로소 무역거래가 이루어지는 것이기 때문에 무역거래에 있어서 해상보험은 운송화물의 경제적 손실에 대한 불안을 해결하여 줌과 동시에 은행으로부터의 무역금융에 대한 보장을 받게 해줌으로써 무역거래를 보다 원활하게 하는 중요한 요소가되고 있다.

따라서 무역은 서로 다른 국가에 거주하는 무역업자 간에 행하여지는 상품의 매매이므로, 수출입당사자는 화물을 운송하기 위해서 운송인과 운송계약을 체결하고, 상품이 안전하게 인도될 때까지 예기치 못한 위험에 대비하여 적하보험에 가입하여야 한다. 원래 운송인은 의뢰 받은 운송화물에 대해 인수할 때와 동일한 상태로 수하인에게 인도하는 것이 기본 의무이다. 따라서 운송인이 운송 도중에 화물에 발생한 일체의 손해에 대하여, 화주에게 신속한 배상을 하여 준다면 화주가 별도로 적하보험에 가입할 필요가 없지만, 운송인의 책임이 여러 가지로 제한되어 있어 보상을 받기 위해서는 적하보험의 가입이 필수적이다.

2 해상보험계약의 기본원칙과 성립요건

(1) 해상보험계약의 기본원칙

해상보험계약이란 해상사업에 관한 사고로 인하여 생기는 손해를 보상할 것을 목적으로 하는 손해보험(보상)계약이다.

① **손해보상의 원칙**(principle of indemnity) : 해상보험계약에서는 이득금지의 원칙에 의해 피보험자에게 지급되는 손해보상은 손해발생시의 손해금액을 한도로 지급되어야 하는데, 이것을 손해보상의 원칙이라고 한다. 따라서 해상보험의 보상원칙은 실손해만 보상하는 실손보상의 원칙이 적용된다.

② **최대선의의 원칙** : 해상보험계약은 보험자와 보험계약자(피보험자)가 계약의 내용을 거짓 없이 사실 그대로 고지하여야 하는데 이를 고지의무(duty of disclosure)라고 하며, 이를 바탕으로 계약을 체결하여야 하는바, 이를 최대선의의 원칙이라고 한다.

③ **근인주의**(proximate cause) : 해상손해는 보험증권상으로 담보되는 위험과 담보되지 않는 위험이 연속적으로 발생했을 때 시간적으로 손해발생시에 가까운 원인이 보험증권상 담보되는 위험이라면 보험자가 보상해야 한다는 원리를 근인주의라고 한다.

④ **담보**(warranty) : 담보는 피보험자가 지켜야 할 약속이며 위험에 대하여 중요한 것이든 아니든 중요성불문의 원칙에 따라 반드시 충족되어야 한다. 담보는 문자 그대로 해석되어야 하며 피보험자가 담보를 위반할 경우 보험자는 보험계약을 취소할 권리를 가진다. 담보에는 명시담보와 묵시담보가 있다.

  ㉠ **명시담보**(express warranty) : 보험증권에 결합된 형태의 특정서류에 특정의 사실의 존재·부존재를 확약하는 진술 또는 약속으로 보험증권에 명시되어진 담보를 말한다. 즉, 피보험자가 손해를 담보하는 조항을 보험증권에 명시하는 것을 말한다.

      ⓛ 묵시담보(implied warranty): 명시적인 형식을 취하지 않더라도 해상보험계약 체결의 행위 자체로부터 묵시적으로 보증된 담보를 말한다. 즉, 묵시담보는 계약당사자가 현실적으로 합의한 것도 아니며, 또한 그렇게 할 필요도 없으며 합의하였다고 추정할 필요가 없다. 다만 선박이 항해를 안전하게 할 수 있는 기본적인 조치들을 말하며 이는 피보험자의 능력 바깥의 일이며 통상적으로 아래의 담보를 일컫는다.

         ⓐ 내항능력담보(warranty of seaworthiness, 감항능력담보): 선박보험이나 적하보험을 불문하고 일체의 항해보험에 대하여 선박이 위험 개시시에 항해 또는 항구 내의 위험에 견딜 수 있는 담보를 말한다.

         ⓑ 적법담보(warranty legality): 위험개시시에 항해사업이 적법해야 하며 보험기간을 통해 적법상태가 지속되어야 하는 담보를 말한다. 예를 들면 피보험자는 선박이 적법하게 항해를 할 것이며, 밀무역이나 교전국에 대하여 교역하지 않고, 법률 및 조약에 위반되지 않고 운항할 것이라고 믿고 있기 때문에 구태여 명시적으로 담보를 취할 필요가 없는 것이다.

(2) 해상보험계약의 성립요건(피보험이익의 요건)

해상보험계약에 있어서 보험목적물은 크게 화물에 관한 위험을 담보하는 적하보험(화물보험, Cargo Insurance)과 선박의 위험을 담보하는 선박보험(Hull Insurance)으로 분류되며, 본서에서는 적하보험을 위주로 다루기로 한다.

일반적으로 해상보험계약이 유효하게 성립하기 위해선 다음과 같은 조건이 충족되어야 한다.

적법성	피보험이익(Insurable Interest)이 보험계약상의 보호를 받기 위해서는 적법한 것이어야 하며 강행법규와 공서양속 및 사회질서에 어긋나지 않아야 한다.
경제성	보험사고가 발생한 때에 보험자가 보상하는 급부는 경제적인 급부이므로 보험급부에 의하여 취득할 수 있는 이익도 경제적인 이익이어야 한다.
확정성	피보험이익은 보험사고가 발생할 때까지는 보험계약의 요소로서 보험계약의 체결시에 확정될 필요는 없으나, 늦어도 보험사고 발생시에는 확정될 수 있어야 한다.

(3) 해상보험계약에서 피보험이익의 당사자

피보험이익의 당사자는 보험목적물을 기준으로 분류된다. 보험목적물의 소유자, 피보험목적물의 담보권자가 그 당사자가 되나 기타 피보험이익의 당사자가 존재한다.

① **피보험목적물의 소유자**: 피보험목적물의 소유자는 선주, 화주, 용선자로 분류된다.

    ㉠ 선주: 선박, 운임, 선박보험료, 선비 등과 같은 선박이익을 가지게 된다.

    ⓛ 화주: 자신이 화물을 소유하고 있는 화물에 대한 피보험이익을 갖게 된다.

    ㉢ 용선자: 선박의 손상에 대해서 책임이 있는 경우에 한하여 선박에 대한 피보험이익을 갖게 된다.

② **피보험목적물의 담보권자** : 피보험목적물의 담보권자는 저당권자와 선취특권자로 구분된다.

  ㉠ 저당권자 : 채권자가 채권을 확보하기 위하여 보험목적물에 저당권 등의 담보권을 행사하게 되면 피보험이익을 갖는 것으로 인정된다.

  ㉡ 선취특권자 : 법률이 정하는 특수한 채권을 가지는 자로 채무자의 재산에 대해 일반채권자보다 우선하여 채권을 변제받을 수 있는 자를 의미한다.

③ **기타 피보험이익의 당사자**

  ㉠ 선장과 선원 : 자신들의 급료, 대리인은 위탁판매를 의뢰받고 일정금액을 선불하였다면 그만큼의 피보험이익을 가질 수가 있다. 포획한 재산이나 압류재산도 피보험이익을 가질 수 있다.

  ㉡ 보험자 : 다른 보험자와 재보험계약을 체결한 경우에는 보험자가 피보험이익을 가진다.

3 해상보험계약의 당사자와 용어

(1) 보험계약의 당사자

① **보험자**(Insurer, Assurer) : 보험자는 보험료를 받아 해상위험을 부담하는 자이고, 보험계약을 인수한 자로서 보험계약자로부터 보험료를 대가로 하여 보험기간 중 발생하는 보험사고로 인한 손실을 보상하기 위하여 보험금을 지급할 의무를 지는 자를 말한다.

② **보험계약자**(Policy holder) : 보험계약자는 보험회사와 보험계약을 체결하고 보험료(Insurance Premium)를 지불하는 자이고, 보험계약의 청약자이며 보험료 지급의무, 주요 사항 고지의무 및 위험변경증가 등의 통지의무 등을 부담하는 자를 말한다.

  물품운송에 대한 위험의 이전 분기점이 가격조건에 따라 달리하므로 위험을 감수하게 되어 보험을 부보해야 할 보험계약자도 이에 따라 달라진다. 주운송에 대한 보험가입자는 EXW, FOB(FCA), CFR(CPT)조건일 경우 수입자가 되고, CIF(CIP), DDU, DDP조건일 경우 수출자가 되며 CIF(CIP)조건일 경우에는 비록 수출자가 수입자를 위하여 보험은 가입하나 수출국에서 선적된 이후부터는 위험이 수입자에게 이전되는 것이므로 선적 이후 추가적인 위험에 대해서는 필요시 수입자가 보험을 부보해야 한다. 참고로 FOB조건이나 CFR조건으로 수입신용장 개설시 개설은행에서는 의무적으로 수입자가 보험가입을 하고 보험증권을 제출하도록 의무화하고 있다.

③ **피보험자**(Insured, Assured) : 피보험자는 피보험이익(Insurable Interest)을 갖고 이 피보험목적물(Insurable Property)에 손해가 발생하면 보험자로부터 보상을 받는 자를 말하며, 여기서 보험계약자와 피보험자는 매매계약의 형태에 따라서 동일인이 될 수도 있다. 피보험자는 피보험이익의 주체로서 보험사고의 발생으로 인하여 손해를 입는 경우 보상을 받을 권리를 가진 자를 말한다.

(2) 보험계약의 기본용어

① **보험료**(Premium) : 보험료는 보험자의 위험부담에 대해 보험계약자가 지급하는 일정의 보수이다.

② **보험금**(Insurance Benefit) : 보험자가 담보위험으로 피보험자가 입은 재산상의 손해에 대해 지급하는 보상금을 말한다.

③ **보험의 목적** : 위험발생의 객체로서 해상보험에서는 화물 또는 선박을 말하며, 해상보험은 적하보험(Cargo Insurance)과 선박보험(Hull Insurance)으로 분류된다.

④ **피보험이익**(Insurable Interest) : 피보험이익은 보험보호의 대상이 되는 이익을 말한다. 엄격히 말하면 선박, 화물 등의 보험의 목적물이 멸실 또는 손상 등의 보험사고가 발생함으로써 피보험자에게 경제상의 손해를 입힐 우려가 있는 경우에 이러한 보험의 목적과 피보험자와의 이해관계를 말한다.

⑤ **보험가액**(Insurable Value) : 피보험이익의 평가액으로 일정한 피보험이익에 대하여 발생할 수 있는 경제적 손해액의 최고한도액을 말한다.
보험가액은 일반적으로 상업송장가격의 110%가 국제상 관례로서, 적하보험요율서상에는 최고 150%까지 한도를 정하고 있으나 보험사에서는 보험계약자 혹은 피보험자에 의한 역선택을 방지하기 위하여 대개 130%까지로 제한하고 있다.

⑥ **보험금액**(Sum Insured) : 보험금액은 보험계약자가 실제로 보험에 가입한 금액이다. 즉, 보험자가 보험계약상 부담하는 손해배상책임의 최고한도액을 말한다. 보험금액은 보험가액의 범위 내에서 자유로이 정할 수가 있지만 그것을 초과할 수는 없다.
통상 보험금액과 보험가액은 상호 일치하는데 이를 전부보험(Full Insurance)이라고 하며, 보험금액이 보험가액보다 작은 경우를 일부보험(Under Insurance) 그리고 보험금액이 보험가액을 초과하는 경우를 초과보험(Over Insurance)이라고 한다.

⑦ **희망이익**(Imaginary Profit) : 매매계약 약정품이 무사히 목적지에 도착하면 수입자가 도착된 화물을 매각함에 의하여 취득할 수 있다고 기대되는 이윤을 말하는데, 보통 송장가격의 10%로 되어 있다.

⑧ **보험증권**(Policy) : 보험에 가입했다는 것을 알려주는 증거서류이다. 보험계약의 성립과 내용을 기재한 증서로 보험자가 기명날인하여 보험계약자에게 교부한다.

⑨ **보험계약기간**(Duration of Policy) : 보험계약자가 담보를 받고자 하는 기간을 말한다. 보험계약기간은 보험 계약시 당사자 간의 합의에 의해 정하게 된다.

⑩ **보험기간**(Duration of Insurance) : 피보험목적물에 대한 보험자의 책임이 존속되는 기간을 의미한다. 즉, 피보험자가 보험자로부터 부보받을 수 있는 시간적·공간적인 한계를 의미한다.

⑪ **보험료기간**(Premium period) : 당사자가 계약에서 정한 보험료 급부에 대한 단위기간으로 보험료산출을 위하여 표준으로 삼는 기간을 의미한다.

⑫ **피보험 목적물**(Subject-matter Insured) : 보험목적물이라고도 하며, 보험을 통하여 보호되는 객체를 의미한다. 해상보험에서 피보험 목적물의 종류를 보면 적하(cargo), 선박(hull), 운임(freight), 선임(wages) 등이 있다.

⑶ 보험가액과 보험금액의 관계

① **전부보험**(Full insurance) : 보험금액이 보험가액과 동일한 경우의 보험을 말한다. 전부보험의 경우가 이상적이며 보험자로부터 실손해를 보상받는다. 따라서 보험자는 전손과 분손을 막론하고 보험사고가 발생하면 손해의 전부를 보상하여야 한다.

② **일부보험**(Under insurance) : 보험금액이 보험가액보다 적은 경우의 보험을 말한다. 일부보험의 경우에 피보험자는 보험사고로 인한 보험목적의 손해에 대하여 보험가액에 대한 비율에 따라 비례보상을 받게 된다. 보험료를 낮추기 위하여 낮은 보상요율의 담보를 할 경우 또는 계약체결 후 급격한 물가폭등으로 보험금액이 보험가액에 미달하는 경우이다.

③ **초과보험**(Over insurance) : 일부보험과는 반대로 보험금액이 보험가액을 현저하게 초과하는 경우의 보험을 초과보험이라 하며, 이 경우 그 초과되는 부분의 보험계약은 무효가 된다. 초과보험을 그대로 인정한다면 보험사고의 발생에 의해 피보험자가 실손액 이상의 이득을 얻기 위해 고의로 손해를 일으키거나 손해보험계약이 불법적인 도박적 행위로 악용될 수 있기 때문에(이를 '역선택'이라고 함) 각국에서는 초과보험에 관하여 일정한 규제를 두고 있다.

④ **중복보험**(Double insurance) : 동일한 피보험에 대하여 보험기간을 공통으로 하는 2개 이상의 보험계약을 체결하고 그 보험금액의 합계액이 보험가액을 초과하는 경우를 말한다. 피보험자는 자기가 적당하다고 생각하는 순서에 따라 각 보험사에 보험금을 청구할 수 있으며 각 보험자는 보험계약상 자기가 부담하는 금액의 비율에 따라 비례적으로 손해를 보상할 의무를 진다. 이러한 경우에 여하한 경우에도 보험자가 부담하는 보험금액의 합계가 보험가액을 초과할 수 없다.

⑷ 보험(계약)증권

① **의의** : 보험계약성립의 증거로 보험자가 보험계약자에게 교부하는 것으로 보험계약의 성립을 증명하기 위하여 보험자가 발행하는 증거증권이다.

② **적하보험의 부보시기** : 매매계약서 체결 이후 수입자에게 화물이 인도되기 전 언제든지 가능하지만 L/C거래의 경우는 선적 전에 체결하여야 한다.

③ **보험승낙서**(Cover Note) : 보험승낙서는 보험에 부보하고 보험료를 영수하였음을 보험중개업자가 교부하는 일종의 각서를 말한다. 일반적으로 보험중개업자가 발행한 보험승낙서는 L/C에 별도로 허용하지 않는 한 은행은 수리를 하지 않는다.

④ **보험계약의 효력 종료시점**: 보험계약의 효력 종료시점은 ㉠ 화물이 보험증권에 기재된 목적지의 화주창고에 인도된 때, ㉡ 통상의 운송과정이 아닌 보관을 위한 장소에 인도된 때, ㉢ 본선으로부터 하역을 종료한 후 60일이 경과된 때(수입의 경우는 30일) 등이다.

⑤ **표시통화**: 보험증권의 표시통화는 L/C에 다른 규정이 없는 한 L/C와 동일의 통화로 표시되어야 한다.

⑥ **보험증권의 양도**: 보험증권은 양도를 금지하는 명시적인 조건이 없는 한 양도가능하며, 손해 발생의 전후를 불문하고 양도할 수 있다. 또한 해상보험증권이 그 증권상의 수익권을 양도할 목적으로 양도된 경우 보험증권의 양수인은 자신의 명의로 그 보험증권에 의하여 소송을 제기할 수 있다.

4 보험의 종류

(1) 적하보험(Cargo Insurance)

보험목적물을 화물로 하는 보험을 의미한다. 화물의 멸실, 훼손으로부터 보전하기 위해서 경비를 지출함으로써 화물의 소유자가 입은 손해를 보험조건에 따라 보상하여 준다.

(2) 선박보험(Hull Insurance)

보험목적물을 선박으로 하는 보험을 의미한다. 선박의 관리 및 운항 중 멸실, 훼손으로부터 보존하기 위하여 경비를 지출하거나 선박으로부터 발생한 책임손해가 있는 경우에 손해를 보험조건에 따라 보상하여 준다.

(3) 운임보험(Freight Insurance)

운임을 그 대상으로 하는 보험이다. 선하증권이나 운송계약서상에 화물을 목적지에서 화주에게 인도하지 못한 경우 운송인 등이 운임을 청구할 수 없도록 약정하고 있는 경우에 그로 인하여 운송인 등이 입은 손해를 보상하여 주는 보험을 의미한다.

(4) P&I보험(Protection and Indemnity Insurance)

P&I보험은 선주책임상호보험이라고 하며, 선주가 선박을 소유·운항함으로써 발생하는 제3자에 대한 배상책임을 담보해주는 배상책임보험이다. 즉, 선박을 운항하여 발생하는 항만시설에 가한 손해나 선체제거비용, 오염처리비용 등과 같은 제3자에 대한 책임과 선원·여객의 사상에 따른 책임, 적하 화물의 손실·멸실에 따른 책임의 보상 등이 그 대표적인 예이다.

제 2 절 해상위험과 해상손해

1 해상위험

(1) 해상위험의 의의

해상보험의 대상이 되는 위험은 해상위험이다. 우리나라 상법 제693조는 해상보험계약은 '항해에 관한 사고'로 인하여 생길 손해의 보상을 목적으로 한다는 뜻을 규정하고 있고, MIA 제3조는 '해상위험'(maritime perils)이란 '항해에 기인 또는 부수하는 위험'(perils consequent on, or incidental to, the navigation of the sea)이라고 정의하고 있다. 여기에서 알 수 있는 바와 같이 해상위험은 항해를 계기로 하여 생기는 위험이다.

즉, 해상위험은 항해의 위험에 한정되는 것이 아니라 항해에 부수하는 위험도 포함된다. 따라서 하천 또는 항만 등 내수에서의 항행 또는 정박 중의 위험, 화물을 환적하기 위한 양륙 중의 위험도 그것이 주된 항해에 부수하는 것인 이상 해상위험이며, 당연히 보험자의 부담에 속한다.

그러나 항해에 접속된 육상 또는 항공 운송 중의 위험, 예컨대 ICC 제8조(운송조항)에서 보는 바와 같이 최종 양륙항에서 양하 후 보험증권에 기재된 목적지의 최종 창고에 화물이 인도될 때까지의 육상운송 중의 위험은 해상위험이 아니라 육상위험이다. 따라서 원칙적으로 이러한 위험에 대해서는 해상위험과는 별개로 보험계약을 체결하여야 하지만, 실제로는 특약에 의해 이러한 육상위험에 대해서도 해상보험에서 함께 부보하며, 하나의 해상보험계약으로 계약된다.

(2) 해상위험의 요건과 담보위험

① **해상위험의 요건**: 해상위험은 다음의 요건을 갖추어야 한다.
  ㉠ 해상보험에 보험자는 담보위험에 의한 손해를 보상하기 때문에 위험이 손해의 원인이어야 한다.
  ㉡ 위험은 그 발생이 우연한 것이어야 한다. 즉, 발생은 가능하지만 불확실한 것이어야 한다.
  ㉢ 위험은 장래의 사고뿐만 아니라 과거의 사고라 하더라도 보험계약 체결시 보험계약자가 발생한 사실을 모르고 있을 경우에는 소급보험에 있어서 위험이 될 수 있다.
  ㉣ 불가항력도 위험의 일종이기 때문에 위험이 반드시 불가항력(force majeure)적인 사고이어야 할 필요는 없다.

② **해상위험의 담보위험**
  ㉠ **해상고유의 위험**(perils of the sea): 좌초(stranding), 침몰(sinking), 충돌(collision), 악천후(heavy weather), 교사(grounding) 등의 자연적 위험을 말한다.
  ㉡ **해상위험**(perils on the seas): 해상위험은 항해에 기인하거나 항해에 부수하여 발생하는 위험을 말한다. 여기에는 화재(fire, burning), 투하(jettison), 선원의 악행(barratry), 해적, 강도(pirates) 등의 자연적·인위적 위험이 속한다.
  ㉢ **전쟁위험**(war risks): 전쟁위험은 군함(men of war), 외적(enemies), 습격 및 포획(surprisal and capture), 해상탈취와 나포(taking at sea & seizure) 등의 인위적 위험을 말한다.

2 해상손해

(1) 해상손해의 의의

해상손해란 해상보험에 있어서 해상위험의 발생으로 피보험이익의 전부 또는 일부가 소멸함으로써 발생하는 피보험자의 경제상의 부담 또는 재산상의 불이익을 말한다.

(2) 해상손해의 유형

해상손해는 그 손해가 직접 또는 간접으로 이루어지느냐에 따라 직접손해(적하보험의 경우 부보된 화물의 멸실·손상 등으로 인한 소유자이익의 손실)와 간접손해[적하보험의 경우에 희망이익 (Estimated Profit)의 손해]로 구별되며, 물적 손해[보험목적물의 손해와 관련하여 부수적으로 발생하는 손해방지비용, 구조료, 특별비용 등과 같이 해상위험이 발생하여 그 결과 지출되거나 또는 위험을 방지하기 위하여 지출된 비용에 관한 손해(Loss by way of expenditure)]로 나뉘진다.

[그림 2-2] 해상손해의 유형

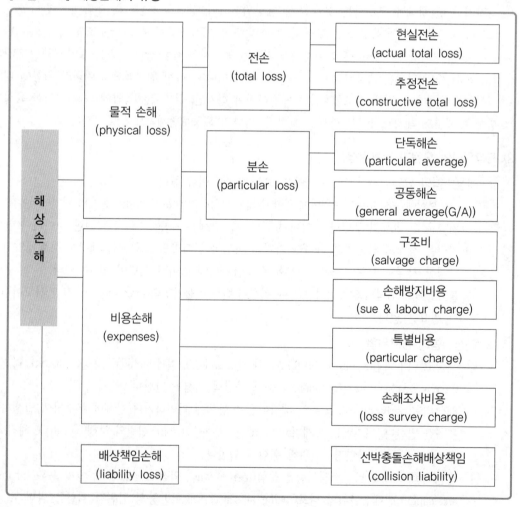

① **전손**(Total Loss)

전손이란 선박, 화물 등과 같이 피보험목적물 전부가 담보위험에 의해서 멸실되거나 손상 정도가 심해서 구조나 수리비용이 부보된 금액보다 많은 경우를 말한다.

㉠ **현실전손**(Actual Total Loss) : 피보험목적물이 멸실되거나, 혹은 동 피보험목적물이 부보할 당시의 성질을 그대로 갖지 못할 정도로 심한 손상을 입은 경우 또는 피보험자가 회복할 수 없도록 피보험목적물을 박탈당하였을 경우 현실전손이 성립한다. 한편, 선박이 목적항에 도착하지 않고 상당기간이 경과하여도 행방불명인 경우에는 심해에 침몰한 것으로 추정하고 보험자는 해상고유의 위험으로 인한 손해로서 보상책임을 지게 된다.

이와 관련하여 영국 해상보험법에서는 "해상사업에 종사하는 선박이 행방불명되고 그 이후 상당기간이 경과되어도 소식이 없을 때 현실전손으로 추정할 수 있다"라고 규정하고 있다. 따라서 상기와 같이 현실전손으로 간주되는 선박에 적재되어 있는 화물의 경우에도 선박과 동일하게 현실전손으로 추정할 수 있다.

㉡ **추정전손**(Constructive Total Loss) : 추정전손은 해상보험에서만 인정되는 손해로서 위부(Abandonment)를 수반하여야 하는 전손이다. 현실전손은 위부를 필요로 하지 않지만, 추정전손의 경우는 위부행위를 함으로써 피보험자가 보험자에게 보험금 청구의사를 표시하게 된다. 즉, 위부의 통지 없이는 추정전손이 성립되지 않는다.

추정전손이 성립되는 구체적인 상태에 대하여 다음과 같이 규정하고 있다.

ⓐ 피보험자가 선박 혹은 화물을 피보험위험으로 인하여 소유하지 못하게 되었을 경우와 피보험자가 그 선박이나 혹은 화물을 회복할 가망이 없거나 또는 회복하는 데 소요되는 제 비용이 회복한 후의 선박 혹은 화물의 가액을 초과할 경우이다.

ⓑ 선박이 손상되었을 경우에 담보위험으로 인하여 심하게 손상을 입었을 경우 그 손상을 수리하는 비용이 수리를 완료하였을 때의 선박의 가액을 초과할 때이다. 수리비를 산정함에 있어서는 동 수리비에 대하여 화주의 분담이익에 의하여 지불된 공동해손분담금은 공제될 수 없다. 그러나 장래의 구조작업경비와 선박이 수리될 때 선박이 부담하게 될 장래의 공동해손 분담금은 고려되어야 하며, 혹은 화물이 손상되었을 경우에 있어서는 그 수리 또는 복구하는 데 발생하는 비용과 그 화물을 최종 목적지까지 운반하는 데 소요되는 비용이 도착시 화물가액을 초과할 때이다.

② **분손**(Particular Loss)

분손은 피보험목적물의 일부만이 손상을 입는 경우를 말하며, 전손이 아닌 손해는 모두 분손으로 간주한다.

㉠ **단독해손**(Particular Average) : 영국 해상보험법(MIA) 제64조에 의하면 공동해손이 아닌 모든 분손이 단독해손으로 처리되며, 피보험목적물의 일부의 멸실이나 손상으로서 피보험목적물에 대하여 재산상의 이해관계를 갖는 자가 단독으로 부담하는 손해를 단독해손이라 한다.

㉡ **공동해손**(General Average) : 여러 피보험목적물이 공동의 안정을 위하여 희생되었을 때 관련되는 이해관계자가 공동으로 그 손해액을 분담하는 손해로서, 공동해손이란 선박이나 화물이 해난에 직면하게 될 경우 선박 및 적하의 위험을 구조하기 위하여 선장의 책임으로

선박이나 적하의 일부를 희생하는 것을 말한다. 이런 경우 선박이나 적하에 발생한 손해와 비용은 선박 및 적하의 모든 이해관계인이 공동으로 분담하는 것이다.

예를 들어 선박과 화물을 구하고자 선적된 화물 중 일부를 바다에 투하하는 경우가 여기에 해당한다.

| 보충학습 |

일부 멸실과 일부 손상 및 위부와 대위권

1. 일부 멸실과 일부 손상

⑴ 일부 멸실이란 화물의 일부가 손실된 것으로 손해보상의 한도액은 멸실이 된 부분과 전체 수량과의 비율을 보험금액에 곱한 금액으로 정한다.

⑵ 일부 손상이란 화물의 일부가 손상된 상태로 도착할 경우에는 감가율을 정하여 보험금액에 이 감가율을 곱하여 분손보상액을 결정한다.

$$감가율 = \frac{손해액(정상품시가 - 손상품시가)}{정상품시가}$$

2. 위부와 대위권

⑴ 위부(Abandonment)란 추정전손이 인정될 수 있는 사유가 발생하였을 때 피보험자는 그 피보험 목적물에 대해서 갖는 일체의 권리를 보험자에게 이전하고 대신 전손에 해당되는 보험금을 청구할 수 있는데, 이것을 위부라고 한다.

⑵ 대위권(Right of Subrogation)이란 보험자가 피보험자의 편의를 위해 보험금을 먼저 지불하고, 피보험자의 위부에 의해서 보험자는 피보험자를 대신해서 피보험 이익에 관하여 제3자에 대하여 피보험자의 권리를 이양 받아 취득하게 되며, 이렇게 취득한 권리를 대위권이라 하며, 피보험자가 발행한 대위권 양도서에 의하여 보험금을 지급함으로써 그 효력이 발생한다.

---

③ **구조비**(Salvage Charge) : 구조비란 위험에 처한 피보험목적물의 적재선박을 제3자가 계약에 의하지 않고, 임의로 구조한 경우에 구조자가 해상법상의 규정에 의해 지불하는 보수를 말한다. 영국 해상보험법상 구조비는 구조자가 구조계약과는 관계없이 해상법상으로 회수할 수 있는 비용을 의미한다. 이 구조비는 피보험자, 그 대리인 또는 보수를 받고 고용된 자가 담보위험을 피하기 위하여 행한 구조의 성질을 띤 노무의 비용을 포함하지 않는다. 그러나 비용은 적절하게 발생한 비용이라면, 비용이 발생한 사정이 어떠한가에 따라 특별비용(Particular Charge)이나 혹은 공동해손비용손해(General Average Loss)로서 보험자로부터 보상받을 수 있다.

④ **손해방지비용**(Sue and Labor Charge) : 손해방지비용이라 함은 보험사고가 발생한 경우 피보험자가 그 손해를 방지 또는 경감하기 위하여 피보험자가 사용한 비용으로서 보험자가 추가 부담하는 비용손해이다. 한편, 손해방지비용은 피보험목적물의 손해 이외에 추가로 보상되는 비용이므로 피보험목적물의 손해액과 손해방지비용의 합계액이 보험금액을 초과할 수 있다. 손해방지비용은 반드시 피보험목적물의 이익만을 위하여 사용되어야 하며 합리적이고 정당하게 소요된 비용이어야 한다.

즉, 합리적으로 발생한 손해방지비용을 보험자가 보상하는 반면 피보험자 및 그 대리인은 손해방지를 위한 모든 조치를 취해야 할 의무가 부과된 것이므로, 이러한 피보험자의 손해방지의무를 위반했을 때는 보험계약의 효력이 상실되거나 혹은 피보험자에게 불리한 결과를 가져오게 할 수 있다.

⑤ **특별비용**(Particular Charge) : 특별비용은 피보험목적물의 안전과 보존 때문에 피보험자에 의하여 지출된 비용을 말한다. 즉, 특별비용은 적하의 경우 창고보관료, 건조비용, 포장비용 등과 같이 화물의 손해를 확대되지 않도록 하는 데 소요되는 비용을 말하며, 통상적으로 피난항에서의 하역, 보관 또는 도착항까지의 제반비용이 이에 해당한다.

⑥ **특별비용과 손해방지비용** : 손해방지비용은 특별비용의 한 형태이므로 특별비용이 더 포괄적이라고 볼 수 있으며, 일반적으로 말해 손해방지비용은 화물이 목적지에 도착하기 이전에 어떤 손해를 피하거나 경감하기 위해 지출되며 특별비용은 손해의 평가와 관련하여 중간항이나 목적지에서 발생된다. 특별비용은 다른 손해액과 합계하여 보험금액을 한도로 하여 보상하는 데 대하여 손해방지비용에 있어서는 보험금액을 초과한 경우에도 보상되는 점이 다르다고 볼 수 있다.

⑦ **선박충돌손해배상책임**(Collision Liability) : 선박충돌손해배상책임은 피보험선박이 타선과 충돌로 인하여 피보험선박 자체가 입게 된 물적 손해는 물론 그 충돌로 인한 상대 선박의 선주 및 그 화물의 화주에 대하여 피보험자가 책임져야 하는 손해배상금을 보험자가 담보해 주는 손해를 말한다.

3 보험조건과 손해보상의 범위

국제무역거래에서 이용되고 있는 보험조건은 런던 보험자협회(Institute of London Under-writers, ILU)가 제정한 협회적하약관(Institute Cargo Clause, ICC)에 규정되어 있는 조건으로, 크게 구약관과 신약관 두 가지 형식으로 분류되어 보험가입자가 선택할 수 있도록 되어 있다. 구약관은 200여 년 전부터 사용되어온 영국의 Lloyd's S.G. Policy를 모체로 하는 S.G. Policy와 그의 특별약관 ICC(FPA, WA, A/R)조건을 말하며, 신약관은 1979년 UNCTAD의 해상보험에 관한 보고서를 기초로 1982년 제정된 ICC(A, B, C)조건을 말하며, 우리나라에서도 1983년 3월 1일부터 종래의 보험조건과 ICC의 개정에 따른 새로운 보험조건을 병행하여 사용하고 있다.

현재에는 런던보험자협회가 IUA(International Underwriting Association of London, 국제보험인수협회)로 개편되어 LMA(Lloyd's Market Association, 로이즈시장협회)와 협의하여 2009년 1월 1일자로 협회적하약관(Institute Cargo Clauses, ICC)를 개정하여 사용하고 있다.

담보범위는 ICC(A/R)와 ICC(A), ICC(WA)와 ICC(B), ICC(FPA)와 ICC(C)가 유사하며, ICC(A/R)와 ICC(A)가 가장 넓고 ICC(FPA)와 ICC(C)가 가장 좁다.

(1) **종래의 보험조건**(구협회약관)

① **분손부담보**(分損不擔保, Free from Particular Average, FPA) : 피보험목적물의 전손의 경우는 물론이고, 분손 중 공동해손의 경우와 손해방지비용·구조비·특별비용·특정분손 등의 손해를 보상하는 조건으로서 단독해손 이외의 모든 손해를 보상하므로 '단독해손부담보조건'이라고도 한다.

② **분손담보**(分損擔保, With Average, WA) : WA 3%와 WAIOP가 가장 일반적이다. WA 3%는 손실액이 3% 미만인 경우 보상하지 않는다는 의미이며, WAIOP(With Average Irrespective of Percentage)는 손실액의 다과에 관계없이 보상하는 WA의 특약사항이다.

③ **전위험담보**(全危險擔保, All Risks, A/R) : 항해에 관한 우연한 사고로 발생한 모든 손해를 보상하는 보험조건으로서, 이 경우 보험료가 가장 고율이며, 손해보상의 범위가 넓으나, 전쟁위험·파업·폭동위험까지도 포함하는 것은 아니며, 특히 화물고유의 하자 또는 성질에 의한 손해와 수송지연으로 인한 멸실·손상 또는 비용은 제외한다.

④ **전손담보**(全損擔保, Total Loss Only, TLO) : 보험의 목적물이 전손되었을 경우에만 손해를 보상하는 보험조건으로서, 분손 즉 공동해손(共同海損)이나 단독해손(單獨海損)의 경우에는 보상되지 않는 보험조건으로서 실제로는 크게 사용되지 않는 보험조건이다.

(2) **개정 보험조건**(신협회약관)

종래의 보험조건은 보험자의 담보범위에 대해 각종 면책위험의 불명확성 때문에 분쟁의 소지가 있었으며, 특히 분손부담보조건[ICC(FPA)]과 분손담보조건[ICC(WA)] 간의 담보범위에 있어서 그 차이가 불분명했기 때문에 피보험자들이 보험조건을 선택하는 데 어려운 점이 많아서 개정된 보험조건에서 담보범위를 명확히 하고 있다.

① Institute Cargo Clauses(A) : 'A' 약관
ICC(A)는 종래의 보험조건 중 전위험담보조건[ICC(A/R)]과 유사한 조건으로 명칭만 바뀌고 내용은 별로 변한 것이 없다. ICC(A)는 포괄담보방식을 취하고 있고 피보험목적물에 발생한 멸실·손상 또는 비용의 일체를 담보한다. 다만 다음의 면책위험은 제외한다.

　㉠ 일반면책위험 : 피보험자의 고의적인 불법행위, 피보험목적물의 통상적인 누손·중량 또는 용적의 부족 및 자연소모, 포장의 불충분이나 부적절, 피보험목적물의 고유의 하자 또는 성질, 지연에 의한 손해, 선주·용선자의 파산·지급불능 또는 채무의 불이행, 원자력·핵의 분열 및 융합 또는 이와 유사한 반응 또는 사용

　㉡ 불내항 및 부적합면책위험 : 본선이나 부선의 불내항 또는 피보험목적물의 안전운송에 부적당한 물품, 합법적이지 못한 물품

　㉢ 전쟁면책위험
　　◈ 다만, 협회전쟁약관(Institute War Clause)의 특약을 첨부하였다면 담보가 가능하다.

　㉣ 동맹파업면책위험
　　◈ 다만, 협회동맹파업약관(Institute Strikes Clause)의 특약을 첨부하였다면 담보가 가능하다.

② Institute Cargo Clauses(B) : 'B' 약관

ICC(B)는 종래의 보험조건 중 분손담보조건[ICC(WA)]과 유사하지만, 담보위험이 명확하지 않았던 점을 보완하여 보험자가 보상하여야 할 담보위험을 구체적으로 열거함으로써 피보험자가 담보위험의 범위를 쉽게 이해할 수 있도록 한 것이다. ICC(B)와 ICC(WA)의 차이점은 ICC(WA)에는 면책비율이 있지만, ICC(B)에는 면책비율의 적용을 받지 못한다는 점이다.

㉠ ICC(B)에서 담보가 되는 위험

ⓐ 화재나 폭발, 본선이나 부선의 좌초·교사·침몰·전복, 육상운송용구의 전복 또는 탈선, 본선·부두 또는 운송용구와 물 이외의 다른 물체와의 충돌 또는 접촉, 피난항에서의 화물의 하역, 공동해손 희생손해, 투하

ⓑ 지진, 화산의 분화, 낙뢰와 상당한 인과관계가 있는 보험 목적의 멸실·손상

ⓒ 갑판 유실로 생긴 보험목적의 멸실·손상

ⓓ 본선, 부선, 선창, 운송용구, 컨테이너, 지게자동차 또는 보관장소에 해수·호수·강물의 침입으로 생긴 보험 목적의 멸실·손상

ⓔ 선적 또는 양하 작업 중 바다에 떨어지거나 갑판에 추락한 포장단위당의 전손

● ICC[Institute Cargo Clause : 협회적하(화물)약관]의 담보위험

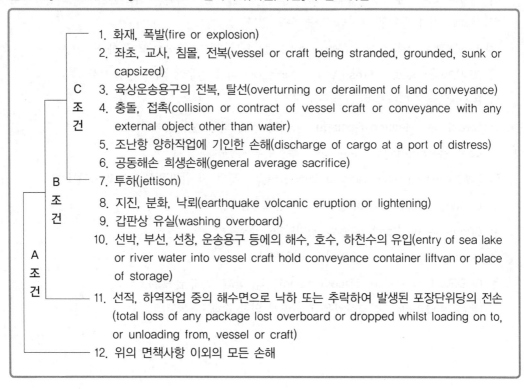

A 조건 — B 조건 — C 조건

1. 화재, 폭발(fire or explosion)
2. 좌초, 교사, 침몰, 전복(vessel or craft being stranded, grounded, sunk or capsized)
3. 육상운송용구의 전복, 탈선(overturning or derailment of land conveyance)
4. 충돌, 접촉(collision or contract of vessel craft or conveyance with any external object other than water)
5. 조난항 양하작업에 기인한 손해(discharge of cargo at a port of distress)
6. 공동해손 희생손해(general average sacrifice)
7. 투하(jettison)
8. 지진, 분화, 낙뢰(earthquake volcanic eruption or lightening)
9. 갑판상 유실(washing overboard)
10. 선박, 부선, 선창, 운송용구 등에의 해수, 호수, 하천수의 유입(entry of sea lake or river water into vessel craft hold conveyance container liftvan or place of storage)
11. 선적, 하역작업 중의 해수면으로 낙하 또는 추락하여 발생된 포장단위당의 전손(total loss of any package lost overboard or dropped whilst loading on to, or unloading from, vessel or craft)
12. 위의 면책사항 이외의 모든 손해

③ Institute Cargo Clause(C) : 'C' 약관

ICC(C)는 보상범위가 가장 제한된 보험조건으로서 종래의 보험조건 중 분손부담보조건[ICC(FPA)]과 담보위험이 유사하다. ICC(FPA)와 ICC(C)의 차이점은 ICC(FPA)가 적재된 화물의 좌초, 침몰이나 대화재에 의한 경우를 제외하고는 단독해손을 담보하지 않는 데 반하여 ICC(C)는 열거한 위험에 대해서는 전손, 공동해손 또는 단독해손을 면책 없이 담보한다. ICC(C)도 열거담보방식을 취하고 있는데, 담보되는 위험은 다음과 같다.

   ㉠ 화재 또는 폭발, 본선이나 부선의 좌초·교사·침몰·전복, 육상운송용구의 전복 또는 탈선, 본선·부두 또는 운송용구와 물 이외의 다른 물체와의 충돌 또는 접촉, 피난항에서 화물의 하역

   ㉡ 공동해손 희생손해, 투하

(3) 부가조건의 종류 및 유형

구약관 전위험담보조건(A/R)이나 신약관 ICC(A)조건으로 보험에 가입한 경우에는 보험요율서상에 특별히 제외하고 있는 위험 이외에는 부가조건을 보험에 가입할 필요가 없다.

그러나 화물의 종류, 포장방법, 운송방법 등을 고려하여 기본조건인 FPA, WA나 ICC(B), ICC(C)에 아래에 열거된 보험조건을 추가하여 부보함으로써 보다 저렴한 보험료로써 전 위험담보조건으로 부보한 것과 동일한 효과를 거둘 수도 있다.

① TPND(Theft, Pilferage & Non-Delivery) : 도난, 발하, 불착손(모든 화물)

② RFWD(Rain and/or Fresh Water Damage) : 비나 민물에 의한 손상(모든 화물)

③ Breakage : 파손(유리)

④ Sweat and Heating Damage : 습기와 열에 의한 손상(곡물류)

⑤ Leakage/Shortage : 누손 및 부족손(유류·곡물류)

⑥ JWOB(Jettison and Washing Over Board) : 투하 및 갑판유실(갑판적재화물)

⑦ Denting and/or Bending : 곡손(기계류·금속류)

⑧ Spontaneous Combustion : 자연발화(곡물류)

⑨ Mould and Mildew : 곰팡이손해(곡물류)

⑩ ROD(Rust, Oxidation, Discolouration) : 녹, 산화, 변색(금속류)

⑪ Hook and Hole : 하역작업용 갈고리에 의한 손해(직물류)

(4) 2009년 협회적하약관의 개정 주요 내용[3]

영국에서는 협회약관을 공표하였던 런던보험자협회가 IUA(International Underwriting Association of London, 국제보험인수협회)로 개편되어 LMA(Lloyd's Market Association, 로이즈시장협회)와 합동으로 3년 동안의 준비과정을 거쳐 2009년 1월 1일자 개정협회적하약관(ICC)을 공표하였으며, 주요 개정 내용은 다음과 같다.

① **면책조항들의 적용범위 축소**: 면책조항들의 적용범위가 축소되어 피보험자에게 유리하도록 개정되었다.

　㉠ 포장 불충분 면책조항에서는 'liftvan(지게차)'에의 적부가 삭제되고 보험개시 전 독립계약자에 의해 컨테이너의 적부가 이루어진 경우에도 면책이 적용되지 않는다.

　㉡ 선주 등의 파산면책에서도 ICC(1982년)에서는 어느 경우이든 운송인의 파산의 결과로 발생하는 손해는 면책되었으나, ICC(2009년)에서는 보험의 목적의 적재시에 그러한 파산이 정상적인 항해수행을 중단시킬 수 있다는 사실을 피보험자가 알고 있는 경우에 한하여 면책이다.

　㉢ 파산면책은 부적합면책과 함께 1983년 협회상품 동업자약관(Institute Commodity Trades Clauses)의 면책을 채용하여 보험증권의 선의의 양수인에게는 적용하지 않는다.

② **운송조항의 개정**: 운송조항의 개정으로 보험기간이 확장되었다.

보험자의 책임 개시시점이 화물이 '창고를 떠날 때(leave the warehouse)'에서 창고에서 보험의 목적이 '맨 처음 이동할 때(first moved)'로 개정되고, '인도될 때(on delivery)'가 아닌 '양하 완료될 때(on completion of unloading)' 책임이 종료한다.

③ 테러리즘과 테러리스트의 정의를 규정하고 종교적 동기에서 행동하는 자를 추가하였다.

④ 항해변경조항에서 'held covered'라는 말을 삭제하고 '유령선(phantom ship)' 상황에 처한, 즉 다른 목적지를 향하여 출항한 사실을 알지 못한 피보험자를 보장하도록 개정하였다.

⑤ 기타 'underwriters'라는 말 대신에 'Insurers'로, 'Servants'라는 말 대신에 'Employees'로 표준화하였다.

(5) INCOTERMS 2020에서의 보험관련 개정 내용 추가

CIF 및 CIP에서의 보험 부보 범위를 이원화하였다.

① **INCOTERMS 2010**: CIF/CIP에서 최소 담보를 ICC/C 또는 FPA로만 처리

② **INCOTERMS 2020**: CIP의 경우 매도인이 반드시 최대부보[ICC/A, ICC ALL RISKS, ICC(AIR)]에 가입하도록 개정. 이는 복합운송시 최대 부보로 가입하는 실무 반영(ICC 의견), 단, INCOTERMS는 당사자의 합의에 따라 부보 가능

③ **CIF 규칙**은 해상운송에서의 활용으로 최소 부보 의무(현행 유지)

---

3) 이재복, "2009년 협회적하약관(ICC) 도입과 ICC(1982)와의 비교분석", 「보험학회지」 제83집, 한국보험학회, 2009.8., pp.69~92.

실전예상문제

01 Institute Cargo Clause(A)(2009) **제4조 일반면책조항에 해당하지 않는 것은?**

▶ 제23회 국제물류론

① 보험목적의 통상적인 누손, 통상적인 중량손 또는 용적손 또는 자연소모
② 보험목적의 고유의 하자 또는 성질로 인하여 발생한 멸실, 손상 또는 비용
③ 피보험자의 고의의 불법행위에 기인하는 멸실, 손상 또는 비용
④ 피보험자가 본선의 소유자, 관리자, 용선자 또는 운항자의 파산 또는 재정상의 궁핍한 사정을 알지 못한 상태에서 부보하고 이 계약기간 중에 발생한 멸실, 손상 또는 비용
⑤ 원자력 또는 핵의 분열 및/또는 기타 이와 유사한 반응 또는 방사능이나 방사성물질을 응용한 무기 또는 장치의 사용으로 인하여 직접 또는 간접적으로 발생한 멸실, 손상 또는 비용

해설 ICC(A) 제4조 일반면책조항 : 피보험자의 고의적인 불법행위, 피보험목적물의 통상적인 누손·중량 또는 용적의 부족 및 연소모, 포장의 불충분이나 부적절, 피보험목적물의 고유의 하자 또는 성질, 지연에 의한 손해, 선주·용선자의 파산·지급불능 또는 채무의 불이행, 원자력·핵의 분열 및 융합 또는 이와 유사한 반응 또는 사용

02 **해상보험의 내용에 관한 설명으로 옳은 것은?**

▶ 제23회 국제물류론

① 보험가액은 실제 보험계약자가 보험에 가입한 금액으로서 손해가 발생할 경우 보험자가 피보험자에게 지급하기로 약정한 최고금액이다.
② 피보험이익은 보험계약 체결시 반드시 확정되어 있어야 한다.
③ 동일한 해상사업과 이익 또는 그 일부에 관하여 둘 이상의 보험계약이 피보험자에 의해서 또는 피보험자를 대리하여 체결되고 보험금액이 MIA에서 허용된 손해보상액을 초과하는 경우 공동보험에 해당한다.
④ 청과나 육류 등이 부패하여 식용으로 사용할 수 없게 된 경우에 보험목적의 파괴에 해당하여 현실전손으로 볼 수 있다.
⑤ 기평가보험증권은 보험목적의 가액을 기재하지 않고 보험금액의 한도에 따라서 보험가액이 추후 확정되도록 하는 보험증권이다.

해설 ① 보험가액(Insurable Value)은 피보험이익의 평가액으로 일정한 피보험이익에 대하여 발생할 수 있는 경제적 손해액의 최고한도액을 말한다.
② 피보험이익은 보험사고가 발생할 때까지는 보험계약의 요소로서 보험계약의 체결시에 확정될 필요는 없으나, 늦어도 보험사고 발생시에는 확정될 수 있어야 한다.
③ 동일한 해상사업과 이익 또는 그 일부에 관하여 둘 이상의 보험계약이 피보험자에 의해서 또는 피보험자를 대리하여 체결되고 보험금액이 MIA에서 허용된 손해보상액을 초과하는 경우 중복보험(Double insurance)에 해당한다.
⑤ 보험목적의 가액을 기재하지 않고 보험금액의 한도에 따라서 보험가액이 추후 확정되도록 하는 보험증권은 미평가보험증권이다.

03 해상보험에서 적하보험 부가조건으로 옳지 않은 것은? ▶ 제22회 국제물류론

① TPND
② JWOB
③ RFWD
④ Sweat & Heating
⑤ Refrigerating Machinery

해설 **해상보험 부가조건의 종류 및 유형**: TPND, RFWD, Breakage, Sweat and Heating Damage, Leakage/Shortage, JWOB, Denting and/or Bending, Spontaneous Combusion, Mould and Mildew, ROD, Hook and Hole

04 ICC(A) 조건하에서 추가적으로 특약하면 보험회사로부터 보상받을 수 있는 손해는?

▶ 제16회 국제물류론

① 지연을 근인으로 하여 발생한 손해
② 동맹파업으로 인한 손해
③ 통상의 누손, 중량 또는 용적의 통상적인 감소
④ 포장 또는 준비의 불완전 또는 부적합에 의한 손해
⑤ 피보험자의 고의적인 불법행위에 의한 손해

해설 전쟁 또는 동맹파업으로 인한 손해는 ICC(A) 조건에서 추가적으로 특약을 들고 보험자가 수락하면 보험회사로부터 보상을 받을 수 있다.

05 Institute Cargo Clause(c)(2009)에서 담보하는 위험이 아닌 것은? ▶ 제22회 국제물류론

① 추락손
② 화재 · 폭발
③ 육상운송용구의 전복 · 탈선
④ 피난항에서의 화물의 양하
⑤ 본선 · 부선의 좌초 · 교사 · 침몰 · 전복

해설 ICC(C) 조건에서 담보하는 위험: 화재 · 폭발, 본선 · 부선의 좌초 · 교사 · 침몰 · 전복, 육상운송용구의 전복 또는 탈선, 피난항에서 화물의 하역 등

Answer 1. ④ 2. ④ 3. ⑤ 4. ② 5. ①

06 해상손해와 관련된 설명으로 옳지 않은 것은?　　　　　　　　　▶ 제17회 국제물류론

① Salvage Charge는 해난에 봉착한 재산에 발생할 가능성 있는 손해를 방지하기 위하여 자발적으로 화물을 구조한 자에게 해상법에 의하여 지불하는 보수이다.

② Subrogation은 피보험자가 전손보험금을 청구하기 위해서 피보험목적물의 잔존가치와 제3자에 대한 구상권 등 일체의 권리를 보험자에게 넘기는 행위이다.

③ Sue and Labor Charge는 보험목적의 손해를 방지 또는 경감하기 위하여 피보험자 또는 그의 사용인 및 대리인이 지출한 비용을 말한다.

④ Constructive Total Loss는 보험의 목적인 화물의 전멸이 추정되는 경우의 손해를 말한다.

⑤ Abandonment는 Constructive Total Loss의 경우에 적용된다.

> **해설** 피보험자가 전손보험금을 청구하기 위해서 피보험물의 잔존가치와 제3자에 대한 구상권 등 일체의 권리를 보험자에게 넘기는 행위를 위부(Abandonment)라고 한다.
> Subrogation은 대위라는 뜻으로 보험자가 피보험자의 편의를 위해 보험금을 먼저 지불하고 피보험자의 위부에 의해서 보험자는 피보험자를 대신하여 피보험이익에 관하여 제3자에 대하여 피보험자의 권리를 이양 받아 취득하게 되며 이렇게 취득한 권리를 대위권이라 하고 피보험자가 발행한 대위권 양도서에 의하여 보험금을 지불함으로써 그 효력이 발생한다.

07 다음에서 설명하는 보험은?　　　　　　　　　　　　　　　▶ 제21회 국제물류론

> 컨테이너 운영자(Freight Forwarder 등의 운송인)가 컨테이너 운송화물의 멸실·손상에 대하여 법률상 또는 운송계약상의 화주에 대한 배상책임을 이행함으로써 입는 경제적 손실을 보상하는 보험

① Shipper's Interest Insurance

② Container Owner's Third Party Liability Insurance

③ Protection and Indemnity Insurance

④ Container Itself Insurance

⑤ Container Operator's Cargo Indemnity Insurance

> **해설** 컨테이너 운영자의 화물손해배상 책임보험을 뜻하는 용어를 "container operator's cargo indemnity insurance"라고 한다.

08 해상보험에 있어서 서로 관련이 없는 것은? ▶ 제16회 국제물류론

① 공동해손(General Average)과 요크-앤트워프규칙(York-Antwerp Rules)
② 포괄예정보험(Open Cover)과 보험증명서(Certificate of Insurance)
③ 보험중개인(Insurance Broker)과 부보각서(Cover Note)
④ 위부(Abandonment)와 단독해손(Particular Average)
⑤ 전위험 담보조건(All Risks)과 ICC(A)

해설 위부는 추정전손과 관련이 있으며 단독해손은 공동해손과 관련이 있고 단독해손과 공동해손은 모두 분손이다.

09 해상보험에서 피보험이익에 관한 설명으로 옳지 않은 것은? ▶ 제21회 국제물류론

① 피보험이익은 적법하여야 한다.
② 피보험이익은 보험계약을 체결할 당시 반드시 확정되어 있어야 한다.
③ 피보험이익은 선적화물, 선박 등 피보험목적물에 대하여 특정인이 갖는 이해관계를 말한다.
④ 해상보험계약에서 보호되는 것은 피보험목적물이 아니라 피보험이익이라 할 수 있다.
⑤ 피보험이익은 경제적 이익, 즉 금전으로 산정할 수 있어야 한다.

해설 피보험이익은 보험사고가 발생할 때까지는 보험계약의 요소로서 보험계약의 체결시에 확정될 필요는 없으나, 늦어도 보험사고 발생시에는 확정될 수 있어야 한다.

10 다음은 해상보험 계약이다. 이에 관한 설명으로 옳은 것은? ▶ 제15회 국제물류론

- 보험 계약자: 혜민해운(주)
- 보험기간: 2011.8.20~2012.8.19
- 보험가액: 140억원
- 보험 목적물: 선체 및 부속품
- 보험 가입액: 120억원
- 보험료: 보험금액의 0.5%

① 보험료는 6천만원이다.
② 보험자의 최고 보상 한도액은 140억원이다.
③ 보험 목적물의 가치는 120억원이다.
④ 전부보험이다.
⑤ 적하보험이다.

해설 상기 보험의 경우는 선사가 보험자에게 부보한 선박보험이면서 일부보험이다. 일반적으로 보험료는 보험금액 혹은 보험가입액의 해당요율로 계산한다. 따라서 상기 해상보험계약의 보험료는 12억원 × 0.5%이다.

Answer 6. ② 7. ⑤ 8. ④ 9. ② 10. ①

11 해상손해에 관한 설명으로 옳지 않은 것은? ▶ 제21회 국제물류론

① 현실전손은 보험의 목적인 화물이 현실적으로 전멸한 상태로서, 예를 들면 화재로 인한 선박의 전소, 해수로 인해 고체로 변한 시멘트 등과 같이 보험의 목적이 멸실되어 상품의 가치가 완전히 없어진 것을 말한다.

② 추정전손은 현실전손이 아니나 정당한 위부의 통지 없이 피보험자가 보험자에게 전손에 대한 보험금을 청구함으로써 현실전손으로 전환되는 것이다.

③ 공동해손이 성립되기 위해서는 선박과 화물에 동시에 위험이 존재하여야 한다. 따라서 어느 한 쪽 이해당사자의 안전을 위한 비용지출은 공동해손비용이 아니다.

④ 공동해손으로 인정되기 위해서는 그 공동해손 행위가 합리적이어야 하며, 선박이나 적하에 대한 불합리한 행위는 공동해손으로 인정되지 않는다.

⑤ 단독해손은 보험의 목적이 일부 멸실되거나 손상된 부분적인 손해에 대하여 손해를 입은 당사자가 단독으로 부담하는 손해이다.

> **해설** 추정전손의 경우는 위부행위(Abandonment)를 함으로써 피보험자가 보험자에게 보험금 청구의사를 표시하게 된다. 즉, 위부의 통지 없이는 추정전손이 성립되지 않는다.

12 선박·화물 및 기타 해상사업과 관련되는 단체에 공동의 위험이 발생했을 경우 그러한 위험을 제거하거나 경감시키기 위하여 선체·장비·화물 등의 일부를 희생시키거나 또는 필요한 경비를 지출했을 때 이러한 손해와 경비를 무엇이라고 하는가? ▶ 제17회 국제물류론

① Particular Average Loss
② Survey Fee
③ Particular Charge
④ Collision Liability Loss
⑤ General Average Loss

> **해설** 해상손해의 경우 전손과 분손이 있고 전손에는 현실전손과 추정전손이 있으며 분손에는 단독해손과 공동해손이 있는데 공동의 위험이 발생하여 이로부터 벗어나기 위해 이해관계자가 공동해손 행위로 인하여 발생한 손해 또는 비용을 합리적으로 공동 부담하는 손해를 말한다. 이를 영어로 표현할 경우 General Average or General Average loss라고 한다.

13 해상보험 관련 용어에 관한 설명으로 옳지 않은 것은? ▶ 제20회 국제물류론

① 손해방지비용(sue and labor charge)은 보험목적의 손해를 방지 또는 경감하기 위하여 피보험자 또는 그의 사용인 및 대리인이 지출한 비용을 말한다.

② 보험료(premium)는 보험자의 위험부담에 대한 대가로서 피보험자 또는 보험계약자가 보험자에게 지급하는 금전을 말한다.

③ 보험가액(insurable value)이란 피보험자가 실제로 보험에 가입한 금액으로서 손해 발생 시 보험자가 부담하는 보상책임의 최고한도액을 말한다.

④ 고지의무(duty of disclosure)란 피보험자 또는 보험계약자가 알고 있는 모든 중요한 사항을 계약이 성립되기 이전에 보험자에게 고지하는 것을 말한다.

⑤ 대위(subrogation)는 보험자가 보험금을 지급한 경우 피보험자가 보험의 목적에 대해 가지는 권리 및 제3자에 대하여 가지는 권리를 보험자가 승계하는 것을 말한다.

> **해설** 피보험자가 실제로 보험에 가입한 금액으로서 손해발생시 보험자가 손해를 보상하는 최고 책임한도액을 의미하는 것은 보험금액(Sum Insured)이다. 보험가액(insurable value)은 피보험이익의 평가액으로 일정한 피보험이익에 대하여 발생할 수 있는 경제적 손해액의 최고한도액을 말한다.

14 신용장에서 특별히 부보금액에 대한 명시가 없는 경우에 US$ 50,000의 어떤 물품을 CIF New York 조건으로 수출할 경우 매도인이 부보해야 할 보험금액은? ▶ 제13회 국제물류론

① US$ 40,000
② US$ 45,000
③ US$ 50,000
④ US$ 55,000
⑤ US$ 60,000

> **해설** CIF New York조건은 New York항까지 운임·보험료 포함 조건으로 매도인은 매수인을 위해 보험계약을 체결하여야 하며 보험료납부의무를 지니고 있다. 일반적으로 보험의 부보조건에 대한 명시가 없는 경우에는 ICC(C)조건으로 송장금액의 110%를 보험금액으로 하여 부보하여야 한다. 따라서 US$ 50,000×110%＝US$ 55,000가 된다.

15 300상자의 장난감을 ICC(B)조건으로 US$ 300,000로 부보하였다. 손실내역이 다음과 같을 때 지급보험금은 얼마인가?

▶ 제13회 국제물류론

> ㉠ 100상자: 화재손해로 30%의 감가율 발생
> ㉡ 100상자: 악천후로 해수손상을 입었으며, 감가율 40% 발생
> ㉢ 50상자: 하역작업 중 선박 밖의 해수면으로 50상자가 떨어져 멸실
> ㉣ 50상자: 도난(theft)으로 50상자 분실

① US$ 70,000　　　　② US$ 80,000　　　　③ US$ 90,000
④ US$ 120,000　　　　⑤ US$ 170,000

해설 300상자를 300,000달러로 부보했기에 1상자당 부보금액은 1,000달러이다.
- **화재손해 100상자**: (100×0.3×US$ 1,000)＝30,000달러
- **해수손상 100상자**: (100×0.4×US$ 1,000)＝40,000달러
- **멸실: 50상자**: (50×US$ 1,000)＝50,000달러
도난(theft)은 부가위험약관사항이므로 제외한다. 따라서 지급보험금은 US$ 120,000이다.

16 해상운송과 연계하여 육상운송을 할 때 해상보험에 의한 담보의 구간을 내륙지점까지 확장 담보하는 약관은?

▶ 제16회 국제물류론

① ISE　　　　② COOC　　　　③ RFWD
④ ITE　　　　⑤ TPND

해설 해상보험에 의한 담보의 구간을 내륙지점까지 확장 담보하는 약관은 ITE(Inland Transit Extention/ Inland Transport Extention) 담보조건이다.

17 Marine Insurance Act(1906)에서 해상손해에 관한 설명으로 옳지 않은 것은?

▶ 제20회 국제물류론

① 현실전손의 경우에는 위부의 통지를 할 필요가 없다.
② 해상사업에 종사하는 선박이 행방불명되고, 상당한 기간이 경과한 후에도 그 선박에 대한 소식을 수취하지 못하는 경우에는 추정전손으로 추정할 수 있다.
③ 위부의 통지가 정당하게 행하여지는 경우에는, 피보험자의 권리는 보험자가 위부의 승낙을 거부한다는 사실로 인하여 피해를 입지 아니한다.
④ 초정전손이 있을 경우에는, 피보험자는 그 손해를 분손으로 처리할 수도 있고, 보험의 목적물을 보험자에게 위부하고 그 손해를 현실전손의 경우에 준하여 처리할 수도 있다.
⑤ 보험의 목적물이 파괴되거나 또는 보험에 가입된 종류의 물품으로서 존재할 수 없을 정도로 손상을 입은 경우, 또는 피보험자가 회복할 수 없을 정도로 보험의 목적물의 점유를 박탈당하는 경우에는 현실전손으로 간주한다.

해설 해상사업에 종사하는 선박이 행방불명되고, 상당한 기간이 경과한 후에도 그 선박에 대한 소식을 수취하지 못하는 경우에는 현실전손으로 추정할 수 있다.

18 화물에 손해가 발생하거나 또는 손해발생의 염려가 있을 때, 보험자가 보상하게 될 손해를 방지 또는 경감하기 위하여 피보험자, 사용인 또는 대리인이 정당하고 합리적으로 지출하는 비용은?   ▶ 제16회 국제물류론

① Particular Charge   ② Salvage Charge   ③ Sue & Labour Charge
④ Survey Fee   ⑤ Particular Average

해설 피보험자나 사용인 또는 대리인이 보험자가 보상하게 될 손해를 방지 또는 경감하기 위하여 정당하고 합리적으로 지출하는 비용을 손해방지비용이라고 하며 영어 표기는 sue & labour charge이다.

19 다음 (   ) 안에 들어갈 용어로 적합한 것은?   ▶ 제14회 국제물류론

> There is a (   ) act when, and only when, any extraordinary sacrifice or expenditure is intentionally and reasonably made or incurred for the common safety for the purpose of preserving from peril the property involved in a common maritime adventure.

① subrogation   ② general average   ③ abandonment
④ particular average ⑤ with average

해설 공동해손(general average)이란 해상사업과 관련되는 단체에 공동의 위험이 발생했을 경우 그러한 위험을 제거하거나 경감시키기 위하여 일부(선체·장비·화물 등)를 희생시키거나 혹은 필요한 경비를 지출했을 때 이러한 손해와 경비를 공동해손이라고 한다.

20 다음 (   ) 안에 들어갈 용어는?   ▶ 제15회 국제물류론

> Where the subject-matter insured is destroyed, or so damaged as to cease to be a thing of the kind insured, or where the assured is irretrievably deprived thereof, there is a(n) (   ).

① expense loss   ② particular average
③ general average   ④ constructive total loss
⑤ actual total loss

해설 피보험물이 멸실되거나, 부보할 당시의 성질을 그대로 갖지 못할 정도로 손상을 입은 경우 현실 전손이 성립된다(actual total loss).

Answer   15. ④   16. ④   17. ②   18. ③   19. ②   20. ⑤

21 보험자가 피보험자에게 보험금을 지급한 경우 피보험자가 멸실 또는 손상된 피보험목적물에 대하여 갖고 있던 소유권과 구상청구권을 행사할 수 있는 권리를 승계받게 되는 것은?

▶ 제15회 국제물류론

① Waiver   ② Subrogation
③ Abandonment   ④ Lien
⑤ Settlement

해설 대위권(Right of Subrogation)이란 보험자가 피보험자의 편의를 위해 보험금을 먼저 지불하고 피보험자의 위부에 의하여 보험자는 피보험자를 대신해서 피보험 이익에 관하여 제3자에 대해 피보험자의 권리를 이양받아 취득한다.

22 해상적하보험(1982년) ICC(C) 조건에서 담보되지 않는 위험은?

▶ 제14회 국제물류론

① 도난   ② 침몰
③ 좌초   ④ 화재
⑤ 충돌

해설 도난은 부가조건에 해당된다.
◈ TPND(Theft, Pilferage & Non-Delivery) : 도난, 발하, 불착손(모든 화물)

23 문장의 밑줄 친 부분의 해석이 잘못된 것은?

▶ 제14회 국제물류론

> Where there is a ① constructive total loss the assured may either treat the loss as a ② partial loss or abandon ③ the subject-matter insured to ④ the insurer and treat the loss as if it were an ⑤ actual total loss.

① 추정전손   ② 분손
③ 보험의 목적(물)   ④ 피보험자
⑤ 현실전손

해설 the insurer는 보험자(보험회사)를 말하며 Assurer라고도 한다. 피보험자는 Insured, Assured라고 한다. 추정전손(constructive total loss)은 보험목적물이 현실적으로 전멸되지 않더라도 그 손해 정도가 본래의 효용을 상실하거나, 또는 구조되어도 그 비용이 구조 후의 시장가격을 초과함으로써 전손에 준한 것으로 추정되었을 경우를 말한다.

24 컨테이너 보험의 특징으로 옳지 않은 것은?　　　　　▶ 제17회 국제물류론

① 보험대상이 되는 컨테이너는 국제표준화기구의 규격에 맞는 국제해상운송용 컨테이너이다.

② 컨테이너 보험의 담보구간 및 담보기간에는 운송기간과 장치기간만 포함되고, 수리 및 검사기간과 수리 및 검사를 위한 이동기간은 포함되지 않는다.

③ 컨테이너 보험의 보상한도액은 사고당 보상한도액과 피보험회사당 총책임한도액으로 구분된다.

④ 컨테이너 보험은 사고 1건당, 컨테이너 1개당 면책공제액을 정한다.

⑤ 컨테이너 보험은 컨테이너의 수가 많고 사용빈도가 높아서 기간계약을 맺어 계약기간 중 발생할 손해를 포괄적으로 담보한다.

해설 컨테이너는 화물을 적재하는 용기이지만 화물을 목적물로 하는 적하보험의 특징과 거의 일치한다. 컨테이너 그 자체를 위험과 담보의 대상으로 보고 운송기간과 장치기간, 수리 및 검사기간은 물론이고 수리 및 검사를 위한 이동기간까지도 담보구간 및 담보기간에 포함하고 있다.

25 해상보험에 관한 설명으로 옳지 않은 것은?　　　　　▶ 제18회 국제물류론

① 해상적하보험에는 구협회적하약관(Old Institute Cargo Clause)과 신협회적하약관(New Institute Cargo Clause) 등이 있다.

② 소손해 면책약관(Franchise)은 경미하게 발생한 손해에 대하여는 보험자가 보상하지 않도록 규정한 특별약관이다.

③ 담보위험(Risks Covered)이란 보험자가 부담하는 위험으로, 당해 위험으로 발생한 손해에 대하여 보험자가 보상하기로 약속하는 위험을 말한다.

④ 피보험이익(Insurable Interest)이란 피보험자가 실제로 보험에 가입한 금액으로 손해발생 시 보험자가 부담하는 보상책임의 최고액을 말한다.

⑤ 공동해손(General Average)이란 보험목적물이 공동의 안전을 위하여 희생되었을 때, 이해관계자가 공동으로 그 손해액을 분담하는 손해를 말한다.

해설 피보험자가 실제로 보험에 가입한 금액으로 손해발생시 보험자가 부담하는 보상책임의 최고액을 보험금액이라고 한다.

Answer 　21. ②　22. ①　23. ④　24. ②　25. ④

26 다음 신용장에서 요구하는 해상보험에 관한 설명으로 옳지 않은 것은? ▶ 제18회 국제물류론

> Insurance policy or certificate in duplicate, endorsed in blank for 110% of invoice value. Insurance policies or certificates must be expressly stipulated that claims are payable in the currency of draft and must also indicate a claim settling agent in Korea. Insurance must include ICC(A/R) Institute War Clauses and Institute S.R.C.C. Clauses.

① 보험증권 또는 보험증명서는 2통을 발행하여야 한다.
② 보험금액은 매도인 소재국의 통화로 표시되어야 한다.
③ 보험금액은 송장금액의 110%로 부보되어야 한다.
④ 보험증권은 백지배서에 의해 양도될 수 있게 발행되어야 한다.
⑤ 보험의 담보조건은 협회적하약관(A/R)조건에 전쟁 담보약관과 S.R.C.C. 담보약관을 포함하여야 한다.

해설 보험금액은 보험증권상 환어음 표시통화로 지급될 수 있다고 표시되어야 한다.

27 해상보험(신협회적하약관)에서 규정하고 있는 면책위험이 아닌 것은? ▶ 제18회 국제물류론

① 지연에 의한 손실   ② 지진·분화 또는 낙뢰
③ 원자핵무기에 의한 손해   ④ 물품고유의 하자·성질
⑤ 선박소유자의 지급불능

해설 지진·분화 또는 낙뢰는 보험자의 담보위험으로 신약관 ICC(A), ICC(B)에서 담보된다.

28 해상보험 용어에 관한 설명으로 옳지 않은 것은? ▶ 제19회 국제물류론

① 위부(Abandonment)는 피보험 목적물을 전손으로 추정하도록 하기 위하여 잔존물의 소유권과 제3자에 대한 배상청구권을 보험자에게 양도하는 것이다.
② 대위(Subrogation)는 피보험자가 보험자로부터 손해보상을 받으면 피보험자가 보험의 목적이나 제3자에 대하여 가지는 권리를 보험자에게 당연히 이전시키도록 하는 것이다.
③ 보험료(Premium)는 보험계약을 체결할 때 보험계약자가 위험을 전가하기 위해 지불하는 금액을 말한다.
④ 특별비용(Particular Charge)은 피보험 목적물의 안전, 보존을 위하여 피보험자 또는 대리인에 의하여 지출된 비용으로 공동해손비용과 구조비 이외의 비용이다.
⑤ 공동보험(Coinsurance)은 피보험이익 및 위험에 관해 복수의 보험계약이 존재하며 그 보험금액의 합계액이 보험가액을 초과하는 경우이다.

해설 피보험이익 및 위험에 관해 복수의 보험계약이 존재하며 그 보험금액의 합계액이 보험가액을 초과하는 경우는 중복보험이다.

Answer　　26. ②　27. ②　28. ⑤

04 국제물류와 통관

| 학습목표 | 　1. 통관에 대한 전반적인 내용을 제시한다.
　　　　　　2. 통관의 개념과 관세, AEO, FTA에 관한 전반적인 내용을 정리한다.

| 단원열기 | 　통관에 대한 전반적인 내용을 다루고 있는 이 단원에서는 수출입통관의 개요 및 절차, 관세의 기능과 효과, AEO와 FTA 체결을 통하여 글로벌 무역환경의 변화를 주도하고 있음을 학습하는 효과가 있다. 이 단원에서는 그동안 주로 관세에 관련한 부문이 출제되어 왔으나 AEO와 FTA에 대한 실무문제가 출제될 것으로 예상하는바 이에 대한 철저한 학습이 필요하다.

제1절　수출통관[4]

1 수출통관 개요

수출통관이란 수출하고자 하는 물품을 세관에 수출 신고한 후 필요한 검사를 거쳐 수출신고수리에 의한 수출신고필증을 교부받아 물품을 선박 혹은 비행기에 적재하기까지의 절차를 말한다.

2 수출통관 절차

(1) EDI 수출통관

수출신고는 EDI에 의한 Paperless 신고를 원칙으로 한다(특별한 경우에만 서류신고).

> 수출물품 제조 - 수출신고(EDI) - 신고수리 - 보세구역 반입(선적지) - 선적

(2) 수출신고

① 수출신고는 Paperless 신고를 원칙으로 하며, 수출물품 제조 전에도 신고 가능하다.

② 수출신고서는 상업송장과 포장명세서 등을 근거로 작성한다.

③ 수출신고인은 전자문서로 작성된 신고 자료를 관세청의 통관시스템에 전송해야 한다.

④ 다만, 아래 해당되는 물품의 경우에는 수출신고서 및 해당 구비서류를 세관장에게 제출해야 한다.

---

4) 통관(通關) : 관세법의 규정에 의한 절차를 이용하여 물품을 수출 혹은 수입 또는 반송하는 것

> ㉠ 해당 법령에 의해 수출신고 수리 전에 요건구비서류 증명이 필요한 물품
> ㉡ 계약내용과 상이한 물품의 재수출 또는 재수출조건부로 수입통관된 물품의 수출
> ㉢ 수출자가 재수입시 관세 등의 감면, 환급, 사후관리 등을 위해 서류제출로 신고하거나 세관검사를 요청하는 물품(반복사용을 위한 포장용기는 제외)
> ㉣ 수출통관시스템에서 서류제출대상으로 통보된 물품

⑤ **수출신고시 구비서류** : 수출신고서(EDI 신고), 수출승인서(해당되는 경우), 상업송장/포장명세서, 기타 필요한 서류

(3) 물품의 검사

수출신고 물품에 대한 검사는 원칙적으로 생략한다. 다만, 현품을 확인할 필요가 있는 경우에만 할 수 있다.

> **│ 보충학습 ◐**
>
> **현품확인이 필요한 경우**
> 1. 수출신고시 서류제출 대상물품
> 2. 분석을 요하는 물품
> 3. 위조상품 등 지적재산권 침해가 우려되는 상품
> 4. 관세 환급과 관련하여 위장수출이 우려되는 제품
> 5. 기타 불법수출에 대한 우범성 정보가 있는 경우

(4) 수출신고수리

수출신고수리는 신고서 처리방법에 따라 자동수리, 즉시수리, 검사 후 수리로 구분된다.

자동수리	서류제출대상이 아닌 물품(통관시스템에서 자동으로 신고수리)
즉시수리	자동수리대상이 아닌 물품 중에서 검사가 생략되는 물품(심사 후 즉시수리)
검사 후 수리	현품확인이 필요한 경우와 우범물품 중 세관장의 검사가 필요하다고 판단된 물품

① **수출신고필증 교부**

㉠ 세관장은 신고서류가 직접 제출된 경우에 대하여 신고를 수리할 때에는 수출신고 수리인과 신고서 처리 담당자의 인장을 날인한 후 수출신고필증을 신고인에게 교부한다.

㉡ 관세사가 서류 없는 수출신고를 하여 세관장으로부터 신고수리의 사실을 전산 통보받아 수출화주에게 신고필증을 교부하는 경우에는 수출신고필증의 세관기재란에 등록된 관세사 인을 날인해야 하며 화주 등이 직접 신고한 경우 "본 신고필증은 수출통관 사무처리 고시의 규정에 의하여 Paperless 신고를 하여 세관장으로부터 신고수리된 것을 확인하여 발행, 교부됨"을 기록한다.

㉢ 신고인 또는 수출화주에게 교부된 수출신고필증이 보관된 전자문서의 내용과 상이한 경우에는 보관된 전자문서의 내용을 원본으로 한다.

② **수출물품 선적이행 관리**

㉠ 수출신고가 수리된 물품은 수리일로부터 30일 내에 선적해야 한다.

㉡ 부득이한 경우 통관지 세관장에게 선적기간연장 승인(신청)서를 제출하여 1년 범위 내에서 연장승인을 받는다.

㉢ 우편물 : 통관우체국의 세관공무원에게 현품 및 수출신고필증을 제출하여 우편발송확인서를 받는다.

㉣ 휴대 탁송품 : 출국심사 세관공무원에게 수출신고필증 사본을 제출하고 선적확인을 받는다.

㉤ 신고인이 서류 없는 수출신고를 하고 세관장으로부터 신고수리 사실을 전산 통보받은 경우에는 수출신고서와 상업송장 등 첨부서류를 신고번호순으로 3년간 보관해야 한다.

⑸ **수출신고의 정정, 취하 및 각하**

① **수출신고의 정정** : 수출신고번호가 부여된 후 신고내용을 정정하고자 할 때에는 수출신고정정 승인(신청)서를 세관장에게 제출하여 승인을 받아야 한다.

② **수출신고의 취하**

㉠ 구비서류 : 수출신고취하승인(신청)서, 사유서 및 사유를 증명하는 서류

㉡ 취하요건 : 신용장이 취소된 경우 및 기타 부득이한 사유로 신고한 물품을 수출할 수 없게 되었다고 세관장이 인정하는 경우 세관장은 수출대금이 이미 결제된 것이 확인된 경우에는 수출신고의 취하를 승인하여서는 안 된다.

㉢ 취하시기 : 수출신고 이후부터 당해 물품을 선적한 선박이 출항하기 전까지 가능하다.

③ **수출신고의 각하**

㉠ 각하대상

ⓐ 수출, 수입, 반송의 신고가 형식적인 요건을 갖추지 못한 경우

ⓑ 신고된 물품에 대해 멸각, 공해, 경매낙찰, 국고귀속이 결정된 경우

ⓒ 기타 부정한 방법으로 신고된 경우

㉡ 각하통보 : 신고를 각하한 때에는 즉시 그 사실을 신고인에게 통보하고 통관시스템에 기록하여야 한다.

㉢ 수출입신고필증의 분실 및 도난시 재발급절차

ⓐ 신청기관 : 수출(수입)신고지 세관

ⓑ 구비서류 : 수출(수입)신고필증 재교부신청서

제 2 절 수입통관

1 수입통관 개요

(1) 수입통관이란 수입신고를 받은 세관장이 신고사항을 확인하여 일정한 요건을 갖추었을 때 신고인에게 수입을 허용하는 것으로, 수입신고 사항과 현품이 부합한지 여부와 수입과 관련하여 제반 법규정을 충족하였는지 여부를 확인한 후 외국물품을 내국물품화하는 행정행위를 말한다.

(2) 수입신고제로 전환하여 수입통관 절차를 대폭 간소화하고 수입신고 수리 후 관세납부제를 도입하여 통관절차와 과세절차를 분리하였다(1996년 7월 1일부터 시행).

2 수입통관 절차

(1) 입항신고

① 해상수입화물인 경우는 수입물품을 선적한 선박이 도착항에 입항하기 24시간 전까지, 항공수입화물인 경우는 항공기가 착륙하기 2시간 전까지, 선박을 운항하는 선사 또는 항공기를 운항하는 항공사는 입항예정지 세관장에게 적하목록(Manifest)를 제출하여 입항신고를 한다.

② 적하목록은 선박, 항공기 등 운송수단에 적재된 화물의 총괄목록으로서 수출입물품을 집하 운송하는 선사 또는 항공사, 공동배선인 경우 선박 또는 항공기의 선복을 용선한 선사 또는 항공사, 혼재화물은 국제화물운송주선업자가 작성하여 발행한다. 화물의 '하선 ⇨ 운송 ⇨ 보관 ⇨ 통관'의 각 단계별로 화물을 총괄 관리하기 위하여 최초로 생성된 화물정보로 세관은 적하목록번호와 B/L 번호를 조합한 화물관리번호가 자동으로 부여되어 화물의 재고를 추적 관리한다.

(2) 하선(하기)

① 운항선사는 Mater B/L 단위의 적하목록을 기준으로 하선장소를 정하여 세관장에게 하선신고서를 제출한다. 선사가 수입화물을 하선할 수 있는 장소는 컨테이너 화물인 경우에는 부두 내 또는 부두 밖 CY이다. BULK CARGO 등 기타 화물은 하선장소가 부두 내이며, 액체나 분말 등의 형태는 본선에서 가능하고 특수저장시설로 직송되는 탱크 같은 물품은 해당 저장시설이다.

② 하역업자는 하선신고일로부터 7일 이내에 하선장소에 물품을 반입하고, 하선장소 보세구역설영인은 보세구역 반출입 절차에 따라 원칙적으로 House B/L단위로 반입신고를 한다. 그러나 입항 전에 수입신고가 수리된 물품은 세관검사 품목 혹은 식약청검사 품목이 아닌 경우 하역 즉시 부두에서 반출할 수 있다.

(3) **보세운송 및 보세구역 반입**

① **보세운송** : 수입화물의 화주에게 경비의 절감, 절차의 간소화, 자금부담의 완화 등 편의를 주는 목적으로 외국 물품을 보세상태로 개항, 보세구역, 보세구역 외 장치 허가를 받은 장소, 세관관서, 통관역, 통관장 등의 장소 간에 국내에서 운송하는 제도를 말한다.

② **보세구역장치 외 장치** : 보세구역 외에 장치가 가능한 물품은 아래와 같으나 이 경우 수수료를 납부해야 한다.

> ㉠ 거대중량 기타 사유로 인하여 보세구역에 장치하기 곤란한 물품
> ㉡ 재해 기타 부득이한 사유로 임시로 장치한 물품
> ㉢ 검역물품, 압수물품, 우편물품
> ㉣ 수출신고가 수리된 물품

③ **보세구역장치** : 보세구역은 보세화물을 반입, 장치, 가공, 건설, 전시 또는 판매하는 구역으로 세관에서 직접 관리하는 지정보세구역과 개인이 허가를 받아 운영하는 특허보세구역으로 구분할 수 있다. 지정보세구역으로는 지정장치장과 세관검사장 및 부두 CY가 있고, 특허보세구역으로는 보세창고, 보세공장, 보세전시장, 보세건설장 및 보세판매장이 있다.

(4) **수입신고**

① 수입신고는 수입하고자 하는 의사표시이므로 수입신고와 함께 적용법령, 과세물건 및 납세의무자가 확정된다. 그리고 수입신고와 함께 납세신고를 한다(부과고지대상 제외). 수입신고시에는 수입신고서에 수입물품의 관세요율표상 품목분류, 세율, 납부세액, 관세감면액과 법적 근거, 물품수출자와 특수관계 여부 등 과세가격 결정에 참고가 될 사항을 기재하여 세관장에게 제출한다. 이와 함께 관세감면이나 분납신청을 하려면 수입신고 후 수입신고 수리 전까지 관세감면 또는 분납신청을 하여야 한다.

② 수입신고는 화주, 관세사 또는 통관법인 등이 할 수 있으며 신고 시기에 따라 '출항 전 신고, 입항 전 신고, 보세구역 도착 전 신고, 보세구역 장치 후 신고' 등 네 가지 유형이 있다.

㉠ 출항 전 수입신고 : 항공기로 수입되는 물품 또는 일본, 대만, 홍콩, 중국으로부터 선박으로 수입되는 물품을 선(기)적한 선박 또는 항공기가 당해 물품을 적재한 항구 또는 공항에서 출항하기 전에 수입신고하는 것을 말한다.

㉡ 입항 전 수입신고 : 수입물품을 선(기)적한 선박 또는 항공기가 물품을 적재한 항구 또는 공항에서 출항한 후 하선(기)신고 시점을 기준으로 도착지에 입항하기 전에 신고하며, 대상물품은 FCL화물에 한한다.

㉢ 보세구역 도착 전 수입신고 : 수입물품을 선(기)적한 선박 등이 입항하여 당해 물품이 보세구역에 도착 전에 신고한다.

㉣ 보세구역 장치 후 수입신고 : 1997년 7월 수출입통관제도를 개편 시행하기 이전까지 시행하여 온 가장 전형적인 수입통관제도로서 수입물품을 보세구역에 장치한 후에 수입신고하는 것을 말한다.

┌─ **보충학습** ─────────────────────────────────────┐

수입신고시 첨부서류

1. 수입승인서(수입승인물품에 한함)
2. 상업송장
3. 가격신고서
4. 선하증권 부본 및 항공화물운송장 부본
5. 포장명세서
6. 원산지증명서(해당물품에 한함)
7. 관세법 제226조의 규정에 따라 세관장 확인물품 및 확인방법 지정고시에 따른 신고수리 전 구비
   서류
└──┘

(5) 신고서 심사 및 물품검사

① 신고서를 배부받은 후 통관시스템에 조회하여 C/S 결과, 통관검사 및 검사시 주의사항이 있는
지 여부를 확인한 후 즉시수리, 심사대상, 물품검사 등으로 처리방법을 결정한다.

② '즉시수리'는 수입신고 내용 중 세번, 세율, 과세가격, 원산지 표시, 지적재산권 침해 등과 관련
하여 수입신고 수리 후 위법 또는 부당한 사실이 발견되는 경우 수입자가 처벌 추징 또는 보세
구역 재반입 등의 조치를 부담한다는 전제하에 신고인의 신고 내용대로 수입신고를 수리하는
것을 의미한다.

③ '심사'는 신고된 세번, 세율과 과세가격의 적정 여부, 수입승인 사항과 수입신고 사항의 일치
여부, 법령에 의한 요건 충족 여부 등을 검토하기 위하여 관련서류나 분석결과를 검토하는 것
을 말한다.

④ '물품검사'는 수입신고한 물품 이외에 은닉된 물품이 있는지 여부와 수입신고 사항과 현품의
일치 여부를 확인하는 것을 말한다.

(6) 수입신고 수리

① 세관장은 수입신고가 관세법의 규정에 따라 적법하고 정당하게 이루어진 경우 적하목록을 제
출받은 후 지체없이 수입신고를 수리하고 수입신고인에게 수입신고필증을 교부하고 신고수리
시에 과세 등에 상당하는 담보를 제공하도록 한다.

② 수입신고 수리시기는 심사방법에 따라 즉시수리물품은 수입신고서 및 첨부서류에 대한 형식
적인 요건만을 확인한 후 즉시수리하며 심사대상물품은 심사 후에, 검사대상물품은 물품검사
후에 수입신고 수리해야 한다.

③ 수입통관절차가 면허제에서 신고제로 전환되면서 수입제세 과세절차가 통관절차와 분리되었
으며 수입제세의 납세의무자인 수입화주가 수입제세를 납부하는 방법은 납부시기에 따라 신
고수리 전에 납부하는 사전납부방법과 신고수리 후에 납부하는 사후납부방법이 있다.

제 3 절 관세와 과세절차

1 관세의 개요

관세는 Tariff 혹은 Customs Duty라고 하며 하나의 상품이 한 나라의 국경을 통과하거나 관세동맹지역의 경계를 통과해서 거래될 때 부과하는 조세 또는 관세선을 통과하는 상품에 대해 부과하는 세금을 말한다. 즉, 원칙적으로 관세선을 통과하는 때인 수입, 수출, 반송시에 모두 관세를 부과하여야 하지만 현행 관세법은 수입물품에 대해서만 관세를 부과하는 수입물품과세주의를 취하고 있다. 관세법은 관세의 부과, 징수 및 수출입물품의 통관을 적정하게 하고 관세수입을 확보함으로써 국민경제의 발전에 이바지함을 목적으로 하고 있다.

관세의 기능	• 재정수입의 확보 • 국내 산업보호 • 소비억제 • 수입대체 및 국제수지 개선 • 비관세장벽
관세의 효과	• 소득재분배 / 자원재분배 • 고용변화 • 국제수지변화 • 요소부존변경 • 생산효과 / 소비효과 • 수입효과 / 재분배효과 • 소득효과 / 교역조건효과

2 과세절차

(1) 과세의 4대 요건

① **과세물건** : 과세객체로서 조세채권과 채무관계를 성립시키는 물적 요건으로 수입물품을 말하며 수입신고 시점의 성질과 수량에 의해 결정된다.

② **납세의무자** : 관세를 지불할 법률상의 의무를 부담하는 자로 납세책임자를 의미하며 물품을 수입한 화주이다. 대행수입시에는 수입위탁자, 수입신고수리 전 보세구역 장치물품을 양도한 경우에는 양수자, 정부조달물품은 실수요부처의 장 또는 실수요자, 기타 물품은 송품장 혹은 선하증권상의 수하인이다.

③ **관세율**
　㉠ 종가세인 경우 백분율(%)로 표시하고, 종량세인 경우 수량단위당 금액으로 관세율은 국정
　　세율과 협정세율이 있고, 국정세율에는 기본세율과 탄력세율이 있다.
　㉡ 동일한 품목에 여러 가지 세율이 존재할 경우 협정세율은 국가 간의 협정에 따라 결정된
　　관세율이므로 국정세율에 우선하여 적용한다. 국정세율은 우선 잠정세율을 기본세율에 우
　　선하여 적용하며, 덤핑방지관세, 조정관세, 할당관세 등 관세법에 의하여 대통령령으로 정
　　하는 탄력관세율은 기본세율 및 잠정세율에 우선하여 적용한다. 그러나 탄력관세율 중에
　　서도 덤핑방지관세 등 상대방의 불공정거래에 대하여 부과하는 관세율은 협정세율보다 우
　　선하여 최우선적으로 적용한다.

④ **과세표준** : 세액결정의 기준이 되는 과세물건의 가격 또는 수량으로서 종가세 물품의 과세표
　준은 물품의 가격이고 종량세 물품의 과세표준은 물품의 수량이다. 하지만 수입물품의 과세표
　준은 원칙적으로 '거래가격'을 기초로 한다. 거래가격은 '수입자가 실제로 지급하였거나 지급
　하여야 할 가격＋가산요소금액－공제요소금액'이다.
　㉠ '수입자가 실제로 지급하였거나 지급해야 할 가격'은 수출지 선적항에 물품의 선적을 완료
　　하기까지의 금액으로서 이는 물품가격만을 기준으로 할 때 FOB가격을 말하며 여기에는
　　수입자가 당해 수입물품의 대가와 판매자의 채무를 상계하는 금액, 수입자가 판매장의 채
　　무를 변제하는 금액 및 간접적인 지급액을 포함한다.
　㉡ '가산요소금액'에는 운임, 보험료, 중개수수료(대리점수수료는 제외), 용기, 포장비, 생산지원
　　비용, 로열티 및 사후귀속이익이 있다.
　㉢ '공제요소금액'은 수입물품을 국내에 반입한 후 발생하는 비용으로서 연불이자, 제세공과
　　금, 수입항 도착 후 발생한 운임 및 수입 후 조립, 정비, 유지 등을 위한 부가비용 등이다.
　㉣ 가산요소금액과 공제요소금액은 객관적이고 수량화할 수 있는 자료에 근거하여 명백하게
　　확인되거나 구분될 수 있어야 한다. 만약 그러한 자료가 없어 거래가격을 과세가격으로 하
　　기 어려울 경우에는 거래가격에 의하여 과세가격을 결정하지 않고 제2방법 내지 제6방법
　　까지를 순차적으로 적용하여 과세가격을 결정한다(수입자가 원하는 경우 제4방법과 제5방법
　　은 순위를 바꾸어 적용할 수 있음).

제2방법	동종 동질의 수입가격을 기초로 과세가격 결정
제3방법	유사물품의 수입가격을 기초로 과세가격 결정
제4방법	당해 동종, 동질 또는 유사물품이 국내에 수입되어 판매되는 가격에서 수수료, 이윤, 일반경비 등 수입 이후 발생하는 법정공제요소금액을 공제한 가격에 의하여 과세가격 결정
제5방법	당해 수입물품을 수출국에서 생산하는 데 소요되는 비용을 산정하여 산출된 가격으로 과세가격 결정
제6방법	세관장이 합리적인 기준에 따라 과세가격 결정

(2) 제세 납부절차

- 관세 ┌ 종가세 = 과세가격 × 관세율
        └ 종량세 = 수입물품의 수량단위당 세액
- 내국세 ┌ 개별소비세 = (과세가격 + 관세) × 개별소비세율
         ├ 주세 = (관세의 과세가격 + 관세) × 주세율
         ├ 교통세 = (관세의 과세가격 + 관세) × 교통세율
         └ 교육세 ┌ 주세액의 교육세율(10%. 단, 주세율 70%를 초과하는 주류는 30%)
                  ├ 개별소비세액의 교육세율(30%. 단, 등유, 중유, 부탄 등은 15%)
                  └ 교통세액의 교육세율(15%)
- 농어촌특별세 = 개별소비세액 × 농어촌특별세율
- 부가가치세 = (관세의 과세가격 + 관세 + 개별소비세 + 주세 + 교통세 + 교육세 + 농어촌특별세) × 부가가치세율 10%

① 간이세율은 관세, 임시수입부가세, 내국세 등을 통합한 단일세율로서 여행자 또는 승무원이 휴대하여 수입하는 물품, 우편물품 그리고 탁송품과 별송품 등에 대하여 적용하는 세율이다.

② 관세 등은 원칙적으로 신고납부방식으로 납부하나 예외적인 경우 부과고지방식을 채택하고 있다. 신고납부방식은 스스로 신고세액을 납부한다는 의미에서 자진신고 납부제도라고도 한다.

③ 수입신고와 동시에 납세신고를 한 자는 납세신고 수리일로부터 15일 이내에 신고세액을 납부해야 하며 수입신고를 수리하기 전에 납부하는 것도 가능하다.

④ 납세신고 사항에 대한 오류 발견시 처리방법으로는 세액보정절차와 수정신고와 경정이 있다. 세액보정절차는 납세의무자가 관세 등을 납부하기 전에 잘못 신고한 것을 발견한 경우에 거치는 절차로 이 경우에 세관장은 별도의 가산세를 징수하지 않는다. 수정신고는 관세 등을 신고납부한 후에 납세의무자가 세액이 부족한 것으로 발견한 경우에, 경정은 세관장이 납세의무자가 신고납부한 세액 또는 납세신고한 세액에 과부족이 있는 것을 안 경우에 처리하는 방법이다.

⑤ 부과고지 방식은 세관장이 처음부터 납부세액을 결정하여 납부고지서를 발부하면 납세의무자가 고지된 금액을 납세고지서 수령일로부터 15일 이내에 납부하는 방법이다. 이때 서면고지를 원칙으로 하나 물품을 검사한 담당자가 관세를 납부하도록 하는 경우 구두고지도 가능하다.

제 4 절 | AEO 제도

1 AEO의 개념

(1) AEO는 Authorized Economic Operator의 약자로 2005년 6월 세계관세기구(WCO) 총회에서 만장일치로 채택된 국제규범(SAFE Framework)상 민관협력제도의 이름이다. AEO는 9·11 테러 이후 강화된 미국의 무역안전조치를 세계관세기구 차원에서 수용하면서 무역안전과 원활화를 조화시키는 과정에서 탄생했으며 화주, 선사, 운송인, 창고업자, 관세사 등 화물 이동과 관련된 물류주체들 중 각국 세관 당국에 의해 신뢰성과 안전성을 공인받은 업체를 의미한다. 우리나라에서는 AEO 기업으로 선정되면 '종합인증우수업체'로 인정을 받고 있다.

(2) AEO 도입은 그간 물류 주체별로 단편적 성실기준을 마련하여 선별적으로 통관절차의 혜택을 부여하던 관행에서 탈피하여 모든 물류주체의 성실성과 안전성을 통일된 기준으로 평가하고 그 결과에 따라 모든 세관절차상의 포괄적인 혜택을 부여하려는 것으로 모든 물류주체가 AEO인 화물에 대해서는 입항에서 통관까지 복잡한 세관절차를 하나의 절차로 통합하는 계기가 된다. 한편 AEO 제도는 국가 간 상호 인정절차를 갖고 있어 우리나라에서 공인된 AEO 기업의 신뢰성과 안전성이 국제적으로 추인되어 우리나라에서 수출하는 AEO 기업은 상대국 수입절차에서 특례를 적용받을 수 있으며 AEO 공인을 받은 기업이 거래업체에 대해 AEO 공인을 받을 것을 요구하는 추세에 비춰 거래선 확보와 유지 등 수출기업의 경쟁력 향상에 기여하게 되는 것이다.

2 AEO 제도 도입의 필요성

(1) 세계 관세기구(WCO)는 국가 간 무역 및 물품이동에 있어 테러방지 등 안전문제를 우선적으로 확보하면서 동시에 교역흐름을 저해하지 않는 방안에 대한 논의 끝에 전 세계 169개국이 이행해야 할 표준규범을 만들어 'Framework of Standards to Secure and Facilitate Global Trade'라는 명칭으로 전 회원국이 참석한 WCO 총회(2005. 6. 23~25)에서 만장일치로 채택이 되었다. 우리나라를 비롯한 157개 회원국이 이행결의서를 제출하였고 우리나라도 2007년 12월 30일 관세법 개정을 통해 AEO 제도의 법적 근거를 마련하고 AEO 제도를 시행하게 되었다.

(2) 수출을 많이 하는 중소기업이나 해외에 진출해 있는 우리 대기업의 생산법인이나 판매법인에서 겪는 어려움은 다양하지만 해결하기 힘든 것 중의 하나가 통관지연이다. 외국의 수입업자나 우리 판매법인은 판매 제품을 빨리 통관해서 수요자에게 공급을 해야 하고 생산법인은 자재 등을 적기에 통관해서 생산을 해야 하는데 통관지연으로 인해 판매 기회를 잃어버리거나 생산에 차질을 빚는 사례가 날로 증가하고 있다. 이렇듯 해외 공급망 관리 프로세스에서 통관문제는 민간기업이 통제하기 힘든 문제이고 현지 법규나 제도에 대한 이해 부족은 물론 국가별 관세행정이나 물류인프라 환경도 차이가 있어 민간기업 혼자 스스로 해결하기에는 한계가 있다. 따라서 AEO는 각국의 관세청이 가장 신뢰하는 파트너이자 국제적으로 안전한 기업으로 인정받을 수 있는 제도로 자리잡아가고 있다.

3 AEO 제도의 특징

(1) 일반적인 특징

① 신속과 함께 안전이 담보되는 정확한 세관절차

② 물품 중심의 위험관리에서 업체 중심의 위험관리

③ 국제협력을 통해 영역을 국내에서 국외로 확장

④ 특정장소에서의 단편적 관리에서 흐름 중심의 통합관리

(2) 우리나라 AEO 제도의 특징

① **기업심사제도와 안전관리제도를 통합운영**: 우리나라의 AEO 제도는 무역을 원활하게 하면서 동시에 무역의 안전성을 확보하기 위해 기업심사제도와 안전관리제도를 통합하여 운영하고 있으며 이를 통해 업체에 대해 중복심사도 피하게 되었다.

② **자율적 내부통제체계 강화를 통한 법규준수도 제고 지향**: 세관이 기업들의 의무와 관련된 정보를 사전에 명확하게 제공하고 이를 통해 기업이 스스로 내부통제를 강화하여 법규 준수도를 높이는 데 중점을 두고 있다.

③ **AEO로 구성된 안전 공급망 개념을 구체화**: 우리나라의 AEO 제도는 외국의 수출 공급망과 국내수입 공급망을 연계하여 혜택을 부여하도록 설계되어 있다. 즉, 우리나라에서 화물을 수입할 때 수출자인 해외생산자, 선사, 항공사를 포함한 해외운송사, 국내 하역업자, 창고업자, 관세사 그리고 수입업자 등 모든 수출입 공급망 관계기업이 AEO일 경우 파격적인 혜택을 제공하고 있다.

4 AEO와 타 인증제도의 관계

(1) 개 관

AEO 제도는 국가 간 상호인정과 통관상 혜택을 받을 수 있는 제도로 ISO 28000 인증제도나 ISPS Code 제도와는 직접적인 관련이 없다.

(2) ASC 혜택

ASC란 Authorized Supply Chain의 약어로서 수출업체부터 선사, 관세사, 운송업자, 수입업체 등 화물의 수출입과 관련된 모든 대상업체가 AEO인 경우를 말하며 당사자별로 규정된 혜택보다 더 큰 혜택이 부여된다.

(3) AEO 제도와 유사한 인증제도

① ISPS Code(국제 항해선박 및 항만시설 보안에 관한 법률에 의한 선박보안 인증 및 항만시설 적합 인증제도)

② 상용화주제도

③ ISO 28000 : 물류보안경영시스템 인증제도

④ TAPA : 첨단기술제품보관 및 운송보안 인증제도

(4) 수출입안전 공인제도의 구분(AEO, ISPS Code, 상용화주제, ISO 28000, TAPA)

국가공인제도	AEO, ISPS Code, 상용화주제	민간인증제도	ISO 28000, TAPA
공인비용 있음	ISO 28000, TAPA, ISPS Code	공인비용 없음	AEO, 상용화주제
강제적 공인제도	ISPS Code	임의적 공인제도	AEO, 상용화주제, ISO 28000, TAPA
상호인정혜택 부여	AEO	상호인정혜택 불가	나머지 모두
수출입 공급망 전체	AEO, ISO 28000	수출입 공급망 일부	TAPA, ISPS Code, 상용화주제

제5절 FTA 및 원산지 제도

1 의 의

FTA(free trade agreement) 또는 자유무역협정이란 국가간에 관세장벽 및 비관세장벽을 없애고
자유무역 및 투자를 확대하기 위한 협정을 말한다.

우리나라 FTA 발효현황(2020.6.15 현재)

FTA 명칭	발효일	적용국가
한-칠레 FTA	2004. 4. 1	칠레
한-싱가포르 FTA	2006. 3. 2	싱가포르
한-EFTA FTA	2006. 9. 1	스위스, 노르웨이, 아이슬란드, 리히텐슈타인
한-ASEAN FTA	2007. 6. 1(상품) 2009. 5. 1(서비스) 2009. 9. 1(투자)	브루나이, 캄보디아, 인도네시아, 라오스, 말레이시아, 미얀마, 필리핀, 싱가포르, 베트남, 태국
한-인도 CEPA	2010. 1. 1	인도
한-EU FTA	2011. 7. 1	EU 27개국 벨기에, 프랑스, 독일, 이탈리아, 룩셈부르크, 네덜란드, 덴마크, 아일랜드, 영국, 그리스, 포르투갈, 스페인, 오스트리아, 핀란드, 스웨덴, 폴란드, 헝가리, 체코, 슬로바키아, 슬로베니아, 리투아니아, 라트비아, 에스토니아, 키프로스, 몰타, 불가리아, 루마니아
한-페루 FTA	2011. 8. 1	페루
한-미국 FTA	2012. 3. 15	미국
한-터키 FTA	2013. 5. 1	터키
한-호주 FTA	2014. 12. 12	호주
한-캐나다 FTA	2015. 1. 1	캐나다
한-중국 FTA	2015. 12. 20	중국
한-베트남 FTA	2015. 12. 20	베트남
한-뉴질랜드 FTA	2015. 12. 20	뉴질랜드
한-콜롬비아 FTA	2016. 7. 15	콜롬비아
한-중미 5개국 FTA	2019. 10. 1	니카라과, 온두라스
	2019. 11. 1	코스타리카
	2020. 1. 1	엘살바도르 (※ 자메이카는 아직 정식 발효가 되어 있지 않음)

2 FTA 및 원산지 개요

(1) FTA에서 원산지가 중요한 이유

원산지란 어떤 물품이 출생 또는 성장하였거나 생산·가공·제조된 국가를 말한다. FTA 협정세율이 적용되기 위해서는 단순하게 FTA 체결국가로부터 수입된 것 뿐만이 아니라 그 수출국이 그 물품의 '원산지'일 것이 요구된다. 즉, FTA 특혜를 받을 수 있는 국가의 수출품목인지를 구별하기 위해서 원산지를 판정하는 것이 더욱 중요해지고 있다.

(2) 관세양허의 의미

관세양허란 국가 간 또는 국제기구와의 협정에 따라 관세를 낮추겠다는 약속을 말한다. FTA 협정을 통해 관세를 낮추기로 약속하였다면 'FTA 관세양허'라고 말할 수 있다. 그로 인해 낮아진 세율을 'FTA 관세양허'라고 말할 수 있다. 그로 인해 낮아진 세율을 'FTA 양허세율' 또는 'FTA 협정세율'이라고 부른다. FTA 관세양허는 다음과 같은 특징을 갖는다.

조건부 양허	FTA 관세양허는 반드시 그 물품이 '원산지 물품'일 때, 즉 원산지 기준을 충족한다는 조건이 만족될 때에만 양허세율이 적용된다.
점진적 양허 (계단식 양허)	FTA가 발효되면 즉시 관세가 철폐되는 즉시 철폐 품목도 있지만, 농림 축산물이나 민감한 공산품에 대해서는 3~5년 내에 관세가 철폐되기도 하고, 10~15년에 걸쳐 장기적으로 철폐되는 경우도 있다. 즉, 매년 점진적으로 세율이 낮아지는 형태로 양허가 적용된다.
양허 제외 품목 존재	FTA로 인하여 수입이 크게 증가하였을 때 국내 산업에 피해가 있을 것으로 예상되는 품목은 FTA 양허세율이 적용되지 않도록 협정에서 규정되기도 한다. 주로 농림축산물에 양허 제외 품목(미양허 품목)이 많다.

(3) FTA 협정관세 적용신청

① 협정관세 적용신청의 원칙

FTA 협정관세 적용신청이란 원산지증명서를 구비하여 FTA 양허세율을 적용해달라고 수입국 세관에 요청하는 절차를 말한다. 협정관세 적용신청은 원칙적으로 수입신고가 수리되기 전(수입통관이 완료되기 전)에 하여야 한다. 이때에는 반드시 원산지증명서를 가지고 있어야 하며 세관장이 요구하는 경우 제출할 수 있어야 한다.

② 협정관세 사후 적용신청

수입신고할 때 원산지증명서를 갖추고 있지 못한 경우 우선은 일반적인 수입통관을 진행하여야 하며 관세를 납부하여야 한다. 다만, 수입신고가 수리된 날부터 1년 이내에 원산지증명서를 사후적으로 구비하여 협정관세 적용신청을 하면 관세를 환급받을 수 있다.

3 FTA 및 원산지 증명서

(1) 의 의

FTA 양허세율을 적용받기 위해서는 수입물품과 함께 그 물품과 관련된 원산지증명서(C/O, Certificate of Origin)를 구비하여야 한다. 수입국 세관이 제출을 요구하는 경우 제출하여야 한다. 원산지증명서는 그 양식이 통일되어 있지 않으므로 FTA 및 각 협정에서 요구하는 양식을 제대로 제출할 때에만 원산지증명의 효력이 있다.

(2) FTA 원산지증명서의 발급방식

① 발급방식의 종류

원산지증명서의 발급방식은 크게 '기관발급(기관증명)'과 '자율발급(자율증명)'으로 구분할 수 있다. FTA마다 채택하고 있는 발급방식이 다르므로 이를 반드시 구분하여 정해진 방식으로 원산지를 증명하여야 한다. 만약, 자율발급을 하여야 하는데 기관발급된 원산지증명서를 제출한다면 양허세율을 적용받지 못한다.

② 협정관세 사후 국가별 발급방식

칠레, EFTA, EU, 미국과의 FTA에서는 자율발급 방식을 채택하였지만, 싱가포르, ASEAN, 인도와의 FTA에서는 기관발급 방식을 채택하였다. 페루와의 FTA에서는 기관발급과 자율발급이 복합되어 있으며 인증수출자의 경우에는 자율발급이 가능하지만 그 이외의 자는 기관발급을 하여야 한다.

4 FTA 원산지 결정기준

(1) 의 의

FTA 원산지 결정기준(원산지 기준)이란 특정 물품의 원산지를 판단하는 방법 또는 특혜 물품으로 인정하기 위한 기준을 말한다. 한 국가에서 모두 가공을 한 물품이라면 원산지를 파악하는 것이 어렵지 않으나 여러 국가의 부품이나 원재료를 사용하여 가공을 한 물품은 그 물품의 원산지를 파악하는 것이 어려우므로 FTA 협정에서는 품목별로 원산지를 판단하는 기준을 따로 만들어 두고 있다.

(2) FTA 원산지 기준 개요

1개국에서 생산된 경우 완전생산기준을 충족하는 것으로 본다. 다만, 2개국 이상에 걸쳐 생산된 경우 실질적 변형기준(세번변경기준, 부가가치기준, 가공공정기준)을 충족하여야 원산지 물품으로 본다. 여기에 원산지 기준을 강화 또는 완화하기 위한 보충적 기준으로서 미소기준, 누적기준, 흡수규정 등이 있다. 원산지 물품으로 인정되기 위해서는 이상의 기준을 만족하여야 하는 것 뿐만이 아니라 '충분가공원칙(불인정공정기준에 해당하지 않아야 함)', '직접운송원칙(원산지국에서 직접 운송되어야 함)', '역내가공원칙(원칙적으로 수출국과 수입국 내에서만 가공이 이루어져야 함)'의 세 가지 원칙이 기본적으로 충족되어야 한다.

(3) 완전생산기준

완전생산기준이란 물품의 전부를 생산·가공·제조한 국가를 원산지로 인정하는 원산지 결정 기준이다. FTA 협정국 중 하나의 국가에서 또는 수출국·수입국 양 국가의 영역에서 모든 생산이 이루어진 경우 원산지로 인정한다. 완전생산기준은 주로 농림축산물이나 광업제품에 적용된다.

(4) 실질적 변형기준

① 세번변경기준

'세번'이란 관세율표번호를 줄인 말로 품목코드인 HS 코드를 의미한다. 세번변경기준이란 HS 코드를 일정 단위 이상 변경한 국가를 원산지로 인정하는 기준이다. 원재료를 수입하여 가공을 한 후 완제품으로 수출하였을 때 원재료의 HS 코드와 완제품의 HS 코드가 달라졌다면 그것은 '가공'을 한 것이므로 그 나라를 원산지로 인정한다는 논리이다. 세번변경기준에는 HS 2단위 변경, 4단위 변경, 6단위 변경 기준이 있다.

1	2	3	4	5	6	7	8	9	0

류: 2단위
호: 4단위
소호: 6단위

CC (Change of Chapter)	물품을 가공한 국가에서 HS 2단위(류)가 변경되면 원산지로 인정하는 기준
CTH (Change of Tariff Heading)	물품을 가공한 국가에서 HS 4단위(호)가 변경되면 원산지로 인정하는 기준
CTSH (Change of Tariff Subheading)	물품을 가공한 국가에서 HS 6단위(소호)가 변경되면 원산지로 인정하는 기준

② 부가가치기준

부가가치기준이란 제조·가공 과정에서 일정 수준 이상의 부가가치를 창출한 국가를 원산지로 인정하는 기준을 말한다. 부가가치기준은 주로 물품을 형성하고 있는 재료의 '직접재료비'의 구성을 따지는데, 그 재료비가 제품 가격의 일정 비율 이상이면 원산지로 인정된다. 부가가치를 계산하는 방식에는 크게 LC(local contents)법과 MC(import contents)법이 있다. LC법은 '원산지 재료가 일정 수준 이상 사용될 것'을 요구하는 방식이고, MC법은 '비원산재료가 일정 수준을 초과하지 않을 것'을 요구하는 방식이다. LC법은 다시 그 계산방식에 따라 집적법(직접법), 공제법, 순원가법 등으로 구분되기도 한다.

③ **가공공정기준**

가공공정기준이란 수출국에서 특정 공정을 수행한 경우 그 사실만으로 그 국가를 원산지로 인정하는 기준이다. 주로 의류 등 방직용 섬유제품에 대해서 적용되는데 방직용 섬유제품의 경우 재단·봉제 등 특정공정을 수행하면 원산지로 인정된다.

(5) 역내부가가치(RVC)

물품의 최종 생산자가 자국산이 아닌 FTA 상대국의 원재료를 사용하여 물품을 생산한 경우 상대국산 원재료도 원산지 재료로 인정하는 것을 누적원칙(accumulation)이라 한다. 누적원칙이 적용된 부가가치를 역내부가가치(RVC, regional value content)라 한다. 예를 들어 인도로 물품을 수출하는 경우 역내부가가치를 계산한다면 한국산 재료뿐만이 아니라 인도산 재료도 한국산 재료처럼 간주하여 부가가치를 판단하게 된다.

(6) 직접운송원칙

원산지결정기준에 따라 원산지 물품으로 인정되었다 하더라도 그 물품이 원산지가 아닌 국가를 경유하여 운송되거나 원산지가 아닌 국가에서 선적된 경우에는 원산지 물품으로 인정하지 않는다. 즉, 원산지 물품으로 인정되려면 제3국을 경유하지 않고 협정 상대국으로부터 직접 수입국으로 운송되어야 한다. 이를 직접운송원칙이라 한다. 예를 들어 필리핀(ASEAN 회원국)으로부터 수출된 물품이 일본을 거쳐 우리나라로 수입되었다면 원칙적으로 한-ASEAN FTA 양허세율을 적용받을 수 없다.

■5 원산지 표시 방법

(1) 의 의

원산지 증명방식과 원산지 결정기준은 FTA 협정을 따르지만 FTA 품목이라 할지라도 그 원산지 표시 방법은 각국의 국내 법규를 따르도록 되어 있다. 즉, FTA 품목의 원산지 표시 방법과 일반적인 원산지 표시 방법은 동일하다.

(2) 원칙적인 원산지 표시 방법

① 원칙적 원산지표시 방법이란 현품에 주조(molding)·식각(etching)·낙인(branding)·박음질(stitching)·인쇄(printing)·등사(stenciling)방식 및 이와 유사한 방법을 말한다.

② 세관장은 원산지 표시방법 중 주조(molding)·식각(etching)·낙인(branding)·박음질(stitching)에 의하여 표시된 경우에는 다른 표시요건에 위반되지 않은 한 별도의 심사 없이 이를 인정한다.

③ 세관장은 원산지 표시방법 중 인쇄(printing)·등사(stenciling)방식에 의한 표시로서 스탬프잉크 등과 같이 대상물품의 재질에 따라 쉽게 제거될 수 있는 경우에는 그 견고성을 심사하여야 한다.

④ 현품 및 최소포장에 원산지표시를 하여야 하는 물품을 포장단위로 판매하는 경우에는 그 포장에도 원산지표시를 하여야 한다.

(3) 예외적인 원산지 표시 방법

① 예외적인 원산지 표시 방법이란 현품에 날인(stamping)·라벨(labelling)·스티커(sticker)·꼬리표(tag)부착에 의한 원산지 표시방식을 말한다.

② 다음에 해당하는 물품은 예외적인 방법에 의한 원산지표시를 할 수 있다.
　　㉠ 당해물품의 특성상 원칙적인 방법에 의한 원산지표시가 부적합한 경우
　　㉡ 원칙적인 방법에 의한 원산지표시를 할 경우 물품의 훼손우려가 있는 경우
　　㉢ 예외적인 방법으로도 견고하게 원산지표시를 할 수 있는 경우
　　㉣ 기타 예외적인 방법에 의한 원산지표시가 건전한 상거래 관행으로 정착되어 최종구매자의 피해우려가 없는 경우

(4) 원산지 국명 표기 방법

① 영문으로 국명을 표시하는 경우에는 약어(예 Great Britain을 "Gt Britain"로 표기) 또는 변형된 표기(예 Italy를 "Italie"로 표기)를 표시할 수 있으나, 국명 또는 국명의 형용사적 표현이 다른 단어와 결합되어 특정상품의 상표로 최종구매자에게 오인될 우려가 있는 경우(예 Brazil Nuts)에는 원산지표시로 인정하지 아니한다.

② 특정 국가로부터 자치권을 행사하는 특별구역은 별도의 원산지국가로 표시하여야 한다.
　예 Hong Kong, Macao, Guam, Samoa Islands, Virgin Islands

③ 각각의 개별 국가가 아닌 지역·경제인연합체는 이를 원산지로 표시할 수 없다.
　예 EU, NAFTA, ASEAN, MERCOSUR, COMESA

④ 최종구매자가 수입 물품의 원산지를 오인할 우려가 없는 경우에는 통상적으로 널리 사용되고 있는 국가명이나 지역명 등을 사용하여 원산지를 표시할 수 있다.
　예 United States of America를 USA로, Switzerland를 Swiss로, Netherlands를 Holland로, United Kingdom을 UK로, UK의 England, Scotland, Wales, Northern Ireland

⑤ 국제관행상 국명만 표시하는 것으로 인정되는 물품의 경우에는 국명만 표시할 수 있다.
　예 시계, 볼펜, 사인펜, 연필, 색연필 등

⑥ 국제상거래 관행상 정착된 표시방법은 적정한 원산지표시로 인정할 수 있다.
　예 "Manufactured by 물품 제조자 회사명, 주소, 국명", "Manufactured in 국명", "Produced in 국명", "국명 Made"

실전예상문제

01 국내에서 수입통관시 관세 징수를 위해 적용하는 환율은?
▸ 제14회 국제물류론

① 일람출급환어음매입율   ② 현찰매도율
③ 전신환매입율   ④ 과세환율
⑤ 현찰매입율

해설 수입통관시 관세징수는 과세환율을 적용하고 있다. 과세환율이란 물품의 수입에 따른 과세 가격 결정시 외국통화로 표시된 가격을 내국통화로 환산하는 때에 적용되는 환율이며, 주요 외국환은행이 전주 월요일에서 금요일까지 매일 최초 고시하는 대고객 전신환매도율을 평균한 환율이며, 한주동안 동일하게 적용된다.

02 통관시에 부과되는 관세에 관한 설명으로 옳지 않은 것은?
▸ 제15회 국제물류론

① 동일한 국가에서 동일한 물품을 반복적으로 수입하여도 관세가 감면되지는 않는다.
② 관세납부시 환율은 전신환매입율을 적용한다.
③ 관세에는 종량세, 종가세 등이 있다.
④ 관세는 수입물품에 부과한다.
⑤ 수입한 수출용 원재료에 대하여 부과된 관세는 수출시에 환급받을 수 있다.

해설 관세납부시 환율은 수입신고일자 일주일 전 평균 환율을 근거로 관세청에서 고시한 환율을 적용한다.

03 수입통관절차에 대한 설명 중 옳지 않은 것은?
▸ 제11회 국제물류론

① 물품을 수입하고자 하는 자는 사전에 해당 물품이 관련 법령에 의한 수입요건(검사, 검역, 추천, 허가 등)을 구비하여야 하는지 여부를 확인하고 수입계약을 체결한다.
② 원칙적으로 모든 수입물품을 세관에 수입신고를 하여야 하며 수입신고가 수리되어야 물품을 국내로 반입할 수 있다.
③ 수입신고시에는 수입신고서에 선하증권, 상업송장, 포장명세서 등과 같은 서류를 첨부하여 세관에 제출한다.
④ 수입신고는 화주, 관세사, 통관법인 또는 관세사법인의 명의로 신고가 가능하다.
⑤ 수입하고자 하는 자는 보세구역 장치 후에만 수입신고가 가능하다.

해설 우리나라는 수입물품이 도착하기 전에도 사전수입신고를 할 수 있다.

Answer 1. ④   2. ②   3. ⑤

04 (   )에 해당하는 물류보안제도는?   ▶ 제22회 국제물류론

> (   )은/는 세계적인 물류보안 강화 조치로 인한 무역원활화를 저해하는 문제점을 해소하
> 고자 각국 세관이 수출업자, 수입업자, 제조업자, 관세사, 운송사, 창고업자, 하역업자 등을
> 대상으로 적정성 여부를 심사하여 우수업체로 공인해 줌으로써 통관상의 혜택을 부여하는
> 제도이다.

① ISPS Code   ② CSI   ③ C-TPAT
④ ISO 28000   ⑤ AEO

해설 AEO(Authorized Economic Operator)에 대한 설명으로, 화주, 선사, 운송인, 창고업자, 관세사 등 화
물이동과 관련된 물류주체들 중 각국 세관 당국에 의해 신뢰성과 안전성을 공인받은 업체를 의미한다.

05 다음 중 원산지 표시 방법에 대한 설명으로 올바르지 못한 것은?   ▶ 제12회 국제물류론

① 원산지 표시는 반드시 국명이 들어가야 하며 한글, 한자 또는 영문으로 표시할 수 있다.
② 현품에 원산지를 표시하여야 하는 것에는 연필, 당구공, Video Tape, 칫솔 등이 있다.
③ 원산지표시는 식별하기 쉬운 위치에 표시된 원산지가 쉽게 지워지거나 떨어지지 아니하
  는 방법으로 표시해야 한다.
④ 최종 구매자가 수입물품의 원산지를 오인할 우려가 없는 경우에는 통상적으로 널리 사용
  되는 국가명의 약어(예컨대 USA)를 사용할 수 있다.
⑤ 최종 구매자가 쉽게 판독할 수 있는 활자체로 표시한다.

해설 당구공, Video Tape, 칫솔 등은 해당물품에 원산지를 표시하지 않고 해당물품의 최소 포장, 용기 등에
수입 물품의 원산지를 표시할 수 있다.

06 FOB조건으로 한 수입가격이 1,000만 달러, 부산항까지 해상운임이 200만 달러, 부산에서
서울까지 육상운임이 100만 달러, 해상적하보험료가 50만 달러, 수입관세율이 8%, 부가가치
세가 10%인 경우 관세와 부가가치세는 각각 얼마인가?   ▶ 제12회 국제물류론

① 관세 80만 달러, 부가가치세 8만 달러
② 관세 80만 달러, 부가가치세 100만 달러
③ 관세 100만 달러, 부가가치세 10만 달러
④ 관세 100만 달러, 부가가치세 135만 달러
⑤ 관세 108만 달러, 부가가치세 130만 달러

해설 현행 우리나라는 수출가격은 FOB가격, 수입가격은 CIF가격을 기준으로 하고 있다. 따라서 본 문제는
CIF가격을 구하면 되는바, 이는 'FOB가격+해상운임+해상적하보험료'이다. 여기에서 CIF가격은
1,250만 달러(1,000+200+50)이며, 총 수입가격은 CIF가격에다 관세액(100만 달러)을 포함한 1,350
만 달러가 된다.
따라서 관세는 100만 달러(1,250만 달러의 8%), 부가세는 총수입비용(1,350만 달러)의 10%이므로 135
만 달러이다.

07 상품의 과세가격이 100만원이고, 관세율이 6%일 때 수입통관시 납부해야 하는 총 세액은? (다만, 관세와 부가가치세만 부과된다고 가정한다.) ▶ 제13회 국제물류론

① 156,000원 ② 166,000원
③ 167,000원 ④ 200,000원
⑤ 206,000원

해설 관 세
1. 과세가격×관세율 : 1,000,000×6%=60,000원
2. 부가가치세 : (과세가격+관세)×부가가치세율(10%)=(1,000,000+60,000)×0.1=106,000원
3. 납부해야 하는 총 세액 : 60,000+106,000=166,000원

08 물류보안과 관련한 다음 설명에 해당하는 것은? ▶ 제21회 국제물류론

> • 테러에 사용되는 물품이 선박의 컨테이너에 숨겨져 미국에 몰래 반입되는 것을 근본적으로 차단하기 위해 도입
> • 미국 관세청 직원을 해외항구에 파견, 위험성이 높은 화물을 미리 검사함으로써 미국행 화물의 안전도를 높이기 위한 조치

① Container Security Initiative ② ISPS Code
③ C-TPAT ④ AEO
⑤ 10+2 rule

해설 컨테이너 안전협정(Container Security Initiative) : 미국 세관 직원이 주요 해외항구에 주재하며 미국행 컨테이너에 대한 보안 검색을 수행하도록 합의한 협정을 의미한다.

09 다음 상황에서 A가 이행해야 하는 관세법상 통관조치는? ▶ 제21회 국제물류론

> • A는 중국의 B로부터 플라스틱 주방용기를 구매하여 국내에 판매할 목적으로 부산항에 반입하였다. 운송경로는 북경-홍콩-부산이다.
> • A가 해당 물품을 부산항에 소재한 보세구역에 보관하면서 국내구매자를 물색하였으나 가격조건이 맞지 않아 수입을 포기하였다.
> • 대신 A는 베트남에 있는 C와 판매계약을 체결하여 해당 물품을 보세구역에서 베트남으로 바로 선적하고자 한다.

① 수입통관 ② 수출통관 ③ 환적통관
④ 반송통관 ⑤ 중계통관

해설 반송통관이란 우리나라에 들어와 보세구역에 장치 중인 물품이 가격조건이 맞지 않는 등의 사유로 수입신고를 하지 않고 보세구역에서 외국으로 그대로 반출하는 절차를 의미한다.

Answer   4. ⑤ 5. ② 6. ④ 7. ② 8. ① 9. ④

10 다음에서 설명하는 내용에 부합하는 선하증권은? ▶ 제21회 국제물류론

> • 부산에 소재하는 중계무역상 A가 일본에 있는 B로부터 물품을 구매하여 영국에 있는 C에게 판매하고자 한다.
> • 이를 위해 동경에서 부산으로 물품을 반입하여 포장을 변경한 다음 영국행 선박에 적재하였다.
> • A는 이 물품에 대해 송하인과 수하인, 통지처 등의 사항을 변경한 선하증권을 선사로부터 다시 발급받았다.

① Switch B/L　　　　　　　② Red B/L
③ Transshipment B/L　　　④ Surrender B/L
⑤ Countersign B/L

해설 Switch B/L은 삼국 간 무역에서 최초 선적지에서 발행한 선하증권 혹은 항공화물운송장 원본을 최초 선적지에서 구매하여 최종목적지의 바이어에게 판매하는 중간상인이 그 원본을 회수하여 최초 운송서류 원본을 발행한 운송인의 중간대리점에 반납하고 그 중간대리점으로부터 새로운 선하증권의 원본 full set를 요구하여 받는 B/L을 말한다.

11 종합인증우수업체 공인 및 관리업무에 관한 고시상 동 고시의 적용대상으로 옳지 않은 것은? ▶ 제20회 국제물류론

① 세관　　　　　　　② 관세사
③ 하역업자　　　　　④ 선박회사
⑤ 항공사

해설 종합인증우수업체 공인 및 관리업무에 관한 고시의 적용대상 ⇨ 수출 또는 반송을 업으로 하는 자(수출업체), 수입을 업으로 하는 자(수입업체), 통관업을 행하는 자(관세사), 보세구역운영인, 지정장치장의 화물을 관리하는 자(화물관리인), 보세운송업자, 화물운송주선업자, 하역업자, 선박회사, 항공사 등

12 개항에 입항한 선박에서 하역한 외국물품을 관세법의 규정에 따라 내륙지에 있는 보세 창고로 운송하는 절차는? ▶ 제18회 국제물류론

① 보세운송　　　　　② 내국운송
③ 외국운송　　　　　④ 면세운송
⑤ 면책운송

해설 보세구역은 수출품의 선적뿐만 아니라 수입품의 수입통관을 위해서도 외국물품을 장치하는 장소이기도 하다.

13 대전에 위치한 A회사가 미국 덴버에 위치한 B회사로부터 물품을 수입(덴버에 위치한 B회사 발송 ⇨ LA항 선적 ⇨ 부산항 입항 ⇨ 대전에 위치한 A회사 도착)하면서 지불한 운임 및 부대비의 세부내역은 다음과 같다. 이 경우 관세와 부가가치세는? ▶ 제19회 국제물류론

- FOB 조건의 물품 수입가격 US$ 1,000,000
- 미국 내륙 트럭 운송료 US$ 2,000
- LA항 창고보관료 및 화물취급료 US$ 1,500
- LA항에서 부산항까지 해상운임 US$ 5,000
- LA항에서 부산항까지 해상적하보험료 US$ 1,500
- 부산항 창고보관료 US$ 300
- 부산항에서 대전에 위치한 A회사까지의 트럭운송료 US$ 700
- 수입 물품의 적용 관세율 10%
- 부가가치세율 10%

① 관세 US$ 101,000, 부가가치세 US$ 101,000
② 관세 US$ 101,000, 부가가치세 US$ 111,100
③ 관세 US$ 101,070, 부가가치세 US$ 101,070
④ 관세 US$ 101,070, 부가가치세 US$ 111,177
⑤ 관세 US$ 101,100, 부가가치세 US$ 111,210

해설 관세는 과세가격×관세율, 부가세는 (과세가격+관세)×부가세율로 계산한다.
따라서 관세는 (1,000,000+2,000+1,500+5,000+1,500)×관세율 10%로 계산하면 US$ 101,000이다.
부가세는 (1,010,000+101,000)×10%로 계산하면 US$ 111,100이다.

14 다음은 수입통관절차이다. (㉠)~(㉤)에 들어갈 내용으로 옳지 않은 것은? ▶ 제19회 국제물류론

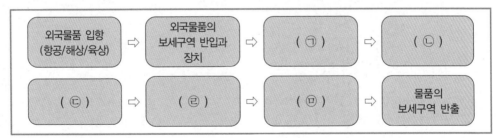

① ㉠: 수입신고　　　　　② ㉡: 수입신고 내용의 심사
③ ㉢: 신고물품의 검사　　④ ㉣: 신고수리 및 내국물품의 외국물품화
⑤ ㉤: 납세

해설 수입통관절차는 외국물품이 내국물품화로 변경되는 절차로 수입신고 ⇨ 수입신고 내용의 심사 ⇨ 신고물품의 검사 ⇨ 신고수리(수입신고필증발부) ⇨ 관세납부 ⇨ 물품의 보세구역으로부터 반출의 절차로 이루어진다. 하지만 먼저 관세납부를 하고 수입신고필증을 받는 것이 일반적인 순서이다.

Answer 　10. ①　11. ①　12. ①　13. ②　14. ④

국제물류와 국제운송

01 해상운송

| 학습목표 | 1. 해상운송에 대한 전반적인 내용을 제시한다.
2. 해상운송의 수출입통관절차에 대한 세부적인 내용을 제시한다.
3. 국제해사관련 기구를 정리한다.

| 단원열기 | 해상운송에 대한 전반적인 내용을 다루고 있는 이 단원에서는 해상운송의 개념, 해운시장과 해상운송의 형태(정기선과 부정기선), 해상운임(운임의 유형, 국제해상운송의 물류비용), 해상운송 관련 운송서류(B/L, SWB)의 내용, 해상운송의 수출입 통관절차, 국제해사관련 기구 등에 대한 내용을 자세히 제시한다. 이 단원은 국제물류론에서 출제비율이 가장 높은 단원으로 각 세부 항목에 대한 철저한 학습이 요구되고 있으며, 물류비용과 관련해서는 비용 산출 등 실무적인 지식을 요구하는 문제가 자주 출제되므로 이에 대한 각별한 주의가 요구된다.

제1절 해상운송의 개요

1 해상운송의 의의

(1) 의 의

해상운송은 선박을 수단으로 하여 해상의 외항항로와 연안항로를 따라 사람과 화물을 운송하는 형태이다. 해상운송은 육상운송, 항공운송에 비하여 신속성, 편리성, 안전성, 정확성 등이 낮지만, 운임이 저렴하고 대량화물의 장거리운송에 매우 적합한 운송수단이어서 대부분의 수출입화물을 운송하고 있는 가장 대표적인 운송방식이라 할 수 있다.

(2) 추 세

① 오늘날의 해상운송은 조선기술의 발달, 전자 및 정보통신의 발달 등 계속적인 기술혁신에 의하여 그 안정성이 크게 높아졌다.

② 또한 선박의 대형화, 전용선화, 컨테이너선화가 크게 진전되었다. 특히 컨테이너에 의한 화물의 복합운송은 해상운송을 신속·저렴하게 하였을 뿐만 아니라 해상과 육상, 나아가서는 항공운송에 이르기까지 전 수송을 신속하고 효율적으로 연결수송할 수 있게 한 중대한 수송혁신이다.

③ 전통적 해운동맹의 기능은 약화된 반면, 국제복합운송이 보편화되면서 정기선사들의 운송영역이 Port to Port가 아니라 Point to Point로 서비스가 확대되었다. 이에 관련, 중소규모 선사들 간의 공동운항(Joint Service)이나 대형 컨테이너선사들 간 Alliance가 등장하는 등 정기선운송사업들의 경영방법도 변화되었다. 항로가 정해진 공동운항에 비해 Alliance는 특정 항로가 제한되어 있지 않다.

2 해상운송의 특성과 역할

(1) 특 성

운송이라 함은 육상운송, 해상운송, 항공운송과 이들 운송의 결합에 의한 복합운송 등으로 나눌 수 있다. 국제운송의 중심은 해상운송이며, 오늘날 보편화된 컨테이너를 이용한 복합운송도 그 기초는 해상운송이다.

해상운송은 육상운송이나 항공운송과 비교하여 다음과 같은 몇 가지 특성을 가지고 있다.

① **대량운송**: 항공운송의 경우 신속성은 확보되지만 운송량은 제한되고 육상운송의 경우 철도는 20톤 화차를 아무리 많이 연결하여도 수천 톤에 불과하지만, 선박은 수십만 톤의 화물선이다 (50만 톤의 원유를 1척의 선박으로 운송).

② **주로 대양을 횡단하는 원거리운송**: 철도운송 Siberian Land Bridge(SLB)나 American Land Bridge(ALB)와 같은 원거리수송이 있지만 해상운송은 주로 오대양을 횡단하는 수송이 많다.

③ **운송비가 저렴**: 해상운송은 육상운송과 같은 도로라는 시설이 필요하지 않으며, 1회에 대량 운송이 이루어지기 때문에 규모의 경제원칙에 따라 단위당 수송비가 저렴하다.

④ **운송로가 자유로움**: 육상운송의 도로나 철도와 같은 시설이 필요하지 않으며, 해양은 국제성을 지니고 있다. 해상운송에서 입출항의 국적이 서로 다른 것이 일반적이며, 주항로가 공해상 (公海上)이라는 점이 특정국가의 성격을 벗어난 것이다. 철도운송이 국경을 벗어나기 어려운 것과 비교하여 해상운송은 공해상에 타국 상선대(他國 商船隊)와 경쟁하게 된다.

⑤ **속력이 느림**: 해상운송은 대량운송이며 운임이 저렴한 반면 속력이 느린 점이 신속성을 필요로 하는 오늘날의 가장 큰 문제점이다.

● 해상운송의 장단점

장 점	단 점
• 대량운송 용이	• 항만시설에 하역기기 등의 설치 필요
• 장거리 운송에 적합, 자유로운 운송로	• 기후에 민감
• 운송비의 저렴성	• 운송횟수는 적은 반면 운송시간은 장기화
• 대륙 간 운송 가능	• 타 운송수단과 비교하여 높은 위험도 존재

(2) 역 할

해상운송은 세계 무역의 진흥에 크게 기여하고 있으며, 국가적으로도 매우 중요한 산업으로 자리 잡고 있다. 이러한 해상운송의 중요성과 경제적 효용을 구체적으로 설명하면 다음과 같다.

① **효율적인 자원배분효과**: 해상운송은 대량의 화물을 매우 저렴한 운임수준으로 운송할 수 있기 때문에, 원유, 가스, 철광석 등과 같은 화물의 운송에 매우 효과적이다. 만약, 이러한 화물을 해상운송이 아닌 다른 방식으로 운송한다면 지나친 운임부담으로 인해 경제적 손실이 불가피할 뿐만 아니라, 효율적인 자원의 배분도 어려울 것이다.

② **국민소득 증대효과** : 해상운송은 현재 대부분의 물동량을 처리하고 있기 때문에 국민경제에 미치는 영향력이 매우 크다. 특히, 해상운송은 운송서비스 제공에 따른 운임수입뿐만 아니라, 항만사용료, 보관료, 하역료, 포장비, 선용품공급비, 급유료 등과 같은 상당한 부대수입을 가져다주기 때문에 국민소득의 증대에 크게 기여하고 있다. 실제로 자유무역항으로 유명한 홍콩과 싱가포르 등과 같은 국가들은 해상운송의 육성을 통해 급성장을 거듭해오고 있다.

③ **국제수지 개선효과** : 해상운송은 해운서비스를 제공하고, 그 대가로 운임을 취득하는 사업이다. 따라서 자국 화주가 외국의 선박회사를 이용하는 경우에는 외화가 유출되고, 자국의 선박회사가 외국 화주의 화물을 운송하는 경우에는 외화가 유입되기 때문에 해상운송은 국제수지(Balance of Payment)에 영향을 미치게 된다.

이와 같은 해상운송의 국제수지 개선효과는 크게 소득효과(Earning Effect)와 절약효과(Saving Effect)로 구분된다. 소득효과는 자국의 선박회사가 외국의 화물을 운송함으로써 획득하게 되는 외환소득에 의한 개선효과를 나타내며, 절약효과는 자국의 화주들이 자국의 선박회사를 이용함으로써, 외국 선박회사를 이용하는 경우 유출되어야 할 외화를 절약함으로써 국제수지를 개선하는 효과를 말한다.

④ **산업연관효과** : 해상운송은 조선업, 보험업, 선박수리업, 하역업, 포장업 등과 같은 다양한 산업 분야와 유기적으로 연계되어 있기 때문에, 해상운송의 발전은 이러한 관련산업의 발전에 커다란 영향을 미치게 된다. 따라서 해상운송의 중요성은 해상운송 자체의 기대효과뿐만 아니라, 관련산업의 고용창출, 소득증대 등과 같은 요인들도 고려하여 설명되어야만 한다.

■3 선 박

(1) 선박의 개념

선박은 인적 및 물적 자원을 수면 위를 항해하여 운반할 수 있는 구조물로서, 적재성, 운반성, 이동성을 가지고 있는 운송수단을 말한다. 특히, 선박은 대량의 화물을 장거리 운송하는 데 가장 적합한 운송수단으로서, 대부분의 수출입화물을 운송하고 있는 가장 대표적인 운송장비라 할 수 있다.

(2) 선박의 종류

① **컨테이너선**(Containership)

컨테이너만을 전문적으로 적재하여 운송할 수 있도록 특별히 설계하여 건조된 선박의 명칭이다. 하역효율이 높아 신속하게 운송할 수 있으며, 컨테이너 자체의 육상운송이 가능하기 때문에 Point to Point Service가 가능하다.

또한, 컨테이너선은 정기항로에 취항할 일반화물선을 전용선화한 것으로서 컨테이너선의 선형, 하역장비 장착 여부, 하역방식 등에 의한 분류방법이 있다.

　　㉠ 선형에 의한 분류

　　　　ⓐ 풀 컨테이너선(full container ship) : 갑판 선창 모두가 컨테이너만을 적재하도록 설계된 선박이다.

　　　　ⓑ 세미 컨테이너선(semi-container ship) : 컨테이너와 컨테이너에 넣지 않는 화물(break bulk) 두 가지를 적재하는, 즉 선박의 일부만 컨테이너를 적재할 수 있는 전용장비를 설치한 선박이다.

　　　　ⓒ 컨버터블 컨테이너선(convertible container ship) : 컨테이너 적재를 목적으로 하지만 선체나 갑판에 설치된 컨테이너·벌크 겸용 선박이다.

　　　　ⓓ 바지 컨테이너선(barge container ship) : 컨테이너나 일반화물이 적재된 부선(barge)을 예선에서 그대로 본선에 적재 또는 하역할 수 있도록 부선 하역용 크레인의 장비를 갖춘 선박이다.

　　㉡ 하역장비 장착 여부에 의한 분류

　　　　ⓐ 기어 컨테이너선(geared container ship) : 본선 갑판상에 컨테이너 하역용 갠트리크레인(gantry crane)을 장착하고 있는 컨테이너선이다.

　　　　ⓑ 기어리스 컨테이너선(gearless container ship) : 본선상에 컨테이너 하역용 갠트리크레인을 장치하지 않은 컨테이너선으로 하역은 컨테이너터미널 안벽에 설치된 육상의 갠트리크레인에 의해 행해진다.

　　㉢ 하역방식에 의한 분류

　　　　ⓐ LO-LO(lift on/lift off)선 : 본선 또는 육상에 설치되어 있는 갠트리크레인으로 컨테이너를 수직으로 하역하는 방식의 컨테이너선이다.

　　　　ⓑ RO-RO(roll on/roll off)선 : 선수나 선미 또는 선측에 램프(ramp)가 설치되어 있어 컨테이너를 이 램프를 통해 트랙터 또는 포크리프트(forklift) 등을 사용해 하역하는 방식의 컨테이너선이다.

　　　　ⓒ FO-FO(Float on/Float off)선 : 하역방식으로 부선에 컨테이너나 일반화물을 적재한 뒤, 본선에 장치된 크레인으로 부선 자체를 적·양하는 방식의 컨테이너선이다.

② **전용선**

운송되는 화물의 특성을 고려하여 선박구조, 하역, 보관시설 등을 특별히 설계·제작한 전용화물 선박이다. Car Carrier, Oil Carrier, Log Carrier, Bulk Carrier, Coal Carrier, Tanker 등이 있다. 전용선은 선주와의 계약에 의해서만 운항하며, 단일 화물만을 운송하기 때문에 왕복운송 공선항해(Ballast Voyage)를 하게 되는 단점이 있다.

③ **겸용선**

전용선의 단점인 공선항해를 극복하기 위해 설계·제작된 선박으로, 하나의 선박에 복수의 화물을 적재할 수 있어 복화수송이 가능하다.

⑶ **선박의 주요 항목**

항만시설은 항만을 이용하는 선박의 크기에 맞추어 설계되어 있다. 또한 계류시설의 이용요금 등은 선박의 크기를 나타낸 톤수에 따라 징수된다. 여기에서는 항만과 선박을 이용하는 데 최소한 필요한 선박의 주요 항목에 관해 설명하고자 한다.

① **선박의 제원**

[그림 3-1] 선박의 제원

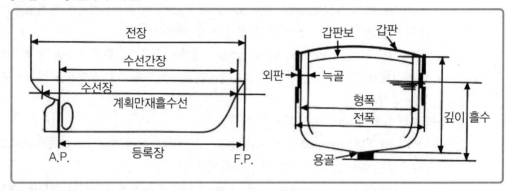

㉠ 전장(全長, Length over all, LOA) : 선체에 붙어 있는 모든 고정 돌출물을 포함한 배의 맨 앞부분에서부터 맨 끝부분까지의 수평거리를 말하며, 접안, 입거 및 파나마운하 통과시에 반드시 고려되는 길이이다.

㉡ 수선간장(垂線間長, Length between perpendicular, LBP) : 화물을 만재했을 때 선박과 수면이 접촉한 직선의 거리를 말하며, 만재흘수와 일치하는 선수수선의 앞쪽 끝에서 선미수선의 뒤쪽 끝까지 직선으로 연결한 거리이다. LBP는 LOA보다 짧고 일반적으로 선박의 길이는 이것을 사용한다.

㉢ 등록장(登錄長, Registered Length) : 선박원부에 등록되는 길이로 상갑판 가로들보의 선수재 전면으로부터 선미재 후면까지의 수평거리이다.

㉣ 전폭(全幅, Extreme Breadth) : 선체의 가장 넓은 부분에서 측정한 외판의 외면에서 반대편 외판까지의 수평거리로서 접안, 입거 및 파나마운하 통과시에 반드시 고려되는 길이이다.

㉤ 형폭(型幅, Moulded Breadth) : 선박법상 배의 폭에 이용되며, 선체의 가장 넓은 부분에서 측정한 frame(프레임)의 외면에서 외면까지의 수평거리이다. 전폭에서 양쪽 외벽판의 두께를 제외한 길이이다.

㉥ 선심(船深, Vertical Depth) : 형심(型深, Moulded Depth)으로 불리기도 하며, 선박법 및 국제만재흘수선조약 등에서 선박의 깊이를 나타낼 때 사용되고 있다. 선심은 선체 중앙에 있어 상갑판 가로들보 상단에서 용골의 상단까지의 수직거리이다.

㉦ 건현(乾舷, freeboard) : 선체 중앙부 현측에서, 배의 중앙에서 측정한 만재흘수선에서 상갑판 위까지의 수직거리이다. 건현을 지정하는 것은 만재흘수선을 지정하는 것과 같은 의미를 지니며, 법적으로 제한하겠다는 뜻이 된다. 배의 깊이에서 흘수부분을 뺀 길이가 건현으로, 건현이 크면 배의 안전성이 커진다.

◎ 흘수(吃水, Load Draft) : 선박의 선체가 물 속에 잠겨있는 부분의 깊이를 말하며, 강이나 운하 등에 대한 선박의 통행가능 여부와 항구 등에 출입가능 여부를 결정하는 요인이다. 이 흘수는 선박의 선수와 선미에 20cm의 간격을 두고 흘수눈금과 해당흘수를 아라비아 숫자로 표시한다.

ⓐ 전흘수(全吃水, Keel Draft) : 수면에서 선저 최저부까지의 수직거리를 말한다. 일반적으로 흘수라고 할 경우에 전흘수를 말하는 것이다.

ⓑ 형흘수(型吃水, Moulded Draft) : 수면에서 용골 상단까지의 수직거리를 말한다. 전흘수와 형흘수의 차이점은 전흘수는 용골과 외벽판의 두께를 포함하는 반면에 형흘수는 포함하지 않는다.

ⓒ 선수흘수(船首吃水, Fore Draft) : 선박의 앞부분이 물 속에 잠긴 깊이를 말한다.

ⓓ 선미흘수(船尾吃水, Aft Draft) : 선박의 뒷부분이 물 속에 잠긴 깊이를 말한다.

ⓔ 최대만재흘수(最大滿載吃水, Load Draft Extreme) : 선측에 표시된 만재흘수선에서 선박의 선체 밑부분까지의 수직길이이며, 안전항해를 저해하지 않는 선에서 허용된 최대 흘수이다. 이는 적재화물의 중량을 제한하는 기준으로 활용되며, 엄격한 시험과 검사를 거친 후 결정된다.

ⓕ 만재흘수선표(滿載吃水線標, Load Line Mark) : 해당 선박의 해역과 계절에 따른 최대만재흘수선과 최대만재흘수선을 지정한 선급협회 등을 나타낸 표지로 선체의 오른쪽 중앙부에 표시한다. 건현표(乾舷標, freeboard mark)로도 불리는데, 건현은 흘수와 반대되는 개념으로 선박의 선체 중 물속에 잠겨있지 않은 부분을 말한다.

② **선박의 톤수**

㉠ 선박의 톤수 : 선박의 크기를 나타내는 '톤수'가 사용되며, 여기에는 용적톤, 중량톤, 운하톤수로 구분되며, 일반적으로 선박의 용적은 $100ft^3$를 1톤으로 하며, 화물의 용적을 톤으로 환산할 때는 $40ft^3$를 1톤으로 한다.

㉡ 용적톤(Space Tonnage)

ⓐ 총톤수(Gross Tonnage, GT) : 선박 내부의 총용적으로 선박 갑판 아래의 적량과 갑판 위의 밀폐된 장소의 적량을 합친 것으로 선박의 안전과 위생에 사용되는 부분의 적량을 제외한 부분(제외 적량, exemptions)을 말한다. 총톤수는 관세, 등록세, 도선료 등 과세와 수수료, 각종 통계의 산출기준이 된다.

ⓑ 순톤수(Net Tonnage, NT) : 여객이나 화물의 수송에 실질적으로 사용되는 용적으로, 총톤수에서 선박의 운항에 직접 이용되는 기관실, 선원실, 해도실, 밸러스트 탱크 등의 적량을 공제한 부분(공제 적량, deduction)을 말한다. 순톤수는 선주나 용선자의 상행위와 연관되므로 항만세, 톤세, 운하통과료, 항만시설이용료 등의 모든 세금과 수수료의 산출기준이 된다.

ⓒ 재화용적톤수(Measurement Tonnage, MT) : 선박의 화물적재능력을 용적톤으로 환산한 것으로, 선박의 각 창(Hold)의 용적과 특수화물창고 등의 적량을 말한다.

ⓒ 중량톤(Weight Tonnage)

　ⓐ 배수(排水)톤수(Displacement Tonnage) : 선박의 중량은 선체의 수면하 부분의 배수용
　　적에 상당하는 물의 중량과 같은데, 이 물의 중량을 배수톤수라고 한다. 화물의 적재상
　　태에 따라서 배수량이 달라지므로 보통 만재상태에 있어서의 선체의 중량을 배수톤수
　　라고 말한다.

　ⓑ 재화(載貨)중량톤수(Dead Weight Tonnage, DWT) : 화물선의 최대적재능력을 표시하
　　는 기준으로 만선시의 배수톤수에서 공선시의 배수톤수를 공제한 것을 의미한다. 중량
　　톤의 단위로는 Metric Ton(MT), Long Ton(LT), Short Ton(ST)이 있으나 일반적으로
　　LT를 가장 많이 사용한다.

ⓔ 운하톤수(Canal Tonnage) : 운하톤수는 수에즈운하나 파나마운하에서 통항료 산정을 위
　한 측정규정을 말한다.

⑷ 조선 및 해운업의 시황을 나타내는 지표

① HR(Howe Robinson Container Index, 컨테이너운임) 지수 : HR지수란 영국의 해운컨설팅 및
　브로커 업체인 Howe Robinson C. I사에서 집계・발표하며 1997년 1월 15일(1997.1.15=1,000)
　을 기준으로 잡아서 발표하는 컨테이너 용선료 지수이다. 510TEU에서 3,500TEU까지 세계
　컨테이너선 용선시장에서 주로 거래되는 12개 선형별 지수 및 종합지수가 발표된다. 컨테이너
　선이 많은 현대상선이나 한진해운 등이 관련 주요 선사이다.

② BDI(Baltic Dry Index, 건화물운임) 지수 : BDI지수는 발틱해운거래소가 종전 건화물시장 운임
　지수로 사용해 온 BFI(Baltic Freight Index)를 대체한 종합운임지수이다. 1999년 11월 1일부터
　발표하여 사용되고 있으며 동 지수는 선형별로 대표항로를 선정하고 각 항로별 톤/마일 비중
　에 따라 가중치를 적용한 다음 1985년 1월 4일(1986.1.4=1,000)을 기준으로 산정하여 발표하여
　BCI(Baltic Capesize Index), BPI(Baltic Panamax Index), BHI(Baltic Handy Index) 등의 별도의
　선형별 지수로 구성되어 있다. 벌크선이 많은 팬오션, 대한해운 등이 관련 주요 선사이다.

┌─ **보충학습** ─┐

BPI(Baltic Panamax Index)
1998년부터 발표되어 사용되고 있는 BPI는 BDI를 구성하는 운임지수 중의 하나로 항해용선항로
3개와 정기용선항로 4개[대서양 항로(Trans-Atlantic Round), 유럽-US걸프-극동 항로, 극동-북
태평양 항로, 극동-US북태평양-유럽 항로]로 총 7개의 항로로 구성되어 있다. 기존 BFI의 항로
와 동일하나 US걸프-일본 및 US북태평양-일본 항로의 선형이 종전 5만 2천톤 기준에서 5만 4천
톤 기준으로 변경되었다.

③ **WS**(Worldwide Tanker Nominal Freight Scale) **지수** : WS지수는 유조선의 운임단위로 사용된다. 각종 유조선의 운임률을 세계적으로 통일하기 위하여 1969년 World Scale Association에서 지정한 것으로 매년 1회 산정기준이 발표된다. SK해운, 현대상선, 한진해운 등이 관련 주요 선사이다.

④ **MRI**(Maritime Research Index) **지수** : MRI지수는 미국의 Maritime Research Inc.가 세계 해운시장에서 체결되는 용선계약을 토대로 매주 산정하여 발표하는 해상운임지수이다. 발표항목에는 종합운임지수, 곡물운임지수, 정기용선료지수, 주간성약건수 등으로 구성되어 있으며 1972년을 기준(100)으로 산정하여 발표한다.

⑤ **KMI**(Korea Maritime Index) **지수** : MRI지수나 BDI지수들이 북미나 유럽에서 대서양수역을 중심으로 작성되어 있기 때문에 우리나라를 비롯한 극동지역의 시황은 충분히 반영되지 못한다는 단점이 있다. 이러한 이유로 한국해양수산개발원(KMI)이 태평양 및 극동지역을 중심으로 한 시황지표를 개발하였는데, KMI지수가 이것이다. 동 지수는 핸디사이즈 선박을 많이 이용하는 아시아 지역의 특성을 감안하여 12개 핸디항로를 포함시켰으며 케이프사이즈, 파나믹스사이즈 및 핸디항로 전체 30개 항로의 운임에 대한 가중치를 적용하여 1995년 1월 7일(1995.1.7=1,000)을 기준으로 발표하고 있다.

(5) **선급제도**(Ship's Classification)

① **정의** : 선박의 감항성(Seaworthiness)을 객관적이고 전문적으로 판단하기 위해 만든 제도이다. 선박의 감항성이란 선박이 목적항구에서 소정의 화물을 싣고 항해를 무사히 종료할 수 있는 상태하에 있는 선박의 종합적인 능력을 말한다. 선박의 감항성 유무는 선주, 화주, 보험회사 등 모든 이해당사자에게 주요 관심사항이다. 그러나 감항성의 기준이 객관적으로 명백하지 못해 항상 분쟁의 소지가 있다.

선급이라는 것은 선급협회가 선체의 상태나 기관 및 기기의 성능 등을 기준삼아 정한 선박의 등급을 의미하는 것으로, 보험금 및 보험료 산정의 기준자료로 이용되거나, 선박의 운항능력에 대한 평가 자료로 사용되며 이를 담당할 선급협회(Classification of Societies)가 있다.

② **선급협회의 업무**

㉠ 선박의 검사와 선급의 등록

㉡ 냉방장치 및 소방시설의 검사 및 등록

㉢ 만재흘수선의 지정 및 검사, 선용기관, 의장품, 선용품 등의 구조재료의 검사시험

㉣ 양화장치의 제한중량 등의 지정검사

㉤ 국제조약에 기준한 선박의 검사 및 조약증서의 발행

㉥ 선급등록선명 등의 간행 및 선박에 대한 정부의 대행검사

㉦ 선박관련 각종 기술규칙 제정 등

⑥ **편의치적제도와 제2치적제도**

① **편의치적(Flag of Convenience)제도**

㉠ 정의 : 편의치적이란 선주가 소유선박을 선주 국가의 엄격한 규제, 세금이나 요구조건 등과 의무를 피하기 위한 목적으로 선주의 국가가 아닌 조세도피국(tax haven)의 국적을 취득하여 영업행위를 하는 제도이다. 조세도피국으로는 파나마, 라이베리아, 바하마, 사이프러스, 몰타, 싱가포르, 필리핀, 홍콩, 온두라스, 소말리아, 오만 등이 있다.

㉡ 편의치적제도를 선호하는 이유

ⓐ 고임금의 자국 선원을 선박에 승선시키지 않아 인건비가 절감되고, 선원의 선택시 공급의 폭이 확대된다. 대부분의 선진해운국의 선주들이 편의치적을 선호하는 이유이다.

ⓑ 조세도피국에서는 등록시의 등록세와 매년 징수하는 소액의 톤세 이외는 운항에 따른 세금이 면제된다.

ⓒ 편의치적선은 기항지의 제약을 받지 않으며 운항에 따른 융통성도 증가된다. 선박의 운항 및 안전기준 등에 대해서도 규제하지 않기 때문에 비용이 절감된다.

ⓓ 국제 금융기관이 선박에 대한 유치권을 쉽게 행사할 수 있기 때문에 국제금융시장의 이용이 용이하다.

㉢ 추 세

ⓐ 편의치적을 방지하기 위한 조치로 해운선진국이나 일부 개발도상국에서는 제2치적(Secondary Registry)제도, 역외치적(Flagging Out)제도, 국제개방치적(International Open Registry)제도 등을 도입하고 있다.

ⓑ 선박들의 운항 및 안전기준, 운행 선박의 안전성에 대한 국제규제가 강화되고 있으므로 편의치적의 비용은 감소될 것으로 예상되고 있다.

② **제2치적(Secondary Registry)제도**

㉠ 정의 : 1980년대에 해운경쟁이 격화되면서 선진국의 선대가 대량으로 편의치적을 하자, 자국선대의 해외이적을 방지하기 위해 자국 선주가 소유한 선박을 자국의 특정 자치구나 속령에 치적하는 경우 편의치적선에 준하는 선박관련 세제상의 혜택 및 선원고용상의 융통성 특례를 부여하는 제도이다. 제2치적제도를 일종의 자국 내 편의치적제도라고 하며, 역외치적제도 또는 국제개방치적제도라고도 한다.

㉡ 제2치적제도의 특징

ⓐ 기존의 등록지와 다른 곳에 등록을 하고 명목상의 본사를 둔다.

ⓑ 자국기를 게양하면서 외국선원의 고용을 허용하고 각종 세금을 경감해 준다.

ⓒ 선박안전 등에 관한 사항은 자국의 자국적선과 동일하게 적용하여 등록선박에 대한 관리체제가 잘 정비되어 있다.

제 2 절 해운시장과 해상운송의 형태

1 해운시장

해운시장은 크게 정해진 항로를 운항하는 정기선 시장과 선주와 화주와의 용선계약에 따른 항로를 운항하는 부정기선 시장으로 나뉘어진다.

구 분	정기선 시장	부정기선 시장
수요특성	저운임이진 않지만 규칙성, 신속성, 정확성이 있음	상대적으로 저운임이지만 규칙성과 신속성이 떨어짐
수요발생	일정하고 안정적이며 계속적임	불규칙하며 불안정함
운항형태	특정항로를 규칙적으로 반복운항	운항항로와 배선시기가 불규칙적임
운송인	• 일반운송인(common carrier) • 공공운송인(public carrier)	• 계약운송인(contract carrier) • 사적운송인(private carrier)
대상화물	• 취득가격에서 운임의 비중이 낮고 운임부담력이 큰 화물 • 공산품의 완제품이나 반제품과 같은 일반잡화물 운송에 이용	• 단위당 가격이 낮아 취득가격에서 운임비중이 큰 화물 • 광석, 곡류, 목재 등 살화물(bulk cargo)의 대량운송에 이용
운송계약	• 개품운송계약방식을 적용 • 선하증권(B/L)	• 용선계약방식을 적용 • 용선계약서(charter party)
운 임	• 미리 공시된 운임을 적용 • 동일운임(동일품목/동일화주) • Berth Term=Liner Term	• 운송인과 용선자의 합의에 의해 결정 • FIO, FI, FO
선 박	정기선(Liner)	부정기선(Tramp ship, Tramper)
조 직	대규모 조직	소규모 조직
여 객	제한적으로 약간의 운송 가능	여객 운송 불가능

2 정기선운송(Liner)

(1) 개념과 특성

① 개 념

정기선운송은 정해진 운항 스케줄에 의해 정해진 항로를 규칙적으로 반복운항하면서, 공표된 운임률에 따라 화물의 많고 적음에 관계없이 운송서비스를 제공하는 가장 대표적인 해상운송 방식이다.

이와 같은 정기선운송은 적정선복(Ship's Space)을 유지하여 장기적으로 안정적인 운임수준으로 고품질의 운송서비스를 제공할 수 있을 뿐만 아니라, 선박을 정기적으로 배정함으로써 수출 화물의 적기운송에 많은 도움을 주고 있다. 또한, 정기선운송은 국가 간의 교역증대는 물론 저렴한 운임수준으로 대량의 화물을 운송함으로써, 자원의 효율적 배분에도 크게 기여하고 있다. 특히 대부분의 수출입화물이 해상 컨테이너에 적입되어 운송되고 있는 상황이 전개되면서, 정기선운송의 효용과 중요성이 더욱 증대되고 있다.

② 특 성

ㄱ) 항해의 반복성(Repeated Sailing): 정기선운송은 정해진 항구와 항구 사이에서 규칙적이고 반복적인 해운서비스를 제공하는 운송방식이다. 따라서 화주들은 화물의 선적과 운송계획을 사전에 설계하고 예측함으로써, 원활한 수출입업무를 추진할 수 있는 것이다.

ㄴ) 공공서비스의 제공(Common Carrier): 정기선운송은 불특정 다수의 화주에게 해운서비스를 제공하기 때문에 공공서비스적 성격을 띠고 있다. 특히, 운송화물의 수량이 적다고 해서 대량화주에 비해 차별대우를 하지 않기 때문에, 소량화주들이 고품질의 운송서비스를 이용할 수 있는 기반을 제공하고 있다.

ㄷ) 고가 운송서비스(Higher Value Service): 정기선운송은 그 운임이 특정 항로에 취항하고 있는 선사들의 결합체인 해운동맹에 의해 정해지기 때문에, 시장에서 운임이 결정되는 부정기선 운임에 비해 높은 편이다. 왜냐하면 해운동맹은 회원선사들 중에서 가장 영세한 선사를 기준으로 하여 운임을 산정하기 때문이다.

ㄹ) 개품운송계약의 체결(Individual Consignment of Cargo): 정기선운송은 화물을 운송하고자 하는 모든 화주들과 표준화된 운송계약서에 따라 개별적으로 운송계약을 체결한다. 이와 같은 특성을 고려하여 정기선운송을 이른바 개품운송계약이라고 부르기도 하는 것이다.

ㅁ) 공표운임의 존재(Freight Tariff): 정기선운송은 해운동맹에 의해 정해진 운임기준과 요율을 공표하고 있다. 따라서 화주들은 공표된 운임률표(Tariff)를 참조하여 화물의 운송원가를 산정할 수 있게 된다. 이 운임률표에는 화물의 요율과 그 화물의 운송과 관련된 규정을 명시하고 있다.

③ 정기선운송화물의 종류

㉠ 일반화물

일반적으로 정기선운송에 적합하고 적량으로 포장되어 있어서 하역작업이 쉽고 다른 화물과 함께 적재할 수 있는 화물로 특별한 취급을 할 필요가 없는 화물을 의미한다.

정량화물(Clean Cargo)	다른 화물과 적재해도 특별한 주의가 필요 없는 화물
조잡화물(Rough Cargo)	다른 화물을 오손시킬 우려가 있는 화물로 오염, 융해, 흡습, 분말이나 악취를 발산하는 화물
액체화물(Liquid Cargo)	캔, 병, 탱크 등을 이용하여 싣는 액체나 반액체 화물
단위화물(Container Cargo)	단위화가 된 화물을 의미하며, 포장용기나 컨테이너용기에 포장되어 있는 화물
살화물(Bulk Cargo)	곡류, 석유, 광석 등과 같이 단위화 되지 않고 재래방식으로 하역이 이루어지는 화물

㉡ 특수화물

일반화물과는 반대로 특별한 취급상 주의를 요구하는 화물이다.

ⓐ 부패성화물(perishable cargo) : 부패가 되거나 변질이 되기 쉬운 화물을 말한다.

ⓑ 고가화물(valuable cargo) : 값이 비싼 화물을 의미한다.

ⓒ 냉장·냉동화물(refrigeration cargo) : 부패가 되거나 변질이 되는 것을 방지하거나 신선도를 유지하기 위해 냉장·냉동된 상태로 운송해야 하는 화물을 말한다.

ⓓ 동식물(live stock or plant) : 병이 들기 쉽거나 죽을 위험이 있어서 관리가 필요한 화물을 의미한다.

ⓔ 중량화물(heavy cargo) : 3톤을 초과하는 단위중량이 큰 화물을 말한다.

ⓕ 대용적 및 장척화물(bulky or lengthy cargo) : 용적이 특별히 크거나 길이가 긴 화물을 말하며 할증운임을 이용해서 운송이 가능하다.

ⓖ 위험화물의 종류 : 위험화물은 6가지로 분류된다.

발화성화물(inflammable cargo)	가연성 가스의 발생 또는 자연발화가 쉬운 화물
유독성화물(poisonous cargo)	독성이 있어서 피부나 신체기관을 상하게 하는 화물
폭발성화물(explosive cargo)	폭발을 할 위험성이 있는 화물
부식성화물(corrosive cargo)	화물 자체에 부식성이 있거나 다른 화물을 부식시킬 위험성이 있는 화물
방사성화물(radio-active cargo)	방사성이 있는 화물
압축·액화가스(compressive of liquid gas)	압축하거나 액화하여서 용기에 넣은 화물 (누출시 발화, 폭발, 독성의 위험)

④ **정기선의 운임** : 정기선의 운임은 운임률이 해운동맹에 의해서 협정이 되어져 있어 독점가의 성격이 강하고 해운시황의 변동에 영향을 받지 않아서 비교적 안정적이고, 이 점이 부정기선의 운임과의 가장 큰 차이점이다. 정기선은 운임요율표(Tariff)를 사용하는데, 운임요율표란 정기선업자가 어떤 항로에 대해서 운임일람표를 결정하고 화물의 다소에 관계없이 정액운임표로 운송을 담당할 때 필요한 표정운임을 말한다. 정기선의 운임은 총적·총량이 원칙이며 적량시 선내하역비를 포함한 요금이 된다. 따라서 Berth Term 또는 Liner Term운임이 되고 있다.

　㉠ **자유운임** : 거의 대부분의 화물이 포함된 운임이다. 하지만, 비동맹선사와의 경쟁을 고려해 제외되는 경우가 발생하는데, 이 경우 화물을 자유화물, 부과되는 운임을 자유운임이라 한다. 자유화물은 상황에 따라서 화주와 선주에 의해서 결정된다.

　㉡ **정책운임** : 특정화물에 대해 예외적으로 정해지는 운송비용이 저렴한 운임이다. 정책운임은 기준운임의 예외로 정해지는 경우도 있다.

　㉢ **할증운임** : 화물의 성질, 특징, 형상, 운송방법 등에 따라서 기준운임만으로 불충분할 경우에 사용되는 운임이다. 할증운임에는 장척할증, 중량할증, 고척품할증의 세 가지가 있다.

　㉣ **컨테이너운임** : 일반적으로 컨테이너의 운임은 협정요금인데, 항로에 따라 각 해운회사가 설정한 운임을 적용하는 경우도 있다.

　㉤ **위험물 할증** : 폭발, 발화, 유독성 등 위험성이 있는 화물에도 부과된다.

⑤ **정기운송과 관련된 주요 서류**

　㉠ **기기수도**(Equipment Receipt, E/R) : 컨테이너, 샤시 등 기기류의 CY 또는 ICD 반출입시 인계 또는 인수를 증명하는 서류이다. 터미널 또는 ICD 운영자가 작성하여 발급한다.

　㉡ **컨테이너 적입도**(Container Load Plan, CLP) : 컨테이너에 적입된 화물의 명세서이다. 화주나 대리인이 화물을 컨테이너에 적입하는 경우에는 화주나 대리인이 작성하고, CY 및 CFS Operator가 컨테이너에 적입하는 경우에는 터미널 Operator가 작성하여 발급한다.

　㉢ **부두수취증**(Dock Receipt, D/R) : CY에 상주하는 선사의 직원 또는 위임받은 CY운영자가 화물의 수취증으로 발행한다. 화주(대리인)가 화물과 함께 제출하면 선사는 화주의 기재내용과 반입화물 간의 차이점 여부를 점검하고, 과부족이나 손상 등의 이상이 있을 때는 적요란(excetpion)에 기재하고 교부한다.

　㉣ **본선수취증**(Mate's Receipt, M/R) : 본선에서 M/R에 기재된 상태로 화물을 수취하였음을 인정하는 영수증이다. 화물의 선적을 완료 후 검수집계표에 근거하여 일등항해사가 선적한 화물과 선적지시서(S/O)를 대조하여 이상이 없으면 "외관상 양호한 상태로 선적되었음(Shipped in apparent good and condition)"이라고 작성하고 송하인에게 교부한다.

　㉤ **적하목록**(Manifest, M/F) : 선박 또는 항공기에 적재된 화물의 총괄목록으로 선적화물에 대한 명세서이다. 양륙지에서는 하역상 필요하며 세관에 제출하는 중요서류이다. 적하운임 명세목록 및 선하증권의 사본을 기초로 Master B/L일 경우는 선사나 항공사가 작성하고, House B/L일 경우에는 포워더(화물운송주선업자)가 작성한다.

　㉥ **적부도**(Stowage Plan, S/P) : 본선 내의 적재 컨테이너의 위치를 표시한 도표이다.

(2) 해운동맹

① 의 의

해운동맹(Shipping Conference, Rings, Cartel)은 특정항로에 취항하고 있는 2개 이상의 선박회사들이 모여 기업 자체의 독립성을 유지하면서, 과당경쟁을 회피하고 상호간의 이익을 유지하기 위하여 운임, 해상화물, 배선 기타 운송조건에 관하여 협정 또는 계약을 체결한 일종의 가격카르텔을 형성하는 것을 말한다. 특히 해운동맹은 거의 모든 정기선항로에 존재하고 있기 때문에, 이른바 정기선동맹으로 부르고 있다.

이와 같은 해운동맹은 운임이 부정기선에 비해 높은 편이긴 하지만, 장기적 관점에서 매우 안정적인 운임수준으로 고품질의 운송서비스를 제공하고 있으며, 선박회사들 간에 과당경쟁의 가능성을 사전에 배제시킴으로써, 화주에 대한 서비스 증대에 주력할 수 있다는 장점을 지니고 있다. 따라서 화주들은 예측가능한 고품질의 운송서비스를 안정적으로 공급받을 수 있기 때문에, 화물운송에 따른 위험과 부담에서 벗어날 수 있는 것이다. 그러나 해운동맹은 일종의 가격카르텔로서 해운기업의 공정한 경쟁을 제한하고, 동맹에 가입하지 않은 비동맹선사(outsider)에 대한 차별대우 등과 같은 폐해로 인해 많은 비판을 받고 있는 것도 사실이다.

② 형 태

해운동맹은 가입과 탈퇴의 자율성 여부에 따라 개방형과 폐쇄형 해운동맹으로 나뉜다.

㉠ 개방형 해운동맹 : 개방형 해운동맹(Open Conference)은 해운동맹에의 가입 및 탈퇴가 자유로워 강력한 구속력이나 비동맹선사에 대한 결집된 대응력이 결여된 동맹의 형태이다. 이와 같은 형태는 북미해운동맹의 경우처럼, 독점을 강력히 규제하고 있는 미국에 취항하고 있는 항로에서 주로 나타나고 있다. 가입과 탈퇴가 자유로워 동맹회원의 수가 수시로 증감하게 되어 단결력이 미약하고 항로의 안정을 기하지 못하고 있는 단점이 있다.

㉡ 폐쇄형 해운동맹 : 폐쇄형 해운동맹(Closed Conference)은 유럽항로에서 발전한 동맹의 형태로서, 동맹 가입의 조건이 매우 엄격하여 선사의 신뢰성, 선주의 운송능력과 과거실적 등에 따라 신규선사의 동맹가입 여부를 결정하고, 탈퇴시에도 여러 가지 제제조치를 동원하여 탈퇴를 억제하는 보다 엄격한 동맹의 형태로서 동맹회원 간 단결이 강하고 항로가 안정적이다.

장 점	단 점
• 정기운항의 유지로 무역거래의 편리 • 투하자본 안정에 따른 운항서비스의 촉진 • 운임안정을 통한 생산 및 판매계획 수립용이 • 배선의 합리화에 의한 비용절감효과 • 모든 화주에 균등운임의 적용 • 동맹가입을 통한 영세선사의 구제 • 선로안정성 확보로 양질의 운송서비스의 제공	• 동맹의 독점성에 따른 초과이윤의 획득 • 동맹선사 이용시 저렴한 운임률 제공으로 타선사 이용곤란 • 동맹의 일방적 정책에 의한 다량화주의 불합리한 운임책정 • 독점성의 남용 • 동맹의 집합독점성에 대한 비합리성 • 기항지의 축소로 인한 불편야기

③ 해운동맹의 대내적인 협정

　㉠ 운임협정(Rate Agreement) : 해운동맹 결성의 주된 이유로 가장 중요한 협정이다. 모든 동맹 가입선사는 협정된 운임요율표(Tariff)에 정해진 운임률을 준수해야 하는 의무가 부과된다.

　㉡ 공동계산협정(Pooling Agreement) : 선사의 경쟁억제방안으로 가장 강력한 방법이다. 각 동맹선사들이 일정기간 내 획득한 운임을 동맹선사의 경력, 실적 등에 근거하여 사전에 정한 배분율(Pool Point)에 따라 동맹선사들에 나누어주는 방법이다.

　㉢ 배선협정(Sailing Agreement) : 동맹선사의 각 선주 간의 선복량을 조절하고 적하 및 물량의 한도를 설정 할당하여서 선복과잉으로 인한 과다경쟁을 방지하기 위한 방법이다. 또한 발항지 및 기항지를 제한하고 항해 수를 제한하기도 한다.

　㉣ 중립감시기구(Neutral Body) : 해운동맹에서 위의 3개 협정을 제대로 준수될 것을 목적으로 하여 협정위약을 사전에 막고 동맹 본래의 목적을 달성하기 위해 설치한 기구이다.

④ **해운동맹의 대(對) 화주 구속수단** : 해운동맹은 화주를 지속적으로 구속하여 동맹에 묶어두기 위한 수단을 행사하는 데 주로 운임의 책정(운임률)을 이용하게 된다.

　㉠ 계약운임제(Contract Rate System, Dual Rate System) : 화물을 동맹에 가입된 선사에 싣겠다는 계약서를 체결한 화주에 대하여는 저율의 운임을 책정하고 비계약화주에게는 고율의 운임을 책정하는 이중운임제도이다.

　㉡ 운임할려제(성실할려제, Fidelity Rebate System) : 일정기간(대개 6개월) 동안 동맹선을 이용한 화주에게 운임이 선불이든 후불이든 관계없이 그 기간 내에 선박회사가 받은 운임의 일정비율을 기간 경과 후에 환불하는(대체적으로 10%) 제도를 말한다.

　㉢ 운임연환불제(운임연환급제, Deferred Rebate System) : 일정기간(통상 6개월) 동안 동맹선에만 선적한 화주에 대해서 그 지급한 운임의 일부를 환불하는데, 그 기간에 이어서 일정기간 동맹선에만 선적할 것을 조건으로 하여 그 계속되는 일정기간이 경과된 후 환불되는 제도이다. 운임연환불제는 운임할려제에다가 유보기간까지 설정되어 화주를 구속하는 가장 강력한 해운동맹의 구속수단이다.

■ 3 부정기선운송

(1) 개념과 특성

① **개념** : 부정기선운송은 정기선운송과는 달리 운항일자나 항로가 일정하지 않고, 화물의 수요에 따라 화주가 요구하는 시기와 항로에 해운서비스나 선복(Ship's Space)을 제공하여 화물을 운송하는 방식이다. 부정기선운송의 대상화물은 광석, 곡물류, 목재, 비료 등과 같이 비교적 운송량이 많고 운임부담능력이 적은 살화물(Bulky Cargo)이 주종을 이루고 있다.

따라서 부정기선운송은 비교적 저렴한 운임으로 대량의 화물을 화주가 원하는 시기에 화주가 원하는 장소까지 운송할 수 있기 때문에 정기선이 취항하지 않는 항로나 원재료 및 연료 등을 운송하는 데 매우 적합한 운송방식이라 할 수 있다.

② **특 성**

　㉠ 항로선택의 자유성: 부정기선운송은 정기선운송과 같이 정해진 항로를 운항하는 것이 아니라, 화주의 요구와 필요에 따라 가장 적합한 항로를 선택하여 운항하는 것이기 때문에 선박이 운항할 수 있는 곳이면 어디든지 화물을 운송할 수 있는 특성을 가지고 있다.

　㉡ 저부가가치 화물의 대량수송성: 일반적으로 부정기선운송은 운임이 비교적 저렴하기 때문에 운임부담 능력이 적거나 부가가치가 낮은 화물을 대량으로 운송할 수 있다. 따라서 운임수준이 높은 정기선운송으로 운송하기가 곤란한 화물의 대량운송을 통해 자원의 효율적 배분은 물론이고 기업의 경쟁력 강화에도 도움을 주고 있다.

　㉢ 용선운임의 변동성: 부정기선운송의 운임은 선박의 용선계약이 체결되는 용선시장에서 운송의 수요와 공급에 의해 결정된다. 일반적으로 운송수요량은 운송을 필요로 하는 화물량에 의해 결정되고, 운송공급량은 운송에 이용될 수 있는 선복량에 의해 결정되기 때문에 부정기선운송의 운임수준은 시장환경의 변동에 따라 계절적·시간적·지역적으로 상이하게 설정된다.

③ **사업형태**

　㉠ 선주중개업: 용선계약을 체결하는 과정에서 선박소유자를 위해 업무를 수행하고 선박소유자로부터 대행수수료를 취득하는 중개업의 형태로서, 이와 같은 선주를 위해 행동하는 업자를 선주중개인이라 부른다.

　㉡ 용선중개업: 용선계약을 맺는 과정에서 용선자를 위해 업무를 수행하며, 선박을 용선하여 화물을 운송하고자 하는 화주를 위해 적합한 선박을 수배하여 계약을 체결하고, 화주로부터 대행수수료를 취득하는 사업의 행태이다.

　㉢ 탱커중개업: 탱커중개업은 액체 살화물 및 선박을 전문으로 중개하는 사업형태를 말한다. 따라서 탱커중개업자는 탱커선의 소유자와 액체화물을 운송하고자 하는 화주를 서로 연결하여 용선계약을 체결하여 주고, 중개수수료를 취득하게 된다.

　㉣ 케이블중개업: 케이블중개업은 선박회사와 화주 또는 선박중개인, 용선중개인, 탱커운송인 등이 용선계약을 체결하는 과정에서 화물량 및 선박일정 등 텔렉스 등을 이용하여 통지하여 주고, 통지수수료를 취득하는 중개업의 형태이다.

④ **부정기선 운임**: 부정기선의 운임은 부정기선으로 운송되는 광석, 곡물, 석탄 등 대량의 살화물을 대상으로 당시의 해운시황에 따라 화주와 선주 사이에 의해서 자유계약된다. 그렇기 때문에 자유운임이 원칙이다. 부정기선의 운임의 특징은 운송의 수요와 선복의 공급과 관련하여 크게 변동하는 것이다. 부정기선 운임은 운송의 시기와 기간에 따라 분류된다.

Spot 운임	계약을 한 직후에 아주 짧은 기간 내에 선적이 개시될 수 있는 상태의 선박에 대하여 지불되는 운임이다.
선물운임	투기적 요소가 약간 개입되는 운임으로 계약과 실제 선적시기까지 오랜 기간이 있는 조건의 경우에 사용되는 운임이다.

연속항해운임	어떠한 특정항로를 연속적으로 반복항해하는 경우에 약정된 연속항해의 전부에 대하여 적용하는 운임이다.
장기계약운임	장기계약운임도 장기간에 걸쳐 반복되는 항해에 의하여 화물을 운송하는 계약(COA)의 경우에 적용되는 운임으로 연속항해운임과 비슷하다. 특정 선박에 의해 연속하여 항해를 되풀이하고 항해 수에 따라 기간이 약정되는 연속항해운임에 비해 장기계약운임은 특정 선박을 그 항로에 투입하여 연속적인 항해를 되풀이할 필요가 없다.

(2) 용선운송

① 용선운송은 특정화주의 특정화물을 싣기 위해 선박을 빌려주는 형태로 운송이 되게 되는데, 주로 부정기선을 이용한다. 선박의 일부분을 선복할 경우는 일부용선계약(Partial Charter)이라고 하며, 전부분을 선복할 경우는 전부용선계약(Whole Charter)이라고 한다.

② 전부용선계약은 기간용선계약과 항해용선계약으로 나뉘게 되는데, 기간(정기)용선계약은 일정한 계약기간을 정해서 계약하는 것을 뜻하며 항해용선계약은 특정 항구에서부터 특정 항구까지의 항해를 계약하는 것이다.

③ 기간용선과 항해용선은 모든 장비와 선박을 임대하여 항해하는 것으로 선주가 선박의 점유권과 지배권을 가지며 항해에 필요한 비용을 모두 부담한다.

(3) 용선계약

부정기선은 살화물(Bulk Cargo)을 운송하는 의미로 쓰이며 1인 또는 소수의 용선자(傭船者, Charter)가 선복(船腹, Ship's Space)의 일부 또는 전부를 전세 내어 화물을 운송할 목적으로 선박회사와 용선자 간에 체결하는 계약이다.

● 부정기선의 운항형태

운항형태	내 용
항해용선계약 (Voyage Charter)	한 항구에서 다른 항구까지 한번의 항해를 위해 체결되는 운송계약
선복용선계약 (Lump Sum Charter)	항해용선계약의 변형으로 정기선 운항시간에 한 선박의 선복 전부를 한 선적으로 간주하여 운임액을 결정하는 용선계약
일대용선계약(Daily Charter)	항해용선계약의 변형으로 하루 단위로 용선하는 용선계약
정기용선계약(Time Charter)	모든 장비를 갖추고 선원이 승선해 있는 선박을 일정기간을 정하여 고용하는 계약
나용선계약(Bare Boat Charter)	선박만을 용선하여 인적 및 물적 요소 전체를 용선자가 부담하고 운항전부에 걸친 관리를 하는 계약

① **항해용선계약**(Voyage Charter) : 항해용선계약은 한 항구에서 다른 항구까지 한번의 항해를 위해서 체결되는 용선계약의 형태이다. 따라서 항해용선계약은 항해일자와는 무관하며, 항차를 기준으로 하여 용선운임이 산정되는 것이 보통이다. 그러나 변형된 계약형태로 한 항해를 기준으로 항해용선계약을 체결하지만, 항해가 이루어지는 항해일자를 기준으로 하여 운임을 산출하는 일대용선계약(Daily Charter)이나, 화물의 선적량에 관계없이 일정 선복(선박의 전체 또는 일부)을 기준으로 하여 운임을 정하는 선복용선계약(Lump Sum Charter) 등과 같은 형태도 이용되고 있다.

② **정기용선계약**(Time Charter) : 기간용선계약[1]은 항해용선과는 달리 일정기간을 단위로 모든 장비와 선원을 갖춘 선박을 용선하는 형태이다. 따라서 용선운임은 항차에 관계없이 용선기간을 기준으로 하여 산정된다. 그러나 항해용선계약과 기간용선계약을 불문하고 선박회사는 운송행위를 수행하고, 용선자는 선박회사가 제공하는 운송서비스만을 이용한다는 공통점이 있다.

③ **나용선계약**(Bare Boat Charter or Demise Charter) : 나용선계약 또는 선박 임대차계약은 선박회사로부터 운송에 이용되는 선박 자체를 용선하여, 항해에 필요한 물적 및 인적 요소 일체를 용선자가 직접 부담하고 선박의 운항과 관련된 제반사항을 관리하는 형태이다. 따라서 나용선계약은 선박회사가 제공하는 운송서비스를 용선하는 항해용선이나 기간용선과는 달리 운송수단인 선박 자체를 용선하는 형태이다.

구 분	항해용선계약	정기(기간)용선계약	나용선계약
선장고용책임	선주가 선장 임명 및 지휘·감독	선주가 선장 임명 및 지휘·감독	임차인이 선장 임명 및 지휘·감독
책임한계	용선자는 선복을 이용하고 선주는 운송행위	용선자는 선복을 이용하고 선주는 운송행위	임차인이 선박을 일정기간 사용 및 운송행위
운임결정기준	선복으로 결정	기간에 의하여 결정	임차료는 기간을 기초로 결정
감항담보	용선자는 재용선자에 대하여 감항담보책임이 없음	용선자는 재용선자에 대하여 감항담보책임이 없음	임차인은 화주 또는 용선자에 대하여 감항담보책임이 있음
선주의 비용 부담	선원급료, 식대, 윤활유, 유지비 및 수선료, 보험료, 감가상각비, 항비, 하역비, 예선비, 도선료 등	선원급료, 식대, 윤활유, 유지비 및 수선료, 보험료, 감가상각비	보험료, 감가상각비
용선자의 비용부담	부담비용 없음	연료, 항비, 하역비, 예선비, 도선료	항해용선비 중 감가상각비 이외의 비용

* 자료 : 로지스틱스21, 전게서, p.173.

---

1) 'Time Charter'를 정기용선계약이라고 번역하기도 한다.

④ 용선계약 체결과정

조 회	화주가 용선중개인에게 의뢰하면 중개인은 화주의 조건에 일치하는 선사를 조회
확정청약	선사가 화주의 요구 검토 후 조건과 유효기간을 명시해 용선계약 체결 신청
반대청약	화주가 선사의 요구 검토 후 내용의 일부를 변경하거나 추가 제의를 함
선복확정서 송부	선사의 요구에 화주가 승낙하면 선복확정서를 작성 후 선주, 화주, 중개인이 서명, 보관
용선계약서작성	선복확정서에 의거 정식 용선계약서를 작성

⑷ **정박기간**(Laydays, Laytime)**의 표시**

정박기간이란 용선자가 계약화물의 전량을 완전하게 적재 또는 양륙하기 위해서 본선을 선적항 또는 양륙항에서 정박시킬 수 있는 기간을 말한다. 약정된 정박기간 내에 하역을 완료하지 못하면 초과 정박기간에 대하여 화주가 선주에게 체선료(Demurrage)를 지불하여야 하며, 반대로 약정 정박기간보다 하역이 빨리 끝나면 조출료(Despatch Money)로 보상받게 된다. 이때 체선료는 1일 또는 중량톤수당으로 계산하여 지불하는 것이 보통이고, 조출료는 일반적으로 체선료의 반액이다.

① **CQD 조건**(Customary Quick Dispatch, 관습적 조속하역) : 일정기간을 약정하지 않고 당해 항구의 하역방법 및 하역능력에 따라 가급적 신속하게 하역한다는 조건이다. 물론 불가항력에 의한 하역불능일은 정박기간에서 제외되지만 일요일과 공휴일의 제외 여부는 그 항구의 관습에 따른다.

② **Running Laydays**(연속정박기간) : 하역작업이 시작된 날로부터 끝날 때까지 경과된 일수를 정박기간으로 정하는 방법으로 하역불능일(우천, 파업, 불가항력 등에 의한 하역불능 포함)은 물론 일요일과 공휴일도 모두 정박기간에 산입하는 조건이다.

③ **Weather Working Days**(WWD, 호천하역일) : 기후가 양호하고 하역이 가능한 작업일만으로 정박기간을 정하는 방법이므로 가장 많이 사용되고 있는 조건이며, 아래의 세 가지로 분류된다. 한편, 하역불능일은 선장이 결정하거나 상호 협의에 의하여 결정된다.

　㉠ Sundays and Holidays are Excepted(SHEX) : 일요일과 공휴일은 작업일이 아니므로 정박기간에서 제외하는 방식

　㉡ Sundays and Holidays are Excepted/Excluded unless used(SHEXUU) : 일요일과 공휴일에 작업을 하는 경우에만 정박기간에 산정하는 방식

　㉢ Sundays and Holidays are Excepted/Excluded even if used(SHEXEIU) : 일요일과 공휴일에 작업을 하더라도 정박기간에 산정하지 않는 방식

4 해상운송의 합리화를 위한 제도

(1) 부두운영회사제도(Terminal Operation Company, TOC)

이전에 국가에서 건설하여서 관리하고 운영하고 있던 선석·창고·하역시설 등을 포함한 부두의 생산성을 높이기 위한 목적으로 선박회사나 하역회사 등 민간회사에게 일정기간 동안 임대를 주어 회사에서 관리·운영하는 제도이다. 부두운영회사제도를 시행함으로써 부두의 혼잡을 해소, 화물처리능력이 향상되어 하역시간이 단축되었으며 하역장비·선박의 가동률이 향상되었다.

(2) 항만공사(港灣公社, Port Authority)제도

일반부두의 운영권이 부두운영회사제도를 통해 민간에게 부여되었고, 한국컨테이너부두공단의 설립을 계기로 부두의 민형화체제가 도입되었다. 지방자치단체에서도 항만관리권이양을 주장하였기 때문에 항만공사제도가 도입되었다. 항만공사제도는 지방자치단체 또는 항만을 이용하는 이용자가 정책을 결정하는 데 참여하여 항만정책의 투명성을 높이고 국가와 지방의 관점을 조화시켜 보다 균형적인 항만발전과 개발을 이루기 위한 제도이다.

(3) 부두직통관제도

부두직통관제도는 수출입되는 컨테이너화물의 유통과정을 단순화하여 시간의 단축과 효율성을 제고하기 위해 도입한 제도이다. 수출입되는 화물을 부두 밖의 장치장(ODCY)을 경유하지 않고도 부두에서 직접 수출입통관절차를 진행하거나 보세운송신고를 수리해주는 제도이다. 부두직통관제도를 채택한 경우 수입된 컨테이너화물(FCL)은 부두에 하역되기 전에 수입신고 또는 보세운송신고를 할 수 있도록 하여 하역 즉시 부두 내에서 세관검사, 세금납부 등 관련절차를 완료할 수 있게 된다. 부두직통관제도를 사용함으로써 통관소요시간이 단축되었고, 이로 인해 화물운송상의 효율성이 높아졌다. 또한 부두 밖의 장치장(ODCY)으로 이동하기 위한 운송료와 하역료가 들지 않아 기업들의 물류비용이 감소되었고, 이동할 때 생기는 도로파손이나 소음이 줄어들었다.

제 3 절　해상운송운임

1　해상운임의 개요

(1) 해상운임의 의의

해상운임은 선사가 선박을 이용하여 사람이나 화물을 운송한 대가인데, 운임의 수준은 시장경제의 원칙인 수요와 공급의 원리에 의해 결정되어지는 것이지만 정기항로에는 일종의 카르텔(Cartel)인 해운동맹 및 협의협정이 있어 시장경쟁이 크게 제약받고 있다.

정기선운송에 있어서는 항로별로 해운동맹이 결성되어 있어 공표된 운임률(Tariff Rate)을 책정하고 있으나 맹외선사와의 경쟁으로 인해 실제로 선사가 징수하는 시장운임(Market Rate)은 공표된 운임률(Tariff Rate)보다 훨씬 낮은 경우가 대부분이며 시황에 따라 변동폭도 크다.

(2) 해상운송운임의 유형

① **운임지급시기에 따른 유형** : 정기선운임은 운송서비스에 대한 대가를 언제 지급하느냐에 따라, 운임선불방식(Freight Prepaid)과 운임후불방식(Freight Collect)으로 나누어진다. 일반적으로 정형거래조건(INCOTERMS 2020) 중의 하나인 CFR, CIF, CPT, CIP, DAP, DPU 등의 경우에는 운임이 선불로 지급되고, EXW, FOB, FCA, FAS 등의 경우에는 운임이 후불로 지급되고 있다.

② **운송의 완성도에 따른 유형** : 운송의 완성 여부에 관계없이 운임전액을 지불하는 전액운임과 운송 중단시 운송의 완성비율에 따라 운임을 지불하는 비율운임[2]의 형태가 있다.

③ **부과방법(산정기준)에 따른 유형** : 해상운임의 산정기준은 통상 화물의 중량과 용적을 비교하여 선사입장에서 더 유리한 것을 기준으로 삼는다.

　　㉠ 종가운임(Ad Valorem Freight) : 귀금속 등 고가품의 운송에 있어 화물의 가격을 기초로 이의 일정률을 운임으로 징수하는 경우를 말한다. 일반적으로 상품가격의 2~5% 정도의 일정비율을 할증 추가하며, 정기선 운임시에만 통용된다.

　　㉡ 최저운임(Minimum Rate) : 운임은 일정단위(CBM 또는 Ton)를 기초로 부과되는데, 화물의 용적이나 중량이 일정기준 이하일 경우 이미 설정된 최저운임을 부과하게 된다.

　　㉢ 중량·용적기준운임(Weight & Measurement Rate) : 실제중량(Ton)과 실제중량에 비하여 용적이 큰 경우 용적(CBM)을 기준으로 부과하는 중량기준운임과 용적기준운임이 있다.

　　　◈ **중량기준운임**
　　　1. 1Long Ton＝2,240lbs(1,016kg)
　　　2. 1Short Ton＝2,000lbs(907kg)
　　　3. 1Metric Ton＝2,204lbs(1,000kg)

---

2) 비율운임(pro rata fregiht)은 용선운임의 한 형태로 계약목적지까지 화물을 운송하지 못하고 중도에서 인도하는 경우 인도한 지점까지의 비율에 의해 받는 운임을 말한다.

  ② 무차별운임(Freight All Kinds Rate) : 보통 해상운임은 품목에 따라 달리 책정되는 데 비해, 품목 여부를 불문하고 운송거리를 기준으로 일률적으로 운임을 책정하는 방식이다.

  ⑩ Box Rate : 컨테이너 하나당 운임을 책정하여 부과하는 운임방식이다.

④ **기타 용선운임의 유형**

  ㉠ 선복운임(lump sum freight) : 화물의 수량과 관계없이 항해 단위나 선복의 크기로 계산하여 지불하는 운임

  ㉡ 공적운임(dead freight) : 실제 선적량이 계약물량보다 적은 경우 부족분에 대해 지불하는 운임

  ㉢ 반송운임(back freight) : 목적항에 화물이 도착하였으나 화물인수를 거절한 경우 반송에 부과되는 운임

  ㉣ 선불운임(Prepaid Freight) : 일반적으로 화물이 목적항에 도착했을 때 운임이 지급되는데 출항하기 전 운임의 일부나 전부를 미리 지불하는 운임

⑤ **선내하역비 부담에 따른 유형** : 화물의 적재와 양하비용을 누가 부담하느냐는 언제나 선주의 입장에 따라 Berth Term(Liner Term, B/T), FIO, FI, FO조건으로 분류한다.

  ㉠ Berth Term(Liner Term) or BT/BT : 해상운송에 있어서 선주와 화주 간에 운송계약체결 시 운임에 선적비와 하역비를 포함시킴으로써 별도로 부담자를 정하지 않는 경우로서 개별 품목을 정기선운송계약으로 운송할 때 대체로 이 방법을 사용한다. 즉, 선적항에서 Tackle 로 화물을 달아올리고, 양하지에서 똑같이 태클(Tackle)로 달아 내리는 일이 끝날 때까지 를 선사가 자기의 비용부담과 위험부담으로 행하는 조건이다.

   재래형 정기선은 대부분 이러한 방식을 취하여 왔으나, 컨테이너선의 취항으로 선사의 부 담은 CY 또는 CFS까지 연장되며, 문전인수시에도 비용과 위험부담이 연장된다.

  ㉡ FIO(Free in & Out) : 운송계약 체결시 운임에 화물의 선적비와 양하비가 포함되어 있지 않는 조건으로서 화물적재 및 양하와 관련되는 비용을 전부 화주가 부담한다.

   이는 주로 선적비 및 하역비 부담이 큰 Bulky Cargo를 용선계약에 따라 부정기선에 의하 여 운송할 때 채택하는 조건으로 이 경우엔 무역계약 체결시 정형거래조건도 FAS조건을 채택하는 경우가 많다.

  ㉢ FI(Free In) or FI/BT : 해상운송계약에 있어서 선적시 선내 하역운임은 화주가 부담하고, 하역시 선내 하역운임은 선주가 부담하는 조건을 말한다.

  ㉣ FO(Free Out) or BT/FO : 해상운송계약에서 선적시 선내 하역운임은 선주가 부담하고, 양 하시 하역운임을 화주가 부담하는 조건을 말한다.

  ◉ **하역비 부담에 따른 운임형태**

구 분	Berth Term(BT)	FIO Term	FI Term	FO Term
선적비	선주	화주	화주	선주
양하비	선주	화주	선주	화주

⑥ **미국 신해운법상의 운임**

ㄱ 독자운임결정권(Independent Action, IA) : 미국의 항로에 취항하는 선사들에게 Tariff에 신고된 운임률이나 기타 조건에는 관계없이 독자적인 운임률을 설정할 수 있도록 허용하는 것이다. 독자운임결정권을 행사하기 위해서는 효력발생 10일 전까지만 미연방해사위원회(Federal Maritime Commission, FMC)에 신고하면 된다.

ㄴ 우대운송계약(Service Contact, S/C) : 화주 또는 화주단체가 동맹선사나 비동맹선사와 화물운송을 위해 체결하는 계약으로 화주는 보통 1년의 계약기간 동안 일정화물을 제공할 것을 약속하고, 선사는 운송기간, 기항지 등과 같은 일정한 서비스뿐만 아니라 운임요율표 상의 운임보다 저렴한 운임을 제공한다.

ㄷ 기간물량운임(Time Volume Rate, TVR) : 선박회사나 해운동맹이 일정기간 동안 일정하게 정해진 품목을 선적하는 조건으로 화주에게 할인혜택을 주는 운임이다.

⑦ **외항해운개혁법**(The Ocean Shipping Reform Act of 1998, OSRA, 미국 개정 해운법) : 1916년 최초로 외항해운법을 제정한 미국은 해운산업의 규제완화 일환으로 1998년에 정기선 해운시장에서의 경제논리를 강조한 '외항해운개혁법'을 제정하였다. 외항해운개혁법의 주요 내용으로는 아래와 같다.

ㄱ FMC(미연방해사위원회)에 운임요율(Tariff) 신고제도 폐지, ㄴ 선사와 화주 간 S/C 체결요건 완화, ㄷ 무선박운송인(NVOCC)의 자격요건강화, ㄹ 선사 간 협정에 독점금지법의 적용면제, ㅁ 선주와 화주차별대우 인정, ㅂ 내륙 운송업자와 선사 간 공동협상 허용, ㅅ 외국적선사의 운임 덤핑에 관한 FMC(미연방해사위원회)의 규제강화 등이다.

⑶ **해상운임의 표시통화와 지급표시**

① **운임의 표시통화** : 운임률을 표시하는 통화의 종류를 운임의 표시통화(지급통화)라 한다. 우리나라를 중심으로 하는 정기선(liner)항로에 있어서는 운임을 거의 미국통화(US Dollars)와 영국통화(Sterling Pound)로 표시되어 있다. 원래 운임률은 해운동맹에 의해 결정되기 때문에 그 표시통화는 결국 가맹선박회사의 세력관계에 따라 정해지고 있다.

정기선의 경우 반드시 B/L면에 운임표시통화를 명시하고 있고, 통상 지급운임의 계산은 B/L 작성일 또는 본선 입항일의 환율에 의한다.

② **운임의 지급표시** : 운임을 그 지급시기에 따라 분류하면 운송계약의 체결과 동시에 지급되는 선불운임(Freight Prepaid)과 운송이 완료된 후 지급하는 운임후불방식(Freight Collect)의 두 가지가 있다.

CIF나 CFR 계약의 경우 운임은 선불(Freight Prepaid)이고, FOB 계약의 경우 운임은 후불(Freight Collect)이 된다. 선불운임의 경우 운임산출의 기초가 되는 용적 또는 중량은 선적지의 적량이다. 개품운송에 있어서는 선적할 때 지정 검량인에게 검량을 시키는 경우가 많다. 송하인이 제시한 용적, 중량이 B/L에 기재되고 운임 산출의 기초가 되는데, 나중에 그 용량 혹은 운임의 잘못이 발견되었을 경우에는 그 차액을 추징한다는 취지를 특약하는 경우도 많다.

화주가 고의로 화물의 내용, 가격 또는 중량에 관하여 허위신고를 한 경우에 선박회사는 그 화물의 멸실, 손상 등에 대해 어떠한 책임도 부담하지 아니할 뿐만 아니라 배액운임을 부과한 다는 조항도 있다.

정기선에 의한 개품운송에 있어서는 선불이 원칙이지만 선박회사의 승인이 있는 경우 후불도 가능하다. 외화표시 선불운임은 B/L 작성일이나 선적지 본선 입항일의 환율에 따른다. 후불운 임의 경우에도 운임계산의 시기는 선불과 마찬가지로 선적 당시에 신고된 용적 또는 중량을 기초로 하여 산출되며, 외화표시 후불인 경우에는 양륙지 본선입항일의 환율에 따른다.

2 국제해상운송의 물류비용

(1) 할증요금

① **유류할증료**(Bunker Adjustment Factor, Bunker Surcharge, BAF) : 선박의 주연료인 벙커유 의 가격변동에 따른 손실을 보전하기 위해 부과하는 할증료로서 기본운임에 대하여 일정비율 (%) 또는 일정액을 징수하고 있다. 북미항로에서는 연료할증료(Fuel Adjustment Factor, FAF) 라고도 한다.

예를 들어 1배럴당 100달러를 기준으로 운임계약을 체결하였으나 유가가 1배럴당 130달러로 인상되었을 경우에 선사는 채산성 유지를 위해 BAF를 도입하게 된다. 통상적으로 선박의 운 항코스트 중 유류비가 20~30%를 차지하고 있다.

② **통화할증료**(Currency Adjustment Factor, CAF, Currency Surcharge) : CAF는 화폐가치 변화 에 의한 선사의 손실보전을 위해 부과하는 할증요금이다. 즉, 해상운임의 지급수단으로 많이 이용되는 미국 달러화의 환차손을 보전하기 위해서 부과되는 할증료이다.

③ **체선할증료**(Port Congestion Surcharge) : 해상 할증운임 중의 하나로 특정 항구가 항만시설, 대량유입화물, 정세불안 등의 이유로 정박기간이 장시간 소요될 경우, 이러한 체선상태를 대 비하여 당해 항구로 선적되는 화물에 임시로 징수하는 할증료를 말한다. 일반적으로 체선할증 료는 사회간접시설이나 정치가 불안정한 개도국 등에 선적할 시에 발생한다.

④ **외항할증료**(Out Port Surcharge) : 정기선사들은 정기선의 기항항구를 'main port/out port'로 구분·표시하고 'Out port'에 대해서는 일정한 할증료를 부과시키는데, 이를 외항할증료라 한 다. 이는 'Out port'의 경우에는 대형선박이 입항할 수 없거나 물동량이 적어 소형선박(Feeder) 을 이용하여 접속운송을 해야 하는 데에 따른 할증요금이다.

⑤ **선택항 추가운임**(Optional Charge) : 선적시 양하항을 복수로 선정하여 최초항 도착 전 양하 항을 지정할 경우 적부상의 문제 등을 감안하여 추가로 부과되는 운임을 말한다.

⑥ **혼잡항 할증료**(Congestion Surcharge) : 항구에서 선박폭주로 대기시간이 장기화될 경우 부 과되는 할증료를 말한다.

⑦ **수에즈운하 할증료**(Suez Surcharge) : 수에즈운하 봉쇄시 희망봉 회항에 따른 추가 비용 보존을 위해 부과되는 할증료를 말한다.

⑧ **기타** : 특별운항 할증료(Special Operating Service Surcharge), 전쟁 중인 나라의 항구에 운송되는 화물에 부과되는 전쟁위험할증료(War Risk Surcharge), 선적시 지정했던 항구를 선적한 후 변경할 때 부과되는 양륙지(항구)변경료(Diversion Charges), 일정 중량을 초과할 때 부과되는 중량할증료(Heavy Lift Surcharge), 일정 용적이나 일정 길이를 초과할 때 부과되는 용적 및 장척할증료(Bulky/Lengthy Surcharge), 환적으로 발생하는 추가비용을 보전하기 위해 부과되는 환적할증료(Transshipment Charge), 성수기 물량 증가로 컨테이너 수급불균형 및 항만의 혼잡 심화에 따른 비용 상승에 대한 성수기할증료(Peak Season Surcharge) 등이 있다.

⑨ **저유황할증료**(Low Sulphur Surcharge) : 2020년 1월 1일부터 발효되는 항산화물규제 시행으로 통상의 고유황유보다 가격이 높은 저유황유의 사용을 전제로 한 할증료를 말한다.

(2) 부대비용

운송의 발달에 따라 운송관련 시설이나 인력이 갈수록 복잡·전문화되면서 선사가 해상운임만으로 경영이 어렵게 되자 이의 보전을 위해서 도입하게 된 것이 운송과 관련된 각종 부대비용이라 할 수 있는데, 부대비(Additional Charge)는 통상 기본운임의 몇 %로 정하거나 컨테이너당 또는 톤당 일정액을 정하여 공시하는 형식을 취하고 있다.

① **터미널화물처리비**(Terminal Handling Charge, THC) : 화물이 CY에 입고된 순간부터 본선의 선측까지, 반대로 본선의 선측에서 CY의 게이트를 통과하기까지 화물의 이동에 따르는 비용을 말한다. 예전에는 선사가 해상운임에 포함하여 징수하였으나 1990년에 유럽운임동맹(FEFC)이 분리하여 징수하면서 다른 항로에도 확산되어 이제는 모든 항로에서 THC가 부과되고 있다. 터미널화물처리비는 우리나라를 비롯하여 대만, 홍콩 등 극동지역, ASEAN 국가, 유럽지역에서는 THC라는 명칭으로 부과되고 있으며, 일본지역은 아시아항로에 한정하여 컨테이너처리비용(Container Handling Charge, CHC)이 부과되고 있고, 미국에서는 목적지 인도비용(Destination Delivery Charge, DDC)이 부과되는 등 국가마다 터미널화물처리비의 개념과 원가구성요소가 다르다. 특히 THC는 해운동맹에 대한 지역화주단체의 협상력에 따라 부과 정도가 다른데, 일본의 경우는 화주단체의 강력한 반발에 의해 미주항로나 유럽항로 취항선사들이 일본항구에서 THC를 징수하지 못하고 있다. 유럽의 화주단체는 THC를 원칙적으로 인정하지 않고 있으며 THC가 기본운임에 포함되어야 한다고 일관되게 주장하고 있는 실정이다. 그러나 화주단체의 협상력이 상대적으로 미약한 여타 아시아 국가들은 선사들이 일방적으로 부과하는 THC를 어쩔 수 없이 납부하고 있으며 선사들은 매년 THC의 대폭적인 인상을 통해 이 지역화주들의 부담을 가중시키고 있어 THC의 철폐를 위한 지역화주단체들의 활동도 한층 강화되고 있는 추세에 있다.

② **CFS 작업료**(CFS Charge) : 선사가 컨테이너 한 개의 분량이 못되는 소량화물을 운송하는 경우 선적지 및 도착지의 CFS에서 화물의 혼적 또는 분류작업을 하게 되는데, 이때 발생하는 비용을 CFS Charge라 하며 선사는 화주로부터 이를 징수하여 CFS 운영업자에게 전달하게 된다.

③ **도착지화물인도비용**(Destination Delivery Charge, DDC) : 북미수출의 경우 도착항에서의 터미널 작업비용과 목적지까지의 내륙운송비용을 포함하여 해상운임과는 별도로 징수하는 구조로 만들어 놓은 비용을 말한다.

④ **컨테이너세**(Container Tax) : 1992년부터 항만 배후도로를 운송하는 컨테이너차량에 대해서 부산광역시가 20ft 컨테이너당 20,000원씩 징수하던 지방세로서, 부산지역의 항만 배후도로 건설 등 운송시설의 확충을 목적으로 한 일종의 교통유발부담금이라 할 수 있다(2007년 1월 1일 폐지).

⑤ **서류발급비**(Documentation Fee) : 해상운송의 부대비용으로 선사에서 수출하는 경우 선하증권(B/L), 수입하는 경우 화물인도지시서(D/O)의 발급시 소요되는 행정비용을 보전하기 위해 신설되었다. 현재에는 건당 40,000원을 징수하고 있다.

⑥ **지체료**(Detention Charge) : 화주가 허용된 시간(free time)[3]을 초과하여 대여한 컨테이너를 지정된 선박회사의 CY에 반송하지 못할 경우에 송하인이나 수하인이 선박회사에 지불해야 하는 비용을 말한다.

⑦ **체선료**(demurrage) : 화주가 보증한 정박기간 내에 적하 또는 양하를 끝내지 못하여 그 완료를 위해서 약정기간을 초과하여 선박을 정박시킬 때에는 그 초과 정박기간에 대하여 시간 상실에 대한 대가로서 화주가 선주에게 지급하는 요금을 말한다.

⑧ **조출료**(Despatch Money) : 적하 또는 양하의 어느 경우에 있어서도 약정된 정박기간 만료 전에 하역이 완료되었을 때, 그 단축된 기간에 대해 선주가 화주에게 지급하는 요금을 말한다. 조출료는 일반적으로 체선료의 반액이다.

⑨ **항만하역료** : 정기선에 컨테이너화물을 운송하는 화주로서는 항만하역료 중 THC만 선사에 지급하면 되지만 부정기선 등에 벌크화물을 운송의뢰한 화주는 일반하역요금을 지불해야 한다. 우선 요금의 적용구간을 선내요금, 부선양적요금, 육상요금의 세 부분으로 나누어 진행하는데 FI, FIO, FO 조건에 따라 달라지지만 보통 선내하역료는 선주가 부담하고 육상하역료는 화주가 부담한다.

⑩ **화물입출항료**(Wharfage, W/F, 부두사용료) : 우리나라 항만에서 입출항하는 모든 선박을 이용하는 화주는 해양수산부가 고시하고 있는 화물입출항료를 지불해야 한다. 다만 특정 항만에서는 항구사용의 증대를 위해 화주에게 면제를 해주기도 한다.

⑪ **통관수수료** : 통관수수료는 관세사가 화주로 위임을 받아 통관업무를 수행한 대가로 징수하는 요금인데 1999년부터 자율화되어 현재에 이르고 있다. 보통 수출에 대해서는 감정가격(FOB)의 0.15%, 수입에 대하여는 감정가격(CIF)의 0.2%로 정해져 있다.

---

3) Free Time(자유장치기간)은 본선에서 양하된 화물을 CFS나 CY에서 보관료 없이 장치할 수 있는 일정한 허용기간을 말한다. 참고로 각 해운동맹들은 각자의 양하지에서 터미널 상황을 고려하여 free time 기간을 책정하고 있다.

제 4 절 ┃ 운송서류

■ 1 선하증권(Bill of Lading, B/L)

(1) 선하증권의 의의

선하증권은 선박회사가 화주로부터 위탁받은 화물을 선적 또는 선적을 목적으로 수탁한 사실과 화물을 지정된 목적지까지 운송하여 이 증권의 소지자에게 증권과 상환으로 운송화물을 인도할 것을 약속한 수취증권이자 유가증권이다.

(2) 기 능

① **화물수령증**(Receipt for Goods) : 선박회사나 그 대리인이 매도인(송하인)으로부터 계약물품을 인수했다는 화물영수의 증거로서 수령증의 기능을 한다.

② **화물에 대한 권리증권**(Document of Title) : 선하증권에 기재된 물품을 대표하는 권리증권으로서 증권의 소유자는 증권면에 기재된 물품을 자유로이 처분할 수 있다. 또 소지인의 법적 권리, 배서양도인의 권리를 함축하므로 물품에 대한 권리, 소유권(Title, Ownership, Property)이 B/L의 배서(Endorsement)나 양도에 의해 타인에게 이전(Convey, Transfer)이 가능하다[유통증권(Negotiable Document)의 성격].

③ **운송계약조건의 증거서류** : 운송인과 화주 사이의 운송조건을 표시한다. 특히 계약서가 작성될 필요가 없는 개품운송계약의 경우 B/L 자체가 운송계약의 증빙역할을 한다.

(3) 종 류

① Shipped(On board) B/L, Received B/L

  ㉠ Shipped B/L(선적선하증권)과 On board B/L(본선적재 선하증권) : 화물이 실제로 선박에 적재되었다는 취지가 'shipped on board vessel' 또는 'Loaded on board vessel'과 같이 증권면에 기재된 선하증권을 말하며, 가장 보편적으로 이용되고 있다.

  ㉡ Received B/L(수취선하증권) : 화물이 선적을 위하여 수취되었다는 문언이 'received for shipment'와 같이 증권면에 기재된 선하증권이다. 수취선하증권이 발행된 후 선박회사가 선적 완료하고 실제 선적일이 이루어진 날을 기입하고 'loaded(laden) on board'와 같이 적재부기(On board notation)하면 선적선하증권과 동일한 효력을 가진다.

  즉, 은행에서 수리되고 ⓐ 신용장 유효기일, ⓑ 최종 선적일, ⓒ 선적 후 서류 제시해야 할 일정기간과 관련되어 심사대상이 되는 '선적일'로 인정된다.

② Clean B/L과 Foul/Dirty B/L

  ㉠ Clean B/L(무사고 선하증권) : 무사고 선하증권으로 본선에 양호한 상태로 적재되어 B/L의 비고(Remarks)란에 사고문언이 없는 선하증권을 말한다.

ⓒ Foul/Dirty B/L(사고부 선하증권) : 사고부 선하증권은 선적 당시 화물의 포장상태나 수량 등에 어떤 결함이 있는 경우 이러한 사실이 B/L의 비고란에 기재되어 있는 선하증권이며, 은행은 별도 명시가 없는 한 이를 수리하지 않는다.

┌ 보충학습 ┐

L/I(Letter of Indemnity, 파손화물 보상장)

사고부 선하증권은 은행에 의해 수리가 거절되는 것이 보통이다. 이 경우 수출업자는 선사와 교섭하여 선사에 파손화물 보상장을 제공하고 무사고 선하증권을 교부받을 수 있다. 선사는 이에 의해 사후 파손 화물에 대한 모든 책임에서 면책되며, 보험회사도 해당 파손물에 책임을 지지 않아, 결국 최종 보상은 보상장을 써 준 수출업자의 몫이 된다(L/I를 받은 선사는 이를 보험자에게 통보해 주는 것이 상례임).

---

③ **Straight B/L, Order B/L과 Bearer B/L**

ⓐ Straight B/L(기명식 선하증권) : 기명식 선하증권은 선하증권상의 수하인(consignee)이 특정인으로 기입되어 있는 것을 말한다. 이 선하증권은 배서양도를 금지하고 있지 않는 한 배서에 의해 양도가 가능하나 대부분 특정 수하인에게 인도 목적시 사용한다.

ⓑ Order B/L(지시식 선하증권), Negotiable B/L : 선하증권 자체의 원활한 유통을 목적으로 발행되며, 'consignee'란에 특정수하인이 기재되어 있지 않고 지시인의 지시에 따라 양도할 수 있는 선하증권을 말한다.

예 'to order of shipper', 'to order of ABC bank'

key 보통 신용장거래에서는 수하인란이 to ther order of ABC Bank(개설은행)가 되고, 개설은행은 신용 장조건에 따라 개설의뢰인에게 지급, 인수, 매입받고 이와 상환으로 선적서류에 배서(Endorsement), 양도한다.

ⓒ Bearer B/L(소지인식 선하증권) : 무기명식 선하증권이라고 불리며, 선하증권의 수하인 란이 'Bearer'이라고 적혀있거나 아무것도 쓰이지 않고 비어있는 선하증권을 의미한다. 증권의 양도시 이면배서를 하지 않는 장점을 가지고 있으나 유통상의 위험성 때문에 거의 사용되지 않는다.

④ **Stale B/L(기간경과선하증권)** : 운송서류는 신용장에서 정한 서류제시일(즉 유효기일) 내에 또는 선적 후 서류를 제시해야 할 일정기간 내에 은행에 제출되어야 하는데, 이 만기일(Expiry Date)이 경과해서 제출된 선하증권을 말한다. 만일 신용장상에 이 만기일이 명시되어 있지 않으면 운송서류의 발행일자 이후 21일이 경과한 선하증권을 Stale B/L로 간주한다.

⑤ **Charter party B/L(용선계약선하증권)** : 화주가 특정항로 또는 일정기간 부정기선을 용선하는 경우 선박회사와 화주 간에 체결된 용선계약(Charter party)에 의거하여 발행된 선하증권을 말한다. 이 선하증권은 은행이 수리하도록 규정하고 있다. 이에 반해 정기선에 의한 개품운송계약에서 발행되는 선하증권을 Liner B/L이라고 한다.

⑥ **Short form B/L(약식 선하증권)** : 절차상의 간소화를 위해 B/L 이면에 기재된 약관을 생략한 선하 증권을 말한다. 보통 Short form B/L에는 Long form B/L의 약관에 의한다는 문언(즉 Long form B/L과 동일한 효력을 가진다는 문언)이 기재된다. 이는 Long form B/L과 마찬가지로 은행에서 수리된다. 반대로 Long form B/L은 정상적으로 이면약관이 갖춰져 있는 선하증권을 의미한다.

⑦ **Master B/L과 House B/L** : 통상 선사가 발행하는 B/L을 Master B/L이라고 부르며 Marine B/L로 통칭되기도 한다. 그리고 포워더가 송화주에게 발행하는 B/L을 House B/L이라고 하며 통상 국제물류협회에 가입한 포워더 House B/L에는 KIFFA 혹은 FIATA가 인쇄되어 있다.

⑧ **Red B/L**(적색선하증권) : 선하증권면에 보험부보 내용을 표시하는 문언이 적색으로 표시되어 있으며, 항해 중 해상사고로 입은 화물손해를 선박회사가 보상해 주는 선하증권이다.

⑨ **Multimodal Transport B/L**(복합운송 선하증권) : 수출국의 화물인수장소로부터 수입국의 화물인도장소까지 육상, 해상, 항공 중 적어도 두 가지 이상의 다른 운송방법에 의해 복합운송될 때 발행되는 선하증권을 말한다. 통상 이 증권은 선박회사 혹은 운송주선인(Freight Forwarder)에 의해 발행되고 있다.

⑩ **Through B/L**(통선하증권) : 운송화물을 목적지까지 운송하는 데 선주가 다른 선박을 이용하는 경우나, 육상운송이나 해상운송을 이용하여 운송될 경우 최초의 운송업자가 전 구간에 대하여 일괄 발행하여 모든 책임을 지는 운송증권이다.

⑪ **Third Party B/L** : 중계무역의 경우에 사용되는 선하증권으로 제3자의 선박회사의 이름을 기재한다. 수입업자가 수출업자의 이름과 주소를 알게 되면 중계무역을 하지 않고 직접 수출업자와 무역할 수 있기 때문에 중간 무역업자의 이익을 보호해주기 위해 사용한다.

⑫ **Transshipment B/L**(환적선하증권) : 수출을 위한 목적항까지 한번에 가는 직항선박이 없을 경우 여러 항을 환적해서 가야 하는데, 이러한 경우 항로 구간 구간마다 다른 선하증권을 발급하지 않고 처음 발행한 선하증권을 목적항까지 사용가능한 선하증권을 의미한다.

⑬ **Surrendered B/L**(권리포기선하증권) : 선적지의 송하인이 발행된 Original B/L을 수하인에게 송부하지 않고 선하증권 원본을 발행해 준 운송인에게 제출함으로써 수하인이 양하지에서 Original B/L 없이 화물을 찾을 수 있도록 하는 것을 의미한다.

⑭ **Switch B/L** : 삼국 간 무역에서 최초 선적지에서 발행한 선하증권 혹은 항공화물운송장 원본을 최초 선적지에서 구매하여 최종목적지의 바이어에게 판매하는 중간상인이 그 원본을 회수하여 최초 운송서류 원본을 발행한 운송인의 중간대리점에 반납하고 그 중간대리점으로부터 새로운 선하증권의 원본 full set를 요구하여 받는 B/L을 말한다.

⑮ **Ocean B/L**(해양선하증권) : 해상으로 진행되는 화물에 대하여 발행되는 선하증권으로 이러한 경우에는 선사와 포워더 모두 BILL OF LADING이라는 양식의 선하증권을 발행하는데 이를 Ocean B/L이라고 한다.

🗝 **Original B/L없이 선사로부터 Delivery Order를 발급받는 방법**
1. Sea Waybill(사전송금방식 : 기명식)
2. Surrendered B/L(사전송금방식 : 기명식 B/L)
3. Letter of Guarantee(신용장방식 : 지시식 B/L)

[그림 3-2] 선하증권의 실제 발행 사례

M.R.N.:18-HLCU-1408-E Call Sign:9HA2984
EXPORT MANIFEST CLOSING TIME : -

DRAFT
Printed: 23-Nov-2018 14:23 (KST)
(T-status. B/L is NOT created and waiting for HMM's approval)

BILL OF LADING
(COPY)

HYUNDAI
MERCHANT MARINE CO., LTD.

Shipper / Exporter (Complete name and address)	Booking No.	B/L No.
HANWHA L&C CORPORATION 7F, CENTER1, 26, EULJI-RO 5-GIL JUNG-GU, SEOUL, KOREA TEL: 82-2-6364-7643 FAX: 82-2-6364-7609	PUSL418489 Export References	HDMU BUKW4842829
Consignee (Complete name and address) AC ART CLICK DECORATION CONTRACTING CO. DFFICE 26, FIRST FLOOR, AI RIFAI COMPLEX, TUNIS STREET HAWALLI, KUWAIT TEL FAX M@ALNAJAR.ME	Forwarding Agent References Point and Country of Origin	
Notify Party (Complete name and address) AC ART CLICK DECORATION CONTRACTING CO. DFFICE 26, FIRST FLOOR, AI RIFAI COMPLEX, TUNIS STREET HAWALLI, KUWAIT TEL FAX M@ALNAJAR.ME	Also Notify / Domestic Routing / Export Instructions	

Pre-Carriage by	Place of Receipt *	Port of Discharge
	BUSAN, KOREA	SHUWAIKH, KUWAIT
Ocean Vessel/Voyage/Flag JEBEL ALI W#005W	Port of Loading BUSAN, KOREA	Place of Delivery * SHUWAIKH, KUWAIT
Onward Inland Routing	For Transshipment to	Final Destination(For the Merchants Ref.)

PARTICULARS FURNISHED BY SHIPPER

Container No./Seal No. Marks and Numbers	No. of Containers or Other Pkgs	Description of Packages and Goods	Gross Weight	Measurement
HANWHA MADE IN KOREA 40 WOODEN PALLETS &30BOXES	1CNTR	"SHIPPER'S LOAD,COUNT & WEIGHT,S.T.B :" (70 PACKAGE) CY / CY 70 PACKAGES OF GOLD TILE SE 4,400 BOX (2.0MM X 186MM X 940MM, 0.15MM) LVT SAMPLES SHEETS 30 BOX * NO. & DATE OF INVOICE MKHLAC-09192REV5.20181122 FREIGHT PREPAID HMMU2045257 /S275937 DC 20 TEMU1752306 /S498298 DC 20 TEMU1755590 /S411318 DC 20 TEMU1970951 /S557417 DC 20	82,940.0000 KGS	80.0000 CBM

COPY
Non Negotiable

Total Number of Containers or Packages (in words)

Freight & Charges	Rate	Unit	Prepaid	Collect
FREIGHT AS ARRANGED				

Declared Value (Optional) : US $

Total Charges

(PACKAGE LIMITATION CLAUSE) Section 4. (5) of U. S. Carriage of Goods by Sea Act-1936 : Neither the carrier nor the ship shall in any event be or become liable for any loss or damage to or in connection with the transportation of goods in an amount exceeding $500 per package lawful money of the United States, or in case of goods not shipped in packages, per customary freight unit or the equivalent of that sum in other currency, unless the nature and value of such goods have been declared by the shipper before shipment and inserted in the Bill of Lading and additional freight has been paid as required. This declaration, if embodied in the Bill of Lading, shall be prima facie evidence, but shall not be conclusive on the carrier. THIS CLAUSE SHALL APPLY ONLY TO GOODS MOVING TO OR FROM PORTS OF UNITED STATES. IN ACCEPTING THIS BILL OF LADING, the shipper, owner and consignee of the goods, and the holder of the Bill of lading expressly accept and agree to all its stipulations, exceptions and conditions, whether written, stamped or printed, as fully as if signed by such shipper, owner, consignee and/or holder. No agent is authorized to waive any of the provisions of the clauses. IN WITNESS WHEREOF, the master or agent of the said ship has affirmed to Bill of Lading, all of this tenor and date. ONE of which being accomplished, the others to stand void.

*Applicable only when this document is used as an Intermodal transport Bill of Lading

Number of Original B(s)/L	On Board Date
THREE (3)	

Dated at
HYUNDAI MERCHANT MARINE CO., LTD.AS CARRIER

By Printed via www.hmm21.com

(4) 선하증권 작성요령

① Shipper/Consignor(송하인) : 상호 또는 성명을 기재하고 혼동이 예상되면 주소를 명기하여 정확하게 하는 것이 좋다.

② Consignee(수하인) : T/T방식이나 D/P, D/A 거래에서는 수입자의 상호 및 주소가 기재되나 신용장 방식에서는 신용장상에 표기된 문구에 따라 'to order', 'to order of shipper', 'to order of 개설은행명' 등이 된다(상업송장의 consignee와 일치시켜야 한다).

③ Notify Party/Notify Address(통지처) : 대개 신용장에 Notify Accountee로 표기되며 신용장 개설인이나 관련 관세사 및 포워더 명이 표기되는 경우가 많다.

④ Vessel & Voyage(선명과 항차) : 배의 이름과 항차가 표기된다.

⑤ Place of Receipt(반입장소) : 송하인으로부터 운송인이 화물을 수취한 장소로 "Busan CY", "Busan CFS" 등으로 표기된다.

⑥ Port of Loading(선적항) : 화물을 선적하는 항구와 국가 명이 표기된다.

⑦ Port of Discharge(양륙항) : 화물을 양하하는 항구와 국가 명이 표기된다.

⑧ Place of Delivery(배달장소) : 운송인이 책임지고 수하인에게 인도하여 주는 장소를 말한다.

⑨ Final Destination(최종목적지) : 화물의 최종목적지를 표시하나 B/L에 그곳까지 운임이 계상되어있지 않으면 단지 참고사항에 불과하다. 따라서 Final Destination에 이어 For the Merchant's Reference Only로 표기된다.

⑩ B/L NO. : 선사가 임의로 규정한 표시 번호를 기재한다.

⑪ CONTAINER NO. & SEAL NO. : 화물이 적재된 컨테이너 번호와 봉인번호를 기재한다.

⑫ NO. OF P'KGS OR CONTAINERS : 포장 개수나 컨테이너 숫자를 표기한다.

⑬ KIND OF PACKAGES : 포장의 종류를 기재한다.

⑭ Description of Goods : Commercial Invoice & Packing List에 기재된 상품의 내용을 열거하여 기재한다.

⑮ Gross Weight, Measurement : Packing List에 명기된 중량과 부피와 일치된 총중량과 부피를 기재한다. 상이한 경우 통관이 되지 않는다.

⑯ Freight and Charges : 화물 운송에 따른 제반 비용의 명세로 운송인이 기재하나 실무상으로는 기재하지 않는 경우가 대부분이다.

⑰ Revenue Ton : 중량과 용적 중에서 운임이 높게 계산되는 편을 택하여 표시한다. 중량이 많을 경우에는 ton 혹은 kg, 부피가 많을 경우에는 cbm을 표시한다.

⑱ Rate : Revenue Ton 당의 운임단가 및 CFS Charge, Wharfage, BAF, CAF의 Percent 등이 표시된다.

⑲ Per : 중량단위 혹은 용적단위로 표시하고 Full Container는 Van 단위로 표시한다.

⑳ **Prepaid/Collect** : C/D조건의 수출인 경우 Freight Prepaid로 E/F조건의 수출인 경우에는 Freight Collect로 표기하여 발행한다.

㉑ **Freight Prepaid at** : 출발지에서 운임을 내는 조건의 수출인 경우 운임을 지불하는 장소와 국가 명을 통상 기재한다.

㉒ **Freight Payable at** : 도착지에서 운임을 내는 조건의 수출인 경우 수하인의 운임 지불 장소가 기재된다.

㉓ **NO. of Original B/L** : B/L 원본의 발행통수를 기재한다. 원본은 통상 3통을 한 세트로 발행하는데 그 숫자에는 제한이 없다. Original B/L 경우 발행통수에 관계없이 그 한 장이라도 회수되면 나머지는 유가증권으로서의 효력을 상실한다(상법 제816조). B/L copy는 "Non-Negotiable"이라 기재되며 B/L copy는 유가증권으로서의 효력이 없고 단지 참고서류에 불과하다.

㉔ **Place of Issue** : B/L 발행 장소가 기재된다.

㉕ **On Board Date** : 선적일이 표기되며 선적일과 발행일을 동일하게 발급하는 선사와 포워더가 있고 실제 발행일로 발행하는 선사나 포워더도 있다. 그러나 발행일이 선적일보다 빠른 일자로 표기될 경우에는 은행으로부터 매입을 거절당할 수 있다.

㉖ **Signature** : B/L 발행자의 서명 혹은 직인이 표시된다.

㉗ **Carrier Name** : B/L 발행권자의 사인이 표시되고 Master B/L인 경우 선사명 혹은 대리점 자격으로(As Agent for 선사명), 포워더 B/L인 경우 포워더명과 Acting as a Carrier 등이 기재된다.

(5) 선하증권 기재사항

선하증권에는 필수적으로 기재해야 하는 10가지가 있다.

① 선박의 명칭, 국적과 선박의 톤수
② 화물의 종류, 크기와 무게, 수량
③ 운송화물 외관의 상태
④ 송하인(용선자)의 성명 또는 회사상호
⑤ 수하인(수령인)의 성명 또는 회사상호
⑥ 선적항
⑦ 양륙항
⑧ 운임
⑨ 선하증권을 발행한 발행지와 발행일시
⑩ 선하증권을 발행한 통수

　　예 원본 3장과 사본 10장

(6) 선하증권의 발행방식

선하증권은 그 자체로 권리증권이자 유가증권의 특성을 가진다. 따라서 누구를 수하인으로 하느냐에 따라서 소유권의 문제가 발생된다. 수하인(Consignee)이 누구로 표시되느냐에 따라 다음의 발행방식으로 나눠진다.

① **기명식**(Straight B/L) : 수하인란에 특정인(상호, 주소)을 기입한다.

  예 ABC Inc. Seoul

② **지시식**(Order B/L)

  ㉠ 단순 지시식 : To order로 표시하며, Shipper의 Order로 결정된다.

  ㉡ 기명 지시식 : To order of A로 표시하며, A의 order에 의하여 수하인이 결정된다.

  ㉢ 선택 지시식 : A or Order로 표시하며, 수하인이 A가 되거나 shipper의 order로 결정된다.

③ **소지인식**

  ㉠ 단순 소지인식 : 수하인란에 Bearer로 표시하며, B/L 소지자가 수하인이 된다.

  ㉡ 선택 소지인식 : A or Bearer로 표시하며, A나 B/L 소지자가 수하인이 된다.

④ **무기명식** : 수하인란을 공란(Blank)으로 두는 것으로 소지인식과 동일하게 취급된다.

(7) 선하증권의 배서

선하증권은 권리증권이자 유통증권으로 배서에 의해 양도가 가능하다. 선하증권의 배서는 증권에 대한 권리를 타인에게 양도할 때 하게 된다. 배서는 신용장상 선하증권 조항의 발행방식에 따라 선하증권의 이면에 한다.

① **기명식 배서**(Full Endorsement, Special Endorsement) : 피배서인(Endorsee)의 성명 또는 상호를 명기하여 배서인(Endorser)이 서명한다.

② **지시식 배서**(Order Endorsement) : 피배서인으로 'order of A' 또는 'A or order'와 같이 기재하는 방식이다.

③ **무기명식 배서**(Blank Endorsement) : 피배서인은 기재하지 않고 배서인이 단순히 자기 자신만 서명하는 방식으로 백지배서라고도 한다.

④ **선택무기명식 배서** : 특정의 '피배서인 또는 본권 지참인(-or bearer)'이라고 기입하고 배서인이 서명하는 방식이다.

(8) 선하증권과 관련된 국제규칙

물품이 해상운송에 의하여 운송될 경우에는 헤이그 규칙(Hague Rules, 1924년)과 헤이그-비스비 규칙(Hague Visby Rules, 1968년), 그리고 함부르크 규칙(Hamburg Rules, 1992년)에 의해 규율되고 있으며, 이들의 내용은 다음과 같다.

① **헤이그 규칙**(Hague Rules) : 1924년에 성립된 규칙으로 원명은 'International Convention for the Unification of certain Rules of Law Relation to Bill of Lading(선하증권통일조약)'이다. 이 규칙은 16개 조항으로 구성되는데 운송인의 의무 및 책임을 최소화하고 권리와 면책은 최대화 시킨 조약이다. 현재 90개국 이상이 비준 또는 가입하여 해상운송의 준거법으로 채택하고 있으며, 우리나라 상법도 헤이그 규칙의 원칙을 받아들이고 있다.

  ㉠ 운송인의 책임구간 : 물품의 선적시점에서부터 양륙 시점까지이다.

  ㉡ 운송인의 책임한도액 : 물품 한 개의 짐짝 또는 포장당 100파운드이다.

  ㉢ 운송인의 면책 : 선하증권 내의 기타의 권리증권이 발행되지 않는 운송·용선계약, 동물·갑판적 화물의 운송, 통상의 무역과 다른 특수화물의 비상업적 운송에 대해서는 운송인의 책임이 없다.

  ㉣ 내항성담보(耐航性擔保)에 관한 주의의무 : 선장에게 담보에 관한 주의를 게을리 하지 말아야 할 통상의 주의의무만 부과되었다. 그 이유는 항해 중 기관고장이 생겨 운송의 완성이 되지 않았을 때 운송인에게 책임을 묻지 않기 위함이다.

  ㉤ 항해과실 : 항해과실이란 항해 또는 선박 자체의 취급에 대해서 선장이나 선원의 과실을 의미한다. 항해과실의 원인이 된 물품의 손해에 대해서는 운송인의 책임이 면제된다.

  ㉥ 상업과실(商業過失) : 물품을 선적, 적부, 운송, 보관 또는 양하를 신중하고 적절하게 처리하지 않아서 손실이 발생한 것으로, 면책약관이 있다고 하더라도 책임을 면할 수는 없다.

  ㉦ 화재(火災)시 : 원인의 규명이 어렵기 때문에 운송인의 책임은 원칙적으로 면제된다.

  ㉧ 협약의 적용범위 : 협약을 체결한 90개국 이상의 국가에서 발행된 모든 선하증권에는 적용된다. 용선계약하에서 발행된 선하증권에는 적용되지만, 용선계약에는 적용되지 않는다.

② **헤이그-비스비 규칙**(Hague Visby Rules) : 1968년에 개정된 헤이그 규칙으로 규칙의 해석상의 문제점을 제거하는 데 그 목적이 있으며, 원명은 'Protocol to Amend the International Convention for the Unification of Certain Rules of Law relating to Bills of Lading(선하증권에 관한 국제협약의 개정의정서)'이다.

  ㉠ 운송인의 면책한도액 : 포장당 10,000프랑(후에 667 SDR로 변경)과 1kg에 대한 30프랑(후에 2 SDR로 변경)의 합계액 중 많은 금액

  ㉡ SDR(Special drawing rights) : 국제 통화기금(IMF)의 특별 인출권

  ㉢ 1 SDR=5개국 통화시세를 가중 평균한 값

③ **함부르크 규칙**(Hamburg Rules) : 1978년 3월 선진 해운국 중심의 헤이그 규칙과 헤이그-비스비 규칙을 폐지하고 화주국인 개발도상국의 이익을 위해 UNCTAD(UN무역개발회의)를 중심으로 성립된 규칙으로 1992년 11월 1일에 발효되었다. 원명은 'United Nation Convention on the carriage of Goods by Sea(해상물품운송에 관한 UN협약)'이다.

  ㉠ 운송인의 책임구간 : 운송인이 선적항에서 화주로부터 물품을 수령한 때부터 양륙항에서 이를 인도한 때까지의 전 구간으로 확장되었다.

  ⓛ 화물의 멸실 : 물품의 인도기간이 지난 후 60일 이내에 물품이 인도되지 않으면 물품이 멸실된 것으로 취급하여 처리한다.

  ⓒ 내항성담보(耐航性擔保)에 관한 주의의무 폐지 : 해당되는 규정이 없었던 헤이그 규칙에 비해, 함부르크 규칙에서는 과실책임주의(過失責任主義)의 원칙을 표명하였다.

  ⓡ 운송인의 개별책임한도액 : 포장 또는 선적 단위당 835 SDR 또는 kg당 2.5 SDR로 산정한 금액 중에서 큰 것으로 선택한다.

  ⓜ 인도지연에 대한 운송인의 책임한도액 : 총운임의 범위 내에서 해당 화물운임의 2.5배로 제한한다.

  ⊗ 함부르크 규칙상 용어
  1. Carrier : 운송인 – 운송인은 직접 또는 그의 명의로 송하인과 운송계약을 체결한 사람
  2. Shipper : 송하인
  3. Consignee : 화물을 인수할 자격이 있는 자

④ **로테르담규칙**(Rotterdam Rules, 2008) : 선주와 화주의 이익을 대변하던 헤이그-비스비 규칙과 함부르크 규칙을 하나로 통일한 것으로 "전부 또는 일부 해상운송에 의한 국제물품 운송계약에 관한 유엔협약(United Nations Convention on Contracts for the international Carriage of Goods Wholly or Partly by Sea)"를 말한다. 로테르담의 주요 내용으로 적용기간 및 구간은 화물의 수령에서 인도까지(door to door)이다. 적용범위는 수령 장소와 인도장소가 서로 다른 국가에 있고 선적항과 양륙항이 서로 다른 국가에 있는 운송계약에 적용되는 경우에 적용된다. 다만, 수령장소, 양륙항, 인도장소 중의 하나가 체약국가 내에 있어야 한다. 운송면책에 대하여도 항해과실 조항을 폐지하고 화재 면책조항 등 15개로 축소되었다. 선사는 발항시 뿐만 아니라 항행 중에도 감항성에 관한 주의 의무를 부여한다.

2 해상화물운송장(Sea Waybill, SWB)

(1) 의 의

해상화물운송장이란 해상운송에 있어서 운송계약의 증빙서류이며, 화물의 수취증으로서 기명식으로 발행되어 운송장상의 수하인에게 본인임이 증명만 되면 물품을 인도하는 운송증권으로 선하증권과 달리 운송품 인도청구권을 상징하는 유가증권이 아니기 때문에 양도성이 없다.

즉, 해상화물운송장은 운송인에 의한 물품의 인도 또는 적재를 입증하는 비유통서류이며, 그것에 의해서 운송인은 물품을 서류에 기재된 수하인에게 인도할 의무를 진다. 이러한 해상화물운송장은 화물인도의 신속화, 서류분실에 따른 위험의 회피 및 사무의 합리화를 목적으로 선하증권의 대체로서 고안된 것이지만 세계의 해상운송에 등장한 것은 1970년대의 후반으로 그 역사는 짧다.

(2) 사용배경과 특징

① **사용배경** : 최근에 운송수단의 발달 특히, 컨테이너선의 고속화로 선박이 목적지에 도착하는 기간이 상당히 빨라진 반면에 선적서류는 구태의연한 은행 경유를 통하여 지연처리되고 있기 때문에 본선이 입항하고도 물품인도의 증거서류인 선하증권이 도착하지 않음으로써 수하인과 선박회사에게 불편한 경우가 상당히 빈번히 발생하고 있다. 이러한 현상을 현재 '선하증권의 위기(The B/L crisis)' 또는 '신속한 선박의 문제 또는 고속선 문제(The fast ships problem)'라고 부르고 있다.[4]

물론 본선이 도착하였음에도 불구하고 선하증권이 도착하지 아니한 경우 이론적으로는 여러 가지 해결책이 고려될 수 있다. 우선 그 항에서 서류가 도착하는 것을 기다리는 방법이 있을 수 있으나 그 방법은 본선의 체선 비용을 고려하거나 그 기간 동안의 시장성 상실 등을 고려하면 현실적인 것은 아니라고 볼 수 있다. 또한 선박회사가 선박의 체선을 피하기 위하여 화물을 하역 또는 양륙하여 창고에 보관하는 방법이 있겠으나 그 방법도 반드시 물품을 보관할 창고의 확보 여부와 확보시 보관료가 많이 들기 때문에 현실적이지 못하다.

그러한 문제에 대한 가장 현실적인 해결방안으로서 현재 실무적으로 광범위하게 사용하고 있는 것이 화물의 L/G(Letter of Guarantee, 수입화물선취보증서)인도이다. 그러나 L/G에 의한 물품의 인도는 은행의 연대보증을 요구하는 경우도 많고 L/G인도 자체가 법적인 명문규정이 없는 상관습에 근거를 둔 제도라는 점과 L/G위조사건이 증가되는 새로운 문제들을 야기하고 있다. 따라서 최근에는 물품의 인도청구권을 상징하고 또한 물권적 효력이 있는 권리증권인 선하증권을 대신하여 1970년대 후반부터 물품의 인도를 신속히 하고 서류의 분실에 따른 제반 위험을 회피하고자 하는 목적으로 비유통성 해상화물운송장(Non-Negotiable Sea Waybill)을 사용하고 있다.

② **특징** : 최근 해상운송업계에서는 선하증권을 대체한 해상화물운송장(Sea Waybill) 사용이 증가되고 있는바, 이의 특징은 다음과 같다.

ㄱ. 단순한 화물의 수취증 : 해상화물운송장은 물품의 수취증 및 운송계약의 증거라는 점에선 선하증권과 동일하지만 권리증권이 아니기 때문에 유통성이 없다는 점이 선하증권과 다르다. 즉, 해상화물운송장은 권리증권이 아니고 물품수령증에 불과한 것이다.

따라서 해상화물운송장에 의한 거래에서는 운송인으로부터 물품을 인도받는 과정에서 수하인이 서류를 제시하지 않더라도 화물을 인수하기 위하여 찾아 온 자가 진정한 수하인임이 확인되면 물품을 인도받을 수 있다.

ㄴ. 기명식으로 발행 : B/L은 백지배서에 의해 물품에 대한 권리를 타인에게 양도할 수 있는 유통성증권으로 발행된다. 하지만 해상화물운송장은 그 표면에 기재된 'Non-Negotiable'을 통하여 알 수 있듯이 배서에 의해 운송계약상의 권리를 타인에게 양도하여 유통시킬 수 없는 기명식으로 된 유통불능성의 성격을 가지고 있다.

---

4) 김찬호 외, 「국제운송물류론」, 보명BOOKS, 2006, p.242.

⑶ **효 용**

SWB의 이용은 B/L을 이용하는 것에 비해 수하인이 물품을 신속하게 인도할 수 있는 장점이 있다. 따라서 견본송부와 같이 금융이 개입되지 않은 선적이나 다국적 기업의 본·지사 간 거래 그리고 송하인과 수하인 간의 두터운 신뢰관계가 있는 경우에 효용이 있다. 그러나 운송 중 전매가 이루어지기 쉬운 살화물의 경우는 사용이 부적절하다.

① **장 점**

ㄱ 해상화물운송장이라는 서류의 제출 없이도 물품의 인도·인수가 가능하다. 즉, 해상화물운송장의 제시할 필요 없이 운송인이 해상화물운송장에 기재되어 있는 수하인을 어떤 방법으로든 확인하고 그 사람에게 화물을 인도하면 된다.

ㄴ 유통성이 없는 해상화물운송장은 도난이나 손실의 염려 없이 쉽게 취급될 수 있으며, 해상화물운송장을 분실했을 경우라도 분실에 따른 위험이나 복잡한 절차를 필요로 하지 않는다. 이는 선하증권을 분실한 경우에는 선하증권은 권리증권이므로 공시최고를 했던 법원의 판결권한 이외의 판결을 받을 필요가 있지만, 해상화물운송장의 경우에는 권리증권이 아니므로 분실하더라도 아무런 문제가 발생하지 않는다.

ㄷ 항해 중의 전매가 예상되지 않는다거나, 또는 상대방을 신용하기 때문에 담보권을 유보할 필요가 없는 경우에도 사용할 수 있다.

② **단 점**

ㄱ 해상화물운송장은 권리증권이 아니므로 항해 중에 증권을 이전함으로써 물품의 전매나 담보가 불가능하다. 선하증권은 일반적으로 지시식으로 발행되고 배서에 의해 타인에게 양도될 수 있는 권리증권이므로 이 권리증권을 입수하기 위해서는 매도인이 발행한 환어음을 지급 또는 인수해야 하므로 전매나 담보가 가능하지만, 해상화물운송장은 서류의 제출 없이도 화물을 인수할 수 있으므로 환어음을 지급 또는 인수하지 않아도 된다. 따라서 선하증권과 같은 담보력이 부여되어 있지 않다.

ㄴ 목적지에 물품이 도착하여 수하인이 인도를 청구할 때까지 송하인은 자유로이 수하인을 변경할 수 있으므로 환어음을 매각하기 위해서는 수입지의 은행을 수하인으로 하든지 운송품처분불능조항을 삽입해야 한다는 단점이 있다.

제5절 해상운송의 수출입통관절차

1 해상운송의 수출통관절차

수출화물이 어떠한 경로를 통하여 선적되는가를 중심으로 살펴봄으로써 수출자 입장에서 원가상 승 및 수출경쟁력 약화의 요인으로 거론되고 있는 물류비 절감효과를 가져올 수 있다.

[그림 3-3] 해상운송의 수출화물 통관절차

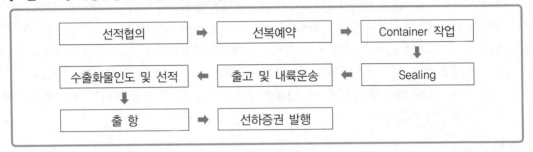

수출물품을 적기(Just-in-time)에 생산하여 수입자가 L/C상에 선박회사를 지정한 경우를 제외하 고는 수출자는 선적스케줄을 조회하여 해당 선사에 선적요청을 하고 운송회사를 통하여 선사와 계약되어 있는 CY로 화물을 운송함과 아울러 세관에 도착보고를 하고 선적완료 후 출항한다.

(1) 선적협의

화주는 당해 수출물품운송을 위해 먼저 해운관련 자료를 통해 자신이 원하는 시기 및 장소(양 당 사자 간에 합의한 선적일자와 선적항)에서 수출화물을 운송해 줄 수 있는 선박회사를 찾아 그 회사 와 운송에 관한 사항을 협의하여, 구체적으로 선적에 관한 일정, 운임조건 등을 포함하여 운송예 약을 한다.

(2) 선복예약(Booking Note, Shipping Confirmation letter)

선적에 관한 기본합의가 끝나면 화주는 송하인(Shipper, 수출업자), 수하인(Consignee, 수입업자), 선적항(Port of loading), 양하항(Port of discharge), 화물의 명세(Description of Cargo) 등 B/L상에 표기되어야 할 주요 운송정보를 기재하여 해당 화물의 Invoice 및 Packing list와 함께 선박회사에 정식으로 선복요청서(Shipping request, S/R)를 제출한다. 이에 대해 선사는 선복예약을 접수한다. 이는 운송에 관한 일종의 청약행위이며, S/R상에 기재된 제반 정보의 정확성에 대해서는 화주 자신이 이를 보증해야 하며, 만일 사실과 다른 부실기재나 허위가 있을 시에는 화주 자신이 그로 인한 손해를 보상하여야 한다.

(3) Container Door 작업

선박회사는 화주와의 Booking 내용에 의거하여 FCL 화물일 경우에는 화주의 작업장으로 공컨테이너를 보내주는데, 이를 공컨테이너 도어반입이라 한다(실무에서는 Spotting 또는 Positioning이라고 함). 이때 컨테이너기사는 EIR(기기인수도증)[5]을 휴대하여 화주로부터 컨테이너를 인수하였다는 확인서를 받게 된다.

이후 화주는 작업장에서 컨테이너에 화물을 적입(Stowage or Vanning)하는 작업을 하게 되는데, 이를 Door작업이라 한다. 이 경우 운송인은 화물의 상태(수량, 중량 등)를 확인할 수 없기 때문에 운송과정에서 발생한 명백한 상황인 경우를 제외하고는 향후 목적지에서 수하인에 의해서 제기되어지는 화물파손 책임에서 벗어날 목적으로 B/L상에 "Shipper's Load & Count"라는 표시를 하게 된다. 즉, 화물의 종류, 내용, 수량 등은 전적으로 화주의 책임하에서 봉인처리된 것이므로 운송인은 아무것도 알 수 없으며 책임도 질 수 없다는 취지인 것이다. 이러한 B/L은 L/C의 취지로 보아 은행이 수리할 수 없는 것이 원칙이나 컨테이너 운송의 상관습을 존중한다는 의미에서 예외적으로 수리를 허용하고 있다.

(4) Sealing

컨테이너에 화물적입이 끝나면 선박회사에서 Spotting시 함께 보내준 선박회사의 봉인(Seal)으로 화주는 봉인작업(Sealing)을 한 후 선박회사에 통보하여 선적항까지 운송해 가도록 한다. 적입된 컨테이너(loaded container)를 선박회사측의 육상운송회사(내륙운송업자)에게 인계할 시에도 이상 유무를 상호 확인하고 기기인수도증을 작성한다.

(5) 출고 및 내륙운송

① 화물의 출고준비가 끝나면(컨테이너에 화주 자신이 직접 적입하였을 때는 세관검사를 필하고 봉인이 된 상태) 선박회사가 지정한 부두나 창고까지 운송을 한다.

② 컨테이너 화물의 경우는 화주 자신이 육상운송을 하는 경우보다 이른바 Door to Door 서비스 차원에서 화주의 창고와 부두 구간의 내륙운송도 선박회사가 인수하는 경우가 많다. 이 경우의 운송은 항구에 있는 보세구역(bonded area)까지 연결되므로 일반육상운송업자가 취급할 수 있는 것이 아니고 보세화물 운송면허를 취득한 자라야만 가능하다.

---

5) EIR(Equipment Interchange Receipt) : 컨테이너라는 운송기기가 화주의 관리하에 있는 동안 손상되었을 경우 화주는 이를 배상해야 하며, EIR은 그 책임소재를 판단하는 기초자료이다. 또한 인수시 기기의 상태를 검사하여 내부에 적입된 화물의 안전을 도모하고 손해를 사전에 예방하기 위해서 작성된다.

⑥ 수출화물 인도 및 선적

① 컨테이너화물인 경우 선박회사측에 화물을 인도하는 장소는 컨테이너선이 접안할 부두에 위치해 있는 CY이다. 화주가 수배한 트럭과 화물이 야드 내로 들어가는 시점, 즉 정문을 통과하는 순간이 화물에 대한 관리책임이 화주로부터 선박회사로 이전되는 순간이다.

② 선박회사는 선적지에서 화물을 화주로부터 인수한 시점부터 이를 목적항에서 화주에게 인도하는 순간까지 화물을 안전하게 관리하여야 할 책임이 있다.

③ 선박회사는 정문 통과시점에서 컨테이너 외관을 검사하고 봉인(Seal)에 이상이 없으면 정상품을 인수했음을 기재한 부두수취증(Dock Receipt, D/R)을 발행하여 화주에게 교부한다. 이 서류는 화주가 선박회사측에 화물을 인도하였음을 증명하는 것으로 선적과 관련하여 가장 중요한 서류 중의 하나이다. 한편, 재래선 화물의 경우는 본선수취증(Mate's Receipt : M/R)이 발급된다.

④ 그러나 실무에서는 이러한 서류들이 발행되고는 있으나 화주들에게는 실제 별로 이용되고 있지 않다. 이론상으로는 이러한 수취증을 선박회사에 제시하여 그와 상환으로 B/L을 발급받도록 되어 있으나 선박회사에서는 이러한 서류들에 의존하지 않고 자체 시스템을 통하여 수취 및 그 상태를 확인할 수 있을 뿐만 아니라 화주들도 후일 클레임을 제기할 때에도 Clean B/L과 목적항에서 인수시 화물에 이상이 있었음을 입증하는 서류만 있으면 족하므로 실무에서는 단지 선박회사의 내부서류 정도로 사용되고 있다.

⑺ 선하증권의 발행

① 화물이 선박회사 측에 인도(혹은 본선 적재)되고 나면 선박회사는 화물이 이상 없이 인수(혹은 본선 적재)되었다는 사실과 화주가 요청한대로 운송하여 지정된 자에게 인수시와 유사한 상태로 인도할 것을 약속하는 내용의 B/L을(통상 출항 후) 화주에게 발급한다.

② B/L은 통상 3통이 발행되는데, 그 효력은 동일하다. B/L은 법적으로 화물 그 자체를 나타내는 이른바 유가증권이며 물품 대금을 수취하는 데 있어서 반드시 있어야 할 중요한 선적서류 중의 하나이다.

2 해상운송의 수입통관절차

수출과 마찬가지로 수입시 화주입장에서는 수입화물이 어떠한 경로를 통하여 도착하며 해당선사를 통하여 통관하기까지 어떠한 일련의 과정을 거치는지를 살펴볼 필요가 있다.

화주는 L/C를 개설한 후 선적서류가 도착하면 은행에 수입물품대금을 결제한 후 선적서류를 인도받는다. 그 후 수입자는 수출자가 선적통지와 함께 제시한 선적서류 사본으로 수입통관절차를 거치며, 은행으로부터 인도받은 선적서류 원본을 선사에 제시한 후 수입물품을 인수한다.

[그림 3-4] 해상운송의 수입화물 통관절차

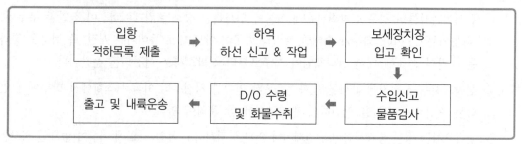

(1) 입항 및 적하목록 제출

수입물품을 적재한 선박이 우리나라 항구에 입항하게 되면 운항선사는 입항하기 24시간 전(해상수입화물의 근거리)에 적재한 화물의 내용과 수량을 기재한 명세서(적하목록, Manifest)[6]를 세관장에게 제출하여야 한다.

(2) 하역(하선신고와 하선작업)

① 본선에서 화물을 양륙하여 하선장소에 반입하는 것을 하선이라 한다. 운항선사가 화물을 하선하고자 하는 때에는 Master B/L 단위의 적하목록을 기준으로 하선장소를 기재한 하선신고서를 세관장에게 제출하여야 한다.

② 해상수입화물의 배정과 적하목록을 전산처리하기 위하여 하선신고시 적하목록에 반입예정보세구역을 표시하도록 하고 있고, 하선결과 수입물품이 적하목록과 상이한 때에는 하선결과이상보고서를 세관장에게 전자문서로 보고하여야 한다. 특히 적하목록 허위제출로 인한 밀수를 방지하기 위하여 검수업자가 물품검수를 한 경우에는 검수업자가 하선결과보고서를 세관에 제출하도록 의무화하고 있다.

③ 하선장소

  ㉠ 컨테이너화물은 컨테이너를 취급할 수 있는 시설이 있는 컨테이너보세창고(CY 및 CFS)에 하선한다. 다만 산물(散物)을 함께 취급하는 부두의 경우에는 세관장이 지정한 보세구역에 하선한다. 이 경우 컨테이너보세창고에는 부두 밖 컨테이너보세창고를 포함한다.

  ㉡ 특수저장시설에만 장치가 가능한 물품은 해당 시설을 갖춘 보세구역에서 하선한다.

  ㉢ 기타 물품은 부두 내 보세구역에 하선하여야 한다. 다만 부두 내에 보세구역이 없는 경우에는 세관관할구역 내 보세구역(보세구역 외 장치장 포함) 중 세관장이 지정하는 장소에 하선하여야 한다.

---

6) 적하목록은 선박 또는 항공기에 적재된 화물의 총괄목록이며, FCL 화물일 경우에는 운항선사, LCL 화물일 경우에는 화물운송주선업자(Forwarder)가 작성한다.

(3) 보세장치장 입고확인

화주는 당해 물품을 수입통관하기 위해서 물품이 도착한 후 지정된 보세구역에 물품이 장치되었다는 것을 확인 받아야 한다.

(4) 수입신고 및 물품검사

수입신고란 외국으로부터 반입한 물품을 수입하겠다는 의사표시로서 원칙적으로는 물품의 보세장치장 입고확인 후 세관에 수입신고를 해야 한다. 그러나 예외적으로 신속한 통관을 위해 수입물품이 우리나라에 도착하기 전에 신고를 할 수도 있으며, 부두직통관화물은 사전수입신고가 가능하다. 수입신고 후 세관에서는 수입신고한 물품과 수입승인서상의 물품이 동일한지 여부를 심사한 후 수입자에게 '수입신고필증'을 교부한다.

(5) D/O 수령 및 화물수취

수입화주는 개설은행으로부터 입수한 선하증권 원본(Original B/L)을 선사에 제출(이때 미지급된 운임납부)하면 선사는 화주에게 화물인도지시서(Delivery Order, D/O)를 제공한다. 만일 선하증권 원본이 도착하기 전이라면 화주는 은행으로부터 수입화물선취보증서(L/G)를 발급받아 선사 혹은 포워더에게 제출해야 D/O 발급이 가능하다. 수입화주는 이 D/O를 보세창고 혹은 CY에 제출하면 자사의 화물을 수취할 수 있다.

국제해사와 관련된 기구

1 국제적 기구

(1) **국제해사법위원회**(Commitee Maritime International, CMI)

① 1897년 벨기에의 앤트워프에서 창설되었고, 현재는 36개국이 가입되어 있다. 해사관습과 해사
실무를 통일하는 해사사법의 조사입법기관이다.

② 해사관습과 해사실무를 통일하는 해사사법의 조사입법기관이다.

③ 1924년의 선하증권통일조약, 1968년의 선하증권통일조약의 개정의정서 및 1974년의 York-
Antwerp Rules, 1990년의 CMI Uniform Rules for the Sea Waybill과 CMI Rules for Electronic
Bills Lading 등의 해사관련 조약을 성립하였다.

(2) **국제연합무역개발회의**(UN Conference on Trade and Development)

① 1964년 국제연합주관하의 무역개발회의의 권고에 따라 UN총회결의로 설립되었다. 193개의 회
원국(2008년 기준)으로 구성된 UN 총회 산하의 전문기구로, 77그룹(G-77)으로 대변되는 개도
국 그룹과 선진국 그룹으로 나뉘고 있다.

② 개발도상국의 경제발전을 촉진할 목적으로 설립되었다. 구체적인 사항으로는 일차상품이나
제품 · 반제품의 무역장애의 제거문제, 수출진흥문제, 특혜관세문제, 개발도상국에 대한 원조
문제, 상품협정문제, 컨테이너규격의 국제조약화의 문제 등을 해결하기 위한 목적 등이 있다.

③ 1974년의 정기선동맹의 행동규범에 관한 협약, 1978년의 UN해상물품운송조약과 1980년의 UN
국제복합운송 조약 등을 성립하였다.

(3) **국제해사기구**(International Maritime Organization, IMO)

① 1958년에 설립된 정부 간 해사자문기구(Inter-Governmental Maritime Consultive Organization,
IMCO)를 1982년부터 명칭을 변경하였고, 2016년 현재 168개의 정회원국과 3개의 준회원국이
있다.

② 선박의 항로 · 교통규칙 · 항만시설 등을 국제적으로 통일하기 위해 설치된 유엔 전문기구이다.
주로 국제해운의 안전, 항해의 능률화를 위한 각종 제한의 철폐와 규칙의 제정, 선박의 구조 ·
설비 등의 안전성에 관한 조약 채택, 해상 오염 방지, 개발도상국에 대한 기술지원 등의 역할
을 수행한다.

③ 총회는 2년에 1회씩 열리며 활동 프로그램과 예산을 결정하고 위원회를 선출한다.

(4) **국제해운회의소**(International Chamber of Shipping, ICS)

① 1921년 런던에서 설립되었다.

② 국제민간선주들의 권익보호와 상호협조를 위해 각국 선주협회들이 자발적으로 조직한 기구이다. 국제해운의 기술적 또는 법적인 분야에서 제기되는 문제점에 대해서 선주들이 통일된 의견을 반영하고 선주들의 이익을 도모하는 역할을 수행한다.

③ 국제연합무역개발회의나 국제해사기구 등의 국제기구의 자문기관 역할을 수행한다.

(5) **국제해운연맹**(International Shipping Federation, ISF)

① 1909년에 창설되었으며 1919년 국제노동기구(ILO)의 창설 이후에 고용문제와 노사문제가 국제적으로 대두되면서 그 기능과 조직을 개편하였다.

② 선주의 권익보호를 위해 만들어진 기구이다. 선원노조단체인 국제운수노동자연맹(International Transport worker's Federation, ITF)의 활동을 대처하기 위해서 만들어졌다.

③ 선원의 모집, 자격규정, 사고방지, 노동조건 등 여러 가지의 선원문제에 대하여 각국의 선주 의견을 집약하는 역할을 수행한다.

(6) **국제표준화기구**(International Standardization Organization, ISO)

① 1947년 설립된 국제기구이다.

② 물자와 서비스의 국제적 교환을 용이하게 하고 지적·과학·기술·경제 분야에서 각국의 협조를 얻어 국제적 표준화의 발전을 이루기 위해 만들어진 기구이다.

③ ISO 규격·추천 규격을 제정하여 각국에 권고하였으며, 특히 컨테이너 표준화를 이루었다.

(7) **국제운수노동자연맹**(International Transportworker's Federation, ITF)

① 편의치적선에 승선하는 선원의 보호와 임금과 노동조건에 관한 국제협약을 체결하였다.

② 공정한 수행 여부에 관한 검사와 국제협약의 준수상황을 점검하는 역할을 수행한다.

2 지역적 기구

(1) **아시아·태평양경제사회이사회**(Economic and Social Commission for Asia and Pacific, ESCAP)

① 1947년 방콕에서 설립된 아시아극동경제위원회(ECAFE)를 1947년에 ESCAP로 명칭을 바꾼 기구이다.

② 지역 내의 선주협회장회의와 화주기구, 선주협회, 항만당국과 세관당국과의 합동회의를 개최하여 해운관련 기관들의 협력방안을 협의하는 역할을 수행한다.

③ 유럽경제위원회(Economic Commission for Europe, ECE), 라틴아메리카경제위원회(Economic Commission for Latin America, ECLA), 아프리카경제위원회(Economic Commission for Africa) 등과 함께 4개 지역 경제위원회의 하나이다.

(2) **발틱 국제해사협의회**(The Baltic and International Maritime Conference, BIMCO)

① 1905년 창설되었고, 1927년에 현재의 명칭으로 변경되었다.

② 발틱해와 백해지역의 선주들의 이익을 위해 창설되었다.

③ 순수한 민간단체이기 때문에 정치성의 개입이 없고, 정보를 교환하며 간행물을 발간하여 국제 해운의 경제적·상업적 협조에 주력하는 역할을 수행하였다. 1906년 정기(기간)용선계약서의 양식인 Baltime Form을 제정하는 활동을 하였다.

실전예상문제

01 정기용선계약에서 특정한 사유로 선박의 이용이 방해되는 기간 동안 용선자의 용선료 지불의무를 중단하도록 하는 조항은?
▶ 제23회 국제물류론

① Off-hire
② Demurrage
③ Employment and Indemnity
④ Laytime
⑤ Cancelling Date

해설 용선 기간 중 특정한 사유로 인해 발생한 선박 사용이 불가능한 상태의 기간에 대해 용선자가 용선료를 지불할 의무가 없는 것을 Off-hire(용선중단)이라 한다.

02 해상운송 용어에 관한 설명으로 옳은 것은?
▶ 제23회 국제물류론

① 흘수(Draft)는 선박의 수중에 잠기지 않는 수면 위의 선체 높이로 예비부력을 표시한다.
② 편의치적(FOC)은 자국선대의 해외이적을 방지하기 위해 자국의 자치령 또는 속령에 치적할 경우 선원고용의 융통성과 세제혜택을 허용하는 제도이다.
③ 항만국 통제(Port State Control)는 자국 항만에 기항하는 외국국적 선박에 대해 국제협약이 정한 기준에 따라 선박의 안전기준 등을 점검하는 행위이다.
④ 재화중량톤수(DWT)는 흘수선을 기준으로 화물이 적재된 상태의 선박과 화물의 중량을 나타내는 것이다.
⑤ 운임톤(Revenue Ton)은 직접 상행위에 사용되는 용적으로 톤세, 항세, 항만시설 사용료 등의 부과기준이 된다.

해설 ① 흘수는 선박의 선체가 물 속에 잠겨있는 부분의 깊이를 말하며, 선박의 선수와 선미에 20cm의 간격을 두고 흘수눈금과 해당흘수를 아라비아 숫자로 표시한다.
② 편의치적이란 선주가 소유선박을 선주 국가의 엄격한 규제, 세금이나 요구조건 등과 의무를 피하기 위한 목적으로 선주의 국가가 아닌 조세도피국의 국적을 취득하여 영업행위를 하는 제도이다.
④ 재화중량톤수(Dead Weight Tonnage : DWT)는 화물선의 최대적재능력을 표시하는 기준으로 만선시의 배수톤수에서 공선시의 배수톤수를 공제하는 것을 의미한다.
⑤ 운임톤은 중량과 용적 중에서 운임이 높게 계산되는 편을 택하여 표시한다. 중량이 많을 경우에는 ton 혹은 kg, 부피가 많을 경우에는 cbm을 표시한다.

Answer 1. ① 2. ③

03 해상운송화물의 운임체계에 관한 설명으로 옳지 않은 것은? ▸ 제23회 국제물류론

① 원칙적으로 운송인은 운임부과기준에 대한 재량권을 가진다.

② FAK는 화물의 종류에 관계없이 일률적으로 부과되는 운임이다.

③ Dead Freight는 화물의 실제 적재량이 계약수량에 미달할 경우 그 부족분에 대해 지불하는 일종의 위약금이다.

④ FIO조건은 선적과 양륙과정에서 선내 하역인부임을 화주가 부담하는 조건이다.

⑤ Detention Charge는 CY에서 무료장치기간(free time)을 정해두고 그 기간 내에 컨테이너를 반출해가지 않을 경우 징수하는 부대비용이다.

> **해설** Detention Charge는 화주가 무료장치기간(free time)을 초과하여 대여한 컨테이너를 지정된 선박회사의 CY에 반송하지 못할 경우에 송하인이나 수하인이 선박회사에 지불해야 하는 비용을 말한다.

04 선급제도에 관한 설명으로 옳지 않은 것은? ▸ 제16회 국제물류론

① 선박의 감항성에 대한 객관적 · 전문적 판단을 위해서 생겼다.

② 보험의 인수여부 및 보험료 결정을 위해 1760년 'Green Book'이라는 선박등록부를 만들면서 시작되었다.

③ 1968년 국제선급협회(IACS)가 창설되었으며 우리나라는 정회원으로 가입되어 있다.

④ 우리나라는 독자적인 선급제도의 필요성에 의해 한국선급협회를 창설하였다.

⑤ 선급을 계속 유지하기 위해서는 매년 일반검사를 받고 5년 마다 정밀검사를 받아야 한다.

> **해설** 선급에 등록된 선박이 선급을 계속유지하기 위해서는 선급규칙이 정하는 바에 따라 일 년에 한번 연차검사를 받고 5년마다 순차검사를 받아 유효한 상태로 유지되어야 한다.

05 선박의 국적에 관한 설명으로 옳지 않은 것은? ▸ 제16회 국제물류론

① 외항선박은 국적을 취득해야 한다.

② 그리스 국적의 선주가 실질적으로 소유하고 있는 선박을 파나마에 등록하면 이 선박은 편의치적선에 해당된다.

③ 편의치적은 오늘날 경제적인 목적이 아니라 정치적, 군사적 목적에서 실행되고 있는 것으로 평가된다.

④ 편의치적은 해운기업의 비용절감에 기여했다.

⑤ 전통적인 해운국의 입장에서 편의치적의 확산을 방지할 필요가 있어 제2선적제도가 고안되었다.

> **해설** 편의치적은 선주가 소유선박을 선주 국가의 엄격한 세금이나 규제, 요구조건 등과 의무를 피하기 위한 목적으로 선주 국가가 아닌 조세도피국의 국적을 취득하여 영업행위를 하는 제도로 결국 선주의 경제적인 목적에 그 목적이 있다고 할 수 있다.

06 해상운송화물의 선적절차와 관련이 없는 서류는? ▸ 제23회 국제물류론

① Shipping Request

② Mate's Receipt

③ Letter of Indemnity

④ Shipping Order

⑤ Letter of Guarantee

> **해설** 수입화물선취보증서(Letter of Guarantee)란 수입물품은 이미 도착하였는데 선적서류가 도착하지 않았을 경우에 수입상과 발행은행이 연대보증하여 선적서류대도 이전에 선박회사에 제출하는 일종의 보증서로서, 수입상은 수입화물선취보증서를 선하증권의 원본 대신 제출하고 수입화물을 인도받을 수 있다.

07 부정기선운송에 관한 내용으로 옳지 않은 것은? ▸ 제17회 국제물류론

① 부정기선은 화물운송의 수요에 따라 화주가 원하는 시기와 항로에 취항하는 선박을 말한다.

② 운임은 일정한 운임률 표가 아닌 물동량과 선복에 의한 시장가격에 의해서 결정된다.

③ 서비스 범위의 확대와 수준을 향상시키기 위해서 해운동맹 가입이 급증하고 있다.

④ 원유, 석탄, 곡물 등 살화물이 주요 운송대상이다.

⑤ 화물의 성질이나 형태에 따라 벌크선 또는 전용선이 이용된다.

> **해설** 정기선은 특정항로에 취항하고 있는 두 개 이상의 정기선사가 해운동맹을 맺어 저 들에게 유리한 협정들을 맺을 수 있으나 부정기선은 화물의 수요에 따라 화주가 요구하는 시기와 항로에 선복을 제공하여 화물을 운송하므로 특정항로에 지속적이고 규칙적인 서비스를 제공하는 정기선처럼 해운동맹이 만들어질 수 없다.

08 해상운송에 관한 설명으로 옳지 않은 것은? ▶ 제23회 국제물류론

① 개품운송계약은 선하증권에 의해 증빙되는 부합계약의 성질을 지닌다.

② 용선계약의 내용은 상대적으로 협상력이 약한 용선자를 보호하기 위해 Hague-Visby Rules 같은 상행법규에 의해 규율된다.

③ 정기선운송의 경우 부정기선운송에 비해 해운시황에 따른 배선축소나 운항항로에서의 철수 등이 신축적으로 이루어지기 어렵다.

④ 부정기선운송의 운임은 해운시장에서 물동량과 선복량에 따라 변동하므로 정기선 운임에 비해 불안정하다.

⑤ 정기용선계약에서 용선선박은 선박이 안전하게 항해할 수 있도록 일체의 속구를 갖추고 선원을 승선시킨 상태로 용선자에게 인도된다.

> **해설** 용선계약의 내용은 Hague Rules, Hague-Visby Rules과 같은 국제규칙이 적용되지 않는다.

09 로테르담 규칙의 내용에 관한 설명으로 옳지 않은 것은? ▶ 제23회 국제물류론

① 해공복합운송 및 해륙복합운송에 대해서도 적용된다.

② 해상화물운송장 및 전자선하증권이 발행되는 경우에도 적용된다.

③ 인도 지연으로 인한 손해에 대해서는 규정하고 있지 않다.

④ 운송인은 항해과실로 인해 발행한 손해에 대해서도 책임을 부담한다.

⑤ 운송인의 감항능력주의 의무는 전체 해상운송기간에 대해서까지 확대된다.

> **해설** 로테르담 규칙은 선주와 화주의 이익을 대변하던 헤이그-비스비 규칙과 함부르크 규칙을 하나로 통일한 것으로 당사자 간 합의된 시간 내에 인도되지 않은 경우 운임의 2.5배를 최고한도로 보상 가능하다.

10 해상운송의 개품운송계약에 관한 설명으로 옳은 것은? ▶ 제17회 국제물류론

① 개품운송계약의 직접 당사자는 세관검사장과 송하인이다.

② 개품운송계약에서는 운송선박의 특징이 중요하므로 운송인은 운송개시 전이나 운송개시 후에는 운송선박을 임의로 변경할 수 없다.

③ 개품운송계약은 불특정 항로를 부정기적으로 운항하는 부정기선만을 이용한다.

④ 개품운송계약에서는 운송인이 다수의 송하인과 운송계약을 체결하며, 선하증권이 운송계약의 증거가 된다.

⑤ 개품운송계약에 관한 국제조약에는 요크-앤트워프 규칙(2004)이 있다.

> **해설** 개품운송계약은 정기선항로와 관련이 있는 계약이며 주로 컨테이너전용선을 이용하는 운송계약으로 송하인과 선사, 포워더와 선사, 송하인과 포워더가 계약의 직접 당사자이며 운송인이 주로 다수의 송하인과 운송계약을 맺고 선하증권이 운송계약의 증거물(운송계약서)로 사용된다.

11 항해용선계약(Gencon C/P)상 정박기간과 체선료에 관한 조건이 아래와 같을 때 용선자가 선주에게 지불해야 하는 체선료는?

▶ 제23회 국제물류론

- 정박기간 : 5일
- 하역준비완료통지(Notice of Readiness) : 6월 1일 오후
- 체선료 : US$ 2,000/일
- 하역완료 : 6월 9일 오후(6월 1일에서 9일까지 기상조건은 양호한 상태였음. 6월 6일은 현충일로 휴무일)
- 정박기간 산정조건 : WWD SHEX

6월								
월	화	수	목	금	토	일	월	화
1	2	3	4	5	6	7	8	9

---

① 체선이 발생하지 않아 체선료를 지불하지 않아도 됨
② US$ 2,000
③ US$ 4,000
④ US$ 6,000
⑤ US$ 8,000

해설 정박기간 산정조건이 WWD SHEX으로 공휴일인 6월 6일과 일요일인 6월 7일이 정박기간에서 제외되므로 실제 정박기간은 6일이다. 이에 따라 용선자가 선주에게 지불해야 하는 체선료는 1일에 해당하는 US$ 2,000이다.

12 FCL 화물의 경우 송화인이 작성하며, CY에서 본선 적재할 때와 양륙지에서 컨테이너 보세운송할 때 사용되는 서류는?

▶ 제23회 국제물류론

① Dock Receipt
② Equipment Interchange Receipt
③ Container Load Plan
④ Cargo Delivery Order
⑤ Letter of Indemnity

해설 컨테이너 내 적재된 화물 명세 등 관련 정보를 기재한 서류를 Container Load Plan이라 한다.

Answer   8. ②   9. ③   10. ④   11. ②   12. ③

13 선하증권에 관한 설명으로 옳지 않은 것은? ▸ 제23회 국제물류론

① Straight B/L은 송화주에게 발행된 유통성 선하증권을 송화주가 배서하여 운송인에게 반환함으로써, 선하증권의 유통성이 소멸된 B/L을 뜻한다.

② Clean B/L은 선박회사가 인수한 물품의 명세 또는 수량 및 포장에 하자가 없는 경우 발행되는 B/L이다.

③ Long Form B/L은 선하증권의 필요기재사항과 운송약관이 모두 기재되어 발행되는 B/L을 말한다.

④ Custody B/L은 화물이 운송인에게 인도되었으나 당해 화물을 선적할 선박이 입항하지 않은 상태에서 발행되는 B/L을 말한다.

⑤ Stale B/L은 선하증권의 제시 시기가 선적일 후 21일이 경과하는 등 필요 이상으로 지연되었을 때 그렇게 지연된 B/L을 말한다.

> **해설** Straight B/L(기명식 선하증권)은 선하증권상의 수하인(consignee)이 특정인으로 기입되어 있는 것을 말한다. 이 선하증권은 배서양도를 금지하고 있지 않는 한 배서에 의해 양도가 가능하나 대부분 특정 수하인에게 인도 목적시 사용한다.

14 해상화물 운송선박 및 항만시설에 대한 해상 테러 가능성을 대비하기 위하여 체약국과 선사 및 선박이 준수해야 하는 보안 사항 등을 규정하고 있는 것은? ▸ 제23회 국제물류론

① C-TPAT
② ISPS Code
③ CSI
④ Trade Act of 2002 Final Rule
⑤ 24-hours rule

> **해설** ISPS Code(International Code for the Security of Ships and of Port Facilities)는 2001년 미국의 9·11 테러사건 이후 선박 및 항만시설에 대한 보안을 강화하기 위하여 제정한 것으로, 주 내용으로는 선박 보안, 회사의 의무, 당사국 정부의 책임, 항만 시설 보안, 선박의 심사 및 증서 발급에 대한 내용 등이 있다.

15 용선의 형태 중 'Bareboat Charter'와 관련이 있는 것은? ▸ 제16회 국제물류론

① Demise Charter
② Time Charter
③ Partial Charter
④ Daily Charter
⑤ Lump sum Charter

> **해설** 나용선 계약인 Bareboat Charter는 또 다른 단어로 Demise Charter로도 불리 우는데 선박임대차 용선계약으로 선박자체만을 임차하고 선원, 항세, 수선비, 항해비용, 선체보험료 등 항해에 필요한 일체의 인적 물적 요소를 용선자가 부담하는 선박의 임대차 계약이다.

16 항해용선계약의 주요 내용에 관한 설명으로 옳지 않은 것은? ▸ 제16회 국제물류론

① FI(Free In)는 선적시에는 용선자, 양륙시에는 선주가 선내하역인부의 임금(Stevedorage)을 부담하는 조건이다.

② Running Laydays는 기상조건이 하역가능한 상태의 일수만을 정박기간에 산입하는 것으로 현재 가장 많이 택하고 있는 조건이다.

③ Demurrage는 계약상 정박일수를 초과할 때 용선자가 선주에게 지급하기로 약정한 금액이다.

④ Despatch Money는 계약상 허용된 정박기간이 종료되기 전에 하역이 완료되었을 경우 단축된 기간에 대하여 선주가 용선자에게 지급하기로 약정한 금액이다.

⑤ Lien Clause는 운송계약에 있어서 화주인 용선자가 운임 및 기타 부대경비를 지급하지 아니할 때 선주는 그 화물을 유치할 수 있는 권한이 있다는 조항이다.

해설 Running Laydays는 연속정박기간으로 기상조건이 나빠 하역이 불가능해도 정박기간에 산입하는 것으로 화주에게 불리한 조건의 항해용선계약이다.

17 항만 내에서 발생하는 서비스의 대가로 화주가 부담해야 하는 비용은? ▸ 제22회 국제물류론

> ㉠ BUC(Bulk Unitization Charge) ㉡ THC(Terminal Handling Charge)
> ㉢ BAF(Bunker Adjustment Factor) ㉣ Wharfage
> ㉤ PSS(Peak Season Surcharge)

① ㉠, ㉡ ② ㉠, ㉣
③ ㉡, ㉣ ④ ㉡, ㉤
⑤ ㉢, ㉣

해설 항만 내 발생하는 서비스의 대가로 화주가 부담해야 하는 비용은 THC와 Wharfage다.
㉡ THC(Terminal Handling Charge) : 화물이 CY에 입고된 순간부터 본선의 선측까지, 반대로 본선의 선측에서 CY의 게이트를 통과하기까지 화물의 이동에 따르는 비용을 말한다.
㉣ Wharfage(화물입출항료) : 우리나라 항만에서 입출항하는 모든 선박을 이용하는 화주는 해양수산부가 고시하고 있는 화물입출항료를 지불해야 한다. 다만 특정 항만에서는 항구사용의 증대를 위해 화주에게 면제를 해주기도 한다.

Answer 13. ① 14. ② 15. ① 16. ② 17. ③

18 해상운송 관련 국제기구에 관한 설명으로 옳은 것은? ▶ 제22회 국제물류론

① ISF : 해사법과 해사관행 및 관습의 통일을 위해 설립되었다.

② FIATA : 선주의 이익 증진을 위하여 국제적인 문제에 대해 의견을 교환하고 정책을 수립하기 위해 설립되었다.

③ BIMCO : 국제상거래법의 단계적인 조화와 통일을 목적으로 설립되었다.

④ CMI : 국제해운의 안전성 확보를 위하여 1944년 시카고 조약으로 설립이 합의되었다.

⑤ IMO : 정부 간 해사기술의 상호협력, 해사안전 및 해양오염방지대책 수립 등을 목적으로 설립되었다.

> **해설** ① ISF(국제해운연맹) : 선주의 권익보호를 위해 만들어진 기구로 문제를 국제적으로 검토하여 처리하기 위하여 설립된 단체이다. 선원의 모집, 자격규정, 사고방지, 노동조건 등 여러 가지의 선원문제에 대하여 각국의 선주 의견을 집약하는 역할을 수행한다.
> ② FIATA(국제운송주선인협회연합회) : 복합운송을 취급하는 운송중개인협회의 국제연맹이다.
> ③ BIMCO(발틱 국제해사협의회) : 순수한 민간단체이기 때문에 정치성의 개입이 없고, 정보를 교환하며 간행물을 발간하여 국제 해운의 경제적·상업적 협조에 주력하는 역할을 수행하였다.
> ④ CMI(국제해사법위원회) : 해사관습과 해사실무를 통일하는 해사사법의 조사입법기관이다.

19 국제해상운송 서비스의 특성으로 옳지 않은 것은? ▶ 제22회 국제물류론

① 해상운송은 대량수송에 적합하며 대체로 원거리수송에 이용된다.

② 적재되지 않은 컨테이너선의 미사용 선복이나, 용선되지 못하고 계선중인 부정기선의 선복은 항만 당국으로부터 보상받을 수 있다.

③ 서비스 제공과정에서의 화주의 참여기회가 적다.

④ 타 운송수단에 비하여 단위거리당 운송비가 저렴하다.

⑤ 수출지원 산업으로 국제무역을 촉진시키는 특성을 가진다.

> **해설** 적재되지 않은 컨테이너선의 미사용 선복이나 용선되지 못하고 계선중이라고 하더라도 항만 당국으로부터 보상받지 못한다.

20 본선이 접안이 안되었더라도 정박기간이 개시된다는 의미를 나타내는 것은?

▶ 제17회 국제물류론

① whether in berth or not

② whether in port or not

③ whether in free pratique or not

④ sundays and holidays excepted unless used

⑤ sundays and holidays excepted even if used

> **해설** 화주에게 불리하게 적용되는 정박기간으로 본선이 부두(선석)에 접안이 안되었는데도 정박기간에 포함한다는 것은 하역이 불능이라도 정박기간으로 포함하는 Running Laydays(연속정박기간)에 속하며 접안의 표현을 사용하는 whether in berth or not으로 표현한다.

21 정기용선계약에서 선주가 부담하는 비용이 아닌 것은?

▶ 제17회 국제물류론

① 선원의 급료   ② 선박의 감가상각비

③ 선용품비   ④ 선박의 연료비

⑤ 선박보험료

> **해설** 정기(기간)용선계약에서 선주가 부담하는 비용으로는 선원급료, 식대, 윤활유, 선박 유지비 및 수선료, 선박보험료, 감가상각비가 있다.

22 정기선 할증운임에 관한 설명으로 옳지 않은 것은?

▶ 제22회 국제물류론

① Bulky/Lengthy Surcharge: 본선 출항 전까지 양륙항을 지정하지 못하거나 양륙항이 복수일 때 항만 수 증가에 비례하여 부과된다.

② Port Congestion Surcharge: 양륙항의 체선이 심해 장기간의 정박이 요구되어 선사에 손해가 발생할 때 부과된다.

③ Heavy Cargo Surcharge: 초과 중량에 따라 기본운임에 가산하여 부과된다.

④ Bunker Adjustment Factor: 선박의 주연료인 벙커유가격 인상으로 발생하는 손실을 보전하기 위해 부과된다.

⑤ Currency Adjustment Factor: 환율변동에 따른 환차손을 보전하기 위해 부과된다.

> **해설** Bulky/Lengthy Surcharge는 일정 용적이나 일정 길이를 초과할 때 부과되는 할증료이다.

23 정기선의 운임형태 중 할증운임이 아닌 것은?　　　　　　　　▶ 제17회 국제물류론

① IAF　　　　　　　② CAF　　　　　　　③ BAF
④ MEES　　　　　　⑤ FAK

> **해설** IAF는 Inflation Adjustment Factor의 약자로 화물선적국가의 물가상승률에 의하여 부담되는 비용요 인을 보전하기 위하여 정기선 운임동맹이나 여타 정기선사에 의하여 부가되는 할증료이고 CAF는 통 화할증료로 화폐가치 변화에 의한 손실보전을 위해 부과하는 할증료이다. BAF는 유류할증료로 유가인 상분에 대한 추가비용을 보전하기 위해 부과하는 할증료이며 MEES는 Middle East Economic Survey 의 약어로 중동경제관련 할증료이다. FAK는 Freight All Kinds의 약어로 품목에 관계없이 무차별로 부과하는 정기선 운임종류이다.

24 선적서류보다 물품이 먼저 목적지에 도착하는 경우, 수입화주가 화물을 조기에 인수하기 위 해 사용할 수 있는 서류는?　　　　　　　　▶ 제22회 국제물류론

㉠ On-board B/L	㉡ Order B/L
㉢ Sea waybill	㉣ Third party B/L
㉤ Through B/L	㉥ Surrender B/L

① ㉠, ㉡　　　　　　　　　　② ㉠, ㉥
③ ㉢, ㉣　　　　　　　　　　④ ㉢, ㉥
⑤ ㉣, ㉤

> **해설** ㉢ Sea waybill(해상화물운송장) : 해상운송에 있어서 운송계약의 증빙서류이며, 화물의 수취증으로서 기명식으로 발행되어 운송장상의 수하인에게 본인임이 증명만 되면 물품을 인도하는 운송증권으로 선 하증권과 달리 운송품 인도청구권을 상징하는 유가증권이 아니기 때문에 양도성이 없다.
> ㉥ Surrender B/L(권리포기선하증권) : 선적지의 송하인이 발행된 Original B/L을 수하인에게 송부하 지 않고 선하증권 원본을 발행해 준 운송인에게 제출함으로써 수하인이 양하지에서 Original B/L 없이 화물을 찾을 수 있도록 하는 것을 의미한다.

25 최근 선박대형화가 해운항만에 미치는 영향으로 옳지 않은 것은?　　▶ 제22회 국제물류론

① 하역장비의 대형화　　　　　② Hub & Spoke 운송시스템의 감소
③ 대형선박 투입으로 기항항만 수 감소　　④ 항만생산성 제고 압력 증대
⑤ 항만운영에 있어서 자본투입 증가

> **해설** Hub & Spoke의 전통적인 운영방식은 전국의 각 출발지(Spoke)에서 발생하는 물량을 한 곳(Hub)으 로 집중시킨다. 이곳에서 일괄적인 분류작업을 거친 물량은 다시 각 목적지(Spoke)로 보내지게 된다. 결국 선박대형화는 Hub & Spoke 운송시스템의 증가에 영향을 미친다.

26 Hamburg Rules(1978)의 일부이다. (   )에 들어갈 용어로 옳은 것은? ▶ 제21회 국제물류론

> "(   )" means any person by whom or in whose name a contract of carriage of goods by sea has been concluded with a shipper.

① Actual carrier   ② Carrier
③ Chief mate   ④ Master
⑤ Consignee

해설 "Carrier" means any person by whom or in whose name a contract of carriage of goods by sea has been concluded with a shipper.

27 용선에 의한 부정기선 운송에 관한 설명으로 옳지 않은 것은? ▶ 제21회 국제물류론

① 불특정 다수 화주의 소량화물, 공산품 등의 일반화물이나 컨테이너화물 등에 주로 이용된다.
② 운임은 물동량과 선복의 수요 공급에 의해 결정된다.
③ 화주가 원하는 시기에 원하는 항로에 취항할 수 있다.
④ 주로 단위화되지 않은 상태의 화물을 취급한다.
⑤ 완전경쟁적 시장형태를 보이며, 소규모 조직으로도 영업이 가능하다.

해설 불특정 다수 화주의 소량화물, 공산품 등의 일반화물이나 컨테이너화물 등에 주로 이용되는 것은 정기선 운송이다.

28 해상운임에 관한 설명으로 옳지 <u>않은</u> 것은? ▶ 제16회 국제물류론

① Heavy Lift Surcharge는 화물 한 단위가 일정한 중량을 초과할 때 기본운임에 할증하여 부과하는 운임이다.

② Freight All Kinds Rate는 컨테이너에 적입된 화물의 가액, 성질 등에 관계없이 부과하는 컨테이너당 운임이다.

③ Dead Freight는 실제 적재량을 계약한 화물량만큼 채우지 못할 경우 사용하지 않은 부분에 대하여 부과하는 운임이다.

④ Pro rata Freight는 선박이 항해 중 불가항력 등의 이유로 항해를 계속할 수 없을 때 중도에서 화물을 화주에게 인도하고 선주는 운송한 거리의 비율에 따라 부과하는 운임이다.

⑤ Optional Surcharge는 선적시에 지정했던 항구를 선적 후에 변동하고자 할 때 추가로 부과하는 운임이다.

해설 Optional Surcharge는 선택항 추가운임으로 선적시 양하항을 복수로 선정하여 최초항 도착 전 양하항을 지정할 경우 적부상의 문제를 감안하여 추가로 부과하는 운임이다.

29 해상운송의 부대비용에 관한 설명으로 옳지 <u>않은</u> 것은? ▶ 제17회 국제물류론

① 터미널화물처리비(THC)는 수출화물이 CY에 입고된 시점부터 선측까지 그리고 수입화물이 본선 선측에서 CY 게이트를 통과하기까지 화물의 처리 및 이동에 따르는 비용이다.

② 체선료(Demurrage)는 화주가 대여해 간 컨테이너를 무료장치 시간 내에 지정된 선박회사의 CY에 반송하지 못할 경우 송하인이나 수하인이 선사에 지불하는 비용이다.

③ CFS Charge는 컨테이너 하나의 분량이 되지 않는 소량화물의 적입 또는 분류작업을 할 때 발생하는 비용이다.

④ 조출료(Despatch Money)는 약정된 정박기간 만료 전에 선적 및 하역이 완료되었을 때 그 단축된 기간에 대해 선주가 화주에게 지급하는 비용을 말한다.

⑤ 서류발급비(Documentation Fee)는 선사가 선하증권(B/L)과 화물인도지시서(D/O)의 발급 시 소요되는 행정비용을 보전하기 위해 부과하는 비용이다.

해설 화주가 대여해 간 컨테이너를 무료장치 기간 내에 지정된 선박회사의 CY에 반송하지 못할 경우 송하인 혹은 수하인이 선사에 지불하는 비용은 Detention Charge(대기료 혹은 지체료)라고 부른다.

30 FIATA FBL의 약관내용 중 운임 및 요금(Freight and Charge)에 관한 설명으로 옳지 않은 것은? ▸ 제17회 국제물류론

① 선불 또는 후불에 관계없이 클레임, 역클레임, 상계를 이유로 운임이 할인되거나 그 지급이 연기된다.

② 운임 및 기타 FBL에 기재된 모든 요금은 본 FBL에 지정된 통화 또는 포워더의 선택에 따라 발송지 또는 목적지 국가의 통화로 지급해야 한다.

③ 선불운임에 대해서는 발송일의 발송지 또는 목적지의 은행 일람불당좌어음에 적용되는 가장 높은 환율이 적용된다.

④ 후불운임에 대해서는 화주의 화물도착통지 접수일과 화물인도지시서 회수일의 환율 중 더 높은 환율을 적용하거나, 포워더의 선택에 따라 본 FBL발행일의 환율이 적용된다.

⑤ 불가항력 또는 기타 사유로 인하여 이로(deviation), 지연 또는 추가 비용이 발생한 경우 포워더가 화주에게 추가운임을 청구할 수 있다.

> **해설** 화물이 분실, 손상, 또는 목적지에 도착하지 못하더라도 포워더에 지불해야할 운임은 선불 또는 후불에 관계없이 지불되어야 하며 화물의 분실 및 손상에 대한 클레임은 모든 운임이 지불되어야 손해배상을 청구할 수 있다.

31 다음에서 설명하는 부정기선 운임의 종류는? ▸ 제21회 국제물류론

> ㉠ 용선자가 선적하기로 계약한 수량의 화물을 실제로 선적하지 아니한 경우 그 선적 부족량에 대해서 지급하여야 하는 운임
> ㉡ 화물의 양과 관계없이 항해 또는 선복을 단위로 하여 일괄 부과하는 운임

① ㉠ Dead Freight   ㉡ Lump sum Freight
② ㉠ Dead Freight   ㉡ Pro-Rate Freight
③ ㉠ Back Freight   ㉡ Lump sum Freight
④ ㉠ Freight All Kinds   ㉡ Back Freight
⑤ ㉠ Freight All Kinds   ㉡ Pro-Rate Freight

> **해설** ㉠ 공적운임(Dead freight): 실제 선적량이 계약물량보다 적은 경우 부족분에 대해 지불하는 운임
> ㉡ 선복운임(Lump sum freight): 화물의 수량과 관계없이 항해 단위나 선복의 크기로 계산하여 지불하는 운임

Answer   28. ⑤   29. ②   30. ①   31. ①

32 LCL화물 60상자를 부산항에서 미국 시애틀 항까지 해상운송으로 수출하려고 한다. 이 화물의 총 중량은 6,000kg, 화물 1상자의 크기는 가로 60cm, 세로 50cm, 높이 50cm이다. 화물의 Revenue Ton당 운임은 US$ 100이 적용된다. 이 때 화물의 해상운임은?

▶ 제17회 국제물류론

① US$ 600   ② US$ 900   ③ US$ 1,400
④ US$ 1,600   ⑤ US$ 1,800

해설 Revenue Ton이란 중량과 부피 중 많은 쪽으로 계산하는 운임톤이라고 보면 된다.
이 경우 0.6m × 0.5m × 0.5m × 60상자 = 9CBM이다. 따라서 R/T은 6ton이 아니라 9ton으로 R/T당 운임이 US$ 100이므로 × 9ton으로 계산하면 US$ 900이 해상운임이다.

33 항해용선운송계약에 관한 설명으로 옳지 않은 것은?

▶ 제21회 국제물류론

① Stevedorage 부담과 관련하여 선적시는 용선자가, 양륙시는 선주가 부담하는 조건은 Free In(FI)이다.
② 하역 시작일로부터 끝날 때까지의 모든 기간을 정박기간으로 계산하는 방법은 running Laydays이다.
③ 초과정박일에 대하여 계약상 정박일수를 경과할 때 용선자가 선주에게 지급하는 약정금은 Despatch Money이다.
④ 운송계약에 따라 화주가 운임 및 기타 부대경비를 지급하지 아니할 때 선주는 그 화물을 유치할 수 있는 권한이 있다.
⑤ 기상조건인 하역 가능한 상태의 날만 정박기간에 산입하는 정박기간 표시방법은 Weather Working Days이다.

해설 초과정박일에 대하여 계약상 정박일수를 경과할 때 용선자가 선주에게 지급하는 약정금은 Demurrage charge(체선료)이다. Despatch money는 약정 정박기간보다 하역이 빨리 끝나고 보상받는 금액을 의미한다.

34 다음의 조건에서 매도인이 부담해야 하는 CIF New York 가격은?

▶ 제17회 국제물류론

• FOB Busan 가격 US$ 100,000	• 뉴욕항까지의 해상운송비 US$ 1,000
• 뉴욕항까지의 해상적하보험료 US$ 100	• 수입통관비 US$ 1,000
• 수입지내륙운송비 US$ 500	

① US$ 101,100   ② US$ 101,500   ③ US$ 101,600
④ US$ 102,600   ⑤ US$ 103,100

해설 CIF New York은 매도인이 뉴욕항까지의 운임과 보험료를 부담하는 것을 의미한다. 따라서 계산은 US$ 100,000(운임) + US$ 1,000(뉴욕 항까지의 운송비) + US$ 100(보험료)이다.

35 항해용선계약서인 GENCON Form(1994)의 기재요령에 관한 설명으로 옳지 않은 것은?

▶ 제21회 국제물류론

① "Expected ready to load"란에는 본선의 선적가능예정일을 기재한다.

② "DWT all told on summer load line in metric tons"란에 하계 경화흘수선을 기준으로 한 재화중량톤수를 M/T로 표기한다.

③ "General Average to be adjusted at"란에는 공동해손의 정산장소를 기재한다.

④ "Cancelling date"란에는 해약선택권이 발생하는 날짜를 기재한다.

⑤ "Brokerage commission and to whom payable"란에는 중개수수료와 이를 부담할 당사자를 기재한다.

해설 하계 경화흘수선이 아닌 만재흘수선(load line)을 기준으로 한 재화중량톤수를 M/T로 표기한다.

36 미국의 1998년 개정해운법(The Ocean Shipping Reform Act of 1998)에 관한 설명으로 옳은 것은?

▶ 제16회 국제물류론

① 개정법은 동맹에 대한 독점금지법의 면제를 인정하지 않는다.

② 서비스 계약시 개별선사에게 비밀계약을 허용한다.

③ 태리프(Tariff)는 연방해사위원회(FMC)에 신고하여야 한다.

④ 선사그룹(Carrier Group)이 내륙운송업자와 운임률 및 서비스를 공동으로 협상할 수 없다.

⑤ 무선박운송인(NVOCC)은 연방해사위원회(FMC)로부터 면허를 받지 않아도 된다.

해설 미국의 1998년 개정해운법의 주요 내용은 FMC에 운임요율 신고제도 폐지, 선사와 화주 간의 S/C 체결 요건 완화, NVOCC 자격 요건강화, 선사 간 협정에 독점금지법의 적용면제, 선주와 화주차별대우 인정, 내륙운송업자와 선사 간 공동협상이용, 외국적선사의 운임덤핑에 대한 FMC 규제강화로 선사와 화주 간의 S/C체결 요건 완화라는 것은 개별 선사와 화주는 S/C를 비밀로 맺을 수 있음을 허용하는 것이다.

Answer 32. ② 33. ③ 34. ① 35. ② 36. ②

37 Hague-Visby Rules(1968)에 관한 설명으로 옳지 않은 것은? ▸ 제21회 국제물류론

① 별도의 계약을 한다면 운송인은 화물의 선적, 취급, 선내작업, 운송, 보관, 관리 및 양하에 관해 협약에서 규정한 의무와 책임이 면제될 수 있다.

② 운송인은 선박의 운항 또는 선박의 관리에 관한 선장, 선원, 도선사의 행위나 해태, 또는 과실로 인한 손해에 대해 책임을 지지 않는다.

③ 해상운송인은 부당한 이로(Deviation)나 불합리한 지연 없이 통상적이고 합리적인 항로로 항해를 수행할 묵시적 의무가 있다. 그러나 해상에서 인명 또는 재산을 구조하거나 이러한 구조를 위한 이로는 인정된다.

④ 운송인의 책임한도를 표시한 통화단위는 IMF의 특별인출권(SDR)을 적용한다.

⑤ 협약에서 말하는 선박은 해상운송에 사용되는 일체의 선박을 의미한다.

> **해설** Hague-Visby Rules에 따르면, 운송인의 면책한도액은 포장당 10,000프랑(후에 667 SDR로 변경) 1kg당 30프랑(후에 2SDR로 변경) 중 높은 금액에 해당된다[IMF의 특별인출권(SDR)은 1979년부터 적용].

38 Hague Rules(1924)와 Hamburg Rules(1978)에 관한 설명으로 옳지 않은 것은?
> ▸ 제21회 국제물류론

① Hague Rules에 비해 Hamburg Rules의 운송인의 책임기간이 확대되었다.

② Hague Rules에서 열거한 운송인이나 선박의 면책리스트가 Hamburg Rules에서는 모두 폐지되고 제5조의 운송인 책임의 일반원칙에 의해 규정받게 되었다.

③ Hague Rules에서는 지연손해에 대한 명문규정이 없었으나 Hamburg Rules에서는 제5조에 이를 명확히 하였다.

④ Hague Rules에 비해 Hamburg Rules의 운송인의 책임한도액이 인상되었다.

⑤ Hague Rules에서 운송인 면책이었던 상업과실을 Hamburg Rules에서는 운송인의 책임으로 규정하고 있다.

> **해설** 물품을 선적, 적부, 운송, 보관 또는 양하를 신중하고 적절하게 처리하지 않아서 손실이 발생한 것을 상업과실이라고 하는데, Hague Rules에 따르면 면책약관이 있다고 하더라도 책임을 면할 수는 없다.

39 컨테이너를 이용하여 화물을 수출함에 있어 선사가 포워더에게 발행하는 서류는?
> ▸ 제21회 국제물류론

① Master B/L ② Forwarder's Cargo Receipt
③ Dock Receipt ④ House B/L
⑤ Shipping Request

> **해설** 컨테이너를 이용하여 화물을 수출할 때 선사가 포워더에게 발행하는 서류를 Master B/L이라고 한다.

40 다음에서 설명하는 서류는?　　　　　　　　　　　　　　　▶ 제21회 국제물류론

> 선하증권보다 수입화물이 목적항에 먼저 도착하여 화물 인수 지연에 따른 화물 변질, 보관료 증가, 판매기회 상실 등의 부담이 발생할 우려가 있을 때, 이러한 불편을 해소하기 위해 수하인이 사용할 수 있는 서류

① L/G(Letter of Guarantee)　　　　　② D/O(Delivery Order)
③ S/R(Shipping Request)　　　　　　　④ M/R(Mate's Receipt)
⑤ L/I(Letter of Indemnity)

해설 L/G(Letter of Guarantee, 수입화물선취보증서) : 수입물품은 이미 도착하였는데 선적서류가 도착하지 않았을 경우에 수입상과 발행은행이 연대 보증하여 선적서류대도 이전에 선박회사에 제출하는 일종의 보증서로서, 수입상은 수입화물선취보증서를 선하증권의 원본 대신 제출하고 수입화물을 인도받을 수 있다.

41 다음에서 설명하는 내용에 부합하는 선하증권은?　　　　　　▶ 제21회 국제물류론

> • 부산에 소재하는 중계무역상 A가 일본에 있는 B로부터 물품을 구매하여 영국에 있는 C에게 판매하고자 한다.
> • 이를 위해 동경에서 부산으로 물품을 반입하여 포장을 변경한 다음 영국행 선박에 적재하였다.
> • A는 이 물품에 대해 송하인과 수하인, 통지처 등의 사항을 변경한 선하증권을 선사로부터 다시 발급받았다.

① Switch B/L　　　　　　　　　　　　② Red B/L
③ Transshipment B/L　　　　　　　　④ Surrender B/L
⑤ Countersign B/L

해설 Switch B/L은 삼국 간 무역에서 최초 선적지에서 발행한 선하증권 혹은 항공화물운송장 원본을 최초 선적지에서 구매하여 최종목적지의 바이어에게 판매하는 중간상인이 그 원본을 회수하여 최초 운송서류 원본을 발행한 운송인의 중간대리점에 반납하고 그 중간대리점으로부터 새로운 선하증권의 원본 full set를 요구하여 받는 B/L을 말한다.

42 해상화물운송장(Sea Waybill)에 관한 설명으로 옳지 않은 것은? ▶ 제16회 국제물류론

① 원본서류의 제시 없이도 물품의 인수가 가능하다.

② 수입화물선취보증제도를 이용하지 않아도 된다.

③ 유통성이 없다.

④ 항해 중 물품의 전매가 가능하다.

⑤ 권리증권이 아니다.

해설 해상화물운송장은 유가증권이 아니므로 유통성이 없고, 따라서 항해 중 물품의 전매가 불가능하다.

43 선하증권의 종류별 특성에 관한 설명으로 옳지 않은 것은? ▶ 제16회 국제물류론

① Stale B/L : 선적 후 일정기간 내에 은행에 선하증권이 제시되어야 하는데, 그 기간이 경과된 선하증권

② Shipped B/L : 화물이 실제로 특정선박에 적재되었다는 내용이 기재된 것으로 선적 후 발행되는 선하증권

③ House B/L : 화물의 혼재를 주선한 포워더가 선사로부터 발급받는 선하증권

④ Foul B/L : 선적 당시 화물의 포장이나 수량 등에 결함 또는 이상이 있어 그 사실이 선하증권에 그대로 기재되어 발행된 선하증권

⑤ Straight B/L : 선하증권의 수하인 란에 수하인의 상호 및 주소가 기재된 선하증권

해설 House B/L은 화물의 혼재를 주선한 포워더가 LCL 해상화물에 대하여 송화주(송하인)에게 발행하는 포워더의 선하증권이다.

44 화주가 선박회사에게 발행하는 서류로서 선적된 화물에 후일 문제가 발생하더라도 선박회사에게 책임을 전가시키지 않는다는 취지의 각서는? ▶ 제16회 국제물류론

① Letter of Guarantee ② Letter of Indemnity

③ Shipping Request ④ Shipping Order

⑤ Delivery Order

해설 화주의 잘못 혹은 화주가 책임져야 할 일에 대하여 선사에 각서를 제출하고 운송인으로부터 선적을 허가받는 화주의 보상장으로 Letter of Indemnity라고 한다.

45 양륙지에서 선사 또는 대리점이 수하인으로부터 선하증권 또는 보증장을 받고 본선 또는 터미널(CY 또는 CFS)에 화물인도를 지시하는 서류는? ▶ 제17회 국제물류론

① Container Load Plan　　　　　② Tally Sheet

③ Equipment Receipt　　　　　④ Dock Receipt

⑤ Delivery Order

> **해설** Delivery Order는 화물인도지시서로 수입화물 운송절차 중 가장 중요한 운송서류라고 볼 수 있다. 이 서류는 선사 혹은 선사의 대리점이 수하인으로부터 선하증권 원본 한 장 혹은 화물선취보증서인 은행의 보증장(L/G : Letter of Guarantee)을 받고 화물인도지시서를 발급하고 수하인은 D/O를 제출하고 자사의 화물을 수취할 수 있다. 최근에는 선사에서 전자화물인도지시서 E-D/O를 주로 발행한다.

46 교부받은 B/L 원본에 송하인이 배서하여 운송인에게 반환함으로써 유통성이 소멸되는 선하증권은? ▶ 제17회 국제물류론

① Port B/L　　　　　② Straight B/L

③ Long form B/L　　　　　④ Surrender B/L

⑤ Switch B/L

> **해설** 최근 송금방식의 대금결제가 많이 이루어지고 특히 사전송금방식으로 송하인이 선적하기 전에 대금을 미리 받는 경우가 많아 B/L 원본을 운송인에게 양도함으로써 소유권의 권리를 포기하는 선하증권이 발행되고 있다. 사전송금방식의 대금결제가 아니더라도 한국의 본사와 타국가에서의 지점 혹은 지사 공장 사이에 이러한 방식의 선하증권이 발급되고 있다. 실무상으로는 선하증권에 SURRENDER 혹은 SURRENDERED로 표기하여 송하인에게 발행하여 주고 있다. 또한 B/L상 NO OF ORIGINAL B/L란에 원본을 발행하지 않았으므로 통상 ZERO로 표기하여 발행한다.

47 선하증권의 이면 약관에 관한 내용이다. ( ) 안에 들어갈 용어로 옳은 것은?

▶ 제17회 국제물류론

> ( ) identifies all interests engaged in owning, operating or chartering the vessel, lighterers, feeder line, stevedores, terminal operators, warehousemen, truckers, railroads, and the agents of each of them, and all other persons or legal entities performing services pursuant to contract with Ocean or Inland Carriers with respect to the Goods.

① Customer
② Merchant
③ Surveyor
④ Lawyer
⑤ Subcontractor

해설 하청업자는 선주, 용선자, 거룻배와 피더선 종사자, 하역업자, 터미널 운영자, 창고업자, 트럭업자, 철도종사자와 그들의 대리점, 그리고 화물에 대하여 해상운송인 혹은 내륙운송인과 계약을 하거나 법적인 계약 행위를 하는 자들의 모든 이익을 증명한다.

48 Groupage B/L에 관한 설명으로 옳은 것은?

▶ 제17회 국제물류론

① FCL 화물을 선적할 때 포워더가 선사에게 발행한다.
② 일등항해사가 발행한다.
③ Master B/L이라고도 한다.
④ Groupage B/L과 House B/L은 전혀 연관성이 없다.
⑤ 화주는 한 사람이지만 일반적으로 여러 종류의 물품을 대량으로 운송할 경우 활용된다.

해설 Groupage B/L은 선사가 포워더에게 발행하는 B/L로 포워더가 송하인에게 발행하는 House B/L에 대하여 선사에 한 건으로 처리되는 물량에 대하여 선사가 포워더에게 발급하는 운송서류로 또 다른 표현으로는 Master B/L이라고도 불리운다.

49 편의치적(Flag of Convenience)에 관한 설명으로 옳지 않은 것은?

▶ 제20회 국제물류론

① 편의치적은 선주가 소유한 선박을 자국이 아닌 외국에 등록하는 제도이다.
② 전통적 해운국들은 편의치적의 확산을 방지하기 위해 제2선적 제도를 고안하여 도입하였다.
③ 선주는 고임의 자국선원을 승선시키지 않아도 되므로 편의치적을 선호한다.
④ 선박의 등록세, 통세 등 세제에 대한 이점이 있기에 선주가 편의치적을 선호하는 경우도 있다.
⑤ 편의치적국들은 선박의 운항 및 안전기준 등의 규제에 대해서는 전통적 해운국과 차이가 없다.

해설 편의치적선은 기항지의 제약을 받지 않으며 운항에 따른 융통성도 증가된다. 선박의 운항 및 안전기준 등에 대해서도 규제하지 않기 때문에 비용이 절감된다.

50 다음 화물을 해상운송할 경우, 적용되는 운임톤(Freight ton or Revenue ton)은?

▸ 제20회 국제물류론

> • 품목 : 중고승용차   • 수량 : 1대   • 무게 : 1.5톤
> • 전장 : 1.8m   • 전폭 : 1.6m   • 전고 : 1.6m

① 1.5톤   ② 4.608톤
③ 4.804톤   ④ 5.0톤
⑤ 6.108톤

해설 Revenue ton : 1.8m(L) × 1.6m(W) × 1.6m(H) = 4.608CBM = 4.608 R/T

51 다음 국제운송조약 중 해상운송과 관련되는 조약을 모두 고른 것은?   ▸ 제20회 국제물류론

> ㉠ Warsaw Convention(1929)   ㉡ Hague-Visby Rules(1968)
> ㉢ Hamburg Rules(1978)   ㉣ COTIF-CIM(1985)
> ㉤ Montreal Convention(1999)   ㉥ Rotterdam Rules(2008)

① ㉠, ㉣   ② ㉡, ㉢
③ ㉠, ㉣, ㉤   ④ ㉡, ㉢, ㉥
⑤ ㉡, ㉢, ㉤, ㉥

해설 보기의 국제운송조약 중 해상운송과 관련된 조약은 Hague-Visby Rules(1968), Hamburg Rules(1978), Rotterdam Rules(2008)이 해당된다.
Warsaw Convention(1929)과 Montreal Convention(1999)는 항공운송과 관련된 조약들이며, COTIF-CIM은 철도운송과 관계된 조약이다.

Answer   47. ⑤   48. ③   49. ⑤   50. ②   51. ④

52 국제운송서류에 관한 설명으로 옳지 않은 것은? ▶ 제20회 국제물류론

① Shipping Request(S/R)는 화주가 선사에 제출하는 운송의뢰서로서 화물의 명세가 기재된다.

② Booking Note(B/N)는 화주가 제출한 S/R에 기초해 선사가 선적관련 사항을 화주별로 작성한 것으로 화물의 명세, 필요 컨테이너 수, pick-up 요청일시 등이 기재된다.

③ Equipment Receipt(E/R)는 컨테이너, 섀시 등 기기류의 CY 또는 ICD 반출입시 인계인수를 증명하는 서류로 터미널 또는 ICD operator에 의해 작성된다.

④ Mate's Receipt(M/R)는 선적중인 화물의 개수, 화인, 포장상태, 화물신고 등을 기재하는 데 화주 및 선주의 요청에 따라 검수인이 작성한다.

⑤ Shipping Order(S/O)는 선적요청을 받은 선사가 송화인에게 교부하는 선적승낙서이자 선사가 본선의 선장에게 송화인의 화물을 선적하도록 지시하는 선적지시서이다.

해설 Mate's Receipt(본선수취증, M/R) : 본선에 화물이 M/R에 기재된 상태로 화물을 수취하였음을 인정하는 영수증이다. 화물의 선적을 완료 후 검수집계표에 근거하여 일등항해사가 선적한 화물과 선적지시서(S/O)를 대조하여 이상이 없으면 "외관상 양호한 상태로 선적되었음(Shipped in apparent good and condition)"이라고 작성하고 송하인에게 교부한다.

53 Montreal Convention(1999)의 내용이다. ( ) 안에 들어갈 용어로 옳은 것은? ▶ 제20회 국제물류론

This Convention applies to all international carriage of (㉠) performed by aircraft for reward. It applies (㉡) by aircraft performed by an air transport undertaking.

① ㉠: persons, baggage or cargo, ㉡: equally to gratuitous carriage
② ㉠: persons or cargo, ㉡: equally to gratuitous carriage
③ ㉠: cargo, ㉡: to the carriage except for gratuitous carriage
④ ㉠: persons or cargo, ㉡: to the carriage except for gratuitous carriage
⑤ ㉠: persons, baggage or cargo, ㉡: to the carriage except for gratuitous carriage

해설 It applies to all international carriage of **persons, luggage or goods(cargo)** performed by aircraft for reward. It applies **equally to gratuitous carriage** by aircraft performed by an air transport undertaking(몬트리올 협정 제1조 제1항).

54 선하증권 작성에 관한 설명으로 옳지 않은 것은? ▶ 제20회 국제물류론

① Container No.란에는 화물이 적입된 컨테이너 번호를 표기한다.

② Place of Delivery란에는 운송인의 책임하에 화물을 운송하여 수화인에게 인도하는 장소를 명시한다.

③ Notify Party란에는 수입업자 또는 수입업자가 지정하는 대리인이 기재된다.

④ Final Destination란에는 화물의 최종 목적지를 표시한다.

⑤ Gross Weight란에는 포장의 무게가 포함된 총중량 및 컨테이너 개수를 명시한다.

해설 Gross Weight란은 포장의 무게가 포함된 총중량을 명시하지만, 컨테이너 개수를 명시하지는 않는다.

55 선하증권으로서 필요한 기재사항을 갖추고 있으나 일반선하증권에서 볼 수 있는 이면약관이 없는 선하증권은? ▶ 제20회 국제물류론

① Stale B/L   ② House B/L

③ Through B/L   ④ Short Form B/L

⑤ Forwarder's B/L

해설 Short Form B/L(약식선하증권) : 절차상의 간소화를 위해 B/L 이면에 기재된 약관을 생략한 선하증권을 말한다. 반대로 Long form B/L은 정상적으로 이면약관이 갖춰져 있는 선하증권을 의미한다.

56 NYPE(1993)에 따른 기간용선(time charter)계약에서 선주와 용선자의 권리와 의무에 관한 설명으로 옳지 않은 것은? ▶ 제20회 국제물류론

① 선주는 선장 및 선원을 고용하고 임금을 지불해야 한다.

② 선주는 선박이 안전한 항구와 항구 사이를 운항할 것과 적법한 항해에 사용될 것을 용선자에게 요구할 수 있다.

③ 선주는 용선기간 중 선박의 운항에 필요한 연료비용을 부담해야 한다.

④ 용선자는 용선한 선박으로 제3자와 재용선계약을 체결할 수 있다.

⑤ 용선자는 선장에게 항해를 지시할 수 있다.

해설 기간용선계약에서 선박의 운항에 필요한 연료비용을 부담해야 하는 주체는 선주가 아닌 용선자이다.

Answer 52. ④   53. ①   54. ⑤   55. ④   56. ③

57

만재흘수선 마크와 설명으로 옳지 않은 것은?

▶ 제20회 국제물류론

① S : The Summer Load Line

② W : The Winter Load Line

③ T : The Tropical Load Line

④ TF : The Tropical Fresh Water Load Line

⑤ WNA : The Winter North Africa Load Line

해설 WNA : Winter North **Atlantic** load line(동기북태평양만재흘수선)

58

1978년 UN 해상물품운송조약의 일부 내용이다. (　　) 안에 들어갈 용어로 옳은 것은?

▶ 제16회 국제물류론

(　　) means any person to whom the performance of the carriage of the goods, or of part of the carriage, has been entrusted by the carrier, and includes any other person to whom such performance has been entrusted.

① Carrier

② Actual Carrier

③ Shipper

④ Consignee

⑤ Notify Party

해설 화물운송의 이행 또는 그 일부의 이행을 운송인으로부터 위탁받은 자이며 해상운송계약의 전부 또는 일부의 이행을 계약운송인으로부터 위탁받아 현실로 운송행위를 하는 자이며 이러한 이행을 위탁받은 자라면 누구라도 실제운송인에 포함된다.

59

해운동맹 운영수단 중 그 성격이 다른 것은?

▶ 제20회 국제물류론

① 운임협정(rate agreement)

② 항해협정(sailing agreement)

③ 공동계산협정(pooling agreement)

④ 계약운임(contract rate system)

⑤ 공동운항(joint service)

해설 해운동맹 운영수단 중 계약운임(contract rate system)은 해운동맹의 대(對) 화주 구속수단에 해당하며, 나머지는 해운동맹의 대내적인 협정에 해당한다.

60 다음 (   )에 들어갈 용어로 옳은 것은?

▶ 제20회 국제물류론

> (㉠)은 운송인이 불특정 다수의 송화인으로부터 운송을 위해 화물을 인수하고 운송위탁자
> 인 송화인이 이에 대한 반대급부로 운임을 지급할 것을 약속하는 계약을 의미하는 것으로,
> 운송인이 발급하는 (㉡)이/가 물품의 권리를 나타내는 증거가 된다.

① ㉠: 용선계약, ㉡: 용선계약서
② ㉠: 용선계약, ㉡: 선하증권
③ ㉠: 개품운송계약, ㉡: 선하증권
④ ㉠: 개품운송계약, ㉡: 용선계약서
⑤ ㉠: 개품운송계약, ㉡: 수입화물선취보증장

해설 정기선운송은 화물을 운송하고자 하는 모든 화주들과 표준화된 운송계약서에 따라 개별적으로 운송계약을 체결한다. 이와 같은 특성을 고려하여 정기선운송을 이른바 개품운송계약이라고 부르기도 하는 것이다. 개품운송계약은 운송인이 불특정 다수의 송화인으로부터 운송을 위해 화물을 인수하고 운송위탁자인 송화인이 이에 대한 반대급부로 운임을 지급할 것을 약속하는 계약을 의미하는 것으로, 운송인이 발급하는 선하증권이 물품의 권리를 나타내는 증거가 된다.

61 항해용선계약서의 표준약관인 GENCON(1994)의 내용에 관한 설명으로 옳지 않은 것은?

▶ 제20회 국제물류론

① 용선자는 용선료를 선불(prepaid) 또는 착불(on delivery)로 지급할 수 있다.
② 선박이 선적항에 도착한 후 항만에서 파업이 발생할 경우, 선주는 파업이 종료될 때까지 항구에 선박을 대기시켜야 한다.
③ 결빙으로 인해 선박이 양륙항에 도착할 수 없는 경우, 용선자는 선주 또는 선장에게 안전한 항구로 항해하도록 지시할 수 있다.
④ 선주가 계약해지일까지 선적 준비를 완료하지 못한 경우, 용선자는 용선계약을 해지할 수 있다.
⑤ 용선료를 선불로 지급한 경우, 용선자는 용선료를 반환받을 수 없다.

해설 양륙항에서 파업시 용선자는 파업이 종료될 때까지 체선료의 절반을 지급하고 선박을 계속해서 대기시킬 수 있으며 다른 안전항구로 양륙항을 지정할 수 있다.

Answer   57. ⑤   58. ②   59. ④   60. ③   61. ②

62 물류 관련 용어의 약술로 옳은 것은? ▸ 제20회 국제물류론

① WMS : Warehouse Management System
② RTLS : Real-Time Logistics Service
③ SCM : Supply Chain Marketing
④ CPFR : Collaborative Production, Forecasting and Replenishment
⑤ VMI : Visual Management Inventory

> **해설** ② RTLS : Real-Time **Location System**
> ③ SCM : Supply Chain **Management**
> ④ CPFR : Collaborative **Planning**, Forecasting & Replenishment
> ⑤ VMI : **Vendor** Managed Inventory

63 선박의 톤수에 관한 설명으로 옳은 것은? ▸ 제20회 국제물류론

① 순톤수(Net Tonnage) : 상행위에 직접 사용되는 장소만을 계산한 용적으로, 관세나 도선료, 검사수수료 등 제세금의 부과기준이 된다.
② 배수톤수(Displacement Tonnage) : 선체의 수면 아랫부분인 배수용적에 상당하는 물의 중량을 선박의 전체 중량으로 나타낸 것으로, 군함이나 상선의 크기를 표시하는 기준이다.
③ 총톤수(Gross Tonnage) : 선박의 밀폐된 내부 전체 용적을 나타내는 것으로, 기관실이나 조타실, 취사실 등의 용적을 포함한다.
④ 재화용적톤수(Measurement Tonnage) : 선박의 각 선창(hold)의 용적과 특수화물의 창고용적 등 전체 선박의 용적을 나타낸다.
⑤ 재화중량톤수(Dead Weight Tonnage) : 선박의 만재흘수선에 상당하는 배수량과 경하배수량의 차이로, 선박이 적재할 수 있는 화물의 최소 중량을 나타낸다.

> **해설** ④ 재화용적톤수(Measurement Tonnage) : 선박의 화물적재능력을 용적톤으로 환산한 것으로, 선박의 각 창(Hold)의 용적과 특수화물창고 등의 적량을 말한다.
> ① 순톤수(Net Tonnage) : 여객이나 화물의 수송에 실질적으로 사용되는 용적으로, 총톤수에서 선박의 운항에 직접 이용되는 기관실, 선원실, 해도실, 밸러스트 탱크 등의 적량을 공제한 부분을 말한다.
> ② 배수톤수(Displacement Tonnage) : 선박의 중량은 선체의 수면하 부분의 배수용적에 상당하는 물의 중량과 같은데, 이 물의 중량을 배수톤수라고 한다. 화물의 적재상태에 따라서 배수량이 달라지므로 보통 만재상태에 있어서의 선체의 중량을 배수톤수라고 말한다.
> ③ 총톤수(Gross Tonnage) : 선박 내부의 총용적으로 선박 갑판 아래의 적량과 갑판 위의 밀폐된 장소의 적량을 합친 것으로 선박의 안전과 위생에 사용되는 부분의 적량(기관실, 조타실, 취사실 등)을 제외한 부분을 말한다.
> ⑤ 재화중량톤수(Dead Weight Tonnage) : 화물선의 최대적재능력을 표시하는 기준으로 만선시의 배수톤수에서 공선시의 배수톤수를 공제한 것을 의미한다.

64 일반적인 선적절차에 따라 발급되는 서류를 순서대로 올바르게 나열한 것은?

▶ 제16회 국제물류론

① Shipping Request ⇨ Booking Note ⇨ Shipping Order ⇨ Bill of Lading ⇨ Mate's Receipt

② Shipping Order ⇨ Shipping Request ⇨ Booking Note ⇨ Mate's Receipt ⇨ Bill of Lading

③ Shipping Request ⇨ Booking Note ⇨ Mate's Receipt ⇨ Shipping Order ⇨ Bill of Lading

④ Shipping Request ⇨ Booking Note ⇨ Shipping Order ⇨ Mate's Receipt ⇨ Bill of Lading

⑤ Shipping Request ⇨ Booking Note ⇨ Mate's Receipt ⇨ Bill of Lading ⇨ Shipping Order

해설 수출 선적절차에 따라 발급하는 서류의 출발은 Shipping Request이며 이후 선사는 Booking Note 혹은 Booking Confirmation Letter를 발행한 후 관련 기관에 선적 지시인 Shipping Order를 내린다. 그리고 CY를 거쳐 본선에 화물이 선적되면 일등항해사가 Mate's Receipt 발행하고 배가 출항하면 선사는 선하증권인 Bill of Lading을 발행한다.

65 다음 (㉠), (㉡)에 해당하는 것은?

▶ 제16회 국제물류론

우리나라로 해상수입되는 화물의 경우 적재 항에서 화물이 선박에 적재되기 (㉠) 전까지 적하목록을 선박 입항예정지 세관장에게 전자문서로 제출하여야 한다. 다만, 중국, 일본, 대만, 홍콩, 러시아 극동지역 등의 경우에는 적재 항에서 선박이 출항하기 전까지, 벌크화물의 경우에는 선박이 입항하기 (㉡) 전까지 제출하여야 한다.

① ㉠: 4시간, ㉡: 1시간　　　　② ㉠: 12시간, ㉡: 2시간

③ ㉠: 12시간, ㉡: 4시간　　　　④ ㉠: 24시간, ㉡: 2시간

⑤ ㉠: 24시간, ㉡: 4시간

해설 우리나라 해상수입화물의 경우 적하목록을 선박 입항예정지 관할 세관에 24시간 전에, 벌크화물 경우는 선박이 입항하기 4시간 전까지 제출해야 한다.

Answer　　62. ①　　63. ④　　64. ④　　65. ⑤

66 해사안전 및 오염방지 대책, 국제해사 관련 협약의 시행 및 권고 등을 위해 설립된 UN 산하의 국제기구는? ▶ 제16회 국제물류론

① CMI ② IMO
③ ICS ④ ISF
⑤ ISO

해설 국제해사기구인 Int'l Maritime Organization(IMO)는 선박의 항로, 교통규칙, 항만시설 등을 국제적으로 통일하기 위해 만든 유엔전문기구로 국제해운의 안전, 해상오염 방지, 선박의 구조 설비 등의 안정성에 관한 조약 채택 등의 역할을 하고 있다.

67 다음에서 설명하는 해운동맹의 화주 유치수단은? ▶ 제18회 국제물류론

동맹선에만 전적으로 선적한다는 계약을 동맹과 체결한 동맹화주에게는 표정운임률(Tariff Rate)보다 낮은 운임률을 적용하고, 이러한 계약을 체결하지 아니한 일반화주에게는 표정운임률을 적용하는 방식

① Fidelity Rebate System ② Contract Rate System
③ Service Contract ④ Department Store Deal Arrangement
⑤ Deferred Rebate System

해설 ① 운임할려제 ② 계약운임제
③ 서비스 계약(미국 신해운법에 나오는 화주와 선사 간의 장기 운임계약제도)
④ 백화점 계약제 ⑤ 운임거치할인제

68 ( ) 안에 들어갈 것으로 옳은 것은? ▶ 제18회 국제물류론

( ) bills of lading are issued by freight forwarders who consolidate several cargoes belonging to different owners or form the subject-matter of different export transactions in one consignment which will be shipped under the groupage bill of lading issued by the carrier to the forwarder.

① Surrendered ② House
③ Switch ④ Third Party
⑤ Master

해설 House B/L은 NVOCC 또는 Freight Forwarder에 의해 발행된다.

69 선하증권의 종류에 관한 설명으로 옳지 않은 것은? ▶ 제18회 국제물류론

① Groupage B/L : 운송주선인이 동일한 목적지로 운송하는 화물을 혼재하여 하나의 그룹으로 만들어 선적할 때 선박회사가 운송주선인에게 발행하는 B/L

② Stale B/L : 별도의 명시가 없는 한 선적일로부터 21일이 경과된 B/L

③ Foul B/L : 신용장에 명시된 수익자가 아닌 제3자의 명칭이 기재된 B/L

④ Optional B/L : 화물이 선적될 때 양륙항이 확정되지 않은 상태로 둘 이상의 항구를 양륙항으로 하여 선적항을 출발한 선박이 최초의 양륙항에 도착하기 전에 양륙항을 선택할 수 있도록 발행된 B/L

⑤ Red B/L : 선하증권과 보험증권의 기능을 결합시킨 B/L

해설 신용장에 명시된 수익자가 아닌 제3자의 명칭이 기재된 B/L을 Third Party B/L이라고 한다.

70 항해용선계약에서 선내인부의 작업비용을 선적시에는 용선자가 부담하고 양륙시에는 선주가 부담하는 조건은? ▶ 제18회 국제물류론

① FI ② FIO ③ FO
④ FIOS ⑤ FIOST

해설 선적시에는 용선자가 부담하고 양하시에는 선주가 부담하는 하역비 조건은 Free In으로 실무에서는 FIBT로 명명하여 사용한다.

71 (㉠)~(㉢)에 들어갈 용어를 바르게 나열한 것은? ▶ 제18회 국제물류론

부정기선의 운송에는 항해 단위의 계약을 기본으로 하는 (㉠)과 일정기간 동안 계약하는 (㉡) 등이 있다. 그러나 정기선 운송의 경우에는 (㉢)을 원칙으로 한다.

① ㉠: 항해용선, ㉡: 기간용선, ㉢: 나용선
② ㉠: 나용선, ㉡: 항해용선, ㉢: 기간용선
③ ㉠: 기간용선, ㉡: 항해용선, ㉢: 개품운송계약
④ ㉠: 개품운송계약, ㉡: 나용선, ㉢: 기간용선
⑤ ㉠: 항해용선, ㉡: 기간용선, ㉢: 개품운송계약

해설 항해 단위의 용선계약을 항해용선계약이라고 하며 일정 기간을 두고 용선계약을 하는 것을 기간용선 혹은 정기용선계약이라 하고 정기선 운송계약은 통상 개품운송계약이라고 한다.

Answer 66. ② 67. ② 68. ② 69. ③ 70. ① 71. ⑤

72 해운 관련 국제협약 또는 기구가 아닌 것은? ▶ 제18회 국제물류론

① SOLAS ② MARPOL ③ ICAO
④ STCW ⑤ IMO

해설 ③ ICAO: 국제민간항공기구
① SOLAS: 해상인명안전협약
② MARPOL: 해양오염방지협약
④ STCW: 선원 훈련 및 자격증명 국제협약
⑤ IMO: 국제해사기구

73 정기선 해상운송의 운임 중 도착항의 항만사정으로 예정된 기간 내 하역할 수 없을 때 부과하는 것은? ▶ 제18회 국제물류론

① 지체료(Detention Charge) ② 터미널화물처리비(THC)
③ CFS작업료(CFS Charge) ④ 통화할증료(CAF)
⑤ 체화할증료(Port Congestion Surcharge)

해설 도착항의 항만사정으로 신속히 하역을 할 수 없을 때 선사가 손해를 입으므로 이를 화주에게 전가하는 할증료를 체화할증료라고 한다.

74 선하증권의 법정(필수) 기재사항이 아닌 것은? ▶ 제18회 국제물류론

① 운송물품의 거래가격 ② 운송인의 표시
③ 선하증권의 발행지와 발행일자 ④ 선적항 및 양륙항
⑤ 수통의 선하증권을 발행한 때에는 그 수

해설 선하증권상에 운송물품의 거래가격을 표기하는 것은 선하증권의 필수 기재사항이 아니다.

75 신용장으로 거래하는 화물을 선적한 선박의 일등 항해사가 선적물품에 하자가 있음을 발견하고 본선수취증의 비고란(Remarks)에 이러한 사실을 기재하였다. 이 경우 화주가 취할 수 있는 가장 적절한 조치는? ▶ 제18회 국제물류론

① Dirty B/L을 발급받아 즉시 은행에 매입을 요청한다.
② L/G를 선사에 제출하고 Clean B/L을 발급받아 은행에 매입을 요청한다.
③ L/I를 선사에 제출하고 Clean B/L을 발급받아 은행에 매입을 요청한다.
④ T/R을 선사에 제출하고 Clean B/L을 발급받아 은행에 매입을 요청한다.
⑤ L/G를 선사에 제출하고 Clean L/I의 발급을 선사에 요청한다.

해설 선사가 Clean B/L을 발행하기 전에 하자가 있는 화물을 선적하게 된 것을 알게 된 경우 화주는 선사에 Letter of Indemnity(LOI)를 제공하고 선사로부터 Clean B/L을 받아 처리한다. 이에 대한 책임은 L/I를 제공한 화주가 법적 금전적 책임을 모두 진다.

76 정기선과 부정기선 운송에 관한 설명으로 옳지 않은 것은? ▶ 제18회 국제물류론

① 해운거래소(Shipping Exchange)에는 주로 정기선 운송시장 정보가 집중되어 있다.

② 부정기선은 주로 단위화 되지 않은 상태의 화물을 취급한다.

③ 일반적으로 정기선은 정해진 특정항로를 따라 정기 운항하는 반면, 부정기선은 운송수급에 따라 항로가 결정된다.

④ 부정기선 운임은 일반적으로 운송계약을 할 때마다 당사자 간 협의를 통하여 결정된다.

⑤ BDI는 건화물 부정기선에 관한 운임지수를 말한다.

해설 해운거래소는 부정기선운용에 관한 거래를 하는 곳이다.

77 일반화물선에서 사용되는 용어에 관한 설명으로 옳지 않은 것은? ▶ 제18회 국제물류론

① Hatch Way는 선창 내에 화물을 적재하거나 양하하기 위한 통로로 사용된다.

② Bulk Head는 선박의 수직 칸막이로서 선박의 한 부분에 손상이 발생하여 침수될 경우 다른 부분의 침수를 방지하는 역할을 한다.

③ Double Bottom은 선저의 이중구조를 말하는 것으로 좌초시의 안전을 위한 장치이다.

④ Shaft Tunnel은 엔진과 프로펠러를 연결하는 프로펠러 축을 보호하기 위해 만든 터널이다.

⑤ 선미방향에서 선수방향을 바라보면서 왼쪽을 Starboard Side라 하고 오른쪽을 Port Side 라 한다.

해설 선박의 선미방향에서 선수방향을 바라보면서 왼쪽을 Port Side, 오른쪽을 Starboard Side라고 한다.

78 운송되는 화물의 수량에 관계없이 항해(Voyage)를 단위로 해서 포괄적으로 계산하여 부과하는 운임은? ▶ 제18회 국제물류론

① Dead Freight
② Advanced Freight
③ Lump Sum Freight
④ Back Freight
⑤ Pro Rate Freight

해설 항해 단위를 기준으로 화물의 운송량에 관계없이 표괄적으로 계산하는 해상운임을 통상 선복운임(Lump Sum Freight)이라고 한다.

| Answer | 72. ③ 73. ⑤ 74. ① 75. ③ 76. ① 77. ⑤ 78. ③ |

79 해상화물운송장에 관한 설명으로 옳지 않은 것은? ▶ 제18회 국제물류론

① 해상화물운송장은 대개 기명식으로 발행된다.

② 해상화물운송장을 이용한 화물의 전매는 불가능하다.

③ 해상화물운송장에 관한 통일된 국제규범은 존재하지 않는다.

④ 해상화물운송장은 UCP 600을 적용할 때 일정조건하에 은행이 수리할 수 있는 운송서류이다.

⑤ 양륙지에서 수하인이 운송인에 의해 화주임이 확인된 경우 수하인이 화물의 인도청구권을 행사하기 위해 운송인에게 반드시 해상화물운송장을 제시하여야 하는 것은 아니다.

해설 국제해사위원회(CMI)에서 1990년 6월 채택한 해상화물운송장에 관한 통일규칙이 존재한다(Uniforms Rules for Sea waybill 1990).

80 용선계약의 종류에 관한 설명으로 옳은 것은? ▶ 제18회 국제물류론

① 항해용선계약에서 용선자는 선복을 이용하고 선주는 운송행위를 한다.

② 기간용선계약에서 용선자는 화주에 대해 전적으로 내항성 담보책임을 부담해야 한다.

③ 나용선계약에서 선주의 비용부담항목에는 수선비와 보험료, 그리고 감가상각비가 포함된다.

④ 나용선계약에서 선주는 선장을 지휘, 감독할 권리를 갖는다.

⑤ 나용선, 기간용선, 항해용선계약 가운데 용선자의 비용부담이 가장 큰 계약형태는 항해용선계약이다.

해설 항해용선계약에서 용선자의 비용부담항목은 없으며 용선자의 비용부담이 가장 큰 계약형태는 나용선계약이다.

81 해운항만산업의 변화를 설명한 것으로 옳지 않은 것은? ▶ 제18회 국제물류론

① 선사 간의 경쟁이 심화됨에 따라 선사 간 전략적 제휴가 어려워지게 되었으며, 대신 선사를 소형화하여 화주들의 다양한 수요에 부응하고 경쟁에 신속하게 대응하려는 움직임은 커지고 있다.

② 미국의 신해운법(Shipping Act, 1984)이 제정되면서 운임동맹의 가격카르텔 기능이 약화되어 선사 간 운임경쟁이 가속화되었다.

③ 세계 주요 선사들은 초대형선을 다투어 건조하여 선박건조비와 운항비의 단가를 낮추는 규모의 경제를 추구하게 되었다.

④ 각국 정부의 적극적인 지원에 따라 세계 도처의 여러 항만이 첨단화되고, 고생산화 되는 현상이 나타나고 있다.

⑤ 부가가치 물류가 진전됨에 따라 화주, 선사, 항만, 항만배후지를 연계하는 공급사슬의 중요성이 부각되고 있다.

해설 최근 컨테이너선대의 대형화로 선사 간의 전략적 제휴는 강화되고 있으나 운임동맹의 가격카르텔 기능은 약화되고 있다.

82 다음 신용장에 규정된 선하증권 조항 중 각 밑줄친 부분에 관한 설명으로 옳지 않은 것은?

▶ 제18회 국제물류론

① FULL SET OF CLEAN ② ON BOARD OCEAN BILL OF LADING MADE OUT ③ TO THE ORDER OF ABC BANK MARKED ④ "FREIGHT COLLECT" AND ⑤ NOTIFY ACCOUNTEE

① 전통(全通)으로 구성된 선하증권을 의미한다.

② 본선적재 후 발행되는 선적선하증권을 의미한다.

③ 지시식 선하증권을 의미한다.

④ 이 경우 적용되는 Incoterms® 2010의 규칙은 CFR 또는 CIF규칙이다.

⑤ 착화통지처는 신용장 발행의뢰인이다.

[해설] Freight Collect 경우에 적용되는 Incoterms 2010은 FOB, FAS, FCA, EXW이다.

83 해상운송 관련 국제규칙이 아닌 것은?

▶ 제18회 국제물류론

① 헤이그-비스비 규칙　　　　　② 함부르크 규칙
③ 로테르담 규칙　　　　　　　　④ 헤이그 규칙
⑤ 몬트리올 규칙

[해설] 몬트리올 규칙은 여객에 대한 운송인의 책임한도에 관한 항공사 간의 협정이다.

84 용선계약의 하역비 부담과 관련하여 선적시에는 용선주(owner)가 부담하고 양륙시에는 용선자(charterer)가 부담하는 조건은?

▶ 제19회 국제물류론

① Berth Term　　　　　　　　② FI
③ FO　　　　　　　　　　　　　④ FIO
⑤ FIOST

[해설] 선적시에 선주가 하역비를 부담하고 양하시에는 용선자가 부담하는 경우는 Free Out 조건을 말하며 약자로 FO이다. 실무에서는 통상 BTFO라고 불리운다.

| Answer | 79. ③ | 80. ① | 81. ① | 82. ④ | 83. ⑤ | 84. ③ |

85 화주가 반출해 간 컨테이너 또는 트레일러를 허용된 시간 이내에 지정 선사의 CY로 반환하지 않을 경우 지불하는 비용은? ▸ 제19회 국제물류론

① Demurrage
② Outport Arbitrary
③ Detention Charge
④ Despatch Money
⑤ Terminal Handling Charge

> **해설** 화주가 컨테이너를 대여해서 정해진 FREE TIME 내에 반납하지 않는 경우 발생하는 비용을 통상 지체료 혹은 Detention Charge라고 한다.

86 정기선 운임에 관한 설명으로 옳지 않은 것은? ▸ 제19회 국제물류론

① 전쟁위험 할증료(War Risks Premium)는 전쟁위험지역이나 전쟁지역에서 양적하되는 화물에 대하여 부과하는 운임이다.

② 체선/체화할증료(Port Congestion Surcharge)는 도착항의 항만 혼잡으로 신속히 하역할 수 없어 손실이 발생할 경우 이를 보전하기 위해 부과하는 운임이다.

③ 초과중량할증료(Heavy Cargo Surcharge)는 일정한도 이상의 중량화물 취급에 따른 추가비용을 보전하기 위해 부과하는 운임이다.

④ 통화할증료(Currency Adjustment Factor)는 벙커유의 가격변동에 따른 손실을 보전하기 위해 부과하는 운임이다.

⑤ 양륙항변경할증료(Diversion Surcharge)는 당초 지정된 양륙항을 운송 도중에 변경할 경우 부과하는 운임이다.

> **해설** 통화할증료인 Currency Adjustment Factor는 환율변동에 따른 할증료를 의미한다.

87 Gencon Form의 용선계약서에서는 하역준비완료통지서(Notice of Readiness)가 통지된 후 일정기간이 경과하면 정박기간이 개시된다. 다음의 (㉠), (㉡)에 들어갈 시간으로 옳은 것은? ▸ 제19회 국제물류론

> 하역준비완료통지서가 오전에 통지된 경우 (㉠)부터, 오후 영업시간 내에 통지된 경우 다음날 (㉡)부터 기산한다.

① ㉠ 오후 1시, ㉡ 오전 6시
② ㉠ 오후 1시, ㉡ 오전 12시
③ ㉠ 오후 6시, ㉡ 오전 6시
④ ㉠ 오후 6시, ㉡ 오전 12시
⑤ ㉠ 오후 6시, ㉡ 오후 6시

> **해설** Gencon Form의 용선계약서에는 용선계약서상 하역준비완료통지서가 오전에 통지된 경우에는 오후 1시부터 오후 영업시간에 통지된 경우에는 다음 날 오전 6시부터 기산된다.

88 항해용선계약에 관한 설명으로 옳은 것은? ▸ 제19회 국제물류론

① Not Before Clause는 본선이 선적준비완료 예정일 이전에 도착할 경우 선적의무가 있다는 조항이다.

② Lien Clause는 화주가 운임 및 기타 부대경비를 지급하지 아니할 때 선주가 그 화물을 유치할 수 있는 권한이 있음을 나타내는 조항이다.

③ Off-hire Clause는 용선기간 중 용선자의 귀책사유가 발생하여 본선의 이용이 방해될 때 용선자가 용선료의 지급의무를 중단한다는 조항이다.

④ Running Laydays는 하역시작일로부터 끝날 때까지의 기간 중 원칙적으로 일요일과 공휴일을 제외한 모든 기간을 정박기간으로 계산하는 방법이다.

⑤ Cancelling Clause는 당해 계약날짜에 선박이 준비되지 않으면 즉시 계약이 해지된다는 조항이다.

> **해설** ① Not Before Clause는 본선이 선적준비완료 예정일 이전에 도착할 경우 선적의무가 없다는 조항이다.
> ③ Off-hire Clause는 용선기간 중 선주의 귀책사유가 발생하여 본선의 이용이 방해될 때 용선자가 용선료의 지급의무를 중단한다는 조항이다(기간용선계약).
> ④ Running Laydays는 하역시작일로부터 끝날 때까지 모든 기간을 정박기간으로 계산하는 방법이다.
> ⑤ Cancelling Clause는 당해 계약날짜에 선박이 준비되지 않으면 선주가 용선자에게 손해배상 책임이 있다고 명시하는 조항이다.

89 선적 및 양륙 업무에 따른 부속서류에 관한 설명으로 옳지 않은 것은? ▸ 제19회 국제물류론

① Tally Sheet에는 하역화물의 개수, 화인, 포장상태, 화물사고 등을 기재한다.

② Stowage Plan은 체계적인 하역작업 및 본선안전을 위한 것으로 여기에는 선적용 적부도, 양륙용적부도가 있다.

③ Delivery Order는 양륙지에서 선사가 수하인으로부터 B/L을 받고 화물인도를 지시하는 서류이다.

④ Booking Note는 화물 양륙시 하역업자가 양륙화물을 적하목록과 대조하여 본선에 교부하는 서류이다.

⑤ Measurement/Weight Certificate는 각 포장당 용적 및 총중량의 명세서이며, 해상운임 산정의 기초가 된다.

> **해설** Booking Note는 선사가 해상운송계약에 의하여 운송을 인수하고 그 증거로서 선사가 발급하는 서류로 Booking Confirmation으로 표기하여 발급하는 선사도 있다.

90 아래 지도에 표시된 ①~⑤에 관한 설명으로 옳지 않은 것은? ▶ 제19회 국제물류론

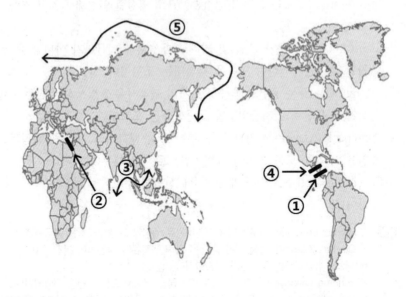

① 파나마운하 : 선박대형화 추세에 대응하기 위해 현재 운하 확장공사가 진행 중이며 완공 되면 10,000 TEU급 이상 초대형 컨테이너선박의 운항이 가능하게 된다.

② 수에즈운하 : 150년 넘게 이집트경제의 중심으로 역할을 해왔으며 현재 제2의 수에즈운 하가 건설 중이다.

③ 말라카해협 : 세계 주요 해상항로 중 하나로, 아시아와 유럽을 이으며 중국의 일대일로전 략의 주요 해상운송로에 포함된다.

④ 니카라과운하 : 중남미 지역에서 미국의 해상패권을 견제하려는 러시아의 해상운송망 확 보전략의 일환으로 2014년 착공하였다.

⑤ 북극해항로 : 러시아연안을 항해하는 북동항로와 캐나다 연안을 지나는 북서항로가 있다.

> **해설** 니카라과운하는 중남미 지역에서 미국의 해상패권을 견제하려는 중국의 해상운송망 확보전략의 일환 으로 2014년 착공하여 2017년 완공을 목표로 하고 있다.

91 해상운송계약의 비용분담 기준이다. (㉠)~(㉢)에 들어갈 내용으로 옳은 것은?

▶ 제19회 국제물류론

구 분	개품운송계약	항해용선계약	정기용선계약	나용선계약
선원비	선주	선주	선주	(㉠)
유류비	선주	(㉡)	용선자	용선자
자본비	(㉢)	선주	선주	선주

① ㉠ 용선자, ㉡ 선주, ㉢ 선주
② ㉠ 용선자, ㉡ 용선자, ㉢ 선주
③ ㉠ 용선자, ㉡ 선주, ㉢ 용선자
④ ㉠ 선주, ㉡ 용선자, ㉢ 용선자
⑤ ㉠ 선주, ㉡ 용선자, ㉢ 선주

해설 • 선원비 측면: 나용선계약에서 선원비는 용선자가 부담한다.
    • 유류비 측면: 유류비는 항해용선계약에서는 선주가 부담한다.
    • 자본비 측면: 선박구매, 운영을 위한 거대한 자본비 등은 선주가 부담하게 된다.

92 국제해상물품운송법에 근거한 용선계약서나 선하증권에서 운송인의 면책사항이 아닌 것은?

▶ 제19회 국제물류론

① 불가항력에 기인한 손해
② 폭동, 내란, 파업 등에 의한 손해
③ 화물의 성질 또는 하자에 의해서 생긴 손해
④ 송하인의 과실에서 생긴 손해
⑤ 운송인이 주의의무를 위반하여 생긴 손해

해설 운송인은 운송을 위해 일정한 주의를 가져야 한다는 의무가 운송인의 주의의무이므로 주의의무를 위반하여 생긴 손해는 면책사항이 아니다.

93 선적절차와 관련된 서류에 관한 설명으로 옳지 않은 것은? ▶ 제19회 국제물류론

① Equipment Interchange Receipt는 컨테이너 트랙터 기사가 공 컨테이너를 화주에게 전달할 때 사용되는 서류이다.

② Container Load Plan은 LCL화물의 경우 CFS 운영업자가 작성하는 서류이다.

③ Dock Receipt는 CY에 반입된 화물의 수령증으로 발급되며, 선사는 이를 근거로 컨테이너 선하증권을 발행한다.

④ Shipping Request는 화주가 선박회사에 제출하는 선적의뢰서로서, 선적을 의뢰하는 화물을 선적할 수 있는 공간을 확보하기 위한 서류이다.

⑤ Letter of Guarantee는 화주가 선박회사에 대해 발행하는 서류로, 향후 화물에 문제가 발생하더라도 선박회사에 책임을 전가시키지 않는다는 취지의 각서이다.

> **해설** 화주가 선사에 대해 발행하는 서류로 향후 화물에 문제가 발생하더라도 선사에 책임을 전가시키지 않는다는 취지의 각서는 Letter of Indemnity라고 한다.

94 다음 ㉠, ㉡에서 설명하는 선하증권의 종류는? ▶ 제19회 국제물류론

> ㉠ 혼재를 주선한 운송주선인이 운송인으로부터 Master B/L을 받고 각 화주들에게 발행해 주는 선하증권이다.
> ㉡ 무역거래의 당사자가 아닌 다른 자가 송하인으로 발행되는 선하증권이며 주로 중계무역에 이용된다.

① ㉠ Groupage B/L, ㉡ Switch B/L   ② ㉠ Groupage B/L, ㉡ Third party B/L

③ ㉠ House B/L, ㉡ Switch B/L   ④ ㉠ House B/L, ㉡ Third party B/L

⑤ ㉠ House B/L, ㉡ Surrender B/L

> **해설** 포워더가 각 화주들에게 발행하는 선하증권을 통상 House B/L이라고 하며 무역거래 당사자가 아닌 다른 자가 송하인으로 발행되는 선하증권을 Third Party B/L이라 하고 주로 중계무역에 이용된다.

95 최근 국제연합(UN) 산하기구인 국제해사기구(IMO)의 사무총장으로 사상 처음 한국인이 선출되었다. 다음 중 국제해사기구(IMO)의 설립목적과 거리가 먼 것은? ▶ 제19회 국제물류론

① 정부 간 해사 기술의 상호협력   ② 국제민간선주들의 권익보호

③ 해양오염방지대책 수립   ④ 해사안전대책 수립

⑤ 국제해사관련 협약의 시행 및 권고

> **해설** 국제민간선주들의 권익보호를 위해 만들어진 단체는 ICS(Int'l Chamber of Shipping) 즉, 국제해운회의소이다.

Answer 93. ⑤   94. ④   95. ②

02 항공운송

|학습목표| 1. 항공운송의 개념 및 항공운송물류의 동향에 대한 전반적인 내용을 제시한다.
2. 항공운송사업, 운임 등 항공운송업무의 내용을 제시한다.
3. 국제소화물일관운송(국제택배) 및 국제항공관련 기구를 제시한다.

|단원열기| 항공운송물류의 전반적인 내용을 다루고 있는 이 단원에서는 항공운송의 특징, 항공운송사업의 형태와 항공화물 취급방법, 운임형태 및 운송절차, 항공운송서류인 항공화물운송장(SWB)의 전반적인 내용, 항공운송인의 책임 내용, 국제소화물일관운송(국제택배), 국제항공관련 기구 등에 대한 자세한 내용을 제시한다. 항공운송 운임에 관한 내용, 항공화물운송장(SWB)의 특징과 기능(B/L과 비교), 국제항공기구와 운송조약(항공운송임의 책임) 등이 출제 빈도가 높으므로 이에 대한 학습이 필요하며, 특히 항공운송물류 비용과 관련해서는 비용 산출 등 실무적인 지식을 요구하는 문제가 자주 출제되므로 이에 대한 각별한 주의가 요구된다.

제1절 항공운송의 개요

1 항공운송의 의의와 특성

(1) 항공운송의 의의

항공화물(Air Cargo)이란 항공기에 의하여 수송되는 화물로서 일반적으로 승객의 수화물(Baggage)과 우편물(Mail)을 제외한 항공운송장(Air Waybill)에 의해 수송되는 화물을 말한다.

또한 항공운송은 항공기에 승객, 우편 및 화물을 탑재하여 국내외 공항에서 다른 공항까지 운송하는 방식이다. 과거에는 화물운송 대부분이 육상 또는 해상에 의한 운송이었으며 일부 특수한 종류의 화물만이 항공운송의 대상이었으나 오늘날에는 항공기의 대형화에 따른 운임의 인하, 화물전용기(Freighter)의 정기적인 운항, 항공화물 전용터미널의 확충, 다품종 소량생산에 따른 고부가가치 화물 및 긴급운송 물품의 증대 등과 같은 현상에 따른 항공운송 수요의 증가 그리고 항공화물의 컨테이너화와 지상조업의 자동화 및 기업들의 적정재고정책 등으로 항공운송에 의한 정시배달을 선호함에 따라 국제무역에 있어서 중요한 운송수단으로 각광 받고 있다.

우리나라의 항공화물운송은 1970년대부터 본격적으로 시작되어 1980년대 이후 연평균 13~15% 이상의 높은 성장을 지속해 왔다. 초창기 항공운송제품으로는 섬유류, 잡화류, 생동물, 가발 등이었으나 점차 기계류와 전자제품의 비중이 증가하면서 최근에는 항공화물의 50% 이상을 전자제품이 차지하고 있다.

(2) 항공운송의 특성

① **야행성**: 항공화물은 여객수송과는 달리 그날의 발송분을 모아 익일 새벽까지 수송하는 것이 관례화되어 있기 때문에 화물의 대부분이 야간에 집중되는 특성을 지니고 있다. 따라서 긴급을 요하는 품목이나 계절상품, 장기운송시 가치가 하락하는 물품의 운송에 가장 적합한 운송방식이다.

② **편도성**: 고가의 기계를 임대차 또는 수리의 목적으로 발송한 경우 혹은 반제품으로 출하한 것이 완제품이 되어 반송될 경우에 이루어지는 왕복운송을 제외하고는 항공화물운송은 거의 대부분이 편도운송이다.

③ **고정화주**: 항공화물의 고객은 화물을 반복하여 계속적으로 출하하는 고정화주가 대부분이다. 따라서 항공화물운송은 여객운송되는 다른 과정을 거쳐서 발달하여 왔으며, Door to Door Service의 제공이나 복잡한 운임체계의 설정 등으로 이루어지고 있다.

④ **지상조업의 필요**: 여객과는 달리 화물은 의지가 없는 물체이며 스스로 움직일 수도 없다. 따라서 항공화물은 공항에서의 지상조업이 필요하며, 항공화물의 적하를 위해서 숙련된 작업이 요구된다.

⑤ **비계절성**: 특정의 화물, 예를 들면 식품, 화훼류, 농산물, 특정의 의류 등은 계절에 따라 변동이 심하지만, 일반화물은 대부분이 여객에 비해 계절적인 변화가 없다.

⑥ **서비스의 완벽성**

　㉠ 서비스의 완벽성이란 화주는 집하(Pick-up), 인도(Delivery), 화물추적(Tracing)의 용이성, 특수취급을 요하는 위험물품과 귀중품 등의 안전성 기타 보험이나 클레임 업무의 편리성 등을 요구하고 있는데 이에 대한 서비스가 타운송보다 월등히 우수하다는 것이다.

　㉡ 항공운송은 육상운송 및 해상운송에 비해, 운송환경이 쾌적하고 화물의 파손 및 도난과 같은 화물사고 발생비율이 가장 낮은 운송방식이다. 예컨대 항공운송의 경우 다른 운송방식에 비해 보험료 수준이 가장 낮은 것으로 나타나고 있는데, 이는 항공운송의 높은 안정성을 반증하고 있는 것이다.

(3) 항공운송화물의 대상품목

현재 항공화물로서 운송되고 있는 품목은 일반적으로 다음과 같이 분류할 수 있다.

① **급송을 요구하는 품목**

　㉠ 긴급수요품목: 선박, 항공기, 기계부품 등 수리를 위해 요구되는 것, 혈청 등 긴급의료품, 상품견본, 계절유행상품, 투기상품, 재난구호품 등

　㉡ 신선도를 요하는 품목: 꽃, 과일(예 딸기), 육류와 같이 생명력이 짧거나 신선도를 유지해야 하는 품목

　㉢ 판매시기가 한정된 품목: 신문, 잡지, 정기간행물, 뉴스필름 등

　㉣ 주요 문서 및 서류: 국가기관 간 또는 기업 간 교환서류, 선적서류, 국제편지 등

　㉤ 항공여객의 탁송품: 여객의 동반화물 및 별송품, 이삿짐, 애완동물 등

② **고가의 귀중품 또는 제품**

귀금속, 미술품, 모피 등 귀금속류와 전자제품, 반도체, 광학제품, 의약품, 첨단기술제품 등 운임부담력이 큰 제품

③ **안전성과 정확성이 요구되는 물품**

손실 및 도난의 위험이 큰 보석, 골동품, 미술품 등 안전성과 확실성이 요구되며 운송에 신중을 기울여야 되는 품목

④ **마케팅수요 및 물류전략을 위한 품목**

현지 판매업자에 의한 과잉재고로부터 오는 가격하락의 방지 또는 경쟁상품보다 신속하게 공급하여 고객에 대한 서비스체제를 강화하고, 자사제품의 시장경쟁력을 높일 목적으로 항공운송을 이용한다. 또한 최근에는 물류전략의 실천에 의한 상품 Stock Point의 집중화나 재고투자의 절감에 의한 물류관리체제 합리화의 요청에 부응하기 위한 경우의 품목도 항공화물로 운송되고 있다.

⑤ **전자상거래 대상 품목**

현재 기업 대 고객(business to customer : B2C)의 국제 간 전자상거래에 있어서 수요가 발생하는 품목들은 대부분이 UPS, DHL, FedEx 등 국제항공택배업체를 통해 항공운송되고 있다.

⑷ **항공운송의 선택기준**

국제교역에 있어서 화물운송수단을 선택할 때에는 단순한 운임비교뿐만이 아니라 생산자에서 소비자에 이르기까지 유통코스트, 즉 종합비용을 기준으로 하여야 한다. 즉, 항공운송의 이점에 의해 취득되는 여러 가지 가치 및 코스트 절감 효과도 동시에 비교해야 하는데, 종합원가 분석을 위해서는 다음의 3요소를 조사해야 한다.

직접적 코스트 요인	간접적 코스트 요인	보이지 않는 요인
• 포장비 및 인건비 • 잡화 및 배달요금 • 서류작성 비용 • 보험료 및 창고료 • 통관비용 • 운임, 관세 • 운송 중의 상품에 대한 이자	• 재고품의 창고시설 투자자본 • 재고품의 창고 space 임대료 • 재고품에 대한 투자자본 • 재고품의 부패 또는 변질에 따른 손해	• door to door 운송 • 발착의 정시성 · 신뢰성 • 상대기업에 대한 경쟁상의 이점 • 대고객 서비스 만족성 • 수요변화에 따른 적응성 • 도난방지

2 항공운송의 특징

(1) 항공운송의 장점

항공화물운송은 대형 화물전용기의 개발로 수송능력의 증대, 단위당 운항원가의 절감 및 운임의 저렴화가 실현되었고, 한편으로는 종합물류원가 개념의 보급으로 기업의 물류관리의 중요성이 재인식되면서 항공화물의 이용범위도 크게 확대되었다. 특히 기업에 물류관리가 도입·강화되면서 수송원가는 단순히 운임의 저하만을 위해서가 아니라 재고비, 창고료, 보험료, 운송 중의 금리 등 운송에 관계되는 총원가의 관점에서 고려하지 않을 수 없게 되었다.

일반적으로 항공운송은 높은 운임수준으로 인해 경제성이 떨어지는 것으로 알려져 있다. 그러나 화물의 특성과 시장 상황에 따라서는 상당한 비용절감 효과를 기대할 수 있다. 예를 들어 항공운송의 경우 높은 안정성으로 인해 보험료 및 포장비 등이 여타의 운송수단에 비해 낮은 편이며, 마케팅 목적의 달성과 적기운송에 따른 고객서비스 수준의 향상 등과 같은 '보이지 않는 비용(Invisible Cost)' 등을 고려해 본다면 가장 경제적인 운송수단이 될 수도 있다. 따라서 항공운송의 경제성은 단순히 운임수준만이 아닌 종합적인 관점에서 비용 및 편익분석에 기초하여 평가하는 것이 합리적이라 할 수 있다.

① 재고수준의 저하

항공기는 고속성을 이용하여 화물을 원거리에 있는 광범위한 지역에 신속하게 운송할 수 있기 때문에 재고량을 감소시킬 수 있을 뿐만 아니라 보관비 및 창고비의 삭감을 기대할 수 있으며, 또한 수익을 빨리 얻을 수 있어 투하자본의 조기회전이 가능하다.

② 경쟁력의 유지와 시장의 확대

상품 디자인의 변화 등 시장변화에 대해서도 항공운송의 신속성을 이용함으로써 판매기회를 놓치지 않고 고객을 확보할 수 있다. 또한 해산물, 야채, 과일, 특수의약품 등도 지리적인 제약으로부터 벗어나 광범위하게 유통될 수 있다는 점에서 시장확대를 가져올 수 있다.

③ 포장비의 삭감

항공화물은 운송 중의 안전도가 극히 높기 때문에 항공운송에 적합한 최소한의 포장만으로 운송이 가능하다. 따라서 재료비, 인건비 등 포장에 소요되는 비용이나 시간을 대폭적으로 절감할 수 있다.

④ 손상, 분실, 도난 등의 사고의 감소

운송시간이 단축되기 때문에 다른 운송시간에 비하여 그만큼 위험을 줄일 수 있다. 또한 항공운송 중에 진동이나 충격이 작으며 온도, 습도 기타 양호한 조건하에서 운송이 이루어지고 비행 중에 항공기의 화물실과 외부의 접촉이 없기 때문에 수송화물의 손상, 분실, 도난 등의 위험이 거의 없다. 또한 사고가 적기 때문에 그만큼 보험료도 저렴하다.

이러한 항공운송의 장점, 즉 경제성을 물류·비용·서비스상으로 구분하면 다음의 표와 같다.

물류상의 경제성	비용상의 경제성	서비스상의 경제성
• 긴급화물운송 • 소량화물운송 • 화물파손의 감소 • 포장의 편리성 • 통관의 편리성	• 포장비의 경감 • 보험료의 절감 • 투하자본의 절감	• 고객서비스의 향상 • 긴급수요에 대응 • 시장확대

(2) 항공운송의 단점

① 대량수송에 한계

항공화물은 수송수단의 제약 때문에 해상운송과 같은 대량화물의 수송에는 한계가 있다.

② 저가상품 수송에 부적합

일반적으로 항공운임은 해상운임에 비해 상당히 고가이기 때문에 운임부담력이 없는 저가상품의 수송은 어렵다.

③ 중량 및 규격제한

중량 및 규격제한이 있어 중량물 또는 장척물의 수송이 어렵다.

④ 지역의 제한

공항시설이 없거나 항공화물편이 없는 곳에는 수송이 불가능하다.

⑤ 고에너지소비 운송수단

항공기는 화석에너지를 대량으로 소비하기 때문에 화석에너지의 고갈을 촉진시키는 계기가 된다.

⑥ 소음공해

항공기는 고속비행으로 소음공해를 일으키고 있기 때문에 이로 인한 항공기 운항규제가 더욱 심해질 가능성이 높다.

제 2 절 　항공운송사업의 형태와 항공화물 취급

1 항공운송사업의 형태

(1) **항공운송대리점**(Air Cargo Agent)

① 항공화물운송대리점은 항공화물 송하인과의 계약주체인 항공사를 대신해서 항공운송장(Air Waybill)을 발행하고 수출 및 수입화물 모두에 대해 육상운송과 수출입면허, 창고반출입업무를 대행하면서 항공화물의 흐름을 원활히 하는 자를 말한다.

즉, 항공운송대리점은 항공회사 또는 총판대리점을 대신하여 항공회사의 운송약관, 규칙, 운임률표와 일정에 따라 항공운송서비스의 판매, 항공운송장의 발행 등과 같은 운송서비스를 판매하는 항공운송사업을 말하며, 이에 국제항공운송협회(international Air Transportation Association, IATA)에 가입한 IATA 대리점과 가입하지 않은 Non-IATA 대리점 형태가 있다.

② 항공운송대리점의 주요 기능은 수출 항공화물의 유치, 운송을 위한 준비작업(항공화물운송장의 작성, 포장작업 등), 수출입화물에 대한 통관수속의 대행, 항공화물보험의 부보업무, Tracing(항공화물의 위치 추적), 항공운송 이전과 직후에 이루어지는 내륙운송의 주선·이행(Pick-up & Delivery) 등과 같은 부대서비스를 제공하는 것이다.

(2) **항공운송주선업**(Consolidation or Air Freight Forwarding)

① 항공운송주선업은 타인의 운송수요에 응하기 위하여 유상으로 자기의 명의로서 항공회사의 항공기를 이용하여 화물 혼재 및 운송업무를 이행하는 영업형태로서, 항공회사와의 운송계약에 따라 발행되는 항공화물운송장(First, Master AWB)을 근거로 하여, 자체 보유한 별도의 운송약관에 따라 다수의 화주들에게 독립된 항공화물운송장(Secondary, House AWB)을 발행하면서 항공기 없는 항공사의 역할을 수행하고 있다.

② 또한 항공운송주선업자는 화주들의 여러 화물을 집하하여 혼재(Consolidation)하는 기능을 갖는다. 항공사의 운임은 한 건으로 운송되는 화물의 중량이 커짐에 따라 kg(or lb)당 적용요율(Rate)은 더 낮은 것을 적용받을 수 있도록 되어 있으므로 이것을 근거로 하여 영업을 하게 된다. 특히 혼재운송을 전문으로 하는 전문혼재업자(Consolidator)는 직접 수출화주를 상대로 영업을 하지 않고 다른 대리점의 화물만을 취급하기도 한다.

③ 목적지에서 혼재화물을 분류해야 하는 경우 혼재업자의 현지법인 또는 현지 운송주선인(Forwarder)에게 이것을 위탁하는데, 혼재화물처리를 위탁받은 대리점을 보통 혼재화물인수대리점(Break Bulk Agent)이라 한다. 혼재화물인수대리점은 목적지에 도착된 혼재화물을 수하인별로 분류하여 각 수하인에게 인도하는 업무를 담당한다. 즉, 혼재화물이 목적지에 도착하면 항공회사로부터 항공운송장을 받아 House Air Waybill별로 화물을 분류하여 수하인에게 항공화물의 도착을 통지하고 통관절차를 대행(주선)해 주며, 운임후불의 경우 수하인으로부터 운임을 징수하고 출발지의 혼재업자에게 송금하는 업무를 행한다.

구 분	항공운송대리점	항공운송주선업
운 임	항공사 운임률표 사용	자체 운임률을 보유
운송책임	항공사 책임	주선업자 책임
운송약관	항공사 운송약관 사용	자체 운송약관 사용
운임수입	판매운임 - 항공사운임	• 판매운임 - 항공사운임 • 중량 경감에 따른 차액
수하인	매 건당 실제 수하인	혼재화물인수대리점(Break Bulk Agent)
운송서류	항공사의 Master Air Waybill	House Air Waybill

(3) 상업서류송달업(International Courier)

① 상업서류송달대리점 또는 국제특송업이라고도 불리는 상업서류송달업(courier)은 외국의 상업서류송달업체(DHL, FedEx, TNT, United Parcel Service)와 계약을 체결하여 편법에 제한 적용을 받지 않는 상업서류 및 경량화물을 자체 tariff 및 운송약관에 따라 항공기를 이용하여 운송하는 Door to Door 서비스를 말하며, 이것을 International Courier라고 한다.

② International Courier와 유사한 서비스에는 Small Package(SP) Service가 있다. Courier의 원래의 뜻은 급사인데, 현실적인 Courier Service는 상업서류 이외에 견본 등의 물품을 Door to Door로 운송한다. 최근에는 FAX가 보급되어 정보의 전달이 즉각적으로 되지만 계약서, 선적서류와 같은 작성자의 서명(sign)을 필요로 하는 서류는 현물운송이 불가피하다.

③ Courier Service는 서류(계약서, 기술관계서류, 각종 데이터, 사양서, 목록, 은행관계서류, 증권류 등), 도면, 설계도, 자기 테이프, 팸플릿, 사진, 보도용 원고 등으로 급송을 요하는 것을 대상으로 한다. 한편, Small Package(SP) Service는 소량, 소형, 경량의 일반화물을 대상으로 급송하는 사업이다. 대상품목으로는 상품견본, 시험견본, 제작용 견본, 선물, 카탈로그, 인쇄물, 부속물품, 대체품(기계의 대체부품), 소량의 장식품 등이다.

[그림 3-5] 항공운송의 사업형태

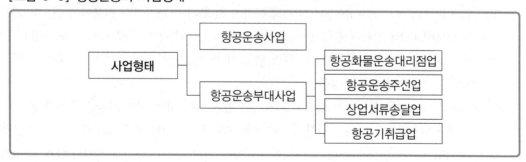

2 항공화물 취급

(1) 화물실의 구조 · 명칭

① **Deck** : 항공기의 바닥이 2개 이상 존재하는 경우 내부공간을 구분하기 위해서 사용된다. Deck에 의해서 항공기 내부공간은 Upper Deck, Main Deck, Lower Deck으로 구분되는데, Main Deck은 승객이 탑승하며 이 장소를 Cabin이라고 한다.

② **Hold** : 승객과 화물을 수송할 수 있는 항공기의 내부공간으로, 천정, 바닥 및 격벽으로 구성되어 있다. Hold는 여러 개의 Compartment로 구성된다.

③ **Compartment** : Hold 내에 Station별로 지정된 공간을 의미한다.

④ **Section** : Compartment 중 ULD를 탑재할 수 없는 공간의 구분을 의미한다.

⑤ **Bay** : Compartment 중 ULD를 탑재할 수 있는 공간의 구분을 의미한다.

(2) 항공화물의 탑재용기

단위탑재용기(Unit Load Device, ULD)란 항공운송에만 사용되는 항공화물용 컨테이너와 파렛트(Pallet) 및 이글루(Igloo)를 의미한다. 대량의 항공화물을 수송함에 있어 단위탑재용기를 사용함으로써 화물의 보호, 신속한 작업 및 취급, 특수화물의 수송, 조업시간 단축에 따른 항공기 가동률을 높이는 등 여러 가지 이점이 있다.

장 점	단 점
• 화물의 보호(날씨, 도난 및 파손) • 신속한 화물작업 및 취급 • 조업인원 및 시간 등 조업경비 절감 • 조업시간 단축에 따른 가동률 제고	• 고가의 투자비용 • 사용 후의 회수문제 • 항공기에 미치는 자체 중량으로 인해 화물의 탑재량 감소 • 다양한 모델(표준화 결여, 호환성 낮음)

이러한 용도로 개발된 ULD에는 Pallet류, Container류, Igloo류, 의류 및 보냉용 화물을 위한 특수 ULD와 생동물의 수송을 위한 Horse Stall, Cattle Pen 등이 있다. 특히 IATA(International Air Transport Association, 국제항공운송협회)의 허가에 의해 각종 항공기의 화물칸에 맞도록 제작된 것을 Aircraft ULD라고 하는데 Container, Pallet, Igloo는 대부분 여기에 속한다. 또 화물의 종류에 맞추어 화물칸의 탑재상태와는 상관없이 만든 비(非)항공용 Box를 모두 Non-Aircraft ULD라고 부른다.

① **Pallet류** : Pallet는 알루미늄 합금으로 제작된 평판으로 Pallet 위에 화물을 특정 항공기의 내부모양과 일치하도록 적재 작업한 후 Net나 Igloo로 Tie-Down 할 수 있도록 고안한 장비이다.

② **Certified Aircraft Containers** : 별도의 보조장비 없이 항공기 내의 화물실에 탑재 및 고정이 가능하도록 제작된 Container로서 재질은 적재된 화물의 하중을 충분히 견딜 수 있는 강도를 가지고 있으면서도 항공기의 기체에는 손상을 주지 않는 것을 사용한다.

③ Igloo : Non-Structural Igloo는 Open-Front 형태로 밑바닥이 없이 Fiber-Glass 또는 알루미늄 등의 재질로 만들어지는 것으로 항공기의 내부형태와 일치시켜서 윗면의 모서리 부분이 둥근 형태로 되어 있다. 따라서 Pallet와 함께 사용되어 Space를 최대한 활용하도록 고안되었다. Structural Igloo는 Non-Structural Igloo를 Pallet에 고정시켜 놓은 것으로서 적재된 화물을 Net 없이 고정시킬 수 있도록 제작되었다.

④ 이외에도 자동차 수송용 ULD인 Car Transporter, 말 수송용 Horse Stall, 의류를 행거에 걸어서 적재하는 컨테이너인 GOH(Garment On Hanger) 등의 특수 ULD가 있다.

(3) 항공화물의 탑재방식

항공화물의 탑재방식은 Bulk Loading, Pallet Loading 및 Container Loading으로 구분할 수 있다.

① Bulk Loading : 가장 원시적인 방법으로 화물전용기를 제외한 대부분의 경우 객실의 밑바닥이 화물실로 되어 있어 화물을 적재할 때 개별 화물을 인력으로 직접 적재하는 방법이다. 한정된 공간(space)에 탑재효율을 올리기 쉬운 일면도 있어 제트기의 하부 화물실은 대부분 이 방법으로 개선되어 사용되고 있다.

② Pallet Loading : Pallet Loading은 1962년부터 사용되었다. 파렛트 적재방식은 파렛트 위에 화물을 올려놓고 항공기의 내부구조에 맞는 이글루를 파렛트 위에 올려놓아 고정시킨 후 항공기에 탑재할 때에는 Lift Loader와 항공기의 화물실 바닥에 설치되어 있는 굴림대 위를 굴려 항공기 내의 정위치에 고정시키는 방식이다.

이 시스템은 현재 항공화물 취급의 기본이 되고 있다. 파렛트 화물을 항공기에 탑재할 때는 Lift Loader와 Roller Bed를 사용하여 기내의 정위치에 고정시킨다. 화물전용기에 사용되는 파렛트의 사이즈는 88″×108″과 88″×125″의 표준사이즈가 있다.

③ Container Loading : 화물전용기 이외의 여객용 항공기에는 객실 밑에 있는 하부 화물실에 수하물, 우편물 등을 탑재하므로 Bulk Loading과 같다. 일부의 항공회사들이 하부 화물실에 맞는 컨테이너를 개발했는데, 이를 Belly Container라고 부른다.

컨테이너 적재방식은 항공기 화물실의 입구에 있는 control box를 조작하여 자동으로 컨테이너를 적재하는 방식이다. 항공기에 사용되는 컨테이너는 해상운송에 사용되는 컨테이너보다 중량이 가볍고 외부의 충격을 적게 받기 때문에 강도면에서도 약하게 제작된다.

(4) 항공화물 지상 조업 장치

① Transporter : ULD에 적재작업이 완료된 화물을 터미널에서부터 항공기까지의 수평이동에 이용된다.

② Dolly : Transporter와 동일한 역할을 수행하지만, Transporter와 비교했을 때, 자체의 기동성이 없기 때문에 견인차에 연결해서 이용된다.

③ Fork Lift Truck : 중량의 화물을 소형기의 belly에 탑재하거나 하역작업 때 이용된다. 화물을 ULD에 적재작업을 할 때 이용되기도 한다.

④ **Self-Propelled Conveyor** : 소형의 화물이나 수하물을 항공기에 탑재하거나 하역작업 때 이용된다.

⑤ **High Loader** : ULD를 대형 항공기에 탑재하거나 하역작업 때 이용된다.

(5) 특수화물 취급방법

특수화물이란 화물을 접수, 보관, 탑재시에 특별한 절차에 의해서 취급되는 화물을 의미한다.

① **중량 · 대형화물**(Heavy/Out-Sized Cargo, HEA)

중량화물이란 1개의 포장단위당 무게가 150kg을 초과하는 화물을 의미한다. 중량화물을 접수 시에는 화물을 탑재시킨 항공기 화물실의 특성을 확인하여야 하며, 150kg 이상되는 화물이 1개 이상인 경우에는 항공운송장의 'Handling Information'란에 'HEA'와 각각의 무게를 기재하여 야 한다. 수하인에게 인도가 지연되는 경우에는 화물기로 수송한다.

대형화물(Out-Sized Cargo, BIG)이란 ULD Size를 초과하는 화물을 의미한다.

② **귀중화물**(Valuable Cargo, VAL)

운송세관신고가격이 kg당 미화(USD) 1,000불을 초과하는 화물이다. 보석, 화폐, 유가증권 등이 그 예이다. AWB건당 신고가격이 50만불을 초과하거나 항공기당 운송신고가격 총액이 800만불 을 초과하는 경우에는 항공운송장의 'Handling Information'란에 'VAL'이라고 기재하여야 하며 사전승인을 받아야 한다.

③ **위험품**(Dangerous Goods, DGR)

화물 자체의 성질로 인해 사람, 항공기 또는 다른 화물에 손상을 줄 수 있는 수송제한 특수화 물로 일반화물과는 별도의 특별한 취급이 필요하다.

④ **생동물**(Live Animals, AVI)

생동물은 건강상태가 양호해야 하며 IATA 생동물규정(IATA Live Animals Regulations)에 따라서 포장이 되어 있어야 한다. 또한 수송 전 구간에 걸쳐서 예약이 확인되어야만 수송이 가능하다. 생동물을 운송하기 위해서는 수송 전에 생동물의 검역증명서, IATA 생동물규정에 의한 포장, 통과지점(Transit Station)에서의 특별조치, 수하인의 즉시 인수준비 등의 사항을 준비하여야 한다. 생동물은 항공운송장의 'Nature and Quantity of Goods'란에 생동물이라고 영문으로 기재해야만 한다.

⑤ **부패성화물**(Perishables, PER)

부패되거나 변질될 우려가 있거나 운송 도중에 화물의 가치가 손상될 가능성이 있는 화물을 의미한다. 우유, 버터 등의 냉장식품과 화훼, 백신 등의 화물이 대표적인 예인데 이러한 화물은 냉동 · 보냉컨테이너로 운송하고 작업해야 한다. 부패성화물은 정해진 기간에 화물이 운송될 수 있도록 예약하여야 하며, 화물 각각의 포장에 'Perishable'이라는 Label을 붙여야 한다. 항공 운송장의 'Handling Information'란에는 'Perishable'이라고 기재해야 한다.

제 3 절 항공운송의 운임형태 및 항공운송업무

1 운임의 산정방식과 운임요율

(1) 운임의 산정방식

① **운임 및 요율의 결정기준**: 국제항공운송협회의 운임조정회의는 운항원가분석에 관여하는 동시에 화물운임, 요율설정, 통화규정 또는 국제항공화물 판매 및 처리에 종사하는 운송인 수수료기준 등 관계규칙의 설정, 변경을 협의하여 결정하고 있다.

　IATA(국제항공운송협회)의 가장 중요한 기능 중의 하나가 다수국의 항공회사 사이에서 운임을 조정하고 협정을 체결하며 IATA가맹 항공사를 구속하는 것이다. 또한, 항공운임요율은 항공운송기업이 독자적으로 결정할 수 있는 것이 아니라 대개 정부의 개입하에 일정한 방식과 절차를 거쳐 유효한 요율이 결정된다.

② **운임결정의 일반원칙**: 항공화물의 운임결정의 일반원칙은 다음과 같다.

　㉠ 요율, 요금 및 그와 관련된 규정의 적용은 운송장 발행 당일에 유효한 것을 적용

　㉡ 항공화물의 요율은 공항에서 공항까지의 운송만을 위하여 설정된 것이며 부수적으로 발생된 것들은 별도로 계산

　㉢ 항공화물의 요율은 출발지국가의 현지통화로 설정되며 출발지부터 목적지까지 한 방향으로 적용

　㉣ 별도의 규정이 없는 한 요율과 요금은 가장 낮은 것으로 적용

　㉤ 운임은 출발지에서의 Chargeable Weight(운임계산중량)에 kg/1b당 적용요율을 곱해서 산출

　㉥ 화물의 실제 운송경로는 운임산출시 근거로 한 경로와 반드시 일치할 필요는 없음

　㉦ IATA의 운임조정회의에서 결의한 각 구간별 요율은 해당 정부의 승인을 얻은 후에야 유효한 것으로 이용

③ **운임결정의 특징**

　㉠ 국제항공운송협회(IATA) 운송조정회의 산하의 운송지역별 회의에서 해당 지역별로 운임수준을 설정하고 국제항공운송협의의 운임조정회의에서 만장일치로 운임협정을 채택한 경우에만 그 운임수준이 결정되며 국제항공운송협회에 의해 결정된 경우에만 그 운임수준이 결정된다. 그리고 국제항공운송협회에 의해 결정된 운임은 각 국가의 정부로부터 승인을 받아야지만 그 효력이 인정된다.

　㉡ 국제항공운송협회 운임조정회의에 불참한 IATA가입 항공사는 국제항공운송협회에서 결정한 운임협정을 준수할 의무는 없다.

　㉢ 국제항공운송협회 가입 항공사들은 국제항공운송협회를 통하지 않고 출발지 및 도착지 국가 간에 서로 쌍무협정을 맺어서 항공운송에 대한 혁신적인 운임을 설정할 수도 있으므로 국제항공운송협회의 운임에 대한 통제력이 점차 약화되고 있는 추세이다.

⑵ 운임요율의 종류

① **일반화물요율**(General Cargo Rate, GCR) : 일반품목요율은 특정품목할인요율(SCR)의 적용을 받지 않는 모든 화물에 적용되는 가장 기본적인 운임요율로서, 최저운임, 기본요율, 중량단계별 할인요율 등이 있다. 구체적으로, 최저운임은 화물운임 중 가장 낮은 운임으로 중량 및 용적운임이 최저운임보다 낮은 경우에 일률적으로 적용되는 운임을 말하며, 기본요율은 모든 화물의 기준이 되는 것으로, 일반적으로 45kg 미만의 화물에 적용되는 운임요율이다. 중량단계별 할인요율은 중량이 높아짐에 따라, kg당 요율을 낮게 적용하는 운임요율을 의미한다.

ㄱ 종 류

ⓐ 최저운임 : 한 건의 화물운송에 적용할 수 있는 가장 적은 운임을 최저운임이라고 한다. 즉, 화물의 중량운임이나 부피운임이 최저운임보다 낮을 경우 최저운임이 적용되며 요율표에 'M'으로 표시되어 있다.

ⓑ 기본요율 : 45kg 미만의 화물에 적용되는 요율로서 모든 화물요율의 기준이 된다. 요율표상에 'N'으로 표시되어 있다.

ⓒ 중량단계별 할인요율 : 화물요율은 중량이 높아짐에 따라 kg당 요율은 더 낮게 설정되어 있다. 즉, 일반품목화물이 45kg 이상인 경우 기본요율보다 대략 25% 낮게 요율이 설정되어 있다. 이외에도 여러 지역(구간)에서는 100kg, 200kg, 300kg, 500kg 이상의 중량단계에 대해 점점 더 낮은 요율이 설정되어 있다.

ㄴ 운임산출 중량의 결정방식 : 화물 Tariff에는 kg 또는 lb당 요율이 설정되어 있다. 어떤 한 건의 화물에 대하여 적용요율을 찾기 위해서는 운임산출중량을 먼저 결정해야 하는데, 운임산출중량의 결정방법에는 다음의 3가지가 있다.

ⓐ 실제중량에 의한 방법 : 실제 화물의 중량을 기준으로 운임을 산출하는 방법으로, kg이나 파운드(pound) 모두 소수점 첫째 자리까지 측정하며, 실측한 중량이 소수점이 있는 경우 0.5kg으로, 0.5kg에서 1kg으로 환산하여 적용하고, 파운드의 경우에는 소수점 이하의 값을 무조건 절상한 값에 운임률을 곱하여 운임을 산정한다.

ⓑ 용적중량에 의한 방법 : 용적중량은 화물의 중량에 비해 용적이 큰 화물의 경우에 그 용적을 중량으로 변환하여 적용하는 방식이다. 먼저 용적을 구하고자 하는 화물의 각 단위치수를 반올림하여 정수로 만든 후 가로, 세로, 높이를 곱하는 방식으로 산출하고, 직육면체나 정육면체가 아닌 화물의 경우에는 최대가로×최대세로×최대높이로 계산한다. 이때 부피를 운임부과 중량으로 환산하는 기준은 $1kg=6,000cm^3$이며, $1lb=166inch^3$로 한다.

예를 들어 화물의 용적이 1CBM(cubic meter)인 경우 총용적은 100cm×100cm×100cm $=1,000,000cm^3$이며, 이 용적을 중량으로 환산하면, $1,000,000cm^3 \div 6,000cm^3 = 166.666kg$이고 반올림하면 167kg이 된다. 즉, 1CBM의 용적을 지닌 화물의 운임 적용중량은 167kg이 되는 것이다.

ⓒ 낮은 운임을 적용하는 방법 : 화물의 실제중량을 적용하는 것보다 운송회사에서 정해 놓은 기준중량을 적용하는 것이 운임이 더 낮은 경우에는, 실제중량이 아닌 기본중량을 운임의 산정기준으로 적용하는 방법이다. 이와 같은 경우가 발생하는 것은 항공화물의 중량이 대부분 경량이기 때문에, 항공회사에서 운임구조를 기본중량 이하의 화물에는 높은 요율을 적용하고, 기본중량을 초과하는 화물은 낮은 운임요율을 적용하고 있기 때문이다. 예를 들어 기본중량(45kg)을 초과하는 경우의 적용운임이 10\$/kg이고, 초과하지 않은 경우에는 15\$/kg을 적용하는 경우에, 실제 화물의 중량이 35kg이라면, 화물운임은 35kg×15\$ = 525\$가 되지만, 기본중량을 적용하면 45kg×10\$ = 450\$가 된다. 이 경우 화물의 실제중량(35kg)이 아닌, 기본중량(45kg)을 기준으로 운임을 산정하는 것이다.

② **특정품목할인요율**(Specific Commodity Rate, SCR)

특정품목할인요율은 특정구간에서 반복적으로 운송하는 동일품목에 대하여 일반품목에 적용되는 요율보다 낮은 운임을 적용하는 것으로 항공운송의 이용을 유도하기 위한 것이다.
이 요율은 항공화물의 판매상 중요한 비중을 차지하고 있으며 육상 및 해상운송과의 경쟁성을 충분히 감안하여 결정된다. 결국 SCR은 시장에 근거한 차별화된 요율이며 품목마다 다르게 설정되어 있어 다른 품목의 영향을 별로 받지 않는다.

③ **품목분류요율**(Class Grade Rate, CGR)

품목분류요율은 특정품목에 적용되는 할인 및 할증요율로서 이 요율은 대개 GCR(일반화물요율)의 백분율에 의한 할증 또는 할인으로 표시된다. 따라서 Class Rates는 일반화물요율보다 높게 설정되는 경우와 이보다 낮게 설정되는 경우로 두 가지 방식이 있다.
Class Rates가 적용되는 품목은 6가지 종류가 있으며 그 중 화물로 수송되는 수하물(非同伴手荷物) 및 신문, 잡지 등은 기본요율(Normal Rates)에서 할인된 요율이 적용되고 귀중화물 및 생동물, 시체와 자동차는 일반화물 요율에 할증된 요율을 적용한다. 특정지역 간 또는 특정지역 내에서만 적용되는 경우도 있다.

④ **종가운임**(Valuation Charge, VC)

종가운임은 항공화물운송장(AWB)에 화물의 실제가격을 신고하면 화물운송시 사고가 발생하였을 경우 손해배상을 받을 수 있는데, 이때 화물가액의 일정비율로부터 종가요금이 가산되어 결국 종가운임은 손해배상과 직접적인 관련을 가진 요금이라 할 수 있다.

⑤ **단위탑재용기요금**(Bulk Unitization Charge, BUC)

우리나라의 미주행 항공화물에 적용되는 요금체계로서 이른바 단위탑재용기(Unit Load Device, ULD)별로 중량을 기준으로 요금을 미리 정해놓고 판매하는 방식을 말한다.
8종류의 ULD 타입별로 한계중량(Pivot Weight)을 설정해 놓고 그에 따른 요금을 책정하여 이를 사용하는 대리점이 화물을 채우든지 못 채우든지 상관없이 그만큼의 금액을 지불하게 하는 것으로서 일종의 항공사의 공급스페이스를 대리점이 사전에 매입하는 것과 같은 것인데, 동 요금은 용기의 형태별로 설정된 최저요금(Pivot Charge)과 최저중량(Pivot Weight)을 초과하는 경우 그 초과된 중량(kg)에 부과되는 최저중량 초과요율(Over Pivot Rate)을 곱한 금액으로 산출한다.

⑥ 기타 요금

　㉠ 입체지불(立替支拂) 수수료(Disbursement Fee)

　　입체지불금이란 송하인의 요구에 따라 항공사, 송하인 또는 그 대리인이 선불한 비용을 수하인으로부터 징수하는 금액을 말한다. 항공사는 이러한 서비스에 대한 대가로서 입체지불금에 일정한 요율을 곱하여 산출된 금액을 입체지불수수료로 징수하고 있다. 이는 운임과 종가요금 이외에 기타 요금에 대해서 착지불로 운송되는 것을 억제하기 위함이다.

　㉡ 착지불수수료(Charges Collect Fee)

　　운송장상에 운임과 종가요금을 수하인이 납부하도록 기재된 화물을 착지불화물이라 하는데, 이러한 화물에 대하여 운임과 종가요금을 합한 금액에 일정률에 해당하는 금액을 착지불수수료로 징수하고 있다. 항공사가 착지불수수료를 징수하는 목적은 운송료를 송하인으로부터 화물인수시 징수하지 않고 목적지에서 수하인에게 징수하는 것에 대한 Risk를 방지하고 운송료를 타국통화로 징수하여 자국으로 송금하는 데 대한 환차손 보전 및 송금업무에 대한 대가, 그리고 착지불운송의 억제에 있다. 우리나라 도착 착지불수수료의 수준은 운송료(Weight Charge+종가요금)의 2%이며 최저요금은 운송장당 USD 10이다.

　㉢ 위험품취급수수료(Dangerous Goods Handling Fee)

　　위험품으로 명시된 품목에 대하여 부과되는 Handling Charge이다. 항공사의 Special Handling이 제공됨으로 Class Rate가 적용되어야만 하지만 GCR을 적용하는 대신에 별도의 취급 수수료를 받고 있다. 요금수준은 Package 또는 Overpack 당 USD 7이며, 최저요금은 운송장당 USD 40이고, 최고요금은 USD 120을 초과할 수 없다.

　㉣ 화물 취급수수료(Handling Charge)

　　항공화물대리점이나 혼재업자가 수출입화물의 취급에 따른 서류발급비용, 도착통지(Arrival Notice), 해외 파트너와의 교신 등으로 인해 소요되는 통신비용 등 제반 서비스 제공에 대한 대가로 징수하는 수수료를 의미한다.

　㉤ 운송장 작성수수료(AWB Preparation Fee)

　　우리나라를 출발지로 하는 화물에 대해서 항공사나 대리점이 화주를 대신하여서 운송장을 작성하는 경우에 Air Waybill를 발행하는 수수료를 의미한다.

　㉥ Pick-up Service Charge

　　항공화물대리점이나 혼재업자가 항공운송할 화물의 인수를 위하여 화주가 지정한 장소로부터 화물을 Pick-up하여 오는 경우에 발생하는 차량운송비용을 의미하며, 화물인수의 지연으로 차량이 대기할 경우에 대기비용을 부가하여 징수한다.

2 항공화물 운송업무

(1) 항공화물의 집하

① **직접집하**: 실제운송인인 항공사가 직접 화주를 상대로 운송을 유치하는 방법이다. 이 경우 항복(航腹, air space)을 판매했다고 하며 군수물자와 우편물 등이 이런 직접집하방식을 통해 운송하고 있다.

② **간접집하**: 실제운송인인 항공사가 직접 화주를 상대로 운송을 유치하지 않고, 대리점, 항공화물운송주선업자, 총판매대리점 또는 타사 등이 화주를 상대하여 운송을 유치하는 방식이다.

　㉠ 대리점 집하

　　ⓐ 항공사나 총판매대리점과 계약관계에 있는 항공화물운송대리점(air agent)이 항공사의 대리점 자격으로 화주를 상대로 운송을 유치하는 형태이다.

　　ⓑ 화주에게는 항공사의 운임률이 적용되며, 항공사의 항공화물운송장(master AWB)을 발행한다.

　　ⓒ 항공화물운송대리점이 항공운송화물을 집하한다면, 그 대가로 항공사나 총판매대리점에서는 전체 운임의 5%에 해당하는 집하수수료(commission)를 준다.

　㉡ 혼재업자 집하

　　ⓐ 운송인의 자격이 혼재업자(항공화물운송주선업자, air consolidator)에게 주어진다. 혼재업자는 화주들로부터 소량의 항공화물에 대한 운송을 유치한다. 소량의 항공화물은 파렛트 또는 컨테이너와 같은 ULD를 이용하여 혼적·대량화한 뒤 혼재업자가 화주의 자격으로 항공사에 운송을 유치하는 형태이다.

　　ⓑ 실제 화주들은 소량의 항공화물에 대해서 혼재업자 명의로 된 혼재업자용 화물운송장(house AWB)을 발행한다. 운임률은 혼재업자의 자체운임률표가 적용된다.

　　ⓒ 혼재업자는 항공사로부터 전체 운임의 5%에 해당하는 집하수수료(commission)를 받게 된다. 혼재업자는 집하수수료 이외에 화물의 대형화에 따른 실제 화주로부터 소량의 항공화물을 수령할 때 받는 수령운임과 항공사에 지불하는 운임의 차액을 가진다.

　㉢ 총판매대리점 집하

　　ⓐ 총판매대리점(general sales agent)이 항공사를 대리하여 화주로부터 운송화물을 유치하는 형태이다.

　　ⓑ 총판매대리점은 통상 항공사로부터 전체 운임의 5%에 해당하는 집하수수료(commission)를 받게 되며, 2.5%의 부가수수료(over riding commission)를 추가로 받게 된다.

보충학습

총판매대리점

항공사가 불취항(off-line)지역에서도 판매장의 확장을 통해 수입을 증대하기 위한 목적으로 임명한다. 총판매대리점은 국가나 인구 1만 명 이상의 지역에 해당 항공사의 운송서비스 홍보, 운항스케줄이나 운임요율표를 지역 내 대리점에 배포, 집하활동 등을 대행하는 사업자를 말한다.

ⓐ 타사 집하(Inter-Line Sales)

    ⓐ 타사의 항공사에서 타사의 항공기가 운항하지 않는 노선이나 목적지행 화주의 운송화물을 유치하고, 실제로 운항을 하는 항공사에 운송을 재의뢰하는 형태이다.

    ⓑ 운송을 유치하게 된 타사의 항공사에서는 운송을 수행하는 항공사로부터 IATA에서 결의된 일정률의 집하수수료를 획득한다.

    ⓒ 다만 이 경우 운송을 유치하는 항공사와 실제로 운송을 하는 항공사가 모두 IATA에 가입된 항공사이어야만 한다.

③ **상용화주(Known Consignor)제도** : 상용화주제도는 2005년 1월에 도입된 제도이다. 여기서 '상용화주'란 항공안전본부장이 인정하는 자로서 공항 이외의 지역에서 항공화물을 최초로 포장하여 화물을 운송·보관 등을 하는 자이거나 화주로부터 운송을 의뢰받은 항공화물에 대하여 보안통제를 실시하는 자를 말한다. 항공사가 화주나 항공화물대리점을 상용화주로 지정하고, 상용화주가 검사·검색한 항공화물에 대해서는 정기적으로 항공편을 이용하여 화물을 보낼 때 공항의 보안검색을 생략해줌으로써 항공화물의 통관절차를 원활하게 하여 물류흐름을 촉진하는 취지로 도입된 제도이다. 상용화주제도가 실시됨에 따라서 공항 이외의 지역에서도 전문인력, X-ray 검색장비, 보안시설 등 일정 자격을 갖췄을 경우에는 항공운송의 화물을 자체 보안 검색할 수 있다.

(2) 항공화물의 수출 운송절차

항공운송업무는 해상운송의 경우와 마찬가지로, 화물의 수량에 따라 FCL 화물과 LCL 화물로 나누어 볼 수 있으며, 대부분이 운송주선업자인 포워더를 통해 화물이 운송되고 있다.

항공운송을 통해 화물을 수출하고자 하는 화주는 세관에 수출신고서를 접수하여 수출허가서를 취득한 후 운송주선업자, 항공운송대리점 또는 항공회사와 항공운송계약을 체결한다. 운송계약을 체결한 화주는 항공회사에 운송장 및 화물을 인계하고, 화물을 인계받은 항공회사는 항공기의 특성에 적합한 항공용 단위적재용기에 화물을 적입한 후 항공기에 탑재하여 운송업무를 수행한다.

① **항공운송계약** : 송하인은 항공운송을 구두 또는 서면으로 의뢰할 수 있으나 대부분의 경우 화물은 서면으로 의뢰되어 대리점으로 전달된다. 먼저 송하인은 지정된 양식에 출발지, 도착지, 전체 포장개수, 중량, 각 포장상자의 부피, 상품명 등을 기재하여 운송대리점 또는 운송주선업자에게 제출하고 항공편을 예약한다. 항공편 예약시에는 상업송장, 포장명세서, 수출승인서 등의 관계서류를 첨부해야 한다.

한편 운송하고자 하는 화물이 작은 로트(lot)의 화물인 경우에는 소단위취급[7]이나 혼재취급서비스[8]를 이용할 수 있으며, 혼재취급의 경우는 항공운송주선업체에 의해 항공회사 화물수령장소, 화주의 문전 간의 집화배달업무가 수행된다.

---

7) 소단위취급은 항공사가 직접 다루거나 항공회사 대리점이 다루는 것으로서 수송의 범위는 일반적으로 공항에서 공항까지이며, 이 사이의 사고책임은 항공사가 부담한다.

8) 혼재취급은 항공운송주선업자(국내 항공화물 혼재사업자)에 의해 집화 및 배달의 업무가 이루어지고, 수송범위는 혼재사업자의 집배구역 내에서는 문전에서 문전까지가 된다. 그리고 사고에 대한 책임은 혼재사업자의 운송약관에 의해 혼재사업자가 부담한다.

[그림 3-6] 항공화물의 수출 운송절차

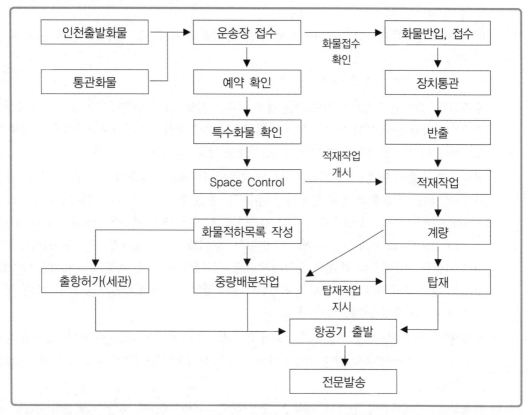

② **운송화물의 장치장 반입**: 당해 수출상품은 트럭에 의한 육로수송으로 공항 화물터미널에 도착하게 되고 화물터미널의 Land Side에 있는 Truck Dock을 통해 장치장으로 반입된다.

③ **화물의 척량검사**: 인천국제공항의 경우 장치장 반입시 ㈜한국항공 조업원에 의해 화물의 척량검사를 실시한 후 수출화물 반입계를 발급받는다.

④ **장치장 지정 및 승인**: 보세구역인 보세창고에 수출화물을 반입하기 위해서는 세관보세과에 수출화물 반입계를 제출하고 장치지정 및 승인을 받아야 한다.

⑤ **수출신고**: 보세구역 내에 수출화물 반입 후, 자가통관의 허가를 받지 않은 수출업자는 반드시 통관업자(관세사)를 통해서 수출신고를 해야 하며, 이때 필요한 서류는 상업송장, 포장명세서, 검사증 등이다.

⑥ **수출심사 및 화물검사**: 세관 심사과에서는 제출된 수출신고서를 1차 심사한 후 이상이 없을 경우 감정과로 서류를 이송한다. 이 때 심사하는 사항은 정상결제 여부, 수출금지품목 여부, 신고서 기재사항의 정확성, 화물의 기호, 품종, 수량, 계약조건, 목적지 심사 등이다.
한편 화물검사와 관련하여서는 감정과에서는 서류와 화물을 대조하면서 수량, 규격, 품질 등을 검사하며 심사과에서는 지정한 검사수량에 대해 전부 또는 일부를 개봉하여 검사한다. 그러나 다음의 품목에 대해서는 수출검사가 생략된다.

    ㉠ 농산물검사법, 수산물검사법 등의 법령 규정에 의한 검사를 받고 검사기관의 합격증이 있는 물품

    ㉡ 검사의 실익이 없다고 인정되어 세관 비검사품목으로 관세청장이 지정한 물품(농수산물 및 광물 등)

    ㉢ 기타 세관장이 지정한 물품

⑦ **수출허가**: 화물검사 결과 이상이 없는 경우 서류는 심사과로 회송되어 2차 심사 후 수출신고 필증을 발급해 준다. 일단 이 신고필증이 발급되면 해당 화물은 관세법상 외국화물이 되며 수출업자는 이 신고필증으로 수출대금을 은행에서 찾을 수 있다.

⑧ **운송장 및 화물의 인계**: 통관절차가 완료된 화물의 운송장은 항공화물운송 대리점에서 Cargo Delivery Receipt와 함께 해당 항공사에 접수시킨다. 운송장에는 Invoice, Packing List, GSP (Generalized System of Preference), C/O, 검사증 등 목적지에서의 통관에 필요한 서류가 첨부된다. 항공사는 Cargo Delivery Receipt에 접수확인을 기재한 후 ㈜한국항공의 검수원에게 전달하여 화물을 인수하도록 한다. 화물인수시 화물의 포장상태, 파손 여부, Marking과 Label의 정확성, 개수 및 수량의 일치 여부를 확인한다. 운송장의 중량과 실화물의 중량이 상이한 경우에는 운송장의 중량을 정정해야 한다.

⑨ **적재작업**: 항공사는 해당 항공편의 항공기 특성을 고려하여 사용 ULD 및 적재작업방법 등의 작업지시를 ㈜한국항공의 담당 검수원에게 하달하고 검수원은 작업지시에 의거 적재작업을 실시한다.

⑩ **탑재작업**: 적재작업이 완료된 화물은 중량배분을 위해 계량한 후 ㈜한국공항(Korea Air Terminal Co.)의 담당자에게 인계되어 항공기 Side로 이동된다. 항공사는 항공기의 안전운항 및 화물의 안전수송을 고려한 탑재작업 지시를 ㈜한국공항 담당자에게 하달하고 작업결과를 통보받는다.

⑪ **항공기 출발**: 화물기의 경우 적하목록이 완성되면 General Declaration(신고서)[9] 및 기용품 목록과 함께 세관 승기실에 제출하여 출항허가를 득한 후 탑재된 화물의 운송장 및 출항허가, 적하목록, Load Sheet를 운항 승무원에게 인계함으로써 항공기는 목적지를 향해 출발한다.

(3) 항공화물의 수입 운송절차

항공운송을 통해 수입된 화물의 운송절차는 먼저, 목적지에 화물을 탑재한 항공기가 도착하면, 항공회사는 항공화물운송장 등을 인수하여 세관에 제출하고 입항허가를 취득한 후, 세관원의 감독 하에 운송장상의 목적지별로 화물을 분류하여 창고에 반입한다. 화물반입을 완료한 항공회사는 수하인 및 대리인에게 운송장을 인도하여, 반출허가를 취득하고 화물을 인수하도록 한다.

---

9) General Declaration은 일반적으로 항공기 출항허가를 받기 위해 관계기관에 제출하는 서류를 말하며, 여기에는 항공편의 일반적 사항, 승무원의 명단, 비행상의 특기사항 등을 기재한다.

① **전문접수**: 출발지로부터 항공기 출발 후 해당편 탑재화물관련 전문을 접수하면 화물을 완벽한 상태로 신속히 인도하기 위해 항공기 도착 이전에 조업사에 통보하여 필요한 장비 및 시설을 확보하도록 한다. 또한 부패성화물, 외교행낭, 긴급화물, 유해, 생동물 등의 특수화물에 대해서는 수하인에게 사전에 도착시간 및 운송장 번호, 개수, 중량 등을 통보하여 수하인으로 하여금 신속히 인도할 수 있도록 조치를 취하게 한다.

② **항공기 도착**: 항공기가 도착하면 항공사 직원이 기내에 탑승, 운항승무원 또는 객실승무원으로부터 운송장 및 출발지 출항허가, 적하목록 등을 인계받은 다음, 세관 승기실에 General Declaration, 적하목록, 기용품 목록을 제출하여 입항허가를 얻는다. 또한 항공화물은 각 항공사별로 지정된 장치장에 우선 입고된다.

③ **서류분류 및 검토**: 서류가 도착하면 운송장과 적하목록을 대조하여 수입금지화물, 안보위해물품 여부를 확인하고 보냉 또는 냉동을 요하는 품목은 적절한 조치를 취하도록 조업원에게 작업지시를 한다. 검토 완료된 운송장과 적하목록은 통과화물의 경우에는 최종 목적지로의 수송을 위해 세관에 이적허가를 신청하고 우리나라 도착화물의 경우에는 화물이 입고되어 있는 해당 장치장 분류실에서 창고배정을 한다.

[그림 3-7] 항공화물의 수입 운송절차

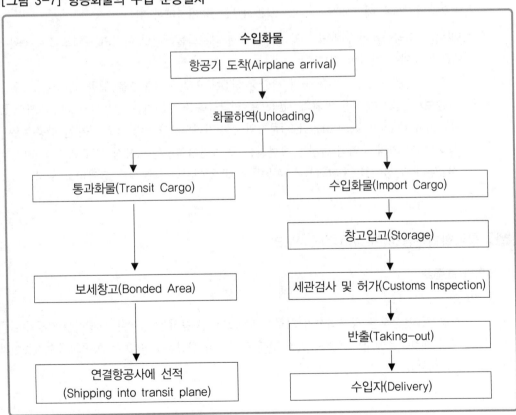

④ **창고배정** : 창고배정은 화주의 창고배정 지정신청에 의거 당초 세관에서 담당하고 있었으나, 1998년 5월부터 민간에게 이양되었다. 그 결과 화주가 특정 수입화물에 대해 창고를 임시로 지정하는 긴급분류인 경우에는 현재와 같이 항공사에서 담당하고, 해당 화주 명의로 수입되는 모든 수입화물에 대해 특정한 창고를 지정할 수 있는 상시분류는 3개월에 한번씩 세관에서 변경하던 것을 이제는 1개월에 1번씩 운송업체로 대표로 구성된 민간운영협의회의 협의를 거쳐 변경하고 있다.

⑤ **실화물 분류작업** : 창고배정이 완료되면 배정관리 D/B에 의거 해당 장치장은 실화물을 배정된 창고에 입고시킨다. 즉, 김포세관 관할 창고에서 통관되는 화물은 해당 창고로 입고시키고, 서울세관 관할 창고에서 통관될 화물은 현도장으로 장치한 후 보세운송업자들에게 화물을 인도한다.

⑥ **도착통지** : 창고배정작업이 완료되면 운송장은 통관지역에 따라 김포화물터미널에 있는 항공사 지점이나 서울시내 영업소로 보내지며 수하인에게 전화 등을 통해 도착통지를 한다. 혼재화물일 경우는 항공사로부터 AWB를 인도 받은 복합운송주선업체가 도착통지를 한다.

⑦ **운송장 인도** : 해당 화물 수하인이 운송장을 인계할 때 본인인 경우에는 주민등록증(대리인인 경우에는 주민등록증 외에 위임장 제출)을 확인한다. 착지불 화물인 경우에는 운송요금 이외에 운송요금의 2%에 해당하는 Charge Collect Fee를 지불해야 한다.

⑧ **보세운송** : 외국물품이 통관되지 않은 상태에서 김포화물터미널 이외의 지역으로 수송될 경우 보세운송 허가를 받아야 한다.
  ㉠ 간이보세운송 : 부산, 제주 등의 개항장(開港場)으로 외국물품을 항공수송하는 경우
  ㉡ 특별보세운송 : 개항장 이외의 지역으로 외국물품을 수송하는 경우로서 대구지역의 FMS (Foreign Military Sales Materials)물자와 광주지역의 원자력발전소 자재는 항공수송이 가능하며, 그 외의 지역의 물자는 유환화물 중 경인지역행은 국제상운(ITC), 기타 지역 유환화물은 ㈜한진에서, 무환화물은 협동통운(HEC)에서 보세운송을 담당하고 있다.

▎3 항공화물운송장(Air Waybill, AWB)

(1) 의의와 표준화

① 의 의
  ㉠ 항공화물운송장은 항공회사가 화물을 항공으로 운송하는 경우에 발행하는 화물수취증으로서 해상운송에서의 선하증권(B/L)에 해당되며 항공운송장 또는 항공화물수취증이라고도 부른다.

ⓛ Air Waybill과 유사한 것으로 Air Bill이 있는데, 후자는 혼재업자가 발행하는 것이다. Air Waybill과 Air Bill을 구분하기 위하여 전자를 Master Air Waybill이라고 부르며, Air Bill을 House Waybill이라고 부른다. 이들 운송장은 송하인과 운송인 사이에 운송계약이 체결되었다는 증거서류이며 동시에 송하인에게서 화물을 수령하였다는 증빙서류가 된다.

ⓒ 운송계약은 항공화물운송장을 발행한 시점, 즉 화주 또는 그 대리인이 AWB에 서명하거나 항공사 또는 해당 항공사가 인정한 항공화물취급대리점이 AWB에 서명한 순간부터 유효하며 AWB상에 명시된 수하인(Consignee)에게 화물이 인도되는 순간 소멸된다. 현재 AWB는 IATA(International Air Transport Association, 국제항공운송협회)의 표준양식과 발행방식에 따라 동일한 운송장 사용이 의무화되어 있다. 항공화물운송장은 화물과 함께 보내져 화물의 출발지, 경유지, 목적지를 통하여 각 지점에서 적절한 화물취급 및 운임정산 등의 작업이 원활하게 수행되는 데 필요한 모든 사항이 기재되어 있다. 그러나 화주들이 항공화물운송장에 대한 이해부족으로 업무의 혼란을 가중시키거나 손해를 입는 사례가 있으므로 항공화물운송장에 대한 기본적인 이해가 필요하다.

② **항공화물운송장의 표준화**

ⓐ 국제항공운송에 있어서 발행되는 항공화물운송장은 IATA(International Air Transport Association, 국제항공운송협회)에 의해 양식과 발행방식이 규정되어 있다. 이 통일안은 전 IATA 회원 항공사가 의무적으로 사용하도록 규정하고 있으며 비회원사도 회원사들과 연계운송을 위하여 대부분 IATA 양식을 사용하고 있다.

ⓑ 항공화물운송장이 국제적으로 유통성이 보장되는 이유는 IATA가 결의한 모든 규정을 대부분의 정부가 인정하여 공인하고 있기 때문이다. 법률적인 뒷받침으로서는 항공운송에 관한 국제조약인 와르소 조약(Warsaw Convention)이 있다. 이 조약은 1929년 폴란드의 Warsaw에서 서명된 것으로 '국제항공운송의 규칙통일에 관한 조약'으로 불려진다. 이 조약에 의해 항공화물운송장의 법률적 성격, 운송인의 책임범위, 배상한도, 송하인, 수하인, 항공회사의 권리와 의무 등이 규정된다.

ⓒ 항공화물운송장에는 와르소 조약과 헤이그 의정서(Hague Protocol)에 따라 항공사가 행해야 할 사항을 항공화물운송장 원본 뒷면에 명백히 규정하고 그 규정에 따라 위탁받은 화물의 운송에 대한 책임을 지도록 되어 있다.

⑵ **항공화물운송장의 기능**

① **기능**: 항공운송에 있어서 화물의 유통을 보장하는 가장 기본적인 운송서류인 항공화물운송장은 항공운송인의 청구에 따라 송하인이 작성, 제출하는 것이 원칙이지만 항공사나 항공사의 권한을 위임받은 대리점(또는 항공운송주선업자)에 의하여 발행되는 것이 통례이다. 항공운송장의 기능을 정리하면 다음과 같다.

ⓐ **운송계약서**: AWB는 송하인과 항공운송인 간의 항공운송계약의 성립을 입증하는 운송계약서이다. 그러나 운송장은 12통으로 구성되어 있어 그 전통이 모두 운송계약서는 아니며 송하인용 및 원본이 이에 해당된다.

ⓒ 화물수취증 : 항공화물운송장은 항공운송인이 송하인으로부터 화물을 수취한 것을 증명하는 화물수령증의 성격을 가지고 있다.

ⓒ 요금계산서 : 화물과 함께 목적지에 보내져 수하인이 운임 및 요금을 계산하는 근거자료로서 사용된다.

ⓔ 보험계약증서 : 송하인이 AWB에 보험금액 및 보험가액을 기재한 화주보험(Air Waybill)을 부보한 경우에는 AWB의 원본 No.3이 보험계약의 증거가 된다.

ⓜ 세관신고서 : 통관시 수출입신고서 및 통관자료로서 사용된다.

ⓗ 화물운송의 지시서 : AWB에 송하인이 화물의 운송, 취급, 인도에 관한 지시를 기재할 수 있다.

② **선하증권과 항공화물운송장의 비교** : 항공화물운송장은 해상운송에 있어서 선하증권과 같은 기능을 가지고 있지만, 그 법적 성질은 크게 다르다. AWB는 B/L과 달리 유가증권이 아니다. 또한 수취식이고 원칙적으로 기명식이며 비유통성이다.

B/L과 AWB를 비교하면 다음과 같다.

㉠ 법적 성질 : B/L은 물권적 권리를 표시하는 유가증권, 권리증권이자 배서에 의해 양도 가능한 유통증권인 반면 AWB는 단순한 화물수취증에 불과하다. 물론 항공화물운송장이나 선하증권은 다같이 운송인과 송하인 사이에 운송계약이 성립되고 있음을 증빙하는 서류라고 하는 점에서 그리고 운송인이 화물을 수령했음을 증명하는 역할에 있어서도 동일하다. 그러나 항공화물운송장은 선하증권과 달리 양도성이나 유통성을 갖고 있지 않다. 항공화물운송장에는 분명히 'Non Negotiable'이라고 표시되어 있으므로 유통이 안 되는 '비유통증권'으로서만 발행된다. 즉, 운송장의 수하인용 원본은 목적지에서 화물과 함께 수하인에게 교부되는 것으로서 유통을 목적으로 하는 것이 아니며, 운송계약의 권리행사에 필요한 것이 아니므로 이는 유가증권이 아니다.

㉡ 발행방법 : 선하증권은 지시식으로 되어 있어 정당한 배서(Endorsement)에 의해 누구에게나 양도되는 권리증권(Document of Title)인 데 반하여 항공화물운송장은 기명식으로 되어 있기 때문에 항공화물운송장에 기재되어 있는 수하인이 아니면 당해 화물을 인수할 수 없다.

㉢ 발행시기의 차이 : 선하증권의 발행은 선적식인 데 반해 항공화물운송장의 발행은 수취식이라 할 수 있다. 즉, 선하증권은 선적을 증명하는 증권이므로 선적이 완료된 후에 발행되는 것이 일반적이다. 그러나 항공운송의 경우는 발착편이 많고 화물을 운송·위탁해서 비행기에 적재할 때까지 많은 시일을 요하지 않으므로 항공사 창고에 화물이 도착하면 바로 운송장을 발행해 주고 있다.

㉣ 도착지 화물인도 : 항공화물운송장은 수하인이 도착지에서 항공사에 화물의 인도를 청구할 때 송하인에게 교부된 원본을 상환하지 않는다. 항공사는 수하인용 원본에 기재된 수하인에게 도착지에서 화물과 함께 수하인용 원본을 인도하면 되고, 수하인이 송하인에게 교부된 원본을 소지하고 있는가 여부는 문제가 되지 않는다. 따라서 항공화물운송장은 상환증권이 아니지만 B/L은 B/L을 제출하지 않으면 선사는 화물을 인도하지 않으므로 상환증권이다.

ⓜ 작성자 : 법률적으로 항공운송장은 송하인이 작성해서 항공사에 교부하는 형식을 취하고 있는 데 반해, 선하증권은 반대로 선박회사가 작성해서 송하인에게 교부되고 있다.

구 분	항공화물운송장	선하증권
법적 성격	• 유가증권이 아님 • 단순한 화물수취증 • 채권적 효력만 있음	• 유가증권 • 채권적 효력＋물권적 효력
유통성	비유통성(Non-Negotiable)	유통성(Negotiable)
발행방법	기명식	지시식(무기명식)
발행시기	화물수취시 발행(수취식)	적재시 발행(선적식)
작성자	송하인이 작성	운송회사가 작성

(3) 항공화물운송장의 구성

① Warsaw Convention에 의거하면 항공화물운송장은 송하인이 원본 3통을 작성하여 화물과 함께 교부하여야 한다고 규정하고 또한 제1의 원본에는 '운송인용'이라고 기재하고 송하인이 서명한다 제2의 원본에는 '수하인용'이라고 기재하고 송하인 및 운송인이 서명하고 이 원본을 화물과 함께 송부한다. 제3의 원본에는 운송인이 서명하고 이 원본은 운송인이 화물을 인수한 후에 송하인에게 교부하도록 규정되어 있다. 그러나 실제로는 송하인이 작성하여 교부하는 경우는 드물고 항공화물대리점이 항공사로부터 Air Waybill의 용지를 받아 거기에 필요사항을 기입하고 화물의 인도를 받은 후 항공회사의 대리인으로서 송하인용 원본에 서명하거나 항공회사가 거기에 서명하여 송하인에게 교부한다.

② 항공화물운송장은 원칙적으로 원본(original) 3통 및 부본(copy) 6통 이상으로 구성되어 있고 각 원본 및 부본에는 그 용도가 정해져 있으며 식별을 쉽게 하기 위해서 색용지를 사용하고 있다. 대한항공의 항공화물운송장은 원본 3장과 사본 9장, 합계 12장으로 구성되어 있다. 따라서 항공화물운송장의 매수는 항공사의 필요에 따라 정해진다. IATA가 정한 표준양식의 국제항공화물운송장의 구성은 다음의 표와 같다.

● 항공화물운송장의 구성

번 호	색구분	용 도	기 능
원본 1	녹색	For Issuing Carrier (발행 항공회사용)	운송인(발행항공회사)용으로 운임이나 요금 등의 회계처리를 위하여 사용되고 송하인과 운송인과의 운송계약체결의 증거이다.
원본 2	적색	For Consignee (수하인용)	수하인용으로 출발지에서 목적지에 보내 당해 화물운송장에 기재된 수하인에게 화물과 함께 인도된다.

	청색	For Shipper (송하인용)	송하인용으로 출발지에서 항공회사(운송인)가 송하인으로부터 화물을 수취하였다는 것을 증명하는 수취증이고 또한 송하인과 운송인과의 운송계약체결의 증거서류이다.
원본 3			
부본 4	황색	Delivery Receipt (인도항공회사 화물 인도용)	운송인(인도항공회사비치용)이 도착지에서 수하인과 화물을 상환할 때 수하인이 이 부분에 서명하고 인도항공회사에 돌려주는 것으로서 화물인도증명서 및 운송계약이행의 증거서류가 된다.
부본 5	백색	For Carrier (도착지 공항용)	화물과 함께 도착지 공항에 보내져 세관통관용 기타 업무에 사용된다.
부본 6		For Carrier (운송참가 공항용)	운송에 참가한 항공회사가 운임청산에 사용한다.
부본 7			
부본 8			
부본 9		For(발행대리점용)	발행대리점의 보관용으로 사용한다.
부본 10~12		Extra Copy(예비용)	필요에 따라 사용한다.

⑷ 항공운송장 작성

항공운송장에 기록되는 문자와 숫자는 라틴문자와 아라비아 숫자를 사용한다. 따라서 사용문자는 영어, 불어, 스페인어를 사용하는 것이 원칙이다. 라틴문자 외에 다른 문자를 사용할 때는 영어를 병기하는 것이 바람직하다.

작성된 항공화물운송장의 내용을 수정하거나 추가할 때는 원본과 부본 전체에 대해서 수정 또는 추가해야 한다. 화물이 운송되는 도중에 목적지에서 이와 같은 수정이나 추가사항이 발행하였을 경우에는 잔여분에 대한 수정이나 추가내용이 반영되어야 한다.

운송장을 작성할 때는 Typing을 하고 Block Letter를 사용하며 경우에 따라서는 Hand Writing을 하기도 하는데 어떤 경우이든 원본과 부본 전체가 명확히 복사되도록 유의하여 작성해야 한다.

① Airport of Departure : 출발지 도시명 또는 공항의 3 letter code를 기입한다.

② Shipper's Name and Address : 송하인의 성명, 주소, 전화번호, 도시, 국명을 기재한다.

③ Shipper's Account Number : AWB 발행 항공사가 임의로 사용한다.

④ Consignee's Name and Address : 수하인의 성명, 주소, 전화번호, 도시, 국명이 기재된다. 그러나 실수하인을 대신하여 은행이나 화물대리점이 수하인이 될 경우 실수하인은 Handling Information란에 기재되며 항공사는 은행이나 대리점을 유일한 수하인으로 간주, 본란에 기재된 수하인으로부터 지시가 없이는 타인에게 인도하지 않는다.

송하인이 특정의 개인이나 회사에게도 도착사실을 통보해줄 것을 요청하면 그 주소를 Handling Information란에 기입하여야 한다('also notify'라는 말로 표현).

⑤ **Consignee's Account Number** : 고객분류 부호로 인도항공사가 임의로 사용한다.

⑥ **Issuing Carrier's Agent Name and City** : AWB 발행 대리점의 이름 및 도시명을 기입한다.

⑦ **Agent's IATA Code** : 대리점의 IATA code를 기입한다.

⑧ **Account Number** : AWB 발행 항공사가 임의로 사용한다.

⑨ **Airport of Departure**(Address of First Carrier) **and Requesting Routing** : 출발지 공항명과 운송구간을 기재한다. 3 letter city code의 사용도 가능하다.

⑩ **Accounting Information** : 특별히 회계처리에 관한 내용을 기록한다.

⑪ **Routing and Destination** : 예약에 의한 첫 구간의 도착지와 운송 항공사명을 Full Name으로 기입한다. 최종목적지까지 2개 이상의 항공사가 운송에 개입할 경우 각 경유지와 해당구간을 운송하는 항공사명을 code로 기입한다. 한 도시에 2개 이상의 공항이 있을 경우 도착지 공항의 3 letter code를 기입한다.

⑫ **Currency** : AWB 발행국가 화폐단위의 code를 기입하며 AWB에 나타난 모든 금액은 본란에 표시되는 화폐단위와 일치하는 것이라야 한다(단, 'Collect Charges in Destination Currency'란에 표시되는 금액은 제외). 또한 자국 화폐대신 USD를 현지통화로 간주하는 나라에서는 USD를 표시해야 한다.

⑬ **Charge Code** : 항공사가 임의로 사용한다.

⑭ **Weight/Valuation, Charge-Prepaid/Collect** : 화물운임의 지불방식에 따라 선불 또는 착지불 란에 'X'자로 표시한다. 화물운임과 종가운임은 둘 다 모두 선불 또는 착지불이어야 하며 화물운임은 선불, 종가요금은 착지불 등의 형태는 불가능하다.

⑮ **Other Charges at Origin-Prepaid/Collect** : 화물운임과 종가요금을 제외한 출발지에서 발생한 요금을 지불방식에 따라 'X'자로 표시한다.

⑯ **Declared Value for Carriage** : 송하인의 운송신고가격을 본란에 기재한다. 화물의 분실이나 파손인 경우 등의 금액은 손해배상의 기준이 되며 종가요금 산정도 동 금액을 기준으로 계산된다. 가격신고 방법은 일정한 금액을 신고하는 것과 무가격신고(No Value Declared, NVD로 표시함)의 2가지 방법 중 화주가 임의로 선택할 수 있다.

⑰ **Declared Value for Customs** : 세관통관 목적을 위해 송하인의 세관신고가격을 기록한다. NCV(No Customs Value)도 가능하다.

⑱ **Airport of Destination** : 최종목적지인 공항이나 도시명(Full Name)을 기재한다.

⑲ **Flight/Date** : 항공사 임의로 사용하며 본란에 기입된 Flight가 확정된 것임을 의미하지 않는다.

⑳ **Amount of Insurance** : 화주가 보험에 부보할 때 보험금액을, 부보하지 않을 때에는 공란으로 둔다. 부보금액은 대체로 운송신고가격과 일치한다.

㉑ Handling Information : AWB의 다른 란에 표시할 수 없는 각종 사항을 나타내기 위해 사용된다. 충분한 여백이 없을 때는 별도 용지로 사용가능하다.

대체로 화물의 포장방법 및 포장표면에 나타난 식별부호, 수하인 외에 화물도착 통보를 할 필요가 있는 사람의 주소, 성명, AWB가 함께 동반되는 서류명, Non-Delivery로 인한 화물의 경우 최초의 AWB번호, 기타 화물운송과 관련된 제반 지시 또는 참고사항을 기록한다.

㉒ Consignment Details and Rating : 화물요금에 관련된 세부사항을 기록한다.

　㉠ Number of Pieces : 화물의 개수, 총 개수는 아래 합계란에 표시한다.

　㉡ RCP(Rate Combination Point) : 요율 결합 지점을 표시해 줄 필요가 있을 경우 해당도시 3-letter code를 기입한다.

　㉢ Actual Gross Weight : 화물의 실제 무게를 기입하며 합계중량은 아래에 표시한다. BUC를 적용했을 경우 사용된 ULD의 자체 무게를 화물 무게 아래에 기록한다.

　㉣ kg/lb : 무게 단위를 기입한다(kilogram : K, pound : L로 표시).

　㉤ Rate Class : 화물 요율에 따라 아래 code 중 사용한다.

　　ⓐ M : Minimum Charge

　　ⓑ N : Normal under 45kg(100 lb) rate

　　ⓒ Q : Quantity over 45kg(100 lb) rate

　　ⓓ C : Specific Commodity Rate

　　ⓔ R : Class Rate(less than nomal rate)

　　ⓕ S : Class Rate(more than normal rate)

　　ⓖ U : Pivot weight and applicable pivot weight rate

　　ⓗ E : Weight in excess of pivot weight and applicable rate

　　ⓘ X : Unit Load Device(as an additional line entry with one of the above)

　　ⓙ P : Small Package Service

　　ⓚ Y : Unit Load Device Discount

　㉥ Commodity Item Number : SCR이 적용될 때는 품목번호, CCR은 %, BUC는 ULD의 Rating Type를 표시한다.

　㉦ Chargeable Weight : 화물의 실제 중량과 부피 중량 중 높은 쪽의 중량을 기입한다. 최저 운임이 적용될 때는 기재할 필요가 없고 BUC를 적용했을 때는 해당 ULD의 운임적용 최저중량을 기입한다.

　㉧ Rate/Charge : kg당 또는 lb당 적용요율을 기입하며 최저운임 적용시는 최저운임, BUC는 ULD의 최저적용 운임(Pivot Charge), 화주소유 ULD는 ULD할인금액, Over Pivot Rate를 기입한다.

　㉨ Total : 운임적용중량 × 요율 금액을 기입한다. 서로 다른 요율이 적용되는 품목이 둘 이상인 경우의 총합계 금액은 아래의 빈칸에 기입한다.

ⓩ Nature and Quantity of Goods(Include Dimensions or Volume) : 화물의 품목을 기입한다. 필요시에는 상품의 원산국을 기입하기도 하고 부피 중량이 적은 경우에는 최대가로 × 최대세로 × 최대높이의 순으로 표시하고, BUC 적용시 사용된 ULD의 IATA code를 기입하며 본란의 여백이 부족할 경우 'Extension List'를 사용할 수 있다.

㉓ Weight Charge(Prepaid/Collect) : 운임 지불방법에 따라 선불 또는 착지불 란에 해당화물의 운임을 기입한다.

㉔ Valuation Charge(Prepaid/Collect) : 화주의 신고가격에 따라 부과되는 종가운임을 지불방법에 따라 선불 또는 착지불 란에 기입한다.

㉕ Other Charge : 화물운임 및 종가요금을 제외한 기타비용의 명세 및 금액을 기입한다. 명세를 표시하기 위해서는 아래의 code를 금액 앞에 표시해야 하며 상기 제 비용들의 귀속 여부를 확실히 하기 위해 항공사몫일 경우 C, 대리점 몫일 경우 A로 표시한다. 이 때 A와 C는 비용 code와 금액 사이에 기재한다(예 PU 'C' : usd 35.00).

㉠ AC : Animal Container
㉡ AS : Assembly Service Fee
㉢ AW : Air Waybill Fee
㉣ CH : Clearance and Handling
㉤ DB : Disbursement Fee
㉥ IN : Insurance Premium
㉦ MO : Miscellaneous
㉧ PU : Pick Up
㉨ SO : Storage
㉩ SU : Surface Charge
㉪ TR : Transit
㉫ TX : Taxes
㉬ UH : ULD Handling

㉖ Total Other Charge : 출발지에서 발생하여 17란에 표시된 제 비용은 모두 선불이거나 착지불이어야 한다.

㉗ Total Prepaid : 운임, 종가요금, 기타 제 비용(항공사몫, 대리점몫 포함) 중 선불 란에 표시된 금액의 합계를 말한다.

㉘ Total Collect : 운임, 종가요금, 기타 제 비용 중 착지불 란에 표시된 금액의 합계를 말한다.

㉙ Shipper's Certification Box : 송하인 또는 그 대리인의 서명(인쇄, 서명 또는 Stamp)이 표시된다.

㉚ Carrier's Execution Box : AWB 발행일자 또는 장소, 항공사 또는 그 대리인의 서명이 표시된다. 월(月)의 표시는 영어로 Full Spelling 또는 약자를 사용할 수 있으나 숫자로 표시하는 것은 허용되지 않는다.

[그림 3-8] 항공화물운송장 실제 발행 사례

| 180 | ICN | 9604 7416 | | | | | | | | | | YOSA1605007 |

Shipper's Name and Address / Shipper's Account Number

HADO CO., LTD.
95, GAJAEUL-RO, SEO-GU, INCHEON, 22830, KOREA
TEL : 82-32-583-6321, FAX : 82-32-583-6329

Not Negotiable Air Waybill Issued by

YOUNGONE SHIPPING CO., LTD.
RM1104, CORYO DAEYUNGAK TOWER,
97 TOEGYE-RO, JUNG-GU, SEOUL, KOREA
TEL : 02-756-5076   FAX : 02-756-5030

Copies 1 2 and 3 of this Air Waybill are originals and have the same validity

Consignee's Name and Address / Consignee's Account Number

CNOOC & LG PETROCHEMICALS CO., LTD.
BINHAI 10 ROAD DAYA BAY PETROCHEMICALS AREA,
HUIZHOU, GUANGDONG
TEL : 0752-3689010

It is agreed that the goods described herein are accepted in apparent good order and condition (except as noted) for carriage SUBJECT TO THE CONDITIONS OF CONTRACT ON THE REVERSE HEREOF. ALL GOODS MAY BE CARRIED BY ANY OTHER MEANS INCLUDING ROAD OR ANY OTHER CARRIER UNLESS SPECIFIC CONTRARY INSTRUCTIONS ARE GIVEN HEREON BY THE SHIPPER, AND SHIPPER AGREES THAT THE SHIPMENT MAY BE CARRIED VIA INTERMEDIATE STOPPING PLACES WHICH THE CARRIER DEEMS APPROPRIATE. THE SHIPPER'S ATTENTION IS DRAWN TO THE NOTICE CONCERNING CARRIERS LIMITATION OF LIABILITY. Shipper may increase such limitation of liability by declaring a higher value for carriage and paying a supplemental charge if required.

Issuing Carrier's Agent Name and City

YOUNGONE SHIPPING CO., LTD.

Accounting Information

"FREIGHT PREPAID"
NOTIFY:SAME AS ABOVE

Agent's IATA Code / Account No

17 3 2721/0014

Airport of Departure (Addr of First Carrier) and Requested Routing

ICN   INCHEON KOREA

To	By First Carrier / Routing and Destination	to	by	to	by	Currency	CHGS Code	WT/VAL PPD COLL	Other PPD COLL	Declared Value for Carriage	Declared Value for Customs
SZX	KE827					KRW	P	P	P	N.V.D	N.C.V

Airport of Destination	Requested Flight/Date	Amount of Insurance	INSURANCE—If Carrier offers insurance, and such insurance is requested in accordance with the conditions thereof, indicate amount to be insured in figures in box marked "Amount of Insurance"
SHENZHEN, CHINA	KE827 MAY.31.2016	NIL	

Handling Information

(1) PACKAGE ONLY.
ATT: P/LIST & C.INVOICE

SCI

No of Pieces RCP	Gross Weight	kg lb	Rate Class / Commodity Item No	Chargeable Weight	Rate / Charge	Total	Nature and Quantity of Goods (incl. Dimensions or Volume)
1	364.0	K	Q	364.0		AS ARRANGED	1 PKG OF MIXING SHAFT

HADO
(INDIA)
NAME OF THE PROJECT :
CONSIGNEE : YAN XIAOLIN
SHIPPER : HADO CO., LTD.
PORT OF DISCHARGING : INCHEON AIR PORT, KOREA
FINAL DESTINATION :
BINHAI 10 ROAD DAYA BAY PETROCHEMICALS AREA,HUIZHOU,GUANGDONG
P/O NO. :
CARGO DESCRIPTION : AGITATOR SHAFT
PACKAGE NO.: 1 OF 1
NET WEIGHT : 250 KGS ,GROSS WEIGHT : 350 KGS **

*INVOICE NO :
HD20160525-CI-001
**
DIMENSION : 2950 X 600 X 700 MM
COUNTRY OF ORIGIN :
THE REPUBLIC OF KOREA

Prepaid	Weight Charge	Collect	Other Charges
	AS ARRANGED		

Valuation Charge

Tax

Total Other Charges Due Agent	
AS ARRANGED	

Total Other Charges Due Carrier

Shipper certifies that the particulars on the face hereof are correct and that insofar as any part of the consignment contains dangerous goods, such part is properly described by name and is in proper condition for carriage by air according to the applicable Dangerous Goods Regulations.

YOUNGONE SHIPPING CO., LTD.
Signature of Shipper or his Agent

Total Prepaid	Total Collect
AS ARRANGED	
Currency Conversion Rates	CC Charges in Dest. Currency

AGENT FOR THE CARRIER : KOREAN AIR

MAY.31.2016   SEOUL   W.Y.KIM

For Carrier's Use only at Destination	Charges at Destination	Total Collect Charges

Executed on (date)   at (place)   Signature of Issuing Carrier or its Agent

YOSA1605007

CASS—Korea

4 항공운송인의 책임

(1) 항공운송인의 책임에 관한 국제조약

① **와르소 조약**(바르샤바 조약, Warsaw Convention)

　　㉠ 1929년 10월 폴란드의 바르샤바에서 체결

　　㉡ 국제 항공운송인의 책임과 의무를 규정한 최초의 국제조약

　　㉢ 정식명칭은 'The Convention for the Unification of Certain Rules relating to International of Air(국제항공운송에 관한 통일조약)'이다.

② **헤이그 의정서**(Hague Protocol)

　　㉠ 1955년에 Warsaw Convention의 개정

　　㉡ 생산성 증대로 인간의 가치 상승에 대한 보상기준 상향 조정

　　　ⓐ 운송인측의 직원이나 대리인 등에 인한 행위도 운송인의 행위로 간주되게 되었다. 이는 운송인에 대한 개념이 확대 해석되었다는 것을 의미한다.

　　　ⓑ 화물에 대한 클레임 청구기한도 연장되었다.

　　㉢ 정식명칭은 'The Warsaw Convention as amended as the Hague Rules 1955(1955년 헤이그에서 개정된 바르샤바 조약)'이다.

③ **몬트리올 협정**(Montreal Agreement)

　　㉠ 1966년 5월 미국을 중심으로 채택된 협정이다.

　　㉡ 미국을 경유 또는 출입, 도착하는 항공사에게 적용되는 협정으로 여객에 대한 책임한도를 상향조정하였다. 여객운송에 관한 규정만을 두고 있으며, 화물운송은 와르소 조약이 그대로 적용된다.

　　㉢ 헤이그 의정서와 비교하여 책임한도액의 차이는 위탁수화물, 화물의 책임한도액의 경우에는 차이가 없으나, 여객의 경우에는 차이가 있다.

　　㉣ 와르소 조약과 헤이그 의정서의 경우 항공운송인의 책임에 대해서는 과실책임주의를 원칙으로 하고 있지만 Montreal Agreement의 경우 절대주의(Absolute Liability)를 원칙으로 한다.

④ **과달라하라**(Guadalajara) **조약**

　　㉠ 1961년 9월 멕시코의 과달라하라에서 개최된 외교회의에서 과달라하라 조약을 채택하였고, 1964년 5월 1일에 발효되었다. 정식명칭은 '계약당사자가 아닌 운송인이 해당 국제항공운송에 관한 규칙 통일을 위한 와르소 조약을 보충하는 조약'이다.

　　㉡ 과달라하라 조약은 ICAO가 항공기의 임대차, Charter, 상호 Charter의 증가에 따라 새로운 조약의 필요성을 느껴서 채택하게 되었다.

⑤ **과테말라(Guatemala) 의정서**

㉠ 1965년 7월에 개최된 ICAO 총회에서 책임한도의 개정 필요성이 제기되었고, 이에 1971년 과테말라 외교회의에서 과테말라 의정서를 통과시켰다.

㉡ 과테말라 의정서는 1971년 현행 와르소 조약의 승객의 사상에 대한 운송인의 절대책임, 책임한도액의 절대성·정기적인 자동수정, 화해촉진조항의 신설, 국내적인 보조조치의 허용 등의 개정을 목적으로 채택되었다.

⑥ **Montreal 제1·제2·제3·제4 추가의정서** : 1972년 9월에 개최된 몬트리올 회의에서 와르소 조약, 헤이그 및 과테말라 의정서에 표시되었던 통화단위인 포앙카레프랑(Poincars Franc)에서 IMF의 SDR(Special Drawing Rights) 기준의 US$로 변경하는 제안을 채택하였다.

(2) 항공운송인의 책임한도(Liability)

① **여객의 사망 및 상해**

㉠ Warsaw Convention : USD 10,000/인 한도

㉡ Hague Protocol : USD 20,000/인 한도

㉢ Montreal Agreement : USD 75,000/인 한도(소송비 포함)

② **수화물** : kg당 USD 20.00 한도, 단 휴대수화물의 경우는 1인당 USD 400.00 한도

③ **화 물**

㉠ 항공사의 임대한도는 kg당 USD 20.00 한도이며, 어떤 경우에도 목적지의 상품가격을 초과하지 않을 범위

㉡ 송하인이 항공사의 USD 20/kg의 책임한도 요구를 위해서는 운송가격을 신고하고 종가요금을 지불해야 한다.

(3) 항공운송화물사고의 유형

화물사고란 운송인의 책임구간 중에 화물이 파손되거나 손상되어서 상품의 가치가 일부나 전체가 상실되는 경우, 지연운송으로 인해서 인도지연, 화물분실로 인한 인도불능 상태가 되어 수하인 또는 송하인에게 손해를 끼치는 경우를 의미한다.

① **화물손상(Damage)** : 화물의 운송 중 상품의 가치가 저하되는 상태의 변화를 의미한다.

㉠ Mortality : 수송 중 동물이 폐사되었거나 식물이 고사된 상태를 말한다.

㉡ Spoiling : 내용물이 부패되었거나 변질되어 상품의 가치를 잃게 되는 경우를 말한다.

② **지연(Delay)**

㉠ Shortshipped(SSPD) : 적하목록에는 기재되어 있지만 화물이 항공기에 탑재되지 않은 경우를 말한다.

㉡ Offload(OFLD) : 출발지나 경유지에서 선복부족으로 인하여 화물을 의도적(planned offload)이거나 실수로(offload by Error) 하역한 경우를 말한다.

㉢ Overcarried(OVCD) : 하역지점을 지나 운송된 화물을 말한다.

ⓔ Shortlanded(STLD) : 적하목록에는 기재되어 있지만 화물이 아직 도착되지 않은 경우를 말한다.

ⓜ Crosslabeled : 실수로 인해 라벨이 바뀌거나, 운송장의 번호, 목적지 등을 잘못 기재한 경우를 말한다.

③ **분실**(Missing) : 화물이 탑재, 하역, 보관, 인수, 타 항공사로의 인계시에 분실되는 경우를 의미한다.

(4) 배상청구(Claims)

보상청구는 화물사고의 유형에 설정된 특정기간 내에 서면으로 항공사에 제출하여야 한다.

① **사고유형별 배상청구시한**

ⓐ 파손·일부분실
 ⓐ 위탁수하물 : 수취일 후 7일 이내
 ⓑ 화물 : 수취일 후 14일 이내

ⓛ 지연도착 : 도착통지를 받아 물품이 인수권을 가진 사람의 처분하에 있는 날로부터 21일 (3주) 이내

ⓒ 전부분실 : 항공화물운송장 발행일로부터 120일(4개월) 이내

② **제소한도** : 운송화물의 사고에 관한 소송을 제기할 수 있는 기한은 항공기 도착일 또는 항공기의 운송 중지일로부터 2년 이내

③ **배상제소에 필요한 서류**

ⓐ 항공운송장 원본 및 운송인 발행 항공운송장
ⓛ 상업송장 및 포장명세서, 검정명세서
ⓒ 파손, 지연(지연으로 인한 손해비용 명세), 손실 계산서와 클레임이 청구된 총계
ⓔ 기타 필요 서류

(5) 인도불능 화물의 처리방법

인도불능 화물이란 수하인이 화물의 수취를 거절하거나, 화물의 도착 이후 14일 이내에 수하인에게 인도할 수 없는 경우를 의미한다.

① **인도불능 화물의 주요 원인** : 화물의 지불방법 상이로 인하여 접수가 거절되거나, 요율을 잘못 적용한 경우에 인도불능 화물이 발생한다. 이외 주소의 오기 및 불명, 수하인이 도산되거나 휴·폐업되는 경우에도 발생한다.

② **인도불능 화물의 처리절차** : 인도불능 화물이 발생하였을 때 우선 일차 출발지에서 정확한 주소를 재확인 후 재송부하게 된다. 이 때 7일 간격으로 3차에 걸친 도착통지를 알린다. 3차에 걸친 도착통지에도 응답이 없을 경우에는 화물을 인도불능 화물로 취급하고 'Notice of Non-Delivery'를 작성하여 출발지점의 운송장을 발행한 항공사나 취급 대리점에 화물을 송부한다.

제 4 절 국제소화물일관운송업(국제특송업)

1 국제소화물일관운송(국제특송)의 개념

(1) **국제특송의 정의**

국제특송은 소량 및 경량화물, 상업서류, 견본품 등을 항공운송을 주축으로 신속·정확하게 문전 운송하는 일종의 국제복합운송체제로서 국제택배업, Courier 시스템 등으로 불리고 있는 일관운 송체제이다. 이러한 국제특송은 대부분 항공기를 이용하기 때문에 신속하고 정확한 운송이 가능 하고, 포장의 간소화는 물론 고객의 요구를 신속하게 충족시킬 수 있는 장점을 가지고 있어 그 수요가 급증하고 있는 상황이다.

현재 국제특송 서비스는 무역업체의 소화물일관운송(샘플 및 서류 등)이 주류를 형성하고 있으나 일반 소비자의 이용도 국제 간의 소형이삿짐을 비롯하여 각종 선물의 운송이나 우편소화물 등과 인터넷 쇼핑몰을 통한 해외 직접 구매 열풍으로 인하여 국제특송 이용 물량이 괄목할만하게 증가 하고 있다(2019년 국내 해외 직구와 역직구 시장만 해도 10조원을 돌파).

(2) **국제특송 서비스의 특성**

① 정보기술의 활용, 종합물류서비스의 구축(신속한 배송뿐만 아니라 국세와 관세의 지불, 각종 신고서류 작업, 통관서비스 대행 등), 전자상거래의 통합을 위한 솔루션 제공, 서비스 제품의 다양화 및 서비스 지역의 확대

② 고가 귀중품이 아닌 대중가격의 상품이 대부분임

③ 일정기간 내에 신속한 인도를 목적으로 하는 운송 의뢰업

④ 운송업자는 수취에서 인도에 이르기까지 전 운송과정을 책임

⑤ 운임구조는 문전운송 운임(수출입 통관료와 보험료, 항공료와 시내 밴 트럭운임 포함) 제시

DHL   FedEx

2 국제특송의 형태

(1) 국제특송의 종류

국제특송의 종류는 일반적으로 항공기를 이용하며 다음과 같은 방법으로 많이 이용되고 있다. 그러나 최근에는 한중 간에 페리 혹은 일반 컨테이너전용선 및 페리를 통한 해상특송도 EMS를 중심으로 활발히 진행되고 있다.

① **쿠리어(courier) 서비스**: 선적서류, 업무서류, 카탈로그 등 항공기를 이용한 문전배송의 상업서류송달업을 말하며 주로 서류와 그에 부수되는 견본품을 항공기를 이용하여 송달하는 사업의 서비스를 말한다.

② **별송품 서비스**: 상품의 견본, 선물, 각종 기계류 부품 등의 소형·경량제품의 운송을 말한다.

③ **전자상거래 화물 운송서비스**: 인터넷을 이용하여 해외에서 직접 구매하는 화물의 운송을 말하며 대부분 항공기를 이용하여 운송된다.

(2) 국제특송의 운송수단별 형태와 특송회사의 서비스 형태

① **운송수단별 형태**

　㉠ 항공기(여객기 및 화물기) ㉡ 화물선 혹은 Ferry ㉢ 자동차 및 화물열차 등

② **특송회사별 형태**

　㉠ 외국 특송사: DHL, FEDEX, UPS, TNT, SF EXPRESS 등

　㉡ 한국 특송사: CJ대한통운, (주)한진, 롯데글로벌로지스틱스, 판토스 등

　㉢ 우체국: 각국 EMS

(3) 국제특송업체의 개념과 역할

① **국제특송업체의 개념**

국제특송업체는 Door to Door 서비스의 차원을 넘어서 Desk to Desk의 서비스를 제공하는 업체로 조달 서비스, 국제 공급망 관리, 조립 및 공동 포장, 완제품 창고 운송 및 유통 관리 또한 가정 배송, 전자 처리, 매장 내 물류, 서비스 부품 물류, 회수 물류 등의 물류 프로세스를 제공할 수 있는 기능을 갖고 있어야 한다.

② **국제특송업체의 역할**

　㉠ 허브 앤 스포크(Hub & Spoke)의 거점운송 기술

　㉡ 종합물류업체 및 Integrator로서의 역할

　㉢ 배송대행과 구매대행 및 해외직구 운송관리

　㉣ 일반화물운임과 구별되는 ZONE별(물류전과정) 운임 제공

제 5 절　국제항공과 관련된 기구

1　국제항공운송협회(International Air Transport Association, IATA)

(1) 개 요

IATA는 각국 정부의 협력기관인 ICAO에 대응하여 국제민간항공에 종사하는 각국의 정기항공회사에 의해 1945년 쿠바의 하바나에서 국제 간의 운임이나 운항, 정비, 정산업무 등의 상업적 · 기술적인 활동을 목적으로 설립된 민간차원의 국제기구로서 캐나다의 Montreal, 스위스의 Geneva에 본부를 둔 순수 민간단체이다. 가맹회원이 되기 위해서는 국제민간항공기구 가맹국의 정기항공사업에 종사하는 민간항공회사이어야 하며, 국제선을 가지고 있는 민간항공회사는 정회원(Active Member)이 되고, 국내선만을 가지고 있는 민간항공회사는 준회원(Associate Member)이 된다.

(2) 설립목적

IATA는 제2차 세계대전 이후 항공운송의 비약적인 발전에 따라 다음과 같은 목적을 두고 설립하였다.

① 국가 간 이해관계 조정 및 항공운송에 예상되는 각종 규정 및 절차의 표준화

② 전 세계인의 편의를 위해 안전하고 정기적이며 경제적인 항공운송업의 발달과 항공교역의 육성 및 관련 운송장의 문제점 해결

③ 국제민간항공운송에 직간접적으로 관계되는 항공운송기업 간의 협력수단 제공

④ ICAO 및 기타 국제기구와의 협력도모 등

(3) 주요 업무

① 항공운송약관, 항공권과 항공화물운송장의 규격, 운임지불조건 등의 통일

② 항공운임률, 항공사 간 연대운송에 관한 협정, 총판매대리점 및 항공운송대리점 간의 계약 등에 관한 각종 표준방식의 제정

③ 항공운송에 관련된 통신약호의 국제적 통일

④ 항공운송여객 및 항공운송화물에 대한 출입국절차의 간소화 추진 등

(4) IATA와 ICAO의 비교

① 참여주체로서 ICAO는 각국 정부 대표가 참석하는 유엔 산하의 국제기구인 반면에 IATA는 각국 항공사들의 대표들이 참석한 ICAO의 협력기구이다.

② 주요 업무의 취급에 있어서 ICAO는 정부 레벨에서 공항 및 항공기의 안전성확보와 감시업무를 맡고, IATA는 운임과 항공사 상호간의 문제를 취급한다는 것이다.

③ IATA 항공운송회의에서 결정되는 운임 및 서비스의 조건, 운송절차, 대리점에 관한 규정 등은 전 세계 IATA 항공사의 대리점에 대하여 구속력을 가지고 있으며 각국 정부도 이를 인정하고 있다. 그리고 IATA에 가입되어 있지 않은 항공사들도 이 모든 규정 및 절차를 따르고 있어 현재 국제항공요금 결정기구로서 공인되고 있다.

2 국제민간항공기구(International Civil Aviation Organization, ICAO)

(1) 개 요

ICAO는 제2차 세계대전 이후 1944년 시카고에서 국제민간항공의 발전과 관리기구 설립을 협의하기 위해 국제민간항공회의를 개최하였으며 이때 성립된 시카고 조약(Chicago Convention)에 의거하여 국제항공의 안정성 확보와 항공질서 감시를 위한 관리기구로서 설립되었고, 이후 국제연합(UN)이 발족함에 따라 ICAO는 1947년 4월 UN 산하의 항공전문기관으로 편입되었다. ICAO는 각국 정부가 회원으로 참여하는 국제협력기구로 캐나다의 Montreal에 본부를 두고 있다.

(2) 설립목적

ICAO의 설립목적은 시카고 협약 제44조에 의거하여 국제민간항공기구는 국제민간항공의 안정성·정시성·쾌적성을 확보하기 위해 필요한 국제수준을 정하고, 기술적인 권고를 목적으로 설립되었는데, 그 목적은 다음과 같으며 이는 정부 간 협력증진을 기초로 하고 있다.

① 전 세계 국제민간항공의 안전과 발전 도모

② 평화적 목적으로 항공기 설계 및 제작기술, 운항기술의 발전 도모, 국제민간항공을 위한 항공로, 공항 및 항공보안시설의 발전 촉진

③ 세계인의 요구에 부응한 안전적·정확적·능률적·경제적 항공운송의 촉진, 불합리한 경쟁으로 인한 경제적 낭비 방지를 위한 국제민간항공운송상의 질서유지 등이다.

(3) 주요 업무

시카고 조약의 기본원칙인 기회균등을 기반으로 설정한 ICAO는 목적을 달성하기 위해 다음과 같은 주요 업무를 수행하고 있으며, 이를 통해 항공운송의 촉진과 비행의 안전증대 등의 항공운송에 발전을 조장하고 있다.

① 항공운송의 안전성·정시성·효율성을 제고하기 위한 각종 국제표준 및 권고안의 채택

② 국제항공법회의에서 초안한 국제항공법의 의결

③ 공항시설 등의 항공운항시설 및 공항운영 등에 대한 기술적·재정적 지원

④ 민간항공운송에 관련된 체약국 간의 과당경쟁방지와 분쟁해결 및 체약국에 대한 공정한 기회 부여

⑤ 항공운송에 관한 간행물의 발행

■3 국제항공연맹(Federation Aeronautique Internationale, FAI)

(1) 개 요

FAI는 1905년 10월 12일에 국제민간항공분야(일반항공, 우주항공, 항공학습, 항공스포츠, 낙하산 등)에 대한 활동 강화 및 발전을 도모하기 위해 프랑스의 Aero-Club을 중심으로 설립되었다. FAI는 1개국당 1개 민간항공단체에 한하여 가맹시키기로 하고 있다.

(2) 주요 업무

① FAI는 IATA(국제항공운송협회), ICAO(국제민간항공기구)와 유기적인 관계를 갖고 민간항공단체가 바라고 있는 항공정책의 방향과 문제점, 새로운 사업 등을 건의한다.

② FAI의 주요 사업으로는 일반항공 · 항공우주 · 항공스포츠에 관한 사항, 항공학습과 항공기록에 관한 사항, 낙하산 및 모형기에 관한 사항 등이 있다.

■4 국제복합운송인(주선인)협회

(International Federation of Freight Forwarders Associations, FIATA)

(1) 개 요

국가별 운송주선인협회와 개별 운송주선인들이 전 세계 복합운송업계 · 국가의 결속과 복합운송업과 국제교역의 촉진 등을 목적으로 1926년 비엔나에서 결성한 국제민간기구로서 오늘날 운송주선인들을 대표하는 기관으로 인식되고 있는 비영리단체이다. 현재는 스위스 취리히(Zurich)에 본부를 두고 있고, 매년 본부회의와 세계총회를 개최한다. FIATA는 정회원(Oridinary members)과 준회원(Associate members)로 이루어져 있으며, 국가별 운송주선인협회에 한해서는 정회원의 자격이 부여되고 있다.

FIATA의 회원은 화물대리점만을 회원으로 국한하지 않고, 통관업 · 선박 · 항공기소개업 · 혼재업 · 창고업 · 육상운송업 등의 국제운송관련 업체를 포함하고 있다. 화물대리점업과 화물운송주선업, 통관업, 창공업, 해상운송업, 육상운송업 등의 국가별 단체 및 개별 사업체들로 구성되어 있으나 국가별 운송주선인협회에 한해서는 정회원의 자격이 부여되고 있다.

(2) 주요 업무

① 화물운송주선인이 발행하는 국제복합운송증권의 통일

② 화물운송주선인이 준수해야 할 윤리규범의 제정

③ 화물운송주선인 상호간의 정보교환 등 결속 도모

④ 화물운송에 관한 각종 국제회의에 참여 및 화물운송주선인의 권익대변

⑤ 화물운송에 관련된 법률, 증거, 보험, 통관, 무역절차 등의 간소화 도모

실전예상문제

01 항공운송에 관한 국제조약으로 옳은 것은?　　　　　　　　　　▶ 제23회 국제물류론

① Hague Rules　　　　　　　　　② Hamburg Rules

③ Rotterdam Rules　　　　　　　④ Hague Protocol

⑤ Hague-Visby Rules

해설　Hague Protocol : 1955년 와르소조약(Warsaw Convention)의 개정판으로 운송인에 대한 개념을 확대 해석하고 화물에 대한 클레임 청구기한을 연장한 국제조약이다.
　　　Hague Rules, Hamburg Rules, Rotterdam Rules, Hague-Visby Rules : 해상운송에 관한 국제조약

02 국제항공운송에서 와르소조약(Warsaw Convention)의 화물에 대한 책임한도액은?　▶ 제23회 국제물류론

① 150 francs per kilogram

② 250 francs per kilogram

③ 350 francs per kilogram

④ 450 francs per kilogram

⑤ 550 francs per kilogram

해설　국제항공운송에서 와르소조약(Warsaw Convention)에 따른 화물에 대한 책임한도액은 kg당 250 프랑 또는 kg당 19 SDR이다.

Answer　1. ④　2. ②

03 계약당사자가 아닌 운송인이 이행한 국제항공운송에 관한 일부규칙의 통일을 위한 와르소조약(Warsaw Convention)을 보충하는 과다라하라조약(Guadalajara Convention)을 채택한 국제기구는?

▶ 제23회 국제물류론

① FIATA   ② IATA

③ ICAO   ④ FAI

⑤ ICC

> **해설** 과다라하라조약(Guadalajara Convention)은 ICAO가 항공기의 임대차, Charter, 상호 Charter의 증가에 따라 새로운 조약의 필요성을 느껴서 채택하게 되었다.

04 항공운송인이 스스로 보험을 수배할 능력이 없는 일반 화주를 대리하여 부보하는 보험종목은?

▶ 제23회 국제물류론

① Air Cargo Insurance

② Marine Cargo Insurance

③ Freight Legal Liability Insurance

④ Shipper's Interest Insurance

⑤ Hull Insurance

> **해설** 항공운송인이 스스로 보험을 수배할 능력이 없는 일반화주를 대리하여 부보하는 보험종목을 Shipper's Interest Insurance(항공화주보험)이라고 한다.

05 신용장통일규칙(UCP 600) 제23조의 항공운송서류 수리요건에 관한 설명으로 옳지 않은 것은?

▶ 제23회 국제물류론

① 운송인의 명칭을 표시하고 운송인, 기장 또는 그들을 대리하는 지정대리인에 의하여 서명되어 있어야 한다.

② 물품이 운송을 위하여 수취되었음을 표시하고 있어야 한다.

③ 신용장에 명기된 출발공항과 목적공항을 표시하고 있어야 한다.

④ 신용장이 원본의 전통을 명시하고 있는 경우에도, 탁송인 또는 송화인용 원본으로 구성되어야 한다.

⑤ 운송의 제조건을 포함하고 있거나 또는 운송의 제조건을 포함하는 다른 자료를 참조하고 있는 서류이어야 한다.

> **해설** 운송인의 명칭을 표시하고 운송인 또는 운송인을 대리하는 지정대리인에 의하여 서명되어 있어야 한다.

06 항공화물운송에 관한 설명으로 옳은 것은? ▸ 제15회 국제물류론

① 혼합화물(Mixed Cargo)은 House Air Waybill에 의하여 각 품목마다 각기 다른 요율이 적용되는 성질을 가진 여러 가지 품목들로 구성된 화물을 말한다.

② 항공화물혼재업자는 자체 운임표가 없어 항공사의 운임표를 사용한다.

③ 혼합화물에는 중량에 의한 할인요율이 적용될 수 없다.

④ 혼재화물 운송시 혼재업자가 송하인으로 명시되지 않아도 된다.

⑤ 혼재화물 운송시 Master Air Waybill상에서 출발지의 혼재업자가 송하인이 되고 도착지의 혼재업자가 수하인이 된다.

해설 혼재화물은 혼재업자가 자체 요율표를 갖고 자체 House Air Waybill을 발행하며 항공사의 Master Air Waybill상 송하인은 출발지의 혼재업자가 송하인이 되며 도착지의 혼재업자가 수하인이 된다.

07 항공운송에서 위험화물(Dangerous Goods)에 관한 설명으로 옳지 않은 것은? ▸ 제13회 국제물류론

① 위험화물은 항공운송 중 발생하는 기압, 온도, 진동 등의 변화에 따라 항공기, 인명, 화물 등에 피해를 줄 수 있는 화물을 뜻한다.

② IATA의 위험화물규정(Dangerous Goods Regulations)에는 위험화물의 수송 여부 및 제한사항이 포함되어 있다.

③ IATA의 위험화물규정(Dangerous Goods Regulations)상 위험품목은 폭발성 물질, 가스 인화성 액체 등 9개로 분류되어 있다.

④ 항공사는 위험화물규정(Dangerous Goods Regulations)에 따라 포장, 표기, 표찰 등을 해야 한다.

⑤ IATA의 위험화물규정(Dangerous Goods Regulations)은 매년 1월 1일부로 신판(New Edition)이 발간된다.

해설 항공으로 운송될 위험물은 항공기의 안전을 위하여 위험물의 성질을 가장 잘 알고 있는 화주에 의하여 위험화물규정(Dangerous Goods Regulations)에 따라 포장, Marking, Labelling 등을 실시하도록 하고 있으며, 항공사에 위탁시 일반화물과 구분되어 취급될 수 있도록 화주신고서를 작성 제출하도록 되어 있다.

Answer 3. ③ 4. ④ 5. ① 6. ⑤ 7. ④

08 IATA의 Dangerous Goods Regulations(DGR)에서 규정하고 있는 위험품목이 아닌 것은?

▶ 제16회 국제물류론

① Flammable Gases(발화성 가스)
② Oxidizing Substances(산화성 물질)
③ Corrosives(부식성 물질)
④ Perishable Cargo(부패성 화물)
⑤ Radioactive Materials(방사성 물질)

해설 부패성 화물은 항공사가 선적 여부를 결정할 것인지의 대상화물로는 될 수 있으나 그 자체는 IATA의 DGR에서 규정하고 있는 위험화물은 아니다.

09 항공화물운송장(AWB)과 선하증권(B/L)에 관한 설명으로 옳지 않은 것은? ▶ 제23회 국제물류론

① AWB는 유가증권이 아니고 화물수령증 역할을 한다.
② B/L은 일반적으로 지시식으로 발행되며 유통성을 갖는다.
③ AWB는 화주이익보험을 가입한 경우 보험금액 등이 기재되어 보험가입증명서 내지 보험계약증서 역할을 한다.
④ B/L은 일반적으로 본선 선적 후 발행하는 선적식으로 발행된다.
⑤ AWB는 항공사가 작성하고 상환증권의 성격을 갖는다.

해설 B/L은 물권적 권리를 표시하는 유가증권, 권리증권이자 배서에 의해 양도 가능한 유통증권인 반면 AWB는 단순한 화물수취증에 불과하다. 즉, 상환증권의 성격을 갖지 못한다. AWB에는 분명히 'Non Negotiable'이라고 표시되어 있으므로 유통이 안 되는 '비유통증권'으로서만 발행된다. 운송장의 수하인용 원본은 목적지에서 화물과 함께 수하인에게 교부되는 것으로서 유통을 목적으로 하는 것이 아니며, 운송계약의 권리행사에 필요한 것이 아니므로 이는 유가증권이 아니다.

10 국제항공운송의 화물운임체계에 대한 설명 중 올바른 것들로만 짝지어진 것은?

> ㉠ GCR(General Cargo Rate)은 특정구간에 특정품목이 계속적으로 반복하여 운송될 경우 적용되는 운임이다.
> ㉡ Chargeable weight에는 실제중량에 의한 방법, 용적중량에 의한 방법, 높은 중량단계에서 낮은 운임적용방법 등이 있다.
> ㉢ BUC(Bulk Unitization Charge)는 ULD별로 중량을 기준으로 적용하는 운임이다.
> ㉣ Disbursement Fee는 고가화물에 적용된다.
> ㉤ Charges Collect Fee는 운임을 수하인이 납부하도록 되어 있는 화물에 대해 동 금액의 일정비율에 항공사가 징수하는 수수료이다.

① ㉠, ㉡ ② ㉡, ㉣, ㉤ ③ ㉡, ㉢, ㉤
④ ㉢, ㉣ ⑤ ㉢, ㉣, ㉤

해설 ㉠ GCR은 특정화물 할인운임률 또는 품목별 분류운임률이 적용되지 않은 모든 화물에 적용되는 운임이다. 특정구간에 특정품목이 계속적으로 반복하여 운송될 경우 적용되는 운임은 SCR(Specific Commodity Rate)이다.
㉣ Disbursement Fee는 송하인을 위하여 선박대리점이나 항공사대리점, 송하인이 지급한 항비, 선박 상하역 인부임금, 예선료, 세관 제비용, 저장품, 연료, 물 등에 사용된 금액에 대한 징수금을 말한다. 고가화물에 적용되는 요율은 종가운임(Valuation Charge)이다.

11 국제항공기구에 관한 설명으로 옳은 것은? ▶ 제22회 국제물류론

① ACI는 국제항공운송협회로 1945년 쿠바의 하바나에서 세계항공사회의를 개최함으로써 설립되었다.
② ICAO는 시카고 조약의 기본원칙인 기회균등을 기반으로 하여 국제항공운송의 건전한 발전을 도모하기 위해 설립된 기구이다.
③ IATA는 국제항공의 안전 및 발전을 목적으로 하여 각국 정부의 국제협력기관으로서 설립되었다.
④ FAI는 1926년 설립된 국가별 운송주선인협회와 개별운송주선인으로 구성된 국제민간기구로서 전세계적인 운송주선인의 연합체이다.
⑤ ICAO의 회원은 IATA 회원국의 국적을 가진 항공사만 가능하다.

해설 ① 국제항공운송협회로 1945년 쿠바의 하바나에서 세계항공사회의를 개최함으로써 설립된 국제항공기구는 ACI가 아닌 IATA이다.
③ IATA는 국제항공의 안전 및 발전을 목적으로 하여 설립된 민간차원의 국제기구이다.
④ 1926년 설립된 국가별 운송주선인협회와 개별운송주선인으로 구성된 국제민간기구로서 전세계적인 운송주선인의 연합체는 FAI가 아닌 FIATA이다. FAI는 국제민간항공분야에 대한 활동 강화 및 발전을 도모하기 위해 프랑스의 Aero-Club을 중심으로 설립되었다.
⑤ ICAO의 회원은 각국 정부가 회원으로 참여하는 국제협력기구로 IATA 회원국의 국적을 가진 항공사만 가능한 것은 아니다.

Answer 8. ④ 9. ⑤ 10. ③ 11. ②

12 한 번에 적재할 항공화물이 총 25상자이고, 총중량은 450kg이다. 각 상자의 크기가 가로 60cm, 세로 40cm, 높이 50cm일 때 운임산출중량은? (단, 운임부과 중량 환산기준은 6,000cm³ = 1kg)

▶ 제16회 국제물류론

① 400kg   ② 450kg   ③ 500kg

④ 550kg   ⑤ 600kg

> **해설** 60cm × 40cm × 50cm ÷ 6,000 = 20kg(Chargeable Weight).
> 따라서 25상자의 총운임 산출중량인 Total Chargeable Weight는 20 × 25 = 500kg이다.

13 항공운송과 관련된 국제규범으로 옳은 것은?

▶ 제22회 국제물류론

㉠ Rotterdam Rules	㉡ Hague Rules
㉢ Montreal Agreement	㉣ Hamburg Rules
㉤ Hague-Visby Rules	㉥ Guadalajala Convention

① ㉠, ㉢   ② ㉡, ㉢

③ ㉡, ㉥   ④ ㉢, ㉥

⑤ ㉣, ㉤

> **해설** 항공운송과 관련된 국제규범은 Montreal Agreement, Guadalajala Convention이다. Rotterdam Rules, Hague Rules, Hamburg Rules, Hague-Visby Rules는 해상운송 관련 규칙이다.

14 항공화물 운임에 관한 설명으로 옳지 않은 것은?

▶ 제15회 국제물류론

① CCR은 GCR과 비교하여 크거나 작거나 간에 GCR보다 우선하여 적용된다.

② GCR은 특정구간의 특정품목에 대하여 적용되는 요율로 일반화물요율에 대한 할증과 할인의 형태로 이루어진다.

③ SCR은 특정구간에 동일품목이 계속적으로 반복하여 운송되는 품목이거나 육상이나 해상운송과의 경쟁성을 감안하여 항공운송을 이용할 가능성이 많은 품목에 대하여 적용하기 위하여 설정된 할인요율이다.

④ BUC는 항공사가 송하인 또는 대리점에 컨테이너나 파렛트 단위로 판매시 적용되는 요금이다.

⑤ Valuation Charge는 운송되는 화물의 가격에 따라 부과되는 운임으로 항공화물운송장상의 "declared value for carriage"란에 신고가격을 기재하게 된다.

> **해설** GCR(General Cargo Rate : 일반화물요율)은 모든 항공화물 요금의 산정시 기본이 되며 최저운임, 기본용율, 중량단계별 할인요율로 분류된다.

15 항공화물운임에 관한 설명으로 옳지 않은 것은? ▸ 제16회 국제물류론

① 요율의 적용시점은 항공화물운송장 발행일로 한다.

② 항공화물의 요율은 공항에서 공항까지의 운송구간만을 대상으로 한다.

③ 운임의 기준통화는 도착지 국가의 현지통화로 설정되는 것이 원칙이나 많은 국가에서 미국달러로 요율을 설정하고 있다.

④ 미국출발 화물의 중량요율(Weight Rate)은 lb(파운드)당 요율로 표시할 수 있다.

⑤ 운임산출에 적용한 경로대로 수송하지 않아도 운임의 변동은 없다.

해설 항공화물운송의 운임기준통화는 출발지 국가의 통화단위이다.

16 항공화물 운임에 관한 설명으로 옳은 것은? ▸ 제17회 국제물류론

① 일반화물요율은 품목분류요율이나 특정품목할인요율보다 우선하여 적용된다.

② 종가운임은 신고가액이 화물 1kg당 US$ 20를 초과하는 경우에 부과된다.

③ 혼합화물요율은 운임이 동일한 여러 종류의 화물이 1장의 항공운송장으로 운송될 때 적용된다.

④ 중량단계별 할인요율은 특정품목할인요율의 한 종류로 중량이 높아짐에 따라 요율이 점점 더 낮아진다.

⑤ 품목분류요율은 특정구간의 특정품목에 적용되는 요율로서 보통 특정품목할인요율을 기준으로 할증·할인된다.

해설 항공운송인의 책임한도로 송하인이 항공사의 usd 20 per kg의 책임한도 이상을 요구하기 위해서는 송하인이 미리 고가의 화물을 신고하고 종가요금을 지불해야 한다.

17 A상사는 휴대폰의 핵심부품을 항공편으로 일본에 수출할 예정이다. 다음의 조건을 고려할 때 항공운임은 얼마인가? ▶ 제12회 국제물류론

> ㉠ 휴대폰 부품 상자의 무게는 30kg이다.
> ㉡ 부품 상자의 용적은 가로 90cm, 세로 70cm, 높이 80cm인 직육면체이다.
> ㉢ 최저운임은 US$ 400이며
>
> | 50kg 미만은 | US$ 20/kg, |
> | 50kg 이상~60kg 미만은 | US$ 15/kg, |
> | 60kg 이상~80kg 미만은 | US$ 13/kg, |
> | 80kg 이상~100kg 미만은 | US$ 11/kg이다. |

① US$ 400   ② US$ 600   ③ US$ 842

④ US$ 895   ⑤ US$ 924

해설 항공운임결정의 일반원칙으로는 별도의 규정이 없는 한 요율과 요금은 가장 낮은 것으로 적용한다.
  1. 중량계산 : 30kg×20$=600$
  2. 용적(부피)계산 : (90×70×80)÷6,000=84kg×11$=924$

18 항공기 파렛트 1개를 이용하여 2,500kg의 LCD부품을 수출하려고 하는 C업체의 경우, 다음 조건을 고려할 때 항공기부가운임인 파렛트-벌크운임(Bulk Unitization Charge, BUC)은 얼마인가? ▶ 제12회 국제물류론

> ㉠ Pivot Weight : 2,450kg
> ㉡ Pivot Charge : US$ 8,700
> ㉢ Over Pivot Charge : US$ 4.00

① US$ 8,700   ② US$ 8,800   ③ US$ 8,900

④ US$ 9,000   ⑤ US$ 9,200

해설 기준중량에서 50kg 초과, Over Pivot Charge가 kg당 US$ 4.00이므로 50kg×US$ 4=US$ 200
  따라서 총요금은 8,700+200=US$ 8,900이다.

19 항공화물의 무게가 20kg이고, 부피가 가로 90cm, 세로 50cm, 높이 40cm이다. 항공운임이 kg당 US$ 4인 경우, 이 화물의 운임은? (단, 운임부과 중량 환산 기준 : 6,000cm³ = 1kg) ▶ 제14회 국제물류론

① US$ 80   ② US$ 100   ③ US$ 120

④ US$ 140   ⑤ US$ 200

해설 중량 및 용적 계산
  1. 중량 계산 : 20kg×4=US$ 80
  2. 용적(부피) 계산 : (90×50×40)÷6,000=30kg×US$ 4=US$ 120

20 다음의 운임 요율표에 따라 화물의 규격이 가로 90cm, 세로 40cm, 높이 80cm, 화물의 중량이 40kg인 화물을 항공으로 한국에서 미국으로 보내고자 할 때 지불해야 하는 운임은?

▶ 제15회 국제물류론

• 최저운임 50,000원	• 45kg 미만 20,000원/kg
• 45kg 이상 15,000원/kg	• 100kg 이상 10,000원/kg

---

① 50,000원 ② 100,000원 ③ 480,000원
④ 720,000원 ⑤ 960,000원

해설 항공운임 산출중량 90 × 40 × 80 × 1/6000 = 48kg × 15,000 = krw 720,000

21 국제항공운송조약별 책임한도액에 관한 설명으로 옳지 않은 것은?

▶ 제16회 국제물류론

① 바르샤바 조약 : 여객 1인당 US$ 10,000
② 헤이그 의정서 : 위탁수화물 1kg당 US$ 20.00
③ 몬트리올 협정 : 휴대수화물 1인당 US$ 400.00
④ 바르샤바 조약 : 화물 1kg당 US$ 20.00
⑤ 헤이그 의정서 : 여객 1인당 US$ 75,000

해설 헤이그 의정서의 여객 1인당의 배상 책임한도액은 US$ 20,000이다.

22 미국이 항공운송 사고시 운송인의 책임한도액이 너무 적다는 이유로 바르샤바 조약을 탈퇴하였다. 이에 따라 IATA가 미국정부와 직접 교섭은 하지 않고 미국을 출발, 도착, 경유하는 항공회사들 간의 회의에서 운송인의 책임한도액을 인상하기로 합의한 협정은?

▶ 제15회 국제물류론

① Montreal Agreement ② Guadalajara Convention
③ Hague Protocol ④ Guatemala Agreement
⑤ Warsaw Convention

해설 1966년 5월 미국을 중심으로 채택된 Montreal Agreement는 미국을 경유 또는 출입, 도착하는 항공사에게 적용되는 협정으로 여객에 대한 책임한도를 상향조정하였다. 여객운송에 관한 규정만을 두고 있으며 화물운송은 Warsaw 조약이 그대로 적용된다.

Answer 17. ⑤ 18. ③ 19. ③ 20. ④ 21. ⑤ 22. ①

23 다음에서 설명하는 항공운송 관련 국제규범은? ▶ 제21회 국제물류론

> • 제1차 세계대전 후 급속도로 발달한 항공운송이 국제적인 교통수단으로 이용되고 국제적으로 적용할 법규 및 여객이나 운송인에게도 최소한의 보장이 요청됨에 따라 1929년 체결되었다.
> • 국제항공운송인의 민사책임에 관한 통일법을 제정하여 동일사건에 대한 각국법의 충돌을 방지하고 국제항공운송인의 책임을 일정한도로 제한하여 국제민간항공운송업의 발전에 그 목적을 둔 최초의 국제규범이다.

① 함부르크 규칙   ② 몬트리얼 협정
③ 바르샤바 조약   ④ 로테르담 규칙
⑤ 과다라하라 조약

해설 바르샤바 조약(Warsaw Convention)은 1929년 10월 폴란드의 바르샤바에서 체결된 항공운송 관련 국제규범으로 국제 항공운송인의 책임과 의무를 규정한 최초의 국제조약이다. 정식 명칭은 'The Convention for the Unification of Certain Rules relating to International of Air(국제항공운송에 관한 통일조약)'이다.

24 특정구간의 특정품목에 대하여 적용되는 요율로서 보통 일반화물 요율에 대한 백분율로 할증(S) 또는 할인(R)되어 결정되는 항공화물 운임은? ▶ 제21회 국제물류론

① Commodity Classification Rate   ② Specific Commodity Rate
③ Bulk Unitization Charge   ④ General Cargo Rate
⑤ Valuation Charge

해설 특정구간의 특정품목에 대해 적용되는 요율로서 일반화물 요율의 백분율로 할증 또는 할인되어 결정되는 항공화물 운임을 품목분류 운임(Commodity Classification Rate)이라고 한다.

25 인천국제공항의 화물터미널은 고유업무만을 위한 터미널로 운영되고 있다. 수출화물은 RFC 상태로 입고되는 것을 원칙으로 하여 포장, 레이블링, 통관 등이 완료된 상태로 화물입고시 기재사항이 완료된 Master Air Waybill이 제시되어야 접수가 가능한데, 여기서 RFC란? ▶ 제5회 화물운송론

① Request For Comments   ② Ready For Carriage
③ Ready For Container   ④ Red Fit Cargo
⑤ Ready to Fly Cargo

해설 RFC(Ready For Carriage)는 관련서류가 완비되어 곧바로 항공운송이 될 수 있는 준비완료 상태를 말한다.

26 선하증권과 항공화물운송장에 대한 설명으로 옳지 않은 것은? ▶ 제11회 국제물류론

① 항공화물운송장은 양도성이 있고, 선하증권은 양도성이 없다.

② 항공화물운송장은 기명식이며, 선하증권은 무기명식이다.

③ 항공화물운송장은 화물인수시에 발행하며, 선하증권은 선적 후에 발행된다.

④ 항공화물운송장은 송하인이 작성하는 것을 원칙으로 하며, 선하증권은 선박회사가 작성한다.

⑤ 항공화물운송장과 선하증권은 운송인과 송하인과의 사이에 운송계약이 성립되고 있음을 증빙하는 서류라는 점에서 동일하다.

해설 항공화물운송장과 선하증권 비교

구 분	항공화물운송장	선하증권
법적 성격	유가증권 ×	유가증권 ○
유통성	비유통성	유통성
발행방법	기명식	지시식(무기명식)
발행시기	화물수취시 발행(수취식)	적재시 발행(선적식)
작성자	송하인	운송회사

27 항공화물운송장의 기능이 아닌 것은? ▶ 제17회 국제물류론

① 화물수령증　　② 수출입신고서　　③ 운송계약의 증거

④ 보험증서　　⑤ 유통증권

해설 항공화물운송장과 선하증권을 비교할 때 가장 큰 차이점은 선하증권은 유가증권으로 유통이 가능하나 항공화물운송장은 유가증권이 아니라 유통이 불가능한 서류라는 것이다.

28 항공화물운송장(AWB)과 선하증권(B/L)의 설명으로 옳지 않은 것은? ▶ 제13회 국제물류론

① 항공화물운송장은 양도성이 없고, 선하증권은 일반적으로 양도성이 있다.

② 항공화물운송장은 송하인이 작성함을 원칙으로 하며, 선하증권은 선박회사 또는 국제물류주선업자가 작성한다.

③ 항공화물운송장은 지시식 백지배서(Blank Endorsement)로 발행되며, 선하증권은 기명식으로 발행된다.

④ 항공화물운송장은 운송사실을 증명하는 단순한 증거증권이지만, 선하증권은 물권적 권리를 표시하는 권리증권이다.

⑤ 항공화물운송장과 선하증권은 송하인과 운송인 간의 운송계약이 체결되었다는 추정적 증거서류이다.

해설 문제 26번 해설 참조

29 항공화물운송장과 관련하여 다음의 빈 칸에 들어갈 용어로 알맞은 것은? ▶ 제11회 국제물류론

> 항공운송인과 대리점계약을 맺지 못한 항공화물운송주선인은 자신을 운송인으로 기재하고 운송계약을 체결한 수출업자가 송하인으로 기재된 (   )을 발행한다. 이러한 경우 손해가 발생하게 되면 송하인은 항공운송인에 대해 직접 손해배상을 청구할 수 없으므로 이를 대비하여 송하인인 수출업자는 실제운송인 또는 항공대리인이 발행한 (   )을 요구해야 한다.

① House Air Waybill, Master Air Waybill

② Master Air Waybill, House Air Waybill

③ House Air Waybill, Master Sea Waybill

④ Master Sea Waybill, House Sea Waybill

⑤ House Sea Waybill, Master Sea Waybill

해설 항공회사(또는 대리점)는 Master Air Waybill, 항공화물운송주선업자(혹은 혼재업자)는 House Air Waybill을 발행한다.

30 신 항공화물운송장 계약조건(IATA Resolution 600b)을 적용한 AWB 이면약관의 일부이다.
( ) 안에 들어갈 숫자로 옳은 것은?
▶ 제17회 국제물류론

> In the case of loss of, damage or delay to cargo a written complaint must be made to
> Carrier by the person entitled to delivery. Such complaint must be made : in the case of
> delay, within ( ) days from the date on which the cargo was placed at the disposal
> of the person entitled to delivery.

① 21 ② 30 ③ 45
④ 60 ⑤ 90

해설 수하인은 손실의 경우 손상의 경우 혹은 지연의 경우 서면으로 운송인에게 클레임을 제기할 수 있다.
지연의 경우 화물이 수하인에게 인도된 뒤 21일 이내에 클레임을 제기할 수 있다.

31 항공화물의 품목분류 요율(Commodity Classification Rate) 중 할인요금 적용품목으로 옳지
않은 것은?
▶ 제20회 국제물류론

① 신문 ② 점자책
③ 유가증권 ④ 카탈로그
⑤ 정기간행물

해설 항공화물의 품목분류 요율이 적용되는 품목은 6가지 종류가 있으며 그중 화물로 수송되는 수하물 및
신문, 잡지 등은 기본요율에서 할인된 요율이 적용되고 귀중화물 및 생동물, 시체와 자동차는 일반화물
요율에 할증된 요율을 적용한다.

32 국제항공의 안정성 확보 및 항공질서 감시를 위한 UN 산하의 기구는? ▶ 제20회 국제물류론

① 국제민간항공기구(ICAO) ② 국제항공운송협회(IATA)
③ 국제항공연맹(FAI) ④ 국제운송주선인협회(FIATA)
⑤ 국제상업회의소(ICC)

해설 **국제민간항공기구(ICAO)** : 제2차 세계대전 이후 1944년 시카고에서 국제항공의 안정성 확보와 항공
질서 감시를 위한 관리기구로서 설립되었고, 이후 국제연합(UN)이 발족함에 따라 ICAO는 1947년 4월
UN 산하의 항공전문기관으로 편입되었다.

Answer 28. ③ 29. ① 30. ① 31. ③ 32. ①

33 항공화물운송에 관한 설명으로 옳은 것은? ▸ 제20회 국제물류론

① 운송인의 손해를 보호하기 위해 운송인이 부보하는 보험을 항공적하보험이라 한다.

② 항공시장의 자유화로 인해 항공사 간 전략적 제휴는 점차 감소하는 추세이다.

③ 항공운송은 석탄이나 철광석과 같은 벌크화물을 운송하는 데 적합하다.

④ 운송인이 보험자의 대리인 자격으로 화주와 계약을 체결하는 보험을 항공화물화주보험
이라 한다.

⑤ UCP 600에 의하면 항공운송서류에는 반드시 화물의 선적일이 표시되어야 한다.

해설 ④ 항공화물화주보험(SHIPPER'S INTEREST INSURANCE)은 운송인이 보험자의 대리인 자격으로 화
주와 계약을 체결하는 보험을 말한다.
① 항공적하보험은 항공화물에 대하여 운송인이 아닌 화주가 부보하는 보험이다.
② 항공시장의 자유화로 인해 항공사 간 전략적 제휴는 점차 증가하는 추세이다.
③ 석탄이나 철광석과 같은 벌크화물을 운송하는 데 적합한 운송수단은 해상운송이다.
⑤ UCP 600 제23조에 따르면 항공운송서류가 실제 선적일에 대한 특정한 부기를 포함하지 않는 경우
에는 발행일을 선적일로 보고 있다.

34 항공화물운임에 관한 설명으로 옳은 것은? ▸ 제20회 국제물류론

① 품목분류 요율(CCR)은 항공화물운송 요금산정시 가장 기본이 되는 요율이다.

② 특정품목 할인료율(SCR)은 일반화물 요율보다 높은 수준으로 설정된다.

③ 항공화물 요율이 변경될 경우 반드시 사전에 공시되어야 한다.

④ 항공화물 요율은 송화인의 문전에서 수화인의 문전까지를 계산하여 설정된다.

⑤ 단위탑재요금(BUC)은 탑재용기의 형태 및 크기에 따라 상이하게 적용된다.

해설 ⑤ 단위탑재요금(BUC)은 우리나라의 미주행 항공화물에 적용되는 요금체계로서 이른바 단위탑재용기
(ULD)별로 중량을 기준으로 요금을 미리 정해놓고 판매하는 방식을 말한다.
① 품목분류 요율(CCR)은 특정품목에 적용되는 할인 및 할증요율로서 일반화물 요율(GCR)의 백분율
에 의한 할증 또는 할인으로 표시된다.
② 특정품목 할인료율(SCR)은 특정구간에서 반복적으로 운송하는 동일품목에 대하여 일반품목에 적
용되는 요율보다 낮은 운임을 적용하는 것으로 항공운송의 이용을 유도하기 위한 것이다.
③ 항공화물 요율이 변경될 경우에 반드시 사전에 공시되어야 하는 것은 아니며 통보없이 변경되는
경우도 있다.
④ 항공화물의 요율은 공항에서 공항까지의 운송만을 위하여 설정된 것이며 부수적으로 발생된 것들
은 별도로 계산된다.

35 항공화물사고 중 하나인 지연(Delay)의 요인이 아닌 것은? ▶ 제17회 국제물류론

① Non-delivery ② Cross Labelled ③ Over carried
④ Short landed ⑤ Short shipped

> **해설** 지연의 종류에는 Cross Labelled, Over carried, Short landed, Short shipped, Off loaded가 있다. Non-delivery는 수하인에게 배송이 안 된 상태를 의미한다.

36 소화물일관운송(택배)의 등장배경으로 틀린 것은? ▶ 제6회 화물운송론

① 소비자의 운송요율 인하에 대한 욕구증대
② 소비자 욕구의 다양화 및 고급화
③ 일관운송시스템에 대한 필요성 증대
④ 다품종 소량생산 시대로의 전환
⑤ 전자상거래 확대에 따른 택배의 필요성 증대

> **해설** 소화물일관운송은 고객의 편의성에 주안점을 둔 운송체제로 고가 소량화물의 안전하고 신속한 운송이라는 사회적 요구에 부응하여 기존의 낙후된 운송체제에 자극을 가하여 운송체제발전에 동기부여 효과를 주었다.

37 Warsaw Convention(1929)에 근거한 항공운송서류에 관한 설명으로 옳은 것은?

▶ 제20회 국제물류론

① 운송인용 원본에는 운송인의 서명이 있어야 한다.
② 항공운송서류가 분실되거나 잘못 작성된 경우 항공운송계약이 취소된다.
③ 송화인의 요구가 있을 경우 운송인은 송화인을 대신하여 항공운송서류를 작성할 수 있다.
④ 화물에 관한 내용이 운송서류에 잘못 기입된 경우, 이는 운송인의 책임이다.
⑤ 수화인용 원본에는 수화인의 서명이 필요하다.

> **해설** ① 제1의 원본에는 '운송인용'이라고 기재하고 송화인이 서명한다.
> ② 항공운송서류가 분실되거나 잘못 작성된 경우에도 항공운송계약이 취소되는 것은 아니다.
> ④ 화물에 관한 내용이 운송서류에 잘못 기입된 경우, 이는 운송인이 아닌 송화인의 책임이다.
> ⑤ 제2의 원본에는 '수화인용'이라고 기재하고 송화인 및 운송인이 이에 서명하고 이 원본을 화물과 함께 송부한다.

Answer 33. ④ 34. ⑤ 35. ① 36. ① 37. ③

38 국제소화물일관운송(국제택배)의 특징에 대한 설명 중 가장 적절한 것은? ▸ 제12회 국제물류론

① 국제소화물일관운송업의 주요 취급화물은 소화물과 상업서류이다.

② 대부분의 화물은 고가귀중품의 상품이며, 일정기간 내에 신속한 인도를 목적으로 하는 운송서비스이다.

③ 화물금액에 무관하게 간이수입신고를 하면 된다.

④ 운임의 적용구간은 출발지 공항과 도착지 공항의 거리를 기준으로 한다.

⑤ 운임은 IATA와 각국 정부에 의하여 결정된다.

해설 국제택배와 항공화물운송과의 비교

운송시간	• 국제특송은 전 세계 문전서비스로 2~3일 이내 배달(배송) • 항공화물운송은 공항 이외의 운송시간까지 고려(실제적으로 국제특송의 2배 정도 운송시간 소요)
운송방법	• 국제특송은 Door to Door Service(Desk to Desk Service) • 항공화물운송은 Airport to Airport Service
물류비용	• 국제특송의 운임은 물류 전 과정의 포괄요금 • 항공화물운송운임은 공항과 공항 간의 운임만 계상(즉, 기타 부대물류비용 제외)

39 국제택배(쿠리어)서비스와 관련 있는 항목으로 짝지어진 것은?

> ㉠ 대표적인 글로벌기업으로 DHL, FedEx, TNT, UPS 등이 있다.
> ㉡ 항공법상 상업서류송달업과 관련이 있다.
> ㉢ 우리나라 우체국의 EMS와 관련이 있다.
> ㉣ 대부분 INCOTERMS상의 DAF조건으로 운송된다.
> ㉤ 소비자요금은 주로 Class Rate를 적용한다.

① ㉠, ㉡, ㉢   ② ㉡, ㉢, ㉣   ③ ㉢, ㉣, ㉤
④ ㉠, ㉢, ㉤   ⑤ ㉡, ㉣, ㉤

해설 국제소화물일관수송시스템은 소량 및 경량화물, 상업서류, 견본품 등을 항공운송을 주축으로 신속·정확하게 문전운송하는 일종의 국제복합운송체제로서 국제택배업, Courier 시스템 등으로 불리고 있는 일관운송체제이다.

40 다음 중 국제소화물일관운송(국제택배)시 발행되는 운송서류는? ▸ 제12회 국제물류론

① Bill of Lading   ② Air Waybill   ③ Sea Waybill
④ Courier Receipt   ⑤ Consignment Note

해설 Courier Receipt : Courier 서비스를 이용하여 Door to Door Service를 제공하고자 수취·배달하여 주는 송배달업자의 수령증을 말한다. 이는 송배달업자가 수취에서 인도까지 총괄하여 책임을 진다.

⬦ **국제소화물일관운송(국제택배)시 발행되는 운송서류**
1. **해상운송** : Bill of Lading(선하증권), Sea Waybill(해상화물운송장)
2. **항공운송** : Air Waybill(항공화물운송장), Consignment Note(탁송화물송장)
3. **국제소화물일관운송(국제택배)** : Courier Receipt

41 국제소화물일관운송(국제특송)에 관한 설명 중 옳은 것으로 모두 묶인 것은?

▶ 제13회 국제물류론

> ㉠ 항공화물과 관련된 특송의 근거는 항공법상 상업서류송달업에 있다.
> ㉡ International Courier Service라고도 한다.
> ㉢ 요금은 ULD타입별로 BUC(Bulk Unitization Charge)를 적용한다.
> ㉣ 대표적인 국제특송업체로는 DHL, FedEx, TNT, UPS 등이 있다.
> ㉤ 항공을 이용한 국제적 'Airport to Airport' 일관운송을 말한다.

① ㉠, ㉡, ㉢   ② ㉠, ㉡, ㉣   ③ ㉡, ㉢, ㉣
④ ㉡, ㉣, ㉤   ⑤ ㉢, ㉣, ㉤

해설 ㉢ 단위탑재용기운임(Bulk Unitization Charge, BUC)은 항공사가 송하인 또는 대리점에게 컨테이너 또는 파렛트단위로 판매시 적용되는 요금으로 IATA에서 규정한 단위탑재용기(Unit Load Device, ULD)별로 중량을 기준으로 미리 정해진 요금을 적용한다.
㉤ 본 항의 설명은 일반적인 항공화물운송의 운송방법을 말한다. 국제특송은 Door to Door 또는 Desk to Desk라고 불리우고 있다.

42 다음은 Federal Express가 사용하여 익일배송을 실현시킨 물류시스템에 대한 설명이다. 이 시스템에 해당하는 것은?

▶ 제14회 국제물류론

> 물품을 출발지에서 일정한 지역의 중심지에 보내면, 같은 시간대에 다른 곳에서 온 물품과 합류하여 최종 목적지별로 물품이 재분류된 후, 이를 싣고 온 비행기편으로 개별목적지로 출발하는 시스템이다.

① Road Feeder System   ② Hub and Spoke System
③ Open Sky System   ④ Pull System
⑤ Hybrid Combination System

해설 Hub-and-Spoke 네트워크의 전통적인 운영방식은 전국의 각 출발지(Spoke)에서 발생하는 물량을 한 곳(Hub)으로 집중시킨다. 이곳에서 일괄적인 분류작업을 거친 물량은 다시 각 목적지(Spoke)로 보내지게 된다. 대개 Hub에서는 제품 보관의 기능은 없고 제품의 분류(Sporting)라는 기능을 담당한다. 이 안은 중복적 물류거점의 존재, 배달탁송구조의 비효율, 재고 저장공간의 부족 및 낮은 수배송 효율을 해결하고자 하는 대안으로서 도입되었다.

Answer   38. ①   39. ①   40. ④   41. ②   42. ②

43 다음 설명은 항공사의 부대서비스의 일종이다. 이에 해당하는 것은? ▶ 제14회 국제물류론

> 화물이 목적지 공항에 도착한 후 수하인에게 인도될 때까지의 제 비용을 송하인이 부담할 경우 정확한 현지 비용을 산출하기 어렵다. 이때 항공사는 지정통관업자로 하여금 관세, 보관료 등 제비용을 선지급하게 한 후 송하인에게는 사후 정산하도록 하는 편의를 제공해 주기도 한다.

① Specific Commodity Rate ② Cash on Delivery Service
③ Bank Consignment ④ Free House Delivery Service
⑤ General Cargo Rate

해설 ④ 출발지에서 도착지까지, 즉 공장, 창고, 사무실까지의 완벽한 운송 및 책임을 담보하는 것으로 Free From House를 의미하며 Door to Door service를 의미한다.
① 특정품목 할인요율(Specific Commodity Rate, SCR)은 특정구간에서 반복적으로 운송이 되는 화물에 대하여 특별히 낮은 요율을 적용하여 가격을 산정하며 품목마다 다르다. 특정품목 할인요율의 설정은 항공운송을 이용할 가능성이 많은 화물에 대하여 낮은 가격을 설정함으로써 해상·육상운송의 화물을 항공으로 유도한다.
② 착불 서비스, 현물상황도, 도착지 지급조건 등(바이어에게 물품을 공급해 줌과 동시에 현금으로 물품대금을 수령하는 방식)
⑤ 일반화물요율(General Cargo rate, GCR)은 모든 항공화물 운송요금의 산정시 기본이 되며, 품목분류요율(Commodity Classfication Class Rate, CCR)과 특정품목할인요율(Specific Commodity Rate, SCR)의 적용을 받지 않는 모든 화물에 대하여 적용이 된다.

44 국제특송(국제소화물일관운송)에 관한 설명으로 옳지 않은 것은? ▶ 제16회 국제물류론
① 소형·경량물품을 문전에서 문전까지 신속하게 수취·배달하여 주는 서비스이다.
② 쿠리어(courier) 서비스라고도 한다.
③ 운송업자는 모든 운송구간에 대하여 일관책임을 진다.
④ 대표적인 글로벌 업체로는 DHL, FedEx, UPS 등이 있다.
⑤ 우리나라는 항공법에서 국제특송업을 등록업종으로 규정하고 있다.

해설 국제특송업은 면허제 업종으로 규정하고 있다.

45 국제항공운송협회(IATA)에 관한 설명으로 옳지 않은 것은? ▶ 제16회 국제물류론
① IATA는 국제항공사 간의 협력을 강화할 목적으로 설립된 UN 산하의 국제기구이다.
② IATA는 약관을 포함한 항공권의 규격 및 발권절차의 통일을 추구하고 있다.
③ IATA는 ICAO와 연대 협력한다.
④ IATA는 항공운송업계의 바람직한 경쟁을 목표로 한다.
⑤ IATA는 출입국절차의 간소화를 위해 노력하고 있다.

> **해설** IATA는 1945년 국제 민간항공에 종사하는 각국의 정기항공사에 의해 쿠바의 하바나에서 국제 간의 운임이나 운항, 정비, 정산업무 등의 상업적 기술적인 활동을 목적으로 설립된 민간차원의 국제기구로 UN 산하기구가 아니다.

46 다음 중 운임, 운송조건, 기타 항공운송업무와 관련된 주요 사항을 결정하는 국제민간항공협의 단체는?

▶ 제12회 국제물류론

① IATA ② FIATA ③ ICAO
④ FAI ⑤ IMO

> **해설** ① IATA(International Air Transport Association, 국제항공운송협회) : 순수 민간단체로서 그 설립목적은 국제 간의 운임, 운항, 정비, 검산업무 등 상업적·기술적 활동을 하는 데 있다.
> ② FIATA[International Federation of Freight Forwarders Associations, 국제복합운송인(주선인)협회] : 국가별 포워더협회와 포워더로 구성된 국제민간기구로서 세계복합운송업계의 결속 및 복합운송업의 발전, 전 세계 국가 간의 국제교역 촉진 등을 목적으로 1926년 설립하였다.
> ③ ICAO(International Civil Aviation Organization, 국제민간항공기구) : 국제민간항공의 발전을 위하여 각국 정부 간의 기관으로서 설치되었으며, 그 목적은 국제민간항공의 안전성, 정시성, 쾌적성을 확보하는 데 필요한 국제수준을 정하고, 이에 관한 기술적 권고를 하는 데 있다.
> ④ FAI(International Aeronautics Federation, 국제항공연맹) : 국제민간항공분야의 발전을 위해 각국이 민간항공단체를 1개국 1개 단체에 한하여 가맹시키기로 하고 연맹을 설립하였다. 주요 사업은 일반항공, 항공우주, 항공학습, 항공스포츠, 낙하산 및 모형기, 항공기록 등에 관한 사항이다.
> ⑤ IMO(International Maritime Organization, 국제해사기구) : 항로·교통규칙·항만시설 등을 국제적으로 통일하기 위한 국제기구로서, 그 목적은 해상안전, 해수오염방지, 선박적재화물 계량단위 규격화, 각국 해운회사의 불공정한 제한조치 규제 등이다. 주요 임무는 해운문제 심의, 정보 교환, 조약 작성이나 권고 등이다.

47 항공사들이 설립한 순수 민간단체로 여객운임 및 화물요율 등을 결정하는 국제기구는?

▶ 제17회 국제물류론

① ICAO ② ICC ③ ILA
④ IATA ⑤ IMO

> **해설** ICAO는 국제민간항공기구로 각국 정부가 회원으로 참여하는 국제협력기구이며, ICC는 국제상업회의소, ILA는 UN 산하 국제노동기구, IMO는 국제해사기구로 해상관련 단체이다. IATA는 국제항공운송협회로 항공사들이 설립한 민간단체로 여객운임과 화물요율을 결정한다.

Answer 43. ④ 44. ⑤ 45. ① 46. ① 47. ④

48 다음 괄호 안에 들어갈 용어로 옳은 것은?   ▶ 제16회 국제물류론

> Contributing to the creation of a favourable global regulatory environment for the sustainable development of international air transport is an important objective for (   ). It develops and provides policy and guidance material in the areas of aviation infrastructure management, statistics, forecasting and economic analysis.

① ICAO　　　　② WTO　　　　③ ITF
④ IMO　　　　⑤ ICC

해설 ICAO는 국제항공운송의 안전성과 정시성, 효율성을 제고하기 위한 각종 국제 표준 및 권고안의 채택, 민간항공운송에 관련된 체약국 간의 과당경쟁방지와 분쟁해결 및 체약국에 대한 공정한 기회 부여 등을 주요 업무로 하고 있다.

49 항공화물운송장에 관한 설명으로 옳지 않은 것은?   ▶ 제18회 국제물류론

① 송하인이 항공화물운송장에 보험금액과 보험부보사실을 기재하는 화주보험을 부보한 경우에는 항공화물운송장은 보험계약의 증거가 된다.
② 항공화물운송장은 일반적으로 화물이 항공기에 적재된 이후에 발행된다.
③ 항공화물운송장은 송하인이 작성함이 원칙이나 항공사나 항공사의 권한을 위임받은 대리점에 의해 작성될 수 있다.
④ 항공화물운송장은 일반적으로 기명식으로 발행된다.
⑤ 항공화물운송장은 비유통성이다.

해설 Air Waybill은 일반적으로 화주가 제출한 운송지시서와 상업송장, 포장명세서에 의거하여 항공화물 대리점이 화물을 인수한 후 운송장을 작성하여 발행한다.

50 항공화물운송장(AWB)과 선하증권(B/L)에 관한 설명으로 옳지 않은 것은?   ▶ 제19회 국제물류론

① AWB은 상환증권이며 기명식으로 발행된다.
② AWB상의 Declared Value for Carriage란에는 송하인의 운송신고가격이 기재된다.
③ AWB은 일반적으로 송하인이 작성하는 것이 원칙이다.
④ B/L은 선사가 작성하며 일반적으로 지시식으로 발행된다.
⑤ B/L은 화물수령증이며 권리증권의 기능을 갖는다.

해설 AWB은 상환증권이 아니며 증권의 기능은 갖고 있지 않다. 다만 AWB은 화물수취증서로서의 역할을 할 뿐이다.

51 항공화물운송의 특성에 관한 설명으로 옳지 않은 것은? ▸ 제19회 국제물류론

① 항공화물운송은 항공여객운송과 달리 지상조업(Ground Handling)이 필요하다.

② 항공화물전용기에 의한 운송은 주로 야간에 이루어진다.

③ 항공화물은 해상화물에 비해 운송인과 실화주 간 직접 운송계약을 체결하는 경우가 많다.

④ 정시성과 신속성을 추구하는 화주는 타 운송수단에 비해 높은 운임에도 불구하고 항공화물운송을 선호한다.

⑤ 항공화물운송은 항공여객운송에 비해 편도운송이 많다.

해설 항공화물은 통상 실화주들과 포워더가 항공화물운송계약을 체결하고 실제운송인인 항공사와 실화주 간의 직접 운송계약은 체결하지 않는다.

52 국제항공운송관련 기구 또는 국제항공조약에 해당하지 않는 것은? ▸ 제19회 국제물류론

① IATA ② Montreal Agreement

③ Warsaw Convention ④ ICAO

⑤ MARPOL

해설 MARPOL은 선박으로부터 오염방지를 위한 국제협약으로 해상운송과 관련이 있다.

53 항공화물 운임결정의 일반원칙으로 옳지 않은 것은? ▸ 제19회 국제물류론

① 요율, 요금 및 그와 관련된 규정의 적용은 항공화물운송장(AWB)의 발행 당일에 유효한 것을 적용한다.

② 항공화물의 요율은 공항에서 공항끼리의 운송만을 위하여 설정된 것으로 부수적으로 발생되는 서비스에 대한 요금은 별도로 계산된다.

③ 별도로 규정이 설정되어 있는 경우를 제외하고는 요율과 요금은 가장 낮은 것으로 적용하여야 한다.

④ 모든 화물요율은 kg당 요율로 설정되어 있다. 단, 미국 출발화물의 요율은 파운드(lb)당 및 kg당 요율로 설정한다.

⑤ 화물의 실제 운송경로는 운임산출시 근거로 한 경로와 반드시 일치해야 한다.

해설 항공화물의 실제 운송경로는 운임산출시 근거로 한 경로와 반드시 일치할 필요는 없다.

Answer 48. ① 49. ② 50. ① 51. ③ 52. ⑤ 53. ⑤

54 항공화물의 품목분류요율(Commodity Classification Rate)은 일반화물요율보다 높게 설정되는 할증품목(Surcharge Item)과 낮게 설정되는 할인품목(Reduction Item)으로 구분된다. 다음 중 할증품목을 모두 고른 것은? ▶ 제19회 국제물류론

㉠ 비동반 수하물	㉡ 생동물	㉢ 귀중품
㉣ 맹인용 점자책	㉤ 자동차	

① ㉠, ㉡, ㉢   ② ㉠, ㉡, ㉣
③ ㉡, ㉢, ㉣   ④ ㉡, ㉢, ㉤
⑤ ㉢, ㉣, ㉤

해설 항공화물요금 체계 중에 할증품목에 속하는 것은 화폐, 여행자수표, 패권, 금, 보석류, 생동물, 자동차, 시체, 유골 등이다.

03 국제복합운송

| 학습목표 | 1. 국제복합운송에 대한 전반적인 내용을 제시한다.
2. 국제복합운송인의 책임체계 및 복합운송증권의 내용을 제시한다.
3. 국제복합운송의 주요 경로를 정리한다.

| 단원열기 | 국제복합운송에 대한 전반적인 내용을 다루고 있는 이 단원에서는 복합운송의 요건 및 효과, 복합운송이 주요 서류인 복합운송증권, 복합운송인의 유형 및 책임체계 및 복합운송에 관한 국제규칙 등을 비롯하여 국제복합운송의 주요 경로를 자세히 제시하였다. 이 단원에서는 국제복합운송인과 책임체계 및 복합운송증권, 그리고 국제복합운송의 주요 경로가 높은 빈도로 출제되므로 이에 대한 학습이 필요하다.

제1절 국제복합운송의 개요

1 복합운송의 정의

복합운송에 대해서는 오랫동안 논의가 되어 왔음에도 불구하고 아직까지 표준적인 정의가 없으며 다양하게 정의되어 있다.

UN국제복합운송협약(1980년)의 제1조 제1항에 의하면 "국제복합운송은 국제복합운송계약에 기초하여 최소한 두 개의 상이한 운송수단을 이용하여 복합운송인이 화물을 인수한 특정국가의 한 장소에서 다른 국가로의 인도를 위해 지정된 장소로 화물을 운송하는 것을 의미한다. 그러나 단일 운송계약을 이행하기 위한 화물의 집하(pick-up) 및 인도(delivery)를 위하여 이종의 운송수단이 이용된다면 이는 국제복합운송으로 간주되지 않는다"라고 정의하고 있다.

미국 신해운법(1984년)의 제3조에 의하면 "전통운송(Through Transportation)이란 전통운임률이 부과되는 출발지에서 목적지까지의 계속적인 운송으로 적어도 1인의 공공운송인을 포함하는 1인 이상의 운송인에 의해서 미국 내의 지점 또는 항만과 외국 내의 지점 또는 항만 간에서 제공되는 운송"으로 정의되어 있다.

국제상업회의소(International Chamber of Commerce, ICC)의 '복합운송증권에 관한 통일규칙'에서 규정하고 있는 'Combined Transport'의 정의는 'UN국제복합운송협약'에서 규정하고 있는 'Multimodal Transport'의 정의와 사실상 동일하다.[10]

---

10) Combined transport는 유럽에서 보편적으로 사용되며 ICC의 1983년 제4차 신용장통일규칙(제25조, 제26조, 제29조)에서도 사용되었다. 그러나 1993년 제5차 신용장통일규칙(제26조)에서는 multimodal transport라는 용어를 사용하고 있다.

ICC의 '복합운송증권에 관한 통일규칙'에서는 'Combined Transport'를 "특정국가에서 화물을 인수한 장소로부터 다른 나라의 화물인도장소까지 최소한 두 가지 이상의 상이한 운송수단을 이용한 화물운송"으로 정의하고 있다.

이상과 같이 복합운송에 관한 여러 가지 정의를 정리하면 복합운송(Multimodal Transport or Combined Transport)이란 "특정의 화물을 운송인 전체 운송구간에 대하여 책임을 지고 육·해·공 가운데 두 가지 이상의 운송형태를 결합하여 운송하는 방식"이라 할 수 있다. 다시 말해서 복합운송은 철도, 도로, 해상, 항공운송 중에서 두 가지 이상의 운송수단을 순차적으로 연결하여 송하인의 문전에서 수하인의 문전까지 화물을 운송하는 것을 말하며, 이와 같은 운송의 일관성을 강조하여 복합일관운송이라 부르기도 한다. 이러한 일관운송의 전체적인 책임을 지는 주체가 바로 복합운송인(Combined Transport Operator)이며, 복합운송인이 발행하는 복합운송계약의 증거서류를 복합운송증권(Combined Transport Document)이라고 한다.

복합운송 중에서도 실제로 가장 많이 이용되는 것이 해륙복합운송인데, 이는 복수의 운송수단에 의해 운송되는 화물의 전 구간에 단일운임을 적용하는 데 따른 유통비용의 절감과 컨테이너에 의한 Door to Door System의 일관운송이라는 두 가지가 결합되어 이루어진 것이다. 최근 들어 복합운송은 규격화된 컨테이너를 이용함으로써 화물의 신속한 통관과 운송비용의 절감, 높은 안정성과 경제성, 신속성 등으로 인해 매우 유용한 운송방식으로 부상하고 있다.

2 복합운송의 요건 및 효과

(1) 요 건

① **일관운송책임**(Single Carrier's Liability) : 복합운송이 되기 위한 제1조건은 화주와 복합운송계약을 체결한 복합운송업자가 전 운송구간에 걸쳐 모든 책임을 지는 것이다. 따라서 복합운송인은 자기의 명의와 계산으로 송하인을 상대로 복합운송계약을 체결한 계약당사자일 뿐만 아니라 전체 운송을 계획하고 여러 운송구간을 적절히 연결하고 통괄하여 운송이 원활하게 이루어지도록 조정하고 감독할 지위에 있으므로 전 구간에 걸쳐 화주에 대해 일관운송책임을 져야 한다.

② **일괄운임 적용**(Through Rate) : 복합운송이 되기 위한 제2조건으로 복합운송에 따른 운임은 각 운송구간에 따라 별도로 설정하는 것이 아니라, 전 운송구간에 걸친 단일화된 일괄운임을 설정하여 화주에게 제시하여야 한다. 한편, 국제복합운송서비스를 해주는 사람 혹은 업체를 우리나라에서는 물류정책기본법상 국제물류주선인이라고 부르나, 보통 포워더(Forwarder) 또는 포워딩업체라고 부른다.

포워더들은 일반적으로 운송수단을 직접 소유하지 않은 채 운송을 위탁한 고객의 화물을 인수하여 수하인에게 인도할 때까지의 집하, 입출고, 선적, 운송, 보험, 보관, 배달 등의 업무를 주선 또는 수행하거나 복합운송체제하에서 스스로 운송계약의 주체자가 되어 복합운송인으로서 복합운송증권을 발행하여 전 구간의 운송책임을 부담하고 있다. 한편, 국제복합운송에 있어서 운임부담의 분기점은 송하인이 물품을 내륙운송인에게 인도하는 시점이 된다.

③ **운송방식의 다양성**: 복합운송이 되기 위한 제3조건으로 화물의 운송업무를 완료하는데, 이종의 운송수단이 2개 이상 결합되어 운송행위가 이행되어야 한다는 점을 들 수 있다. 따라서 복합운송은 화물을 정해진 규격의 컨테이너에 적입하여 컨테이너단위로 하역 및 운송을 하고 물품을 신속·안전하게 육·해·공을 연결하여 환적하기 때문에 복합운송을 컨테이너 운송이라고도 일컫는다. 또한 복합운송은 최소 2개국 이상의 국가 간에 이루어지는 운송이기에 국제운송(International Transport)이라고도 불린다.

④ **복합운송증권의 발행**(Multimodal Transport B/L): 복합운송에서는 최초의 내륙운송인에게 화물을 인도하는 시점에서 운송인에게 모든 위험이 이전되어지는데, 이 때 복합운송계약의 증거서류로서 복합운송증권(Multimodal Transport Document)을 발행하게 된다. 이러한 복합운송증권은 복합운송인이 화주에 대하여 전 운송구간에 대한 유가증권으로서의 복합운송증권이 발행되어야 한다.

(2) 효 과

복합운송의 최대효과는 문전에서 문전까지 서비스를 제공하는 데 있다. 이 같은 복합운송은 혁신적인 운송기술을 도입한 합리적인 협동일관운송체제로서 적합한 운송경로를 제공하고 신속한 화물정보를 전달하여 총비용의 절감을 가져온다.

① **화주 측의 효과**

  ㉠ 안정성: 복합운송은 컨테이너에 의해 운송되므로 하역과정, 운송과정 및 보관과정에서 높은 안정성을 가진다.

  ㉡ 경제성: 복합운송은 컨테이너에 의한 화물의 단위화를 통해 육·해·공을 일관운송함으로써 물류비의 절감과 정보처리가 용이하다.

  ㉢ 신속성: 컨테이너 전용선은 속도면에서 빠르고 기간단축이 가능하다. 또한 하역과정의 기계화·자동화로 하역시간이 단축되고 선적절차의 단축 등 여러 이익이 따른다.

② **운송인 측의 효과**: 컨테이너 운송에 의해 선박가동률의 증대와 선적, 하역의 기계화로 운항시간과 항만 정박시간의 단축으로 규모의 경제 실현으로 화물단위당 비용이 절감되고 기계화, 자동화에 의한 인건비 절감을 통해 이익이 상승된다.

③ **양측의 효과**

  ㉠ 운송서류의 간소화: 복합운송에서는 단일의 운송계약을 체결하고 단일의 운송증권을 작성한다. 이로 인해 2번 이상의 운송계약을 체결하고 운송증권을 작성해야 하는 수고에서 벗어날 수 있고, 이에 따른 서류작성, 화인(mark)을 줄일 수가 있다.

  ㉡ 무역확대의 촉진: 복합운송을 사용함으로써 물품가격의 견적이 용이해졌고 재고와 자금조달의 필요성이 감소하였다. 또한, 운송물품의 적부작업지역과 환적작업지역을 분산시켜 무역의 확대를 촉진하는 이점이 있다.

3 복합운송의 형태

(1) 운송주체에 따른 유형

① **계약운송인형 복합운송** : 계약운송인형은 운송수단을 직접 소유하지 않고서도 실제운송인처럼 운송계약의 주체로서의 기능과 역할을 수행하는 자에 의해 복합운송계약을 체결하여 화물을 운송하는 형태를 말한다. 계약운송인(Contracting Carrier)이 화주와 복합운송계약을 체결할 때에는 운송인으로서의 역할을 수행하는 것이며, 운송계약을 맺는 계약운송인이 다시 운송을 이행하기 위해 실제운송인과 운송계약을 체결할 때에는 화주로서의 역할을 하게 된다. 이와 같은 역할을 수행하는 계약운송인으로 무선박운송인(Non-Vessel Operating Common Carrier : NVOCC),[11] 국제운송주선업자(International Freight Forwarder), 해상운송주선업자(Common Freight Forwarder), 항공운송주선업자(Air Freight Forwarder), 통관업자 등을 들 수 있다.

② **실제운송인형 복합운송** : 실제운송인형은 실제 운송수단을 소유하고 있는 실제운송인(Actual Carrier)이 복합운송계약을 체결하고 운송활동을 수행하는 형태로, 이에는 해상운송인형, 항공운송인형, 철도운송인형, 도로운송인형 복합운송 등이 있다. 따라서 실제운송인형 복합운송은 실제로 한 가지 이상의 운송수단을 소유하고 있는 운송업자가 화주와 복합운송계약을 체결하고, 전 운송구간에 걸쳐 모든 책임을 부담하고 직접 운송활동을 수행하는 형태인 것이다.

(2) 운송계약에 따른 유형

① **하청운송** : 1인의 운송인이 육상·해상·항공의 전 운송구간에 걸친 복합운송을 인수하여, 전부 또는 일부를 다른 운송업자에게 하청하는 형태의 복합운송을 말한다. 여기서 복합운송계약을 체결한 운송인은 원청운송업자가 되며, 하청을 받아 운송을 수행하는 운송인은 하청운송인이 된다. 이때 하청운송인들은 원청운송인의 이행보조자에 불과하므로 각 하청운송인은 자신이 인수한 운송구간에 대해서만 원청운송인과의 계약관계가 성립되고 화주와의 계약관계는 발생하지 않는다.

② **공동운송**(동일운송) : 공동운송은 다수의 운송인이 처음부터 복합운송을 인수하는 것으로, 일종의 운송 컨소시엄 형태의 복합운송으로서 동일운송이라고도 한다. 이러한 컨소시엄은 복합운송계약이 종결되면 해체된다. 이 경우 각 운송인은 현실적으로 각 구간에 운송을 담당하고 있지만 이것은 운송인 상호간 내부적 결정에 불과하며, 실정법상 상행위에 의한 연대채무관계가 성립하기 때문에 운송인은 당연히 연대적인 책임을 부담해야 한다. 이로 인해 각 부분의 운송에 대해 성실히 임해야 하는 당위성이 생기고 서비스의 품질도 상향되게 되며, 선하증권도 운송인이 함께 서명한 공동 일관선하증권이 발행된다.

---

11) 선박을 직접 운항하지 않으면서 운송주체가 되어 자기의 Tariff를 갖고, 자기의 명의로 운송증권을 발행하여 운송서비스를 제공하는 자이다. 즉, NVOCC는 선박공중운송인(vessel operating common carrier)에게 운송을 의뢰하므로 NVOCC에게는 화주의 지위이면서, 동시에 화주에게는 운송인의 지위를 갖는다. NVOCC는 1984년 미국 신해운법에서 공중운송인(common carrier)으로서의 지위를 인정받았다.

③ **순차운송**(연계운송) : 순차운송은 연계운송이라고도 하는데, 이는 통운송장과 함께 다수의 운송인이 계약을 인수할 경우의 운송으로서 2명 이하 운송인이 순차적으로 최초의 운송인과 송하인 사이의 운송계약에 개입하고 어느 운송단계에서든 전체 운송을 인수했음을 인정하는 운송형태이다. 송하인에게는 최초의 운송인과의 운송위탁계약만으로 다른 운송 서비스도 함께 이용할 수 있는 형식이 된다. 각 운송인은 상호간의 운송상 연락관계를 유지하기 때문에 중계지에서의 운송품의 인도는 직접적으로 수행된다.

⑶ 운송수단의 결합방식에 따른 유형

복합운송은 서로 다른 종류의 운송수단의 결합을 통해 신속·안전·정확하게 운송하고자 하는 목적을 지니고 있는 운송형태이며, 운송수단의 결합방식에 따라 다양한 유형이 존재한다. 따라서 복합운송에서는 운송하고자 하는 화물을 어떠한 운송수단의 결합으로 운송할 것인지를 결정하는 것이 무엇보다도 중요하다.

① **피기백 시스템**(Piggy-back System) : 화물자동차와 철도가 결합한 방식으로, 컨테이너를 적재한 상태의 트레일러를 화차 위에 실어 운송하는 것인 철도운송의 하역방식 중 TOFC(Trailer On Flat Car)방식[12]을 협의의 피기백방식이라 하기도 한다.

② **피쉬백 시스템**(Fishy-back System) : 화물자동차와 선박이 결합된 방식으로 컨테이너 화물을 선박에 적재하여 수송하는 방법이다. 이 방식은 수송비 절감, 수송시간의 절약, 수송능률의 증대 효과를 가져올 수 있다.

③ **버디백 시스템**(Birdy back System) : 화물자동차와 항공기가 결합한 방식으로 컨테이너 화물을 항공기에 적재하여 수송하는 방법이다. 항공운송이 포함된 국제복합운송의 경우 공로운송은 내륙과 공항 간의 집배송 및 항구와 공항 간의 운송 등 보조적 운송수단으로 주로 이용되고 있는 것이 현실이다.

> **보충학습**
>
> **한·중 간 트럭복합일관수송체계**(RFS)
>
> RFS(Road Feeder Service)는 중국에서 수출되는 화물을 실은 차량이 카페리에 승선, 인천항에 도착한 뒤 중간하역 없이 곧바로 인천공항으로 옮겨져 항공기로 수출되는 복합일관 운송시스템으로 2006년 12월 시범운영을 거쳐 2007년 7월부터 도입하였다.
>
> 이 시스템은 중국 화물 트럭이 국내 도로를 운행하도록 허용하는 것으로 운전은 국내 기사가 해야 한다는 전제 조건이 붙는다. 하지만 기존 해상항공복합화물이 컨테이너로 운송되면서 화물을 옮길 때마다 선박에서 하역기계로 내리고 트럭이 싣고 내리는 번거로움이 없어지고, 보세운송 통관절차도 간소화 되어 한·중 간 복합화물 운송체계에 큰 변화가 올 것으로 기대되고 있다.
>
> 이 시스템이 정착되기 위해서는 중국 차량의 국내 통관과 운행 허용, 화물환적절차의 간소화 등 관세청을 비롯한 관련부처의 협조와 지원이 필요하다.

---

12) Ro-Ro 방식으로 컨테이너를 적재한 트레일러 자체를 철도화차에 상차하거나 화차로부터 하차하는 방식이다. 이와 대응되는 방식으로 COFC(Container on Flat Car)가 있다. 이 방식은 컨테이너 자체만을 철도화차에 상차하거나 철도화차로부터 하차하는 방식을 의미한다. COFC 방식은 컨테이너만을 적재하기 때문에 TOFC 방식에 비해 하역작업도 용이하고, 화차중량이 가볍기 때문에 일반적으로 보편화된 철도하역방식이다.

[그림 3-8] RFS 개념도

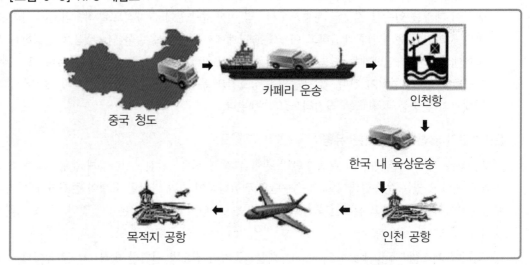

④ **해운 & 항공 시스템**(Sea & Air service System)

Sea & Air 복합운송방식은 해상운송이 가지는 저렴성과 항공운송이 갖는 신속성이라는 양자의 최대 장점을 효과적으로 결합한 운송방식으로, 이점은 운임과 운송일수가 해상운송과 항공운송에서의 중간적 입장으로 항공운송보다는 싸게, 해상운송보다는 빠르게 운송되는 경제적 복합운송이라는 데 있다.

1962년 Flying Tiger 항공사에 의해서 개발된 해공복합운송방식은 Carrier형이라고 부르는 Sea & Air 운송으로서, 항공운송이 '공항에서 공항까지(Airport to Airport)' 기준으로 설정되어 있는 것과는 달리, 해상운송의 '양륙항으로부터 목적지의 공항(Seaport to Airport)'까지를 기준으로 한 시스템이다.

종전에는 항공운송이 원활하지 못하다는 단순한 이유로 Sea & Air 복합운송이 이용되었으나, 최근에는 Sea & Air service만을 통해서만 운송되는 독자적인 화물이 늘어나고 있다. Sea & Air 복합운송은 합리적인 물류관리의 개념, 즉 JIT(Just in Time)를 무역경영에 도입함으로서 더욱 더 발전하고 있다.

⑤ **철도 & 해운 시스템**(Rail-Water service System)

철도운송과 해상운송 간의 연계수송방식으로 연계방법에 따라 화물을 적재한 화차를 선박으로 운송하는 형태와 화물선과 화물열차 간에 컨테이너를 내적한 상태의 운송화물만 환적하는 형태로 세분될 수 있다.

대표적으로 2007년 3월 26일 서비스를 개시한 한·일 간 국제복합일관운송서비스(한·일 간 철도 & 해운 복합운송, Rail-Sea-Rail Service)를 들 수 있다.

보충학습

한 · 일 국제복합일관운송서비스

한 · 일 국제복합일관운송서비스는 한국철도공사와 일본화물철도주식회사(JR화물)가 제휴하여 2007년 3월 26일부터 실시하고 있는 한국과 일본 간 철도와 해운을 연계한 컨테이너 운송서비스이다. 이 서비스는 국내는 고속화물열차를 이용(의왕 ICD ↔ 부산진역 CY)하고 해상운송은 고속훼리를 이용(부산항 ↔ 하카다항)하며 일본 내륙에서는 다시 철도를 이용하는 시스템으로 서울에서 도쿄까지 3일 이내 Door to Door service가 가능하다. 특히 같은 구간 항공운임보다 절반 이상 저렴해 가격경쟁력까지 갖췄다. 또한 일반적인 컨테이너(20피트, 40피트)보다 작은 12피트 컨테이너(JR화물 소유의 JR 컨테이너)를 사용하여 최근 수도권에서 급증하는 전자 · 전기제품과 어패럴 제품(기성복) 등과 같은 소량 다빈도, 고부가가치 상품 화물의 정기운송에 이용될 전망이다.

[그림 3-9] 한 · 일 철도 해운 복합운송 개념도

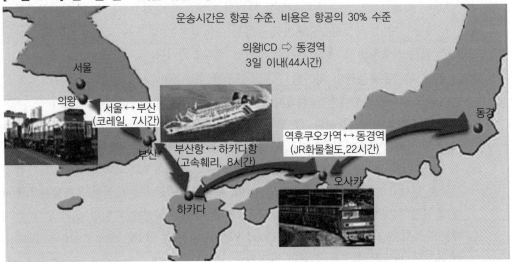

⑥ **랜드브리지 시스템**(Land Bridge System)

랜드브리지 시스템(Land Bridge System)은 해상운송, 대륙철도운송, 해상운송을 순차적으로 연계하여 화물을 운송하는 대표적인 복합운송형태이다. 이와 같은 랜드브리지 방식은 해상운송(Air Water)만을 이용하여 화물을 운송하는 경우에 비해, 운송시간과 운송비용을 획기적으로 절감할 수 있으며, 신속한 운송으로 인해 투하자본의 회전율을 향상시킬 수 있다는 장점을 가지고 있다.

또한 이 방식은 해상운송이 갖는 대량수송성과 철도운송이 갖는 안정성 및 정확성을 동시에 활용할 수 있기 때문에, 대량화물의 적기운송에 매우 적합한 운송방식으로 자리 잡고 있다. 특히 시베리아 횡단철도와 우리나라 경의선 철도의 연결에 따라, 동북아시아와 유럽대륙이 대륙철도망으로 연결됨으로써 랜드브리지 방식의 중요성과 실효성이 크게 증대되고 있는 상황이다.

4 복합운송증권(Combined or multimodal transport document)

(1) 의의와 특징

① **의의** : 어떠한 운송에서도 운송물을 대표하는 증권이나 증거가 필요하다. 예를 들어 육상운송의 화물상환증, 해상운송의 선하증권, 항공운송의 항공화물운송장 등이 이에 속한다. 이에 대해 복합운송에서는 FBL(Forwarder's Bill of Lading) 또는 복합운송증권이 필요하게 된다. 따라서 복합운송증권이란 화물의 출발지로부터 목적지까지 육상(철도·자동차), 해상(선박), 항공(항공기) 등 적어도 두 가지 이상의 다른 운송방법에 의해 일관운송(Through Transport)되는 경우에 발행되며, 복합운송인이 전 구간의 운송을 책임지고 발행하는 운송증권을 말한다.

② **특징** : 복합운송증권은 복합운송인이 물품의 수령과 계약조건의 이행을 증명하기 위한 것으로서 복합운송인은 그 발행인인 복합운송인이 증권에 기재된 종류, 수량, 상태대로의 화물을 인수지로부터 목적지까지 운송하기 위하여 자기의 지배하에 수령했음을 확인하는 공시적 수령증이다. 또한, 유통성 복합운송증권의 경우에는 수하인의 배서 또는 교부에 의하여 화물을 처분할 수 있는 운송화물에 대한 권리가 포함한 권리증권이다.

③ **선하증권과 복합운송증권의 차이점**

　㉠ 선하증권은 해상운송에만 국한되지만, 복합운송증권은 운송구간에 상관없이 육·해·공 어느 곳에서도 사용가능하다. 즉, 도로, 철도, 해상 또는 항공으로 서로 다른 운송인에 의해서 복합운송이 이루어진다할지라도 복합운송증권은 처음부터 끝까지 보장된다.

　㉡ 선하증권은 해상운송 전 반드시 운송물품의 외관의 상태가 양호해야만 하고, 그 사실을 인정하는 무사고선하증권이 사용된다. 반면에, 복합운송증권은 송하인이 운송물품을 컨테이너에 직접 적재하기 때문에 운송인은 컨테이너 내부의 물품을 확인할 수가 없다. 그렇기 때문에 복합운송증권에는 'Shipper's load and count'나 'said by shipper's to contain'과 같이 조항이 반드시 첨부된 증권이 발행된다.

◉ 선하증권·통선하증권·복합운송증권의 비교

구 분	선하증권	통선하증권	복합운송증권
운송수단의 조합	–	동종 및 이종수단	이종수단 간의 결합
운송계약형태	해상운송	형태 불문	복합운송계약
운송인의 책임	선적항 – 양하항	각 운송구간 분할책임	• 전 운송구간 단일책임 • 출발지 – 도착지
운송인의 관계	화주와 운송인관계	화주와 운송인관계	원청과 하청운송인
발행시기	적재시 발행(선적식)	최초 운송인에게 인수시	양자조합
발행자	선박회사(실제운송인)	최초 운송인	운송인 및 주선업자 (1차 운송인)
발행형식	B/L	B/L	B/L 이외의 형식도 가능

(2) 복합운송증권의 법적 성질

복합운송계약의 근거가 되고 물품수령의 증거인 동시에 유동성을 가진 권리증권이다. 이러한 복합운송증권은 선하증권과 같이 국제상거래에 있어서 화주에게 화환의 담보 기능과 편익을 주기 위하여 발행한다. 무역거래에 있어서 복합운송서류는 무역결제의 대상으로 사용되고 있으므로 선하증권이 갖는 특성 그대로 적용된다.

물권적 증권 (物權的 證券)	복합운송증권은 화물에 관한 모든 권리를 뜻하므로 복합운송증권의 인도는 화물의 인도와 완전히 동일한 성격을 지닌다.
채권적 증권 (債券的 證券)	복합운송증권의 소지인은 운송서류를 인도함으로써 복합운송증권상 기재되어 있는 화물을 인도하는 것이 된다. 따라서 복합운송서류에 제시되어 있는 화물의 인도는 거부할 수 없기 때문에 화물의 인도청구권과 같은 채권적 성질을 지닌다.
요인증권 (要因證券)	복합운송서류는 실제화물의 운송에 관한 계약이 일정한 요인을 충족시켜야만 계약의 효력이 발생되는 성질을 갖는다. 즉, 송하인이 화물을 선적하기 위하여 운송인에게 인도하면 이를 화물의 실제 선적으로 간주하는 것과 같이 일정한 요건이 충족되면 처음의 운송계약이 유효하게 된다.
요식증권 (要式證券)	복합운송서류는 법률에 의해 일정한 화물 및 운송에 대한 기재사항이 요구되는 증권이다. 증권상에 기재되는 항목은 예를 들면 화물의 수량, 화물명, 화물의 인도지, 운송경로 그 밖의 사항 등이다.
문언증권 (文言證券)	실제적으로 복합운송증권상에 기재되어 있는 운송계약 이외의 요구에 대해서는 운송인은 거부할 수 있다. 이와 같이 복합운송서류는 기재되어 있지 않은 사항에 대하여 책임을 부담하지 않는 성격을 지닌 증권이다.
지시증권 (指示證券)	상법에 규정되어 있는 것과 같이 특별한 배서양도에 대한 금지규정이 없는 한 원칙적으로 배서에 의해 증권상 권리를 양도할 수 있는 성격을 지닌다.

제 2 절　복합운송인과 책임체계

1　복합운송인의 개념

(1) 복합운송인의 정의

복합운송인은 본인 또는 대리인을 통하여 복합운송계약을 체결하고 운송의 주체로서 행동하며, 계약이행에 관한 모든 책임을 부담하는 운송업자를 말한다. 이러한 복합운송인은 전 운송구간에 걸쳐 단일책임을 지며, 복합운송계약의 증거서류로서 복합운송증권을 발행한다.

TCM조약안의 정의	복합운송증권을 발행하며, 화물의 수령부터 인도까지 전 구간에 걸쳐 자기 이름으로 운송을 이행하고, 그 운송에 대해 조약에 규정된 책임을 부담하며, 복합운송증권에 기명된 또는 정당하게 배서된 증권의 소지인에게 화물의 인도를 확실히 하기 위해 필요한 모든 조치를 다하는 자
UN복합운송조약의 정의	스스로 또는 대리인을 통해 운송계약을 체결하고 송하인이나 운송인의 대리인이 아닌 주체로서 계약의 이행에 책임을 지는 자
일반적 정의	자기의 명의와 계산으로 화주를 상대로 복합운송계약을 체결한 계약당사자로서, 운송전반을 계획하며 운송기간 중 여러 운송구간을 적절히 연결하고 통괄하여 운송이 원활하게 이루어지도록 조정하고 감독할 지위에 있는 자

(2) 복합운송인의 유형

① **계약운송인형 복합운송인**(Contracting Carrier)：계약운송인형 복합운송인은 실제로 운송수단을 전혀 보유하지 않은 자가 화주와 복합운송계약을 체결한 후에 실제운송인처럼 운송의 주재자로서 화물의 인수에서 인도까지 각 운송단계를 유기적으로 조직함으로써 복합운송인의 기능과 책임을 다하는 운송인으로서 무선박운송업자(NVOCC) 또는 운송주선업자(Freight Forwarder) 등이 해당된다. 이와 같은 계약운송인형 복합운송인은 화주와 운송계약을 체결할 때는 운송업자의 입장에서 운송계약을 체결하는 것이며, 실제운송인과 운송계약을 체결할 때는 화주로서의 역할을 수행하게 된다.

② **실제운송인형 복합운송인**(Actual Carrier)：계약운송인형 복합운송인은 해상운송인(선박), 공로운송인(트럭), 철도운송인(철도), 항공운송인(항공기) 등과 같이 실제로 운송수단을 보유한 자가 화주와 복합운송계약을 체결하고, 다른 운송업자와의 연계를 통하여 화물을 운송하는 운송업자이다. 현실적으로 국제복합운송의 과정에는 해상운송부문이 가장 큰 비중을 차지하고 있으므로 해상컨테이너운송을 보급시킨 선사가 가장 두드러진 역할을 수행하고 있다. 즉, 복합운송의 주요 운송경로에서 해상컨테이너운송의 실제운송인이, 선사는 스스로 복합운송인이 되어 철도 또는 기타의 2차적 접속운송수단을 관리·조달, 복합운송시스템을 구축하고 point-to-point(또는 door-to-door)서비스를 제공하고 있다.

③ **무선박운송인형 복합운송인(NVOCC)** : NVOCC(Non-Vessel Operating Common Carrier)는 1984년 미국 신해운법에서 기존의 포워더형 복합운송인을 법적으로 확립한 해상운송인을 말한다. 즉, NVOCC는 해상수송에 있어서 직접 선박을 소유하지는 않으면서 해상운송인에 대해서는 화주의 입장, 화주에 대해서는 운송인의 입장에서 운송을 수행하는 자를 말한다.

(3) 프레이트 포워더(Freight Forwarder)

① **개요** : Freight Forwarder는 일반적으로 운송수단을 직접 소유하지 않은 채 화주를 위하여 화물운송의 주선이나 운송행위를 수행하는 자를 말한다.

흔히 포워더라고 하면 해상운송주선인(Ocean Freight Forwarder)을 염두에 두나 항공화물운송을 위한 항공화물운송주선인(air Freight Forwarder)도 존재한다. 그러나 양자는 복합일관운송이라는 차원에서 세계적으로 통합되는 추세에 있을 뿐만 아니라, 실무적으로도 보통 복합운송주선업자는 해상화물과 항공화물 모두에 대한 서비스 제공자격을 보유하고 있는 상태이다.

이에 따라 우리나라의 경우 1992년 화물유통촉진법(현 물류정책기본법)의 제정으로 1996년 7월 1일부터 운송주선업은 복합운송주선업이라는 업종으로 일원화되었다.

② **Freight Forwarder의 기능**

㉠ 전문적 조언자 : Freight Forwarder는 수출업자에게 해상·항공·철도·도로운송의 소요비용, 소요시간, 신뢰성, 경제성을 고려하여 가장 적절한 운송경로를 선택하게 해주고, 그 운송수단, 운송로에 바탕을 두고 화물의 포장 및 목적국의 각종 운송규칙을 알려주며 운송서류를 용이하게 작성하도록 도와준다.

[그림 3-10] 프레이트 포워더와 화주 및 운송인과의 관계

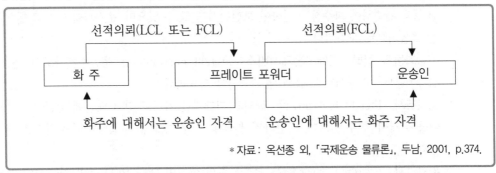

* 자료 : 옥선종 외, 「국제운송 물류론」, 두남, 2001, p.374.

㉡ 운송계약의 체결 및 선복의 예약 : Freight Forwarder는 통상 특정화주의 대리인으로서 자기 명의로 운송계약을 체결한다. 운송계약을 체결할 때 특정 선박의 선복을 예약해야 하며, 이 때 선박회사는 포워더로부터 구두예약을 접수하여 화물의 명세, 필요한 컨테이너의 수, 운송조건 등을 기재한 선복예약서를 사용하게 되며, 수출업자는 선복예약서의 조건대로 선적할 수 있는 것이다.

ⓒ 선적서류의 작성 : Freight Forwarder와 관계되는 서류 및 취급 사무는 선하증권, 항공운송장 또는 유사한 서류 통관서류, 보험증권, 원산지증명서, 선적지시서 등이며, 이들 서류를 운송주선인이 직접 작성하거나 화주가 작성하는 경우 조언을 한다. 특히 우리나라의 운송주선인은 해상 또는 항공 혼재화물 적하목록을 작성하여 EDI로 세관에 제출한다.

ⓔ 통관수속 : Freight Forwarder는 주요 항만이나 공항에 사무소를 두고 세관원 및 관세사들과 긴밀한 접촉을 유지하면서 화주를 대신하여 관세사를 통하여 통관수속을 한다. 특히 수입통관절차는 매우 복잡하기 때문에 전문지식뿐 아니라 풍부한 경험이 있어야 한다. 다만, 우리나라의 통관업무는 화주자신, 관세사, 관세사를 포함한 통관법인이 수행할 수 있음을 유의하여야 한다.

ⓜ 운임 및 기타 비용의 선대 : Freight Forwarder와 화주 간의 통상적 거래관계가 확립되어 있는 경우 고객을 대신하여 모든 비용을 선대하여 지급한다. 수출입업자는 통상 선사, 항공사, 기타 운송인 및 하역업자, 컨테이너, 보관시설 기타의 설비 등을 이용하는데 이것들이 운송주선업자를 통해 이루어지게 되면 이 비용에 대한 수출입업자의 지급이 운송주선인에게 일괄적으로 이루어지기 때문에 간소화된다.

ⓗ 포장 및 창고보관 : Freight Forwarder는 운송수단 또는 목적지에 적합한 포장을 할 수 있는 독자적인 포장회사를 가지는 수도 있으며 화물의 포장방법에 관해서 운송수단이나 목적지에 가장 적절하고 효과적인 것을 화주에게 조언한다. 또한 운송주선인은 주체자로서의 운송인이나 LCL 화물의 통합·분배 또는 혼재업무를 행하는 당연한 결과로서 자기의 환적창고를 소유하여 일시적 또는 단기적인 보관서비스도 제공한다.

ⓢ 보험의 수배 : Freight Forwarder는 화물보험에 관계되는 가장 유리한 보험형태, 금액, 조건 등과 관련하여 화주를 대신하여 보험수배를 할 수 있으며, 운송화물의 사고 발생시 화주를 효율적으로 보좌한다.

ⓞ 운송화물의 집하·분배·혼재서비스 : Freight Forwarder는 운송주체자로서 운송화물의 집하·분배·혼재서비스 등의 업무수행이 가능하다.

ⓩ 시장조사 : Freight Forwarder는 해외의 거래망을 가지고 있기 때문에 국내에 외국의 바이어를 소개해 줄 수 있으며, 마찬가지로 국내의 시장정보를 수집하여 수출업자를 지원할 수 있다.

ⓣ 관리업자 : Freight Forwarder는 복합운송의 이점인 Door to Door의 전 운송구간을 화주를 대신하여 운송화물의 안전과 흐름을 감시·관리할 수 있다.

ⓚ 분배업자 : Freight Forwarder는 각지에 흩어져 있는 수하인에게 대량으로 수입된 화물을 일괄 통관하여 배송·인도할 수 있다.

③ **Freight Forwarder와 복합운송인**: 컨테이너 사용을 전제로 하는 복합운송은 단일계약의 주체에 의해 조직되어 일관된 시스템으로 운영되는 것이 특징이다. 복합운송인이 될 수 있는 자는 선박회사, 트럭회사, 철도회사, 창고업자, 운송주선인 등 유통기능을 담당하는 자 가운데 단일책임을 지고 복합운송서류를 발행하는 자가 될 수 있다.

Freight Forwarder가 복합운송인의 기능으로 수행하는 데 있어 결정적인 역할을 한 것은 1983년 개정 신용장통일규칙 제25조 d항으로 포워더가 발행한 복합운송서류의 은행매입을 가능하게 함으로써 증권의 융통성 부여와 미국의 신해운법 제3조의 규정에 의한 복합운송주체자로서 법적 형태라 할 수 있는 무선박운송인의 법적 지위를 명확히 한 것이라 할 수 있다.

복합운송이란 궁극적으로 물류의 근대화 내지 합리화에서 비롯되었으며 Freight Forwarder는 이와 관련 해상·육상·항공의 각 운송모드를 유기적이고 과학적으로 결합하여 화주의 요구를 최대한 충족시켜 줄 수 있는 능력을 보유한 운송전문가라는 점을 감안해 볼 때 컨테이너 이후의 국제물류의 발전추이로 보아 실질적으로 Freight Forwarder가 곧 복합운송인이고, 국제복합운송인이 바로 Freight Forwarder라 할 수 있다.

2 복합운송인의 책임체계

(1) 복합운송인의 책임

① **과실책임원칙**(Liability for Negligence): 과실책임은 선량한 관리자로서의 적절한 주의의무(resonable diligence)를 전제로 성립되는 책임원칙이다. 따라서 운송인이 주의의무를 다하지 못해 발생한 손해에 대해서는 책임을 져야 한다. 이 때 피해자(화주)는 운송인이 주의의무를 태만히 했음을 증명해야 한다. 즉, 운송인의 과실을 화주가 입증하는 것을 원칙으로 하고 있다. 한편 증거책임이 운송인에게 전가되어 운송인이 자기 또는 사용인이 적절한 주의의무를 다하였음을 입증하도록 하는 입법례도 많다.

② **무과실책임원칙**(Liability without Negligence): 무과실책임원칙은 운송인의 과실 유무를 불문하고 배상책임을 지는 것이다. 다만 다음의 결과책임 또는 절대책임과는 달리 불가항력, 포장의 불비, 화물고유의 성질, 통상의 소모 또는 누손 등으로 발생한 손해에 대해서는 면책을 인정하고 있다. 이 원칙을 적용하는 운송법으로 영미 관습법(common law), 미국의 주간통상법, 철도화물운송조약(CIM) 및 도로화물운송조약(CMR), 프랑스 상법, 독일 상법상의 철도의 책임 등이 있다.

③ **절대(결과)책임원칙**(Liability Objective, Absolute Liability): 절대책임은 손해의 결과에 대해서 절대적으로 책임을 지는, 즉 면책의 항변이 일체 용인되지 않는 제도이다. 즉, 운송인과 그의 사용인 등의 주의의무 위반 여부와는 관계없이 운송기간 중에 발생한 모든 손해에 대해서 책임을 지는 것이다.

도로화물운송조약(CMR)은 차량의 결함에 의한 화물손해에 대해 이 원칙을 적용하고 있다. 그리고 항공운송에 관한 국제조약인 몬트리올 협정(발효) 및 과테말라 의정서(미발효)는 여객의 사상에 대해 항공사는 절대책임을 지게 되어 있다(승객 자신에게 기여과실이 있는 경우는 제외).

(2) 복합운송인의 책임체계

① 개 요

복합운송은 원칙적으로 2개 이상의 운송수단을 결합하여 운송서비스를 화주에게 제공하는 일관운송체제이므로, 복합운송을 수행하는 과정에는 다수의 운송방식이 이용된다. 하지만 복합운송의 경우, 실제 운송활동의 수행 여부에 관계없이 화주와 복합운송계약을 체결한 복합운송인이 전 운송구간에서 발생되는 모든 손해에 대하여 책임을 지게 된다.

다만, 그 책임에 원칙과 손해배상 한도액을 전 운송구간에 단일하게 적용할 것인지 또는 각 운송방식을 구속하는 조약 및 법규에서 규정하고 있는 내용을 개별적으로 적용할 것인지에 대하여는 논란의 여지가 있을 수 있다. 따라서 복합운송계약을 체결할 당시에 복합운송인의 책임원칙과 체계를 명확히 명시함으로써, 이러한 문제를 해결할 수 있다. 일반적으로 복합운송인의 책임체계는 크게 단일책임체계, 이종책임체계, 변형단일책임체계, Tie-up Liability System 등의 원칙에 따라 명확히 나누어지고 있는데, 자세한 내용을 살펴보면 다음과 같다.

② 단일책임체계(Uniform Liability System)

단일책임체계원칙(Uniform Liability System)은 운송물의 멸실, 훼손, 지연 손해가 복합운송의 어느 구간에서 발생하였느냐를 묻지 않고 복합운송인이 전 운송구간에 걸쳐 단일의 책임체계를 적용하는 원칙이다. 이는 비록 복합운송이 많은 구간운송으로 구성되지만 화주의 입장에서 볼 때는 하나의 운송이고, 만일 복합운송인이 운송구간마다 서로 다른 내용의 책임을 부담한다고 하면 사고가 어디에서 발생하였느냐에 의해 그 배상액이 달라지는 불합리한 점이 생기기 때문에 하나의 기준에 의하여 책임지도록 하고 있다.

③ 이종책임체계(Network Liability System)

이종책임체계(Network Liability System)는 복합운송인이 전 운송구간에 걸쳐 책임을 지지만, 책임의 원칙 및 손해배상 한도는 그 손해가 발생한 운송수단을 규제하고 있는 조약 및 법규에 따르는 원칙으로 손해발생구간이 확인된 경우와 그렇지 않은 경우를 나누어서 각각 다른 책임체계를 적용하는 방법이다.

　㉠ 손해발생구간이 밝혀지지 않은 경우 손해발생구간 불명손해(concealed damage)에 대해서 그 손해가 해상구간에서 발생한 것으로 추정하여 헤이그 규칙을 적용하던가 또는 별도로 정하여진 기본책임(basic liability)을 적용한다.

ⓛ 손해발생구간이 확인된 경우 손해발생구간에 적용되는 국내법이나 국제조약을 적용한다.[13]
만일 손해가 항공구간에서 발생했으면 바르샤바 조약을, 해상구간에서 발생했으면 헤이그
규칙을 각각 적용하게 된다.

본 체계는 전통적인 국제상거래의 관행 내지 질서에 급격한 변동을 가져오는 것이기 때문
에, 복합운송을 촉진하는 효과를 갖는 동시에 화주가 부보하는 적하보험과 복합운송인이
부보하는 책임보험이 공존하게 되어 보험비용을 최적화하는 효과 등의 장점이 있어 주로
선진해운국이 지지하는 제도이다.

즉, 1965년의 UNIDROIT초안으로부터 TCM조약안 및 ICC통일규칙에 이르기까지 지배적
인 복합운송책임제도로 채택되었으며, 이의 영향을 받아 근래의 실무에서 사용되는 복합운
송증권 대부분은 이 시스템을 취하고 있다.

④ **변형단일책임체계**(Modified Uniform Liability System)

변형단일책임체계(Modified Uniform Liability System)는 이종책임체계(Network System)와 단
일책임체계(Uniform System)의 절충방식으로 UN국제복합운송조직이 채택하고 있는 책임체
계이다.

UN 조약은 손해발생구간의 확인 여부에 관계없이 동일한 책임규정을 적용한다는 점에서 보
면 Uniform System을 채택한 것으로 보이나, 손해발생구간이 확인되고, 그 구간에 적용될 법
에 규정된 책임한도액이 UN 조약의 책임한도액보다 높은 경우에는 그것의 적용을 인정하여
Network System을 가미하고 있다. 따라서 Modified Uniform System은 Modified Network
System이라고도 하고 Flexible System이라 하기도 한다.

UN 조약의 Modified Uniform System에 관한 평가는 다양하다. Network System과 Uniform
System의 장점을 살려 복합운송의 이상에 충실하면서도 기존 복합운송질서와의 조화를 이루
어 이해관계인의 이익을 충분히 보장해 주는 이상적인 책임체계라고 극찬을 하고 있는가 하
면, 운송인의 책임법 중에서 책임제한규정만을 분리하여 복합운송인의 책임에 적용시킴으로
써 법체계의 일관성을 해치는 무리한 제도라는 비판의 견해도 있다. 물론 이 방식에 대한 궁극
적인 평가는 실무적 시행을 거친 후라야 가능하겠지만 아직까지 여기에 기초, 작성된 운송증
권은 이용되고 있지 않다.

⑤ **Tie-up Liability System**[14]

이것은 복합운송인의 책임원칙과 하청운송인의 사적 계약상의 책임원칙을 전적으로 동일하게
하는 방식이다. 다시 말해서, 책임은 일관하게 복합운송인이 지지만, 그 책임원칙은 하청인 운
송인이 복합운송인에 대하여 적용하는 것과 동일한 책임원칙을 적용하는 방식이다.

---

13) 예를 들어, 해상운송구간에서 손해가 발생한 경우에는 헤이그-비스비 규칙이나 함부르크 규칙에서 규정하고 있는 한도를 적용하
고, 공로운송구간에서는 CRM 조약, 철도운송구간에서는 CIM 조약에서 규정하고 있는 운송인의 책임원칙과 손해배상 한도를
따르는 것이다.

14) 예를 들어, 충돌의 경우 항해과실면책에 의해 하청운송인인 해상운송인이 복합운송인에 대하여 책임을 지지 않는 것과 마찬가지
로, 복합운송인도 화주에 대하여 책임을 지지 않는 것이다.

● 국제복합운송인 책임체계

단일책임체계 (Uniform Liability System)	• 전 구간을 통해 단일의 책임원칙을 부담 • 가장 철저한 책임체계 🔹 화주에게 유리, 복합운송인에게 불리
이종책임체계 (Network Liability System)	• 복합운송인이 전 운송구간의 책임을 지지만, 책임내용은 발생구간에 적용되 는 책임체계에 의해서 결정 • 손해발생구간이 확인된 경우 ┌ 해상구간 : 헤이그 규칙 ├ 항공구간 : 바르샤바 조약(Warsaw Convention) ├ 도로운송구간 : 도로화물운송조약(CMR) └ 철도운송구간 : 철도화물운송조약(CIM)
절충식 책임체계 (Flexible Liability System)	• UN 국제복합운송조직이 채택하고 있는 책임체계 • 변형단일책임체계(Modified Uniform Liability System)라고 함 🔹 UN 조약은 손해발생구간의 확인 여부에 관계없이 동일한 책임규정을 적용한다는 점에 서 보면 Uniform System을 채택한 것으로 보이나, 손해발생구간이 확인되고, 그 구간 에 적용될 법에 규정된 책임한도액이 UN 조약의 책임한도액보다 높은 경우에는 그것의 적용을 인정하여 Network System을 가미하고 있다.
Tie-up Liability System	책임은 일관하게 복합운송인이 지지만, 그 책임원칙은 하청인 운송인이 복합운 송인이 적용하는 것과 동일한 책임원칙을 적용

(3) 복합운송에 관한 국제규칙

복합운송인의 운송책임원칙과 배상한도를 처음으로 규정한 조약은 국제도로물건운송조약(CRM)을 근거로 하여, 복합운송인의 책임체계를 규정한 '국제복합운송계약에 관한 초안'[일명 박게(Bagge)案(안), 1949]을 들 수 있다. 그러나 이 박게안은 도로운송을 근거로 하여 제정된 것이기 때문에, 해상운송을 주축으로 한 복합운송에 그대로 적용하기에는 무리가 있었다. 따라서 1924년에 제정된 해상부문의 헤이그 규칙을 개정하여 운송인 책임체계의 개선 및 유통성을 지닌 새로운 선하증권을 작성하여 사용할 수 있도록 규정하고 있는 복합운송조약인 동경규칙(1968년)을 제정하였으나, 이 또한 해상운송에 치중하여 제정된 조약이었기 때문에 복합운송에 적용하기에는 많은 문제를 안고 있었다. 이에 따라 공로운송의 CMR 조약과 해상운송의 동경규칙(Tokyo Rules)을 절충하여 TCM(1971년)[15]조약을 제정하기에 이르렀다. 그러나 TCM 조약은 선진국 운송업자에게 유리한 체계를 확립시켜 준다는 이유로, 개발도상국들은 동 조약의 조기 성립을 반대하여 결국 TCM 조약은 백지화되었다.

---

15) TCM의 공식 명칭은 Project de Convention le Transport Combine Internationale de Marchandises(국제화물복합운송조약안)이다.

이후 복합운송조약 작성을 위한 무대는 UNCTAD의 무역개발위원회 내에 설치된 정부 간 준비그룹(Intergovernmental Preparatory Group)으로 넘어갔다. IPG가 준비한 조약안에 따라, 1980년 5월 24일 UN 국제복합운송조약(United Nations Convention on International Multimodal Transport of Goods, 1980년), 이른바 MT 조약이 탄생되었다.

한편, 국제복합운송이 증가함에 따라 종래의 신용장통일규칙에 규정된 B/L조항으로는 다루기 어려운 문제가 발생하였다. 국제상업회의소(ICC)는 일정한 조건을 갖춘 복합운송증권을 은행이 매입할 수 있도록, 1973년 12월에 복합운송증권을 위한 통일규칙(Uniform Rules for a Combined Transport Document, 1973)을 제정·공표하였다. 그 후 운송인들이 동규칙의 지연책임에 이의를 제기하고 사용을 거부함으로써 지연책임규정을 삭제하여, 이 규칙의 개정판을 1975년에 ICC Publication No. 298로 발표하였다. 이 개정판은 1991년까지 세계적으로 널리 사용되어 왔다.

한편, 1980년 MT 조약의 제정을 계기로 UNCTAD 해운위원회는 1988년 UNCTAD/ICC 합동작업반을 조직하여, 3년 동안의 작업과정을 거쳐 헤이그 규칙, 헤이그-비스비 규칙, ICC 통일규칙 등을 기초로 한 복합운송증권에 관한 국제규칙(UNCTAD/ICC Rules for Multimodal Transport Documents, 1992년)을 제정, 1992년 1월 1일부터 시행하여 오늘에 이르고 있다. 현재 우리나라를 비롯하여 전 세계적으로 통용되고 있는 복합운송선하증권(FIATA Multimodal Transport Bill of Lading, FBL)은 이 규칙에 준거하여 개정되어 1994년 3월 1일부터 시행되고 있다.

① **UN 국제복합운송조약** : 본 조약은 현재 발효되고 있지는 않지만, 복합운송에 관한 여러 개념의 정의와 더불어 복합운송의 이해에 많은 도움을 주고 있다.

　㉠ 적용범위 : UN 국제복합운송조약에서는 출발지 및 도착지 국가 중 어느 한쪽이 본 조약의 체약국인 경우에 이 조약의 적용을 받는 것으로 규정하고 있다.

　㉡ 책임원칙 : 본 조약 제16조에 의하면, 복합운송인은 자기 또는 그 이행보조자가 손해의 원인이 된 사고 및 그 결과를 회피하기 위하여 합리적으로 요구되는 모든 조치를 취하였음을 증명하지 못하면, 운송물에 대한 손해에 대하여 책임을 져야 한다고 규정하고 있다. 즉, 운송인이 무과실의 입증을 하지 못하는 한, 배상책임을 면할 수 없다는 과실추정주의를 채택하고 있는 것이다.

　　한편, 이 조약은 수정 단일책임체계를 채택하고 있다. 다시 말해서 사고발생구간에 강행법규가 존재하는 경우에도 조약의 규정이 우선적으로 적용된다. 다만 그 강행법규상의 책임한도액이 본 조약의 그것보다 높은 경우에는 그 구간에 적용되는 그와 같은 강행법규가 우선 적용된다.

　㉢ 배상책임한도 : 일반화물에 손해가 발생한 경우에는 함부르크 규칙의 배상한도의 10%를 인상하여, 포장 또는 단위당 920SDR이나 1kg당 2.75SDR 중에서 높은 금액을 한도로 하여 복합운송인은 손해배상의 책임을 진다. 다만 해상운송이나 내수로운송이 포함되지 않은 경우에는, 화물 1kg당 8.33SDR을 한도로 책임을 진다.[16]

---

16) 해상운송이나 내수로운송이 포함되지 않은 경우에는, CMR 조약에서의 책임한도액과 동일하다.

한편, 컨테이너에 적입하여 운송하는 화물의 경우 헤이그-비스비 규칙이나 함부르크 규칙에서처럼 적입된 화물의 수량을 명기하지 않으면 1포장 단위로 간주하여 배상하고, 수량을 명기한 경우에는 기재된 수량단위를 기준으로 배상하도록 규정하고 있다.

ⓔ 손해통지 및 소송기한 : 운송인의 책임을 규정하고 있는 대부분의 조약과 마찬가지로, 본 조약에서도 화물에 손해가 발생한 경우에는 수하인이 복합운송인에게 통지하도록 규정하고 있다. 육안으로 확인 가능한 경우에는 화물인도일의 다음날까지 외관상 인지할 수 없는 손해에 대하여는 화물인도한 후 6일 이내에 통지하도록 규정하고 있다. 또한, 화물인도가 연착되거나 지연된 자연손해에 대하여는 화물인도일의 다음날로부터 60일 이내에, 법적 절차도 2년 이내에 제기하여야 하는데, 이는 서면으로 연장할 수 있도록 규정하고 있다.

② UNCTAD/ICC 복합운송증권규칙

ㄱ 적용범위 : 본 규칙은 운송계약을 체결하고 발행한 복합운송증권면에 본 규칙에 따를 것을 명기하고 있는 경우에 한하여 적용된다.

ㄴ 책임체계와 원칙 : 본 규칙은 변형단일책임체계(Modified Uniform Liability System)를 채택하고 있으며, 운송인의 반증책임을 전제로 한 추정과실책임주의이다.

ㄷ 면책사유 : 본 규칙에서 면책사유는 운송인측 또는 운송인의 고용인의 항해 또는 선박의 관리에 관한 행위, 태만, 과실, 운송인의 고의 또는 과실로 인한 것이 아닌 화재 등이다. 다만 불내항성으로 발생한 멸실·손상은 항해 개시시에 선박의 내항성 확보를 위하여 상당한 주의를 하였음을 운송인은 입증하여야 한다.

ㄹ 손해배상한도 : 운송인의 책임한도는 종가운임이 지불된 경우가 아니면, 1포장당 666.67SDR 또는 1kg당 2SDR 중 많은 금액을 초과하지 않는다. 또한, 해상운송 또는 내수로운송이 없으면, kg당 8.33SDR을 초과하지 않는다. 컨테이너화물의 경우 그 적입단위가 증권에 기재되면 그 단위를 책임한도 산정단위로 한다.

ㅁ 손해통지 및 소송기한 : 본 조약에서 규정하고 있는 복합운송인의 과실로 인해 발생한 손해에 대하여 배상을 받고자 하는 수하인은 물품 인도 후 6일 이내에 손해의 상황을 통지하여야 하고, 손해배상의 청구를 위한 소송제기는 물품인도일로부터 9개월 이내로 제한하고 있다.

제 3 절 국제복합운송의 주요 경로

1 랜드 브리지 시스템(Land Bridge Service System)을 이용한 주요 경로

복합운송의 형태로는 일반적으로 해륙복합운송과 해공복합운송이 있으며, 해륙복합운송에는 대륙을 횡단하는 철도를 가교(bridge)로 하여 Sea-Land-Sea 방식을 통한 랜드 브리지 서비스(Land Bridge Service)[17]방식이 이용되고 있다. Land Bridge Service는 운송경비의 절감과 운송시간의 단축을 위한 것으로 대륙횡단의 육상운송을 이용하여 바다와 바다를 연결하는 운송서비스이다.

[그림 3-11] Land Bridge System의 형태

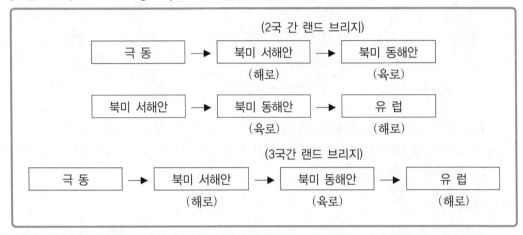

(1) **시베리아대륙 횡단철도**(Trans Siberian Railway, TSR, Siberia Land Bridge, SLB)

시베리아철도를 이용한 대륙횡단수송은 1926년 개발되어 TSR(Trans Siberia Railroad)로 시작되었으며, 제2차대전으로 중단되었다가 1967년에 전소련 대외운송공단과 일본의 YSL선사 사이에 협정이 체결되어 유럽행 일관수송을 개시한 이래, 1972년 일본선원의 장기파업을 계기로 급속도로 발전하였다.

TSR은 극동지역의 한국, 일본, 동남아, 호주 등을 기점으로 하여 1차 해상운송한 후 시베리아를 횡단하는 내륙운송의 접점에서 철도에 연결되어 유럽대륙과 스칸디나반도 및 중동을 연결하는 대표적인 복합운송시스템이다. TSR의 구상은 이 경로가 극동에서 구주까지 가장 짧은 운송경로로 다른 어떤 경로보다 시간이나 경비를 절감할 수 있다는 점에서 착안된 것이다.

---

17) 랜드 브리지 시스템(해륙복합운송)은 종전에 항로를 중심으로 한 해상운송경로에다 일부 대륙횡단경로를 추가함으로써 거리, 시간, 비용을 절약하는 시스템으로 대륙횡단철도를 이용하여 해양과 해양을 연결하며 해상·육상의 경로에 의한 복합운송을 말한다.

[그림 3-12] 시베리아대륙 횡단철도(Trans Siberian Railway, TSR)

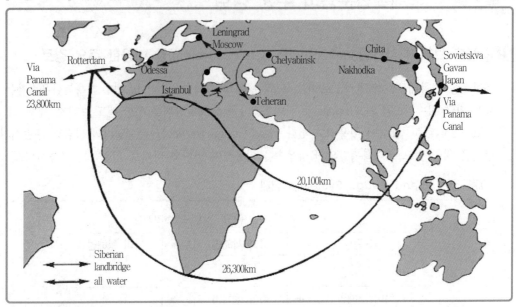

TSR은 일본으로부터 대륙운송의 접점인 소련의 나호트가(Nakhodka)나 보스토치니(Vostochny)까지 컨테이너선으로 해상운송하고, 그 곳에서 시베리아 철도에 의해 육상운송한 후 유럽 또는 중동의 국경까지 화물을 운송한다.

(2) 북미대륙 경로

동아시아지역과 북미대륙 간, 동아시아지역과 유럽지역 간의 화물이 전통적인 해상운송에서 벗어나 미대륙을 이용한 복합운송경로를 활용함으로써 국제운송의 효율화를 도모하고 있다.

① **아메리카 랜드 브리지**(American Land Bridge, ALB, 동아시아 – 미대륙 – 유럽) : ALB는 1860년대에 미대륙을 횡단하던 Rail Bridge의 개념에서 출발하였으며, 본래의 명칭은 Land Bridge였으나, SLB 등을 통한 극동·유럽 간 수송과 구별하기 위해서 American Land Bridge라고 부르게 되었다.

[그림 3-13] 아메리카 랜드 브리지의 경로

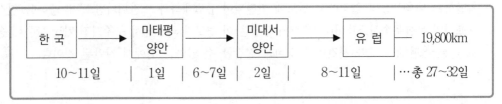

ALB는 1972년 Seatrain사가 개발한 경로로서 한국 및 극동지역으로부터 선적된 화물을 미국 태평양 연안의 오클랜드, 로스앤젤레스까지 해상으로 운송한 후 미국 동부연안인 대서양 연안이나 멕시코만의 항구까지 미국대륙의 횡단철도로 중계하여 이곳에서 다시 제2의 선박에 환적하여 유럽의 앤드워프, 함부르크, 로테르담, 브레멘 등 각 항구까지 해상운송하는 시스템으로 주로 미국계 선박회사에 의해 운영되는 운송경로이다.

[그림 3-14] 아메리카 랜드 브리지(American Land Bridge, ALB)

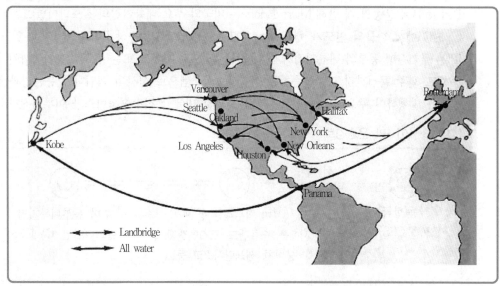

② **미니 랜드 브리지(Mini Land Bridge, MLB, 동아시아 - 미대륙 - 미 동안)** : MLB는 극동과 미국 대서양연안이나 Gulf연안, 혹은 유럽과 미국 태평양연안의 항로에 있어서 태평양연안과 대서양연안 간에 대륙철도를 이용하는 것으로 1972년 Seatrain사가 일본-북미대서양 간의 운송을 시작한 것이 그 효시이다.

[그림 3-15] 미니 랜드 브리지의 경로(MLB)

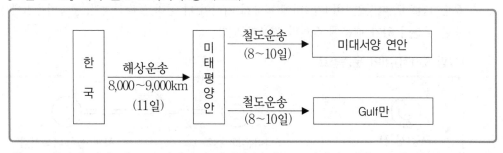

랜드 브리지와 미니 랜드 브리지와의 차이점은 랜드 브리지가 해상·육상·해상운송과정인데 비해 미니 랜드 브리지는 해상·육상운송과정만을 포함한다는 것이다.

MLB의 장점은 우선 화주에게 다양한 범위의 운송서비스를 제공할 수 있으며, 운송수단 및 선박 스케줄의 선택에 여유를 가질 수 있다는 점이며, 선사를 비롯한 운송인에게는 동일한 화주를 계속 확보하면서도 항만 선택에 여유가 있으며 소수의 항만에 화물을 집중하도록 하여 선박의 활용도를 높일 수 있을 뿐 아니라 효율적인 내륙운송이 가능하다는 점이다.

③ Micro Bridge(Interior Point Intermodal, IPI, 동아시아 − 북미서안 − 미내륙지역) : MLB가 전 구간해상운송의 대체운송서비스로서 미국 동해안 또는 걸프만 지역의 항만에 한정되어 있는 Port to Port 운송인 데 반해 Micro Bridge는 미국의 주요 내륙지점의 철도터미널 또는 선사의 CY/CFS에서 화물의 인도가 행해지는 복합운송서비스로서 통상 IPI로 불려지고 있다.

IPI는 록키산맥 동부의 내륙지점까지 수송하는 것으로 시카고 또는 주요 수송거점까지 철도운송하고, 화주 문전까지 도로운송하는 복합운송시스템으로 선사의 책임하에 통운임과 통선하증권을 발행하여 주요 수송거점으로부터 2~3일 내에 문전수송서비스가 이루어진다.

[그림 3-16] IPI 운송경로

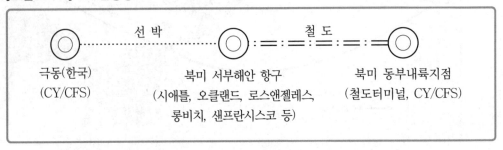

④ Reversed IPI(RIPI) : 1980년에 IPI 운송경로에 대응하여 북미동안까지 All Water Service를 실시하는 선사인 US Line와 Maersk 등이 시작한 복합운송경로이다. IPI와는 미국의 내륙지역이 복합운송의 출발지나 도착지인 점은 같으나 IPI와 극동에서 파나마운하를 경유해서 미국의 대서양안항 또는 걸프만항까지 해상운송한 후에 내륙지역까지 철도나 트럭으로 운송한다는 방식이 다르다.

운송기간으로 따지면 RIPI가 IPI에 비해서 기간이 더 걸려 불리하지만, 운송비용면에서는 저렴한 부분이 있기 때문에 유리한 경우가 있다.

[그림 3-17] RIPI 운송경로

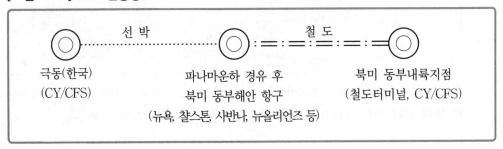

⑤ **CLB**(Canada Land Bridge, 동아시아 – 캐나다 – 유럽) : CLB는 1979년 일본의 삼릉창고(三菱倉庫)에 의해서 개발된 운송경로로 ALB와 같은 형태로 한국이나 극동지역에서 캐나다 서해안의 밴쿠버 또는 시애틀까지 해상으로 운송하고 그 곳에서 캐나다의 철도를 이용하여 몬트리올 또는 캐나다 동부해안까지 운송한다. 그리고 캐나다 동부해안의 항구에서 제2의 선박에 환적하여 유럽의 함부르크, 로테르담 등 각 항구까지 해상운송하는 시스템이다.

CLB의 특징은 운송일수의 안정에 있지만 가격경쟁력을 갖는 운임률을 결정하는 것이 금후의 과제로 대두되고 있는 운송경로이다.

(3) 아시아지역 경로

① **중국대륙 횡단철도**(Trans China Railway, TCR) : TCR은 한국을 비롯한 일본, 대만, 홍콩 등 극동지역을 기점으로 하여 1차로 선박을 이용, 강소성 연운항까지 해상으로 운송한 후 중국대륙을 동서로 관통하는 철도운송에 의해 중국대륙을 횡단해서 구소련 국경지역에서 환적한 후 시베리안 횡단철도(TSR)에 연결하여 유럽까지 운송하는 대륙 간 횡단철도서비스이다.

TCR은 운송거리상 극동과 유럽을 연결하는 최단코스로서 중국 연운항에서 시작하여 구소련 접경지역인 아라산쿠의 경우 소련을 통과하여 로테르담까지 연결하는 철도로서 요코하마와 로테르담 간 운송거리가 TSR보다 2,000km 이상 거리가 단축되며 수송기간도 단축된다.

[그림 3-18] 중국대륙 횡단철도(Trans China Railway, TCR)

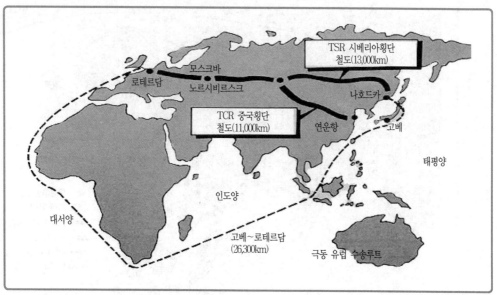

TCR의 경제적 이점은 다음과 같다.[18]

㉠ TCR은 위도상 소련의 시베리아 혹한지대보다 낮은 위도로 연결된 운송경로이므로 동절기에 액체화물이나 저온에 약한 화물운송에서 TSR보다 화물손상의 위험이 적다.

---

18) 옥선종, "중국대륙횡단철도(TCR)을 이용한 컨테이너 서비스에 대한 연구", 「무역학회지」 제16권, 한국무역학회, 1991, pp.175~176.

ㄴ 운송거리 면에서 TCR은 TSR보다 2,000km 정도 단축된다.

ㄷ 운송비 면에서 TCR은 TSR보다 약 20% 이상 절감할 수 있다.[19]

ㄹ 운송시간 면에서 약 4~5일 정도 단축할 수 있다.

ㅁ TCR을 통한 화물운송은 당사국인 중국, 소련, 일본, 한국 등과 사전협의와 협조가 이루어 지는 동시에 정책적인 의견조정이 지속적으로 보이기 때문에 대북방정책의 촉매역할을 할 수 있을 것이다.

ㅂ 각종 건설공사의 참여 및 차관공여로 인한 경제적 이익을 획득할 수 있다.

② **아시아 횡단철도**(Trans Asian Railway, TAR) : 아시아 횡단철도는 1992년 아시아지원유엔기구 (Economic and Social Commission for Asia and the Pacific, ESCAP)에 의하여 추진 중인 한반도 -중국-러시아를 경유하여 네덜란드 로테르담까지 연결되는 새로운 철도망이다.

아시아 횡단철도를 이용할 경우의 장점은 부산에서 로테르담까지 거리는 약 10,370km로 컨테 이너 운송이 약 24일 정도 걸리며, 전 구간해상운송시 거리인 20,000km보다 9,630km가 짧아 운송기일이 약 4~5일 정도 빠르고 운임도 20% 이상 저렴해진다. 따라서 아시아 횡단철도가 완성될 경우, 우리나라는 동남아 주요항과의 지리적 열세에서 벗어나 항만의 경쟁력을 강화시 켜 줄 것이다.

[그림 3-19] **아시아 횡단철도**(Trans Asian Railway : TAR)

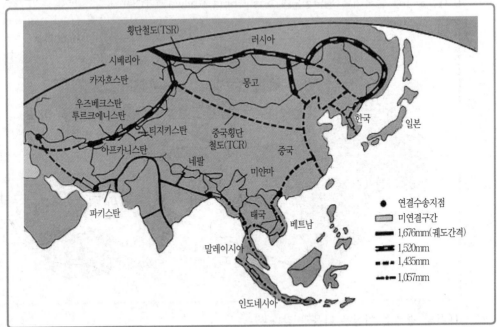

---

19) 국내운송에서 약 170달러, 철도육상운송에서 약 130달러 정도가 절감될 것으로 예상된다.

③ **아시아 횡단고속도로**(Asian Highway) : 1992년 UN ESCAP의 제48차 회의에서는 TAR 외에 도 아시아 횡단고속도로를 포함한 아시아 육상교통 인프라 개발계획(Asian Land Transport Infrastructure Development Project, ALTID)을 추진하기로 합의하였다.

아시아 횡단고속도로는 당초 동남아시아(태국, 월남, 인도네시아, 필리핀 등)와 서아시아(아프카니스탄, 이란 등)를 연결하는 65,000km의 도로망 구축에 있었으나 동서냉전 구조 속에서 중국, 월맹 등 사회주의 국가의 불참으로 필리핀-인도네시아-태국-인도-파키스탄-이란 등을 연결하는 남부노선을 대상으로 추진하여 왔다. 그러나 동서냉전구조가 와해되면서 1988년부터 1991년까지 중국, 몽고, 베트남, 미얀마 등이 적극 UN ESCAP에 가입함에 따라 한반도를 기점으로 중국-몽고-중앙아시아-유럽을 최단거리로 연결하는 북부노선이 추가되게 되었다. 아시아 횡단고속도로가 가동될 경우 아시아 각국 간 새로운 교류형태가 생성되기 시작하여 아시아전역은 하나의 경제권이 되면서 복합운송의 발전에 크게 기여할 것으로 기대된다.

[그림 3-20] 아시아 횡단고속도로(Asian Highway)

2 Sea & Air 복합운송의 주요 경로

Sea & Air 복합운송은 극동에서 미국 서안을 거쳐 유럽으로 향하는 장거리 운송경로를 중심으로 발전해 왔다. 1968년에는 블라디보스톡에서 모스크바경유 유럽행이 추가적으로 개발되었고, 1980년대에는 홍콩, 싱가포르, 두바이 등을 경유하는 운송경로가 개시되었다. 오늘날에는 태평양연안에서 미서부연안의 공항을 경유하여 유럽을 향하는 경우 항공사정이 원활치 못해 북미서안의 항만에서 양하된 화물이 미내륙부의 여러 도시까지 이단적재열차로 운송된 후 유럽으로 항공운송되는 경우도 등장하고 있다. Sea & Air 복합운송의 주요 경로를 살펴보면 다음과 같다.

(1) 유럽향(向) 운송경로

일반적인 것으로는 북미경유, 러시아경유, 동남아시아경유 등의 운송경로가 있다. 소요일수는 8~18일 정도이며 가장 빠른 운송경로는 홍콩경유로 되어 있으나 항공운송구간이 가장 긴 까닭에 운임은 가장 비싼 것으로 나타나고 있다.

① 북미경유 경로: 북미경유 Sea & Air 복합운송은 가장 역사가 오래되었고 운송량도 가장 많다. 이 운송서비스는 극동의 항만에서 컨테이너선으로 북미서안의 시애틀, 밴쿠버, 로스엔젤레스까지 해상운송하고, 이들 기점을 거점으로 해서 구미 각지까지 항공운송하는 방식이다. 소요일수는 통상 13~18일 정도이다. 최근 화물량의 증가에 따라 항공운송의 스페이스가 확보가 곤란하게 되어 운송일수가 불안정하게 되자, 대형 forwarder들은 북미서안으로부터의 항공운송 스페이스를 정기적으로 Broker 또는 Charter하는 등의 방식으로 확보하고 있는 상황이다. 이 외에도 선사들의 이단적재열차서비스를 이용해서 시카고까지 운반한 후 시카고에서 항공운송하는 방법도 행해지고 있다.

[그림 3-21] 북미경유 경로

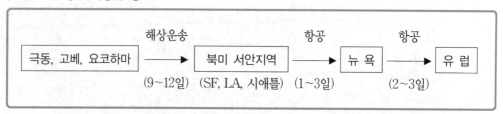

② 러시아경유 경로: 이 운송경로는 러시아의 Aeroflot사가 주재하는 Sea & Air 복합운송으로 1968년에 개시되었다. 일본에서 보스토니치(Vostochny)항까지 컨테이너선으로 해상운송, 양하된 컨테이너는 트럭으로 블라디보스톡공항으로 육송된 후 그곳으로부터 러시아 Aeroflot사의 IL-78화물기에 의해 모스크바를 경유하여 유럽 각 도시에 운송된다.

[그림 3-22] 러시아경유 경로

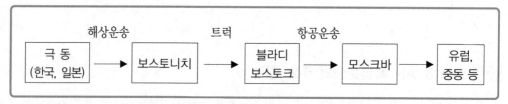

이 운송경로에서는 ISO규격의 20ft 해상운송용 컨테이너를 이용해서 해상에서 항공까지의 일관운송이 행해지고 있는 것이 특색으로 되어 있다. 즉, 컨테이너가 보스토니치항에서 지체되지 않고 그대로 블라디보스톡공항에서 IL-78 화물기에 3개를 탑재하여 도착지 공항까지 일관운송하는 것이다. 소요일수는 10~18일 정도(통상적으로 12~14일)이다.

③ **동남아시아경유 경로** : 이 운송경로는 극동에서 홍콩, 방콕, 싱가포르까지 해상운송하고 그곳으로부터 공수하는 방식이다. 홍콩경유는 운임은 비싸지만 운송일수는 8~12일로 가장 신속한 운송경로이다. 최근 동남아시아발의 유럽향(向) 항공화물이 증가함에 따라 항공기 스페이스의 확보가 불안정하여 Sea-Air운송화물의 실적은 그다지 증가하지 않고 있는 상황이다.

[그림 3-23] 동남아시아경유 경로

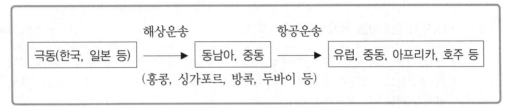

(2) **미주지역향(向) 운송경로**

① **미국내향 경로** : 극동에서 컨테이너선으로 시애틀 또는 로스앤젤레스까지 해상운송하고 그곳을 중계지로 해서 미국 내륙과 동안(東岸)에 공수하는 경로이다. 주로 Flying Tigers나 Northwest 항공 등이 수행하고 있다.

② **중남미향 경로** : 운송경로는 극동에서 컨테이너선으로 미국 서안의 로스앤젤레스까지 해상운송하고 그곳에서 중남미에 공수하는 경로와 서안(西岸)에서 마이애미로 전송한 후 그곳을 중계지로 해서 중남미에 공수하는 2가지의 경로가 있다. 운송일수는 약 18~20일로 해상운송에 비해 상당히 단축되고, 중남미의 항만이나 내륙중계 서비스의 불안 등으로 인해 이 경로를 통한 Sea-Air운송수요는 점차 높아지고 있다.

[그림 3-24] 중남미향 경로

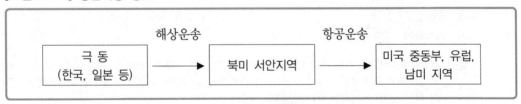

(3) **기타 지역향(向) 경로**

기타 지역향으로는 ① 홍콩, 방콕, 두바이 등을 중계지로 하여 중근동(中近東), 아프리카에 공수하는 경로, ② 마르세이유까지 해상운송해서 아프리카에 공수하는 운송경로, ③ 방콕에서 해상운송한 후 인도로 공수하는 운송경로, ④ 홍콩을 중계지로 해서 호주에 공수하는 운송경로 등이 있다. 장래에도 forwarder 등에 의해 여러 가지 운송경로가 개발될 전망이다.

03 실전예상문제

01 다음에서 설명하는 국제복합운송경로는?
▶ 제23회 국제물류론

> 한국, 일본 등의 극동지역 항만에서 선적된 화물을 북미서안까지 해상운송한 후에, 북미 대륙의 횡단철도를 이용하여 미국 주요 내륙지점의 철도터미널 또는 선사의 CY/CFS에서 화물인도가 행해지는 복합운송방식

① IPI   ② ALB
③ SLB   ④ OCP
⑤ RIPI

> **해설** IPI(Interior Point Intermodal) : Micro Bridge라고도 불리는 IPI는 미국의 주요 내륙지점의 철도터미널 선사의 CY/CFS에서 화물의 인도가 행해지는 복합운송서비스로서 록키산맥 동부의 내륙지점까지 수송하는 것으로 시카고 또는 주요 수송거점까지 철도운송하고, 화주 문전까지 도로운송하는 복합운송시스템으로 선사의 책임하에 통운임과 통선하증권을 발행하여 주요 수송거점으로부터 2~3일 내에 문전수송서비스가 이루어진다.

02 복합운송주선인의 업무 또는 기능으로 옳지 않은 것은?
▶ 제23회 국제물류론

① 화물의 혼재·분배   ② 보험금 지급
③ 보관업무 수행   ④ 운송의 자문·수배
⑤ 운송관련 서류작성

> **해설** 복합운송주선인은 본인 또는 대리인을 통하여 복합운송계약을 체결하고 운송의 주체로서 행동하며, 계약이행에 관한 모든 책임을 부담하는 운송업자를 말하는데, 보험금 지급의 경우는 복합운송주선인이 아닌 보험자(보험회사)가 담당한다.

03 국제복합운송에 관한 설명으로 옳지 않은 것은?
▶ 제16회 국제물류론

① 복합운송인은 물품의 수령에서 인도까지 모든 운송구간에 대해 책임을 진다.
② 2가지 종류 이상의 운송수단을 사용한다.
③ 모든 운송구간에 대해 일괄운임이 적용된다.
④ 복합운송인은 각 운송수단별로 운송서류를 발행한다.
⑤ 복합운송인은 자신이 직접 운송수단을 보유하여 운송서비스를 제공하기도 한다.

> **해설** 복합운송을 이루기 위한 요건으로 단일운송인 책임과 일괄운임의 설정, 복합운송증권의 발행과 운송방식의 다양성이 있다. 결국 복합운송서류는 각 운송구간별로 운송서류를 발행하는 것이 아니라 최종목적지까지 여러 운송수단을 사용하였더라도 하나의 운송서류로 발행하는 것을 의미한다.

04 복합운송증권(MTD)에 관한 설명으로 옳지 않은 것은? ▶ 제23회 국제물류론

① 화물의 손상에 대하여 전체 운송구간에 대한 단일책임형태로 발행된다.
② 복합운송증권은 운송주선인이 발행할 수 없다.
③ 본선 적재 전에 복합운송인이 화물을 수취한 상태에서 발행된다.
④ 복합운송증권의 인도는 화물의 인도와 동일한 성격을 갖는다.
⑤ 지시식으로 발행된 경우 배서·교부로 양도가 가능하다.

해설 복합운송증권의 발행자는 운송인 및 주선업자이다. 따라서 복합운송증권은 운송주선인이 발행할 수 있다.

05 UN 국제물품복합운송조약(1980)의 일부 내용이다. 다음 괄호 안에 들어갈 용어로 옳은 것은? ▶ 제16회 국제물류론

( ) means any person by whom or in whose name or on whose behalf a multimodal transport contract has been concluded with the multimodal transport operator, or …

① Consignee
② Consignor
③ Carrier
④ Actual Carrier
⑤ Ship Broker

해설 송하인은 복합운송인과 복합운송계약을 체결하는 자를 의미한다.

06 한국, 일본 등 극동지역에서 파나마운하를 통과하여 미국 동부지역으로 해상운송한 후 미국 내륙지점까지 운송하는 복합운송방식은? ▶ 제22회 국제물류론

① Reversed Interior Point Intermodal
② Overland Common Point
③ Canada Land Bridge
④ American Land Bridge
⑤ Mini Land Bridge

해설 Reversed Interior Point Intermodal(RIPI): 1980년에 IPI 운송경로에 대응하여 북미동안까지 All Water Service를 실시하는 선사인 US Line와 Maersk 등이 시작한 복합운송경로이다. IPI와는 미국의 내륙지역이 복합운송의 출발지나 도착지인 점은 같으나 IPI와 극동에서 파나마운하를 경유해서 미국의 대서양안항 또는 걸프만항까지 해상운송한 후에 내륙지역까지 철도나 트럭으로 운송한다는 방식이 다르다.

Answer 1. ① 2. ② 3. ④ 4. ② 5. ② 6. ①

07 다음 포워더 업무로서 혼재운송에 관한 설명 중 올바르지 않은 것은?

① LCL 화물의 단위화를 통한 하역과 운송취급을 용이하게 하기 위함이다.

② 하나의 포워더가 다수의 송하인으로부터 화물을 혼재하여 하나의 수하인에게 운송해주는 형태를 수하인용 혼재운송이라 한다.

③ 다수의 송하인으로부터 운송의뢰를 받은 LCL 화물을 상대국의 대리인 등을 통하여 다수의 수입자에게 운송해주는 형태를 운송주선인형 혼재운송이라 한다.

④ 하나의 포워더가 집화한 LCL 화물만으로 FCL화하기 어려운 경우나 소요량을 초과하는 경우 동일 목적지의 LCL 화물을 확보한 다른 포워더와 공동혼재하여 운송하는 업무를 Joint Consolidation이라 한다.

⑤ LCL 화물을 집화하여 FCL화하는 것은 포워더의 대표적인 활동 중의 하나이다.

> **해설** 다른 포워더와 LCL 화물을 공동으로 혼재하는 것은 Co-Loading이라 한다.

08 국제복합운송에 관한 설명으로 옳지 않은 것은?　　　　　　　▶ 제22회 국제물류론

① 국제복합운송이란 국가 간 두 가지 이상의 운송수단을 이용하여 운송하는 것이다.

② 국제복합운송은 컨테이너의 등장과 운송기술의 발달로 인해 비약적으로 발전하였다.

③ 국제복합운송의 기본요건은 일관선하증권(through B/L), 일관운임(through rate), 단일 운송인책임(single carrier's liability) 등이다.

④ NVOCC는 자신이 직접 선박을 소유하고 자기명의와 책임으로 복합운송을 수행하는 운송인이다.

⑤ 계약운송인형 국제물류주선업자는 운송수단을 직접 보유하지 않으면서 운송의 주체자로서의 역할과 책임을 다하는 운송인을 말한다.

> **해설** NVOCC(Non-Vessel Operating Common Carrier, 무선박운송인형 복합운송인)는 해상수송에 있어서 직접 선박을 소유하지는 않으면서 해상운송인에 대해서는 화주의 입장, 화주에 대해서는 운송인의 입장에서 운송을 수행하는 자를 말한다.

09 철도에 의한 컨테이너 운송방식이 아닌 것은?
▶ 제22회 국제물류론

① COFC
② TOFC
③ Double stack train
④ Rail car service
⑤ Semi-trailer combination

해설 Semi-trailer Combination은 철도가 아닌 일반 도로를 통해 컨테이너를 운송하는 방식이다.

10 국제규칙의 제정순서를 올바르게 나열한 것은?
▶ 제14회 국제물류론

① UNCTAD/ICC Rules ⇨ Hague Visby Rules ⇨ Hamburg Rules ⇨ Hague Rules
② Hague Visby Rules ⇨ Hague Rules ⇨ UNCTAD/ICC Rules ⇨ Hamburg Rules
③ Hague Rules ⇨ Hague Visby Rules ⇨ Hamburg Rules ⇨ UNCTAD/ICC Rules
④ Hamburg Rules ⇨ UNCTAD/ICC Rules ⇨ Hague Rules ⇨ Hague Visby Rules
⑤ Hamburg Rules ⇨ Hague Rules ⇨ Hague Visby Rules ⇨ UNCTAD/ICC Rules

해설 Hague Rules(1921년) ⇨ Hague Visby Rules(1968년) ⇨ Hamburg Rules(1978년) ⇨ UNCTAD/ICC Rules(1992년)

Answer 7. ④ 8. ④ 9. ⑤ 10. ③

11 다음 중 UNCTAD/ICC 복합운송증권규칙에 대한 내용으로 옳지 않은 것은?

▶ 제12회 국제물류론

① 본 규칙은 단일운송 또는 복합운송의 여부와 무관하게 운송계약에 적용할 수 있다.

② 운송인의 반증책임을 전제로 한 과실책임원칙과 함께 변형통합책임체계를 채택하였다.

③ 운송인은 사용인의 항해과실 및 본선관리상의 과실, 고의 또는 과실에 의한 화재가 아닌 경우 면책이지만 감항성 결여는 예외 없이 귀책사유이다.

④ 화물 인도 후 9개월 내에 소송이 제기되지 않으면 운송인은 모든 책임을 면한다.

⑤ 운송인의 예상 가능한 손해에 대한 작위 및 부작위에 대해서는 책임제한의 혜택이 박탈된다.

> 해설 면책사유는 운송인측 또는 운송인의 사용인의 항해 또는 선박의 관리에 관한 행위, 태만, 과실, 운송인의 고의 또는 과실로 인한 것이 아닌 화재가 해당한다. 다만 불내항성으로 발생한 멸실·손상은 항해 개시시에 선박의 내항성 확보를 위하여 상당한 주의를 하였음을 운송인은 입증하여야 한다.

12 국제운송주선인협회(FIATA)의 복합운송 선하증권(FBL)에 관한 설명으로 옳지 않은 것은?

▶ 제13회 국제물류론

① 혼재선하증권(House or Forward's B/L)의 일종이다.

② 국제운송주선인협회가 발행하고, 국제상업회의소(ICC)가 인정한 서류이다.

③ 단일 운송수단을 사용한 경우에는 적용될 수 없다.

④ 화물에 대한 권리를 표창하며, 배서에 의하여 소지인은 증권면에 표시된 화물을 수령 또는 양도할 권리를 갖는다.

⑤ UCP 600에서는 운송인 또는 그 대리인의 자격을 갖추지 않은 운송주선인이 발행한 운송서류는 국제운송주선인협회가 발행한 운송서류라 하더라도 수리 거절되도록 규정하고 있다.

> 해설 ③ 포워더가 발행한 House B/L 또한 하나의 무역거래자가 취급하는 물품에 대한 주권행사를 할 수 있어, 단일물품이든 혼합물품이든 간에 상관없이 주권행사를 할 수 있다.
> ① 포워더가 발행한 선하증권이므로 House B/L의 일종이다.
> ② FBL은 국제운송인협회의 면허를 득한 자가 발행한 것으로 국제적 상업회의소에서 인정이 된다.
> ④⑤ Master B/L이든 House B/L이든 물품에 대한 자격요건에 대한 것은 선하증권발행에 따르는 규칙에 의하여 이루어진다.
> ◈ 국제운송주선업협회선하증권(FIATA FBL)이라는 것은 해당 화물을 취급하는 포워더가 발행하는 선하증권으로 국제적으로 포워더가 발행한 선하증권이 인정을 받고자 한다면 이 포워더는 반드시 국제운송주선인협회(FIATA)에서 licence를 받은 자가 발행한 것만이 인정받게 되며, 우리나라에는 한국국제물류주선업협회가 있다.

13 화주가 프레이트 포워더에게 화물의 멸실·훼손에 관한 클레임을 청구할 때 제출하는 서류가 아닌 것은?

▶ 제15회 국제물류론

① Claim Letter

② B/L Copy

③ Cargo Insurance Policy

④ Commercial Invoice

⑤ Survey Report

해설 화주가 프레이트 포워더에게 운송사고와 관련한 손해배상청구서에 보험증권은 제출하지 않아도 좋다.

14 TSR(Trans Siberian Railway)에 관한 설명으로 옳지 않은 것은?

▶ 제22회 국제물류론

① 이 서비스를 이용할 경우 부산에서 로테르담까지의 운송거리가 수에즈운하를 경유하는 올 워터 서비스(All Water Service)에 비해 단축될 수 있다.

② 우즈베키스탄, 투르크메니스탄 등 항만이 없는 내륙국가와의 국제운송에도 유용하다.

③ SLB(Siberian Land Bridge)라고도 불리며, 한국을 비롯한 극동지역과 유럽대륙 간의 Sea & Air 복합운송시스템이다.

④ 극동지역과 유럽 간의 대외교역 불균형에 따른 컨테이너 수급문제와 동절기의 결빙 문제가 발전에 걸림돌이 되고 있다.

⑤ 러시아 철도의 궤도 폭과 유럽 철도의 궤도 폭이 달라 환적해야 하는 불편이 있다.

해설 TSR(Trans Siberian Railway): SLB(Siberian Land Bridge)라고도 불리며, 극동지역의 한국, 일본, 동남아, 호주 등을 기점으로 하여 1차 해상운송한 후 시베리아를 횡단하는 내륙운송의 접점에서 철도에 연결되어 유럽대륙과 스칸디나비아 반도 및 중동을 연결하는 대표적인 복합운송시스템이다. 즉, Sea & Air가 아닌 Sea & Rail 복합운송시스템에 해당된다.

Answer 11. ③   12. ③   13. ③   14. ③

15 다음에서 설명하고 있는 국제복합운송의 책임체계로 옳은 것은? ▸ 제12회 국제물류론

> 복합운송인이 화주에 대해서 전 운송구간에 걸쳐 책임을 부담하지만, 그 책임내용은 손해발생구간에 적용되는 개개의 책임체계에 의해서 결정된다. 손해발생구간이 확인된 경우에는 국내법이나 국제조약을 적용하며, 그렇지 않은 경우에는 헤이그 규칙이나 기본책임을 적용한다.

① Uniform Liability System ② Network Liability System
③ Tie-up System ④ Flexible Liability system
⑤ Liability for Negligence

해설 국제복합운송인 책임체계

단일책임체계 (Uniform Liability System)	• 전 구간을 통해 단일의 책임원칙을 부담 • 가장 철저한 책임체계 ◎ 화주에게 유리, 복합운송인에게 불리
이종책임체계 (Network Liability System)	• 복합운송인이 전 운송구간의 책임을 지지만, 책임내용은 발생구간에 적용되는 책임체계에 의해서 결정 • 손해발생구간이 확인된 경우 ┌ 해상구간 : 헤이그 규칙 ├ 항공구간 : 바르샤바 조약(Warsaw Convention) ├ 도로운송구간 : 도로화물운송조약(CMR) └ 철도운송구간 : 철도화물운송조약(CIM)
절충식 책임체계 (Flexible Liability System)	• UN 국제복합운송조직이 채택하고 있는 책임체계 • 변형단일책임체계(Modified Uniform Liability System)라고 함 ◎ UN 조약은 손해발생구간의 확인 여부에 관계없이 동일한 책임규정을 적용한다는 점에서 보면 Uniform System을 채택한 것으로 보이나, 손해발생구간이 확인되고, 그 구간에 적용될 법에 규정된 책임한도액이 UN 조약의 책임한도액보다 높은 경우에는 그것의 적용을 인정하여 Network System을 가미하고 있다.
Tie-up Liability System	복합운송인의 책임원칙과 하청운송인의 사적 계약상의 책임원칙을 전적으로 동일하게 하는 방식이다. 즉, 책임은 일관하게 복합운송인이 지지만, 그 책임원칙은 하청인 운송인이 복합운송인이 적용하는 것과 동일한 책임원칙을 적용하는 방식이다.

16 1992년 UNCTAD/ICC 복합운송증권에 관한 국제규칙에서 채택하고 있는 복합운송인의 책임원칙과 체계로 옳은 것은? ▸ 제16회 국제물류론

① 과실책임원칙과 단일책임체계 ② 과실추정책임원칙과 단일책임체계
③ 과실추정책임원칙과 변형단일책임체계 ④ 무과실책임원칙과 변형단일책임체계
⑤ 절대책임원칙과 이종책임체계

해설 1992년 제정된 UNCTAD/ICC 복합운송증권에 관한 국제규칙에는 복합운송인의 과실추정책임원칙과 변형단일책임체계(Modified Uniform Liability System)가 채택되어 있다.

17 복합운송인의 책임체계에 관한 설명으로 옳지 않은 것은? ▶ 제17회 국제물류론

① 단일책임체계는 유일한 면책사유로 불가항력에 상당하는 사유만을 인정하고 있다.

② 단일책임체계는 기존의 각 운송종류별 책임한도가 달라서 그중 어느 것을 선택할 것인지가 문제시 된다.

③ 이종책임체계에서 판명손해의 경우 그 손해가 항공구간에서 발생했으면 몬트리올 협정을 적용한다.

④ 이종책임체계에서 불명손해의 경우 그 손해가 해상구간에서 발생한 것으로 추정하여 헤이그-비스비 규칙을 적용하거나 별도로 정한 기본 책임을 적용한다.

⑤ 이종책임체계에서는 복합운송인이 운송구간 전체에 대하여 책임을 지지만 책임 내용은 손해발생구간의 판명 여부에 따라 달라진다.

> **해설** 복합운송인의 책임체계에서 이종책임의 경우 사고자체가 판명손해인 경우 항공구간에서 사고가 발생하였으면 바르샤바 조약을, 해상구간에서 발생하였으면 헤이그 규칙을 각각 적용하게 된다.

18 1980년 유엔무역개발회의(UNCTAD)에서 채택된 UN 국제물품복합운송조약(United Nations Convention on International Multimodal Transport of Goods)의 내용에 관한 설명으로 옳지 않은 것은? ▶ 제13회 국제물류론

① 하나의 복합운송계약에 의할 것

② 하나의 복합운송인이 관계할 것

③ 최소 두 종류 이상의 운송수단을 이용할 것

④ 운송물의 수령지 또는 인도지가 체약국 내에 있는 2국 간의 복합운송계약을 적용 대상으로 할 것

⑤ 운송 도중 사고 발생 구간에 대한 책임체계는 기존 강행법규나 국제조약이 우선 적용될 것

> **해설** 1980년 UN국제복합운송조약에서 채택하고 있는 복합운송인의 책임제도는 변형단일책임체계(Modified Uniform Liability System)이다. 이 책임체계는 운송구간 불명의 화물손상이나 멸실의 경우에는 그 구간의 책임한도액이 협약에 규정된 일반원칙에 의한 제한액보다 적을 경우에는 일반원칙을 적용하는 책임체계로 수정단일책임제라고 불리기도 한다.

Answer 15. ② 16. ③ 17. ③ 18. ⑤

19 화물의 멸실과 훼손에 대한 운송인의 배상책임한도액을 정하고 있는 국제협약이 아닌 것은?

▸ 제13회 국제물류론

① CIM 협약   ② CMR 협약

③ CSC 협약   ④ Warsaw 협약

⑤ Hague-Visby 협약

> **해설** 컨테이너안전협약(CSC)은 UN이 IMO(국제해사기구)와 협동으로 1972년에 채택한 "안전한 컨테이너를 위한 국제협약(International Convention for Safe Containers)"이다. 이 협약의 목적은 컨테이너의 취급, 적취 및 수송에 있어서 컨테이너의 구조상의 안전요건을 국제적으로 공통화하는 것을 목적으로 하고 있다.

20 다음은 운송과 관련된 국제조약이다. 조약과 관련된 운송수단으로 바르게 연결된 것은?

> ㉠ Hamburg Rules 1978
> ㉡ UNCTAD/ICC Rules 1992
> ㉢ Montreal Convention 1999

	㉠	㉡	㉢
①	해상운송	복합운송	항공운송
②	해상운송	복합운송	도로운송
③	도로운송	항공운송	해상운송
④	도로운송	해상운송	항공운송
⑤	항공운송	해상운송	복합운송

> **해설** 운송에 관한 국제법규
> 1. **항공운송**: Warsaw Convention, Hague Protocol
> 2. **철도운송**: International Convention the Carriage of Goods by Rail : CIM
> 3. **복합운송**: UN 국제복합운송조약, 복합운송증권통일규칙, 복합운송서류에 관한 UNCTAD/ICC규칙 등
> 4. **해상운송 및 선하증권에 관한 국제규칙**: 영국의 선하증권법(The Bills of Lading Act, 1855), 하터법(Harter Act, 1893), Hague Rules, Hague-Visby Rules, 함부르크 규칙(Hamburg Rules, 1978) 등

21 최근 정부는 인천국제공항에 중국 출발 환적화물을 유치하여 허브화를 촉진하고 국제물류체계의 효율성을 높이기 위하여 한·중 간 트럭복합일관수송체계를 추진 중이다. 다음 설명 중 올바르지 않은 것은?

① 트럭복합일관수송서비스를 RFS(Road Feeder Service)라고도 한다.

② 시범사업은 청도공항 - (트럭운송) - 청도항 - (카페리운송) - 인천항 - (트럭운송) - 인천국제공항 - (항공운송) - 목적지까지 실시되었다.

③ 중국 내 육상·항공연계운송(Road & Air)과 비교할 때 운송비와 운송시간 면에서 경쟁력이 있다.

④ 기존의 해공복합운송(Sea & Air)과 비교할 때 상차 및 하역작업이 증가하여 화물손상률은 다소 증가할 수 있다.

⑤ 중국 차량의 국내 통관과 운행 허용, 화물환적절차의 간소화 등 관세청을 비롯한 관련부처의 협조와 지원이 필요하다.

해설 RFS는 한·중 간 트럭·카페리를 이용하여 항공화물을 유치하기 위한 복합운송방식으로 화물 자체를 환적하지 않으므로 기존 Sea & Air 방식보다 오히려 화물손상률이 감소한다.

22 한국철도공사는 일본화물철도주식회사[JR화물㈜]와 제휴하여 한·일 간 국제복합일관운송(Rail-Sea Rail)서비스를 제공할 예정이다. 이 복합일관운송서비스를 기술한 내용 중 올바르지 않은 것은?

① 국내에서는 고속화물열차를 이용(의왕 ICD ↔ 부산진역 CY)하고 해상운송은 고속훼리를 이용(부산항 ↔ 하카다항)하며, 일본 내륙에서는 다시 철도를 이용한다.

② 국제해상운송 컨테이너(20피트, 40피트)를 주로 이용할 예정이다.

③ 서울에서 도쿄까지 3일 이내 문전배송(Door to Door)이 가능하다.

④ 수도권의 전자·전기제품과 의류제품 등 소량 다빈도, 고부가가치 화물을 수송할 예정이다.

⑤ 포워더 역할을 할 코레일로지스㈜와 일본통운, 해상운송을 담당할 고려훼리㈜ 등이 업무를 제휴하여 시험운송을 실시하였다.

해설 국제해상운송 컨테이너보다 작은 규모(Lot)인 12피트 컨테이너를 사용한다.

Answer 19. ③ 20. ① 21. ④ 22. ②

23 국제물류주선업자가 소량의 LCL화물을 집화하여 FCL화물로 만드는 과정을 뜻하는 용어는?

▶ 제22회 국제물류론

① Clearance   ② Consolidation
③ Tariff filing   ④ Import inspection
⑤ Quarantine

해설 국제물류주선업자가 소량의 LCL 화물을 집화하여 FCL화물로 만드는 과정을 Consolidation이라 한다.

24 부산에서 미국 뉴욕까지의 컨테이너 운송과 관련한 다음 내용 중 가장 거리가 먼 것은?

① Land Bridge Service나 All Water Service를 이용할 수 있다.
② 보통 Land Bridge Service가 All Water Service보다 요금이 저렴한 편이다.
③ All Water Service를 이용할 경우 파나마운하를 경유하게 된다.
④ 파나마운하를 지나갈 수 있는 선박의 최대크기를 파나맥스(panamax)라고 한다.
⑤ 파나맥스는 선폭 32.3m 이하, 중량 6만톤 전후의 선박을 가리킨다.

해설 American Land Bridge Service를 이용할 경우 LA 또는 오클랜드에서 물품을 양륙하고 다시 철도운송을 이용하여 뉴욕까지 운송하게 되는데, 철도운송보다는 파나마운하로 우회하는 All Water Service가 요금이 더 저렴하다.

25 복합운송증권에 관한 설명으로 옳지 않은 것은?

▶ 제22회 국제물류론

① 복합운송증권이 비유통성증권으로 발행된 경우에는 지명된 수하인을 증권에 기재하여야 한다.
② UN 국제물품복합운송조약에서는 복합운송서류를 'Multimodal Transport Document'라고 한다.
③ 복합운송인이 화주에게 발행하며, 계약의 내용이나 운송조건 및 운송화물의 수령을 증명하는 서류이다.
④ 컨테이너 화물에 대한 복합운송증권은 FIATA의 표준양식을 사용하여 발행될 수 없다.
⑤ 유통성 복합운송증권은 수하인이 배서 또는 교부하여 화물을 처분할 수 있는 권리가 부여된 유가증권이다.

해설 컨테이너 화물에 대한 복합운송증권은 FIATA의 표준양식을 사용하여 발행될 수 있다.

26 국제복합운송의 주요 경로에 대한 설명 중 옳지 않은 것은? ▶ 제12회 국제물류론

① SLB(Siberian Land Bridge)는 극동에서 유럽까지의 복합운송구간 중 시베리아 횡단철도를 이용하는 운송경로이다.

② TCR(Trans China Railroad)은 중국 연운항에서 러시아를 통과하여 유럽까지 연결할 수 있는 운송경로이다.

③ MLB(Mini Land Bridge)는 극동에서 미국 서안까지 해상운송을 한 후 철도와 도로 운송을 통하여 미국 동안 또는 걸프지역까지 내륙운송하는 경로이다.

④ OCP(Overland Common Point)는 극동에서 미주대륙으로 운송되는 화물에 공통운임이 부과되는 지역으로서 로키산맥 동쪽지역을 말한다.

⑤ MCB(Micro Land Bridge)는 극동에서 미국을 통하여 남미로 연결되는 복합운송구간이다.

해설 Micro Land Bridge는 IPI(Interior Point Intermodal)라고도 불리며, Mini Land Bridge가 port to port 운송인 데 비해 IPI는 미국 내륙지점까지 최소한 2개의 운송수단을 이용한 일관복합운송서비스를 말한다.

27 국제물류주선업자(Freight Forwarder)의 역할이 아닌 것은? ▶ 제21회 국제물류론

① 운송수단의 수배
② 수출화물의 혼재작업
③ House B/L 발행
④ 운송관계서류 작성
⑤ 해상보험증명서 발행

해설 국제물류주선업자(Freight Forwarder)는 화물보험에 관계되는 가장 유리한 보험형태, 금액, 조건 등과 관련하여 화주를 대신하여 보험수배를 할 수 있으며, 운송화물의 사고 발생시 화주를 효율적으로 보좌하는 역할을 수행하지만 해상보험증명서를 발행하는 주체는 아니다.

28 다음 그림에 제시된 복합운송 경로는? ▶ 제21회 국제물류론

① American Land Bridge(ALB) ② Mini Land Bridge(MLB)
③ Canadian Land Bridge(CLB) ④ Interior Point Intermodal(IPI)
⑤ Overland Common Point(OCP)

해설 Mini Land Bridge(MLB): 극동과 미국 대서양연안이나 Gulf연안, 혹은 유럽과 미국 태평양연안의 항로
에 있어서 태평양연안과 대서양연안 간에 대륙철도를 이용하는 경로를 의미한다.

29 다음 설명에 해당하는 복합운송인의 책임체계는? ▶ 제21회 국제물류론

> ㉠ 기존의 운송계약과 잘 조화될 뿐만 아니라 기존 협약사이의 충돌을 피하거나 적어도 최소한
> 도로 줄일 수 있다. 운송물의 멸실, 훼손이 생긴 운송구간을 아는 경우 운송인의 책임은 운송
> 물의 멸실 또는 훼손이 생긴 해상, 육상, 항공 등의 운송구간에 적용될 국제조약 또는 국내법
> 에 따라서 결정된다.
> ㉡ 전(全)운송구간에 걸쳐 모두 동일내용의 책임을 복합운송인이 부담하는 형태로서, 화물
> 의 손해에 대하여 그 발생장소나 운송수단 여하를 불문하고 동일원칙, 동일내용의 책임을
> 부담한다. 화물손해 발생시 복합운송인이 하청운송인에게 구상해야 하므로 오히려 절차
> 가 복잡하고 비용이 증가될 수 있다.

① ㉠ Modified Uniform Liability System
　㉡ Uniform Liability System
② ㉠ Uniform Liability System
　㉡ Modified Uniform Liability System
③ ㉠ Uniform Liability System
　㉡ Network Liability System
④ ㉠ Network Liability System
　㉡ Modified Uniform Liability System
⑤ ㉠ Network Liability System
　㉡ Uniform Liability System

해설 ㉠ 이종책임체계(Network Liability System): 복합운송인이 전 운송구간에 걸쳐 책임을 지지만, 책임의 원칙 및 손해배상 한도는 그 손해가 발생한 운송수단을 규제하고 있는 조약 및 법규에 따르는 원칙으로 손해발생구간이 확인된 경우와 그렇지 않은 경우를 나누어서 각각 다른 책임 체계를 적용하는 방법이다.

㉡ 단일책임체계(Uniform Liability System): 운송물의 멸실, 훼손, 지연 손해가 복합운송의 어느 구간에서 발생하였느냐를 묻지 않고 복합운송인이 전 운송구간에 걸쳐 단일의 책임체계를 적용하는 원칙이다.

30 복합운송증권(FIATA FBL)의 약관 중 다음 내용이 포함되어 있는 약관은? ▸ 제21회 국제물류론

> • 본 약관은 본 FBL이 증명하는 운송계약에 적용되는 국제조약 또는 국내법에 저촉되지 않는 범위 내에서만 효력을 갖는다.
> • 1924년 제정된 헤이그 규칙 또는 1968년 제정된 헤이그-비스비 규칙이 선적국에서 법제화되어 이미 발효중인 나라에서는 헤이그-비스비 규칙이 모든 해상 물품운송과 내수로 물품운송에도 적용되고, 또 그러한 규정은 갑판적이든, 창내적이든 불문하고 모든 물품운송에 적용된다.

① Limitation of Freight Forwarder's Liability

② Partial Invalidity

③ Lien

④ Paramount Clause

⑤ Jurisdiction and Applicable Law

해설 Paramount Clause(지상약관): 해상 물품운송 계약에서 면책 약관금지를 규정하는 법률을 적용한다는 취지를 정하고 있는 조항을 지상약관이라 한다.

31 국제복합운송시스템의 유형과 경로에 관한 설명으로 옳은 것은? ▸ 제20회 국제물류론

① TCR은 연운항에서 중국 대륙을 관통하여 유럽까지 연결될 수 있다.

② TSR은 1970년대 시베리아 횡단선로가 개통된 후 이용되기 시작하였다.

③ ALB는 미국 내륙지방을 목적지 또는 출발지로 한다.

④ TMR은 몽고 전 구간의 단선철도로 구성되어 있다.

⑤ Land Bridge는 원래 특정구간에 대한 해상루트의 대체경로로 등장했고, 철도관련자들의 적극적인 노력에도 불구하고 주요 경로로 자리 잡지 못하고 있다.

> **해설** ① TCR(Trans China Railway) : 극동지역을 기점으로 하여 강소성 연운항까지 해상으로 운송한 후 철도운송에 의해 중국대륙을 횡단해서 TSR에 연결하여 유럽까지 운송하는 경로이다.
> ② 시베리아철도를 이용한 대륙횡단수송은 1926년 개발되어 TSR로 시작되었으며, 제2차대전으로 중단되었다가 1967년에 전소련 대외운송공단과 일본의 YSL선사 사이에 협정이 체결되어 유럽행 일관수송을 개시한 이래, 1972년 일본선원의 장기파업을 계기로 급속도로 발전하였다.
> ③ ALB는 한국 및 극동지역으로부터 선적된 화물을 미국 태평양 연안의 오클랜드, 로스앤젤레스까지 해상으로 운송한 후 미국 동부연안인 대서양 연안이나 멕시코만의 항구까지 미국대륙의 횡단철도로 중계하여 이곳에서 다시 제2의 선박에 환적하여 유럽의 앤드워프, 함부르크, 로테르담, 브레멘 등 각 항구까지 해상운송하는 시스템으로 주로 미국계 선박회사에 의해 운영되는 운송경로이다.
> ④ TMR(만주횡단철도)은 카림스카야역에서 중국 만저우리 시까지 연결되는 철도노선인데, 단선구간으로 구성되어 있다.
> ⑤ Land Bridge는 철도관련자들의 적극적인 노력으로 주요 경로로 자리 잡았다.

32 극동지역을 기점으로 중국의 연운항까지 해상운송한 후에 철도로 중국대륙을 관통하여 유럽까지 연결하는 복합운송루트는? ▸ 제13회 국제물류론

① TCR　　　　② TSR　　　　③ ALB

④ TMR　　　　⑤ TAR

> **해설** ① TCR : Trans China Railway, 중국 횡단철도
> ② TSR : Trans Siberian Railway, 시베리아 횡단철도 SLB(Siberian Land Bridge)라고도 한다.
> ③ ALB : American Land Bridge 북미 랜드 브리지
> ④ TMR : Trans-Manchuria Railway, 만주 횡단철도
> ⑤ TAR : Trans Asia Railway, 아시아 횡단철도

33 극동아시아를 출항하여 파나마 운하를 경유해서 미국 동안(東岸) 또는 걸프만 지역의 항까지 해상운송한 후 그 곳에서 미국의 내륙지역(중계지 경유 포함)까지 철도나 트럭으로 복합운송하는 방식은?　▶ 제14회 국제물류론

① MLB(Mini-Land Bridge)
② IPI(Interior Point Intermodal)
③ MBS(Micro Bridge Service)
④ RIPI(Reversed Interior Point Intermodal)
⑤ ALB(American Land Bridge)

해설 p.362(국제복합운송의 주요 경로) 참조

34 극동아시아에서 유럽까지 시베리아 횡단철도를 이용하는 복합운송경로는?　▶ 제14회 국제물류론

① ALB
② IPI
③ CLB
④ MLB
⑤ SLB

해설 SLB : Siberia Land Bridge(시베리아대륙 횡단철도) 또는 TSR(Trans Siberian Railway)이라고도 한다.

35 극동아시아에서 미국 태평양 연안까지 해상운송하고, 태평양 연안의 항구로부터 미국동안까지 철도운송하는 방식은?　▶ 제16회 국제물류론

① America Land Bridge
② Interior Point Intermodal
③ Reversed Interior Point Intermodal
④ Micro-land Bridge
⑤ Mini Land Bridge

해설 미국 서안의 항구까지 배로 운송하고 해당항구로부터 미국 동안의 항구도시까지 철도운송으로 가는 복합운송경로를 MLB(Mini Land Bridge)라고 한다.

Answer　31. ①　32. ①　33. ④　34. ⑤　35. ⑤

36 복합운송증권에 관한 설명으로 옳지 않은 것은? ▶ 제18회 국제물류론

① 복합운송증권은 복합운송계약에 의해 복합운송인이 발행하는 운송서류로서 복합운송계약의 내용, 운송조건 및 운송화물의 수령 등을 증명하는 증거서류이다.

② 복합운송증권은 두 가지 이상의 다른 운송방식에 의하여 운송물품의 수탁지와 목적지가 상이한 국가의 영역 간에 이루어지는 복합운송계약하에서 발행되는 증권이다.

③ 컨테이너 화물에 대한 복합운송증권은 FIATA의 표준양식을 사용하여 발행될 수도 있다.

④ 'UN 국제물품복합운송조약 1980'에 따르면 복합운송증권은 송화인의 선택에 관계없이 배서에 의한 양도가 가능한 유통성증권으로만 발행된다.

⑤ 복합운송증권을 발행하는 복합운송인은 해상운송인, 육상운송인, 항공운송인, 그리고 운송주선업자도 될 수 있다.

해설 복합운송증권의 유통성 여부에 따라 유통성과 비유통성 서류로 구분한다.

37 다음에서 설명하는 국제복합운송경로는? ▶ 제18회 국제물류론

> 1972년 Sea Train사가 개발한 경로로서, 극동지역에서 선적한 화물을 미국 태평양 연안의 오클랜드나 로스앤젤레스 등의 항구로 해상운송한 후, 미국 동부의 대서양 연안이나 멕시코만의 항구까지 철도로 운송하여 이곳에서 다른 선박에 환적하여 유럽의 앤트워프, 함부르크, 로테르담, 브레멘 등 각 항구까지 해상운송하는 경로

① ALB   ② SLB   ③ TCR
④ CLB   ⑤ MLB

해설 미국의 서부해안에서 동부해안을 철도로 운송하여 다시 선박을 이용하여 대서양을 건너 유럽으로 가는 형태를 ALB(American Land Bridge)라고 한다.

38 국제복합운송에 관한 설명으로 옳지 않은 것은? ▶ 제19회 국제물류론

① 국제복합운송이란 두 개 이상의 상이한 운송수단을 이용하는 것으로 오늘날 일반적인 국제운송 형태이다.

② 국제복합운송의 기본요건은 일관운임(throughrate) 설정, 일관선하증권(through B/L) 발행, 단일운송인 책임(single carrier's liability) 등이다.

③ Buyer's Consolidation은 단일 송하인의 화물을 다수의 수하인에게 운송해 주는 형태이다.

④ NVOCC는 운송수단을 직접 보유하지 않은 계약운송인형 국제복합운송업자를 말한다.

⑤ Land Bridge란 육·해 복합일관운송이 실현됨에 따라 해상-육로-해상으로 이어지는 운송구간 중 육로운송구간을 말한다.

해설 Buyer's Consolidation은 다수 송하인의 화물을 단일의 수하인에게 운송해주는 형태를 말한다.

39 다음 ( )에 적합한 국제물류거점과 운송수단을 바르게 연결한 것은? ▶ 제19회 국제물류론

- ALB(American Land Bridge)
- RIPI(Reversed Interior Point Intermodal)

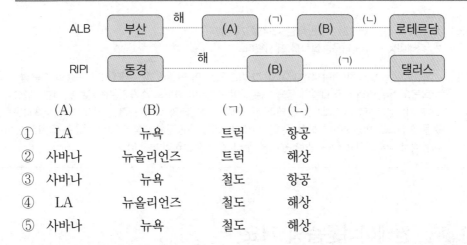

	(A)	(B)	(ㄱ)	(ㄴ)
①	LA	뉴욕	트럭	항공
②	사바나	뉴올리언즈	트럭	해상
③	사바나	뉴욕	철도	항공
④	LA	뉴올리언즈	철도	해상
⑤	사바나	뉴욕	철도	해상

해설 ALB는 극동의 항만에서 미국 서부의 주요 항만을 거쳐 철도운송으로 미국 동부의 주요 항만까지 그리고 다시 선박을 이용하여 대서양을 건너 유럽항까지 운송하는 복합운송 서비스 형태이다.
RIPI는 파나마운하를 경유하여 미국 동부항까지 해상운송 후 철도 혹은 트럭으로 미국의 내륙까지 운송하는 복합운송의 서비스 형태이다.

40 복합운송서류에 관한 UNCTAD/ICC 규칙의 내용에 관한 설명으로 옳지 않은 것은?
▶ 제19회 국제물류론

① 복합운송서류는 유통가능한 형식으로 발행된 복합운송계약을 증명하는 서류이며, 전자자료교환(EDI)통신문으로 대체할 수 없다.
② 화물이 정해진 인도 기일로부터 90일 내에 인도되지 아니한 경우에는, 청구권자는 반증이 없는 한 그 화물을 멸실된 것으로 취급할 수 있다.
③ 화물의 멸실 또는 손상에 대한 배상액은 화물이 수하인에게 인도되는 장소와 시간 또는 화물을 계약에 따라 인도하여야 할 장소와 시간의 화물 가액에 의하여 산정하여야 한다.
④ 송하인이라 함은 복합운송인과 복합운송계약을 체결하는 자를 의미한다.
⑤ 국제복합운송인의 종합적인 책임에 대한 총액은 화물 전손시 발생하는 책임한도를 초과하지 못한다.

해설 복합운송서류는 유통성과 비유통성 형식으로 발행할 수 있는 운송서류로 EDI 통신문으로도 대체할 수 있다.

Answer   36. ④   37. ①   38. ③   39. ④   40. ①

04 컨테이너운송

| **학습목표** | 1. 컨테이너운송에 대한 전반적인 내용을 제시한다.
2. 컨테이너의 수출입운송절차를 제시한다.

| **단원열기** | 컨테이너운송에 대한 전반적인 내용을 다루고 있는 이 단원에서는 컨테이너 운송의 장단점, 컨테이너화물의 운송형태와 국제협약 등을 비롯하여 컨테이너화물의 수출입운송절차에 관한 내용을 자세히 제시하였다. 이 단원에서는 컨테이너화물의 운송형태와 이와 관련된 국제협약, 수출입운송절차 등을 중심으로 학습하여야 하며, 특히, 컨테이너화물 운송절차 내용에 대한 학습은 절차뿐만 아니라 내용에서 다루어지고 있는 관련 용어를 주의 깊게 학습하여야 한다.

제1절 컨테이너운송의 개요

1 컨테이너운송의 의의

(1) 컨테이너의 개념

컨테이너는 1920년 미국에서 철도운송을 위한 육상운송 용구로 개발되어 발전을 거듭해 오다가 1956년 미국의 Sea-Land사에 의해 해상용 컨테이너가 개발되어 국제적인 운송활동에 이용되기 시작하였다.

컨테이너는 화물운송에 있어서 경제성·신속성·안전성의 이점을 갖고 물적 유통부문의 운송·보관·하역 등 전 과정을 가장 합리적으로 일관운송할 수 있는 규격화된 혁신적인 운송용기로서 프레이트 컨테이너(Freight Container) 혹은 카고 컨테이너(Cargo Container)라고 불린다.

이러한 컨테이너시스템의 효율성을 극대화하기 위해서 국제표준기구(ISO)에서는 다음과 같이 컨테이너의 구비조건을 규정하고 있는바, 이는 컨테이너의 활용도 및 효율성 향상을 위한 최소한의 구비조건이라 할 수 있다.

① 내구성을 지니고 반복사용에 적합한 충분한 강도를 유지하고 있을 것

② 운송 도중 내용물의 이적 없이 하나 또는 그 이상의 운송형태에 의해 화물운송이 용이하도록 설계되어야 할 것

③ 환적작업이 신속하게 이루어질 수 있는 장치를 구비하여야 할 것

④ 화물 적입 및 적출이 용이하도록 설계된 것이어야 할 것

⑤ 컨테이너의 내부용적이 1m³(35.3ft) 이상이 되어야 할 것

(2) 컨테이너화

화물수송의 컨테이너화는 다양한 화물을 대상으로 컨테이너라는 국제적으로 규격화된 수송용기를 모체로 육·해·공 일관수송을 할 수 있다는 데 그 의의가 있다. 즉, 화주의 공장에서 제품을 적입하여 봉인한 컨테이너를 운송 도중에 적입된 화물을 꺼내 보거나 환적하지 않고, 처음에 적입된 상태 그대로 화주가 원하는 장소까지 안전하고 빠르게 도착시키는 것이 컨테이너의 국제복합운송이다.

[그림 3-25] 컨테이너화물의 일반적인 유통경로

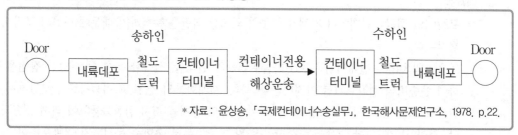

* 자료 : 윤상송, 「국제컨테이너수송실무」, 한국해사문제연구소, 1978, p.22.

즉, 컨테이너화는 하역과 포장과정에서 기계화, 자동화를 가능하게 하고 육·해·공 일관운송을 통한 정형화된 화물을 대량으로 적재·운송할 수 있도록 함으로써 규모의 경제 실현을 가능하게 한다. 따라서 오늘날 컨테이너를 모체로 한 국제복합운송은 그 시스템의 합리성과 경제성으로 짧은 시일에 국제운송에 혁명적 변혁을 가져왔으며, 국제무역거래의 관행에서도 컨테이너에 의한 반입인도조건(Delivery Term) 등 무역조건의 정비와 더불어 보다 많은 발전이 기대된다.

이상과 같이 컨테이너화의 목적은 물류비 절감에 있다. 송하인의 문전에서 수하인의 문전까지 컨테이너에 적입된 내용물을 운송수단의 전환에도 불구하고 재적입이나 적출 없이 운송함으로써, 이에 따른 경제적 이익을 얻을 수 있으며 컨테이너에 의한 이상적인 복합운송을 달성할 수 있다.

[그림 3-26] 컨테이너화의 목적

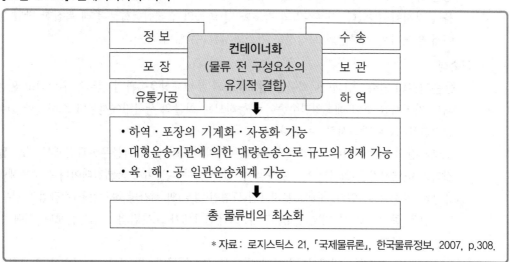

* 자료 : 로지스틱스 21, 「국제물류론」, 한국물류정보, 2007, p.308.

■ 2 컨테이너 운송의 장·단점

(1) 장 점

컨테이너 등장은 유통에서의 3개 혁신, 즉 경제성, 신속성, 안전성을 충족시킴으로써 화주, 도로운송업자, 철도회사 등 여러 부문의 이용자에게 상당한 이점을 제공하고 있다. 선사측에서는 하역시간의 단축, 선박가동률의 향상, 보험료 절감 등의 효과를 제공하고 있다. 이하에서는 화주의 입장에서 본 컨테이너의 장점을 살펴보고자 한다.

① 경제성
　　㉠ 포장비의 절감 : 컨테이너 자체가 화물의 외포장 역할을 수행하기 때문에 화물의 포장비가 절감된다.
　　㉡ 운송비의 절감 : 컨테이너운송의 화물취급상의 편리함, 신속한 운송 등 다양한 장점을 통하여 운송비의 절감효과를 가져다준다. 특히, 재래화물의 경우 그 이동경로가 복잡해서 생산공장 또는 창고로부터 포장, 모듈화, 이송 등의 단계를 거쳐 일반화물차에 의해 운송되지만, 컨테이너에 의한 경우에는 생산공장 및 창고로부터 수화주 문전까지 일관운송이 가능하기 때문에 화물의 육상운송비가 현저히 절감될 수 있다.
　　㉢ 하역비의 절감 : 컨테이너의 최대이점 중 하나는 하역단계의 간소화에 따른 노동력의 절약과 화물의 기계하역으로 인한 하역비의 대폭적인 절약이다.
　　㉣ 보관비의 절감 : 컨테이너 자체가 보관창고의 역할을 담당하기 때문에 화물의 보관을 위한 별도의 창고 시설비용이 절감된다. 실제로 컨테이너박스는 화물의 일시보관기능을 갖고 있어 그만큼 창고료가 절약될 수 있다.
　　㉤ 자금의 신속회전 : 화물이동의 신속화에 따라 자금의 원활한 회전을 기대할 수 있다.
　　㉥ 보험료, 인건비, 사무비의 절감 : 컨테이너는 화물운송의 안전도를 높여 운송화물의 안전성을 상승시킬 수 있으며, 사무절차의 간소화·기계화에 따른 사무비, 인건비 등 모든 비용을 절감시킬 수 있다. 사무절차의 간소화 및 화물의 컨테이너화로 종래 복잡한 작업 단계에서 일어나는 서류상의 복잡성을 간소화시킬 수 있다.

② 신속성
　　㉠ 운송기간의 단축 : 컨테이너화물은 철도운송과 부대육상운송과의 연결이 원만하고 환적할 때의 지연시간 없이 해륙일관수송이 가능하므로 화물의 생산지에서부터 소비지까지의 수송기간을 크게 단축시킬 수 있다.
　　㉡ 하역시간의 단축 : 컨테이너화물의 취급은 기계화되어 있어 화물운송과정에서 가장 많이 걸리는 하역시간을 획기적으로 단축할 수 있다는 사실은 이미 국제컨테이너 운송체제에서 충분히 입증된 바 있다. 하역노무자 1팀(17명인 경우)의 시간당 하역능률(수작업의 경우)과 크레인을 중심으로 한 기계하역의 경우 크레인 1대가 노무팀의 작업능률보다 12배 이상 상승시켜 준다.
　　㉢ 운송서류의 간소화 : 컨테이너화물의 취급시 운송서류가 간소화되어 신속한 업무처리가 가능해진다.

③ 안전성

컨테이너 자체가 견고하고 밀폐되어 있으며 컨테이너 화물의 하역과정이 간편하기 때문에 하역과정에서 발생하기 쉬운 화물의 파손, 오손, 분실 등의 위험이 재래화물 등에 비해 훨씬 감소될 수 있다. 또한 컨테이너는 임시창고로서의 기능을 가지고 있으므로 화물운송 중에 비바람, 온도, 습도 등으로부터 화물을 보호할 수 있다. 그 결과 운송업체 및 화주에 대한 클레임 제기의 요인을 감소시키는 부수적 효과도 유발할 수 있다.

ⓐ 하역작업상의 안전 : 화물의 파손, 오손, 분실 등은 하역과정에서의 취급 잘못에 기인하는 바가 크다. 컨테이너 운송의 경우, 박스 자체가 견고하고 밀폐되어 있기 때문에 하역과정의 단축은 물론 화물안전에 획기적인 개선을 기할 수 있다.

ⓑ 기후상의 안전 : 전술한 바와 같이 컨테이너 용기 자체는 임시보관창고로서의 기능을 갖고 있어 화물운송 중의 풍랑, 비, 온도변화로부터 화물을 보호할 수 있다.

ⓒ 수송상의 안전 : 컨테이너화물의 가장 큰 장점은 수송과정에서의 안전성이다. 철도운송구간은 물론 부대운송이라 할 수 있는 내륙연결운송에 있어서도 안전성이 확보되고 있다.

ⓓ 부수효과 : 그 외에도 도난, 변질, 화물대기상의 제 부문에서도 컨테이너화물은 상당한 안전성을 확보하고 있다.

(2) 단 점

① 선사측의 문제점

ⓐ 컨테이너운송에 필요한 관련 기기 및 시설에 대한 투자액이 매우 크다. 즉, 컨테이너 전용시설, 즉 CY, CFS, 하역장비 등의 확보에 막대한 비용이 소요된다.

ⓑ 컨테이너 용기의 신속한 회수 및 손상방지 등 재고관리에 많은 애로가 발생한다. 특히, 컨테이너 용기들이 본선을 일단 이탈하여 내륙오지로 들어가게 되면 컨테이너를 회수하여 발송인에게 회송하기 위해서는 신속한 업무처리가 필요하다.

ⓒ 정박기간이 재래선의 평균 1주일에서 컨테이너선은 1일로 단축되기 때문에 하루 동안에 사무처리, 컨테이너와 트레일러의 배치, 선적 등 선사의 사무처리를 심하게 압박한다.

② 컨테이너운송의 문제점

ⓐ 컨테이너운송이 항만시설 및 수송수단이 미비한 일부 국가에서는 부적합하다. 또한 대량수송의 효율상 기항항 수가 제한되기 때문에 재래항으로 소량의 컨테이너를 적출하는 데는 불편하다.

ⓑ 모든 화물을 컨테이너에 적입할 수는 없다.

ⓒ 컨테이너선의 만선시 갑판적 화물이 약 30%에 달하는데, 보험회사들은 이때 갑판적 화물에 대해 대부분 할증보험료를 부과하기 때문에 화주는 안정성이나 비용부담에서 큰 손해를 보게 된다.

■3 컨테이너 및 컨테이너화물의 종류

(1) 컨테이너 종류

① **크기에 따른 분류**: 현재 해상운송에서 사용되고 있는 컨테이너는 20feet(20′×8′×8′6″), 40feet (40′×8′×8′6″), 40feet High Cubic(40′×8′×9′6″), 45feet(45′×8′×9′6″) 등이 주로 사용되고 있는데 국제적으로 유통되고 있는 컨테이너는 국제표준기구의 ISO표준규격을 사용하도록 권고되고 있다. 이중에서 20feet 컨테이너를 TEU(Twenty-foot Equivalent Unit)라 하여 물동량의 산출을 위한 표준적인 단위로 삼고 있으며, 이 단위는 선박의 최대 적재능력의 표시와 운임지급의 기준이 된다.

② **재질에 따른 분류**

　㉠ 철재 컨테이너(Steel Container): 제조원가가 저렴하여 대부분의 컨테이너가 이에 속하나 무겁고 녹이 스는 단점이 있다.

　㉡ 알루미늄 컨테이너(Aluminium Container): 가볍고 외관이 아름다우며 내구성이 좋은 장점이 있으나 제조원가가 비싸다.

　㉢ 강화플라스틱 컨테이너(Fiber Glass Reinforced Plastic Container): 강화 플라스틱(FRP)을 합판 표면에 접착제로 붙인 컨테이너이다.

③ **용도에 따른 분류**

　㉠ 건화물 컨테이너(Dry Container): 건화물 컨테이너는 가장 일반적인 컨테이너의 형태로서 액체화물(liquid cargo)을 제외한 일반잡화물(general cargo)을 주로 운송할 수 있도록 고안된 형태로서 문은 위, 뒤, 옆의 세 방향 중의 하나로 여닫을 수 있도록 되어 있다.

　㉡ 냉동 컨테이너(Refrigerated Container, Reefer Container): 화물이 특별히 냉장을 요하는 경우에 이용되는 컨테이너로서 컨테이너 내부에 냉장장치가 되어 있으며, 주로 과일, 야채, 생선, 육류 따위와 같이 보냉이나 보열이 필요한 물품의 운반에 이용된다. 규격은 Dry Container와 같지만 온도조절장치가 붙어 있어 −28℃에서 +26℃까지의 임의조절이 가능하다.

　㉢ 천정개방형 컨테이너(open-top container): 파이프와 같이 길이가 긴 화물(장척화물, 長尺貨物), 중량품 기계류 등을 수송하기 위한 컨테이너로 지붕이 없는 형태여서 화물을 컨테이너의 윗부분으로 넣거나 하역할 수 있다.

　㉣ 솔리드버크 컨테이너(Solid Bulk Container): 소맥분이나 가축사료 등과 같은 화물을 운송하기 위해 제작된 컨테이너로 대개 직경 50cm 정도의 맨홀이 세 개 있으며, 컨테이너의 내부는 청소가 용이하고 외부 기온에도 견디도록 강하게 만들어져 있다.

　㉤ 플랫 랙 컨테이너(Flat Rack Container): 이 컨테이너는 Dry Container의 지붕과 벽을 제거하고, 컨테이너 바닥(평평한 면) 양쪽에 견고한 기둥이 있으며 비교적 중량화물과 넓이, 높이, 길이 등 횟수가 초과되는 화물(기계류나 목재, 승용차 등)수송에 사용되며 화물 양하 후 빈 컨테이너는 이동시 양쪽 기둥을 접을 수 있도록 설계되어 있다.

ⓗ 동물용 컨테이너(Live Stock Container 또는 Ventilated Container) : 소나 말과 같은 살아 있는 동물의 수송에 편리하도록 설계되어 있는 컨테이너이다.

ⓢ 탱크 컨테이너(Tank Container) : 액체화물의 해상수송용 용기이다. 일반 건화물용 컨테이너와 같은 방식으로 하역작업을 하기 위해 일반 컨테이너와 같은 사양의 용기 내에 원주형의 용기를 설치한 컨테이너로 술, 유류, 화학품 등의 액체상태의 화물을 수송하기 위해 특별히 고안해 만든 컨테이너이다. 탱크 컨테이너(Tank Container)는 케미컬 등의 위험 및 비위험 액체화물운송에 사용되며 가열을 위한 장비가 부착된 종류도 있다. 용량은 20,000l~25,000l 정도이다.

[그림 3-27] 컨테이너의 종류

20ft Reefer Container
(냉동 컨테이너)

40feet dry(건화물) 컨테이너
(일반 수출용)

40feet 냉동 컨테이너 앞쪽

40feet 냉동 컨테이너

open-top container
(천정개방형 컨테이너)

Flat Rack Container
(플랫 랙 컨테이너)

tank container
(탱크 컨테이너)

(2) 컨테이너 운영방식

컨테이너는 화물을 운송하고자 하는 화주가 소유하고 있는 경우도 있지만, 일반적으로 선박회사, 운송주선업자, 컨테이너 전문운영업자 등이 소유하고 있는 컨테이너를 이용하여 화물을 운송하는 경우가 대부분을 차지하고 있다. 따라서 송하인이 컨테이너를 이용하여 화물을 운송하고자 할 경우에는 빈 컨테이너를 선박회사나 운송주선업자에게 신청하거나 컨테이너임대업자로부터 리스(lease)하여 화물을 운송해야 하는데, 이와 같은 컨테이너의 리스형태를 구체적으로 살펴보면 다음과 같다.

① 트립리스(trip lease)

트립리스는 컨테이너를 운송구간별로 리스하는 방식으로서, 이에는 편도리스와 왕복리스가 있다. 편도리스[20]는 도착지에서 리스회사에 빈컨테이너를 반납하는 형태이며, 왕복리스는 왕복구간을 모두 리스하는 방식이다.

② 마스터리스(master lease)

마스터리스는 일정기간 동안 컨테이너의 개수에 관계없이 컨테이너를 자유롭게 이용할 수 있는 마스터 계약을 체결하여 컨테이너를 리스하는 형태이다.

③ 롱텀리스(long-term lease)

롱텀리스는 특정 컨테이너를 일정기간 동안 장기간 임차하는 방식으로 원칙적으로 마스터리스 방식과 동일하게 운용되지만, 이용할 수 있는 컨테이너의 수량이 한정적이라는 점에서 차이가 있다.

---

20) 편도리스의 경우에는 반납된 컨테이너를 임대업자가 국내로 재반입해야 하기 때문에 왕복리스에 비해 임차료가 상대적으로 비싼 편이다.

제 2 절 　컨테이너화물의 운송형태와 국제협약

1 컨테이너화물의 운송형태

(1) 컨테이너화물의 종류

컨테이너 수송이 아무리 신속성, 안정성 및 경제성이 있다 하더라도 모든 화물을 전부 컨테이너화 (Containerization)할 수 없다. 따라서 컨테이너화의 적합도에 최적상품, 적합상품, 한계상품, 부적 합상품 화물로 구분한다.

컨테이너에 적입하기 좋은 화물로는 고무, 피혁제품, 가정용 전기기구, 플라스틱제품, 통조림류, 식료품, 의약품, 화학약품, 완구류, 사무기기, 원피, 펄프, 금속제품, 목공제품 등 많이 있으나 화물 에 따라서는 화물의 성질, 용적, 중량, 모양 등에 따라 컨테이너화 하기에는 부적당한 것이 있다. 즉, 화물의 크기가 컨테이너의 내부 및 문의 치수보다 크거나 또는 무게가 컨테이너의 단위 면적 당 한계중량을 초과하는 화물은 컨테이너에 적입할 수가 없다. 따라서 화물의 크기, 중량, 용적, 성질 등을 충분히 파악하여 컨테이너에 적입하기 어려운 화물은 특수 포장을 하고 대형화물은 분해하는 등 적절한 방법으로 컨테이너화할 필요가 있다.

① **최적상품**(prime containerizable cargoes)

대체로 고가이며 해상운임도 비교적 높은 건화물로서 공산품 중에서 주류, 의약품, 직물, 가전 제품, 시계, 카메라 등 부피가 별로 크지 않은 상품이 해당된다.

② **적합상품**(suitable containerizable cargoes)

최적상품보다 가격이나 해상운임률이 저가인 상품들로서 전선, 함석판, 철사, 포대 커피, 포대 소맥 등이 있다.

③ **한계상품**(marginal containerizable cargoes)

물리적으로 컨테이너에 적재할 수 있는 저가, 저운임의 화물로서 도난이나 손상의 기능이 없 는 각종 주괴(ingot) 및 원목 등이 있으며, 부피, 중량, 포장면에서 컨테이너화하기에는 문제점 이 많은 화물이다.

④ **부적합상품**(unsuitable containerizable cargoes)

물리적으로 컨테이너에 적재하는 것이 불가능한 살화물 및 자동차, 대형 터빈, 교량, 철탑 등과 같은 중량화물과 원유, 액화가스 등과 같이 운송시 전문적인 시설이 필요한 화물을 말한다.

(2) 컨테이너화물의 운송형태

컨테이너화물의 운송형태는 운송하고자 하는 화물의 송하인과 수하인의 구성에 따라 여러 가지 방식으로 나누어진다.

① **CY/CY(FCL/FCL) 운송(Door to Door, FCL/FCL 운송)** : 이 방식은 컨테이너의 장점을 최대한 이용한 운송방법이다. 수출업자의 공장 또는 창고에서부터 수입업자의 창고까지 컨테이너에 의한 일관수송형태로 수송되며, 운송 도중 컨테이너의 개폐 없이 수송된다. 이것은 운송의 3대 원칙인 신속성, 안전성, 경제성을 최대한으로 충족시켜 컨테이너의 목적을 완전하게 달성시키는 운송형태로서 수입업자의 창고까지 상품을 수송하고자 하는 경우에 이용된다.
FCL(Full Container Load)란 CY Cargo라고도 하며, 하나의 컨테이너(20, 40feet)용기에 채우기 충분한 양의 화물을 의미한다.

② **CY/CFS(FCL/LCL) 운송(Door to Pier, FCL/LCL 운송)** : 이 방식은 선적항의 CY에서 목적항의 CFS까지 컨테이너에 의해서 운송되는 방법으로서, 선적지에서 수출업자가 FCL 화물로 선적하고 목적지의 CFS에서 컨테이너를 개봉하여 화물을 분류해서 여러 수입업자에게 인도된다. 이 방법은 한 수출업자가 수입국의 여러 수입업자에게 일시에 화물을 운송하고자 할 때 많이 이용된다. 이를 Shipper's Consolidation이라고도 하며, 이론상 가능하지만 현실적으로는 별로 이용되지 않는다.

③ **CFS/CY(LCL/FCL) 운송(Pier to Door, LCL/FCL 운송)** : 이 방식은 운송인이 지정한 선적항의 CFS로부터 목적지의 CY까지 컨테이너에 의해 운송되는 형태로서 운송인이 여러 송하인(수출업자)들로부터 화물을 CFS에서 집하하여 목적지의 수입업자 창고 또는 공장까지 운송하는 것을 말한다. 이를 Buyer's Consolidation이라고도 한다.
이 운송형태는 CFS/CFS에서 발전한 운송방법으로서, 대규모 수입업자가 여러 송하인들로부터 각 LCL 화물들을 인수하여 일시에 자기지정창고까지 운송하고자 하는 경우에 이용하며 현재 우리나라에서 많이 이용하고 있다.

④ **CFS/CFS(LCL/LCL) 운송(Pier to Pier, LCL/LCL 운송)** : 이 방식은 선적항의 CFS에서 목적항의 CFS까지 컨테이너에 의해서 운송되는 가장 기본적인 운송방법이다.
여러 화주의 소량 컨테이너화물(LCL)을 CFS에서 혼재(Consolidation)하여 선적하고 목적지의 CFS에서 컨테이너를 개봉하여 화물을 분류하여 여러 수입업자에게 인도된다. 이러한 혼재업무를 Forwarder's Consolidation이라 한다. 이 운송방식은 Pier to Pier(부두에서 부두까지) 또는 LCL/LCL운송이라고도 부르며 운송인이 여러 화주로부터 컨테이너에 운송하여 목적항의 CFS에서 여러 수하인에게 화물을 인도하는 방법이다. 따라서 이 방식은 송하인과 수하인이 여러 사람으로 구성되며, 운송인은 선적항과 목적항 간의 해당 해상운임만을 징수하고 이에 따른 운송책임도 선적항 CFS에서 목적항 CFS까지이다. LCL(Less than Container Load)란 FCL과 비교되어 사용되며, 컨테이너 하나를 채우기에 부족한 소량화물을 의미한다.

◉ 컨테이너화물의 운송형태

운송구분	운송방법	출고지 → 출발점 →(해상운송) 도착항 → 수화주 창고
CY/CY (FCL/FCL)	송화주의 공장이나 창고에서 수하인에게 전달될 때까지 동일한 컨테이너에 적재된 상태로 일관 운송하는 방법	○→○→○→○ CY CY Shipper's pack
CY/CFS (FCL/LCL)	송화주의 공장이나 창고에서 FCL 상태로 떠나 도착지에서는 여러 명의 수화주에게 전달하기 위해 도착항의 CFS에서 분배	○→○→○→○ CY CFS Shipper's pack
CFS/CY (LCL/FCL)	출발지의 CFS에서 혼재된 화물이 도착항에서는 단일의 수화주에게 전달되는 방법으로 구매자의 집하에 이용	○→○→○→○ CFS CY Carrier's
CFS/CFS (LCL/LCL)	다수의 송화주로부터 모은 LCL 화물을 CFS에서 혼재하여 다수의 수화주에게 인도하는 방법으로 주로 운송인의 집하에 이용	○→○→○→○ CFS CFS Carrier's

＊자료: 옥선종 외, 「국제운송 물류론」, 두남, 2001, p.561.

(3) 컨테이너화물의 하역형태

① Chassis System(샤시 방식): Chassis System이란 컨테이너선에서 Chassis로 육상의 크레인 또는 선상의 크레인을 이용하여 컨테이너를 적재시키는 방식으로 별도의 보조 하역기구가 필요 없는 하역의 형태이다.

Chassis System은 하역작업이 매우 신속하고 효과적이라는 장점이 있다. 반면에 컨테이너를 1단만 장치할 수 있기 때문에 넓은 야드 면적과 많은 수의 Chassis와 트레일러가 필요하다는 단점이 있다.

따라서 Chassis System은 땅값이 저렴한 지역에서 선박회사가 트레일러를 제공하거나, 터미널에서 트레일러를 임차하여 전용으로 운영하는 경우에만 이용이 가능하다.

② Transtainer System(트랜스테이너 방식)

Transtainer System이란 야드의 샤시에 탑재한 컨테이너를 마샬링 야드로 이동시킨 후 트랜스퍼크레인을 이용하여 장치하는 방식의 하역형태이다.

Transtainer System은 일정한 한 방향으로만 이동을 하기 때문에 전산화, 완전 자동화가 가능하며 트랙터와 문형 크레인을 결합할 수 있어서 Straddle carrier System과 비교하여 안전도가 높고 운행비가 훨씬 적게 소모된다. 하지만, 작업량이 급증하게 되면 Transtainer System은 탄력적으로 반응하지 못하므로 대기시간이 늘어나게 되는 단점이 있다.

Transtainer System은 좁은 면적의 야드를 가지고 있는 터미널에 사용하기 가장 적합하다.

③ **Straddle carrier System(스트래들캐리어 방식)**

Straddle carrier System은 컨테이너를 크레인을 사용하여 에이프런에 직접 하역하고 스트래들캐리어를 이용하여 운반하는 방식의 하역형태이다.

Straddle carrier System은 Chassis System과 비교하여 컨테이너를 2~3단 적재할 수 있다는 장점을 가지고 있기 때문에 토지 이용의 효율성이 상대적으로 높다. Transtainer System과 비교하면 터미널 내의 작업량이 급증하더라도 탄력적으로 대응이 가능하기 때문에, 운반이나 적재에 융통성이 높다. 하지만, Straddle carrier System은 정밀한 작업이 요구되는 하역방식으로 아스팔트의 손상률·하역장비의 파손율이 높으며, 파손된 장비의 보수비용과 시간이 많이 소요된다.

④ **Mixed System(혼합방식)**

Mixed System이란 Transtainer System과 Straddle carrier System의 하역방식을 결합시킨 하역형태로 작업의 효율성을 높이기 위해서 사용되는 방식이다. 컨테이너를 수출시에는 Transtainer System을 이용하여 야드에서 선측까지 운반하며, 수입시에는 Straddle carrier System을 이용하여 운반한다.

2 컨테이너화물 운송과 관련된 국제협약

일관컨테이너 운송시스템은 수출국에서 화물을 컨테이너에 적재하여 수입국까지 운송하는 방식이다. 따라서 컨테이너 자체는 물론 컨테이너 탑재차량 및 화차 등이 자연스럽게 국경을 초월하여 이동하게 된다. 이에 컨테이너와 운반차량 등을 국경이나 통관지에서 어떻게 취급할 것인가에 관한 국제적인 논의가 지속적으로 있어왔다. 이와 같은 논의의 결과로 나타난 컨테이너운송과 관련된 국제협약의 내용을 정리하면 다음과 같다.

(I) CCC협약

CCC협약(Customs Convention on Container, 컨테이너 통관협약)은 컨테이너가 국경을 통과할 때 발생하는 관세 및 통관문제의 해결을 위해 1956년에 제정된 국제협약이다.

본 협약의 주요 내용은 일시 반입된 컨테이너에 대해 재반출을 조건으로 관세를 면제한다는 내용과 국내 보세운송에 있어서 체약국 세관의 봉인(seal)을 존중한다는 내용으로 되어 있다. 따라서 본 협약은 컨테이너에 관한 관세를 면제하고 수출국이 체약국인 경우 봉인을 인정해줌으로써 컨테이너를 이용한 국제운송이 급속히 증가할 수 있는 토대를 마련한 협약으로 평가받고 있다.

(2) TIR협약

컨테이너 통관협약이 컨테이너 자체의 관세 및 통관에 관한 사항에만 제한되어 있는 것에 비해, TIR협약(Customs Convention on the International cover to transport of goods under cover to Trailer Interchange Receipt)은 컨테이너뿐만 아니라 이를 적재하고 도로를 주행하는 차량의 원활한 통관을 위해 체결된 협약이라 할 수 있다.

본 협약은 컨테이너 자체는 물론이고 적재차량에 대한 통과지(경유지)에서의 관세납부 및 공탁면제 등을 규정하고 있을 뿐만 아니라 경유지 세관에서도 세관검사를 면제해줌으로써 다수의 국가를 거쳐 컨테이너를 운송하는 데 상당한 편의를 제공하고 있는 협약이다.

(3) ITI협약

ITI협약(Customs Convention on the International Transit of Goods, 국제통과화물에 관한 통관협약)은 TIR 협약의 적용범위를 모든 운송기기의 이동과 육·해·공의 운송수단까지로 확대할 목적으로 1971년 제정된 협약이다. 특히, 본 협약은 화물을 자동차를 이용한 공로운송은 물론 모든 운송수단에 의한 컨테이너 운송의 확대 및 활성화를 촉진하는 전기를 마련한 것으로 평가받고 있다.

(4) CSC협약

CSC협약(International convention for safe container, 컨테이너안전협약)은 UN이 IMO(국제해사기구)와 협동으로 1972년에 채택한 '안전한 컨테이너를 위한 국제협약'이다. 이 협약의 목적은 컨테이너의 취급, 적취 및 수송에 있어서 컨테이너의 구조상의 안전요건을 국제적으로 공통화하는 것을 목적으로 하고 있다.

제 3 절 컨테이너화물의 수출입운송절차

컨테이너화물을 컨테이너 전용선에 선적 운송될 경우(L/C상에 컨테이너 운송이 명시되어 있을 경우 또는 그렇지 않더라도 해당 항로를 취항하는 선박이 컨테이너 전용선 밖에 없을 경우)에는 화주와 선박회사 중 누가 적입작업을 하느냐에 따라 책임의 성격이 달라진다.

또한, 화물량의 규모에 따라 단위 컨테이너를 자신의 화물만을 적입시키는 전용으로 사용할 것인지 아니면 수량이 소규모이기 때문에 동일 목적지로 가는 타인의 화물과 혼용할 것인지는 전적으로 화주의 선택사항이며 이 부분에 대해서도 선적 협의단계에서 결정된다. 다음의 그림 3-28은 일반적인 컨테이너화물의 유통경로를 FCL 화물의 유통경로와 LCL 화물의 유통경로, ICD를 이용한 유통경로의 유형을 보여준다.

[그림 3-28] 컨테이너화물의 유통경로 유형

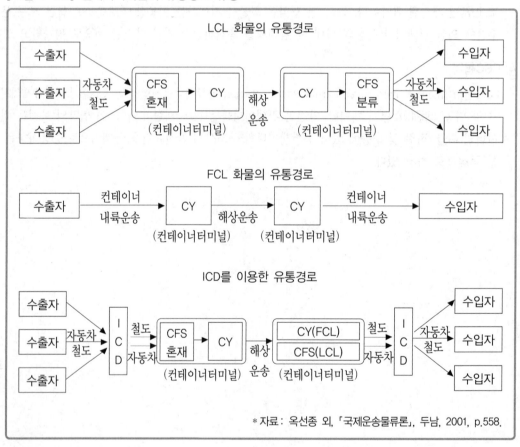

* 자료: 옥선종 외, 「국제운송물류론」, 두남, 2001, p.558.

1 수출화물 운송절차

컨테이너 화물의 일반적인 운송흐름을 본다면, FCL 화물의 경우와 LCL 화물의 경우가 서로 상이하는바, 이하에서는 FCL 화물과 LCL 화물로 구분하여 컨테이너화물의 수출운송절차를 살펴보고자 한다.

(1) FCL 화물 운송절차

FCL 화물은 내장화물의 화주가 단일화된 것으로 수출업자가 수출품을 생산한 후 선적을 위해서는 항만까지 국내운송절차를 거치게 되는데, 이에 대한 경로는 공로(육상), 철도, 연안운송 등에 의한다. 보통 FCL은 화주의 공장에서 수출통관 후 보세운송형태로 공로운송되는 경우가 대부분이며 때로는 의왕 ICD를 통한 철도운송 또는 연안해송도 이용된다.

수출 FCL 화물의 흐름은 크게 수출화물의 컨테이너 적입단계와 운송단계로 나누어 볼 수 있으며, 이를 정리하면 다음과 같다.

① **수출통관**

수출물품에 대한 수출신고를 필하고 신고필증을 교부받아야 한다. 수출신고는 화주, 관세사, 관세사가 포함된 통관법인 또는 관세사법인의 명의로 할 수 있으며, 원칙적으로 수출신고는 EDI로 작성하여 통관시스템에 전송하여야 한다.

② **선적의뢰 · 예약**(Booking)

수출화주는 수출신고를 전후해서 선사에 선적예약을 하고, 선적의뢰서(S/R : Shipping Request)를 정확하게 작성하여 선사나 Forwarder에게 제출하고 선적의뢰를 한 후 선사와 선적예약을 한다.

③ **공컨테이너**(Empty Container) **인도지시**

선적의뢰를 받은 선사나 Forwarder는 내륙운송업체에게 공컨테이너의 인도를 지시한다.

④ **공컨테이너의 Door Delivery**(Spotting Order)

화주로부터 선사 그리고 내륙운송업체로 이어지는 선적예약은 내륙운송업체가 해당 CY나 컨테이너 데포(Depot)에서부터 화주가 요구하는 수량과 종류의 컨테이너를 화주가 지정하는 장소까지 수송하여 주는데, 이를 공컨테이너의 Door Delivery 또는 Spotting Order라고 한다. 공컨테이너는 선사가 자체적으로 보유하고 있거나 임대회사로부터 단기 또는 장기계약으로 임대(lease)한 것이 사용되는데, 보통 대전 이북지역인 경우 의왕 ICD, 대전 이남지역인 경우 부산의 ODCY에 장치되어 있는 컨테이너를 이용한다.

한편, ICD나 ODCY에서 공컨테이너를 반출할 때 CY Operator는 기기인수도증(Equipment Interchange Receipt, EIR)을 작성해 트럭기사를 통해 화주에게 전달하며, 공컨테이너를 자신의 Door에서 인수한 화주는 공컨테이너의 이상 유무를 확인한 후 이상이 없을 경우에는 기사가 전달한 EIR상에 공컨테이너의 인수를 증명하는 서명을 한다.

[그림 3-29] 수출 FCL 화물의 운송절차

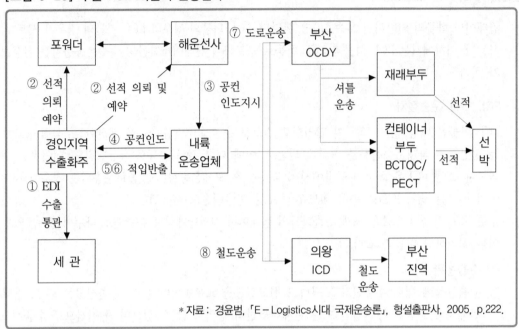

* 자료: 경윤범, 「E-Logistics시대 국제운송론」, 형설출판사, 2005, p.222.

⑤ Door 작업(화물의 컨테이너 적입) 및 반출

화주는 수출화물을 컨테이너에 자신의 검수와 책임하에 적입하며, 화주는 필요한 경우 컨테이너 적입도(Container Load Plan, CLP)[21]를 작성하여 트랙터 기사를 통해 CY Operator에게 전달하기도 하지만, 대개의 경우에는 CY Operator나 이와 계약관계에 있는 검수회사에서 화주가 선적예약시 제출한 제반서류를 참고로 작성하는 것이 보통이다.

수출화물을 모두 적입한 화주는 트럭기사가 공컨테이너 반입시 EIR과 함께 전달한 선사봉인(Carrier's Seal)을 직접 컨테이너에 부착한다. Sealing작업을 마친 컨테이너는 의왕 ICD를 통해 철도 혹은 공로운송을 이용하여 부산지역의 ODCY로 운송되며, 컨테이너 전용부두에 반입한다.

⑥ 선 적

화주의 Door에서 컨테이너의 적입작업이 완료되면 화주는 이 사실을 선사나 CY에 통보하며, 해당 CY는 트랙터기사에게 해당 컨테이너화물의 Pick-up을 지시하며, 화주에게는 컨테이너 전용부두의 마감시간(Closing Time)을 확인시켜 선적에 차질이 발생하지 않도록 조치한 후 본선에 선적한다.

---

21) 컨테이너에 적입된 화물의 명세서를 말한다. 화물이 화주, 검수인 또는 CFS operator에 의해 컨테이너에 적입되며, 이들에 의해 CLP가 작성되면 CY operator에 전해진다. 이는 유일하게 매 컨테이너마다 화물의 명세를 밝힌 중요한 서류이다.

⑵ **LCL 화물 운송절차**

LCL 화물은 컨테이너 1대에 채울만한 물량을 확보하고 있지 못하기 때문에 FCL과 같이 컨테이너 문전운송과정이 필요 없이 Loose Cargo(일반화물) 상태로 트럭에 실려 운송인(대부분 Freight Forwarder)이 지정한 부산지역의 CFS로 운송된다.

화주의 수출화물이 LCL 화물인 경우 일반적으로 화주가 직접 일반차량을 수배하여 포워더가 지정한 CY/CFS까지 운송하고 있으나 운임상의 혜택과 동일지역행 화물의 혼재(Consolidation)를 용이하게 하기 위해 포워더를 이용하는 것이 유리하다.

[그림 3-30] 수출 LCL 화물의 운송절차

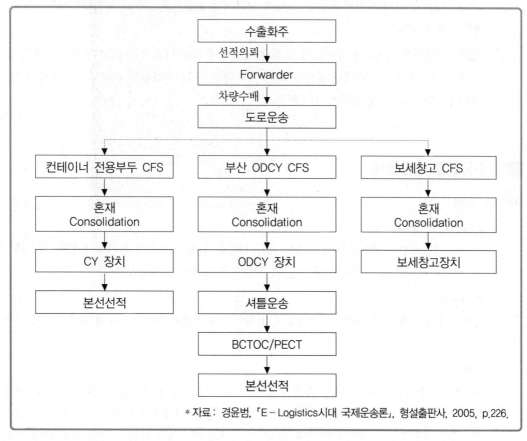

* 자료: 경윤범, 「E-Logistics시대 국제운송론」, 형설출판사, 2005, p.226.

LCL 화물의 경우는 다음 3가지 경로에 따라 운송되어 선적된다.

① **화주가 직접 내륙운송하는 경우**: 화주의 수출화물이 LCL 화물인 경우 화주가 직접 차량을 수배하여 미통관상태의 수출화물을 컨테이너 전용부두 CFS나 부산의 ODCY CFS까지 운송하여 선적지에서 통관될 뿐만 아니라 목적지별로 컨테이너에 적입되고 기타 LCL 화물과 혼재되어 FCL화됨으로써 Marshaling Yard[22]에 반입되어 선적된다.

② **Freight Forwarder를 이용하는 경우**: 운임상의 혜택이나 동일지역 화물의 혼재를 용이하게 하기 위해 혼재업자인 포워더를 이용하는 경우 포워더는 여러 화주의 창고에서 LCL 화물을 인수·집하하게 된다. 이 경우 화주창고문에서 통관·혼재되어 Marshaling Yard에 반입되거나 또는 컨테이너에 적입하지 않은 그대로 컨테이너 전용부두 CFS나 부산의 ODCY CFS까지 운송되어 선적된다.

③ **ICD를 이용하는 경우**: 소량화물의 화주나 포워더에 의해 LCL 화물이 의왕 ICD나 양산 ICD에 집하되는 경우는 여기에서 통관될 뿐만 아니라 기타 LCL 화물과 혼재되어 FCL화됨으로써 Marshaling Yard에 반입되어 선적된다.

2 수입화물 운송절차

(1) FCL 화물

① 화물입항의 통지

선사는 사전입수된 적하목록에 의하여 해당 화물을 선적한 본선이 부산항에 도착하는 예정일자, 컨테이너번호 등 수입화물정보를 화주에게 통지(Arrival Notice)한다.

② 선석수배

본선이 입항하게 되면 컨테이너전용부에서 하역이 순조롭게 이루어지도록 해운선사가 선석을 수배한다.

③ 부두하역

선사는 수입화물을 컨테이너에 적입한 상태로 철도에 의해 보세운송한 후 의왕 ICD 내에서 통관하거나 보세운송될 화물은 하선신고서의 하선장소 기재란에 구분코드와 함께 컨테이너 기지명을 의왕 ICD로 기재하여 세관 화물담당자에게 제출하고 해당 화물을 부두 내에 하선하면 하역회사는 부두에서 의왕 ICD로 직송되도록 별도장치하고 재래부두에 하선된 경우에는 하선 즉시 철도보세운송이 가능한 장소로 운송한다.

---

22) Marshaling Yard(화물집하장)은 컨테이너선에 선적해야 할 선적예정인 컨테이너를 미리 입안된 선내 적부계획(Stowage Planning)에 의거하여 쌓아 올려놓거나 컨테이너선에서 하역하는 컨테이너를 임시적으로 내려놓는 장소로서 보통 Apron과 접해 있다.

④ **간이보세운송**

철도로 수송할 의왕 ICD 도착 수입 컨테이너화물의 간이보세운송은 간이보세운송업자가 보세운송신고서에 적하목록 사본 1부를 첨부하여 세관에 신고한 후 운송하는데, 간이보세운송하는 수송용 화차는 다른 컨테이너 수송용 화차보다 우선하여 배정할 수 있다.

⑤ **반입통보**

수입화물이 의왕 ICD에 도착하면 보세운송업자는 보세운송신고필증과 적하목록 사본을 제출한다.

[그림 3-31] 수입 컨테이너화물의 운송절차

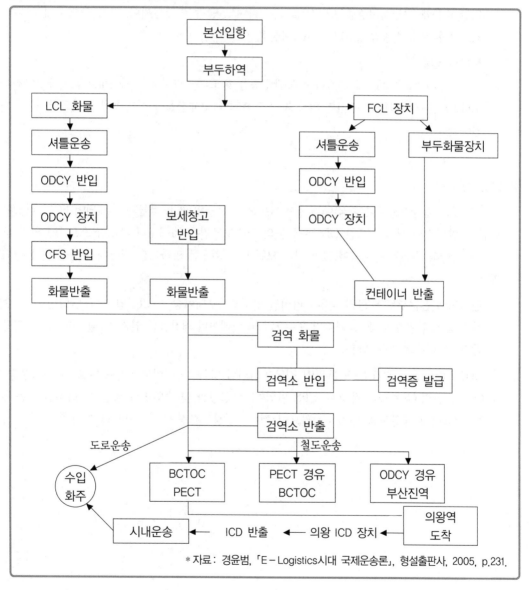

* 자료: 경윤범, 「E-Logistics시대 국제운송론」, 형설출판사, 2005, p.231.

⑥ 통관수속

의왕 ICD는 화물이 도착하면 즉시 하차하여 검사대상 화물은 세관검사장 또는 검사대기장소에, 검사생략대상 화물은 ICD 내 컨테이너 보관장소에 운송·장치한다.

수입화물의 수입신고는 의왕 ICD에 화물이 도착하기 전·후에 할 수 있다. 검사생략대상 물품일 경우에는 입항 후 ICD 도착 전에 수입신고된 것은 ICD 도착일에 신고수리되며, ICD 내에 장치 후에 수입신고된 것은 당일에 수입신고를 원칙으로 하고 있다.

⑦ 화물의 반출

수입신고가 수리된 화물 및 보세운송신고가 수리(승인)된 화물을 의왕 ICD에서 반출할 때에는 의왕 ICD에 수입신고필증(승인서)을 제시하여 반출증을 발급받아 기지 출입구에 근무하는 ICD 직원에게 반출증을 제시한 후 화물을 반출한다.

⑧ 화물의 인수

화주는 Arrival Notice에 근거하여 통관수속을 하고 화물인수시는 Original B/L을 선사에 인도하고, 선사가 발행한 D/O를 의왕 ICD 또는 특허보세장치장 설영주에게 인도한 후 화물을 인수한다.

(2) LCL 화물

LCL 화물은 일반적으로 수출국 CFS에서 다수의 화주들의 LCL 화물과 혼재되어 FCL 화물로 집화된다. 양하지의 터미널 또는 ODCY 화물의 인수도조건은 CFS to CFS조건으로 B/L의 인도장소가 도착항의 CFS로 명시되어 있어 거의 모든 LCL 화물은 양하지의 CFS에서 인출 및 통관되고 있다.

① 컨테이너 전용부두 통관인 경우 : 터미널 양하 ⇨ 구내이송 ⇨ CFS입고 ⇨ 반입신고 ⇨ 수입통관 및 수입면장 발급 ⇨ 화주별 또는 B/L별 컨테이너 내장물품 인출 ⇨ 필요시 검수·검량·감정 ⇨ 화주의 화물 반출

② ODCY(Off-Dock CY) CFS 통관인 경우 : 터미널 양하 ⇨ 터미널게이트 반출 ⇨ 셔틀운송 ⇨ ODCY 반입 Gate Log 작성 ⇨ CFS 반입 ⇨ 수입통관 및 수입면장 발급 ⇨ 화주별 또는 B/L별 컨테이너 내장물품 인출 ⇨ 필요시 검수·검량·감정 ⇨ 화주의 화물 반출

04 실전예상문제

01 컨테이너는 화물의 단위화를 달성함으로써 포장, 하역, 보관, 수송 등의 제 활동 등을 효율화시키고 이를 통해 물류비용을 크게 절감시킬 수 있게 되었다. 컨테이너 사용으로 인한 경제적 효과에 들지 않는 것은?

① 하역시간의 단축과 하역비용의 절감　② 수송시간의 단축

③ 내륙운송비의 절감　④ 수송 중 화물 손상감소

⑤ 선적서류의 감소

> **해설** 컨테이너화 함으로써 나타나는 효율성은 경제성, 신속성, 안전성이다. 선적서류의 감소는 하역의 기계화 · 자동화와 함께 신속성에 해당한다.

02 컨테이너 뒷문에 표기된 "TARE 2,350KG"에서 2,350KG이 의미하는 것은?

> ▶ 제23회 국제물류론

① 컨테이너 자체 중량

② 컨테이너에 실을 수 있는 최대 화물 중량

③ 컨테이너 자체 중량과 컨테이너 섀시(chassis) 포함 총 중량

④ 컨테이너 자체 중량과 컨테이너에 실을 수 있는 최대 화물 중량의 합계

⑤ 컨테이너 자체 중량, 컨테이너에 실을 수 있는 최대 화물 중량, 그리고 컨테이너 섀시(chassis) 중량을 모두 포함한 총 중량

> **해설** TARE 2,350KG은 컨테이너 자체 중량이 2,350KG이라는 것을 의미한다.

03 다음은 어떤 하역방식을 사용하는 것이 적합한가?

> 아우디 · 폭스바겐은 유럽에서부터 컨테이너 화물로 인천항으로 수입하던 자동차를 EURO Car Carrier가 취항하는 평택항으로 도착항을 변경하고자 검토하고 있다. 이 경우 아우디 · 폭스바겐은 자동차 선적시 사용하는 이 하역방식을 이용하여야 한다.

① LO-LO　② RO-RO　③ FO-FO

④ Berth　⑤ Marshalling

> **해설** RO-RO(Roll on Roll off)는 선미 및 현측에 경사도(ramp)가 설치되어 있어 이 경사를 통해 선창 내에까지 자동차를 직접 운전하여 들어가고 선내에 턴테이블, 리프트 등을 장치하여 적 · 양하는 방식이다.

Answer 1. ⑤　2. ①　3. ②

04 컨테이너 운송과 관련된 국제협약이 옳게 연결된 것은?   ▶ 제22회 국제물류론

> ㉠ 1971년 관세협력위원회에 의하여 채택되었으며, 각종 운송기기에 의한 육·해·공의 모든 운송수단을 대상으로 하고 있다.
> ㉡ 컨테이너 국제운송시 컨테이너 취급, 적재 또는 수송 도중 일어나는 인명의 안전을 확보하기 위하여 컨테이너의 기준을 국제적으로 규정하기 위해 채택되었다.
> ㉢ 1959년 유럽경제위원회가 도로운송차량에 의한 화물의 국제운송을 용이하게 하기 위한 목적으로 채택하였다.
> ㉣ 컨테이너 자체가 국경을 통과함에 따라 당사국 간의 관세 및 통관방법 등을 협약·시행할 필요성이 있어, 1956년 유럽경제위원회에 의해 채택되었다.

① ㉠: CCC협약, ㉡: TIR협약, ㉢: ITI협약, ㉣: CSC협약
② ㉠: TIR협약, ㉡: CCC협약, ㉢: CSC협약, ㉣: ITI협약
③ ㉠: ITI협약, ㉡: CSC협약, ㉢: CCC협약, ㉣: TIR협약
④ ㉠: TIR협약, ㉡: CSC협약, ㉢: CCC협약, ㉣: ITI협약
⑤ ㉠: ITI협약, ㉡: CSC협약, ㉢: TIR협약, ㉣: CCC협약

해설 ㉠ ITI협약(Customs Convention on the International Transit of Goods): TIR 협약의 적용범위를 모든 운송기기의 이동과 육·해·공의 운송수단까지로 확대할 목적으로 1971년 제정된 협약이다.
㉡ CSC협약(International convention for safe container): UN이 IMO(국제해사기구)와 협동으로 1972년에 채택한 '안전한 컨테이너를 위한 국제협약'이다.
㉢ TIR협약(Customs Convention on the International cover to transport of goods under cover to Trailer Interchange Receipt): 컨테이너 자체는 물론이고 적재차량에 대한 통과지(경유지)에서의 관세납부 및 공탁면제 등을 규정하고 있을 뿐만 아니라 경유지 세관에서도 세관검사를 면제해줌으로써 다수의 국가를 거쳐 컨테이너를 운송하는 데 상당한 편의를 제공하고 있는 협약이다.
㉣ CCC협약(Customs Convention on Container): 컨테이너가 국경을 통과할 때 발생하는 관세 및 통관문제의 해결을 위해 1956년에 제정한 국제협약이다.

05 컨테이너화물 수출선적 절차에 필요한 서류를 순서대로 나열한 것은?   ▶ 제22회 국제물류론

> ㉠ 선적요청서(shipping request)   ㉡ 선적예약서(booking list)
> ㉢ 기기수도증(equipment receipt)   ㉣ 부두수취증(dock receipt)
> ㉤ 선하증권(bill of lading)

① ㉠ - ㉡ - ㉢ - ㉣ - ㉤   ② ㉠ - ㉣ - ㉡ - ㉢ - ㉤
③ ㉡ - ㉠ - ㉢ - ㉣ - ㉤   ④ ㉡ - ㉢ - ㉣ - ㉠ - ㉤
⑤ ㉢ - ㉡ - ㉠ - ㉣ - ㉤

해설 컨테이너화물 수출선적 절차에 필요한 서류 순서
선적요청서(S/R: Shipping Request) 작성 ⇨ 선적예약서(Booking List) 발급 ⇨ 기기수도증(Equipment Receipt) 교환 ⇨ 서류와 컨테이너에 적입된 화물 대조 후 부두수취증(Dock Receipt) 발행 ⇨ 선하증권(Bill of Lading) 교부

06 다음에서 설명하고 있는 컨테이너화물의 운송형태는? ▶ 제12회 국제물류론

> 국제물류주선업자가 수입업자로부터 위탁을 받아 여러 수출업자의 화물을 집화하여 컨테이너에 혼재한 후 이를 단일 수입업자에게 운송하는 형태로서, "Buyer's Consolidation"이라고도 한다.

① CY/CY(FCL/FCL)   ② CFS/CFS(LCL/LCL)

③ CFS/CY(LCL/FCL)   ④ CY/CFS(FCL/LCL)

⑤ CY/ICD(LCL/FCL)

해설 CFS/CY 운송은 LCL/FCL 운송형태로서 목적지 CFS에서 컨테이너를 개봉하는 것이 아니라 CY에서 Door Delivery 형태로 수입화주에게 직접 인도된다.

07 A사는 중국의 명절을 맞이하여 특수가 기대되는 상품을 중국 내 여러 바이어에게 수출하기로 계약을 체결하였다. A사가 선택할 수 있는 가장 적합한 컨테이너운송은? ▶ 제17회 국제물류론

① CY to CY   ② CY to CFS   ③ CFS to CFS

④ CFS to CY   ⑤ CFS to Port

해설 하나의 송하인이 하나의 수하인에게 보낼 때 가장 적합한 운송방법은 CY/CY이며 여러 개의 송하인이 하나의 수하인에게 보낼 때 가장 적합한 운송방법은 CFS/CY이고 하나의 송하인이 여러 개의 수하인에게 보내는 방법 중 가장 적합한 것은 CY/CFS이다.

08 미국에 소재하고 있는 대형백화점인 A회사는 한국에서 백화점 자체 브랜드의 의류를 여러 봉제업자들로부터 OEM방식으로 가공하여 취합한 후 일괄하여 컨테이너로 수입한다. 한국의 국제물류주선업체인 B회사가 위 물품의 운송을 위탁받았다고 할 때 B회사가 취할 수 있는 적합한 운송형태는? ▶ 제15회 국제물류론

① CY→CY   ② CFS→CY   ③ CFS→CFS

④ ODCY→ODCY   ⑤ CY→CFS

해설 통상 각국의 백화점 바이어들은 수출지 국가의 SUPPLIER들과 다양하게 무역계약을 하되 동일한 목적항이나 목적지에 여러 SUPPLIER의 물품을 한데 모아 한 컨테이너로 만들어 A회사와 운송계약을 한 국제물류주선업체인 B회사에게 CFS/CY의 운송형태로 진행시킨다.

Answer 4. ⑤ 5. ① 6. ③ 7. ② 8. ②

09 다음 컨테이너들의 수량을 TEU로 환산하여 합한 값은? ▶ 제20회 국제물류론

- 20피트 컨테이너 2,000개
- 40피트 컨테이너 1,000개
- 45피트 컨테이너 100개

① 2,000TEU
② 3,000TEU
③ 3,225TEU
④ 4,000TEU
⑤ 4,225TEU

해설 보통 20피트 컨테이너 1개를 1TEU로 환산 40피트 컨테이너는 2TEU로 계산
45피트 컨테이너는 2.25TEU
$(2,000ea \times 1TEU) + (1,000ea \times 2TEU) + (100ea \times 2.25TEU)$
$= 2,000 + 2,000 + 225 = 4,225TEU$

10 1972년 국제연합과 국제해사기구가 컨테이너의 취급, 적취 및 운송에 있어서 컨테이너의 구조상 안전요건을 국제적으로 공통화하기 위하여 채택한 것은? ▶ 제15회 국제물류론

① TIR협약
② CSI협정
③ CSC협약
④ ITI협약
⑤ CCC협약

해설 CSC 협약(Int'l convention for safe container : 컨테이너 안전협약)은 UN이 IMO(국제해사기구)와 협동으로 1972년에 채택한 "안전한 컨테이너를 위한 국제협약"이다. 이 협약의 목적은 컨테이너의 취급, 적취 및 운송에 있어서 컨테이너 구조상의 안전요건을 국제적으로 공통화하는 것을 목적으로 하고 있다.

11 수출화주의 입장에서 FCL 화물의 선적절차를 순서별로 가장 올바르게 나열하고 있는 것은?

㉠ S/R 제출
㉡ Shipping schedule 확인
㉢ Sealing 작업
㉣ 공컨테이너도어 반입
㉤ 선적지까지의 내륙운송
㉥ 도어작업
㉦ Booking Note 접수

① ㉡ - ㉦ - ㉠ - ㉣ - ㉥ - ㉤ - ㉢
② ㉡ - ㉠ - ㉦ - ㉣ - ㉥ - ㉢ - ㉤
③ ㉥ - ㉤ - ㉦ - ㉡ - ㉠ - ㉢ - ㉣
④ ㉤ - ㉥ - ㉠ - ㉢ - ㉡ - ㉣ - ㉢
⑤ ㉡ - ㉠ - ㉣ - ㉦ - ㉥ - ㉤ - ㉢

해설 수출계약을 체결하면 화주는 예정선적일자에 선적항에서 목적항까지의 선박스케줄을 미리 알아보고 (Shipping schedule 확인) 선복예약을 해야 한다(Shipping request 제출). 선사는 선복예약을 접수하고(Booking Note, Shipping Confirmation letter), 화주의 작업장으로 공컨테이너를 보내준다(공컨테이너도어 반입). 이때 컨테이너기사는 EIR(기기인수도증)을 휴대하여 화주로부터 컨테이너를 인수하였다는 확인서를 받게 된다. 화주는 작업장에서 컨테이너에 물품을 적입하는 작업을 하게 되는데 이를 '도어작업'이라 한다. 컨테이너에 화물적입이 끝나면 화주는 봉인(Sealing 작업)을 하고, '선적지까지 내륙운송'을 거친 다음 대부분 ODCY에 컨테이너를 장치 후 셔틀운송을 통하여 선적을 하게 된다.

12 수출 FCL의 화물이동과정이 순서대로 올바르게 나열된 것은?   ▶ 제13회 국제물류론

① Gate ⇨ On-dock CY ⇨ Marshalling Yard ⇨ Apron
② On-dock CY ⇨ Gate ⇨ Marshalling Yard ⇨ Apron
③ Gate ⇨ Apron ⇨ Marshalling Yard ⇨ On-dock CY
④ Off-dock CY ⇨ Gate ⇨ Apron ⇨ Marshalling Yard
⑤ Gate ⇨ Off-dock CY ⇨ On-dock CY ⇨ Apron

해설 컨테이너 터미널의 구조 참조

13 컨테이너 화물의 적재절차 내용 중 맞지 않는 것은?

① 수출자는 공장에 투입된 빈컨테이너의 상태를 먼저 확인하고 이상이 없을 시에 화물을 적재하는 것이 바람직하다.
② 본선이 입항하면 CY Operator는 갠트리크레인을 사용하여 본선에 적재한다.
③ 수출자의 공장으로 투입된 컨테이너에 화물을 적재시 B/L상에 "Shipper's Load & Count"가 표기된다. 이것은 운송 중에 일어나는 어떠한 사고의 책임도 수출자가 전적으로 떠안게 됨을 의미한다.
④ 선사는 컨테이너 화물을 적재하기 위하여 빈컨테이너를 준비하고 배치하며 화물을 인수한다.
⑤ 해상운송시에는 선적 후에 B/L을 발행한다.

해설 수출자는 일단 공장에 컨테이너가 들어오면 컨테이너의 상태를 보는 것이 좋다. 보험에 들었다 하더라도 후에 보험회사가 운송인을 상대로 구상권을 행사할 때 컨테이너 상태의 확인 여부를 따진다.
일반적으로 선사는 화주를 위해 빈컨테이너를 공급하고 화물을 인수하며 선적 후에 B/L을 발행한다.
B/L상의 "Shipper's Load & Count"는 컨테이너 안에 송하인이 화물을 직접 적재하고 개수를 확인하였음을 의미하며, 송하인의 적재책임을 묻기는 하나 운송 중에 일어나는 모든 사고의 책임을 떠안는 것은 아니다.

Answer   9. ⑤   10. ③   11. ②   12. ①   13. ③

14 컨테이너를 이용한 수출화물의 해상운송 절차를 순서대로 올바르게 나열한 것은?

▶ 제15회 국제물류론

㉠ On board B/L 발급	㉡ D/R 발급
㉢ Stowage Plan 작성	㉣ Shipping Request
㉤ EIR 접수	㉥ Sealing

① ㉣ − ㉤ − ㉥ − ㉡ − ㉢ − ㉠   ② ㉣ − ㉥ − ㉢ − ㉡ − ㉤ − ㉠
③ ㉠ − ㉤ − ㉥ − ㉢ − ㉡ − ㉣   ④ ㉥ − ㉣ − ㉤ − ㉢ − ㉡ − ㉠
⑤ ㉢ − ㉣ − ㉥ − ㉤ − ㉠ − ㉡

해설 shipping request − equipment interchange receipt − shipper's load, count weigh, stow, sealing − dock receipt − stowage plan − on board B/L issuing

15 수출화물의 컨테이너 운송에 관한 설명 중 잘못된 것은?

① LCL 화물은 CFS에서 혼재한 후 CY로 반입한다.
② FCL 화물은 수출항뿐만 아니라 수입항에서도 CFS를 경유하지 않고 모두 CY로 직반입된다.
③ FCL 화물은 CY로 직반입된다.
④ Door to Door가 이루어지는 화물은 FCL 화물이다.
⑤ CFS/CY는 수출항의 CFS에서 혼재된 화물이 수입항에서 단일의 수하인에게 인도되는 방식이다.

해설 선적지에서 FCL 화물이라 할지라도 수입국에 다수의 수하인이 있는 경우라면 수입항의 CFS로 반입되어 화물의 분류가 이루어질 수 있으며, FCL/LCL의 운송형태가 여기에 속한다.

16 다음 중 컨테이너를 선박에 적재하려는 방식으로 Fo-Fo(Float on/Float off)에 대한 설명으로 가장 적당한 것은?

① 컨테이너 대신 규격화된 전용선박을 운송단위로 사용하여 부선에 화물을 적재한 상태로 본선에 적입운송하는 특수선박
② 본선의 선수나 선미를 통하여 트랙터나 포크리프트 등에 의해 적하나 양하가 이루어지도록 설계된 선박
③ 대형·대량의 액화·기화 화물을 수송할 수 있는 특수선박
④ 컨테이너를 갠트리크레인 등을 통하여 하역하고 화물창고를 통하여 상하로 올리고 내리게 하는 방식의 선박
⑤ 화물을 적재한 자동차와 운전기사를 싣고 운송하는 자동차 운송선

해설 Fo−Fo(Float on/Float off)은 부선을 이용한 화물의 본선 적입 및 적하 방식이다.

17 컨테이너 터미널의 주요시설 중 컨테이너 터미널(선사)과 외부(화주, 내륙수송업자)와의 책임 관계를 구분하는 지점은? ▶ 제15회 국제물류론

① Marshalling Yard
② Container Yard
③ Container Freight Station
④ Apron
⑤ Gate

해설 Gate에서부터 container yard, container freight station, control tower, marshalling yard, apron, berth가 컨테이너 터미널 운영업자가 책임져야하는 공간이므로 질문에서 요구하는 그 경계선은 Gate 라고 볼 수 있다.

18 육류, 어류 등 냉동화물의 운송을 위한 컨테이너는? ▶ 제14회 국제물류론

① 드라이 컨테이너(Dry Container)
② 탱크 컨테이너(Tank Container)
③ 오픈탑 컨테이너(Open Top Container)
④ 플랫 랙 컨테이너(Flat Rack Container)
⑤ 리퍼 컨테이너(Reefer Container)

해설 온도조절장치를 달아 화물의 신선도를 유지해야 하는 화물의 운송을 위한 컨테이너는 Reefer Container이다.

19 컨테이너 안의 화물 수량이 선하증권상에 기재된 내용과 달라 클레임이 제기될 경우를 대비 하여 운송인이 이와 관련한 면책을 주장하기 위해 선하증권상에 기재하는 문구는? ▶ 제14회 국제물류론

① Importer's Load & Count
② Shipper's Load & Count
③ Consignee's Load & Count
④ Said by Shipping Company's to Contain
⑤ Error and Omissions Excepted

해설 Shipper's Load & Count : 이는 B/L상 부지약관(Unknown Clause)에 해당하는 것으로, shipper(화주)에 의해 (컨테이너에) 화물을 적입 및 계량되었음을 표현하고 있다.

Answer 14. ① 15. ② 16. ① 17. ⑤ 18. ⑤ 19. ②

20 컨테이너 리스료 부과방식이 아닌 것은?
▶ 제17회 국제물류론

① Rental Charge
② DPP Premium
③ Interchange Ratio
④ Geography Table
⑤ Master Lease

해설 컨테이너 리스를 운송구간별로 리스할 경우에 Trip Lease라 하며 일정기간 컨테이너 개수에 관계없이 자유롭게 이용할 수 있는 리스 형태를 Master Lease라 한다. Long-Term Lease는 장기간 임차하는 방식의 리스형태이나 이용할 수 있는 컨테이너 수량은 제한적이다. 따라서 이 분류는 리스료 부과방식이 아니라 운영방식으로 분류한 경우이다.

21 다음은 컨테이너 화물운송에 관련된 국제협약에 관한 설명이다. 옳은 것만으로 묶인 것은?
▶ 제14회 국제물류론

ⓒ CCC는 컨테이너가 국경을 통과할 때 발생하는 관세 및 통관문제의 해결을 위해 제정된 협약이다.
ⓛ TIR은 컨테이너에 적입 및 봉인되어 운송되는 컨테이너 해상운송에 적용되는 협약이다.
ⓒ ITI는 육·해·공을 포함하는 국제운송에 관련된 통관협약이다.
ⓔ CSC는 컨테이너의 표준규격을 정한 협약이다.

① ㉠, ㉡
② ㉠, ㉢
③ ㉡, ㉢
④ ㉡, ㉣
⑤ ㉢, ㉣

해설 옳은 것은 ㉠㉢이다.
ⓛ TIR협약(Customs Convention on the International cover to transport of goods under cover to Trailer Interchange Receipt)은 컨테이너뿐만 아니라 이를 적재하고 도로를 주행하는 차량의 원활한 통관을 위해 체결된 협약이다.
ⓔ CSC협약(International convention for safe container, 컨테이너안전협약)은 UN이 IMO(국제해사기구)와 협동으로 1972년에 채택한 '안전한 컨테이너를 위한 국제협약'이다.

22 CLP(Container Load Plan)에 관한 설명으로 옳은 것은?
▶ 제18회 국제물류론

① CLP는 컨테이너에 적재된 화물의 명세를 기재하는 서류로, 컨테이너 개별로 작성하지 않고 반드시 B/L건별로 작성해야 한다.
② Shipper's Pack의 경우 CLP는 수하인 또는 수하인의 대리인이 작성한다.
③ CLP는 CFS/CFS 간의 화물수취인도증서로 사용된다.
④ CLP는 화물적입지에서 세관에 대한 화물반입신고서의 대용으로 사용된다.
⑤ LCL화물의 경우 CLP는 대개 CFS Operator나 이와 계약관계에 있는 검수회사가 선적예약시 화주가 제출한 제반서류를 기초로 작성한다.

해설 ① CLP는 컨테이너에 적재된 화물의 명세를 기재하는 서류로, 컨테이너 개별로 작성해야 한다.
② Shipper's Pack의 경우 CLP는 송하인 또는 송하인의 대리인이 작성한다.
③ CLP는 CFS/CFS 간의 화물수도증명서로도 사용된다.
④ CLP는 선적지에서 세관에 제출하고 화물반입계의 대용으로도 사용된다.

23 20피트 규격의 컨테이너(TEU) 1개에는 평균 25CBM 부피의 화물이 적재된다. 이 기준을 적용할 때 화물박스 하나가 40cm × 50cm × 60cm인 경우 이론상 최대 몇 개의 박스가 적재될 수 있는가? ▶ 제18회 국제물류론

① 약 100 박스
② 약 104 박스
③ 약 120 박스
④ 약 208 박스
⑤ 약 416 박스

해설 0.4M × 0.5M × 0.6M는 0.12CBM이므로 따라서 25CBM을 0.12CBM으로 나누면 208.333이 되므로 상기 문항 중에는 208개가 가장 가까운 숫자이다.

24 컨테이너 임차시 임차료, 임차 및 반납조건 등을 포괄적인 계약조건으로 정한 후 계약 기간 내에서는 자유롭게 임차와 반납을 허용하는 컨테이너 리스형태는? ▶ 제18회 국제물류론

① Turn-key Lease
② One Way Lease
③ Round Lease
④ Lease & Purchase
⑤ Master Lease

해설 컨테이너를 통째로 임대한 후 이를 다시 재임대하는 형태로 운영과 수익을 극대화하는 컨테이너 리스형태는 Master Lease이다.

Answer 20. ⑤ 21. ② 22. ⑤ 23. ④ 24. ⑤

25 컨테이너의 철도운송에 관한 설명으로 옳지 않은 것은? ▸ 제19회 국제물류론

① 컨테이너의 철도운송은 크게 TOFC 방식과 COFC방식으로 구분된다.

② TOFC 방식은 이단적열차(double stack train)에 적합하다.

③ TOFC 방식은 캥거루방식과 피기백방식으로 구분할 수 있다.

④ 대부분의 철도운송은 화물의 집하 및 인도를 위해 트럭의 도움을 필요로 한다.

⑤ 우리나라에서 철송 기지 역할을 하고 있는 ICD는 의왕과 양산이 대표적이다.

해설 COFC 방식이 이단적열차(Double Stack Train) 철도운송에 적합하다.

26 컨테이너 뒷문의 표시내용 중 PAYLOAD가 의미하는 것은? ▸ 제19회 국제물류론

컨테이너 뒷문 표시내용

	CRXU 123456
	KR
	MAX GROSS
	TARE
	PAYLOAD
	CUBIC CAPACITY

① 컨테이너 자체무게

② 컨테이너가 실을 수 있는 화물의 총무게

③ 컨테이너 자체무게와 그 안에 적입 가능한 화물의 총무게의 합계

④ 컨테이너가 실을 수 있는 부피의 한계

⑤ 컨테이너 자체무게와 샤시 무게의 합계

해설 PAYLOAD는 컨테이너 총중량에서 컨테이너 자체의 무게를 감한 최대 적재 중량을 의미한다. 즉, 컨테이너가 실을 수 있는 화물의 총무게라고 할 수 있다.

Answer 25. ② 26. ②

물류관리사
CERTIFIED PROFESSIONAL LOGISTICIAN

국제물류거점

04 국제물류거점

| 학습목표 | 1. 국제물류의 주요 거점시설인 항만과 공항에 내용을 제시한다.
2. 기타 물류거점 시설 등을 제시한다.

| 단원열기 | 국제물류의 주요 거점시설들에 대한 내용을 다루고 있는 이 단원에서는 항만과 공항을 비롯하여 내륙컨테이너기지와 보세구역 등을 자세히 제시하고 있다. 이 단원은 높은 출제빈도를 나타내고 있지는 않지만 컨테이너 터미널과 보세구역을 중심으로 자주 출제되고 있으므로 이에 대한 학습이 중요하다.

제1절 항 만

1 항만의 개념과 기능

(1) 항만의 개념

항만터미널은 해상과 육상운송의 인터페이스(interface)로서, 육상수단에 의해 운송된 화물의 선적과 양하작업을 원활하게 이행할 수 있는 시설을 갖추고 산업활동이 이루어지는 장소를 의미한다. 따라서 항만은 선박이 입출항하고 화물의 하역·보관 및 처리를 하기 위하여 선박의 안전정박을 위한 충분한 수심과 넓은 접안시설, 하역장비 및 창고, 화물장치장과 육상교통과의 연계, 입출항에 필요한 세관 및 검역시설과 기타 간접시설을 갖추고 있어야 한다.

이러한 항만터미널은 항공화물터미널과 마찬가지로 해운회사들이 모든 국가의 주요 항구를 일주하며 운송서비스를 제공하던 세계일주서비스에서 탈피하여, 대규모 허브 항구에서만 취항하는 서비스 형태로 전환함으로써 전략적 변화를 요구받고 있다. 따라서 우리나라에서도 부산항의 확장과 더불어 광양항 등의 개발을 통해 동북아시아의 중심항이 되기 위한 다각적인 노력을 기울이고 있다.

(2) 항만의 기능

항만은 해륙교통의 중계지로서 선박에 의한 해상수송을 안전·용이하게 하고, 육상수송과의 연락을 원활히 하는 터미널(terminal) 기능이 기초적인 것으로 되어 있다.

최근의 항만 역할은 교통부문의 터미널기능을 제공하는 것뿐 아니라 경제사회의 지속적인 발전과 항만도시 형성에 기여하는 등 관련하는 범위가 확대되고 있다. 따라서 항만의 기능을 대별하면 터미널 기능, 경제적 기능, 도시관련 기능으로 구분된다.

① **터미널 기능**

항만터미널은 여객 및 화물의 수송을 위한 육상운송과 해상운송을 연결하는 접점기능을 수행한다. 예컨대, 화물을 수출하는 경우 항만터미널은 육상운송의 종결점이며 해상운송의 시발점으로서의 역할을 수행하는 것이다.

즉, 해륙교통의 접속점으로서 국내 교통망의 주요한 일부분을 형성하고 있을 뿐만 아니라 해외 여러 나라의 교통망과 연결되어 있다. 여기에 해운과 육운을 연계하는 터미널기능이 기초적인 것으로 되어 있다. 그리고 터미널 기능에 있어서는 상거래와 유기적인 관련이 있는 유통기능이 주체적인 것으로 되어 있다.

항만의 터미널기능은 해상과 육상의 교통과 밀접한 관련이 있다. 해상교통의 면에서는 선박의 효율적인 운항을 가능하게 하는 것이 중요하다. 즉, 선박의 회전율을 제고하고, 터미널 코스트를 최소화하며, 선박의 운항 회전율 향상에 기여하도록 시설, 설비 및 집하, 하역, 수속 등의 태세를 정비하고 그 배후지와 연계수송을 효율적이고 원활하게 하여 해륙 일체화에 의한 종합적 수송을 가능하게 하는 것이 중요하다. 따라서 항만은 전 교통체계에 있어서 주요한 터미널로서 해륙교통에 관계하는 사람 및 화물의 유통합리화를 도모하는 역할을 한다.

② **경제적 기능**

항만터미널은 자원의 효율적 배분을 위한 국제적인 연결교차점으로서의 역할을 수행한다. 이는 해상운송이 대량화물을 가장 저렴한 비용으로 운송할 수 있는 특성을 지니고 있기 때문이며, 실제로 대부분의 원재료 및 연료화물 등이 해상운송을 통해 국제적으로 이동되고 있다. 이러한 면에서 항만은 물자유통을 원활히 함으로써 생산력을 증대시키고 동시에 시장형성을 강화하고 소비를 충실하게 하는 효과를 가져온다.

즉, 항만은 터미널기능을 기반으로 하여 물자유통의 합리화를 추진함으로써 시장확대와 생산력 증강에 의한 경제성장에 기여하는 것으로서 경제적 기능을 지니고 있다. 특히, 원료의 수입과 제품수출을 해외에 의존하고 있는 우리나라에 있어서는 국민경제발전상 생산면의 합리화와 유통면의 합리화가 크게 요청되고 있다. 따라서 유통비용의 감축에 의하여 국제시장경쟁을 타개하여 시장을 확대하고 생산 유지 및 증대를 도모하는 것이 중요하며, 이 때문에 항만의 기능은 중요한 것이다.

③ **도시관련 기능**

항만터미널은 무역, 상거래, 공업, 정보, 금융 등의 산업기반을 강화하는 역할을 하고 있고 직간접으로 관련된 경제활동 분야의 집적과 인구 집중을 가져오고 있다. 이러한 것은 항만을 중심으로 한 도시화를 증진하는 요인이 된다.

항만은 이와 같이 도시형성 증진의 기능을 가지고 있으며, 그 작용이 강할수록 항만도시의 규모를 증대시키는 경향이 있으며, 삼면이 바다인 우리나라는 부산, 인천, 울산, 마산 등 대부분 도시들이 항만과 관련이 있고, 항만도시로서의 성격을 가지고 있다.

2 항만시설 및 항만하역시설

항만시설이란 항만의 정박지·부두 및 이들에 수반되는 공작물·설비 등을 포함한 항만의 기능을 충족시키기 위해 필요한 모든 시설을 말한다. 항로·정박지 등의 수역시설, 방파제·수문·갑문·호안(護岸) 등의 외곽시설, 안벽·잔교·부잔교(浮棧橋)·계선부표 등의 계류시설, 도로·철도·교량·궤도·운하 등의 임항(臨港)교통시설, 항로표지·통항신호시설·조명시설·통신시설 등의 항로보조시설, 하역용 크레인 등의 하역시설, 창고·저탄장·저목장·위험물 저치장 등의 보관시설, 선박을 위한 급수·급유·급탄 등의 보급시설, 여객의 승강·대기 등을 위한 여객시설 등이 있다.

이 중에서 대표적인 것으로 수역시설, 외곽시설, 계류시설 등을 들 수 있으며, 좁은 의미의 항만시설로는 부두·안벽·잔교·창고 등을 포함하고 있는 계류시설만을 의미한다.

(1) 대표적 시설

① **수역시설**: 수역시설은 항로, 정박지, 선회장 등이 해당된다.

⊙ 항로(航路, Route of Ship): 항로는 선박이 운항하기로 예정된 경로(經路)로서 선박이 항해하는 바다의 길을 말한다. 태평양을 횡단하는 항로처럼 넓은 해역을 자유롭게 항행할 수 있는 비교적 제약이 적은 항로부터 인공적으로 준설한 폭이 좁은 항로까지 여러 형태가 있는 것이 특징이다.

항로의 폭에 관하여 국제적으로 통일된 기준은 없으나, 우리나라의 경우에는 그 항로를 통행하는 대상선박의 길이·폭 및 통행량과 지형·기상·해상 기타 자연조건을 고려하여 결정하되, 통행시 선박충돌의 위험이 있는 항로에 있어서는 대상선박의 길이 이상으로 하고, 선박충돌의 위험이 없는 항로에 있어서는 대상선박 길이의 2분의 1 이상으로 하도록 정하고 있으며, 또한 항로의 깊이는 파랑·바람·조류 등에 의한 선박의 트림(Trim) 및 화물의 적재상태 등을 고려하여 대상선박의 만재흘수 이상의 적절한 깊이로 하도록 정하고 있다.

⊙ 정박지(碇泊地, Anchoring basin): 정박지는 수면파(水面波)를 방지하여 선박이 안전하게 정박하도록 선박의 종류, 크기 또는 적하물에 따라 지정된 수역(水域)을 말한다. 항계 안에 지정하는 것이 일반적이나, 접안시설이 부족하거나 접안을 위한 대기가 필요한 때 또는 접안하는 것이 부적당한 때에는 항계 밖에도 정박구역을 지정할 수 있다.

정박지는 잔잔하고 충분한 수역과 닻을 내리기 좋은 지반이어야 하며, 그 규모는 사용목적 및 정박방법에 따라 다소 차이가 있다.

⊙ 선회장(船回場, Turning basin): 항만시설 가운데 수역시설의 하나로서, 선박이 부두에 접안(接岸)시 또는 이안(離岸) 후 항행을 위하여 방향을 바꾸거나 회전하는 데 필요한 수역(水域)을 일컫는다.

선회장은 바람 및 조류의 영향, 예인선의 유무 등을 고려하여 안전한 조선(操船)이 되도록 충분한 넓이로 계획되어야 하며, 일반적으로 자력에 의한 회두(回頭)의 경우 선박길이의 3배, 예인선에 의한 회두인 경우에는 선박길이의 2배를 직경으로 하는 원형면적이 필요하다.

② **외곽시설** : 항내의 정온과 수심을 유지하고 보호하기 위하여 외해로부터 내습하는 파랑(波浪)의 방지, 파랑 또는 조위(潮位)에 의한 표사이동의 방지, 해안선의 토사유실 방지 및 하천 또는 외해로부터 토사유실 방지 등을 목적으로 축조하는 항만구조물로서 방파제(防波堤), 방사제(防砂堤), 호안(護岸), 도류제(導流堤) 등이 있다.

③ **계류시설** : 계류시설은 선박이 접안해서 화물의 적·양하와 승객의 승·하선을 하는 접안설비로서 안벽, 잔교, 부잔교, 물양장(거룻배 부두), 돌핀(dolphin), 계류부표 등 시설의 총칭이다.

(2) 협의의 시설

① **부두**(wharf) : 항만 내에서 화물의 하역과 여객의 승선과 하선을 위한 여러 가지 구조물을 총칭하는 것으로 안벽, 잔교, 부잔교 등이 여기에 포함된다.

② **안벽**(quay) : 화물의 하역이 직접 이루어지는 구조물로서 해안선에 평행하게 축조된 석조 또는 콘크리트제로서 선박의 접안을 위하여 해저로부터 수직으로 만들어진 벽을 말한다. 다음과 같은 부속물이 있다.

　㉠ 팬더(fender) : 선박의 접안시 접촉에 의한 충격을 완화시켜 서로의 손상을 방지하기 위해 안벽의 외측에 목재 또는 고무재를 부착시켜 두는 완충물이다. 배의 뱃전에 장치한 완충물을 방현재(防舷材)라 하고, 완충물을 선창(船艙)·안벽(岸壁)·부표(浮標) 등에 장치했을 때는 방호재(防護材)라고 한다.

　㉡ 계선주(bitt, mooring post, bollard) : 계선은 선박에서 화물이나 승객을 싣고 내리기 위하여 또는 그 밖의 목적으로 배를 로프나 사슬로 일정한 설비에 고정시키는 것으로 안벽에 견고하게 설치된 석재 또는 강철재의 짧은 기둥을 계선주라고 한다.

　㉢ 캡스턴(capstan) : 선거갑문 또는 안벽에 설치되어 선박의 입출항시 선박의 계선삭을 감아 올려 선박의 방향을 조절하는 장치이다.

③ **잔교**(pier) : 선박을 접안, 계류하여 화물의 하역과 여객의 승·하선을 용이하게 만든 목재·철재 또는 콘크리트로 만든 교량형 구조물을 말한다.

④ **부잔교**(floating landing stage) : 해저지질과 수심이 부적당한 장소에 잔교를 대신하여 구축한 변형적 잔교이며, 그 주요 부분은 부선(pontoon)으로 형성되어 있다.

⑤ **창고**(warehouse) : 화물을 보관하는 장소의 총칭이다.

⑥ **방파제**(break water) : 바다의 파랑(波浪)을 막아 항내를 보호하기 위하여 항만의 외곽에 쌓은 둑이다. 천연의 양항(良港)을 제외한 대부분의 항만에 설치된 중요한 시설로서 돌이나 콘크리트 구조물을 해저로부터 수면 위까지 설치하여 외해의 파랑이 항내로 들어오는 것을 막도록 설치된다. 또한 기상 또는 해상의 변화에 대처하여 선박의 입출항이나 하역작업을 수행할 수 있도록 설치해야 한다.

⑦ **상옥**(transit shed, 중간창고) : 안벽, 잔교, 양륙장 등에서의 운송작업과 보관작업 사이에 중간작업을 하는 장소로서 단층 또는 여러 층으로 건조되어 있다. 이곳에서 화물의 적하 및 양하, 입출고 과정인 화물의 분리, 정리, 포장작업 등이 이루어진다.

⑧ **임항철도**(dock railway siding) : 선박과 철도를 연결시키기 위하여 철도간선으로부터 항만 내로 갈라져 이어진 철도를 말한다. 또한 항내에 흩어져 있는 임항철도를 서로 연결한 환상철로선을 벨트라인(belt line)이라고 한다.

⑨ **해분**(basin) : 조수간만의 차가 심한 항만에서 항구의 한쪽에 갑문(lock gate)을 설치하여 바닷물 저장과 수심의 평균을 유지하게 함으로써 선박의 정박과 작업을 용이하게 하는 수역을 말한다.

⑩ **항만하역시설** : 하역시설은 선박의 가동능력에 커다란 영향을 미치는 동시에 항만의 경제적 가치를 결정하는 중요한 요소로서 부선(barge), 기중기(floating crane), 고정식 또는 이동식의 육상기중기(crane), 벨트컨베이어(belt conveyor)를 비롯한 여러 가지 하역기기를 총칭한다.

    ㉠ **부선**(lighter) : 부선은 일반적으로 부두에서 하역이 아닌 해상하역 작업시 본선에서 육상까지 운반수단인 바지(barge) 등을 총칭한다. 이는 항만내부나 하구 등 비교적 짧은 거리의 해상운송에 사용되며, 보통 자기동력을 갖고 있지 않고 예인선에 의해 끌려간다.

    ㉡ **기중기**(crane) : 중량물을 적·양하할 때 또는 이동할 때 사용되는 기구로 해상기중기(floating crane), 고가기중기(gantry crane), 이동기중기(mobile crane) 등이 있다.

    ㉢ **벨트컨베이어**(belt conveyor) : 컨베이어 중에서 가장 널리 사용되는 운반기구로서 기계부품이나 컨테이너의 운반에 사용해도 편리하며, 석탄, 광석 등과 같은 살화물을 대량으로 운반할 때 가장 큰 효과를 나타낸다.

3 항만 컨테이너 터미널

(I) 컨테이너 터미널의 개요

① **개념** : 컨테이너 터미널(Container Terminal)은 컨테이너선에의 화물의 적재와 하역을 원활하고 신속하게 하도록 하는 유통작업의 장소 및 설비의 전체를 말한다. 즉, 컨테이너운송에 있어서 해상 및 육상운송의 접점인 부두에 위치하고 본선하역, 화물보관, 육상운송기관에의 컨테이너 및 컨테이너화물의 인수·인도를 행하는 장소를 말하며, CY 및 CFS가 컨테이너 터미널에 속한다.

② **기능** : 컨테이너 터미널은 컨테이너선에 화물을 적재, 양륙, 적부(stowage)하고 화물과 컨테이너의 인수도가 일어나는 장소이다. 이곳은 수출입화물을 신속하고 효율적으로 처리할 수 있도록 본선하역, 구내이송, 장치 및 보관, 인수도 작업, 게이트 작업, 정보 및 관리시스템들이 유기적으로 운용되는 종합시스템 체제를 갖추고 있다.

컨테이너 터미널의 기능은 크게 하역·이송기능, 보관기능, 혼재기능, 지원기능 등으로 구분된다.[1]

---

1) 박동수 외, 「국제물류론」, 범한, 2007, p.211.

㉠ 하역·이송기능 : 터미널에 연결되는 복수운송수단 간에 컨테이너를 신속·정확·안전하게 하역 및 이송하는 기능

㉡ 보관기능 : 한정된 하역시간에 대량으로 하역하는 해상운송과 비교적 긴 시간에 소량 단위로 컨테이너를 반출입하는 도로운송과의 하역이송을 원활히 하기 위해 컨테이너를 일시 보관하는 기능

㉢ 혼재기능 : 다수의 LCL 화물을 하나의 컨테이너에 적입하거나, 하나의 컨테이너를 다수의 LCL 화물로 분리하는 기능

㉣ 지원기능 : 하역이송·보관·혼재 등의 기능을 달성하기 위하여 각 기능을 공동으로 지원하는 기능

③ **조 건**

컨테이너 터미널은 화물의 단위화(Unit)를 통하여 그 처리방법을 표준화·신속화하여 하역기기의 기술혁신과 함께 재래 정기선시대에 비하여 대량화물을 선적·양하시간을 획기적으로 단축시켜 정박시간을 감소하고 선박의 회전율을 높였다.

그리고 터미널 내에서 하역의 단일화에 의하여 컨테이너의 연속적인 움직임에 대한 종합적인 계획을 사전에 입안할 수 있게 되었고, 다른 운송수단의 생산성 향상에 크게 기여하였다.

컨테이너 운송이 활성화되기 위해서는 컨테이너 전용선의 활용, 하역의 성력화 그리고 내륙운송수단과의 연계과정 등이 컨테이너 운송에 적합하여야 한다. 특히 항만기능의 중추는 컨테이너 터미널이며, 이것은 컨테이너 운송을 구성하는 시스템 속에서 하나의 센터로서의 역할과 더불어 복합적이며 물류의 합리화·집약화를 도모하는 기능을 담당하여야 한다.

이를 위해 컨테이너 터미널은 기본적으로 다음과 같은 조건을 갖추어야 한다.[2]

㉠ 컨테이너선의 안전한 항행, 이·접안, 계류가 가능하고 하역용 갠트리크레인을 장치하고 있어야 한다.

㉡ 컨테이너선에 적재, 양륙되는 컨테이너를 육상운송수단에 신속·정확하게 수도하는 능력이 있고 컨테이너의 상태를 검사할 수 있는 시설과 조직을 갖추고 있어야 한다.

㉢ 컨테이너 터미널을 통과하는 대량의 컨테이너를 신속·정확하게 처리할 수 있는 시설과 조직을 갖추고 있어야 한다.

㉣ 컨테이너 터미널을 통과하는 대량의 컨테이너를 신속·정확하게 처리할 수 있는 능력이 갖춰진 시스템하에서 운영되어야 한다.

㉤ 내륙운송접점의 역할을 수행하기 위해서는 배후지의 도로망이나 충분한 운송능력이 있는 철도에 직접적으로 접속되어야 한다.

㉥ 대량 컨테이너를 동시에 수용하기 위해 항만배후부지에 넓은 CY나 CFS를 확보하고 있어야 한다.

---

2) 차중곤, 「신 국제물류의 이해」, 대진, 2007, pp.194~195.

(2) 컨테이너 터미널의 시설

컨테이너 터미널은 수출입화물을 신속하고 효율적으로 운반하기 위해 적합한 시설과 장비를 갖추어야 한다. 컨테이너 터미널의 주요 시설은 다음과 같다.

[그림 4-1] 컨테이너 터미널의 구조

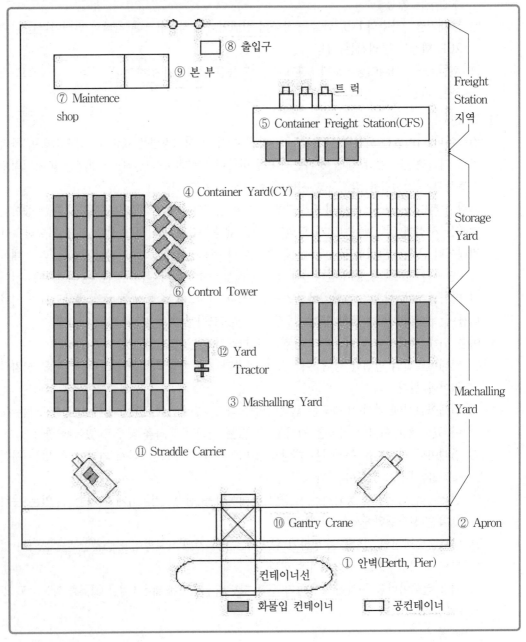

① **Container Berth** : 이것은 컨테이너선이 안전하게 부상하고 와서 닿을 수 있는 접안장소로 선석이라고도 한다. 컨테이너선이 만적시에도 충분히 안전하게 부상할 수 있는 수심의 유지가 필요하며 적정한 안벽의 길이도 확보되어 있어야 한다.

② **Apron**(Wharf Surface, Quay Surface) : 이것은 부두 여러 부분 중에서 선박, 즉 바다와 가장 가까이 접해 있고 안벽(quay line)에 따라 포장된 부분이다. 이 Apron는 안벽에 접한 야드의 일부분으로 컨테이너의 적재와 양륙작업을 위하여 임시로 하치하거나, 크레인이 안벽 전장에서 통과·주행할 수 있도록 레일을 설치한 곳이다. Apron에는 안벽당 2개의 컨테이너 전용 갠트리크레인(Gantry Crane)이 있다.

③ **Marshaling Yard** : 이것은 컨테이너선에 직접 적재와 하역을 하는 컨테이너를 정렬해 두는 넓은 장소로 조화장이라 하며, Apron과 인접하여 배치되어 있다. 즉, 컨테이너의 입항 전에 선적해야 하는 컨테이너를 하역순서에 따라 정렬시키고 동시에 컨테이너선으로부터 양륙되는 컨테이너에 필요한 장소를 준비하는 곳이다. 컨테이너의 크기에 맞춰 바둑판처럼 백색 또는 황색의 구획선이 존재하는데 이 구획선의 한 칸을 Slot(슬롯)이라고 한다.

④ **CY**(Container Yard) : 이것은 컨테이너의 인수나 인도 및 보관을 하는 야적장으로 컨테이너 한 개에 만재되는 만재화물(Full Container Load, FCL)의 인도와 인수는 이곳에서 이루어지고 해상운송인으로서의 책임은 여기에서 시종(始終)된다. 실무적으로는 container terminal을 CY 라고 부르는 경우가 많으나 CY는 container terminal의 일부이다.

⑤ **CFS**(Container Freight Station) : 이것은 컨테이너 1개를 채울 수 없는 소량화물의 인수, 인도, 보관 또는 LCL 화물을 컨테이너 안에 적입(stuffing, vanning)하거나 끄집어내는(unstuffing, devanning) 장치작업을 하는 장소를 CFS라고 한다. 일반적으로 컨테이너 운송에서 화물의 출하지에서 최종 목적지까지 소위 문전에서 문전까지(door to door) 직접 운송되는 것이 가장 바람직하지만 소량의 LCL 화물의 경우에는 이 CFS에 우선적으로 집하하여 목적지나 수하인별로 분류한 다음 컨테이너에 적입하거나 또는 LCL 화물을 컨테이너에서 끄집어내어 수하인에게 인도하게 된다.

⑥ **Control Tower** : 이것은 Control Center라고도 부르고 CY전체를 내려다 볼 수 있는 위치에 설치되어 CY전체의 작업을 총괄하는 지령실로서, 본선하역작업은 물론 CY 내의 작업계획, 컨테이너배치계획 등을 지시·감독을 하는 곳이다.

⑦ **Maintenance Shop** : 이것은 CY에 있는 여러 종류의 하역기기나 운송관련 기기의 점검·수리·정비를 하는 곳이다.

⑧ **CY Gate** : 이것은 컨테이너 및 컨테이너화물의 인수·인도를 하는 장소이다. gate 통과시 컨테이너 이상 유무 등의 현상확인, 통관봉인(seal)의 유무, 컨테이너중량의 측정, 컨테이너화물의 인수에 필요한 서류의 확인 등이 행하여지고 해·육 일관운송책임체계의 접점으로서 가장 중요한 기능을 가지고 있다.

⑨ **Administration Office** : Head Office라고도 하며 CY 운영요원이 Yard 경영을 위한 행정사무를 수행하는 곳이다.

(3) 컨테이너 터미널의 하역기기

① **갠트리크레인**(Gantry Crane, Wharf Crane) : 이 기기는 컨테이너 터미널에서 컨테이너선에 컨테이너를 선적하거나 양륙하기 위한 전용크레인으로 Apron에 부설된 철도 위를 이동하여 컨테이너를 선적 및 양하하는 데 사용하는 대형 기중기이다.

② **트랜스퍼크레인**(Transfer Crane, Transtainer) : 이 기기는 일정한 간격을 가진 교각형 기둥으로 상부 크레인을 지지하고, 기둥의 상하로 컨테이너를 감아올려 적재 및 인수를 수행하며, 하부에는 이동할 수 있는 바퀴를 갖고 있다. 즉, 이 기기는 컨테이너를 몇 줄이고 줄지어 다단적하기 위한 크레인으로 전후방으로 레일상 또는 타이어륜으로 이동하는 교형식 크레인이며, 보통 전동식이고 시간당 컨테이너를 30개 정도 처리한다.

③ **스트래들캐리어**(Straddle Carrier) : 이 기기는 터미널 내에서 컨테이너를 양각 사이에 놓고 상하로 들어올려 컨테이너를 Marshaling Yard로부터 Apron 또는 CY지역으로 운반 및 적재하는 데 사용되는 장비로서 기동성이 좋은 대형 하역기기이다.

④ **섀시**(Chassis) **& 트렉터**(Tractor) : 섀시(Chassis)는 컨테이너를 탑재하는 차대를 말하고 트렉터에 연결되어 이동한다. 즉, 육상을 운행하는 밴 트레일러(Van Trailer)에서 컨테이너를 탑재하는 부분을 말한다. 트렉터와 연결되어 있지 않을 때에는 전부(前部)의 랜딩기어를 내려 주차하고 트렉터와 연결하였을 때는 랜딩기어를 올려 주행한다.

트렉터(Tractor)는 컨테이너 야적장에서 Chassis를 끄는 컨테이너 운반트럭으로 일반 컨테이너 트럭과 같다. 다른 점은 작업의 간소화를 위해 섀시의 랜딩기어를 주행시 유압으로 약간 올려 이동한다.

⑤ **포크리프트**(Fork Lifter) **& 탑핸들러**(Top Handler)：Fork Lifter는 컨테이너 터미널에서 컨테이너화물을 트럭에 적재하거나 또는 트럭에서 양하할 때 사용하는 기기이다. 즉, 하중을 상하로 이동하기 위한 마스트(MAST)를 갖추고 이동장소 간의 화물운송이 가능한 산업차량이다. 한편, Top Handler는 컨테이너 모서리쇠를 잡는 스프레더(Spreader) 또는 체결고리가 달린 팔과 마스트를 갖추고 야드 내의 Empty Container를 적치 또는 하역하는 장비이다.

⑥ **리치스태커**(Reach Stacker)：이 기기는 크레인 끝에 스프레더(Spreader)가 장착되어 컨테이너 운반용으로 주로 사용되며, 컨테이너의 적재 및 위치이동, 교체 등에 사용되는 산업운반용 차량이다. 긴 붐(Boom)을 이용하여 컨테이너를 야드에 적치 또는 하역작업을 하는 데 주로 사용하고 Full Container를 취급할 수 있는 장비이다.

⑦ **윈치크레인**(Winch Crane)：이 장비는 섀시(Chassis) 또는 트럭에 적재하거나 양륙할 때 사용하는 기중기로, 좌우회전이 가능하고 자력으로 작업장까지 이동할 수 있다. 윈치는 로프를 원통에 감아 올려 중량물을 끌어올리거나 도르래를 끼워 매다는 것을 말한다.

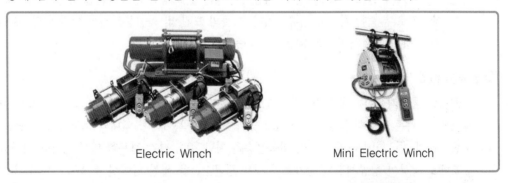

Electric Winch   Mini Electric Winch

⑧ **무인반송차**(Automatic Guided Vehicle, AGV)：차체에 수동 또는 자동으로 화물을 적재하고 지시된 장소까지 자동주행하여 수동 또는 자동으로 이재(移載) 또는 적재하는 무궤도 차량을 말한다. AGV는 배터리로 움직이는 무인차로 사람의 손 또는 자동으로 짐을 적재하여 지정장치에 자동주행하여 짐을 내린다.

제 2 절　공항(항공화물터미널)

1　공항의 개요

(1) 공항의 의의와 기능

① **공항의 의의** : 공항은 항공기 운항의 중심지로서 항공기에 의한 여행 또는 수송의 출발점, 중간지점 또는 최종 도착지점의 기능 그리고 여객운송과 화물을 집하·배송하는 항공운송서비스가 이뤄지는 현장으로서 세관·입국·검역업무 등 매우 다양한 기능을 수행할 뿐만 아니라 공항 자체가 가지고 있는 경제적인 기능과 국가 간의 교류를 위한 주요 통로로서의 구실을 하고 있다.

② **공항의 기능** : 공항의 기능은 항공기, 여객, 화물 등 크게 세 가지 기능으로 나눠진다.

　㉠ 항공기운항기지기능 : 항공기운항기지로서의 기능은 항공기의 이륙과 착륙을 위한 장소와 시설을 제공하기 위해 활주로, 유도로, 계류장 및 착륙대 등의 기본시설과 항공교통관제시설, 항행보조무선시설, 항공등화시설 등의 항행안전지원시설 및 격납고, 정비시설, 기내식시설, 동력시설, 급유시설 등 항공기 정비와 지상조업 등을 통하여 항공기의 운항지원을 하는 기능을 말한다.

　㉡ 여객운송기지기능 : 여객운송기지기능으로서 여객이 항공여행을 하는 출발지·중간기착지 또는 도착지로서 여객이 항공기 탑승이나 탑승대기를 위한 시설과 휴게기능 또는 음식제공시설을 갖추어 여객의 항공여행서비스를 제공하는 기능을 말한다.

　㉢ 화물운송기지기능 : 화물운송기지기능으로서 항공운송을 위한 출발지·중간기착지 또는 도착지로서 철도나 육상교통을 이용하여 공항에 도착한 항공화물을 항공기에 탑재하거나, 항공기로 운송한 화물을 분류하거나, 화물의 보관 및 화물통관시설을 갖춰 항공화물의 수송·보관·통관서비스를 제공하는 기능을 말한다.

(2) 공항의 물류거점화

① **공항의 물류거점화** : 세계 각국은 공항의 물류거점화를 위하여 경쟁적으로 대규모로 신공항의 개발 및 기존 공항의 확장을 추진하고 있다. 특히, 동북아시아 역내외 교역의 활성화와 항공운송부문의 자유화에 따라 동북아 항공운송은 지난 20여 년간 괄목할 만한 성장을 거두었고, 향후에도 동북아 항공시장의 증가율이 세계 평균수준을 훨씬 넘어설 것으로 보인다. 21세기 항공부문은 단순히 운송 위주의 운영목표에서 탈피하여 지역 내의 국제협력과 동시에 공항 상호 간의 경쟁이 강화될 것이고 대내적으로 공항 인근의 지역사회와 유기적인 협력을 통해 독자적인 공항도시로 발전해 나가는 새로운 모습을 보일 것으로 전망된다.
　이와 같은 흐름은 단순히 공항 자체만으로는 충분한 경쟁력을 갖출 수 없으며 한 지역의 허브공항이라는 유기체적인 특성을 필요로 하게 되었다. 동북아지역은 현재 중국의 상하이 푸동공항, 대만의 치앙 카이 쉑(Chiang Kai-Shek, CKS) 공항, 홍콩의 첵랍콕(Chek Lap Kok) 공항,

싱가포르의 창이 공항, 일본의 간사이 공항 등을 비롯한 우리나라의 인천국제공항 등 대규모 공항이 건설되어 있으며, 각 공항들이 앞으로도 계속적인 확충계획 수립과 서비스 개선을 통해 동북아허브공항의 위치를 확보하기 위한 치열한 경쟁에 뛰어들고 있다.

한편, 최근 공항사업은 혁신적인 새로운 마케팅 중심적 접근방식으로 시장에 다가가고 있는바 아래와 같다.[3]

㉠ 단일운송(mono-modal)에서 복합운송의 중심으로의 발전 : 증가하고 있는 국제고객 운송 수요에 발맞춰 그들의 핵심사업이나 고유한 제품에 집중하지 않고 다양한 수송형태의 통합을 꾀함으로써 이익을 창출하려고 시도하고 있다.

㉡ 상업공항(commercial air port)으로의 발전 : 공항은 이제 단지 교통 인프라의 하나로 간주되기보다는 이를 넘어서 부동산 개발, 상가 개발 및 운영, 물류창고 운영, 기타 공항관련 서비스를 포함하는 여러 사업들의 복합체로 인식되고 있다.

따라서 세계의 공항들은 기존의 전통적인 공항의 기능 외에 오늘날 다양한 수요를 충족하고, 새로운 가치산업의 창출로 공항의 수익성을 향상시키기 위해 공항을 하나의 기업으로 보는 접근방식(airport as a firm)으로 공항경영에 변화를 시도하고 있는 등 물류거점화의 노력을 가속화하고 있다.

② **공항의 국제물류 거점화 성립조건**

공항이 국제물류의 거점화로 발전하기 위한 성립조건을 살펴보면 다음과 같다.[4]

㉠ 지리적 유리성 : 항공회사는 운항비용의 대폭적인 증가를 초래하는 지리적으로 불리한 공항을 허브로 선택하지 않는다. 즉, 다른 경쟁조건이 불리해도 주요 네트워크의 중심부에 위치한다고 하는 지리적 유리성에 의해 어느 정도 허브로서의 기능을 하는 것이 가능하다.

㉡ 직행편과의 경쟁 : HSS(Hub & Spoke System)은 단위당 비용 저하와 증편을 통해 경쟁력을 높이는 것이 목적이지만 환승에 의한 시간비용과 비효용을 발생시킨다.

㉢ 공항의 마케팅 정책 : 항공시장의 자유화가 진행되고, 허브경쟁이 격화되고 있는 가운데 공항의 마케팅 정책이 중요해지고 있다.

㉣ 핵심항공사의 존재 : 허브로서의 성공요건인 노선수와 편수가 같아도 해당 공항의 허브화를 진행하는 핵심항공사가 존재하는 것이 잡다한 항공회사의 집합보다도 허브로의 발전가능성에 더욱 중요하다.

㉤ 국내와 국제의 일체화 : 허브공항의 기능은 국제와 국내를 구별하지 않고 포괄적인 개념으로 논의되어야 한다.

㉥ 육상 스포크(spoke)에 대한 배려 : HSS의 전개는 항공노선만을 고려하여 논의되지만 연계 수요로서는 육상과 해상 교통기관의 존재도 중요하다.

---

3) 박명섭, 「국제물류의 이해와 사례」, 법문사, 2005, pp.191~192.
4) 박명섭, 상게서, pp.189~190.

2 항공화물터미널의 개요

(1) 항공화물터미널의 개념

항공화물터미널(Air Cargo Terminal)은 항공운송을 위한 운송거점으로서 공항을 통해 국내외로 반출입 또는 통과되는 모든 화물의 원활한 운송, 보관, 처리를 위해 설치한 물류기지를 말한다. 최근 들어 물류 특성이 다품종 소량화되고 고가의 운임을 부담할 수 있는 고부가가치 화물의 증대, 계절 및 긴급수요 품목 등이 확대됨에 따라 항공운송의 거점인 공항터미널의 중요성이 더욱 증대되고 있는 상황이어서 공항시설이 현대화 내지 대형화되고 있다.

특히 항공회사의 물류전략이 모든 국가의 주요 공항을 기항하던 종래의 서비스 전략에서 탈피하여 특정지역의 거점공항(Hub Port)에만 기항하고, 그 주변지역은 소형 항공기를 이용하여 연계운송서비스를 제공하는 전략인 이른바 'Hub & Spoke Strategy'[5]로 전환되면서 이러한 현상은 더욱 심화되고 있다.

이러한 맥락에서, 우리나라의 인천국제공항은 일본, 중국, 북한 및 러시아 등을 포함한 동북아시아 지역의 허브 포트[6]로서의 역할을 요구받고 있다. 따라서 인천국제공항은 기존 공항으로서의 역할은 물론 Sea-port, Leisure-port, Tele-port, Business-port 등과 같은 Multi-port로서의 복합업무단지를 지향하고 있다.

특히 인천국제공항은 홍콩 및 싱가포르 공항 등이 제공하지 못하는 미국 동부지역은 물론 유럽지역까지 직항로를 운영함으로써 서비스상의 우위를 확보하고 있으며 중국, 일본을 포함한 아시아지역과 미국 및 유럽을 연결하는 3국 간 환적화물의 처리에 적합한 입지상의 우위를 확보함으로써 동북아시아지역의 중심공항으로 주목받고 있다.

(2) 항공화물터미널의 역할

항공화물터미널은 날로 증가하는 항공화물 수요에 대해 대처하고 수출입화물 및 통과화물의 원활한 관리와 통관 및 보관 등의 기능을 수행하고 있다.

① **항공화물의 집하**: 공항터미널은 항공운송을 이용하고자 하는 화물의 입하, 혼재 및 분류작업을 수행하는 항공운송의 시발점이자 종착점의 역할을 수행하고 있다.

② **무역활동의 지원**: 공항터미널은 무역계약의 체결과 이행을 위한 견본품이나 상업서류 등을 취급하는 거점이며, 화물의 신속한 운송을 통해 새로운 시장을 개척하거나 시장기회(Market Opportunity)를 제공함으로써 무역활동을 지원하는 역할을 담당하고 있다.

---

5) 본래, Hub는 자전거 바퀴의 중심축을, Spoke는 바퀴살을 의미하지만 현재에는 어떠한 업무나 행정의 중심을 Hub라 부르고 있다.

6) 대표적인 허브 포트로는 유럽의 중심공항인 네덜란드의 암스테르담 스키폴(schiphol) 공항과 남아시아의 중심공항인 싱가포르의 창이(changi) 공항 등을 들 수 있다.

③ **운송수단의 접점**: 공항터미널은 항공운송의 거점으로서의 역할뿐만 아니라, 육상운송 및 해상운송과의 연결지점으로서의 기능을 수행함으로써, 급격히 증가하고 있는 일관운송 내지 복합운송시스템을 구축하는 운송거점으로 이용되고 있다. 특히 여타 운송수단과의 연계는 운임이 상대적으로 높은 항공운송의 단점을 극복할 수 있는 전략적 대안이 될 수 있기 때문에 이에 대한 적극적인 투자가 필요한 것이다.

⑶ 항공화물 터미널의 구조와 장비

① **항공화물 터미널의 구조**: 항공화물 터미널은 크게 관리 및 서비스 공간, 유통시설 공간, 화물작업 공간 등으로 분류할 수 있다.

ㄱ 관리 및 서비스 공간: 터미널 입주업체와 이용자에게 서비스를 제공하는 세관, 출입국 관리소, 검역소, 전산실, 통제실 등 관리실을 비롯하여 항공사, 대리점, 혼재업체, 관세사, 은행, 보험회사 등 입주업체 사무실, 일반상점 및 기념품 판매점, 오락실, 약국, 이발소, 다방, 음식점 등 휴식공간과 터미널 내 입주자 및 이용자들을 위한 주차시설 등으로 구성되어 있다.

ㄴ 유통시설 공간: 화물의 입출고를 위한 유통관련 공간은 항공화물 터미널 시설 중에서 가장 넓은 공간을 요구하는데 화물의 적하 및 하역 작업장, 화물주차장, 냉동·냉장 보세장치장 등으로 구성되어 있다. 또한 이 공간은 화물자동차의 입출구 등 공항과 화물의 집배송 장소 간 연계가 유리하도록 형성되어 있다.

ㄷ 화물작업 공간: 수출입화물의 탑재 및 해체, 분류, 포장 등의 작업을 위한 공간이다.

② **항공화물 터미널의 탑재·운반·하역장비**: 항공화물 터미널 내 수출입화물운송을 위한 주요 탑재·운반·하역장비는 다음과 같다.

ㄱ Transporter: 하역작업이 완료된 단위적재용기(ULD)를 터미널에서 항공기까지 수평이동에 사용하는 장비로서 파렛트를 올려놓은 차량에 엔진을 장착하여 자주식으로 운행되는 차량을 말한다.

ㄴ Tug Car: Dolly(이동식 받침대)를 연결하여 이동하는 차량을 의미한다. Tractor라고도 한다.

ㄷ Dolly(이동식 받침대): Transporter와 동일한 역할을 하나 자체 구동력은 없고 Tug Car와 연결되어 사용된다. 파렛트를 올려놓고 운반하기 위한 차대로서 사방에 파렛트가 미끄러지지 않도록 스토퍼(stopper)를 부착하고 있다.

ㄹ Self-Propelled Conveyor: 수화물 및 소형화물을 소형기의 Belly 또는 대형기의 Compartment에 낱개 단위로 탑재·하역시 사용하는 장비(Bulk Cargo Loader)이다.

ㅁ High Loader: ULD를 대형기 화물실 밑바닥 높이까지 들어올려 탑재·하역시 사용하는 장비이다.

⑷ 인천국제공항 화물터미널

인천국제공항 화물터미널은 인천국제공항을 통해 국내외로 반출입 또는 통과되는 모든 화물의 원활한 운송·보관·처리를 위해 항공기와 지상수송체계 간 연결하는 시설로서, 날로 증가하는 항공화물 수요에 대해 대처하고 수출입화물 및 통과화물의 원활한 관리와 통관 및 보관 등의 기능을 수행하고 있다.

화물터미널 단지는 3개의 터미널로 구성되어 있으며, 각 항공사별로 독립된 터미널을 확보함으로써 특화된 서비스 제공이 가능하다.

화물터미널은 수입화물지역, 통과화물지역, 수출화물지역으로 나누어져 하역·작업·보관 등의 화물처리가 합리적으로 이루어지므로 효율성이 극대화되었다.

터미널 단지에는 복합운송주선업체들이 전용 항공화물창고(약 3,500평)를 보유하고 있어 신속한 화물처리 지원 및 화물의 적재 보관이 가능하다. 또한 화물터미널은 24시간 운영이 가능한 체제를 갖추고 있으며, 화물수요에 대응하여 시설을 단계적으로 확장해 나갈 수 있는 확장성 확보 및 신속한 화물처리를 위해 컴퓨터를 곳곳에 설치하고 화물의 개별정보와 이동정보, 보관정보 등을 실시간 처리할 수 있는 정보전달시스템을 구축하였다.

한편 화물터미널 인근에 복합형 관세자유지역을 조성(1단계 약 30만평)하여 이 지역을 국제적인 물류중심기지로 육성하고 있다.

제 3 절 　기타 국제물류거점시설

1 내륙컨테이너기지의 개요

(1) 내륙컨테이너기지 개념

① **개념** : 내륙컨테이너기지(inland container depot, ICD)는 항만 또는 공항이 아닌 내륙통관기지로서 컨테이너 집하·통관수속 등의 업무를 처리할 수 있다. 즉, ICD는 고정설비를 갖추고 여러 내륙운송수단에 의해 미통관된 상태에서 이송된 여러 종류의 화물(컨테이너 포함)의 일시적 저장과 취급에 대한 서비스를 제공하고, 세관통제하에 수출 및 연계운송을 위하여 일시적 장치, 창고보관, 재수출(re-export), 일시상륙(temporary admission) 등을 담당하는 단체들이 있는 장소를 말한다.

ICD는 본래 내륙통관기지(inland clearance depot)를 뜻하는 것이었으나 화물유통에 있어 컨테이너화의 급속한 확산과 복합운송의 발달과 더불어 내륙컨테이너 터미널 또는 내륙 컨테이너기지로서 성장·발전하였으며, 장치보관기능, 집하·분류 등과 같은 전통적인 항만기능이 수행되고 있다. 또한 항만지역에 위치한 많은 관련 서비스시설을 포함하고 있기 때문에 '내륙항만'이라고 불리기도 하며, 현재 우리나라에는 경인(의왕)과 양산 두 곳에 ICD가 있다.

[그림 4-2] ICD의 기능

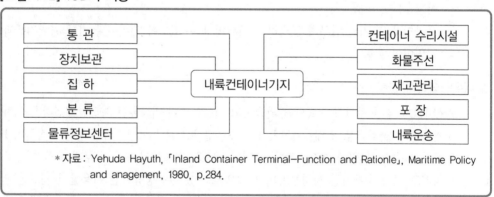

* 자료 : Yehuda Hayuth, 「Inland Container Terminal-Function and Rationle」, Maritime Policy and anagement, 1980, p.284.

② **내륙컨테이너기지의 기능** : 내륙컨테이너기지는 항만에서 반드시 이루어져야 할 본선작업과 마샬링기능을 제외한 장치보관기능, 집하·분류 등과 같은 전통적인 항만기능이 수행되고 있으며 또한 항만지역에 위치한 많은 관련 서비스시설을 포함하고 있기 때문에 '내륙항만'이라고 불리기도 한다. 위치적으로는 주로 항만터미널 및 내륙운송 수단과의 연계가 편리한 주요 산업지역 인근에 건설되고 있다.

내륙컨테이너기지의 기능을 물류합리화 측면에서 보면 운송거점으로서 대량운송의 실현, 공차율의 감소, 운송회전율의 증가 등을 통해 운송의 합리화와 운송비 및 시간을 크게 감소시키고 신속한 통관을 가능하게 한다. 또한, 화물유통을 위한 정보시스템 구축의 한 거점으로서 수출입화물 유통에 요구되는 복잡한 서류의 통관을 간소화시키는 데 크게 기여하고 있다.

이밖에 내륙컨테이너기지 내 물류시스템은 정보시스템의 구축을 기반으로 항만과 국내수입지 및 생산지를 연계시키는 시스템으로 운송·하역·보관·포장·통관 등의 기능도 수행한다.[7] 내륙컨테이너기지의 활용시 장점은 다음과 같다.

㉠ 시설면에서 항만지역과 비교하여 창고·보관시설용 토지취득이 용이하고 시설비가 절감되어 창고보관료가 저렴하다.

㉡ 하역면에서 노동력의 안정적 확보와 하역작업의 기계화를 통한 노동생산성의 향상을 가져온다.

㉢ 운송면에서 화물의 대단위에 의한 운송효율의 향상과 항만지역의 교통혼잡을 줄일 수 있다.

㉣ 포장면에서 통관검사 후 재포장이 필요한 경우 내륙컨테이너기지 자체 보유 포장시설을 이용하여 비용을 절감할 수 있다.

㉤ 통관면에서 항만의 통관 혼잡을 피하고 신속하게 통관할 수 있기 때문에 통관에 들어가는 비용을 절감할 수 있다.

한편 내륙컨테이너기지의 위치 결정요인은 다음과 같다.

㉠ 화물을 용이하게 집하하고 분배할 수 있도록 상업지역이나 공업지역과 가까운 곳이어야 한다.

㉡ 고속도로와 철도와 인접한 교통의 요충지이어야 한다.

㉢ 미래의 물동량 증가에 따른 시설확대를 고려하여 충분한 부지를 확보할 수 있는 지역이어야 한다.

㉣ 통관업무 및 기타 업무가 원활하게 이루어질 수 있도록 세관이나 기타 관련기관과 가까운 지역이어야 한다.

(2) 내륙컨테이너 현황

① **양산 ICD** : 부산 시내의 교통난을 완화하고 컨테이너의 내륙유통구조를 개선하기 위하여 양산군 일대에 화물취급장, 컨테이너장치장 등을 갖춘 ICD를 1991년부터 공사를 시작하여 1999년에 완공하고 2000년 4월에 개장하였다. 그러나 ODCY 업체들의 물류비 부담 등을 이유로 입주를 회피하고 있어 추가적인 시설투자비가 소요되고 있으며 상당기간 이용률이 저조할 전망이다. 양산 ICD는 내륙항만기능과 내륙통관기능을 담당하게 되어 컨테이너 내륙운송체계 개선에 획기적으로 기여하며 대폭적인 물류비 절감이 그 목적이었다. 부산항의 설계능력을 기준으로 장치수요 중에서 FCL 화물은 우선적으로 부두 CY에서 처리하도록 하고 LCL 화물과 환적화물은 항만과 ICD에서, 공컨테이너와 재유통 컨테이너는 주로 ICD에서 처리하는 것이 합리적이다. 양산 ICD는 기본적으로 부산항 주위에 산재해 있는 ODCY의 통합을 위하여 이루어진 것이므로 양산 ICD의 기능은 ODCY들이 수행하던 기능을 발전적으로 그리고 장기적인 운송체계의 변모에 부응하는 방향으로 운영되어야 한다. 또한 집하센터, 창고보관 및 재고 조절기능 등을 비롯한 종합물류센터로서 물류합리화에 기여하는 효과를 극대화할 수 있도록 하여야 할 것이다.

---

7) 박귀환 외, 「국제화물운송론」, 두남, 2003, pp.465~467.

양산 ICD (1)　　　　　　　양산 ICD (2)

② **의왕 ICD**(경인 ICD) : 의왕컨테이너기지는 현 행정구역으로 경기도 의왕시 이동에 위치하며 오봉역을 거점으로 하고 있다. 이 곳은 원래 1984년 7월 컨테이너운송뿐만 아니라 무연탄, 양회, 일반화물의 철도운송을 위한 종합화물기지로 개발되었다. 이전까지는 수도권역(용산, 영등포, 수원 등)에서 이들 화물을 취급해 왔으나 물동량의 증가에 따른 교통혼잡과 장치장의 부족으로 의왕 ICD(경인 ICD)가 개발되었다.

현재 의왕 ICD(경인 ICD)는 운송시간과 비용이 과다하게 소요되고 있고, 항만과의 연계성이 부족하며, 소형운송업자들이 자사 운송차량을 이용한 내륙운송의 우선 실시, 철도운송시 화주의 의사무시, B/L발급의 불능으로 ICD로서의 기능상실 등 비효율적인 운영을 하고 있는 실정이다.

양산 ICD가 부산항 ODCY의 문제해결을 위한 대체수단으로서 개발의 타당성이 주장되어 왔다면 의왕 ICD(경인 ICD)는 컨테이너운송에서 철도운송의 장점을 최대한 살려 현재 내륙운송에서 제기되는 문제점들을 해결하고, 효율적인 철도운송과 내륙운송 연계체제를 갖추기 위해 시설개선 및 운영활성화의 타당성이 주장되어 왔다.

따라서 의왕 ICD(경인 ICD)는 철도운송의 활성화를 위한 철도운송기지로서의 역할을 수행하여야 하며, 그 운영방법은 철도운송화물의 집하와 마케팅을 강화하고 본선운송의 운영과 개선을 비롯한 철도운송에 대한 개선을 철도청의 긴밀한 협조하에 부산항과의 연계철도운송제도를 구축하여 운영되도록 하여야 할 것이다.

③ **기타 ICD** : 경북 칠곡 ICD, 전남 장성 ICD, 충북 세종 ICD, 강원 원주 ICD 등이 있다.

■2 보세구역

(1) 보세구역의 개념

보세구역은 효율적인 화물관리와 통관 및 관세행정의 필요성에 의하여 세관장이 지정하거나 특허한 장소를 말하며, 이에는 지정보세구역, 특허보세구역 및 종합보세구역 등이 있다. 이와 같은 보세구역[8]은 수출입 화물의 일시장치, 통관을 위한 검사, 판매 및 전시업무를 통해 운송물류 활동과 밀접한 관계를 맺고 있다.

특히 보세구역에서의 화물반입 및 운송업무의 효율적 수행을 위해 보세화물을 운송할 수 있는 운송업자를 지정하고 있는데, 이들을 보세운송업자라 부른다. 이와 같은 보세운송을 수행할 수 있는 업자로는 일반보세운송업자와 간이보세운송업자가 있는데, 간이보세운송업자는 운송을 위해 보세구역에서 화물을 반출할 때에도 화물검사 및 담보제공을 시행하지 않아도 되는 업자를 말하며, 일반보세운송업자는 화물반출에 따른 검사 및 관세에 상응하는 담보제공이 필요한 운송업자이다. 한편, 간이보세운송업자는 다시 일반간이보세운송업자, 종합간이보세운송업자 및 특정물품 간이보세운송업자 등으로 나눠지는데 모든 보세운송업자는 화물자동차 운수사업법, 한국철도공사법, 항공법, 해운법 등에 의해 운송면허를 획득한 자가 세관장의 허가를 얻어 등록한 후 보세운송업무를 수행하게 된다.

(2) 보세구역의 형태와 운영

① **보세구역의 요건**: 보세구역은 다음과 같은 여러 가지 요건을 갖추어야 한다.

㉠ 보세구역은 제한된 장소라야 한다. 그 장소는 일정한 넓이가 있어야 하므로 구획된 토지 또는 이에 정착하고 있는 건설물이어야 한다.

㉡ 원칙적으로 보세구역은 세관 가까이 위치해야 되는데, 이것은 세관행정의 편의와 능률면으로 보아 세관 인근에 집중하는 것이 합리적이기 때문이다. 그 예로 영업용 보세구역은 세관청사에서 자동차 주행거리 기준으로 약 10km 이내이어야 한다.

㉢ 보세구역은 세관장이 보세구역으로 지정하거나 특허를 하여야 한다. 외국물품을 아무런 제한 없이 누구나 어떤 장소에서든지 자유롭게 장치하게 되면 통관의 적정과 관세채권의 확보가 어려우므로 세관장이 보세구역으로 지정하거나 특허를 하여 그 구역을 감시·단속할 수 있어야 한다.

② **보세구역의 형태**

㉠ 지정보세구역

지정보세구역[9]은 국가 또는 지방자치단체 등의 공공시설이나 장소 등과 같은 일정구역을 세관장이 보세구역으로 지정하여 보세구역으로 운영하는 것을 말하며, 여기에는 지정장치장과 세관검사장 등이 있다.

---

8) 보세구역은 지정보세구역·특허보세구역 및 종합보세구역으로 구분하고, 지정보세구역은 지정장치장 및 세관검사장으로 구분하며, 특허보세구역은 보세창고·보세공장·보세전시장·보세건설장 및 보세판매장으로 구분된다(관세법 제154조).

9) 지정보세구역은 국가·지방자치단체·공항시설 또는 항만시설을 관리하는 법인이 소유하거나 관리하는 토지·건물 또는 그 밖의 시설 중에서 세관장이 지정할 수 있다(관세법 제166조 제1항).

ⓐ 지정장치장

지정장치장은 통관을 하고자 하는 물품을 일시장치하기 위한 장소로서 세관장이 지정하는 구역이다. 지정장치장은 세관구내창고나 항만부두의 야적장 및 창고 등으로 물품의 검사에 있어서도 파출검사 수수료가 면제되며, 부대비용도 저렴할 뿐 아니라 세관인근에 위치하고 있어 통관에 신속을 기할 수 있는 이점이 있다.

지정장치장의 물품장치기간은 물품을 반입한 날로부터 6개월이며, 지정장치장에 반입된 물품에 대한 보관책임은 화주에게 있으나, 화주 개개인이 각 소유화물의 보관책임을 부담하는 것은 무리이므로 화주에 갈음하여 전문화물관리인에게 화물보관의 책임을 일임하도록 하고 있으며, 이때 세관장은 화물관리인을 지정할 수 있다. 관리인이 될 수 있는 자는 직접물품관리를 하는 정부기관이나 보세화물관리와 관련이 있는 비영리 사단법인, 당해 시설의 소유자 또는 관리자가 요청한 자가 될 수 있다. 화물관리인으로 지정된 자는 화물관리에 필요한 비용을 화주로부터 징수할 수 있으며, 그 요율에 대하여는 세관장의 승인을 얻어야 한다.

ⓑ 세관검사장

세관검사장은 통관을 하고자 하는 물품을 검사하기 위한 장소로서 세관장이 지정하는 지역으로 하고 있으며, 다른 보세구역은 물품의 장치와 검사를 동시에 할 수 있는 데 반하여 세관검사장은 통관하고자 하는 물품의 검사만을 목적으로 설정이 된 장소이다. 일반적으로 세관검사장은 세관 구내이거나 세관 인근에 장치하고 있어 물품검사에 따른 시간 및 교통비 등의 부대경비를 절감할 수 있으며, 통관절차의 신속한 진행으로 화주에게 많은 이점이 있다.

세관검사장에서 검사할 물품은 수입하고자 하는 물품을 말하며, 이들 물품은 직접 수입하거나 타보세창고에서 채취해 오는 견품 등이다.

ⓒ 지정보세구역의 취소와 처분

수출입화물의 감소 등의 사유로 지정보세구역을 더 이상 존속시킬 필요가 없다고 인정되는 때에는 당해 관리인에게 의견을 진술할 기회를 준 후 그 지정을 취소할 수 있다. 한편, 지정보세구역으로 지정을 받은 토지, 건물, 시설의 소유자 또는 관리자는 당해 토지 등의 양도, 교환, 처분 또는 건물신축 등의 행위를 하고자 할 때에는 미리 세관장과 협의를 하여야 한다.

ⓛ 특허보세구역

특허보세구역[10]은 일반 개인이 신청을 하면 세관장이 특허해 주는 보세구역을 말하며, 대표적인 특허보세구역으로는 보세장치장, 보세창고, 보세공장, 보세건설장, 보세판매장, 보세전시장 등을 설치하여 운영하고 있다.

---

10) 특허보세구역은 세관장의 특허를 받아 기획재정부령으로 정해진 소정의 수수료를 납부하고 설치·운영한다(관세법 제174조).

ⓐ 보세장치장

보세장치장이란 가장 일반적인 보세구역으로서 통관하고자 하는 물품을 비교적 장기간 (최장 1년) 동안 보관 및 장치하기 위해서 세관장으로부터 특허 받은 구역을 말한다.

ⓑ 보세창고

보세창고는 통관의 목적보다는 물품의 장치를 목적으로 하고 있으며, 장치기간도 2년으로 장기간이며, 반입되는 물품도 정부비축용 물품 등 통관에 장기간이 소요되는 물품을 주로 보관하고 있다.

ⓒ 보세공장

보세공장은 가공무역의 진흥이나 관세행정 목적을 위하여 설치된 장소로서, 보세 상태에서 제조·가공 등의 작업으로 생성된 제품 등을 국내에 반입함이 없이 외국으로 수출하거나 국내에서 사용할 목적으로 국내로 수입할 수 있도록 특허된 구역이다.

ⓓ 보세건설장

보세건설장은 산업시설의 건설에 사용될 외국물품인 기계류, 설비품 또는 공사용 장비를 장치하거나 사용하여, 보세상태에서 건설공사를 완료할 수 있도록 특허 받은 구역을 말한다.

ⓔ 보세전시장

보세전시장은 국내에서 개최되는 박람회, 전람회 등을 위하여 반입되는 외국물품을 보세상태에서 장치·전시하거나 전시장 내에서 소비·사용·판매할 수 있는 장소이다.

ⓕ 보세판매장

보세판매장은 외국물품을 우리나라에서 출국하는 여행자에게 판매하거나, 우리나라에 거주하는 외교관 등과 같은 면세권자에게 판매할 목적으로 설치된 구역을 말하며, 국제공항의 출국장 면세점이나 외교관 전용매점 등이 대표적인 예라 할 수 있다.

③ 보세구역의 운영

보세화물의 유통을 원활히 하고 화주가 신속히 통관을 해 가도록 보세구역에는 장치기간을 설정하여 운영하고 있으며, 관세 채권의 확보 또는 보세구역 내 질서유지 등을 위해 지정보세구역은 화물관리인을 지정하여 운영하고, 특허보세구역은 설영인이 보관 및 장치화물에 대한 책임을 부담하는 형태로 운영하고 있다. 특히 화물관리인과 설영인이 보세구역에 물품을 반출입하거나 보세작업을 하고자 할 때에는 세관장의 허가를 받는 등 소정의 세관절차를 거치도록 하고 있다.

한편 특허보세구역 중에서 설영인에게 화물관리에 관한 모든 권한을 위임하여 자율적으로 운영할 수 있도록 하는 이른바 자율관리 보세구역제도를 운영하고 있는데, 이는 특허보세구역의 설영인에게 많은 권한과 책임을 부여함으로써 관세행정의 효율화를 증대시키기 위한 방안이라 할 수 있다.

3 종합보세구역

(1) 종합보세구역의 개념

종합보세구역[11]은 동일장소에서 기존 특허보세구역의 모든 기능(장치, 보관, 제조, 가공, 전시, 판매 등)을 복합적으로 수행하는 장소이다. 이러한 종합보세구역은 지정보세구역이나 특허보세구역과는 달리 관세청장이 특정지역을 지정하기 때문에, 일반개인이나 법인이 종합보세구역제도를 이용하기 위해서는 종합보세구역에 입주하여 세관장에게 종합사업장 설영 신고를 하여야 한다.

(2) 종합보세구역지정(종합보세구역의 지정 및 운영에 관한 고시 제4조)

종합보세구역은 외국인투자지역, 산업단지, 외국인기업전용산업단지, 집배송센터 및 공동집배송단지, 유통단지 기타 종합보세구역으로 지정됨으로써 외국인투자촉진, 수출증대 및 물류촉진 등의 효과가 있을 것으로 예상되는 지역을 지정대상으로 한다.

종합보세구역은 관세청장이 직권으로 지정하거나, 중앙행정기관의 장, 지방자치단체의 장 또는 그로부터 위임·위탁을 받은 자의 지정요청에 의하여 지정한다. 따라서 지정요청을 할 때에는 종합보세구역으로 지정받고자 하는 지역의 위치, 경계를 표시한 도면, 지역 내 시설물현황 또는 시설계획 및 사업계획을 기재한 지정요청서를 관세청장에게 제출하여야 한다.

(3) 종합보세구역 설치·운영 신고(종합보세구역의 지정 및 운영에 관한 고시 제7조)

종합보세구역에서 종합보세기능(특허보세구역의 모든 기능을 복합적으로 수행할 수 있는 기능)을 수행하려면 법인등기부등본, 부동산등기부등본, 종합보세사업장의 위치도 및 건물의 평면도, 사업계획서를 첨부한 종합보세사업장 설치·운영신고서를 세관장에게 제출하여야 한다.

또한, 설치·운영신고는 결격사유(관세법 제175조)에만 해당되지 아니하면 되며, 자본금, 면적 등의 요건을 필요로 하지 않는다. 그러나 설치·운영신고 후 3월 이내에 반입·반출물품관리를 위한 전산설비, 보세화물의 분실·도난방지시설, 전기·소방·위험물관리 등에 관한 법령에서 정한 시설을 갖추어 이를 유지하여야 한다.

(4) 종합보세구역 물품반입정지 및 기능수행중지(종합보세구역의 지정 및 운영에 관한 고시 제39조)

관세청장은 종합보세구역에 반입·반출되는 물량의 감소, 종합보세구역의 지정요청자가 지정취소를 요청한 경우 및 종합보세구역의 지정요건이 소멸한 경우에는 종합보세구역의 지정을 취소할 수 있다.

한편, 세관장은 장치물품에 대한 관세를 납부할 자력이 없다고 인정되는 경우 본인 또는 그 사용인이 동법 또는 동법에 의한 명령에 위반한 경우 및 유지하여야 할 설비가 일시적으로 기준에 미달하는 경우에는 물품반입정지를 할 수 있다.

아울러 세관장은 운영인이 관세법 제175조 각 호의 어느 하나에 해당하게 된 경우, 즉 1년 동안 계속하여 외국물품의 반입·반출 실적이 없는 경우나, 운영인이 설비유지의무에 위반한 경우에는 특허보세구역의 특허취소에 해당하는 기능수행중지를 할 수 있다.

---

11) 관세청장은 직권으로 또는 관계중앙행정기관의 장이나 지방자치단체의 장 등의 요청에 의하여 무역진흥에의 기여 정도, 외국물품의 반입·반출 물량 등을 고려하여 일정한 지역을 종합보세구역으로 지정할 수 있다(관세법 제197조).

(5) 종합보세구역의 특징 및 장점

종합보세구역은 지정 및 설치·운영 신고절차, 수행하는 기능에서 큰 차이가 있다. 지정보세구역이나 특허보세구역이 종류별로 각각 하나의 기능만을 수행하는 데 비해 종합보세구역은 동일 장소에서 특허보세구역의 모든 기능을 복합적으로 수행할 수 있고, 종류별로 지정 또는 설치·운영에 대한 특허를 별도로 받아야 하는 지정 및 특허보세구역에 비하여 종합보세구역은 한번의 설치·운영신고만 하면 된다.

종합보세구역은 장치기간 및 설치·운영기간의 제한이 없고, 기능 간 물품이동에 대한 세관신고가 생략되며, 지정 및 특허보세구역에서 승인 또는 허가를 받아야 하는 보수작업 및 역외작업이 신고로 가능하다는 점이 다른 보세구역과의 또 다른 차이점이다.

종합보세구역은 외국인투자유치, 수출증대 및 물류촉진에 기여할 목적으로 지정되는 보세구역이므로 종합보세구역 지정이나 종합보세사업장 설치·운영신고에 있어 특허보세구역의 특허신청수수료나 특허수수료를 징수하지 아니한다.

● 종합보세구역 현황

명 칭	지정일	위 치	면적(천m^2)	업체 수
감천항 국제수산물	1999년 12월 1일	부산감천항	258	22
현대중공업	2001년 5월 7일	울산시 동구	5,260	1
월산지방산업단지	2001년 8월 15일	충남 연기군	641	1
전의지방산업단지	2001년 8월 15일	충남 연기군	299	3
대한항공김해공장	2001년 11월 15일	김해공항	708	1
영도 국보창고	2002년 7월 1일	부산시 영도구	24	1
동부부산터미널	2003년 6월 16일	부산 신감만부두	308	1
대덕테크노밸리	2004년 6월 9일	대전시 대덕구	217	19

4 기타 국제물류거점

(1) 해외물류센터

① 해외물류센터의 의의

배송센터는 수행하는 역할에 따라 운송센터, 물류센터, 집배송단지, 유통센터 등으로 구분되기도 하는데, 이 중에서 물류센터의 역할을 수행하는 배송센터가 급격히 증가하고 있는 추세이다. 특히 물류센터 가운데 기업들이 물류비 절감과 시장진출을 목적으로 해외에 설치하여 운영하고 있는 물류거점을 이른바 해외물류센터라 하는데, 이러한 해외물류센터의 중요성은 기업 간 경쟁의 심화에 따라 더욱 증대되고 있는 상황이다. 즉, 해외물류센터는 효율적인 수출상품의 인도와 물류비 절감을 위해 수출국에 설치한 물류거점을 의미한다.

② **해외물류센터의 역할**

해외물류센터를 운영함으로써 고객과의 거리축소는 물론 주문에 따른 배송시간을 경감할 수 있으며, 해외고객에 대한 서비스의 질적 향상을 도모할 수 있다. 또한 소량주문에 대해서도 언제든지 대응이 가능하기 때문에 새로운 시장을 개척할 수 있으며 배송활동의 안정화, 보관 및 수주활동의 효율화를 통해 기업의 이미지 및 경쟁력을 높일 수 있는 것으로 분석되고 있다. 이는 해외물류센터가 물류센터로서의 역할뿐만 아니라 생산 및 제조, 가공, 포장, 집하, 수주 등과 같은 모든 물류활동을 수행하고 있음을 의미하는 것이다.

(2) 스톡 포인트와 데포

① **스톡 포인트**(Stock Point, SP)

스톡 포인트란 보통 재고품의 보관거점으로서 상품의 배송거점인 동시에 예상수요에 대한 보관거점을 의미한다. 즉 대도시, 지방중소도시에 합리적인 배송을 실시할 것을 목적으로 설립된 유통의 중계기지이다. 창고가 가지는 보관기능만이 아니라 반제품의 일부가공, 하역, 운반, 재고관리 적정화 등의 제 기능을 소유하고 있다. 따라서 배송센터와 비교하면 정태적인 의미에서 유통창고이며, 우리나라나 일본에서는 하치장이라고 불러 사실상 유통창고와 동의어로 사용되고 있다.

그러나 스톡 포인트는 일종의 하치장으로서 물품보관에 주력하는 보관장소이므로 제조업체들이 원료를 쌓아두거나 완성품이나 폐기물들을 쌓아 두는 경우가 많으며, 유통업체들의 경우에는 배송시키기 위한 전단계로서 재고품을 비축하거나 다음 단계의 배송센터로 상품을 이전시키기 위해 일시 보관하는 곳이라고 말할 수 있다.

② **데포**(depot, DP)

데포란 두 가지 의미로 사용되는데, 첫째는 스톡 포인트보다 규모가 적은 국내용 2차 창고를 의미하는 경우와 둘째로 수출상품을 집하 및 수송하기 위해 항만터미널에 CY/CFS를 개설하는 외에도 내륙에 ICD를 설치하고 LCL 화물을 집하·분류·적입하여 항만으로 이송하는 경우에는 이와 같은 내륙 CFS를 ICD라고 부른다.

여기서 말하는 데포는 전자의 의미인 SP의 2차창고로서 미국에서는 집배중계 및 배송소라고 부르며, 영국에서는 보관소라고 부른다. 이는 SP의 전단계인 보관소를 의미한다고 볼 수 있다. 생산지에서 소비지로 배송할 때 각지의 데포까지는 하나로 통합하여 수송되며, 그 다음에 DP에서 소정의 작업을 마친 후 최종 소비자에게 배송하기 때문에 수송비의 절감과 고객서비스의 향상에 기여한다.

우리나라나 일본에서는 배송센터에서 직접 소비자에게 배송하는 경우가 많아 아직 배송소나 보관소로 한 단계 더 세분화되어 소비자에게 상품이 이동되는 채널은 발달되지 못하고 있으며, 특히 제조업체의 경우에는 국내유통상 DP는 거의 사용하지 않고 있다.[12]

---

12) 옥선종·추창엽, 「물류론」, ㈜영풍문고, 1997, p.527.

제 4 절 자유무역지역(Free Trade Zone)

1 자유무역지역의 의의와 기능

(1) 자유무역지역의 의의

'자유무역지역'이라 함은 관세법·대외무역법 등 관계법률에 대한 특례와 지원을 통하여 자유로운 제조·물류·유통 및 무역활동 등을 보장하기 위한 지역으로서 '자유무역지역의 지정 및 운영에 관한 법률' 제4조의 규정에 의하여 지정된 지역을 말한다.

(2) 자유무역의 기능

우리나라는 21세기는 동북아 거점항만으로서의 위상을 선점하기 위하여 싱가포르, 홍콩, 중국, 일본 등과의 경쟁에서 우위를 확보하는 것이 절실하다는 인식하에 1999년 12월 28일 '국제물류기지 육성을 위한 관세자유지역의 지정 및 운영에 관한 법률'을 제정하고, 전 세계적으로 국제물류, 무역, 비즈니스의 중심지로 활용되고 있는 관세자유지역제도를 도입하게 되었다.

그러나 관세자유지역은 물류업 위주로 자유무역지역은 제조업을 중심으로 분리·운영되어 시너지 효과를 기대하기 곤란하고 유사한 제도의 운영으로 외국인투자자의 혼란을 초래하는 부작용이 있었다.

또한 최근 자유무역지역은 제조업과 물류업이 연계된 복합형 자유무역지역으로 전환·발전하는 것이 국제적인 추세이다. 이에 따라 정부는 2003년 7월 하반기 경제운용방향에서 자유무역지역과 관세자유지역의 통합 방침을 밝힌 이후 관계부처의 협의를 통해 '자유무역지역의 지정 및 운영에 관한 법률' 및 시행령·시행규칙의 전면개정작업을 마무리하고 '관세자유지역'을 '자유무역지역'으로 전환·통합하여 2004년 6월 23일부터 시행하게 되었다.

이와 같은 자유무역지역은 반출입 외국화물에 대해 관세행정과 통제(관세장벽)로부터 제외시켜 관세를 비롯한 각종 조세의 감면, 저가의 임대료, One-stop 행정서비스 등이 지원되는 특수한 산업단지로서 물류촉진, 중계 및 위탁업무의 촉진, 고용 및 물류 부가가치 창출, 외국자본유치 및 기술이전, 지역경제 활성화 등이 주목적이다.

구 분	자유무역지역
법률명	자유무역지역의 지정 및 운영에 관한 법률
주관부서	산업통상자원부(산업통상자원부장관)
각 지역지정이 필요한 구역	항만·공항의 주변지역·산업단지 • 공항의 주변지역 • 항만의 주변지역 • 산업입지 및 개발에 관한 법률 제2조 제8호의 규정에 의한 산업단지

심의위원회의 구성	자유무역지역위원회 • 위원장: 산업통상자원부장관 • 위원: 관계부처차관
입주업종	제조업 중심 • 제조업 • 물류업 • 무역업 • 기타
관세법상 성격	좌동
관리권자	산업통상자원부장관(관련기관, 법인에 위탁 가능)
관세유보물품	제조업 등에서 도입하는 원재료, 시설재, 기타물품 등
내국물품 역내 반입시	과세. 단, 다시 내국물품 또는 외국물품을 원재료로 제조·가공 후 국내 반입시 내국물품반입 당시의 가격수량을 과세표준에서 공제
기타 지원	좌동
토지취득 등 기타	• 역내 공장을 건축하는 자가 국유의 토지를 임차하는 경우 영구 건축물 건축 가능 • 교통유발부담금 등 면제
기술개발 지원 등	역내 입주업체의 기술개발활동 및 인력양성을 위한 자금지원 가능

◈ 2004년도 7월 관세자유지역지정제도를 폐지하고 자유무역지역에 통합하였다.

2 경제자유구역

(1) 경제자유구역의 개념

경제자유구역(Free Economic Zone)은 "일정구역을 지정하여 그 구역 내에서 다른 지역과 다른 경제활동의 예외조치를 허용해 주고 다른 지역과 다른 혜택을 부여해 주는 특별한 지역을 통칭하는 개념"으로 정의할 수 있으며, 일반적으로 경제특구(Special Economic Zone)로 널리 불리어지고 있다. 경제자유구역은 시대와 국가에 따라 다양한 형태가 존재하였는데, 중국이 1978년 경제 개혁·개방의 일환으로 경제특구를 개방전략의 하나로 선택하여 성공한 이후 국제적인 용어로 정착되었다. 특히, 우리나라에서는 동북아 중심국가로의 성장을 위해 정부가 지정하는 특별구역으로, 경제자유구역 내 입주한 외국인 기업에 대한 각종 세제 감면과 노동·교육·의료 등에 관한 규제완화 등 다양한 혜택을 부여해주는 경제특별구역을 의미한다.

일반적으로 경제자유구역은 생산관련 시설, 국제공항·항만, 국제물류센터, 국제업무단지, 교육기관 및 주거단지 등 다양한 기능을 수행하는 시설을 복합적으로 구비하여 자족성을 보유하게 되며, 지정된 지역에서는 영어민원서류 접수, 외국전문인력의 출입국제도 개선, 외국교육기관·병원·약국의 진출 허용 등 외국인 친화적인 경영·생활여건 조성을 위한 행정서비스를 제공한다.

[그림 4-5] 경제자유구역의 개념

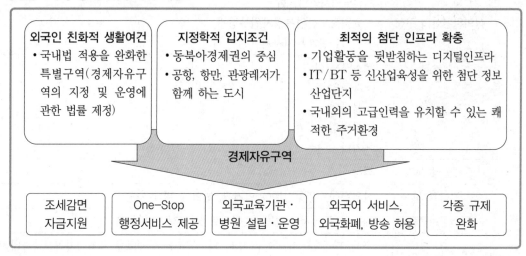

외국인 친화적 생활여건	지정학적 입지조건	최적의 첨단 인프라 확충
• 국내법 적용을 완화한 특별구역(경제자유구역의 지정 및 운영에 관한 법률 제정)	• 동북아경제권의 중심 • 공항, 항만, 관광레저가 함께 하는 도시	• 기업활동을 뒷받침하는 디지털인프라 • IT/BT 등 신산업육성을 위한 첨단 정보 산업단지 • 국내외의 고급인력을 유치할 수 있는 쾌적한 주거환경

경제자유구역

조세감면 자금지원	One-Stop 행정서비스 제공	외국교육기관· 병원 설립·운영	외국어 서비스, 외국화폐, 방송 허용	각종 규제 완화

(2) 경제자유구역 지정 현황

① 지정 배경

우리나라에서 경제자유구역은 대내외 경제환경의 급격한 변화 속에서 새로운 성장동력을 발굴하여 우리나라의 경제 활로를 모색하기 위하여 출범하였다.

대외적으로 1978년 중국의 경제 개혁·개방 이후 세계의 자본과 기술의 중국 유입이 가속화되어 왔으며, 여전히 일본과의 격차도 여전함에 따른 중국과 일본 사이에서 Nut-cracker의 위기가 제기되어 왔다.

한편, 대내적으로도 우리나라는 1990년대 중반 이후 제조업위주의 성장 한계, 고용창출 미흡, 서비스산업의 경쟁기반 취약에 기안하여 성장세가 둔화되고 있어 새로운 경제활로를 모색할 필요성이 있었다.

따라서 정부는 대내외 경제환경에 적절한 대응을 위하여 다음의 목적을 지닌 경제자유구역을 설치·지정하였다.

㉠ 우리나라의 지정학적 위치를 최대한 활용해 인천공항, 부산항, 광양항을 동북아의 물류중심으로 육성

㉡ 지금까지의 제조업 위주에서 벗어나 첨단산업 및 지식기반 고부가가치 서비스산업을 새로운 성장동력으로 활용

㉢ 경제자유구역을 중심으로 글로벌 스탠다드에 부합하는 제도 개선을 통해 외국우수인력 및 유수다국적기업 유치 등

② **지정 현황**

우리나라는 1970년대부터 마산에 설치한 수출자유지역을 효시로 외국기업을 유치하기 위한 특별지역의 지정을 실시해 왔으며, 경제자유구역은 1990년대 중반부터 논의하여 오다가, 2001년 1월 대통령 연두기자 회견에서 "동북아 비즈니스 중심국가로 육성한다는 기본구상" 발표와 동년 4월 "동북아 비즈니스 국가 실현을 위한 기본계획(Master Plan)"을 확정하면서 가속화되기 시작하였다. 이후 동년 12월에는 '경제자유구역의 지정 및 운영에 관한 법률'이 공포(법률 제6835호)되었으며, 2003년 8월에 인천을, 10월에는 부산·진해와 광양만권 등 3곳을 경제자유구역으로 지정하였다.

또한, 2007년 12월에는 황해경제자유구역(충남 당진·아산·서산과 경기 평택·화성)과 대구·경북(대구·경북 구미) 및 전북의 새만금·군산 등 3곳이 경제자유구역으로 추가 지정되었다. 추가 지정된 경제자유구역 3곳 중 황해경제자유구역은 자동차부품과 IT부품산업, 대구·경북경제자유구역은 게임과 문화콘텐츠, 패션산업 그리고 전북 새만금·군산경제자유구역은 국제적인 관광레저산업거점으로 육성될 예정이다.

01 다음 중 항만기능 효율화를 위한 조건에 적합한 내용은?

> ㉠ 항만 배후지에서 국제수요를 합리적으로 처리
> ㉡ 지역산업개발과 무역을 창출시키는 데 보조적 기능수행
> ㉢ 환적화물의 증가분에 효율적으로 대처
> ㉣ 전후방기지 육·해 연결점으로서 전환시설기능 수행

① ㉠, ㉡   ② ㉡, ㉢, ㉣   ③ ㉡, ㉢
④ ㉠, ㉡, ㉢, ㉣   ⑤ ㉠, ㉣

해설 ㉠㉡㉢㉣ 모두 적합한 내용에 해당된다.

02 엔진이 장착된 차량으로서 적재완료된 단위탑재용기(ULD)를 올려놓은 상태에서 항공화물터미널에서 항공기까지 수평이동을 가능하게 하는 장비는?
▶ 제23회 국제물류론

① Pallet Scale   ② Lift Loader   ③ Transporter
④ Contour Gauge   ⑤ Cargo Cart

해설 Transporter : 하역작업이 완료된 단위적재용기(ULD)를 터미널에서 항공기까지 수평이동에 사용하는 장비로서 파렛트를 올려놓은 차량에 엔진을 장착하여 자주식으로 운행되는 차량을 말한다.

03 현재 국내 주요 항만에서 운영되고 있는 해운항만 종합정보시스템으로서 화물 및 선박의 입출항과 관련된 것은?
▶ 제12회 국제물류론

① CVO   ② PORT-MIS   ③ KROIS
④ ITS   ⑤ KL-NET

해설 ② PORT-MIS(port management information system, 항만운영정보시스템) : 선박의 입출항관련 업무와 선박의 안전항행에 관련된 항만운영정보를 처리하는 시스템이다. 이 시스템을 이용하여 선박의 입출항 보고서 및 허가서 등 항만관련 업무를 전자자료교환(EDI)방식 등으로 전산처리함으로써 행정절차를 간소화하고 업무처리를 신속하게 하여 비용과 인력을 절감할 수 있다.

① CVO(Commercial Vehicle Operation, 첨단화물운송시스템) : PDA, 휴대폰 등의 단말기로 차량 및 화물을 GPS방식이나 Cell방식으로 실시간 추적·관리하며, 각 차량의 위치, 운행상태, 차내 상황 등을 관제실에서 파악하고 실시간으로 최적운행을 지시함으로써 물류비용을 절감하며, 기업특성에 적합한 배차관리, 화물관리, 정산관리, 메시지 송수신 등 화물운송에 필요한 제반 업무를 전산화하여 물류업무 효율성을 증대시키는 서비스를 말한다.

③ KROIS(Korean Railroad Operating Information System, 철도운영정보시스템) : 철도종합전산망의 중추적 시스템으로 화물운송, 차량열차운용, 고객지원, 승무원관리, 차량·기계관리, 운송정보시스템 등으로 구성되며 화물운송업무의 전산화를 위한 시스템이다.

④ ITS(Intelligent Transport Systems, 지능형 교통시스템) : 시스템은 전자, 정보, 통신, 제어 등의 기술을 교통체계에 접목시킨 지능형 교통시스템으로 신속·안전·쾌적한 차세대 교통체계를 만드는 데 목적을 두고 있다.

⑤ KL-NET(Korea Logistics Network, 한국물류정보통신) : 수출입업무, 컨테이너화물운송관련 업무, PORT-MIS, KROIS, 관세청 적하목록, 위험물검사, 조달청 등의 EDI서비스를 비롯한 부가통신서비스, 물류정보화사업, 정보시스템 수탁운용 등의 서비스를 제공하고 있다.

04 컨테이너 터미널 구조에 대한 설명 중 옳지 않은 것은? ▶ 제11회 국제물류론

① Berth는 선박을 항만 내에서 계선시키는 시설을 갖춘 접안장소로 보통 표준선박 1척을 직접 정박시키는 설비를 지니고 있다.

② Control Tower는 컨테이너 야드 전체가 내려다보이는 곳에 위치하여 컨테이너 야드의 작업을 통제하는 사령실이다.

③ Apron은 선적해야 할 컨테이너를 하역 순서대로 정렬해 두거나 양하된 컨테이너를 배치해 놓은 장소이다.

④ Container Yard는 컨테이너를 인수 및 인도하고 보관하는 장소이다.

⑤ Container Freight Station은 소량화물(LCL)을 인수 및 인도하고 보관하거나 컨테이너에 적입 또는 적출작업을 하는 장소이다.

해설 Apron은 안벽에 접한 야드 부분에 일정한 폭으로 나란히 뻗어 있는 공간으로서 컨테이너의 적재와 양륙작업을 위하여 임시로 하치하거나, 크레인이 통과·주행할 수 있도록 레일을 설치한 곳이다. 갠트리크레인 등 하역시설에 따라 다르지만 보통 에이프런 폭은 30m 내외이며, 에이프런에는 안벽당 2~4대 이상 갠트리크레인이 작업할 수 있도록 되어 있다.

Answer 1. ④ 2. ③ 3. ② 4. ③

05 다음 컨테이너 터미널의 구성요소들 중 선박에서 가장 가까운 순서대로 나열한 것은?

▶ 제12회 국제물류론

| ㉠ Marshalling Yard | ㉡ Apron |
| ㉢ Storage Yard | ㉣ Berth(Pier) |

① ㉠ ⇨ ㉡ ⇨ ㉢ ⇨ ㉣   ② ㉡ ⇨ ㉣ ⇨ ㉢ ⇨ ㉠

③ ㉡ ⇨ ㉣ ⇨ ㉠ ⇨ ㉢   ④ ㉣ ⇨ ㉡ ⇨ ㉢ ⇨ ㉠

⑤ ㉣ ⇨ ㉡ ⇨ ㉠ ⇨ ㉢

해설 p.424 [그림 4-1] 컨테이너 터미널의 구조 참조

06 컨테이너 터미널에 관한 설명으로 옳지 않은 것은?

▶ 제16회 국제물류론

① CFS는 FCL Cargo를 인수, 인도, 보관하는 장소이다.

② Apron은 컨테이너의 선적 및 양륙을 위하여 선측에 Gantry Crane이 설치되어 있는 장소 이다.

③ Marshalling Yard는 바로 선적해야 할 컨테이너를 하역 순서대로 정렬하여 두거나 양륙 된 컨테이너를 배치해 놓은 장소이다.

④ Berth는 선박을 계류시키는 설비가 설치되어 있는 선박의 접안장소이다.

⑤ On-dock CY는 컨테이너의 인수, 인도, 보관을 위해 항만내에 있는 장소이다.

해설 CFS는 LCL화물을 인수, 인도, 보관 또는 LCL화물을 컨테이너 안에 적입하거나 끄집어내는 장치작업 을 하는 장소이다.

07 다음 그림이 나타내는 하역장비의 이름이 바르게 표기된 것은?

▶ 제11회 국제물류론

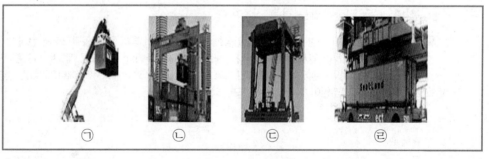

㉠   ㉡   ㉢   ㉣

① ㉠ 리치스태커(Reach Stacker) ⇨ ㉡ 트랜스테이너(Transtainer) ⇨ ㉢ 스트래들케리어 (Straddle Carrier) ⇨ ㉣ 무인운반차(Automatic Guided Vehicle)

② ㉠ 트랜스테이너(Transtainer) ⇨ ㉡ 무인운반차(Automatic Guided Vehicle) ⇨ ㉢ 스트래 들케리어(Straddle Carrier) ⇨ ㉣ 리치스태커(Reach Stacker)

③ ㉠ 무인운반차(Automatic Guided Vehicle) ⇨ ㉡ 리치스태커(Reach Stacker) ⇨ ㉢ 트랜스테이너(Transtainer) ⇨ ㉣ 스트래들케리어(Straddle Carrier)

④ ㉠ 무인운반차(Automatic Guided Vehicle) ⇨ ㉡ 스트래들케리어(Straddle Carrier) ⇨ ㉢ 트랜스테이너(Transtainer) ⇨ ㉣ 리치스태커(Reach Stacker)

⑤ ㉠ 리치스태커(Reach Stacker) ⇨ ㉡ 스트래들케리어(Straddle Carrier) ⇨ ㉢ 무인운반차(Automatic Guided Vehicle) ⇨ ㉣ 트랜스테이너(Trans tainer)

해설 ㉠ 리치스태커(Reach Stacker)
㉡ 트랜스테이너(Transtainer)
㉢ 스트래들케리어(Straddle Carrier)
㉣ 무인운반차(Automatic Guided Vehicle)

08 선적해야 할 컨테이너를 하역 순서대로 정렬해 두거나 양화된 컨테이너를 일시적으로 배치해 놓는 부두 내의 장소는? ▶ 제13회 국제물류론

① ODCY　　② Apron
③ CFS　　④ Berth
⑤ Marshalling Yard

해설 Marshalling Yard : 컨테이너선에 직접 적재와 하역을 하는 컨테이너를 정렬해 두는 넓은 장소로 조화장이라 한다. Marshalling Yard는 Apron과 인접하여 배치되어 있으며 컨테이너의 크기에 맞춰 바둑판처럼 백색 또는 황색의 구획선이 존재하는데, 이 구획선의 한 칸을 Slot(슬롯)이라고 한다.

09 항만의 계류시설 중 선박을 계선밧줄로 고정하기 위하여 안벽에 설치된 석재 또는 강철재의 짧은 기둥은? ▶ 제16회 국제물류론

① 비트(Bitt)　　② 펜더(Fender)
③ 캡스탄(Capstan)　　④ 돌핀(Dolphin)
⑤ 안벽(Berth)

해설 계류시설 중 안벽에 설치된 강철재의 짧은 기둥을 통상 비트라고 한다.

Answer　5. ⑤　6. ①　7. ①　8. ⑤　9. ①

10 ICD의 이용에 따른 이점으로 옳지 않은 것은? ▶ 제23회 국제물류론

① 집화 · 분류 · 혼재 활동에 의한 물류합리화 실현
② 대량수송수단을 통한 수송비 절감
③ 항만구역 및 항만주변의 도로체증 완화
④ 철도수송에 의한 CO_2 · 탄소배출 저감
⑤ 항공운송수단의 효율적 연계를 통한 배송고속화

해설 ICD(Inland Container Depot : 내륙컨테이너기지)는 항만 또는 공항이 아닌 내륙통관기지로서 컨테이너 집하 · 통관수속 등의 업무를 처리할 수 있다.

11 다음 용어에 관한 설명으로 옳지 않은 것은? ▶ 제17회 국제물류론

① Marshalling Yard는 하역작업을 위한 공간으로 Container Crane이 설치되어 컨테이너의 양하 및 적하가 이루어지는 장소이다.
② Container Freight Station은 화물의 혼재 및 분류작업을 하는 곳이다.
③ Rubber Tired Gantry Crane은 컨테이너를 야드에 장치하거나 장치된 컨테이너를 샤시에 실어주는 작업을 하는 컨테이너 이동 장비로 고무바퀴가 장착된 이동성이 있는 Crane이다.
④ Reach Stacker는 컨테이너 터미널 또는 CY(ICD) 등에서 컨테이너를 트레일러에 상 · 하차 하거나 야드에 적재할 때 사용하는 타이어주행식의 장비이다.
⑤ Yard Chassis는 Van Trailer의 컨테이너를 싣는 부분을 말한다.

해설 컨테이너 부두 터미널에서 하역작업을 하기 위한 공간으로 갠트리 크레인이 설치되어 컨테이너의 양하 및 적하가 이루어지고 있는 장소는 Apron이다.

12 보세구역의 종류에 관한 설명으로 옳지 않은 것은? ▸ 제23회 국제물류론

① 세관검사장은 통관을 하고자 하는 물품을 검사하기 위한 장소로서 세관장이 지정하는 지역을 말한다.

② 보세건설장은 산업시설의 건설에 소요되는 외국물품인 기계류 설비품 또는 공사용 장비를 장치·사용하여 해당 건설공사를 할 수 있다.

③ 보세공장은 외국물품을 원료 또는 재료로 하거나 외국물품과 내국물품을 원료 또는 재료로 하여 제조·가공 기타 이와 유사한 작업을 할 수 있다.

④ 보세전시장에서는 박람회·전람회·견본품 전시회 등의 운영을 위하여 외국물품을 장치·전시 또는 사용할 수 있다.

⑤ 보세창고는 통관을 하고자 하는 물품을 일시 장치하기 위한 장소로서 세관장이 지정하는 구역을 말한다.

해설 통관하고자 하는 물품을 일시 장치하기 위한 장소로서 세관장이 지정하는 구역은 보세창고가 아닌 지정장치장이다.

13 아래 하역기기에 관한 설명으로 옳지 않은 것은? ▸ 제22회 국제물류론

① Gantry Crane 또는 Container Crane으로 불린다.

② 컨테이너 터미널 내의 하역기기 중 가장 크다.

③ 타이어로 된 바퀴가 설치되어 있어 컨테이너 터미널 내 자유로운 이동이 가능하다.

④ 컨테이너의 본선 작업에 사용되는 하역장비이다.

⑤ 컨테이너 선박의 대형화에 따라 아웃리치(Outreach)가 길어지는 추세이다.

해설 타이어로 된 바퀴가 설치되어 있어 터미널 내 자유로운 이동이 가능한 크레인은 Transfer Crane이다.

Answer 10. ⑤ 11. ① 12. ⑤ 13. ③

14 컨테이너 터미널 구성요소에 관한 명칭과 설명으로 옳지 않은 것은? ▶ 제22회 국제물류론

① 안벽 : 선박이 접안하기 위한 계선시설
② 마샬링야드 : 안벽에 접한 부분으로 안벽 크레인이 주행할 수 있도록 레일이 설치된 장소
③ 컨테이너야드 : 수출입 컨테이너의 반입, 장치, 보관이 이루어지는 장소
④ 컨트롤타워 : 컨테이너 터미널 전체 작업을 관리 · 감독하는 장소
⑤ 컨테이너화물조작장 : 컨테이너 화물의 혼재작업이 이루어지는 장소

해설 마샬링야드(Marshalling Yard) : 컨테이너선에 직접 적재와 하역을 하는 컨테이너를 정렬해 두는 넓은 장소로 조화장이라 하며, Apron과 인접하여 배치되어 있다.

15 컨테이너 터미널에서 사용되는 장비에 관한 설명으로 옳지 않은 것은? ▶ 제22회 국제물류론

① 스트래들캐리어 : 컨테이너를 양각 사이에 끼워 놓고 운송하거나 하역하는 장비로 완전 자동화터미널에 적합한 장비이다.
② 야드트랙터 : 에이프런과 컨테이너야드 간 컨테이너의 이동을 위한 장비로 통상 야드 샤 시와 결합하여 사용한다.
③ 트랜스퍼크레인 : 컨테이너야드 내에서 컨테이너의 적재나 이동에 사용하는 장비로 RTGC와 RMGC가 대표적이다.
④ 포크리프트 : CFS에서 컨테이너에 화물을 적입 · 적출할 때 사용하는 장비이다.
⑤ 리치스태커 : 컨테이너를 적양하할 때 사용하고 이송작업도 가능한 장비이다.

해설 스트래들캐리어(Straddle Carrier) : 터미널 내에서 컨테이너를 양각 사이에 놓고 상하로 들어올려 컨 테이너를 마샬링야드로부터 에이프런 또는 CY지역으로 운반 및 적재하는 데 사용되는 장비로서 자동 화터미널과는 관계없다.

16 한국의 내륙컨테이너기지(ICD)에서 수행하고 있지 않는 기능은? ▶ 제22회 국제물류론

① 통 관　　　　　　② 혼 재　　　　　　③ 보 관
④ 제 조　　　　　　⑤ 철도운송

해설 ICD(Inland Container Depot : 내륙컨테이너기지)는 항만 또는 공항이 아닌 내륙통관기지로서 컨테이 너 집하 · 통관수속 등의 업무를 처리할 수 있으나 제조 기능은 수행하지 않는다.

17 국제해상운송에 사용되는 컨테이너의 봉인(Seal)에 관한 설명으로 옳지 않은 것은?

▸ 제16회 국제물류론

① 화물이 적입된 컨테이너를 봉인하는 것으로 식별을 위한 기호 및 번호가 적혀 있다.

② 봉인상태에 의하여 도난, 변조 등의 부정행위의 유무를 확인할 수 있다.

③ 컨테이너 봉인은 화물이 적입된 시점부터 도착지에서 화물이 적출될 때까지 장착된다.

④ 컨테이너 봉인은 도착지 선박회사의 지정 컨테이너 터미널이나 내륙의 컨테이너 야드에 서만 제거된다.

⑤ 컨테이너에 부착된 봉인의 번호는 선하증권에 기재된다.

해설 컨테이너 봉인은 화물을 적출할 때 제거하는 데 통상 도착지에서 수입자가 봉인을 제거하나 도착지에 서 세관검사나 검역 상태를 확인하기 위해 지시에 의하여 컨테이너의 봉인을 제거하는 경우에는 선사 의 지정 컨테이너 터미널이나 내륙의 컨테이너 야드에서 봉인을 제거하기도 한다.

18 ( )에 해당하는 특허보세구역의 명칭은?

▸ 제22회 국제물류론

> ( )은/는 외국물품 또는 외국물품과 내국물품을 원료로 하거나 재료로 하여 수출하는 물품을 제조 · 가공하거나 수리 · 조립 · 검사 · 포장 기타 이와 유사한 작업을 하는 것을 목적 으로 한다.

① 보세창고   ② 보세공장

③ 보세건설장   ④ 보세전시장

⑤ 보세판매장

해설 **보세공장**: 가공무역의 진흥이나 관세행정 목적을 위하여 설치된 장소로서, 보세 상태에서 제조 · 가공 등의 작업으로 생성된 제품 등을 국내에 반입함이 없이 외국으로 수출하거나 국내에서 사용할 목적으 로 국내로 수입할 수 있도록 특허된 구역이다.

19 A는 일반건화물[중량 21,000kg, 화물규격 910cm(L) × 220cm(W) × 225cm(H)]을 수출하고자 평소 거래하는 포워더와 운송계약을 체결하였다. 포워더가 이 화물을 컨테이너에 적재할 경우 가장 적합한 컨테이너 SIZE/TYPE은? ▶ 제21회 국제물류론

① 20' DRY CONTAINER

② 20' REEFER CONTAINER

③ 40' DRY CONTAINER

④ 20' OPEN TOP CONTAINER

⑤ 40' FLAT RACK CONTAINER

해설 화물 길이가 9m를 초과하기 때문에 본 화물을 적재하기에 가장 적합한 컨테이너는 40' DRY CONTAINER이다.
  • 20' DRY CONTAINER 규격: 6.096m(L) × 2.438m(W) × 2.62m(H)
  • 40' DRY CONTAINER 규격: 12.192m(L) × 2.438m(W) × 2.62m(H)

20 A회사는 수입한 원자재와 국내에서 조달된 원자재를 사용하여 석유화학제품을 생산한 다음 일부는 수출하고 일부는 내수로 판매하는 회사이다. 물류비용을 절감하기 위하여 A회사는 빈번히 수입되는 원자재를 통관이 될 때까지 외국물품 상태로 자사의 공장 내에 보관해 둘 수 있기를 원한다. 이 문제를 해결하기 위해 A회사가 세관장의 특허를 받아 운영할 수 있는 것은? ▶ 제15회 국제물류론

① 경제자유구역   ② 자유무역지역   ③ 지정장치장

④ 보세창고   ⑤ 세관검사장

해설 세관장의 특허를 받아 운영할 수 있는 곳은 특허보세구역으로 보세장치장, 보세창고, 보세공장, 보세건설장, 보세전시장, 보세판매장이 이에 해당된다.

21 컨테이너 터미널에서 발생되는 비용으로서 선사 또는 포워드가 화주에게 청구하는 비용이 아닌 것은? ▶ 제21회 국제물류론

① Terminal Handling Charge   ② Wharfage

③ CFS Charge   ④ Ocean Freight

⑤ Container Demurrage

해설 Ocean Freight는 컨테이너 터미널에서 발생되는 비용이 아닌 해상운임에 해당한다. 컨테이너 터미널에서 발생되는 주요 비용은 Terminal Handling Charge, Wharfage, CFS Charge, Container Demurrage이다.

22 ICD(Inland Container Depot)의 기능에 관한 설명으로 옳지 않은 것은? ▸ 제20회 국제물류론

① 공컨테이너 장치장으로도 활용되고 있다.

② LCL 화물의 혼재 및 배분기능을 수행한다.

③ 연계운송체계가 불가능하며, 컨테이너 정비·수리는 이루어지지 않는다.

④ 화물유통기지, 물류센터로 활용하여 불필요한 창고 이동에 따른 비용을 절감할 수 있다.

⑤ 수출입화물의 수송거점일 뿐만 아니라 화주의 유통센터 또는 창고기능까지 담당하고 있다.

해설 ICD(Inland Container Depot)는 내륙 도로운송과 철도 운송 등의 연계운송체계가 가능하며, 컨테이너 정비 및 수리 또한 가능하다.

23 항만시설 중 계류시설에 해당되지 않는 것은? ▸ 제17회 국제물류론

① Pier ② Quay ③ Jetty

④ Silo ⑤ Dolphin

해설 계류시설은 안벽(Quay), 잔교(Pier), 부잔교(Floating landing stage), 거룻배 부두(Jetty), 돌핀(Dolphin)을 일컫는다. Silo는 곡물, 사료, 시멘트 등과 같은 입상과 분말의 물질을 대량으로 저장하는 탑형의 용기를 말한다.

24 컨테이너 하역장비 명칭에 관한 설명으로 옳지 않은 것은? ▸ 제18회 국제물류론

① Container Crane : 컨테이너의 하역을 능률적으로 수행하기 위한 대형 하역설비이다.

② Transfer Crane : 컨테이너를 다단적하기 위해 전후방으로 레일상 혹은 타이어륜으로 이동하는 교형식 크레인이다.

③ Chassis : 차량형 이동장비로서 야드 내에서 화물이 적재되지 않은 공 컨테이너를 하역하는 장비이다.

④ Yard Tractor : 야드 내의 작업용 컨테이너 운반트럭으로 일반 컨테이너 트럭과 대체로 같다.

⑤ Straddle Carrier : 터미널 내에서 컨테이너를 양각사이에 끼우고 이동시키는 운반차량이다.

해설 차량용 이동장비로서 야드 내에서 화물이 적재되지 않은 공 컨테이너를 하역하는 장비를 Reach Stacker라고 한다.

Answer 19. ③ 20. ④ 21. ④ 22. ③ 23. ④ 24. ③

25 컨테이너 터미널과 그 곳에서 사용되는 장비에 관한 설명으로 옳은 것은? ▸ 제19회 국제물류론

① Apron은 선박이 접안하여 하역작업이 이루어질 수 있도록 구축된 구조물이다.

② Off-dock CY는 컨테이너의 인수, 인도, 보관을 위해 터미널 내에 있는 장소이다.

③ Berth는 하역작업을 위한 공간으로 갠트리크레인이 설치되어 컨테이너의 양적하가 이루어지는 장소이다.

④ Transtainer는 컨테이너를 야드에 장치하거나 장치된 컨테이너를 샤시에 실어주는 작업을 하는 컨테이너 이동장비이다.

⑤ Reach Stacker는 Apron에서 컨테이너의 양적하에 사용되는 장비이다.

> 해설 ① Berth는 선박이 접안하여 하역작업이 이루어질 수 있도록 구축된 구조물이다.
> ② On-dock CY는 컨테이너의 인수, 인도, 보관을 위해 터미널 내에 있는 장소이다.
> ③ Apron은 하역작업을 위한 공간으로 갠트리크레인이 설치되어 컨테이너의 양적하가 이루어지는 장소이다.
> ⑤ Gantry Crane은 Apron에서 컨테이너의 양적하에 사용되는 장비이다.

26 항공화물터미널에서 화물을 파렛트에 적재(Build-up)하거나 해체(Break down)할 때 사용되는 설비는? ▸ 제19회 국제물류론

① Contour Gauge ② Work Station
③ By-pass Line ④ Elevating Transfer Vehicle
⑤ Rack

> 해설 Work Station은 항공화물터미널에서 화물을 파렛트에 적재하거나 해체할 때 사용되는 설비이다.

부록

부록 _

01 핵심정리

제1장 국제물류의 개관

제1절 국제물류의 기초

1 국제물류의 개념

(1) 개 념

생산과 소비가 2개국 이상에 걸쳐 이루어지는 경우 그 생산과 소비의 시간적·공간적 차이를 극복하기 위한 유형·무형의 재화에 대한 물리적인 국제경제활동

(2) 특 징

서류의 복잡성	신용장, 선하증권 등 전문적인 기술과 지식 필요
중개자(intermediary)의 존재	국제물류의 경우, 화주를 대신하여 서류취급이나 운송업자 선정 등의 업무를 수행
주문절차상의 복잡성	수출은 생산과 주문처리가 복잡하며, 주문규모도 크므로 이로 인한 어려움이 존재
요소별 기능상의 차이	국제물류는 화주, 운송업체, 운송주선업체 등의 통합된 시스템을 가지고 있지만, 국내물류는 특정 운송수단을 조합하여 운송
환경적 차이	국제물류는 생산지와 소비지가 국경을 초월하여 이루어지며, 수출입수속 및 통관절차, 운송방법의 다양성으로 인한 제도 및 환경적 제약이 심함

2 국제물류의 기능 − 국내물류와의 비교

(1) **운송기능**: 물자의 공간적 효용을 창출시키는 기능

① **국내물류**: 배송활동에 중점 예 유통센터, 배송센터

② **국제물류**: 일관복합운송활동이 핵심 예 항만, 공항터미널

(2) **하역기능**

① 하역은 운송과 보관 및 포장 사이에서 화물취급작업으로 운송과 보관의 종속적인 존재로 위치

② 하지만 지금은 하역의 합리화가 종합적인 물류합리화를 좌우

(3) **포장기능**: 제품보호의 기능, 판매촉진의 기능

  ① **수출포장**: 제품의 특성에 맞게 생산성, 편리성, 경제성을 염두

  ② **팔레트(국내), 컨테이너(국제)**: 컨테이너는 외포장의 역할

(4) **보관기능**: 물자의 시간적 효용을 창출

  최근 창고(센터)의 역할이 stock에서 flow로 개념이 변화

(5) **정보기능**: 전체적인 물류기능의 활동을 원활히 추진하기 위한 중요한 요소

  ① **국내물류**: (화주, 운송업체, 운송주선업체) 독자적인 정보기능 구축

  ② **국제물류**: 국내화주로부터 해외고객에 이르기까지 전 과정을 정보시스템으로 파악

제2절 국제물류관리

1 국제물류환경의 변화

(1) **기업경영활동의 세계화**

  ① **운송·보관수단의 발달**: 오늘날은 2국 이상이 생산과 소비에 관여하기 때문에 시간과 공간의 효용을 창출하는 운송과 보관 수단의 발달을 촉진시키고 있다.

  ② **합리적이고 효율적인 물류관리 필요성**: 생산과 판매과정의 효율적 운영 및 물류비용의 절감이 기업의 성패요인

  ③ **국제물류관리시스템 구축**: 지역별(국가별)로 다르게 나타나고 있는 소비자들의 개성화, 고급화, 다양화된 욕구충족을 위해 기업활동의 세계화에 따른 국제물류관리의 중요성이 부각

(2) **기술적 환경의 변화**

  ① 정보통신기술의 획기적인 발달이 거듭

  ② **기업들의 물류활동 범위도 전 세계적으로 확대, 복잡, 다양화**

    ㉠ 기업의 물류통제가능성이 감소

    ㉡ 하지만 정보통신기술의 발달에 따른 물류관리기법들의 발달로 기업들은 직접적인 통제보다는 정보에 의한 통제가 가능

  ③ JIT(Just In Time, 적기공급체계), SCM(Supply Chain Management, 공급사슬관리), ECR(Efficient Consumer Response, 효율적 소비적응), QR(Quick Response, 신속대응), VMI(Vendor Management Inventory, 공급자 주도형 재고관리 시스템) 등과 같은 통합적 운영·관리체제를 구축하여 국제물류체계의 고도화를 추진 ⇨ 이와 같은 정보통신기술의 급속한 발전에 따른 다양한 기법들은 기업의 물류활동 운영체제에 커다란 영향을 주고 있다.

(3) 국제운송업의 변화

국제물류체계에서 중요한 역할을 담당하고 있는 컨테이너 선사와 항공사 그리고 복합운송업체를 둘러싼 환경도 급변하고 있다.

① **대형화**(컨테이너 선박과 항공기 등 수송수단이 대형화) : 공항과 항만도 대형화·거점화, 하역장비 또한 현대화·대형화 추세

② **전략적 제휴 & 인수합병**(물류업체 간 전략적 제휴와 인수합병 확산)
  ㉠ 전략적 제휴를 통한 협조·경쟁과 인수합병을 통한 대형화
  ㉡ 고객들의 신속·저렴한 물류서비스의 욕구 충족을 위한 물류업체의 필연적인 생존전략이 됨

③ **Hub & Spoke 시스템**(주요 거점 공·항만을 중심으로 Hub & Spoke시스템이 구축되고 있음)
  ㉠ 컨테이너선과 항공기의 대형화는 국제물류업체에게 비용절감과 수송시간 단축을 위하여 많은 기항지에 체류하는 것보다는 소수의 거점 공·항만에 기항하도록 요구하고 있음
  ㉡ 거점 공·항만을 중심으로 다른 주변 지역까지 피더서비스 또는 내륙수송서비스를 실시

④ **신속한 서비스 확대**(국제물류업체 간 전략적 제휴나 인수합병의 결과)
  ㉠ 제휴그룹 간 선박과 항공기의 공간을 공동으로 이용 가능
  ㉡ 다른 지역에 기반을 둔 국제물류업체와 제휴를 통한 서비스 범위도 확대
  ㉢ 직항서비스의 개설 등으로 신속한 서비스도 가능

⑤ **전용터미널 혹은 거점 공동이용**
  ㉠ 고객에게 안정적이고 효율적인 물류서비스를 제공하기 위하여 주요 거점 공·항만에 자사의 전용터미널을 확보하거나 전략적 제휴를 통한 거점의 공동이용을 적극 추진
  ㉡ 안정적인 기항스케줄의 보장을 통해 고객에게 정시성을 제공 가능

2 국제물류의 동향

① **국제물류 기업들 간의 M&A나 전략적 제휴** : 고객에게 보다 효율적인 물류서비스를 제공
② **RFID와 같은 새로운 물류기술이 발달** : 물류 효율성을 향상 ⇨ 고객서비스↑, 시간과 비용↓
③ **지속적으로 재고를 줄이기 위한 노력** : 즉, 재고를 줄임 ⇨ 물류의 효율성을 향상
④ **물적 유통**(Physical Distribution)**이나 Logistics에서 SCM을 중시하는 방향으로 발전**
⑤ **환경의 보존을 위한 Green Logistics의 생성** : 현재의 초점 ⇨ 온실가스인 이산화탄소의 배출↓
⑥ **대규모의 물량을 수배송하기 위한 컨테이너 선박의 대형화** : 20ft ⇨ 40ft
⑦ **선박의 대형화에 따른 항만 수심의 증심**(增深) : 항만의 확충(컨테이너부두 확충)
⑧ **빠른 적·양하를 위한 Post Panamax Crane의 출현** : 선박의 대형화와 신속한 화물 처리를 위한 Post Panamax Crane이 등장
⑨ **북극항로를 이용한 새로운 해상루트 개설**

⑩ 미래 운송수단의 등장과 더불어 미래 물류산업의 새로운 성장동력 태동

⑪ 선박의 안전운항을 위한 컨테이너 총중량 인증제 실현

⑫ 인터넷 전자상거래에 의한 국제 특송화물의 괄목할 만한 성장

⑬ IT기업과 유통기업의 물류사업 진출로 인한 새로운 물류 패러다임 구축(예 아마존, 알리바바, 구글, 쿠팡 등)

3 국제물류의 발전요인

(1) 세계경제의 국제화, 세계화에 따른 국제기업들의 경영활동이 변화 ⇨ 무역의 패턴도 변화

① 제품분업 ⇨ 공정 간 분업

② 산업 간 분업 ⇨ 산업 내 분업

③ 기업 간 분업 ⇨ 기업 내 분업

(2) 발전요인

① 글로벌 기업의 증가

② 소품종 대량생산체제 ⇨ 다품종 소량생산체제

③ 제품수명주기의 단축 ⇨ 리드타임을 줄이기 위한 노력

④ 수송분담률의 변화 ⇨ 경제활동의 규모, 산업구조, 산업입지에 따라 변화 ⇨ 특히 항공화물은 경제성장에 많은 영향을 받음

4 국제물류의 발전

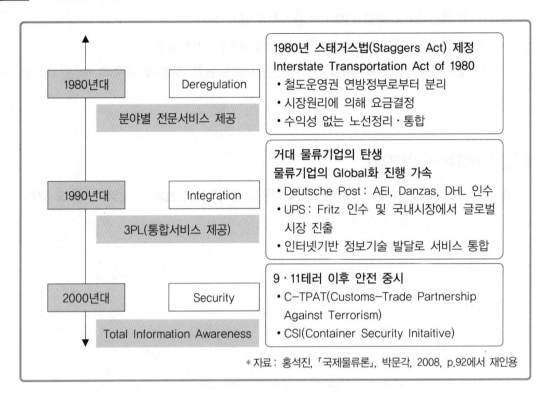

* 자료 : 홍석진, 「국제물류론」, 박문각, 2008, p.92에서 재인용

5 국제물류의 과제

성과주기, 운영, 시스템통합, 제휴 등에 있어 국내물류와 비교되는 다음과 같은 과제가 있다.

성과주기 (Performance Cycle Length)	국제 물류에는 상호간의 통신지연, 청약과 승인의 문제, 운송 상의 일정과 긴 운송 시간, 통관 등이 개입되어 있기 때문에 국내 물류에 비해 긴 성과주기를 가지고 있다.
운영 (Operations)	각국의 사용 언어의 다양성 ⇨ 표준화된 EDI 거래를 이용으로 해결이 가능하다. ⇨ 하지만 각국 소비자들의 소비욕구의 다양화로 인한 다양한 제품과 이로 인한 재고관리의 어려움이 내재한다.
시스템 통합 (System Integration)	국제물류에서는 모든 곳의 통제와 조정이 가능해야 한다. ⇨ 이는 정보시스템통합으로 극복이 어느 정도 가능하지만 실질적인 상품의 물리적 이동에서는 국가별 차이가 쉽게 극복하기 어렵다.
제휴 (Alliance)	국제물류에서는 전 세계의 공급사슬을 관리해야만 한다. 또한 각 국가 간의 많은 차이점을 해결해야 하므로 해외업체와의 제휴의 필요성이 더욱 커지고 있다. ⇨ 이러한 국제물류에서의 제휴는 시장접근, 타국의 전문가의 활용 가능, 투입자산의 효율성 등 여러 가지 면에서 유효한 전략이 될 수 있다.

6 국제물류의 합리화

(1) 국제물류의 합리화 필요성

① 국내물류와는 비교가 안 될 정도의 발생비용의 규모나 활동영역이 매우 크다.

② 무역의 확대와 전자상거래의 발달은 생산과 주문의 패턴이 변화하고 있어서 단순한 물류비용 절감을 넘어서 고객서비스 제고까지 고려한 시스템 구축이 필요하다.

(2) 합리화 방안

① 최적의 물류시스템 구축

② 국제물류에 대한 체계적인 분석 및 비용의 효용성 증대

③ 효율적인 운송수단의 선택

7 국제물류의 단계별 변화

구 분	연 대	특 징	생산거점	물류체계
[1단계] 수출입 중심 물류체계	1970년대~ 1980년대 초	수출을 중심으로 이루어지는 일련의 물류활동을 관리하는 단계	자국	수출입체계
[2단계] 현지국 물류체계	1980년대 중반	국가별 현지자회사를 중심으로 물류·생산활동을 수행하는 단계	현지국	현지국 물류시스템 이용(자체 또는 현지 물류체계)
[3단계] Hub & Spoke 기반 거점물류체계	1980년대 후반~ 1990년대 중반	지역물류, 생산거점을 중심으로 지역경제권 전체를 담당하는 물류체계	지역거점	거점 중심 물류체계 (물류전문업자 이용)
[4단계] SCM 기반 글로벌 네트워크체계	1990년대 말~	조달, 생산, 물류, 판매 등 전 경영체계의 글로벌화 실현, 전문화된 물류관리체계 수요증대(3PL, 4PL)	글로벌 네트워크	아시아 경제권, 미주경제권 및 EU경제의 글로벌 네트워크 물류체계

8 국제물류관리 시스템의 구축 절차

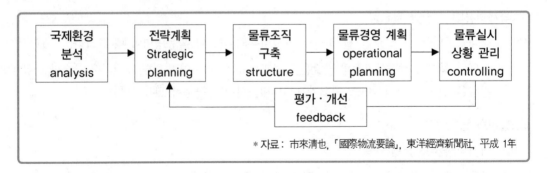

국제환경 분석 analysis → 전략계획 Strategic planning → 물류조직 구축 structure → 물류경영 계획 operational planning → 물류실시 상황 관리 controlling

평가 · 개선 feedback

* 자료 : 市來淸也,「國際物流要論」, 東洋經濟新聞社, 平成 1年

9 국제물류시스템의 형태와 선택요소

국제물류시스템의 형태는 상품이 수출기업으로부터 출하되어 수입국 고객에 도착될 때까지의 경로 및 처리방법에 따라 고전적 시스템, 통과시스템, 직송시스템, 다국향 창고시스템의 4개의 기본 유형으로 분류된다. 기업들은 시스템 중에서 두 개 이상을 복합사용하거나 병용해서 사용하기도 한다.

10 제품수명주기에 따른 물류전략

도입기	성장기	성숙기	쇠퇴기
기술혁신국 ⇨ 신제품개발, 소개	경쟁격화 ⇨ 모방&신규기업 ↑	기술이전, 확산 ↑ 유통망 지역이 가장 광범위	기술가치 ↓ 경쟁이 약화되는 시기 ⇨ 재고보유의 수 ↓
구매자 : 혁신층(소비주도) ⇨ 신제품소비자에 인지	장기적인 시장확보 ⇨ 유통망 확보가 필요 But 재고거점수와 재고결정을 위한 정보 少	제품의 차별성 강조 ⇨ 가격이 ↓ 시기	⇨ 재고는 소수의 지점에 집중
시장성패의 불확실성 ⇨ 유통망 확보가 어려움 ⇨ 소수의 지점	물류전략 ⇨ 물류관리자의 판단	시장의 제품 가용성 ↑ ⇨ 많은 수의 재고거점 필요	제품의 이동형태와 재고배치를 수정할 필요성
물류전략 ⇨ 물류기능 분산 ⇨ 고객서비스 향상	⇨ 물류계획 필요 ⇨ trade off 고려	물류전략 ⇨ 독특한 부가가치 제공 ⇨ 고객차별화 ⇨ 집중적인 물류서비스 전략이 필요	물류전략 ⇨ 비용최소화 또는 위험최소화 전략이 필요

11 글로벌 물류전문기업들의 경영전략

글로벌 물류전문기업들의 경우 주력하는 물류서비스의 성격에 따라 4가지로 구분된다.

(1) 운영(Operation)적 전략

기본적으로 한 종류의 서비스에 집중하여 저렴한 비용으로 양질의 서비스를 제공하는 것을 목표로 한다(DHL, FedEx, TNT 등).

(2) 산업집중(Industry Focussed)전략

① 특정산업의 매우 특수한 요구에 부응하는 전략이다.

② 네덜란드의 Royal Pakhoed사 ⇨ 화학산업의 필요성에 부응하는 물류서비스전략을 구사한다.

(3) 다각화(Diversified)전략

① 서비스 종류를 다양화한다.

② 대표적으로 Neddlloyd그룹은 정기선 해운을 중심으로 터미널운영, 트럭킹, 창고, 내륙수운 등 서비스를 다양화하여 Mega Carrier로서의 성장을 도모하고 있다.

(4) 개별서비스(Customized)전략

① 특정소비자들의 고도로 세련된 요구에 부응한다.

② 이들은 비용보다 서비스로 경쟁한다.

③ 예로 Xerox사의 Frans Mass사, EXEL사의 노키아사에 대한 국내외운송(배송), 창고, 정보서비스 등 물류서비스 제공이 있다.

부록

제 2 장 국제물류와 무역실무

제 1 절 국제물류와 수출입절차

1 국제무역의 개념

(1) 국가 간의 상거래 행위

① 유·무형재의 국가 간 이동

② 국제물품매매계약에 따른 물품의 국가 간 이동

(2) 무역의 목적

① 잉여재화의 처분 & 필요재화의 획득

② 시장확대를 통한 이익 창출로 국민의 효용수준 증대

(3) 무역의 수단

① 국가 간의 상거래 행위로서 원격지 간 거래

② 해상운송(선박)이 대표적

③ 오늘날은 국제복합운송이 주요한 수단

(4) 특 징

① 국제상관습성 : 문화적 차이

② 해상의존성 : 해상운송

③ 기업위험성 : 가격변동, 환변동위험, 대금회수의 위험성 등

④ 산업연관성 : 산업 전·후방효과

2 수출입절차

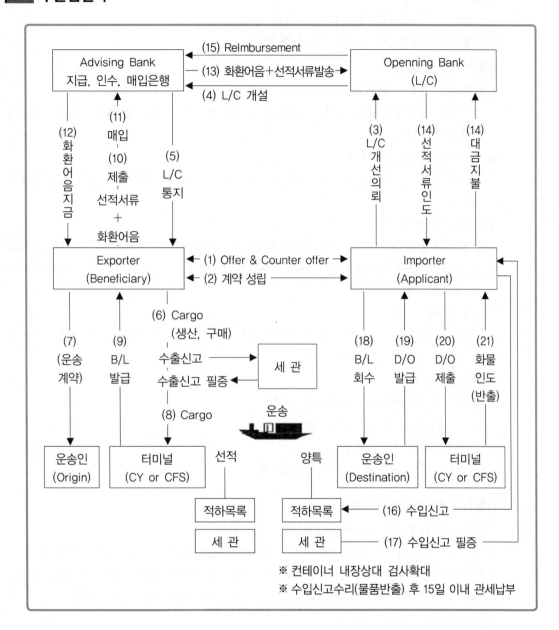

3 수출입절차와 관련된 무역용어 정리

(1) **신용장**(Letter of Credit, L/C)

① **정의**: 조건부지급확약

② 기 능
　　㉠ 수출업자 : 수출금융수단, 대금회수위험 회피
　　㉡ 수입업자 : 계약물품 인수의 불확실성 회피

③ 신용장 거래의 특징
　　㉠ 독립성의 원칙(UCP 제4조)
　　　신용장은 매매계약 등의 근거로 개설되지만 개설된 후에는 매매계약과는 독립된 별도의
　　　거래로 간주한다.
　　㉡ 추상성의 원칙(UCP 제5조)
　　　신용장 거래는 서류거래이므로, 신용장상의 조건이 서류로 증명하면 대금의 지급 여부를
　　　판단한다.
　　㉢ 완전·정확성의 원칙
　　　신용장 개설 또는 변경의 지시 그 자체는 완전하고 정확해야 하며 너무 지나친 상세명세를
　　　삽입하거나 유사 신용장 내용에 의해 신용장을 발행, 통지, 확인에 대한 지시를 하는 시도
　　　는 자제해야 한다.
　　㉣ 엄밀일치성의 원칙
　　　신용장 개설은행이 신용장의 조건과 엄밀하게 일치하는 경우에 한해서만 대금을 지급하도
　　　록 서류를 확인한다는 원칙
　　㉤ 은행면책의 원칙
　　　ⓐ 서류의 효력에 대한 면책(UCP 제34조)
　　　ⓑ 서류전달에 대한 면책(UCP 제35조)
　　　ⓒ 불가항력(UCP 제36조)
　　　ⓓ 피지시자의 행위에 대한 면책(UCP 제37조)

(2) **수입화물선취보증서와 수입화물대도**

① **수입화물선취보증서**(Letter of Guarantee, L/G)
　　수입물품은 이미 도착하였는데 선적서류가 도착하지 않았을 경우에 수입상과 발행은행이 연
　　대 보증하여 선적서류대도 이전에 선박회사에 제출하는 일종의 보증서로서, 수입상은 수입화
　　물선취보증서를 선하증권의 원본 대신 제출하고 수입화물을 인도받을 수 있다.

② **수입화물대도**(Trust Receipt, T/R)
　　수입상이 대금을 결제하기 전이라도 수입상으로부터 T/R을 발행은행 앞으로 제공하게 하여
　　운송서류를 인도한 후 화물을 수령·처분한 후 즉시 대금을 지불하도록 하는 제도로 수입화물
　　의 담보권은 은행이 보유한 채 수입화물의 점유만 발행은행으로부터 수입상에게 이전된다.

(3) **송장**(Invoice)

① **의 의**
　　매매계약의 조건을 정당하게 이행하였음을 매도인이 매수인에게 증명하는 서류

② 기 능
  ㉠ 선적상품에 대한 명세서
  ㉡ 매매되는 상품의 계산서 및 대금청구서
  ㉢ 무역금융에서 담보물의 명세를 밝히는 서류
  ㉣ 수입업자에게 화물수취 안내서 & 수입지 세관에서는 과세가격산정의 필수서류

③ 종 류

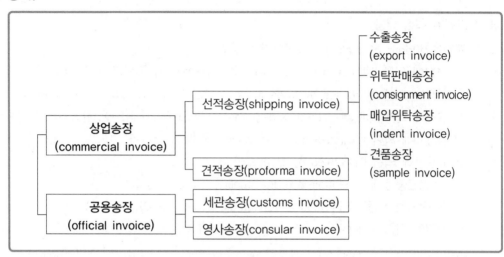

제 2 절 국제물류와 정형거래조건(INCOTERMS 2020)

1 무역계약의 기초

(1) 무역계약의 의의와 성격
  ① 의의 : 국제상거래계약으로 계약당사자들 간에 물품의 소유권양도와 대금지급과 같은 법률적 행위를 수반하는 약정, 국제물품매매계약이라고 한다.
  ② 법적 성격 : 낙성계약(합의계약), 쌍무계약, 유상계약, 불요식계약

(2) 무역계약의 체결단계

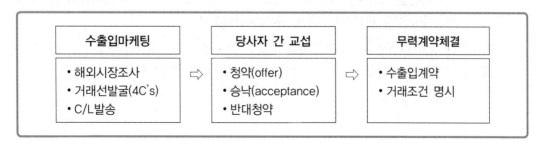

2 무역계약의 8대 조건

(1) 분 류

① **물품 자체에 관한 사항**: 품질, 가격, 수량, 포장

② **계약이행에 관한 사항**: 선적, 결제, 보험

③ **계약불이행에 관한 사항**: 클레임

(2) 각 조건별 핵심 내용

① **품질조건**(terms of quality) - 품질약정의 방법

    ㉠ 견본에 의한 매매(sales by sample): 무역거래에서 가장 널리 이용, 일반공산품

    ㉡ 상표에 의한 매매(sales by trade mark or brand): parker, rolex, coca-cola 등

    ㉢ 규격에 의한 매매(sales by type or grade): 국제표준화기구(ISO), 한국의 KS, 일본의 JIS

    ㉣ 명세서에 의한 매매(sales by description): 선박, 운반기계, 철도, 차량 등

    ㉤ 표준품에 의한 매매(sales by standard)

        ⓐ 평균중등 품질조건(fair average quality, FAQ): 농산물

        ⓑ 판매적격 품질조건(good merchantable quality, GMQ): 냉동어류, 목재

    ㉥ 점검에 의한 매매(sales by inspection): BWT조건, COD조건에서 제한적으로 사용

② **수량조건**(terms of quantity) - 과부족 용인조항(more or less clause, M/L Clause)

    ㉠ 의의: 일정한 수량의 과부족 한도를 정해두고 그 범위 내에서 상품이 인도되면 계약불이행으로 다루지 않고 수량클레임을 제기하지 않는다는 수량조건에 관한 계약상의 명시조항을 말한다.

    ㉡ 과부족 용인조항 예문

        ⓐ 과부족 허용용인조항 예문

> • 5% more or less at sellers option
> • seller has the option of delivering(or shipping) 3% more or less on the contract quantity
> • quantity, unless otherwise arranged, shall be subject to a variation of 5% plus or minus at seller's option

        ⓑ 신용장통일규칙: 신용장상에 'about, circa, approximately' 등이 명시되어 있으면 10%, 명시되어 있지 않더라도 5%의 과부족이 허용된다.

③ **가격조건**(terms of price) - INCOTERMS 2020: 물품의 가격은 제조원가에 운임, 보험료, 하역비, 창고료, 통관비용 등 여러 가지 부대비용을 합산하여 결정된다.

● 정형거래별 매매가격에 대한 원가구성요소

가격조건	가격구성요소	비 고
FOB 제조원가	• 제조원가(manufactring cost) • 수출포장비(export packing charge) • 물품검사비(inspection fees) • 수출허가 등 제세공과금 • 통신비 및 잡비(communication charge)	생산원가
	• 국내운송비(inland transport charge) • 국내운송보험료(inland transport insurance) • 선적비용(THC & C/T) ┌ 부두사용료(wharfage) └ 창고료 외(storage, CFS, shoring charge) • 수출통관비용(export clearnace fees) • 검수·검량비(measuring and/or weighing charge)	운송비
	• 금리(interest) • 은행수수료(measuring charge and commission)	금융비
	예상이익(expected profit)	예상이익
CFR 제조원가	해상운임(ocean freight)	해상운송비
CIF 제조원가	해상보험료(mare insurance premium)	해상보험료

④ **선적조건**(terms of shipment) : 선적은 단지 선박, 즉 본선에의 적재(loading on board)만을 의미하지 않고, 인도를 위한 항공기나 철도 등을 포함한 모든 운송수단을 포함한다.

㉠ 선적시기 약정 예문

> • shipment shall be made during september
> • shipment should be made within three months after seller's receipt of L/C

㉡ 즉시 선적조건 : 선적기일을 월이나 일로 약정하지 않고, 'shipment should be made as soon as possible'과 같이 즉시 또는 조속히 선적하도록 요구하는 형식을 즉시선적조건으로 선적기간이 약정되었다면 신용장 거래에 대한 약정이 없는 것으로 간주한다.

예 promptly, immediately, as soon as possible etc.

㉢ 선적기간 관련 용어

ⓐ 'to, until, till, from' : 당해 일자가 포함

ⓑ 'after' : 당해 일자가 제외

ⓒ 'first half / second half' : 지정된 달의 1일부터 15일까지 / 16일부터 말일까지

ⓓ 'beginning / middle / end' : 지정한 달의 1일부터 10일 / 11일부터 20일 / 21일부터 말일까지

ⓔ 분할선적(partial shipment) : 매매목적물 전량을 수회로 나누어 선적하거나 화물을 최소한 둘 이상의 단위로 나누어 서로 다른 항로를 이용하거나 또는 서로 다른 운송수단에 선적하는 것을 말하며, 신용장상에 분할선적을 금지하는 문언이 없을 경우에는 분할선적이 허용되는 것으로 간주한다.

ⓜ 할부선적(installment shipment) : 할부선적이란 분할선적의 일종으로서 계약된 상품의 일정수량을 일정기간 동안 나누어 주기적으로 선적하도록 하는 것을 의미한다. 신용장에서 일정한 기간 내의 할부에 의한 선적이 명시된 경우, 어느 할부부분이 당해 할부부분을 위하여 허용된 기간 내에 선적이 이루어지지 않으면 신용장에 별도의 명시가 없는 한, 그 신용장은 당해 할부부분 및 그 이후의 모든 할부부분에 대하여 효력을 상실한다.

ⓗ 환적(transshipment) : 선적항(적출항)에서 선적된 화물을 목적지로 가는 도중에 다른 선박(또는 운송기관)에 옮겨 싣는 것으로서 이적이라고도 한다. 신용장상에 환적을 금지하는 문언이 없을 경우에는 환적이 허용되는 것으로 간주한다. 하지만 'direct shipment(or steamer) by customary route' 등으로 직항선적을 약정한 때에는 환적금지를 전제로 하고 있다고 보아야 한다.

ⓢ 선적일의 증명(신용장통일규칙)

선적선하증권	그 발행일 즉 B/L Date을 선적일로 본다.
수취선하증권	후에 선적되었음을 나타내는 부기(附記, notation)에 표시된 날짜를 선적일로 본다.

⑤ **결제조건**(terms of payment)

ⓐ 단순송금방식

  ⓐ D/D(Demand Draft, 자기앞수표송금)

  ⓑ M/T(Mail Transfer, 우편환송금)

  ⓒ T/T(Telegraphic Transfer, 전신환송금)

ⓑ 추심방식

  ⓐ D/P(Document against Payment, 지급인도조건)

  ⓑ D/A(Document against Acceptance, 인수인도조건)

ⓒ 신용장방식

  ⓐ at sight L/C(일람출금신용장)

  ⓑ usance L/C(기한부신용장)

⑥ **보험조건**(terms of Insurance)

ⓐ INCOTERMS 2020 – CIF, CIP

ⓑ 일반적으로 송장(INVOICE) 금액의 110% 부보

⑦ **포장조건**(terms of packing) : 통상 포장조건을 약정할 때에는 간단히 수출표준포장(export standard packing)이라고 명시한다.

⑧ **클레임조건**(terms of dispute, 중재조항)

 ㉠ 무역클레임의 의의

  ⓐ 손해화물에 관한 클레임(claim on damage or lost cargo)

  ⓑ 무역거래상의 클레임(business claim)

 ㉡ 클레임의 해결방법

  ⓐ 매매당사자 간의 해결 : 청구권의 포기(waiver of claim), 당사자 간의 직접타협 (compromise, accord, concord and amicable settlement), 화해(amicable settlement)

  ⓑ 제3자 개입에 의한 해결방법 : 알선(intercession, recommendation), 조정(conciliation, mediation), 중재(arbitration), 소송(litigation, suit)

 ㉢ 소송과 중재의 비교

소 송	중 재
• 일방적으로 상대편의 합의 없이 제소가능 • 2심 · 3심에 항소 · 상고가 가능 • 분쟁해결에 많은 비용과 시간소요 • 공권력에 의한 해결 • 원칙적으로 공개리에 진행되어 비밀유지가 불가능	• 계약당사자의 중재에 관한 합의가 필요 • 단심제 • 분쟁이 신속 · 경제적으로 해결 가능 • 공정한 제3자(중재인)에 의한 사적 분쟁해결 • 원칙적으로 비공개이므로 비밀유지가 가능

 ㉣ 외국 중재판정의 승인 및 집행에 관한 UN협약(United Nations Convention on the Recognition and Enforcement of Foreign Arbitral Awards) : 1958년 6월에 뉴욕의 UN본부에서 체결되었으며 이를 일반적으로 뉴욕협약이라고 한다. 우리나라는 1973년 2월 42번째로 뉴욕협약에 가입하였으며, 2011년 12월 현재 144개국이 가입되어있다. 이에 따라 국내 유일의 상설 중재기관인 대한상사중재원의 중재판정은 뉴욕협약의 체약국 간에는 승인 및 집행을 보장받는다.

3 일반거래조건협정서(Agreement on General Terms and conditions of Business)

(1) 의 의

무역계약이 성립 이후 당사자 간의 합의에 의하여 계약의 일반적 · 기본적 사항을 정하여 문서화하고 서로 서명하고 교환한 서류로서 업무의 간소화, 분쟁의 가능성 감소를 위해 작성해 놓은 서류(문서)

(2) 내 용

① **거래형태에 관한 조건** : 거래형태는 당사자 간의 거래라 할 수 있는 본인 대 본인(Principal to Principal)의 거래인지, 본인과 대리인의 거래인지 아니면 대리인 간의 거래인지를 명시한다.

② **계약성립에 관한 조건** : 계약은 일반적으로 청약에 대한 승낙으로 계약이 성립하게 된다.

③ **계약물품에 관한 조건** : 약정물품의 품질, 가격, 수량 , 포장 등에 관한 일반적인 사항을 정한다.

부록

④ 계약의 이행에 관한 조건

　㉠ 계약의 이행은 대상물품을 선적하고 그에 대한 대가로 대금을 수령하는 일련의 과정을 말한다.

　㉡ 선적, 대금지급, 보험 등에 관한 기본적 사항을 명시한다.

⑤ 보조적 내용

　㉠ 클레임조항(클레임 제기방법, 시기)

　㉡ 기타 조건

4 정형무역거래조건(INCOTERMS 2020)

(1) 개 념

① INCOTERMS(International Rules for the Interpretation of Trade Terms) : 정형거래조건의 해석에 관한 국제규칙

② 당사자 간의 법률관계 중 의무의 내용을 중심으로 규정

위험부담의 분기점	물품이 멸실 혹은 손상(파손)되는 것에 대한 책임이 어느 장소와 시점에서 판매자로부터 구매자에게 이전되는가 하는 문제로서, 인도(Delivery)의 이행 및 손해배상과 관련
비용부담의 분기점	물품의 수출입에서 생기는 갖가지 요소비용 가운데 어느 것까지는 수출상이 부담하고 그 외는 수입상의 부담으로 하는가의 문제로서 가격조건에 직접 관련

(2) INCOTERMS 2020 개정 배경

① DAT 규칙의 이용률이 매우 저조하였으며

② 복합운송에 있어서 내륙까지 들어가는 물량에 대하여 보험 부보의 최소담보 약관이 운송인과 화주에게 동시에 불리한 조건임을 깨달아 최대담보 조건으로 개정되었다.

(3) INCOTERMS 2020의 특징

① DAT 삭제, DPU 신설(명칭의 변경과 확대 해석)

② Guidance Note에서 Explanatory Note for User로 이름만 변경

③ FCA에서의 본선적재의무 후 선하증권 발행의무

④ CIF 및 CIP에서의 보험부보 범위 이원화

⑤ 개별규칙 조항순서 변경

⑥ 운송/비용 조항 보안관련 의무조항 신설

⑦ 소개문(Introduction) 삽입

⑷ INCOTERMS 2020의 구성

INCOTERMS 2010		INCOTERMS 2020	
복합운송조건	EXW, FCA, CPT, CIP, DAT, DAP, DDP	복합운송조건	EXW, FCA, CPT, CIP, DAP, DPU, DDP
해상운송조건	FAS, FOB, CFR, CIF	해상운송조건	FAS, FOB, CFR, CIF

① **운송방식에 관계없이 사용할 수 있는 조건**(Rules for any mode or modes of transport)
  ㉠ EXW : Ex Works(-named place) − 공장 인도조건
  ㉡ FCA : Free Carrier(-named place) − 운송인 인도조건
  ㉢ CPT : Carriage Paid To(-named place of destination) − 운송비지급 인도조건
  ㉣ CIP : Carriage and Insurance Paid To(-named place of destination) − 운송비·보험료 지급 인도조건
  ㉤ DAP : Delivered At Place(-named place) − 목적지 인도조건
  ㉥ DPU : Delivered At Place Unloaded(-named place of destination, where seller unloads) − 목적지 양하 인도조건
  ㉦ DDP : Delivered Duty Paid(-named place of destination) − 관세지급 인도조건

② **해상 및 내수로 운송에서만 사용되는 조건**(Rules for sea and inland waterway transport)
  ◎ FAS : Free Alongside Ship(-named port of shipment) − 선측 인도조건
  ㉧ FOB : Free On Board(-named port of shipment) − 본선 인도조건
  ㉨ CFR : Cost and Freight(-named port of destination) − 운임 포함 인도조건
  ㉩ CIF : Cost, Insurance and Freight(-named port of destination) − 운임·보험료 포함 인도조건

⑸ INCOTERMS 2020의 내용

조 건			Delivery Condition	Shift off Risk	Shift off Expense
단수 또는 복수의 운송 수단	EXW	Ex Works (-named place)	지정장소 공장인도조건	매도인의 영업장 구내에서 매수인의 임의처분상태로 인도	매도인은 인도할 때까지 모든 비용부담
	FCA	Free Carrier (-named place)	지정장소 운송인인도조건	지정장소에서 매수인이 지정한 운송인에게 인도	상기와 동일

	CPT	Carriage Paid To (-named place of destination)	지정목적지 운임지급인도조건	물품이 지정 목적지까지 운송할 운송인의 보관하에 최초운송인에게 인도	지정된 목적지까지 운임부담을 확장
	CIP	Carriage and Insurance Paid To (-named place of destination)	지정목적지 운임보험료지급 인도조건	상기와 동일	지정된 목적지까지 운임과 보험료 부담을 확장
	DAP	Delivered At Place (-named place)	지정장소 목적지인도조건	지정목적지에서 양하되지 않고 매수인의 임의처분상태로 인도	매도인은 물품인도시까지 모든 비용부담, 하역료는 매수인 부담
	DPU	Delivered At Place Unload (-named place of destination, where seller unloads)	지정장소 양하인도조건	지정목적지에서 양하(하차)하여 매수인의 임의처분상태로 인도	매도인은 물품인도시까지 모든 비용부담(도착지 하역료 포함)
	DDP	Delivered Duty Paid (-named place of destination)	지정목적지 관세지급인도조건	지정목적지에서 수입통관을 필한 물품을 양하되지 않고 매수인의 임의처분상태로 인도	매도인은 물품인도시까지 모든 비용부담, 수입통관비용 매도인부담
해상 및 내수로 운송	FAS	Free Alongside Ship (-named port of shipment)	지정선적항 선측인도조건	지정선적항에서 본선의 선측(부두, 부선상)에 인도	매도인은 인도할 때까지 모든 비용부담
	FOB	Free On Board (-named port of shipment)	지정선적항 본선인도조건	지정선적항의 본선상에서 인도	상기와 동일
	CFR	Cost and Freight (-named port of destination)	지정목적항 운임포함인도조건	상기와 동일	지정된 목적항까지 운임부담을 확장
	CIF	Cost, Insurance and Freight (-named port of destination)	지정목적항 운임보험료포함 인도조건	상기와 동일	지정된 목적항까지 운임 및 보험료 부담을 확장

제 **3** 절 국제물류와 해상적하보험

█ 1 해상보험의 기초

(1) 의 의

해상보험(Marine Insurance)은 항해에 수반하여 발생하는 위험, 즉 해상위험이 원인이 되어 발생한 손해를 보험자(보험업자, insurer or underwriter)가 보상해주고, 피보험자(the insured, the assured)는 그 대가로서 보험료(premium)를 지불할 것을 약속하는 손해보험의 일종

(2) 해상보험계약의 기본원칙

① **손해보상의 원칙**: 실손보상주의 원칙

② 최대선의의 원칙, 신의성실의 원칙, 양당사자의 고지의무

③ **근인주의**: 손해발생의 궁극적인 원인(가장 가까운 원인 파악) ⇨ 이에 따라 보험금 지급 여부 결정

④ **담보**: 당사자의 약속

    ㉠ 명시담보: 보험증권에 명시 ⇨ 피보험자에 적용

    ㉡ 묵시담보: 명시적이지 않더라도 묵시적으로 보증된 담보로 주로 선박과 관련됨

        ⓐ 내항담보능력(즉, 감항성)

        ⓑ 적법담보: 위험개시 시에 항해사업이 적접해야 함(물론 보험기간 동안)

█ 2 해상위험과 해상손해

> **핵심잡기**
>
> 1. **위험**(risk)
>   (1) 화물(상품) 자체에 관한 위험 ⇨ 운송과정에서 나타난 화물의 멸실, 훼손, 손상 등 ⇨ 해상보험
>   (2) 대금회수와 관련된 위험 ⇨ 비상위험(전쟁, 내란, 외환통제 등), 신용위험 등 ⇨ 수출보험
> 2. **해상보험**: 항해에 관한 위험을 담보하는 손해보험
>   (1) 해상 고유의 위험(perils of seas): 비, 좌초, 폭풍, 침몰, 충돌, 교사 등
>   (2) 해상위험: 항해에 기인하거나 항해에 부수하여 발생되는 위험으로, 화재, 투하, 선원의 악행, 해적, 강도 등
> 3. **해상손해**: 해상위험의 발생으로 입은 경제적 손실
>   해상보험에 있어서 해상위험의 발생으로 피보험이익의 전부 또는 일부가 소멸함으로써 발생하는 피보험자의 경제상의 부담 또는 재산상의 불이익

3 해상보험의 종류

(1) **적하보험**(Cargo Insurance)

① 화물을 보험목적물로 하는 보험

② 화물의 소유자가 입은 손해를 보험조건에 따라 보상하여 주는 보험

③ 해상적하보험증권은 선하증권, 상업송장과 함께 환어음에 첨부되어 국제무역거래계약의 이행 수단으로 이용

(2) **선박보험**(Hull Insurance)

선박으로부터 발생한 책임소재가 있는 경우 이러한 손해를 보험조건에 따라 보상하여 주는 보험

(3) **P&I보험**(Protection and Indemnity Insurance)

① 선주책임상호보험

② 선주가 선박을 소유·운항함으로써 발생하는 제3자에 대한 배상책임을 담보해주는 배상책임 보험

4 해상손해와 관련한 주요 용어

(1) **추정전손**(Constructive Total Loss)

추정전손은 해상보험에서만 인정되는 손해로서 위부(Abandonment)를 수반하여야 하는 전손이다. 현실전손은 위부를 필요로 하지 않지만, 추정전손의 경우는 위부행위를 함으로써 피보험자가 보험자에게 보험금 청구의사를 표시하게 된다. 즉, 위부의 통지 없이는 추정전손이 성립되지 않는다.

(2) **위부**(Abandonment)

추정전손이 인정될 수 있는 사유가 발생하였을 때 피보험자는 그 피보험 목적물에 대해서 갖는 일체의 권리를 보험자에게 이전하고 대신 전손에 해당되는 보험금을 청구할 수 있는데, 이것을 위부라고 한다.

(3) **대위권**(Right of Subrogation)

보험자가 피보험자의 편의를 위해 보험금을 먼저 지불하고, 피보험자의 위부에 의해서 보험자는 피보험자를 대신해서 피보험이익에 관하여 제3자에 대하여 피보험자의 권리를 이양 받아 취득하게 되며, 이렇게 취득한 권리를 대위권이라 하며, 피보험자가 발행한 대위권 양도서에 의하여 보험금을 지급함으로써 그 효력이 발생한다.

⑷ **공동해손**(General Average)

여러 피보험목적물이 공동의 안정을 위하여 희생되었을 때 관련되는 이해관계자가 공동으로 그 손해액을 분담하는 손해로서, 공동해손이란 선박이나 화물이 해난에 직면하게 될 경우 선박 및 적하의 위험을 구조하기 위하여 선장의 책임으로 선박이나 적하의 일부를 희생하는 것을 말하며, 이런 경우 선박이나 적하에 발생한 손해와 비용은 선박 및 적하의 모든 이해관계인이 공동으로 분담하는 것이다.

5 해상보험증권의 기재사항

피보험자, 보험계약자, 보험증권 번호, 보험금액, 보험금 지급지, 출발지, 선적항, 도착항, 최종목적지, 선명, 출발예정일, 품명 및 수량, 보험조건, 보험증권 원본발행 숫자, 보험증권 발행 장소 및 날짜

6 신협회적하약관 — ICC[Institute Cargo Clause : 협회적하(화물)약관]의 담보위험

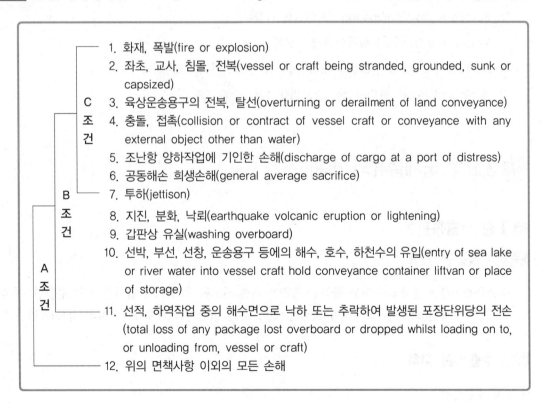

C 조건
1. 화재, 폭발(fire or explosion)
2. 좌초, 교사, 침몰, 전복(vessel or craft being stranded, grounded, sunk or capsized)
3. 육상운송용구의 전복, 탈선(overturning or derailment of land conveyance)
4. 충돌, 접촉(collision or contract of vessel craft or conveyance with any external object other than water)
5. 조난항 양하작업에 기인한 손해(discharge of cargo at a port of distress)
6. 공동해손 희생손해(general average sacrifice)
7. 투하(jettison)

B 조건
8. 지진, 분화, 낙뢰(earthquake volcanic eruption or lightening)
9. 갑판상 유실(washing overboard)
10. 선박, 부선, 선창, 운송용구 등에의 해수, 호수, 하천수의 유입(entry of sea lake or river water into vessel craft hold conveyance container liftvan or place of storage)
11. 선적, 하역작업 중의 해수면으로 낙하 또는 추락하여 발생된 포장단위당의 전손(total loss of any package lost overboard or dropped whilst loading on to, or unloading from, vessel or craft)

A 조건
12. 위의 면책사항 이외의 모든 손해

▨7 부가조건의 종류 및 유형

구약관 전위험담보조건(A/R)이나 신약관 ICC(A)조건으로 보험에 가입한 경우에는 보험요율서상에 특별히 제외하고 있는 위험 이외에는 부가조건을 보험에 가입할 필요가 없다.

그러나 화물의 종류, 포장방법, 운송방법 등을 고려하여 기본조건인 FPA, WA나 ICC(B), ICC(C)에 아래에 열거된 보험조건을 추가하여 부보함으로써 보다 저렴한 보험료로써 전 위험담보조건으로 부보한 것과 동일한 효과를 거둘 수도 있다.

① TPND(Theft, Pilferage & Non-Delivery) : 도난, 발하, 불착손(모든 화물)

② RFWD(Rain and/or Fresh Water Damage) : 비나 민물에 의한 손상(모든 화물)

③ Breakage : 파손(유리)

④ Sweat and Heating Damage : 습기와 열에 의한 손상(곡물류)

⑤ Leakage/Shortage : 누손 및 부족손(유류 · 곡물류)

⑥ JWOB(Jettison and Washing Over Board) : 투하 및 갑판유실(갑판적재화물)

⑦ Denting and/or Bending : 곡손(기계류 · 금속류)

⑧ Spontaneous Combustion : 자연발화(곡물류)

⑨ Mould and Mildew : 곰팡이손해(곡물류)

⑩ ROD(Rust, Oxidation, Discolouration) : 녹, 산화, 변색(금속류)

⑪ Hook and Hole : 하역작업용 갈고리에 의한 손해(직물류)

제3장 국제물류와 통관

제1절 수출통관[13]

▨1 수출통관 개요

수출통관이란 수출하고자 하는 물품을 세관에 수출 신고한 후 필요한 검사를 거쳐 수출신고수리에 의한 수출신고필증을 교부받아 물품을 선박 혹은 비행기에 적재하기까지의 절차를 말한다.

▨2 수출통관 절차

(1) EDI 수출통관

수출신고는 EDI에 의한 Paperless 신고를 원칙으로 한다(특별한 경우에만 서류신고).

---

13) 통관(通關) : 관세법의 규정에 의한 절차를 이용하여 물품을 수출 혹은 수입 또는 반송하는 것

> 수출물품 제조 – 수출신고(EDI) – 신고수리 – 보세구역 반입(선적지) – 선적

(2) 수출신고

① 수출신고는 Paperless 신고를 원칙으로 하며 수출물품 제조 전에도 신고 가능하다.

② 수출신고서는 상업송장과 포장명세서 등을 근거로 작성한다.

③ 수출신고인은 전자문서로 작성된 신고 자료를 관세청의 통관시스템에 전송해야 한다.

④ 다만, 아래 해당되는 물품의 경우에는 수출신고서 및 해당 구비서류를 세관장에게 제출해야 한다.

> ㉠ 해당 법령에 의해 수출신고 수리 전에 요건구비서류 증명이 필요한 물품
> ㉡ 계약내용과 상이한 물품의 재수출 또는 재수출조건부로 수입통관된 물품의 수출
> ㉢ 수출자가 재수입시 관세 등의 감면, 환급, 사후관리 등을 위해 서류제출로 신고하거나 세관검사를 요청하는 물품(반복사용을 위한 포장용기는 제외)
> ㉣ 수출통관시스템에서 서류제출대상으로 통보된 물품

⑤ **수출신고시 구비서류**: 수출신고서(EDI 신고), 수출승인서(해당되는 경우), 상업송장/포장명세서, 기타 필요한 서류

(3) 물품의 검사

수출신고 물품에 대한 검사는 원칙적으로 생략한다. 다만, 현품을 확인할 필요가 있는 경우에만 할 수 있다.

┤ 보충학습 ├

현품확인이 필요한 경우

1. 수출신고시 서류제출 대상물품
2. 분석을 요하는 물품
3. 위조상품 등 지적재산권 침해가 우려되는 상품
4. 관세 환급과 관련하여 위장수출이 우려되는 제품
5. 기타 불법수출에 대한 우범성 정보가 있는 경우

(4) 수출신고수리

수출신고수리는 신고서 처리방법에 따라 자동수리, 즉시수리, 검사 후 수리로 구분된다.

자동수리	서류제출대상이 아닌 물품(통관시스템에서 자동으로 신고수리)
즉시수리	자동수리대상이 아닌 물품 중에서 검사가 생략되는 물품(심사 후 즉시수리)
검사 후 수리	현품확인이 필요한 경우와 우범물품 중 세관장의 검사가 필요하다고 판단된 물품

부록

① **수출신고필증 교부**

　㉠ 세관장은 신고서류가 직접 제출된 경우에 대하여 신고를 수리할 때에는 수출신고 수리인과 신고서 처리 담당자의 인장을 날인한 후 수출신고필증을 신고인에게 교부한다.

　㉡ 관세사가 서류 없는 수출신고를 하여 세관장으로부터 신고수리의 사실을 전산 통보받아 수출화주에게 신고필증을 교부하는 경우에는 수출신고필증의 세관기재란에 등록된 관세사 인을 날인해야 하며 화주 등이 직접 신고한 경우 "본 신고필증은 수출통관 사무처리 고시의 규정에 의하여 Paperless 신고를 하여 세관장으로부터 신고수리된 것을 확인하여 발행, 교부됨"을 기록한다.

　㉢ 신고인 또는 수출화주에게 교부된 수출신고필증이 보관된 전자문서의 내용과 상이한 경우에는 보관된 전자문서의 내용을 원본으로 한다.

② **수출물품 선적이행 관리**

　㉠ 수출신고가 수리된 물품은 수리일로부터 30일 내에 선적해야 한다.

　㉡ 부득이한 경우 통관지 세관장에게 선적기간연장 승인(신청)서를 제출하여 1년 범위 내에서 연장승인을 받는다.

　㉢ 우편물 : 통관우체국의 세관공무원에게 현품 및 수출신고필증을 제출하여 우편발송확인서를 받는다.

　㉣ 휴대 탁송품 : 출국심사 세관공무원에게 수출신고필증 사본을 제출하고 선적확인을 받는다.

　㉤ 신고인이 서류 없는 수출신고를 하고 세관장으로부터 신고수리 사실을 전산 통보받은 경우에는 수출신고서와 상업송장 등 첨부서류를 신고번호순으로 3년간 보관해야 한다.

⑸ **수출신고의 정정, 취하 및 각하**

① **수출신고의 정정**

수출신고번호가 부여된 후 신고내용을 정정하고자 할 때에는 수출신고정정승인(신청)서를 세관장에게 제출하여 승인을 받아야 한다.

② **수출신고의 취하**

　㉠ 구비서류 : 수출신고취하승인(신청)서, 사유서 및 사유를 증명하는 서류

　㉡ 취하요건 : 신용장이 취소된 경우 및 기타 부득이한 사유로 신고한 물품을 수출할 수 없게 되었다고 세관장이 인정하는 경우 세관장은 수출대금이 이미 결제된 것이 확인된 경우에는 수출신고의 취하를 승인하여서는 안 된다.

　㉢ 취하시기 : 수출신고 이후부터 당해 물품을 선적한 선박이 출항하기 전까지 가능하다.

③ **수출신고의 각하**

　㉠ 각하대상

　　ⓐ 수출, 수입, 반송의 신고가 형식적인 요건을 갖추지 못한 경우

　　ⓑ 신고된 물품에 대해 멸각, 공해, 경매낙찰, 국고귀속이 결정된 경우

　　ⓒ 기타 부정한 방법으로 신고된 경우

　　ⓛ 각하통보 : 신고를 각하한 때에는 즉시 그 사실을 신고인에게 통보하고 통관시스템에 기록하여야 한다.

　　ⓒ 수출입신고필증의 분실 및 도난시 재발급절차

　　　　ⓐ 신청기관 : 수출(수입)신고지 세관

　　　　ⓑ 구비서류 : 수출(수입)신고필증 재교부신청서

제2절 수입통관

1 수입통관 개요

(1) 수입통관이란 수입신고를 받은 세관장이 신고사항을 확인하여 일정한 요건을 갖추었을 때 신고인에게 수입을 허용하는 것으로, 수입신고 사항과 현품이 부합한지 여부와 수입과 관련하여 제반 법규정을 충족하였는지 여부를 확인한 후 외국물품을 내국물품화하는 행정행위를 말한다.

(2) 수입신고제로 전환하여 수입통관 절차를 대폭 간소화하고 수입신고 수리 후 관세납부제를 도입하여 통관절차와 과세절차를 분리하였다(1996년 7월 1일부터 시행).

부록

2 수입통관 절차

(1) **입항신고**

　　① 해상수입화물인 경우는 수입물품을 선적한 선박이 도착항에 입항하기 24시간 전까지, 항공수입화물인 경우는 항공기가 착륙하기 2시간 전까지, 선박을 운항하는 선사 또는 항공기를 운항하는 항공사는 입항예정지 세관장에게 적하목록(Manifest)를 제출하여 입항신고를 한다.

　　② 적하목록은 선박, 항공기 등 운송수단에 적재된 화물의 총괄목록으로서 수출입물품을 집하 운송하는 선사 또는 항공사, 공동배선인 경우 선박 또는 항공기의 선복을 용선한 선사 또는 항공사, 혼재화물은 국제화물운송주선업자가 작성하여 발행한다. 화물의 '하선 ⇨ 운송 ⇨ 보관 ⇨ 통관'의 각 단계별로 화물을 총괄 관리하기 위하여 최초로 생성된 화물정보로 세관은 적하목록 번호와 B/L 번호를 조합한 화물관리번호가 자동으로 부여되어 화물의 재고를 추적 관리한다.

(2) **하선**(하기)

　　① 운항선사는 Mater B/L 단위의 적하목록을 기준으로 하선장소를 정하여 세관장에게 하선신고서를 제출한다. 선사가 수입화물을 하선할 수 있는 장소는 컨테이너 화물인 경우에는 부두 내 또는 부두 밖 CY이다. 살화물(Bulk Cargo) 등 기타 화물은 하선장소가 부두 내이며, 액체나 분말 등의 형태는 본선에서 가능하고 특수저장시설로 직송되는 탱크 같은 물품은 해당 저장시설이다.

② 하역업자는 하선신고일로부터 7일 이내에 하선장소에 물품을 반입하는데 하선장소 보세구역 설영인은 보세구역 반출입 요령에 따라 원칙적으로 House B/L단위로 반입신고를 한다. 그러나 입항 전에 수입신고가 수리된 물품은 세관검사 품목 혹은 식약청검사 품목이 아닌 경우 하역즉시 부두에서 반출할 수 있다.

(3) 보세운송 및 보세구역 반입

① **보세운송**: 수입화물의 화주에게 경비의 절감, 절차의 간소화, 자금부담의 완화 등 편의를 주는 목적으로 외국 물품을 보세상태로 개항, 보세구역, 보세구역 외 장치 허가를 받은 장소, 세관관서, 통관역, 통관장 등의 장소 간에 국내에서 운송하는 제도를 말한다.

② **보세구역장치 외 장치**: 보세구역 외에 장치가 가능한 물품은 아래와 같으나 이 경우 수수료를 납부해야 한다.

> ㉠ 거대중량 기타 사유로 인하여 보세구역에 장치하기 곤란한 물품
> ㉡ 재해 기타 부득이한 사유로 임시로 장치한 물품
> ㉢ 검역물품, 압수물품, 우편물품
> ㉣ 수출신고가 수리된 물품

③ **보세구역장치**: 보세구역은 보세화물을 반입, 장치, 가공, 건설, 전시 또는 판매하는 구역으로 세관에서 직접 관리하는 지정보세구역과 개인이 허가를 받아 운영하는 특허보세구역으로 구분할 수 있다. 지정보세구역으로는 지정장치장과 세관검사장 및 부두 CY가 있고, 특허보세구역으로는 보세창고, 보세공장, 보세전시장, 보세건설장 및 보세판매장이 있다.

(4) 수입신고

① 수입신고는 수입하고자 하는 의사표시이므로 수입신고와 함께 적용법령, 과세물건 및 납세의무자가 확정된다. 그리고 수입신고와 함께 납세신고를 한다(부과고지대상 제외). 수입신고시에는 수입신고서에 수입물품의 관세요율표상 품목분류, 세율, 납부세액, 관세감면액과 법적 근거, 물품수출자와 특수관계 여부 등 과세가격 결정에 참고가 될 사항을 기재하여 세관장에게 제출한다. 이와 함께 관세감면이나 분납신청을 하려면 수입신고 후 수입신고 수리 전까지 관세감면 또는 분납신청을 하여야 한다.

② 수입신고는 화주, 관세사 또는 통관법인 등이 할 수 있으며 신고 시기에 따라 '출항 전 신고, 입항 전 신고, 보세구역 도착 전 신고, 보세구역 장치 후 신고' 등 네 가지 유형이 있다.

  ㉠ 출항 전 수입신고: 항공기로 수입되는 물품 또는 일본, 대만, 홍콩, 중국으로부터 선박으로 수입되는 물품을 선(기)적한 선박 또는 항공기가 당해 물품을 적재한 항구 또는 공항에서 출항하기 전에 수입신고하는 것을 말한다.

  ㉡ 입항 전 수입신고: 수입물품을 선(기)적한 선박 또는 항공기가 물품을 적재한 항구 또는 공항에서 출항한 후 하선(기)신고 시점을 기준으로 도착지에 입항하기 전에 신고하며 대상 물품은 FCL화물에 한한다.

ⓒ 보세구역 도착 전 수입신고 : 수입물품을 선(기)적한 선박 등이 입항하여 당해 물품이 보세구역에 도착 전에 신고한다.

ⓔ 보세구역 장치 후 수입신고 : 1997년 7월 수출입통관제도를 개편 시행하기 이전까지 시행하여 온 가장 전형적인 수입통관제도로서 수입물품을 보세구역에 장치한 후에 수입신고하는 것을 말한다.

보충학습

수입신고시 첨부서류

1. 수입승인서(수입승인물품에 한함)
2. 상업송장
3. 가격신고서
4. 선하증권 부본 및 항공화물운송장 부본
5. 포장명세서
6. 원산지증명서(해당물품에 한함)
7. 관세법 제226조의 규정에 따라 세관장 확인물품 및 확인방법 지정고시에 따른 신고수리 전 구비서류

---

(5) 신고서 심사 및 물품검사

① 신고서를 배부받은 후 통관시스템에 조회하여 C/S 결과, 통관검사 및 검사시 주의사항이 있는지 여부를 확인한 후 즉시수리, 심사대상, 물품검사 등으로 처리방법을 결정한다.

② '즉시수리'는 수입신고 내용 중 세번, 세율, 과세가격, 원산지 표시, 지적재산권 침해 등과 관련하여 수입신고 수리 후 위법 또는 부당한 사실이 발견되는 경우 수입자가 처벌 추징 또는 보세구역 재반입 등의 조치를 부담한다는 전제하에 신고인의 신고 내용대로 수입신고를 수리하는 것을 의미한다.

③ '심사'는 신고된 세번, 세율과 과세가격의 적정 여부, 수입승인 사항과 수입신고 사항의 일치 여부, 법령에 의한 요건 충족 여부 등을 검토하기 위하여 관련서류나 분석결과를 검토하는 것을 말한다.

④ '물품검사'는 수입신고한 물품 이외에 은닉된 물품이 있는지 여부와 수입신고 사항과 현품의 일치 여부를 확인하는 것을 말한다.

(6) 수입신고 수리

① 세관장은 수입신고가 관세법의 규정에 따라 적법하고 정당하게 이루어진 경우 적하목록을 제출받은 후 지체 없이 수입신고를 수리하고 수입신고인에게 수입신고필증을 교부하고 신고수리시에 과세 등에 상당하는 담보를 제공하도록 한다.

② 수입신고 수리시기는 심사방법에 따라 즉시수리물품은 수입신고서 및 첨부서류에 대한 형식적인 요건만을 확인한 후 즉시수리하며 심사대상물품은 심사 후에, 검사대상물품은 물품검사 후에 수입신고 수리해야 한다.

③ 수입통관절차가 면허제에서 신고제로 전환되면서 수입제세 과세절차가 통관절차와 분리되었으며 수입제세의 납세의무자인 수입화주가 수입제세를 납부하는 방법은 납부시기에 따라 신고수리 전에 납부하는 사전납부방법과 신고수리 후에 납부하는 사후납부방법이 있다.

제3절 관세와 과세절차

1 관세의 개요

관세는 Tariff 혹은 Customs Duty라고 하며 하나의 상품이 한 나라의 국경을 통과하거나 관세동맹지역의 경계를 통과해서 거래될 때 부과하는 조세 또는 관세선을 통과하는 상품에 대해 부과하는 세금을 말한다. 즉, 원칙적으로 관세선을 통과하는 때인 수입, 수출, 반송시에 모두 관세를 부과하여야 하지만 현행 관세법은 수입물품에 대해서만 관세를 부과하는 수입물품과세주의를 취하고 있다. 관세법은 관세의 부과, 징수 및 수출입물품의 통관을 적정하게 하고 관세수입을 확보함으로써 국민경제의 발전에 이바지함을 목적으로 하고 있다.

(1) 관세의 기능
① 재정수입의 확보
② 국내 산업보호
③ 소비억제
④ 수입대체 및 국제수지 개선
⑤ 비관세장벽

(2) 관세의 효과
① 소득재분배 / 자원재분배
② 고용변화
③ 국제수지변화
④ 요소부존변경
⑤ 생산효과 / 소비효과
⑥ 수입효과 / 재분배효과
⑦ 소득효과 / 교역조건효과

2 과세절차

(1) 과세의 4대 요건
① **과세물건**: 과세객체로서 조세채권과 채무관계를 성립시키는 물적 요건으로 수입물품을 말하며 수입신고 시점의 성질과 수량에 의해 결정된다.

② **납세의무자** : 관세를 지불할 법률상의 의무를 부담하는 자로 납세책임자를 의미하며 물품을 수입한 화주이다. 대행수입 시에는 수입위탁자, 수입신고수리 전 보세구역 장치물품을 양도한 경우에는 양수자, 정부조달물품은 실수요부처의 장 또는 실수요자, 기타 물품은 송품장 혹은 선하증권상의 수하인이다.

③ **관세율** : 종가세인 경우 백분율(%)로 표시하고, 종량세인 경우 수량단위당 금액으로 관세율은 국정세율과 협정세율이 있고, 국정세율에는 기본세율과 탄력세율이 있다. 동일한 품목에 여러 가지 세율이 존재할 경우 적용순서를 알아보면 먼저 협정세율은 국가 간의 협정에 따라 결정된 관세율이므로 국정세율에 우선하여 적용한다. 그리고 국정세율의 적용순서는 우선 잠정세율은 기본세율에 우선하여 적용하며 덤핑방지관세, 조정관세, 할당관세 등 관세법에 의하여 대통령령으로 정하는 탄력관세율은 기본세율 및 잠정세율에 우선하여 적용한다. 그러나 탄력관세율 중에서도 덤핑방지관세 등 상대방의 불공정거래에 대하여 부과하는 관세율은 협정세율보다 우선하여 최우선적으로 적용한다.

④ **과세표준** : 세액결정의 기준이 되는 과세물건의 가격 또는 수량으로서 종가세 물품의 과세표준은 물품의 가격이고 종량세 물품의 과세표준은 물품의 수량이다. 하지만 수입물품의 과세표준은 원칙적으로 '거래가격'을 기초로 한다. 거래가격은 '수입자가 실제로 지급하였거나 지급하여야 할 가격 + 가산요소금액 - 공제요소금액'이다.

㉠ '수입자가 실제로 지급하였거나 지급해야 할 가격'은 수출지 선적항에 물품의 선적을 완료하기까지의 금액으로서 이는 물품가격만을 기준으로 할 때 FOB가격을 말하며 여기에는 수입자가 당해 수입물품의 대가와 판매자의 채무를 상계하는 금액, 수입자가 판매장의 채무를 변제하는 금액 및 간접적인 지급액을 포함한다.

㉡ '가산요소금액'에는 운임, 보험료, 중개수수료(대리점수수료는 제외), 용기, 포장비, 생산지원비용, 로열티 및 사후귀속이익이 있다.

㉢ '공제요소금액'은 수입물품을 국내에 반입한 후 발생하는 비용으로서 연불이자, 제세공과금, 수입항 도착 후 발생한 운임 및 수입 후 조립, 정비, 유지 등을 위한 부가비용 등이다.

㉣ 가산요소금액과 공제요소금액은 객관적이고 수량화할 수 있는 자료에 근거하여 명백하게 확인되거나 구분될 수 있어야 한다. 만약 그러한 자료가 없어 거래가격을 과세가격으로 하기 어려울 경우에는 거래가격에 의하여 과세가격을 결정하지 않고 제2방법 내지 제6방법까지를 순차적으로 적용하여 과세가격을 결정한다(수입자가 원하는 경우 제4방법과 제5방법은 순위를 바꾸어 적용할 수 있음).

제2방법	동종 동질의 수입가격을 기초로 과세가격 결정
제3방법	유사물품의 수입가격을 기초로 과세가격 결정
제4방법	당해 동종, 동질 또는 유사물품이 국내에 수입되어 판매되는 가격에서 수수료, 이윤, 일반경비 등 수입 이후 발생하는 법정공제요소금액을 공제한 가격에 의하여 과세가격 결정

제5방법	당해 수입물품을 수출국에서 생산하는 데 소요되는 비용을 산정하여 산출된 가격으로 과세가격 결정
제6방법	세관장이 합리적인 기준에 따라 과세가격 결정

(2) 제세 납부절차

- 관세 ┌ 종가세 = 과세가격 × 관세율
  └ 종량세 = 수입물품의 수량단위당 세액
- 내국세 ┌ 개별소비세 = (과세가격 + 관세) × 개별소비세율
  ├ 주세 = (관세의 과세가격 + 관세) × 주세율
  ├ 교통세 = (관세의 과세가격 + 관세) × 교통세율
  └ 교육세 ┌ 주세액의 교육세율(10%. 단, 주세율 70%를 초과하는 주류는 30%)
    ├ 개별소비세액의 교육세율(30%. 단, 등유, 중유, 부탄 등은 15%)
    └ 교통세액의 교육세율(15%)
- 농어촌특별세 = 개별소비세액 × 농어촌특별세율
- 부가가치세 = (관세의 과세가격 + 관세 + 개별소비세 + 주세 + 교통세 + 교육세 + 농어촌특별세) × 부가가치세율 10%

① 간이세율은 관세, 임시수입부가세, 내국세 등을 통합한 단일세율로서 여행자 또는 승무원이 휴대하여 수입하는 물품, 우편물품 그리고 탁송품과 별송품 등에 대하여 적용하는 세율이다.

② 관세 등은 원칙적으로 신고납부방식으로 납부하나 예외적인 경우 부과고지방식을 채택하고 있다. 신고납부방식은 스스로 신고세액을 납부한다는 의미에서 자진신고 납부제도라고도 한다.

③ 수입신고와 동시에 납세신고를 한 자는 납세신고 수리일로부터 15일 이내에 신고세액을 납부해야 하며 수입신고를 수리하기 전에 납부하는 것도 가능하다.

④ 납세신고 사항에 대한 오류 발견 시 처리방법으로는 세액보정절차와 수정신고와 경정이 있다. 세액보정절차는 납세의무자가 관세 등을 납부하기 전에 잘못 신고한 것을 발견한 경우에 거치는 절차로 이 경우에 세관장은 별도의 가산세를 징수하지 않는다. 수정신고는 관세 등을 신고납부한 후에 납세의무자가 세액이 부족한 것으로 발견한 경우에, 경정은 세관장이 납세의무자가 신고납부한 세액 또는 납세신고한 세액에 과부족이 있는 것을 안 경우에 처리하는 방법이다.

⑤ 부과고지 방식은 세관장이 처음부터 납부세액을 결정하여 납부고지서를 발부하면 납세의무자가 고지된 금액을 납세고지서 수령일로부터 15일 이내에 납부하는 방법이다. 이때 서면고지를 원칙으로 하나 물품을 검사한 담당자가 관세를 납부하도록 하는 경우 구두고지도 가능하다.

제4절 AEO 제도

1 AEO의 개념

(1) AEO는 Authorized Economic Operator의 약자로 2005년 6월 세계관세기구(WCO) 총회에서 만장 일치로 채택된 국제규범(SAFE Framework)상 민관협력제도의 이름이다. AEO는 9·11 테러 이후 강화된 미국의 무역안전조치를 세계관세기구 차원에서 수용하면서 무역안전과 원활화를 조화시 키는 과정에서 탄생했으며 화주, 선사, 운송인, 창고업자, 관세사 등 화물 이동과 관련된 물류주체 들 중 각국 세관 당국에 의해 신뢰성과 안전성을 공인받은 업체를 의미한다. 우리나라에서는 AEO 기업으로 선정되면 '종합인증우수업체'로 인정을 받고 있다.

(2) AEO 도입은 그간 물류 주체별로 단편적 성실기준을 마련하여 선별적으로 통관절차의 혜택을 부 여하던 관행에서 탈피하여 모든 물류주체의 성실성과 안전성을 통일된 기준으로 평가하고 그 결 과에 따라 모든 세관절차상의 포괄적인 혜택을 부여하려는 것으로 모든 물류주체가 AEO인 화물 에 대해서는 입항에서 통관까지 복잡한 세관절차를 하나의 절차로 통합하는 계기가 된다. 한편 AEO 제도는 국가 간 상호 인정절차를 갖고 있어 우리나라에서 공인된 AEO 기업의 신뢰성과 안 전성이 국제적으로 추인되어 우리나라에서 수출하는 AEO 기업은 상대국 수입절차에서 특례를 적용받을 수 있으며 AEO 공인을 받은 기업이 거래업체에 대해 AEO 공인을 받을 것을 요구하는 추세에 비춰 거래선 확보와 유지 등 수출기업의 경쟁력 향상에 기여하게 되는 것이다.

2 AEO 제도 도입의 필요성

(1) 세계 관세기구(WCO)는 국가 간 무역 및 물품이동에 있어 테러방지 등 안전문제를 우선적으로 확보하면서 동시에 교역흐름을 저해하지 않는 방안에 대한 논의 끝에 전 세계 169개국이 이행해 야 할 표준규범을 만들어 'Framework of Standards to Secure and Facilitate Global Trade'라는 명칭으로 전 회원국이 참석한 WCO 총회(2005. 6. 23~25)에서 만장일치로 채택이 되었다. 우리나 라를 비롯한 157개 회원국이 이행결의서를 제출하였고 우리나라도 2007년 12월 30일 관세법 개정 을 통해 AEO 제도의 법적 근거를 마련하고 AEO 제도를 시행하게 되었다.

(2) 수출을 많이 하는 중소기업이나 해외에 진출해 있는 우리 대기업의 생산법인이나 판매법인에서 겪는 어려움은 다양하지만 해결하기 힘든 것 중의 하나가 통관지연이다. 외국의 수입업자나 우리 판매법인은 판매 제품을 빨리 통관해서 수요자에게 공급을 해야 하고 생산법인은 자재 등을 적기 에 통관해서 생산을 해야 하는데 통관지연으로 인해 판매 기회를 잃어버리거나 생산에 차질을 빚 는 사례가 날로 증가하고 있다. 이렇듯 해외 공급망 관리 프로세스에서 통관문제는 민간기업이 통제하기 힘든 문제이고 현지 법규나 제도에 대한 이해 부족은 물론 국가별 관세행정이나 물류인 프라 환경도 차이가 있어 민간기업 혼자 스스로 해결하기에는 한계가 있다. 따라서 AEO는 각국의 관세청이 가장 신뢰하는 파트너이자 국제적으로 안전한 기업으로 인정받을 수 있는 제도로 자리 잡아가고 있다.

■ 3 AEO 제도의 특징

(1) 일반적인 특징

① 신속과 함께 안전이 담보되는 정확한 세관절차

② 물품 중심의 위험관리에서 업체 중심의 위험관리

③ 국제협력을 통해 영역을 국내에서 국외로 확장

④ 특정장소에서의 단편적 관리에서 흐름 중심의 통합관리

(2) 우리나라 AEO 제도의 특징

① **기업심사제도와 안전관리제도를 통합운영** : 우리나라의 AEO 제도는 무역을 원활하게 하면서 동시에 무역의 안전성을 확보하기 위해 기업심사제도와 안전관리제도를 통합하여 운영하고 있으며 이를 통해 업체에 대해 중복심사도 피하게 되었다.

② **자율적 내부통제체계 강화를 통한 법규준수도 제고 지향** : 세관이 기업들의 의무와 관련된 정보를 사전에 명확하게 제공하고 이를 통해 기업이 스스로 내부통제를 강화하여 법규 준수도를 높이는 데 중점을 두고 있다.

③ **AEO로 구성된 안전 공급망 개념을 구체화** : 우리나라의 AEO 제도는 외국의 수출 공급망과 국내수입 공급망을 연계하여 혜택을 부여하도록 설계되어 있다. 즉, 우리나라에서 화물을 수입할 때 수출자인 해외생산자 선사, 항공사를 포함한 해외운송사, 국내 하역업자, 창고업자, 관세사 그리고 수입업자 등 모든 수출입 공급망 관계기업이 AEO일 경우 파격적인 혜택을 제공하고 있다.

■ 4 AEO와 타 인증제도의 관계

(1) 개 관

AEO 제도는 국가 간 상호인정과 통관상 혜택을 받을 수 있는 제도로 ISO 28000 인증제도나 ISPS Code 제도와는 직접적인 관련이 없다.

(2) ASC 혜택

ASC란 Authorized Supply Chain의 약어로서 수출업체부터 선사, 관세사, 운송업자, 수입업체 등 화물의 수출입과 관련된 모든 대상업체가 AEO인 경우를 말하며 당사자별로 규정된 혜택보다 더 큰 혜택이 부여된다.

(3) AEO 제도와 유사한 인증제도

① ISPS Code(국제 항해선박 및 항만시설 보안에 관한 법률에 의한 선박보안 인증 및 항만시설 적합 인증제도)

② 상용화주제도

③ ISO 28000 : 물류보안경영시스템 인증제도

④ TAPA : 첨단기술제품보관 및 운송보안 인증제도

⑷ **수출입안전 공인제도의 구분**(AEO, ISPS Code, 상용화주제, ISO 28000, TAPA)

국가공인제도	AEO, ISPS Code, 상용화주제	민간인증제도	ISO 28000, TAPA
공인비용 있음	ISO 28000, TAPA, ISPS Code	공인비용 없음	AEO, 상용화주제
강제적 공인제도	ISPS Code	임의적 공인제도	AEO, 상용화주제, ISO 28000, TAPA
상호인정혜택 부여	AEO	상호인정혜택 불가	나머지 모두
수출입 공급망 전체	AEO, ISO 28000	수출입 공급망 일부	TAPA, ISPS Code, 상용화주제

제 4 장　국제물류와 국제운송

제 1 절 국제물류와 해상운송

1 해상운송의 추세

① 조선기술의 발달

② 전자 및 정보통신의 발달 등 계속적인 기술혁신에 의한 선박운송의 안정성 제고

③ 선박의 대형화, 전용선화, 컨테이너선화가 크게 진전

④ 전통적 해운동맹의 기능 약화

⑤ 국제복합운송의 보편화에 따른 정기선사들의 운송 서비스 확대

⑥ 중소규모 선사들 간의 공동운항(Joint Service)이나 대형 컨테이너 선사들 간 Alliance 등 정기선운송사업들의 경영방법의 변화

⑦ 해상운송에 관련된 규칙이나 국제조약에서 화주의 요구 반영이 증가

2 해상운송의 기능과 역할

① 효율적인 자원배분효과　　　　② 국민소득 증대효과

③ 국제수지 개선효과　　　　　　④ 산업연관효과

3 조선 및 해운업의 시황을 나타내는 지표

HR 지수	HR(Howe Robinson Container Index, 컨테이너운임) 지수는 컨테이너 운임(용선료) 지수
BDI 지수	BDI(Baltic Dry Index, 건화물운임) 지수는 벌크선 운임지수로 세계 해운업의 시황을 판단하는 기준으로 삼는 지표
WS 지수	WS(Worldwide Tanker Nominal Freight Scale) 지수는 유조선의 운임단위로 사용
MRI 지수	MRI(Maritime Research Index) 지수는 미국의 Maritime Research Inc.가 매주 산정하여 발표하는 해상운임지수
KMI 지수	KMI(Korea Maritime Index) 지수는 한국해양수산개발원(KMI)이 태평양 및 극동지역을 중심으로 한 시황지표

4 선급제도(Ship's Classification)

(1) 선박의 감항성(Seaworthiness)을 객관적이고 전문적으로 판단하기 위해 만든 제도이다.

(2) 선급이라는 것은 선급협회가 선체의 상태나 기관 및 기기의 성능 등을 기준삼아 정한 선박의 등급을 의미하는 것으로, 보험금 및 보험료 산정의 기준자료로 이용되거나, 선박의 운항능력에 대한 평가자료로 사용되며 이를 담당할 선급협회(Classification of Societies)가 있다.

> **보충학습**
>
> **선급협회의 업무**
> 1. 선박의 검사와 선급의 등록
> 2. 냉방장치 및 소방시설의 검사 및 등록
> 3. 만재흘수선의 지정 및 검사, 선용기관, 의장품, 성용품 등의 구조재료의 검사시험
> 4. 양화장치의 제한중량 등의 지정검사
> 5. 국제조약에 기준한 선박의 검사 및 조약증서의 발행
> 6. 선급등록선명 등의 간행 및 선박에 대한 정부의 대행검사
> 7. 선박관련 각종 기술규칙 제정 등

5 편의치적제도와 제2치적제도

(1) 편의치적제도

① **정의**: 편의치적이란 선주가 소유선박을 선주 국가의 엄격한 규제, 세금이나 요구조건 등과 의무를 피하기 위한 목적으로 선주의 국가가 아닌 조세도피국(tax haven)의 국적을 취득하여 영업행위를 하는 제도이다. 조세도피국으로는 파나마, 라이베리아, 바하마, 사이프러스, 몰타, 싱가포르, 필리핀, 홍콩, 온두라스, 소말리아, 오만 등이 있다.

② 편의치적제도를 선호하는 이유

    ㉠ 고임금의 자국 선원을 선박에 승선시키지 않아 인건비가 절감되고, 선원의 선택시 공급의 폭이 확대된다. 대부분의 선진해운국의 선주들이 편의치적을 선호하는 이유이다.

    ㉡ 조세도피국에서는 등록시의 등록세와 매년 징수하는 소액의 톤세 이외는 운항에 따른 세금이 면제된다.

    ㉢ 편의치적선은 기항지의 제약을 받지 않으며 운항에 따른 융통성도 증가된다. 선박의 운항 및 안전기준 등에 대해서도 규제하지 않기 때문에 비용이 절감된다.

    ㉣ 국제 금융기관이 선박에 대한 유치권을 쉽게 행사할 수 있기 때문에 국제금융시장의 이용이 용이하다.

③ 추 세

    ㉠ 편의치적을 방지하기 위한 조치로 해운선진국이나 일부 개발도상국에서는 제2치적(Secondary Registry)제도, 역외치적(Flagging Out)제도, 국제개방치적(International Open Registry)제도 등을 도입하고 있다.

    ㉡ 선박들의 운항 및 안전기준, 운행 선박의 안전성에 대한 국제규제가 강화되고 있으므로 편의치적의 비용은 감소될 것으로 예상되고 있다.

(2) **제2치적**(Secondary Registry)**제도**

① **정 의**

    1980년대에 해운경쟁이 격화되면서 선진국의 선대가 대량으로 편의치적을 하자, 자국선대의 해외이적을 방지하기 위해 자국 선주가 소유한 선박을 자국의 특정 자치구나 속령에 치적하는 경우 편의치적선에 준하는 선박관련 세제상의 혜택 및 선원고용상의 융통성 특례를 부여하는 제도이다. 제2치적제도를 일종의 자국 내 편의치적제도라고 하며, 역외치적제도 또는 국제개방치적제도라고도 한다.

② **제2치적제도의 특징**

    ㉠ 기존의 등록지와 다른 곳에 등록을 하고 명목상의 본사를 둔다.

    ㉡ 자국기를 게양하면서 외국선원의 고용을 허용하고 각종 세금을 경감해 준다.

    ㉢ 선박안전 등에 관한 사항은 자국의 자국적선과 동일하게 적용하여 등록선박에 대한 관리체제가 잘 정비되어 있다.

6 해운시장과 해상운송의 형태

구 분	정기선 시장	부정기선 시장
수요특성	저운임이진 않지만 규칙성, 신속성, 정확성이 있음	상대적으로 저운임이지만 규칙성과 신속성이 떨어짐
수요발생	일정하고 안정적이며 계속적임	불규칙하며 불안정함
운항형태	특정항로를 규칙적으로 반복운항	운항항로와 배선시기가 불규칙적임
운송인	• 일반운송인(common carrier) • 공공운송인(public carrier)	• 계약운송인(contract carrier) • 사적운송인(private carrier)
대상화물	• 취득가격에서 운임의 비중이 낮고 운임부담력이 큰 화물 • 공산품의 완제품이나 반제품과 같은 일반잡화물 운송에 이용	• 단위당 가격이 낮아 취득가격에서 운임비중이 큰 화물 • 광석, 곡류, 목재 등 살화물(bulk cargo)의 대량운송에 이용
운송계약	• 개품운송계약방식을 적용 • 선하증권(B/L)	• 용선계약방식을 적용 • 용선계약서(charter party)
운 임	• 미리 공시된 운임을 적용 • 동일운임(동일품목/동일화주) • Berth Term=Liner Term	• 운송인과 용선자의 합의에 의해 결정 • FIO, FI, FO
선 박	정기선(Liner)	부정기선(Tramp ship, Tramper)
조 직	대규모 조직	소규모 조직
여 객	제한적으로 약간의 운송 가능	여객 운송 불가능

7 정기선운송(Liner)의 특성

① 항해의 반복성(Repeated Sailing)

② 공공서비스의 제공(Common Carrier)

③ 고가 운송서비스(Higher Value Service)

④ 개품운송계약의 체결(Individual Consignment of Cargo)

⑤ 공표운임의 존재(Freight Tariff)

8 정기운송과 관련된 주요 서류

① 기기수도(Equipment Receipt, E/R)

② 컨테이너 적입도(Container Load Plan, CLP)

③ 부두수취증(Dock Receipt, D/R)
④ 본선수취증(Mate's Receipt, M/R)
⑤ 적하목록(Manifest, M/F)
⑥ 적부도(Stowage Plan, S/P)

9 해운동맹(Shipping Conference, Rings, Cartel)

(I) 의 의

특정항로에 취항하고 있는 2개 이상의 선박회사들이 모여 기업 자체의 독립성을 유지하면서, 과당경쟁을 회피하고 상호간의 이익을 유지하기 위하여 운임, 해상화물, 배선 기타 운송조건에 관하여 협정 또는 계약을 체결한 일종의 가격카르텔을 형성하는 것(이른바 정기선동맹이라 부름)

(2) 형 태

① 개방형 해운동맹(Open Conference) : 미주항로
② 폐쇄형 해운동맹(Closed Conference) : 유럽항로(FEFC : 극동유럽운임동맹 해체로 다소 유연화)

(3) 해운동맹의 대내적인 협정

① 운임협정(Rate Agreement)
② 공동계산협정(Pooling Agreement)
③ 배선협정(Sailing Agreement)
④ 중립감시기구(Neutral Body)

(4) 해운동맹의 대(對) 화주 구속수단

① 계약운임제(Contract Rate System, Dual Rate System)
② 운임할려제(성실할려제, Fidelity Rebate System)
③ 운임연환불제(운임연환급제, Deferred Rebate System)

10 부정기선운송의 특징

① 항로선택의 자유성
② 저부가가치 화물의 대량수송성
③ 용선운임의 변동성

11 부정기선의 운항형태(용선계약 형태)

운항형태	내 용
항해용선계약 (Voyage Charter)	한 항구에서 다른 항구까지 한번의 항해를 위해 체결되는 운송계약
선복용선계약 (Lump Sum Charter)	항해용선계약의 변형으로 정기선 운항시간에 한 선박의 선복 전부를 한 선적으로 간주하여 운임액을 결정하는 용선계약
일대용선계약(Daily Charter)	항해용선계약의 변형으로 하루 단위로 용선하는 용선계약
정기용선계약(Time Charter)	모든 장비를 갖추고 선원이 승선해 있는 선박을 일정기간을 정하여 고용하는 계약
나용선계약(Bare Boat Charter)	선박만을 용선하여 인적 및 물적 요소 전체를 용선자가 부담하고 운항전부에 걸친 관리를 하는 계약

12 정박기간(Laydays, Laytime)의 표시

(1) **CQD 조건**(Customary Quick Despatch, 관습적 조속하역)

(2) **Running Laydays**(연속정박기간)

(3) **Weather Working Days**(WWD, 호천하역일)

① Sundays and Holidays are Excepted(SHEX)

② Sundays and Holidays are Excepted/Excluded unless used(SHEXUU)

③ Sundays and Holidays are Excepted/Excluded even if used(SHEXEIU)

13 해상운송운임의 형태

정기선 운임	• 해운동맹에 의해 협정 • 해운사항의 변동에 영향을 받지 않아 비교적 안정 • 정액운임표로 운송 - 운임요율표(Tariff) • 하역비 부담조건 - Berth Term 또는 Liner Term
부정기선 운임	• 자유운임 원칙 - 해운시황에 따라 선사와 화주 사이의 자유계약에 의해 결정 • 운송수요와 선복의 공급과 관련하여 크게 변동

> **보충학습**
>
> **선불운임과 후불운임**
> 1. **선불운임**(Freight prepaid) : CIF 또는 CFR 조건의 경우 수출업자가 선적지에 운임을 선불
> 2. **후불운임**(Freight to collect) : FOB 조건의 경우 수입업자가 화물의 도착지에서 운임을 지급

14 해상운임의 유형

(1) 지불조건에 따른 유형

선불운임 (Prepaid Freight)	화물이 목적항에 도착했을 경우 운임이 지급되나, 선불운임은 출항 전 운임의 일부나 전부를 미리 지불하는 경우의 운임
선복운임 (Lump sum Freight)	운송화물의 규모와 관계없이 항해 단위나 선복의 크기를 단위로 계산하여 지불하는 운임이며, 수량산정이 곤란할 때 선주에게 유리한 운임
비율운임 (Pro Rata Freight)	계약 목적지까지 화물을 운송하지 못하고 중도에서 화물을 인도하는 경우 중간지점까지의 비율에 따라 선주가 받는 운임
공적운임 (Dead Freight)	실제 선적량이 계약물량보다 적은 경우 부족분에 대하여 지불하는 운임으로 용선자 입장에 불리한 운임
반송운임 (Back Freight)	목적항에 화물이 도착되었으나 화물인수를 거절할 경우 반송 시 부과되는 운임

(2) 부과방법(산정기준)에 따른 유형

① 종가운임(Ad Valorem Freight)

② 최저운임(Minimum Rate)

③ 중량·용적기준운임(Weight & Measurement Rate)

④ 무차별운임(Freight All Kinds Rate)

⑤ Box Rate

(3) 선내하역비 부담에 따른 유형

구 분	Berth Term(BT)	FIO Term	FI Term	FO Term
선적비	선주	화주	화주	선주
양하비	선주	화주	선주	화주

⑷ 해상운임의 표시통화와 지급표시

① **운임의 표시통화** : B/L에 운임표시통화 명시(일반적으로 US$)

② **운임계산** : B/L작성일 또는 선적지 본선 입항일의 환율

③ **운임의 지급표시**

　㉠ 운임선불방식(Freight Prepaid)

　㉡ 운임후불방식(Freight Collect)

▌15 해상운임의 종류 − 할증요금

① 유류할증료(Bunker Adjustment Factor, Bunker Surcharge, BAF)

② 통화할증료(Currency Adjustment Factor, CAF, Currency Surcharge)

③ 체선할증료(Port Congestion Surcharge)

④ 외항할증료(Out Port Surcharge)

⑤ 선택항 추가운임(Optional Charge)

⑥ 혼잡항 할증료(Congestion Surcharge)

⑦ 수에즈운하 할증료(Suez Surcharge)

⑧ 특별운항 할증료(Special Operating Service Surcharge)

⑨ 전쟁위험할증료(War Risk Surcharge)

⑩ 양륙지(항구)변경료(Diversion Charges)

⑪ 중량할증료(Heavy Lift Surcharge)

⑫ 용적 및 장척할증료(Bulky/Lengthy Surcharge)

⑬ 환적할증료(Transshipment Charge),

⑭ 성수기할증료(Peak Season Surcharge)

⑮ 저유황할증료(Low Sulphur Surcharge)

▌16 해상운임의 종류 − 부대비용

① 터미널화물처리비(Terminal Handling Charge, THC)

② CFS 작업료(CFS Charge)

③ 도착지화물인도비용(Destination Delivery Charge, DDC)

④ 컨테이너세(Container Tax)

⑤ 서류발급비(Documentation Fee)

⑥ 지체료(Detention Charge)

⑦ 체선료(demurrage)

⑧ 조출료(Despatch Money)

⑨ 항만하역료

⑩ 화물입출항료(Wharfage, W/F, 부두사용료)

⑪ 통관수수료

■17 선하증권(Bill of Lading, B/L)의 의의와 기능

(1) 의 의

화주와 선박회사 간의 해상운송계약에 의하여 선박회사가 발행하는 유가증권. B/L은 B/L상에 기재된 화물의 권리를 화체화하는 것으로서 동 환어음을 취결하는 데 상업송장 및 해상보험증권과 함께 그 기본이 되는 서류

(2) 기 능

① 화물수령증(Receipt for Goods)

② 화물에 대한 권리증권(Document of Title)

③ 운송계약조건의 증거서류

■18 선하증권의 종류

(1) 선적 여부

선적선하증권 (Shipped or On Board B/L)	화물이 실제로 선적된 후에 발행되는 증권으로 증권면에 'Shipped' 또는 'Shipped on Board' 등의 문구가 표시되며 모든 선하증권은 선적선하증권으로 발행되어야 하는 것이 원칙
수취선하증권 (Received B/L)	운송인이 선적을 약속한 화물을 화주가 지정된 창고에 입고시킨 후 화주가 요구할 경우 선적 전에 발행되는 증권으로 예정된 선박에 선적이 안 되는 경우가 있기 때문에 L/C에 'Received B/L Acceptable'에 상응하는 문구가 없으면 은행에서 매입을 거절

(2) 유통가능 여부

유통가능 선하증권 (Negotiable B/L)	• 선하증권은 원본 3장과 그 외 사본이 발급 • 원본 3부가 유통가능한 선하증권 • 증권상에 'Negotible'이라는 표시가 인쇄
유통불능 선하증권 (Non-negotiable B/L)	• 선하증권 사본 : 수출통계용, 세관제출용 등 여러 목적을 지님 • 증권상에 'Non-Negotiable' 또는 'Copy'라는 표시가 되어 있음

(3) 사고 유무

무사고 선하증권 (Clean B/L)	화물을 본선상에 선적할 때 화물의 상태가 외관상 양호하고 수량이 맞아 선하증권의 비고란에 아무런 표시가 없는 선하증권
사고부 선하증권 (Fout or Dirty B/L)	만약 포장상태가 불완전하거나 수량이 부족한 경우에는 아래의 각서를 화주로부터 수령하고 발행 ◎ 파손화물보상장(Letter of indemnity, L/I)

(4) 기재방식

기명식 선하증권 (Straight B/L)	증권의 'Consignee'란에 수입장의 성명 또는 상호가 확실히 명기되어 있는 증권
지시식 선하증권 (Order B/L)	증권의 'Consignee'란에 'To Order' 'Order of A' 등의 문구가 기재된 증권

(5) 운송구간 및 운송범위

해상선하증권(Ocean B/L)	통상적으로 선사가 발행하는 선하증권을 의미
통선하증권(Thriugh B/L)	목적지까지 해상운송과 육상운송을 동시에 이용할 경우 그 전 구간에 대한 운송을 증명하는 선하증권 – 원청운송인이 발행
복합운송선하증권 (Multimodal B/L)	전체운송이 두 가지 이상의 이종운송수단 간의 연계에 의해 이뤄지는 화물에 대해 복합운송인이 발행하는 선하증권

(6) 기 타

기간경과선하증권 (Stale B/L)	• B/L발급 후 21일 내에 은행에 제시되지 않은 증권 • 'Stale B/L Acceptable'이 없으면 은행은 수리 거절
적색선하증권(Red B/L)	B/L과 보험증권을 결합시킨 것으로서 이 증권에 기재된 화물이 항해 중에 사고가 발생하면 이 사고에 대해 선박회사가 보상해 주는 증권
전자식 선하증권(e-B/L)	기존 선하증권을 EDI시스템으로 전환한 것

19 L/C에서 요구하는 B/L의 요건

① 전통선하증권(Full Set) : 전체통수 요구(원본 3장)

② 무사고선하증권(Clean B/L)

③ On Board B/L

④ Ocean B/L

⑤ Order B/L

⑥ 운임지급조건

⑦ **착하통지처** : 수입상이 착하통지처로 기재된 B/L

20 선하증권의 기재사항

① 선박의 명칭, 국적과 선박의 톤수

② 화물의 종류, 크기와 무게, 수량

③ 운송화물 외관의 상태

④ 송하인(용선자)의 성명 또는 회사상호

⑤ 수하인(수령인)의 성명 또는 회사상호

⑥ 선적항

⑦ 양륙항

⑧ 운임

⑨ 선하증권을 발행한 발행지와 발행일시

⑩ 선하증권을 발행한 통수

　　예 원본 3장과 사본 10장

21 해상화물운송장(Sea Waybill, SWB)

해상화물운송장이란 해상운송에 있어서 운송계약의 증빙서류이며, 화물의 수취증으로서 기명식으로 발행되어 운송장상의 수하인에게 본인임이 증명만 되면 물품을 인도하는 운송증권으로 선하증권과 달리 운송품 인도청구권을 상징하는 유가증권이 아니기 때문에 양도성이 없다.

즉, 해상화물운송장은 운송인에 의한 물품의 인도 또는 적재를 입증하는 비유통서류이며, 그것에 의해서 운송인은 물품을 서류에 기재된 수하인에게 인도할 의무를 진다. 이러한 해상화물운송장은 화물인도의 신속화, 서류분실에 따른 위험의 회피 및 사무의 합리화를 목적으로 선하증권의 대체로서 고안된 것이지만 세계의 해상운송에 등장한 것은 1970년대의 후반으로 그 역사는 짧다.

부록

22 해상운송의 수출입 화물 통관절차

(1) 수출화물 통관절차

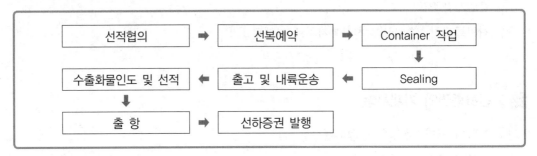

(2) 수입화물 통관절차

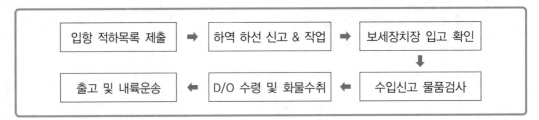

23 국제해사와 관련된 기구

(1) **국제해사법위원회**(Commitee Maritime International, CMI)

① 해사관습과 해사실무를 통일하는 해사사법의 조사입법기관

② 1924년의 선하증권통일조약, 1968년의 선하증권통일조약의 개정의정서 및 1974년의 York-Antwerp Rules, 1990년의 CMI Uniform Rules for the Sea Waybill과 CMI Rules for Electronic Bills Lading 등의 해사와 관련된 조약 성립

(2) **국제연합무역개발회의**(UN Conference on Trade and Development)

① 1964년에 UN총회결의로 개발도상국의 경제발전을 촉진할 목적으로 설립

② 1974년의 정기선동맹의 행동규범에 관한 협약, 1978년의 UN해상물품운송조약과 1980년의 UN국제복합운송조약 등을 성립

(3) **국제해사기구**(International Maritime Organization, IMO)

① 1958년에 설립된 정부 간 해사자문기구로 선박의 항로 · 교통규칙 · 항만시설 등을 국제적으로 통일하기 위해 설치된 유엔 전문기구

② 국제해운의 안전, 항해의 능률화를 위한 각종 제한의 철폐와 규칙의 제정, 선박의 구조 · 설비 등의 안전성에 관한 조약 채택, 해상 오염 방지, 개발도상국에 대한 기술지원 등의 역할을 수행

⑷ **국제해운회의소**(International Chamber of Shipping, ICS)

① 1921년 런던에서 국제민간선주들의 권익보호와 상호협조를 위해 각국 선주협회들이 자발적으로 조직한 기구

② 국제해운의 기술적 또는 법적인 분야에서 제기되는 문제점에 대해서 선주들이 통일된 의견을 반영하고 선주들의 이익을 도모하는 역할을 수행

③ 국제연합무역개발회의나 국제해사기구 등의 국제기구의 자문기관 역할을 수행

⑸ **국제해운연맹**(International Shipping Federation, ISF)

① 1909년에 선주의 권익보호를 위해 만들어진 기구로 선원노조단체인 국제운수노동자연맹(International Transport worker's Federation, ITF)의 활동을 대처하기 위해서 설립

② 선원의 모집, 자격규정, 사고방지, 노동조건 등 여러 가지의 선원문제에 대하여 각국의 선주 의견을 집약하는 역할을 수행

제 2 절 국제물류와 항공운송

1 항공운송물류의 동향

항공기의 대형화에 따른 운임의 인하, 화물전용기(Freighter)의 정기적인 운항, 항공화물 전용터미널의 확충, 다품종 소량생산에 따른 고부가가치 화물 및 긴급운송 물품의 증대 등과 같은 현상에 따른 항공운송 수요의 증가 그리고 항공화물의 컨테이너화와 지상조업의 자동화 및 기업들의 적정재고정책 등으로 항공운송에 의한 정시배달을 선호함에 따라 국제무역에 있어서 중요한 운송수단으로 각광 받고 있다.

2 항공운송대리점과 항공화물운송주선업자의 비교

구 분	항공운송대리점	항공운송주선업
운 임	항공사 운임률표 사용	자체 운임률을 보유
운송책임	항공사 책임	주선업자 책임
운송약관	항공사 운송약관 사용	자체 운송약관 사용
운임수입	판매운임 − 항공사운임	• 판매운임 − 항공사운임 • 중량 경감에 따른 차액
수하인	매 건당 실제 수하인	Break Bulk Agent
운송서류	항공사의 Master Air Waybill	House Air Waybill

3 항공화물 취급방법 – 특수화물 취급방법

(1) **중량 · 대형화물**(Heavy/Out–Sized Cargo, HEA)

항공운송장의 'Handling Information'란에 'HEA'와 각각의 무게를 기재하여야 한다.

(2) **귀중화물**(Valuable Cargo, VAL)

항공운송장의 'Handling Information'란에 'VAL'이라고 기재하여야 하며 사전승인을 받아야 한다.

(3) **위험품**(Dangerous Goods, DGR)

화물 자체의 성질로 인해 사람, 항공기 또는 다른 화물에 손상을 줄 수 있는 수송제한 특수화물로 일반화물과는 별도의 특별한 취급이 필요하다.

(4) **생동물**(Live Animals, AVI)

IATA 생동물규정(IATA Live Animals Regulations)에 따라서 포장이 되어 있어야 하며, 항공운송 장의 'Nature and Quantity of Goods'란에 생동물이라고 영문으로 기재해야 한다.

(5) **부패성화물**(Perishables, PER)

화물 각각의 포장에 'Perishable'이라는 Label을 붙여야 하며, 항공운송장의 'Handling Information' 란에는 'Perishable'이라고 기재해야 한다.

4 항공화물운임의 일반원칙

① 요율, 요금 및 그와 관련된 규정의 적용은 운송장 발행 당일에 유효한 것을 적용

② 항공화물의 요율은 공항에서 공항까지의 운송만을 위하여 설정된 것이며 부수적으로 발생된 것들은 별도로 계산

③ 항공화물의 요율은 출발지국가의 현지통화로 설정되며 출발지부터 목적지까지 한 방향으로 적용

④ 별도의 규정이 없는 한 요율과 요금은 가장 낮은 것으로 적용

⑤ 운임은 출발지에서의 Chargeable Weight(운임계산중량)에 kg/1b당 적용요율을 곱해서 산출

⑥ 화물의 실제 운송경로는 운임산출 시 근거로 한 경로와 반드시 일치할 필요는 없음

⑦ IATA의 운임조정회의에서 결의한 각 구간별 요율은 해당 정부의 승인을 얻은 후에야 유효한 것으로 이용

5 항공화물 운임형태

(1) **일반화물요율**(General Cargo Rate, GCR)

SCR의 적용을 받지 않는 모든 화물에 적용되는 가장 기본적인 운임요율로서 최저운임(Minimum Charge : M), 기본요율(45kg 미만 : N), 중량단계별 할인요율 등으로 구분

(2) **특정품목할인요율**(Specific Commodity Rate, SCR)

특정구간에서 반복적으로 운송하는 동일품목에 대하여 일반품목에 적용되는 요율보다 낮은 운임을 적용하는 것으로 항공운송의 이용을 유도

(3) **품목분류요율**(Class Grade Rate, CGR)

특정품목에 적용되는 할인 및 할증요율로서, 일반적으로 손수 운반할 수 없는 수화물, 신문, 잡지 등은 할인된 요율을 적용하고, 생동물, 귀중품, 시체 등은 할증된 요율이 적용하는 운임요율의 형태

(4) **종가운임**(Valuation Charge, VC)

① 화물의 가격에 따라 운임을 적용

② 귀금속, 예술작품 등의 고가품에 적용

6 항공화물의 수출입 절차

(1) **수출절차**

① 항공운송계약

② 운송화물의 장치장 반입

③ 화물의 척량 검사

④ 장치장 지정 및 승인

⑤ 수출신고

⑥ 수출심사 및 화물검사

⑦ 수출허가

⑧ 운송장 및 화물의 인계

⑨ 적재작업

⑩ 탑재작업

⑪ 항공기 출발

(2) **수입절차**

① 전문접수

② 항공기 도착

③ 서류분류 및 검토

④ 창고배정

⑤ 실(實)화물 분류작업

⑥ 도착통지

⑦ 운송장 인도

⑧ 보세운송

7 항공화물운송장(Air Waybill, AWB)

(1) **의 의**

항공화물운송장은 항공회사가 화물을 항공으로 운송하는 경우에 발행하는 화물수취증으로서 해상운송에서의 선하증권(B/L)에 해당되며 항공운송장 또는 항공화물수취증이라고도 부른다.

Air Waybill과 유사한 것으로 Air Bill이 있는데, 후자는 혼재업자가 발행하는 것이다. Air Waybill과 Air Bill을 구분하기 위하여 전자를 Master Air Waybill이라고 부르며, Air Bill을 House Waybill이라고 부른다.

(2) **항공화물운송장의 표준화**

국제항공운송에 있어서 발행되는 항공화물운송장은 IATA(International Air Transport Association, 국제항공운송협회)에 의해 양식과 발행방식이 규정되어 있다. 이 통일안은 IATA 회원인 모든 항공사가 의무적으로 사용하도록 규정하고 있으며, 비회원사도 회원사들과 연계운송을 위하여 대부분 IATA 양식을 사용하고 있다.

(3) **기 능**

① **운송계약서**: 송하인과 항공운송인 간의 항공운송계약의 성립을 입증

② **화물수취증**: 항공운송인이 송하인으로부터 화물을 수취한 것을 증명

③ **요금계산서**: 수하인이 운임 및 요금을 계산하는 근거자료로 사용

④ **보험계약증서**

⑤ **세관신고서**: 통관시 수출입신고서 및 통관자료

⑥ **화물운송의 지시서**: 송하인이 화물의 운송, 취급, 인도에 관한 지시

8 항공화물운송장과 선하증권의 비교

구 분	항공화물운송장	선하증권
법적 성격	• 유가증권이 아님 • 단순한 화물수취증 • 채권적 효력만 있음	• 유가증권 • 채권적 효력＋물권적 효력
유통성	비유통성(Non-Negotiable)	유통성(Negotiable)
발행방법	기명식	지시식(무기명식)
발행시기	화물수취시 발행(수취식)	적재시 발행(선적식)
작성자	송하인이 작성	운송회사가 작성

9 항공화물운송장의 구성

번 호	색구분	용 도	기 능
원본 1	녹색	For Issuing Carrier (발행 항공회사용)	운송인(발행항공회사)용으로 운임이나 요금 등의 회계처리를 위하여 사용되고 송하인과 운송인과의 운송계약체결의 증거이다.
원본 2	적색	For Consignee (수하인용)	수하인용으로 출발지에서 목적지에 보내 당해 화물운송장에 기재된 수하인에게 화물과 함께 인도된다.
원본 3	청색	For Shipper (송하인용)	송하인용으로 출발지에서 항공회사(운송인)가 송하인으로부터 화물을 수취하였다는 것을 증명하는 수취증이고 또한 송하인과 운송인과의 운송계약체결의 증거서류이다.
부본 4	황색	Delivery Receipt (인도항공회사 화물인도용)	운송인(인도항공회사비치용)이 도착지에서 수하인과 화물을 상환할 때 수하인이 이 부분에 서명하고 인도항공회사에 돌려주는 것으로서 화물인도증명서 및 운송계약이행의 증거서류가 된다.
부본 5	백색	For Carrier (도착지 공항용)	화물과 함께 도착지 공항에 보내져 세관통관용 기타 업무에 사용된다.
부본 6		For Carrier (운송참가 공항용)	운송에 참가한 항공회사가 운임청산에 사용한다.
부본 7			
부본 8			
부본 9		For(발행대리점용)	발행대리점의 보관용으로 사용한다.
부본 10~12		Extra Copy(예비용)	필요에 따라 사용한다.

10 항공운송인의 책임에 관한 국제조약

(1) **바르샤바 조약**(Warsaw Convention)

① 1929년 10월 체결, 미·영·소 등 101개국, 한국 미가입

② 국제 항공운송인의 책임과 의무를 규정한 최초의 국제조약

(2) **Hague Protocol**

① 1955년에 Warsaw Convention의 개정, 한·영·소 등 77개국 가입, 미·중 미가입

② 생산성 증대로 인간의 가치 상승에 대한 보상기준 상향 조정

(3) **Montreal Agreement**

① 1966년 5월 미국을 중심으로 채택된 협정

② 미국을 경유 또는 출입하는 항공사에게 적용되는 협정으로 여객에 대한 책임한도 상향 조정

11 항공운송인의 책임한도

(1) **여객의 사망 및 상해**

① Warsaw Convention : USD 10,000/인 한도

② Hague Protocol : USA 20,000/인 한도

③ Montreal Agreement : USD 75,000/인 한도(소송비 포함)

(2) **수화물**

kg당 USD 20.00 한도, 단 휴대수화물의 경우는 1인당 USD 400.00 한도

(3) **화 물**

① 항공사의 임대한도는 kg당 USD 20.00 한도이며, 어떤 경우에도 목적지의 상품가격을 초과하지 않을 범위

② 송하인이 항공사의 USD 20/kg의 책임한도 요구를 위해서는 운송가격을 신고하고 종가요금을 지불해야 한다.

(4) **화물인도**

운송인의 책임은 수하인이 이의를 제기하지 않고 화물을 수취하였을 때 반증이 없는 한 화물이 양호한 상태로 또한 운송장에 따라 인도된 것으로 추정한다.

12 항공화물운송사고 유형

사고 유형		내 용
화물손상(Damage)		운송 도중 상품의 가치가 저하되는 상태의 변화
지연(Delay)	Shortshipped(SSPD)	적하목록에는 기재되어 있으나 화물이 탑재되지 않은 경우
	Offload(OFLD)	출발지나 경유지에서 선복부족으로 인하여 의도적이거나 실수로 하역한 경우
	Overcarried(OVCD)	하역지점을 지나서 운송된 화물
	Shortlanded(STLD)	적하목록에는 기재되어 있으나 화물이 도착하지 않은 경우
	Crosslabeled	실수로 인해서 라벨이 바뀌거나 운송장 번호, 목적지 등을 잘못 기재한 경우
분실(Missing)		탑재 및 하역, 창고보관, 화물인수, 타 항공사 인계 시에 분실된 경우

13 항공화물운송사고에 따른 배상청구

배상청구는 화물사고의 유형에 설정된 특정기간 내에 서면으로 항공사에 제출하여야 한다.

(1) 사고유형별 배상청구시한

① **파손 · 일부분실 위탁수하물**: 수취일 후 7일 이내 / **화물**: 수취일 후 14일 이내
② **지연도착**: 도착통지를 받아 물품이 인수권을 가진 사람의 처분하에 있는 날로부터 21일(3주) 이내
③ **전부분실**: 항공화물운송장 발행일로부터 120일(4개월) 이내

(2) 제소한도

① 운송화물의 사고에 관한 소송을 제기할 수 있는 기한은 항공기 도착일 또는 항공기의 운송 중지일로부터 2년 이내
② 화물고유결함 및 불가항력, 정부당국의 정당한 행위에 의한 손해 면책
③ 도착지지연으로 인한 손해의 경우 동손해의 방지조치를 했거나 할 수 없는 사정이 인정되면 면책

14 국제소화물일관운송(국제택배)과 항공화물운송의 비교

구 분	국제택배	항공화물운송
운송시간	국제특송은 전 세계 문전서비스로 2~3일 이내 배달(배송)	항공화물운송은 공항 이외의 운송시간까지 고려(실제적으로 국제특송의 2배 정도 운송시간 소요)
운송방법	국제특송은 Door to Door Service(Desk to Desk Service)	항공화물운송은 Airport to Airport Service
물류비용	국제특송의 운임은 물류 전 과정의 포괄요금	항공화물운송운임은 공항과 공항 간의 운임만 계상(즉, 기타 부대물류비용 제외)

15 국제항공과 관련된 기구

(1) **국제항공운송협회**(International Air Transport Association, IATA)

① IATA는 각국 정부의 협력기관인 ICAO에 대응하여 국제민간항공에 종사하는 각국의 정기항공회사에 의해 1945년 쿠바의 하바나에서 국제 간의 운임이나 운항, 정비, 정산업무 등의 상업적·기술적인 활동을 목적으로 설립된 민간차원의 국제기구

② 설립목적
   ㉠ 국가 간 이해관계 조정 및 항공운송에 예상되는 각종 규정 및 절차의 표준화
   ㉡ 전 세계인의 편의를 위해 안전하고 정기적이며 경제적인 항공운송업의 발달과 항공교역의 육성 및 관련 운송장의 문제점 해결
   ㉢ 국제민간항공운송에 직간접적으로 관계되는 항공운송기업 간의 협력수단 제공
   ㉣ ICAO 및 기타 국제기구와의 협력도모 등

③ 주요 업무
   ㉠ 항공운송약관, 항공권과 항공화물운송장의 규격, 운임지불조건 등의 통일
   ㉡ 항공운임률, 항공사 간 연대운송에 관한 협정, 총판매대리점 및 항공운송대리점 간의 계약 등에 관한 각종 표준방식의 제정
   ㉢ 항공운송에 관련된 통신약호의 국제적 통일
   ㉣ 항공운송여객 및 항공운송화물에 대한 출입국절차의 간소화 추진 등

(2) **국제민간항공기구**(International Civil Aviation Organization, ICAO)

① ICAO는 시카고 조약(Chicago Convention)에 의거하여 국제항공의 안정성 확보와 항공질서 감시를 위한 관리기구로서 설립되었고, 이후 국제연합(UN)이 발족함에 따라 1947년 4월 UN 산하의 항공전문기관으로 편입되었다.

② 설립목적

　㉠ 전 세계 국제민간항공의 안전과 발전 도모

　㉡ 평화적 목적으로 항공기 설계 및 제작기술, 운항기술의 발전 도모, 국제민간항공을 위한 항공로, 공항 및 항공보안시설의 발전 촉진

　㉢ 세계인의 요구에 부응한 안전 · 정확 · 능률 · 경제적 항공운송의 촉진, 불합리한 경쟁으로 인한 경제적 낭비 방지를 위한 국제민간항공운송상의 질서유지

③ 주요 업무

　㉠ 항공운송의 안전성 · 정시성 · 효율성을 제고하기 위한 각종 국제표준 및 권고안의 채택

　㉡ 국제항공법회의에서 초안한 국제항공법의 의결

　㉢ 공항시설 등의 항공운항시설 및 공항운영 등에 대한 기술적 · 재정적 지원

　㉣ 민간항공운송에 관련된 체약국 간의 과당경쟁방지와 분쟁해결 및 체약국에 대한 공정한 기회부여

　㉤ 항공운송에 관한 간행물의 발행

(3) **국제항공연맹**(Federation Aeronautique Internationale, FAI)

① **개요**: FAI는 1905년 10월 12일에 국제민간항공분야(일반항공, 우주항공, 항공학습, 항공스포츠, 낙하산 등)에 대한 활동 강화 및 발전을 도모하기 위해 프랑스의 Aero-Club을 중심으로 설립

② **주요 업무**

　㉠ FAI는 IATA(국제항공운송협회), ICAO(국제민간항공기구)와 유기적인 관계를 갖고 민간항공단체가 바라고 있는 항공정책의 방향과 문제점, 새로운 사업 등을 건의

　㉡ 주요 사업으로는 일반항공 · 항공우주 · 항공스포츠에 관한 사항, 항공학습과 항공기록에 관한 사항, 낙하산 및 모형기에 관한 사항 등

제3절 국제물류와 국제복합운송

1 복합운송의 개념

(1) 컨테이너를 두 개 이상의 상이한 운송수단을 이용하여 복합운송인(CTO, MTO : Combined, multimodal transport operator)이 복합운송증권(CTD, MTD : Combined, multimodal transport documents)을 발행하여 물품을 인수한 시점부터 인도할 시점까지 전 운송구간에 대해서 일관책임을 지면서 단일의 복합운송운임률(multimodal through rate)에 의해서 운송되는 형태

(2) 복합운송 중에서도 실제로 가장 많이 이용되는 것이 해륙복합운송인데, 이는 복수의 운송수단에 의해 운송되는 화물의 전 구간에 단일운임을 적용하는 데 따른 유통비용의 절감과 컨테이너에 의한 Door to Door System의 일관운송이라는 두 가지가 결합되어 이루어진 것이다.

(3) 최근 들어 복합운송은 규격화된 컨테이너를 이용함으로써 화물의 신속한 통관과 운송비용의 절감, 높은 안정성과 경제성, 신속성 등으로 인해 매우 유용한 운송방식으로 부상하고 있다.

2 복합운송의 요건

① 일관운송책임(Single Carrier's Liability)

② 일괄운임 적용(Through Rate)

③ 운송방식의 다양성

④ 복합운송증권의 발행(Multimodal Transport B/L)

3 복합운송증권(Combined or Multimodal transport document)

(1) 의 의

화물의 출발지로부터 목적지까지 육상(철도·자동차), 해상(선박), 항공(항공기) 등 적어도 두 가지 이상의 다른 운송방법에 의해 일관운송(Through Transport)되는 경우에 발행되며, 복합운송인이 전 구간의 운송을 책임지고 발행하는 운송증권

(2) 특 징

운송화물의 공식적 수령증, 화물의 권리증권

4 선하증권, 통선하증권, 복합운송증권의 비교

구 분	선하증권	통선하증권	복합운송증권
운송수단의 조합	—	동종 및 이종수단	이종수단 간의 결합
운송계약형태	해상운송	형태 불문	복합운송계약
운송인의 책임	선적항 – 양하항	각 운송구간 분할책임	• 전 운송구간 단일책임 • 출발지 – 도착지
운송인의 관계	화주와 운송인관계	화주와 운송인관계	원청과 하청운송인
발행시기	적재시 발행(선적식)	최초의 운송인에게 인수시	양자조합
발행자	선박회사(실제운송인)	최초의 운송인	운송인 및 주선업자 (1차 운송인)
발행형식	B/L	B/L	B/L 이외의 형식도 가능

5 복합운송인

(1) 자기의 명의와 계산으로 화주를 상대로 복합운송계약을 체결한 계약당사자로서, 운송전반을 계획하며 운송기간 중 여러 운송구간을 적절히 연결하고 통괄하여 운송이 원활하게 이루어지도록 조정하고 감독할 지위에 있는 자를 말한다.

(2) 복합운송인의 유형은 계약운송인형 복합운송인(Contracting Carrier)과 실제운송인형 복합운송인(Actual Carrier)으로 구분된다.

보충학습 ◁

무선박운송인형 복합운송인(NVOCC)
NVOCC(Non-Vessel Operating Common Carrier)은 1984년 미국 신해운법에서 기존의 포워더형 복합운송인을 법적으로 확립한 해상운송인을 말한다. 즉, NVOCC는 해상수송에 있어서 직접 선박을 소유하지는 않으면서 해상운송인에 대해서는 화주의 입장, 화주에 대해서는 운송인의 입장에서 운송을 수행하는 자를 말한다.

---

6 프레이트 포워더(Freight Forwarder)의 기능

① 수출입업자에 대한 전문적 조언자

② 운송수단의 수배와 확보 ⇨ 운송계약의 체결 및 선복의 예약

③ 선적서류의 작성

④ 통관수속의 대행 ⇨ 다만, 우리나라의 통관업무는 화주자신, 관세사, 관세사를 포함한 통관법인이 수행할 수 있음에 유의

⑤ 운임 및 기타 비용의 선대

⑥ 포장 및 창고보관

⑦ 보험의 수배

⑧ 운송화물의 집하 · 분배 · 혼재서비스

⑨ 국내외 시장조사 수행

⑩ 관리업자 ⇨ 화주를 대신하여 운송화물의 안전과 흐름을 감시 · 관리

7 복합운송인의 책임체계

단일책임체계 (Uniform Liability System)	① 전 구간을 통해 단일의 책임원칙을 부담 ② 가장 철저한 책임체계 ⬡ 화주에게 유리, 복합운송인에게 불리
이종책임체계 (Network Liability System)	① 복합운송인이 전 운송구간의 책임을 지지만, 책임내용은 발생구간에 적용되는 책임체계에 의해서 결정 ② 손해발생구간이 확인된 경우 　㉠ 해상구간 : 헤이그 규칙 　㉡ 항공구간 : 바르샤바 조약(Warsaw Convention) 　㉢ 도로운송구간 : 도로화물운송조약(CMR) 　㉣ 철도운송구간 : 철도화물운송조약(CIM)
절충식 책임체계 (Flexible Liability System)	① UN 국제복합운송조직이 채택하고 있는 책임체계 ② 변형단일책임체계(Modified Uniform Liability System)라고 함 ⬡ UN 조약은 손해발생구간의 확인 여부에 관계없이 동일한 책임규정을 적용한다는 점에서 보면 Uniform System을 채택한 것으로 보이나, 손해발생구간이 확인되고, 그 구간에 적용될 법에 규정된 책임한도액이 UN 조약의 책임한도액보다 높은 경우에는 그것의 적용을 인정하여 Network System을 가미하고 있다.
Tie-up Liability System	복합운송인의 책임원칙과 하청운송인의 사적 계약상의 책임원칙을 전적으로 동일하게 하는 방식이다. 즉, 책임은 일관하게 복합운송인이 지지만, 그 책임원칙은 하청인 운송인이 복합운송인이 적용하는 것과 동일한 책임원칙을 적용하는 방식이다.

8 복합운송관련 조약체결의 발전

① 국제도로물건운송조약(CMR)을 기초 ⇨ Bagge안(1949년)

② **해상운송부문** : 헤이그 규칙을 개정 ⇨ 동경규칙(1968년)

③ CMR + 동경규칙 ⇨ TCM조약(국제화물복합운송조약안, 1971년)

④ ICC ⇨ 복합운송증권을 위한 통일규칙제정(1973년)

⑤ UNCTAD 무역개발위원회 내 정부 간 준비그룹 ⇨ MT조약(UN국제복합운송조약, 1980년)

⑥ UNCTAD/ICC 합동작업반 ⇨ UNCTAD/ICC 복합운송증권에 관한 국제규칙 제정(1992년)

9 UN 국제복합운송조약과 UNCTAD/ICC 복합운송증권규칙

구 분	UN 국제복합운송조약	UNCTAD/ICC 복합운송증권규칙
적용범위	본 계약 체약국인 경우 적용(미발효)	복합운송증권에 명기(발효)
책임원칙	• 과실책임원칙 채택 • 변형단일책임체계	• 과실책임원칙 채택 • 변형단일책임체계
배상책임 한도	• 포장/단위당 920SDR 또는 1kg당 2.75 SDR 중 높은 금액 한도 • 해당/내수로 포함(×): 8.33SDR	• 포장/단위당 666.67SDR 또는 1kg당 2SDR 중 높은 금액 한도 • 해당/내수로 포함(×): 8.33SDR
손해통지 및 소송기한	• 육안확인 가능: 인도일 다음 날 • 화물인도 후 6일 이내 통지 • 인도연착 및 지연된 자연손해: 인도일 다음 날로부터 60일 • 법적 절차: 2년 이내 제기 – 서면으로 연장 가능	• 손해상황 통지: 물품인도 후 6일 이내 • 법적 절차(소송제기): 인도일로부터 9개월 이내

부록

10 국제복합운송의 주요 경로

(1) **랜드 브리지 시스템**(Land Bridge Service System)

랜드 브리지 시스템(해륙복합운송)은 종전에 항로를 중심으로 한 해상운송경로에다 일부 대륙횡단경로를 추가함으로써 거리, 시간, 비용을 절약하는 시스템으로 대륙횡단철도를 이용하여 해양과 해양을 연결하며 해상·육상의 경로에 의한 복합운송을 말한다.

(2) **랜드 브리지 시스템**(Land Bridge Service System)**을 이용한 주요 경로**

① 시베리아대륙 횡단철도(TSR: Trans Siberian Railway, SLB: Siberia Land Bridge)

② 북미대륙 경로

　㉠ 아메리카 랜드 브리지(American Land Bridge, ALB, 동아시아 – 미대륙 – 유럽)

　㉡ 미니 랜드 브리지(Mini Land Bridge, MLB, 동아시아 – 미대륙 – 미 東岸)

　㉢ Micro Bridge(Interior Point Intermodal, IPI, 동아시아 – 북미西岸 – 미내륙지역)

　㉣ Reversed IPI(RIPI, 동아시아 – 파나마경유 북미동부해안 – 미내륙지역)

　㉤ CLB(Canada Land Bridge, 동아시아 – 캐나다 – 유럽)

③ 중국대륙 횡단철도(TCR: Trans China Railway)

④ 아시아 횡단철도(Trans Asian Railway, TAR)

⑤ 아시아 횡단고속도로(Asian Highway)

제 **4** 절 국제물류와 컨테이너운송

█ 1 컨테이너운송의 의의

(1) 물적 유통의 운송·보관·하역 등의 전 과정을 가정 합리적으로 일관운송할 수 있는 규격화된 혁신적인 운송용기를 말하며, Freight Container 또는 Cargo Container라고 불린다.

1920년대	미국 내 철도화물 운송에 처음으로 등장
1960년대	북대서양 항로에 미국의 Sea-Land사가 컨테이너만을 실은 Full Cntr 선 투입
1970년대	• 미국의 Sea-Land사의 Full Cntr 선의 부산항 입항 • 국내 컨테인너 운송의 본격화

(2) 컨테이너 운송방식은 운송의 신속화·안정성·비용절감의 장점으로 물류혁명을 가져왔다.

█ 2 컨테이너 운송의 장단점

(1) 장 점

① 경제성

포장비·운송비·하역비·보관비의 절감, 자금의 신속회전, 보험료·인건비·사무비의 절감

② 신속성

운송기간과 하역시간의 단축, 운송서류의 간소화

③ 안전성

하역작업과 기후상의 안전, 수송상의 안전, 부수효과

(2) 단 점

① 선사측의 문제점

㉠ 기기 및 시설의 투자비가 많다.

㉡ 컨테이너 용기의 회전율과 재고관리의 애로가 있다.

㉢ 짧은 선적일정으로 신속 사무처리의 압박이 크다.

② 컨테이너 운송의 문제점

㉠ 컨테이너와 관련된 시설이 부족한 국가는 부적합하다.

㉡ 모든 화물을 컨테이너에 적입할 수 없다.

㉢ 갑판적 화물에 대한 할증보험료의 부담이 있다.

3 컨테이너화물의 운송형태

FCL1(CY/CY)	• 수출자의 공장에 빈 컨테이너 Dooring • 수출자의 책임하에 컨테이너 Stuffing & Shoring • 공로운송과 철도운송으로 On Dock CY 또는 Off Dock CY 입고 • 배가 Berth에 접안하면 Apron으로 옮겨서 LO-LO방식으로 본선 선적
FCL2(CY/CFS)	• 수출자 또는 복합운송업자가 최종 포장상태로 국내운송하여 On Dock CY 또는 Off Dock CY 입고 • 송하인 1, 수하인 다수 • M B/L 1개, H B/L 다수(Shipper's Consolidation)
LCL1(CFS/CY)	• 수출자 또는 복합운송업자가 최종 포장상태로 국내운송하여 운송인이 지정한 CFS에 입고 후 Console로 FCL화 ⇨ CY로 입고 • 여러 송하인의 화물을 혼재 선적하고 도착지에서 단일 수하인에게 인도 • H B/L 다수, M B/L 1개(Buyer's Consolidation)
LCL2(CFS/CFS)	• 수출자 또는 복합운송업자가 최종 포장상태로 국내운송하여 운송인이 지정한 CFS에 입고 후 Console로 FCL화 ⇨ CY로 입고 • CFS는 On Dock CFS와 Off Dock CFS로 구분(Forwarder's Consolidation) • 송하인과 수하인 다수

4 컨테이너와 관련된 국제협약

(1) **CCC 협약**(Customs Convention on Container, 컨테이너 통관협약)

컨테이너가 국경을 통과할 때 발생하는 관세 및 통관문제의 해결을 위해 1956년에 제정된 국제협약

(2) **TIR 협약**(Trailer Interchange Receipt, 트레일러 교환인수협약)

컨테이너뿐 아니라 이를 적재하고 운송하는 차량의 원활한 통관을 위해 체결된 국제협약

(3) **ITI 협약**(Customs Convention on the International Transit of Goods, 국제통과화물에 관한 통관협약)

육상운송차량에 한정된 TIR협약의 적용범위를 육·해·공을 이용한 모든 운송수단까지 확대할 목적으로 1971년에 제정된 협약

(4) **CSC 협약**(International Convention for safe Container, 컨테이너 안전협약)

UN이 IMO와 협동으로 컨테이너의 구조상 안전요건을 마련하기 위해 1972년 채택

▐5 FCL 화물의 수출운송절차

⑴ **수출통관**

수출물품에 대한 수출신고를 필하고 신고필증을 교부받아야 한다. 수출신고는 화주, 관세사, 관세사가 포함된 통관법인 또는 관세사법인의 명의로 할 수 있으며, 원칙적으로 수출신고는 EDI로 작성하여 통관시스템에 전송하여야 한다.

⑵ **선적의뢰 · 예약**(Booking)

선적의뢰서(Shipping Request, S/R)를 작성하여 선사나 Forwarder에게 제출하고 선적의뢰를 한 후 선사와 선적예약을 한다.

⑶ **공컨테이너**(Empty Container) **인도지시**

선적의뢰를 받은 선사나 Forwarder는 내륙운송업체에게 공컨테이너의 인도를 지시한다.

⑷ **공컨테이너의 Door Delivery**(Spotting Order)

내륙운송업체가 해당 CY나 컨테이너 데포(Depot)에서부터 화주가 요구하는 수량과 종류의 컨테이너를 화주가 지정하는 장소까지 수송하여 주는 것을 말한다.

⑸ **Door 작업**(화물의 컨테이너 적입) **및 반출**

화주는 수출화물을 컨테이너에 자신의 검수와 책임하에 적입하며, 필요한 경우 컨테이너 적입도(Container Load Plan, CLP)를 작성한다. 수출화물을 모두 적입한 화주는 트럭기사가 공컨테이너 반입시 EIR과 함께 전달한 선사봉인(Carrier's Seal)을 직접 컨테이너에 부착(Sealing작업)한 후 컨테이너 전용부두에 반입한다.

⑹ **선 적**

제 5 장　국제물류거점

▐1 컨테이너터미널의 기능

⑴ **하역 · 이송기능**

터미널에 연결되는 복수운송수단 간에 컨테이너를 신속 · 정확 · 안전하게 하역 및 이송하는 기능

⑵ **보관기능**

한정된 하역시간에 대량으로 하역하는 해상운송과 비교적 긴 시간에 소량 단위로 컨테이너를 반출입하는 도로운송과의 하역이송을 원활히 하기 위해 컨테이너를 일시 보관하는 기능

(3) 혼재기능

다수의 LCL 화물을 하나의 컨테이너에 적입하거나, 하나의 컨테이너를 다수의 LCL 화물로 분리하는 기능

(4) 지원기능

하역이송·보관·혼재 등의 기능을 달성하기 위하여 각 기능을 공동으로 지원하는 기능

2 컨테이너 터미널의 구조

(1) Container Berth(선석)

컨테이너선이 항만 내에서 계선시키는 시설을 갖춘 접안장소이다.

(2) Apron(Wharf Surface, Quay Surface)

안벽(quay line)에 접한 야드의 일부분으로 컨테이너의 적재와 양륙작업을 위하여 임시로 하치하거나, 크레인이 안벽 전장에서 통과·주행할 수 있도록 레일을 설치한 곳이다.

(3) Marshaling Yard

컨테이너선에 직접 적재와 하역을 하는 컨테이너를 정렬해 두는 넓은 장소로 Apron과 인접하여 배치되어 있다.

(4) CY(Container Yard)

컨테이너의 인수나 인도 및 보관을 하는 야적장으로 만재화물(Full Container Load, FCL)의 인도와 인수는 이곳에서 이루어지고 해상운송인으로서의 책임은 여기에서 시종(始終)된다. 실무적으로는 container terminal을 CY라고 부르는 경우가 많으나 CY는 container terminal의 일부이다.

(5) CFS(Container Freight Station)

컨테이너 1개를 채울 수 없는 소량화물의 인수, 인도, 보관 또는 LCL 화물을 컨테이너 안에 적입(stuffing, vanning)하거나 끄집어내는(unstuffing, devanning) 장치작업을 하는 장소이다.

(6) Control Tower

CY전체를 내려다 볼 수 있는 위치에 설치되어 CY전체의 작업을 총괄하는 지령실로서, 본선하역작업은 물론 CY 내의 작업계획, 컨테이너배치계획 등을 지시·감독을 하는 곳이다.

(7) Maintenance Shop

CY에 있는 여러 종류의 하역기기나 운송관련 기기의 점검·수리·정비를 하는 곳이다.

(8) CY Gate

EDI를 통한 컨테이너 반출입 사전정보를 토대로 제 출입컨테이너 차량 및 컨테이너화물을 대조하는 장소를 말한다. gate 통과 시의 컨테이너 이상 유무 등의 현상확인, 통관봉인(seal)의 유무, 컨테이너중량의 측정, 컨테이너화물의 인수에 필요한 서류의 확인 등이 행하여지고 해ㆍ육 일관 운송책임체계의 접점으로서 가장 중요한 기능을 담당한다.

(9) Administration Office

Head Office라고도 하며 CY 운영요원이 Yard경영을 위한 행정사무를 수행하는 장소이다.

3 내륙컨테이너기지(inland container depot, ICD)의 개념과 기능

(1) 개 념

ICD는 항만 또는 공항이 아닌 내륙통관기지로서 컨테이너 집하ㆍ통관수속 등의 업무를 처리할 수 있는 장소를 말한다.

(2) 기 능

ICD는 항만에서 반드시 이루어져야 할 본선작업과 마샬링기능을 제외한 장치보관기능, 집하ㆍ분류 등과 같은 전통적인 항만기능이 수행되고 있다.

4 보세구역

(1) 개 념

보세구역은 효율적인 화물관리와 통관 및 관세행정의 필요성에 의하여 세관장이 지정하거나 특허한 장소를 말한다.

(2) 보세구역의 종류

지정보세구역	• 지정장치장: 통관하고자 하는 물품 일시장치(장치기간 6개월) • 세관검사장: 통관하고자 하는 물품 검사	
특허보세구역	• 보세장치장: 최장 1년 보관장치 • 보세공장: 가공무역 진흥 • 보세전시장: 박람회, 전람회	• 보세창고: 장치기간 2년 • 보세건설장: 공사용 장비 장치ㆍ사용 • 보세판매장: 면세점
종합보세구역	• 동일장소에서 기존 특허보세구역의 모든 기능을 복합적으로 수행 • 관세청장이 지정	

Certified Professional Logistician

부록 _

02 제24회 기출문제

01 국제물류의 기능에 관한 설명으로 옳은 것을 모두 고른 것은?

구 분	기 능	내 용
㉠	수량적 기능	생산수량과 소비수량의 불일치를 집화, 중계, 배송 등을 통해 조정
㉡	품질적 기능	생산자가 제공하는 재화와 소비자가 소비하는 재화의 품질을 가공, 조립, 포장 등을 통해 조정
㉢	가격적 기능	생산자와 소비자를 매개로 운송에서 정보활동에 이르기까지의 모든 비용을 조정
㉣	시간적 기능	생산자와 소비자가 인적으로 다르고 분업으로 발생하는 복잡한 유통경제조직을 운송과 상거래로 조정
㉤	장소적 기능	재화의 생산시기와 소비시기의 불일치 조정

① ㉠, ㉡, ㉢ ② ㉠, ㉡, ㉣ ③ ㉠, ㉢, ㉣

④ ㉡, ㉢, ㉤ ⑤ ㉢, ㉣, ㉤

해설 ㉣ 장소적 기능 : 생산자와 소비자가 인적으로 다르고 분업으로 발생하는 복잡한 유통경로조직을 운송과 상거래로 조정
㉤ 시간적 기능 : 재화의 생산시기와 소비시기의 불일치 조정

02 다음에서 설명하는 국제운송의 형태는?

> 천연가스, 원유 등 에너지 자원의 수송에 이용되며, 구축을 위해서는 대규모 자본투자가 필요하나, 일단 구축되면 이를 운영하기 위한 변동비용은 그다지 크지 않고 인적 노동력이 거의 필요하지 않은 운송

① 도로운송 ② 철도운송 ③ 항공운송

④ 해상운송 ⑤ 파이프라인 운송

해설 파이프라인 운송은 천연가스, 원유 등 이용가능 대상화물이 에너지 자원이라는 제한적 한계가 있으며, 초기 시설투자비용이 크다는 단점이 있으나 상대적으로 유지비가 저렴하고 연속으로 대량운송이 가능하며 친환경 운송수단이라는 장점 또한 있다.

Answer 1. ① 2. ⑤

03 다음 설명에 해당하는 국제물류시스템은?

> ㉠ 수출국 기업에서 해외의 자회사 창고로 상품을 출하한 후, 발주 요청이 있을 때 해당 창고에서 최종 고객에게 배송하는 가장 보편적인 시스템
> ㉡ 수출국의 공장 또는 배송센터로부터 해외 자회사의 고객 또는 최종 소비자나 판매점으로 상품을 직송하는 형태로, 해외 자회사는 상거래 유통에는 관여하지만 물류에는 직접적으로 관여하지 않는 시스템

① ㉠ 통과 시스템 　　　 ㉡ 다국적(행) 창고 시스템
② ㉠ 고전적 시스템 　　 ㉡ 직송 시스템
③ ㉠ 통과 시스템 　　　 ㉡ 고전적 시스템
④ ㉠ 고전적 시스템 　　 ㉡ 다국적(행) 창고 시스템
⑤ ㉠ 통과 시스템 　　　 ㉡ 직송 시스템

해설 ㉠ 고전적 시스템에 관한 설명으로, 무역상품이 수출국 기업에서 해외의 자회사 창고로 출하된 후 발주 요청이 있을 때 해당 창고에서 최종 고객에게 배송되는 형태를 말한다.
㉡ 직송 시스템에 관한 설명으로, 상품을 수출국의 공장 또는 배송센터로부터 해외 자회사의 고객 또는 최종 소비자, 판매점에 직송하는 시스템을 말한다.

04 최근 국제물류의 환경변화에 관한 설명으로 옳지 않은 것은?

① 국내외 물류기업 활동의 글로벌화로 국제물류의 중요성이 증대되고 있다.
② IoT 등 정보통신기술의 발전으로 국내외 물류 기업들은 국제물류체계를 플랫폼화 및 고도화하고 있다.
③ 컨테이너 선박이 대형화됨에 따라 항만도 점차 대형화되고 있다.
④ 국제물류시장의 치열한 경쟁상황은 국내외 물류기업들 간 전략적 제휴나 인수·합병을 가속화시키고 있다.
⑤ 국내외 화주기업들은 물류비 절감과 서비스 향상을 위해 물류전문업체를 활용하지 않고 있다.

해설 국제물류의 환경변화에 맞추어 국내외의 화주기업들은 물류비 절감과 서비스 향상을 위해 물류전문업체를 활용하고 있다.

05 글로벌 공급사슬관리시스템의 효율적 설계 및 운영에 관한 설명으로 옳지 않은 것은?

① 구성원들이 시스템에 관한 목표를 명확히 정의하여 시스템의 목표를 달성하는 방향으로 의사결정을 내리게 유도한다.

② 소비자에 대한 서비스수준 향상에 기여할 수 있는 성과 측정 장치를 개발하도록 한다.

③ 정보 공유를 통한 의사결정을 이루기 위해서는 부서 간의 협동은 중요하지 않다.

④ 물류기업의 물류 하부구조 등에 대한 적극적인 투자를 수행하며 이를 통해 미래 확장가능성에 대비할 수 있어야 한다.

⑤ 아웃소싱을 적극적으로 활용함으로써 비용과 시간을 절감하며 물류기업의 경쟁력을 최대화하는 방향으로 물류기업의 자원을 서로 결합하여야 한다.

해설 글로벌 공급사슬관리시스템의 효율적 설계 및 운영에 있어 정보 공유를 통한 의사결정을 위해 부서 간의 협동이 무엇보다 중요하다.

06 컨테이너 운송의 특성에 관한 설명으로 옳지 않은 것은?

① 선박의 속력이 빠르고 신속한 화물조작이 가능하다.

② 운송기간의 단축으로 수출대금의 회수가 빨라져 교역촉진이 가능하다.

③ 특수 컨테이너가 개발되고 있지만, 모든 화물을 컨테이너화 할 수 없는 한계를 가지고 있다.

④ 컨테이너화에는 거액의 자본이 필요하며, 선사 및 항만 직원의 교육·훈련, 관련 제도개선, 기존 설비의 교체 등에 장기간의 노력과 투자가 필요하다.

⑤ 왕항복항(往航復航)간 물동량의 불균형이 발생해도 컨테이너선의 경우 공(空) 컨테이너 회수 문제는 발생하지 않는다.

해설 왕항복항 간 물동량의 불균형이 발생하게 되면, 컨테이너선의 경우 공 컨테이너 회수 문제가 발생하게 된다.

07 다음에서 설명하는 컨테이너 종류로 옳은 것은?

> 과일, 채소 등의 선도유지에 적절한 단열구조를 갖춘 컨테이너로, 통상 드라이아이스 등을 냉매로 사용하는 보냉 컨테이너

① Liquid Bulk Container ② Hard Top Container ③ Side Open Container
④ Insulated Container ⑤ Skeleton Container

Answer   3. ②   4. ⑤   5. ③   6. ⑤   7. ④

해설 ① Liquid Bulk Container : 내부에 원통형의 탱크를 위치시키고, 외부에 철재 프레임으로 고정시킨 컨테이너
② Hard Top Container : 기존 Open Top Container의 방수성 부족을 보완하기 위해 천장 덮개를 Roof Panel로 대체한 컨테이너
③ Side Open Container : 옆부분(측면) 개방이 가능한 컨테이너
⑤ Skeleton Container : 골격만으로 구성된 컨테이너의 일종

08 다음은 CSC(1972) Annex 1 SERIOUS STRUCTURAL DEFICIENCIES IN CONTAINERS 내용의 일부다. (   )에 들어갈 용어로 옳은 것은?

STRUCTURALLY SENSITIVE COMPONENT	SERIOUS STRUCTURAL DEFICIENCY
( )	Local deformation perpendicular to the rail in excess of 100mm or in the rail's material in excess of 75mm

① Top Rail
② Bottom Rail
③ Corner Posts
④ Corner and intermediate Fittings
⑤ Understructure

해설 CSC(1972) Annex 1 SERIOUS STRUCTURAL DEFICIENCIES IN CONTAINERS

STRUCTURALLY SENSITIVE COMPONENT	SERIOUS STRUCTURAL DEFICIENCY
Top Rail	Local deformation to the rail in excess of 60mm in the rail material in excess of 45mm
Bottom Rail	Local deformation perpendicular to the rail in excess of 100mm or in the rail's material in excess of 75mm
Corner Posts	Local deformation to the post exceeding 50mm or tears or cracks in excess of 50mm in length
Corner and intermediate Fittings	Missing corner fittings, any through cracks or tears in the fitting, any deformation of the fitting that precludes full engagement of securing or lifting fittings, any deformation of the fitting beyond 5mm from its original plane, any aperture width greater than 66.0mm, any aperture length greater than 127.0mm, any reduction in thickness of the plate containing the top aperture that makes it less than 23.0mm thick or any weld separation of adjoining components in excess of 50mm in length.
Understructure	No more than two adjacent cross members missing or detached from the side rails

09 정기선사들의 전략적 제휴에 관한 설명으로 옳지 않은 것은?

① 공동운항을 통해 선복을 공유한다.

② 화주에게 안정된 수송서비스 제공이 가능하다.

③ 광석, 석탄 등 벌크 화물 운송을 중심으로 이루어지고 있다.

④ 제휴 선사간 상호 이해관계를 조정하기 위해 협정을 맺고 있다.

⑤ 제휴 선사간 불필요한 경쟁을 회피하는 수단으로 활용되고 있다.

해설 정기선사들의 전략적 제휴는 벌크 화물 운송보다는 컨테이너 화물 운송을 중심으로 이루어지고 있다.

10 해상운송화물의 선적절차를 순서대로 올바르게 나열한 것은?

㉠ Shipping Request	㉡ Booking Note
㉢ Shipping Order	㉣ Mate's Receipt
㉤ Shipped B/L	

① ㉠ - ㉡ - ㉢ - ㉣ - ㉤   ② ㉠ - ㉡ - ㉣ - ㉢ - ㉤

③ ㉠ - ㉢ - ㉤ - ㉡ - ㉣   ④ ㉡ - ㉠ - ㉢ - ㉣ - ㉤

⑤ ㉡ - ㉠ - ㉤ - ㉢ - ㉣

해설 수출 선적절차에 따라 발급하는 서류의 출발은 Shipping Request이며 이후 선사는 Booking Note 혹은 Booking Confirmation Letter를 발행한 후 관련 기관에 선적 지시인 Shipping Order를 내린다. 그리고 CY를 거쳐 본선에 화물이 선적되면 일등항해사가 Mate's Receipt 발행하고 배가 출항하면 선사는 선하증권인 Bill of Lading(Shipped B/L)을 발행한다.

Answer   8. ②   9. ③   10. ①

11 정기선에 관한 설명으로 옳지 않은 것은?

① 운임은 공시된 확정운임이 적용된다.

② 개품운송계약을 체결하고 선하증권을 사용한다.

③ 다수 화주로부터 다양한 화물을 집화하여 운송한다.

④ 특정한 항구 간을 운항계획에 따라 규칙적으로 반복 운항한다.

⑤ 항해단위, 기간 등에 따라 계약조건이 다른 용선계약서를 사용한다.

> **해설** 정기선 운송의 경우 화물을 운송하고자 하는 모든 화주들과 표준화된 운송계약서에 따라 개별적으로 운송계약을 체결한다. 이와 같은 특성을 고려하여 정기선 운송을 이른바 개품운송계약이라고 부르기도 하는 것이다. 따라서 항해단위, 기간 등에 따라 계약조건이 다른 용선계약서를 사용하는 것은 부정기선에 관한 설명이다.

12 해상운송과 관련된 국제기구의 설명으로 옳은 것을 모두 고른 것은?

> ㉠ IACS는 국제적인 대리업의 확장에 따른 제반 문제점을 다루기 위해 설립된 운송주선인의 민간기구이다.
> ㉡ BIMCO는 선주들의 공동이익을 위해 창설된 민간기구이다.
> ㉢ ICS는 선주들의 권익보호와 상호협조를 위해 각국 선주협회들이 설립한 민간기구이다.
> ㉣ IMO는 국제무역과 경제발전을 촉진할 목적으로 설립된 국제연합의 전문기구이다.

① ㉠, ㉢　　　　　　　　　　　　　　② ㉠, ㉣

③ ㉡, ㉢　　　　　　　　　　　　　　④ ㉡, ㉢, ㉣

⑤ ㉠, ㉡, ㉢, ㉣

> **해설** ㉠ IACS : 1968년 결성되어 세계해사안전기술의 촉진과 해양환경 보호 목적으로 설립된 기구이다.
> ㉣ IMO : 1958년에 설립된 정부 간 해사자문기구(IMCO)가 1982년부터 명칭이 바뀌어 선박의 항로, 교통규칙, 항만시설 등을 국제적으로 통일하기 위해 설치된 국제연합의 전문기구이다.

13 정기용선계약에 관한 설명으로 옳은 것은?

① 선박 자체만을 빌리는 선박임대차계약이다.

② 용선계약기간은 통상 한 개의 항해를 단위로 한다.

③ 용선자가 선장 및 선원을 고용하고 관리ㆍ감독한다.

④ 선박의 유지 및 수리비를 용선자가 부담한다.

⑤ 기간용선계약이라고도 하며, 선박의 보험료는 선주가 부담한다.

> **해설** ① 선박 자체가 아닌 모든 장비와 선원을 갖춘 선박을 용선하는 선박임대차계약이다.
> ② 용선계약기간을 한 개의 항해 단위로 하는 용선계약은 항해용선계약이다. 정기용선계약은 일정 기간(time)을 단위로 한다.
> ③ 선장 및 선원을 고용하고 관리ㆍ감독하는 주체는 용선자가 아닌 선주이다.
> ④ 선박의 유지 및 수리비는 선주가 부담한다.

14 만재흘수선과 관련된 설명으로 옳지 않은 것은?

① 만재흘수선 마크는 TF, F, T, S, W, WNA 등이 있다.

② 만재흘수선 마크는 선박 중앙부의 양현 외측에 표시되어 있다.

③ 선박의 항행대역과 계절구간에 따라 적용범위가 다르다.

④ Reserved buoyancy란 선저에서 만재흘수선까지 이르는 높이를 말한다.

⑤ 선박의 안전을 위하여 화물의 과적을 방지하고 선박의 감항성이 확보되도록 설정된 최대한도의 흘수이다.

> **해설** 선저에서 만재흘수선까지 이르는 높이를 의미하는 용어는 최대만재흘수선(Load Draft Extreme)이다.

15 항해용선계약의 하역비 부담조건으로 옳은 것을 모두 고른 것은?

구 분	부담조건	내 용
㉠	Liner(Berth) Term	적하시와 양하시의 하역비를 선주가 부담
㉡	FIO	적하시와 양하시의 하역비를 화주가 부담
㉢	FI	적하시는 선주가 부담, 양하시는 화주가 부담
㉣	FO	적하시는 화주가 부담, 양하시는 선주가 부담

① ㉠, ㉡   ② ㉡, ㉢   ③ ㉢, ㉣
④ ㉠, ㉡, ㉢   ⑤ ㉠, ㉡, ㉢, ㉣

해설 ㉢ FI : 적하시는 화주가 부담하고, 양하시는 선주가 부담한다.
㉣ FO : 적하시는 선주가 부담하고, 양하시는 화주가 부담한다.

16 다음 ( )에 들어갈 용어로 옳은 것은?

(㉠)는 선박의 밀폐된 내부 전체 용적을 말하며, 선박의 크기 및 선복량을 비교할 때 이용된다.
(㉡)는 선박이 적재할 수 있는 화물의 최대 중량을 나타내는 것이며, 선박의 매매나 용선료를 산출하는 기준이 된다.

① ㉠: 총톤수   ㉡: 재화중량톤수   ② ㉠: 총톤수   ㉡: 재화용적톤수
③ ㉠: 순톤수   ㉡: 재화중량톤수   ④ ㉠: 배수톤수 ㉡: 재화용적톤수
⑤ ㉠: 배수톤수 ㉡: 운하톤수

해설 ㉠ 총톤수(Gross Tonnage, GT) : 선박 내부의 총용적으로 선박 갑판 아래의 적량과 갑판 위의 밀폐된 장소의 적량을 합친 것으로 선박의 안전과 위생에 사용되는 부분의 적량을 제외한 부분을 말한다. 총톤수는 관세, 등록세, 도선료 등 과세와 수수료, 각종 통계의 산출 기준이 된다.
㉡ 재화중량톤수(Dead Weight Tonnage, DWT) : 화물선의 최대적재능력을 표시하는 기준으로 만선시의 배수톤수에서 공선시의 배수톤수를 공제한 것을 의미한다.

17 복합운송인의 책임에 관한 설명으로 옳은 것은?

① 과실책임(liability for negligence)원칙은 선량한 관리자로서 복합운송인의 적절한 주의 의무를 전제로 한다.

② 엄격책임(strict liability)원칙은 과실의 유무를 묻지 않고 운송인이 결과를 책임지는 것 이지만, 불가항력 등의 면책을 인정한다.

③ 무과실책임(liability without negligence)원칙은 운송인의 면책조항을 전혀 인정하지 않 는다.

④ 단일책임체계(uniform liability system)에서 복합운송인이 전 운송구간의 책임을 지지 만, 책임의 내용은 발생구간에 적용되는 책임체계에 의해 결정된다.

⑤ 이종책임체계(network liability system)는 UN국제복합운송조약이 채택하고 있는 체계 로 단일변형책임체계라고도 한다.

해설 ② 엄격책임원칙 : 손해의 결과에 대해서 절대적으로 책임을 지는, 즉 면책의 항변이 일체 용인되지 않는 제도이다. 즉, 운송인과 그의 사용인 등의 주의의무 위반 여부와는 관계없이 운송기간 중에 발생한 모든 손해에 대해서 책임을 지는 것이다.

③ 무과실책임원칙 : 운송인의 과실 유무를 불문하고 배상책임을 지는 것이다. 다만 결과책임 또는 엄격책임과는 달리 불가항력, 포장의 불비, 화물고유의 성질, 통상의 소모 또는 누손 등으로 발생한 손해에 대해서는 면책을 인정하고 있다.

④ 단일책임체계 : 운송물의 멸실, 훼손, 지연 손해가 복합운송의 어느 구간에서 발생하였느냐를 묻지 않고 복합운송인이 전 운송구간에 걸쳐 단일의 책임체계를 적용하는 원칙이다.

⑤ 이종책임체계 : 복합운송인이 전 운송구간에 걸쳐 책임을 지지만, 책임의 원칙 및 손해배상 한도는 그 손해가 발생한 운송수단을 규제하고 있는 조약 및 법규에 따르는 원칙으로 손해발생구간이 확인된 경우와 그렇지 않은 경우를 나누어서 각각 다른 책임체계를 적용하는 방법이다.

18 다음에서 설명하는 국제항공기구를 올바르게 나열한 것은?

> ㉠ 시카고조약에 의거하여 국제항공의 안전성 확보와 항공질서 감시를 위한 관리를 목적으로 설립된 UN산하 항공전문기구
>
> ㉡ 각국의 정기 항공사에 의해 운임, 정비 등 상업적, 기술적인 활동을 목적으로 설립된 국제적 민간항공단체

① ㉠: IATA   ㉡: ICAO
② ㉠: ICAO   ㉡: IATA
③ ㉠: IATA   ㉡: FAI
④ ㉠: ICAO   ㉡: FAI
⑤ ㉠: FAI   ㉡: IATA

해설 ㉠ ICAO : 1944년 시카고조약에 의거하여 국제항공의 안전성 확보와 항공질서 감시를 위한 관리기구로서 설립되었고, 이후 국제연합이 발족함에 따라 UN산하 항공전문기관으로 편입되었다.

㉡ IATA : 각국 정부의 협력기관인 ICAO에 대응하여 국제민간항공에 종사하는 각국의 정기항공회사에 의해 설립된 순수 민간단체이다.

Answer   15. ①   16. ①   17. ①   18. ②

19 항공운송인의 책임을 규정한 국제조약에 관한 설명으로 옳지 않은 것은?

① 1929년 체결된 Warsaw Convention은 국제항공운송인의 책임과 의무를 규정한 최초의 조약이다.

② 1955년 채택된 Hague Protocol에서는 여객에 대한 운송인의 보상 책임한도액을 인상했다.

③ 1966년 발효된 Montreal Agreement에서는 화물에 대한 운송인의 보상 책임한도액을 인상했다.

④ 1971년 채택된 Guatemala Protocol에서는 운송인의 절대책임이 강조되었다.

⑤ Montreal 추가 의정서에서는 IMF의 SDR이 통화의 환산단위로 도입되었다.

> **해설** 1966년 미국을 중심으로 채택된 몬트리올 협정(Montreal Agreement)은 화물에 대한 운송인의 보상 책임한도액이 헤이그 의정서(Hague Protocol)와 비교하여 차이가 없다. 다만, 여객의 경우에는 차이가 있다.

20 항공화물운송에 관한 설명으로 옳지 않은 것은?

① 해상화물운송에 비해 신속하고 화물의 파손율도 낮은 편이다.

② 항공여객운송에 비해 계절적 변동이 적은 편이다.

③ 해상화물운송에 비해 운송비용이 높은 편이다.

④ 항공여객운송에 비해 왕복운송의 비중이 높다.

⑤ 해상화물운송에 비해 고가의 소형화물 운송에 적합하다.

> **해설** 항공화물운송은 항공여객운송에 비해 왕복운송의 비중이 낮다. 항공여객운송은 주로 관광, 출장 등의 목적으로 이용하는 고객이 많아 왕복운송이 많은 비중을 차지하지만, 항공화물운송은 파렛트 회수 외에는 왕복운송이 거의 필요하지 않기 때문이다.

21 국제복합운송에 관한 설명으로 옳지 않은 것은?

① 국제복합운송은 국가 간 운송으로 2가지 이상의 운송수단이 연계되어야 한다.

② 일관운임(through rate)은 국제복합운송의 기본요건이 아니다.

③ NVOCC는 선박을 직접 보유하지는 않지만, 화주와 운송계약을 체결하고 복합운송 서비스를 제공한다.

④ Containerization으로 인한 일관운송의 발전은 해륙복합운송을 비약적으로 발전시켰다.

⑤ 국제복합운송을 통해 국가 간 운송에서도 Door to Door 운송을 실현할 수 있다.

해설 복합운송이 되기 위한 제2조건으로 복합운송에 따른 운임은 각 운송구간에 따라 별도로 설정하는 것이 아니라, 전 운송구간에 걸친 단일화된 일관운임을 설정하여 화주에게 제시하여야 한다.

22 다음에서 설명하는 Freight Forwarder의 업무는?

> 화주로부터 선적을 의뢰받은 소량화물(LCL)을 자체적으로 혼재처리하기 어려운 경우, Forwarder 간의 협력을 통해 혼재작업을 하는 것

① Buyer's consolidation
② Shipper's consolidation
③ Project cargo service
④ Co-loading service
⑤ Break bulk service

해설 Freight Forwarder가 단독으로 LCL Cargo를 혼재처리하기가 어려울 때, 타 Forwarder 간 협력으로 혼재(Consolidation)하는 것을 Co-loading service라고 한다.

23 다음에서 설명하는 복합운송경로는?

> 극동지역과 유럽대륙을 연결하는 경로로, All Water 서비스에 비해 운송 거리를 크게 단축시킬 수 있고, 주 경로상 TSR 구간을 포함한다.

① Canada Land Bridge
② America Land Bridge
③ Mini Land Bridge
④ Micro Land Bridge
⑤ Siberia Land Bridge

해설 Siberia Land Bridge : 극동지역의 한국, 일본, 동남아, 호주 등을 기점으로 하여 1차 해상운송한 후 시베리아를 횡단하는 내륙운송의 접점에서 철도에 연결되어 유럽대륙을 연결하는 복합운송시스템이다.

Answer 19. ③   20. ④   21. ②   22. ④   23. ⑤

24 다음은 부산항에서 미국 내륙의 시카고로 향하는 화물의 복합운송경로이다. 각각의 설명에 해당하는 것을 올바르게 나열한 것은?

> ㉠ 극동지역의 항만에서 북미의 서해안 항만까지 해상운송한 후, 북미 대륙의 횡단철도를 이용하여 화물을 인도하는 경로
> ㉡ 극동지역의 항만에서 북미의 동해안 또는 멕시코만의 항만까지 해상운송한 후, 철도운송을 이용하여 화물을 인도하는 경로

① ㉠: IPI   ㉡: RIPI   ② ㉠: MLB   ㉡: OCP
③ ㉠: IPI   ㉡: OCP   ④ ㉠: OCP   ㉡: MLB
⑤ ㉠: RIPI   ㉡: IPI

해설 ㉠ IPI(Interior Point Intermodal) : 록키산맥 동부의 내륙지점까지 수송하는 것으로 시카고 또는 주요 수송거점까지 철도운송하고, 화주 문전까지 도로운송하는 복합운송시스템으로 선사의 책임하에 일관운임과 통선하증권 혹은 복합운송증권을 발행하여 주요 수송거점으로부터 2~3일 내에 문전수송서비스가 이루어진다.
㉡ RIPI(Reversed IPI) : 극동에서 파나마운하를 경유하여 미국의 대서양안항 또는 걸프만항까지 해상운송한 후에 내륙지역까지 철도나 트럭으로 운송하는 경로이다. 운송기간으로 따지면 RIPI가 IPI에 비해서 기간이 더 걸려 불리하지만, 운송비용면에서는 저렴한 부분이 있기 때문에 유리한 경우가 있다.

25 신용장통일규칙(UCP 600) 제20조의 선하증권 수리요건에 관한 설명으로 옳지 않은 것은?

① 운송인의 명칭이 표시되어 있고, 지정된 운송인뿐만 아니라 선장 또는 그 지정 대리인이 발행하고 서명 또는 확인된 것
② 물품이 신용장에서 명기된 선적항에서 지정된 선박에 본선적재 되었다는 것을 인쇄된 문언이나 본선적재필 부기로 명시한 것
③ 운송조건을 포함하거나 또는 운송조건을 포함하는 다른 자료를 참조하고 있는 것
④ 용선계약에 따른다는 표시를 포함하고 있는 것
⑤ 단일의 선하증권 원본 또는 2통 이상의 원본으로 발행된 경우에는, 선하증권 상에 표시된 대로 전통인 것

해설 신용장통일규칙(UCP 600) 제20조 선하증권 수리요건에 따르면, 용선계약에 따른다는 어떤 표시도 포함하지 않아야 한다.

26 선하증권의 종류에 관한 설명으로 옳지 않은 것은?

① Stale B/L은 선적일로부터 21일이 경과한 선하증권이다.

② Order B/L은 수화인란에 특정인을 기재하고 있는 선하증권이다.

③ Third Party B/L은 선하증권 상에 표시되는 송화인은 통상 신용장의 수익자이지만, 수출입 거래의 매매당사자가 아닌 제3자가 송화인이 되는 경우에 발행되는 선하증권이다.

④ Red B/L은 선하증권 면에 보험부보 내용이 표시되어, 항해 중 해상사고로 입은 화물의 손해를 선박회사가 보상해 주는데, 이러한 문구들이 적색으로 표기되어 있는 선하증권이다.

⑤ Clean B/L은 물품의 본선 적재시에 물품의 상태가 양호할 때 발행되는 선하증권이다.

> **해설** Order B/L(지시식 선하증권) : 선하증권 자체의 원활한 유통을 목적으로 발행되며, 'consignee'란에 특정수화인이 기재되어 있지 않고 지시인의 지시에 따라 양도할 수 있는 선하증권을 말한다.

27 항공화물운송장(AWB)과 선하증권(B/L)에 관한 설명으로 옳은 것은?

① AWB는 기명식으로만 발행된다.

② B/L은 일반적으로 본선 선적 후 발행하는 수취식(received)으로 발행된다.

③ AWB는 유통성이 있는 유가증권이다.

④ B/L은 송화인이 작성하여 운송인에게 교부한다.

⑤ AWB는 B/L과 달리 상환증권이다.

> **해설** ② B/L은 AWB와 달리 적재시 발행하는 선적식으로 발행된다.
> ③ AWB는 비유통성(Non-Negotiable)으로 유가증권이 아니며 단순한 화물수취증에 불과하다.
> ④ B/L은 운송회사가 작성하여 송화인에게 교부한다.
> ⑤ AWB는 상환증권이 아니며 채권적 효력만 있다.

Answer 24. ① 25. ④ 26. ② 27. ①

28 다음에서 설명하는 물류보안 관련 용어는?

> • 국제운송 전체의 보안성과 안전성을 제고하여 테러 위협에 대항하기 위해 미국 관세청이 만든 임의참가 형식의 보안프로그램
> • 미국으로 화물을 수출하는 모든 제조업자, 화주, 선사 등에게 화물의 공급사슬 전반에 걸쳐 보안성을 확보하도록 하는 것

① CSI   ② ISF   ③ C-TPAT
④ PIP   ⑤ 24-Hour Rule

해설 C-TPAT(Customs-Trade Partenership Against Terrorism) : 9 · 11테러 이후 미국이 테러방지를 위해 무역과정의 전체 물류상에 있는 관련 민간기업들의 도움 없이 국토안보를 효과적으로 수행하는 것이 불가능하다는 인식하에 2002년 4월에 창설한 보안프로그램이다. 공급사슬의 최종 소유자인 수입자, 선사, 중개인, 창고 운영자, 제조업자와의 긴밀한 협력을 통해서만 세관은 최고수준의 안전을 제공할 수 있다고 하는 인식에 의거하고 있다.

29 다음은 해상화물운송장을 위한 CMI통일규칙(1990)의 일부이다. (　　　)에 공통으로 들어갈 내용을 올바르게 나열한 것은?

> • The (㉠) on entering into the contract of carriage does so not only on his own behalf but also as agent for and on behalf of the consignee, and warrants to the (㉡) that he has authority so to do.
> • The (㉠) warrants the accuracy of the particulars furnished by him relating to the goods, and shall indemnify the (㉡) against any loss, damage or expense resulting from any inaccuracy.

① ㉠ : shipper   ㉡ : consignee   ② ㉠ : carrier   ㉡ : consignee
③ ㉠ : shipper   ㉡ : carrier   ④ ㉠ : carrier   ㉡ : shipper
⑤ ㉠ : shipper   ㉡ : master

해설 CMI통일규칙(CMI Uniform Rules for Sea Waybills, 1990) 3조(Agency)
: The shipper on entering into the contract of carriage does so not only on his own behalf but also as agent for and on behalf of the consignee, and warrants to the carrier that he has authority so to do.
5조(Description of the Goods)
: The shipper warrants the accuracy of the particulars furnished by him relating to the goods, and shall indemnify the carrier against any loss, damage or expense resulting from any inaccuracy.

30 다음은 신용장통일규칙(UCP 600) 제3조 내용의 일부이다. (   )에 들어갈 내용을 올바르게 나열한 것은?

> • The words "to", "until", "till", "from" and "between" when used to determine a period of shipment (㉠) the date or dates mentioned, and the words "before" and "after" (㉡) the date mentioned.
>
> • The words "from" and "after" when used to determine a maturity date (㉢) the date mentioned.

① ㉠: include   ㉡: exclude   ㉢: exclude

② ㉠: include   ㉡: exclude   ㉢: include

③ ㉠: include   ㉡: include   ㉢: exclude

④ ㉠: exclude   ㉡: include   ㉢: include

⑤ ㉠: exclude   ㉡: include   ㉢: exclude

해설 신용장통일규칙(UCP 600) 제3조(해석)
선적기간을 결정하기 위하여 "to", "until", "till", "from", 그리고 "between"이라는 단어가 사용된 경우는 당해일자를 포함하고, "before"와 "after"라는 단어는 해당일에서 제외된다.
만기일을 결정하기 위하여 "from"과 "after"라는 단어가 사용된 경우 해당일을 제외한다.

31 비엔나협약(CISG, 1980)의 적용 제외 대상으로 옳지 않은 것은?

① 경매에 의한 매매

② 강제집행 또는 기타 법률상의 권한에 의한 매매

③ 주식, 지분, 투자증권, 유통증권 또는 통화의 매매

④ 선박, 항공기의 매매

⑤ 원유, 석탄, 가스, 우라늄 등의 매매

해설 비엔나협약 제2조의 매매계약 적용 제외 대상으로 원유, 석탄, 가스, 우라늄 등의 매매는 해당되지 않는다.

Answer   28. ③   29. ③   30. ①   31. ⑤

32 무역계약의 주요 조건에 관한 설명으로 옳은 것은?

① D/P(Documents against Payment)는 관련 서류가 첨부된 기한부(Usance) 환어음을 통해 결제하는 방식이다.

② 표준품 매매 (Sales by standard)란 공산품과 같이 생산될 물품의 정확한 견본의 제공이 용이한 물품의 거래에 주로 사용된다.

③ 신용장 방식에 의한 거래에서 벌크 화물(bulk cargo)에 관하여 과부족을 금지하는 문언이 없는 한, 5%까지의 과부족이 용인된다.

④ CAD(Cash Against Document)는 추심에 관한 통일규칙에 의거하여 환어음을 추심하여 대금을 영수한다.

⑤ FAQ(Fair Average Quality)는 양륙항에서 물품의 품질에 의하여 품질을 결정하는 방법이다.

> **해설** ① D/P(Documents against Payment)방식 : 선적서류 인도시 수입자가 선적서류 인도와 동시에 대금을 지급하는 거래를 말하며, 지급인도조건거래라 한다.
> ② 표준품 매매(Sales by standard) : 공산품이 아닌 농산물, 냉동어류, 목재가 해당된다.
> ④ CAD(Cash Against Document) : 수출상이 상품을 선적하고 선적서류를 수입업자의 지사나 대리인에게 제시하거나 또는 해외의 수입상에게 직접 서류를 송부하여, 당해 서류와 상환으로 대금 결제가 이루어지도록 하는 방식으로 어음이 발행되지 않는다.
> ⑤ FAQ(Fair Average Quality) : 주로 품질이 일정하지 않은 농산물이 생산되기 전에 거래되는 경우에 사용되며, 전년도 수확물의 중등의 품질을 표준으로 한다.

33 다음은 MIA(1906) 내용의 일부이다. (   )에 들어갈 용어가 올바르게 나열된 것은?

> • Where the subject-matter insured is destroyed, or so damaged as to cease to be a thing of the kind insured, or where the assured is irretrievably deprived thereof, there is (㉠).
> • There is (㉡) where any extraordinary sacrifice or expenditure is voluntarily and reasonably made or incurred in time of peril for the purpose of preserving the property imperilled in the common adventure.

① ㉠: an actual total loss   ㉡: a particular average act
② ㉠: a constructive total loss   ㉡: a general average act
③ ㉠: an actual total loss   ㉡: a general average act
④ ㉠: a particular average act   ㉡: a subrogation
⑤ ㉠: a constructive total loss   ㉡: a salvage charge

해설 The Marine Insurance Act(MIA, 1906) 제57조(Actual total loss)
: Where the subject—matter insured is destroyed, or so damaged as to cease to be a thing of the kind insured, or where the assured is irretrievably deprived thereof, there is an actual total loss.

제66조(General average loss)
: There is a general average act where any extraordinary sacrifice or expenditure is voluntarily and reasonably made or incurred in time of peril for the purpose of preserving the property imperilled in the common adventure.

34 ICC(C)(2009)에서 담보되는 손해는?

① 피난항에서의 화물의 양하(discharge)로 인한 손해

② 지진 또는 낙뢰에 인한 손해

③ 갑판유실로 인한 손해

④ 본선, 부선 또는 보관장소에 해수 또는 하천수의 유입으로 인한 손해

⑤ 선박 또는 부선의 불내항(unseaworthiness)으로 인한 손해

해설 ②, ③, ④, ⑤: ICC(B)에서 담보되는 손해이다.

35 다음은 Incoterms® 2020 소개문(introduction)의 일부이다. ( )에 들어갈 용어가 올바르게 나열된 것은?

> Likewise, with DDP, the seller owes some obligations to the buyer which can only be performed within the buyer's country, for example obtaining import clearance. It may be physically or legally difficult for the seller to carry out those obligations within the buyer's country and a seller would therefore be better advised to consider selling goods in such circumstances under the (㉠) or (㉡) rules.

① ㉠: DAP ㉡: DDP   ② ㉠: CPT ㉡: DAP

③ ㉠: DAT ㉡: DPU   ④ ㉠: DAP ㉡: DPU

⑤ ㉠: CIP ㉡: DAT

해설 Incoterms® 2020으로 개정되면서 기존의 DAT가 삭제되고 DPU가 신설되었다.

Answer　32. ③　33. ③　34. ①　35. ④

36 Incoterms® 2020의 CIF 규칙에 관한 설명으로 옳지 않은 것은?

① 물품의 멸실 및 손상의 위험은 물품이 선박에 적재된 때 이전된다.

② 매수인은 자신의 운송계약상 목적항 내의 명시된 지점에서 양하에 관하여 비용이 발생한 경우에 당사자 간에 달리 합의되지 않는 한, 그러한 비용을 매도인으로부터 별도로 상환받을 권리가 없다.

③ 해상운송이나 내수로운송에만 사용된다.

④ 해당되는 경우에 매도인이 물품의 수출통관을 해야 한다.

⑤ 매수인은 매도인에 대하여 운송계약을 체결할 의무가 없다.

해설 운송계약상 목적항 내의 명시된 지점에서 양하에 관하여 비용이 발생한 경우, 당사자 간 합의되지 않는 한, 그러한 비용을 매도인이 양하항에서 지불할 이유가 없다.

37 다음은 Incoterms® 2020의 DPU 규칙에 관한 내용이다. 밑줄 친 부분 중 옳지 않은 것은?

> ㉠ The seller bears all risks involved in bringing the goods to ㉡ and loading them at the named port of destination. ㉢ In this Incoterms® rule, therefore, the delivery and arrival at destination are the same. ㉣ DPU is the only incoterms® rule that requires the seller to unload goods at destination. ㉤ The seller should therefore ensure that it is in a position to organise unloading at the named place.

① ㉠　　　　　② ㉡　　　　　③ ㉢
④ ㉣　　　　　⑤ ㉤

해설 ㉡ and unloading them at the named place of destination.

38 무역분쟁의 해결에 이용되는 ADR(Alternative Dispute Resolution)로 옳은 것은?

① 알선, 중재, 소송　　② 소송, 중재, 조정　　③ 중재, 소송, 화해
④ 알선, 조정, 중재　　⑤ 소송, 화해, 조정

해설 무역분쟁 해결에 이용되는 ADR로 알선(recommendation), 조정(conciliation), 중재(arbitration)가 있다. 소송(litigation)의 경우 외국과의 사법협정이 체결되어 있지 않기 때문에 외국에서 승인 및 집행이 보장되지는 않는다.

39 수출입통관과 관련하여 관세법상 내국물품이 아닌 것은?

① 우리나라에 있는 물품으로서 외국물품이 아닌 것

② 우리나라의 선박 등이 공해에서 채집하거나 포획한 수산물 등

③ 입항전수입신고가 수리된 물품

④ 수입신고수리전 반출승인을 받아 반출된 물품

⑤ 외국으로부터 우리나라에 도착한 물품으로서 수입신고가 수리되기 전의 물품

해설 관세법 제2조 제5호 (내국물품의 정의)
"내국물품"이란 다음 각 목의 어느 하나에 해당하는 물품을 말한다.
가. 우리나라에 있는 물품으로서 외국물품이 아닌 것
나. 우리나라의 선박 등이 공해에서 채집하거나 포획한 수산물 등
다. 입항전수입신고(이하 "입항전수입신고"라 한다)가 수리된 물품
라. 수입신고수리전 반출승인을 받아 반출된 물품
마. 수입신고전 즉시반출신고를 하고 반출된 물품

40 Incoterms® 2020에 관한 설명으로 옳지 않은 것은?

① Incoterms는 이미 존재하는 매매계약에 편입된(incorporated) 때 매매계약의 일부가 된다.

② 대금지급의 시기, 장소, 방법과 관세부과, 불가항력, 매매물품의 소유권 이전 문제를 다루고 있다.

③ 양극단(two extremes)의 E규칙과 D규칙 사이에, 3개의 F규칙과 4개의 C규칙이 있다.

④ CPT와 CIP매매에서 위험은 물품이 최초운송인에게 교부된 때 매도인으로부터 매수인에게 이전된다.

⑤ A1/B1에서 당사자의 기본적인 물품제공/대금지급의무를 규정하고, 이어 인도조항과 위험이전조항을 보다 두드러진 위치인 A2와 A3으로 각각 옮겼다.

해설 매매물품의 소유권 이전 문제와 같은 경우는 각국의 계약법이나 매매법의 대상이 되는 문제이므로 Incoterms에서 다루기에는 무리가 있다.

정일환 교수

학력 및 약력
- 중동고등학교 졸업
- 고려대학교 임학과 졸업(학사)
- 고려대학교 정책과학대학원 국제정치학 전공
- 인하대학교 물류전문대학원 졸업(석사)
- 한국무역협회 무역운송 및 해상보험 강사
- 한국통합물류협회 국제물류 강사
- 한국국제물류협회 프레이트 포워더 양성/해상포워딩 실무 강사
- 한국생산성본부 글로벌물류 및 외자구매운송 강사
- 금융연수원, 농협물류, 방위사업청, 판토스, 삼성물산, 삼성SDS, LG화학, LS산전, 현대코퍼레이션 출강
- EVERGREEN LINE 근무 및 제일항역(주) 중국 청도지점장 역임
- 현, 영원해상 / 유니코로지스틱스(주) 부사장
- 현, 영원NCS컨설팅 대표

저 서
- 프레이트 포워더 통신실무영어(현, 한국국제물류협회 교재)
- 프레이트 포워더 영업실무(현, 한국국제물류협회 교재)
- 국제물류론(박문각 발행)
- 글로벌물류와 무역(현, 한국생산성본부 교재)
- 운송실무(현, 무역협회 교재)

연구논문
수출입기업의 국제물류활동과 INCOTERMS의 효과적 활용에 관한 연구(2010)

자격 및 수상
- 국제무역사 무역운송 부문 시험 출제위원 역임
- 교육부문상(2002년·2010년 수상: 한국국제물류협회)
- 물류관리 부문 NCS 개발 전문가(2014년 무역협회 위촉)
- 유통관리 부문 NCS 개발 심의위원(2015년 한국산업인력공단 위촉)
- 물류지도사

최/신/개/정/판

물류관리사 | 국제물류론

초판인쇄 2020년 7월 25일 | **초판발행** 2020년 7월 30일 | **편저자** 정일환 | **발행인** 박 용

발행처 (주)박문각출판 | **등록** 2015. 4. 29. 제2015-000104호

주소 06654 서울시 서초구 효령로 283 서경 B/D 4층

교재주문 (02) 3489-9400 | **동영상문의** (02) 3489-9500 | **팩스** (02) 584-2927

판권본사소유

ISBN 979-11-6444-723-7 | ISBN 979-11-6444-729-9(세트)

정가 24,000원